U0809915

柯桥年鉴 2020

绍兴市柯桥区地方志编纂委员会　编

方志出版社
Publishing House of Local Records

图书在版编目（CIP）数据

柯桥年鉴．2020 / 绍兴市柯桥区地方志编纂委员会编．-- 北京 ：方志出版社，2020.10
ISBN 978-7-5144-4580-0

Ⅰ．①柯… Ⅱ．①绍… Ⅲ．①柯桥区—2020—年鉴 Ⅳ．① Z525.54

中国版本图书馆 CIP 数据核字（2020）第 234019 号

柯桥年鉴（2020）

编　　者：绍兴市柯桥区地方志编纂委员会
责任编辑：程　倩
出 版 者：方志出版社
地址　北京市朝阳区潘家园东里 9 号（国家方志馆 4 层）
邮编　100021
网址　http://www.zgfzcb.cn
发　　行：方志出版社图书经销中心
电话（010）67110500
经　　销：各地新华书店
装帧设计：浙江越生文化创意有限公司
印　　刷：绍兴市越生彩印有限公司
开　　本：889mm × 1194mm　1/16
印　　张：30
字　　数：869 千字
版　　次：2020 年 10 月第 1 版　2020 年 10 月第 1 次印刷
印　　数：0001 ～ 1100 册
ISBN　978-7-5144-4580-0　定价：280.00 元

· 版权所有　翻印必究 ·

绍兴市柯桥区地方志编纂委员会

顾　问　沈志江　朱晓董　孟柏千

主　任　赵如浪

副主任　诸剑明　祝静芝

成　员　郎煜江　沈关祥　章金尧　孙尧富　王炳豪　陈广见
阮建康　何鸣雷　尹伟樑　陈立根　王叶刚　任宏亮
俞小炜　徐伟民　喻光耀　余建林　钱建明　马建刚
王其龙　李卫龙　柯洪炜　邱松定　谭　科　鲁立新
傅　超　赵忠根　娄东寅　孙其康　朱伟芳　黄伟祥
陈　方

《柯桥年鉴》编辑部

主　编　马　良

副主编　宋如玲

编　辑　（以姓氏笔画为序）
马　良　王　翊　何鸣雷　宋如玲　陆　杨　陈飞燕
徐炳荣　钱智芬　章水清　黄炳耀　韩兰芳

编　务　陈志英　高　锋

地　址　绍兴市柯桥区纺都路 1108 号
电　话　（0575）85561339　85561398
网　址　http://szb.kq.gov.cn
邮　编　312030

编辑说明

一、《柯桥年鉴(2020)》以马克思列宁主义、毛泽东思想、邓小平理论、“三个代表”重要思想、科学发展观、习近平新时代中国特色社会主义思想为指导，用辩证唯物主义和历史唯物主义的观点和方法，实事求是地记述一年中的人、事、物，力求思想性、科学性和信息性的统一。

二、《柯桥年鉴(2020)》记述柯桥区上一年度经济、政治、文化和社会生活的基本面貌及发展状况，旨在为领导决策提供依据，为社会各界了解区情、建设家乡提供资料，为精神文明建设、开展乡土教育提供教材，为研究柯桥区和编修《柯桥区志》积累史料。

三、《柯桥年鉴(2020)》记述的区域范围为2019年的柯桥区境。记述时限为2019年1月1日至12月31日。一些跨年度公布的事物，则于截稿时为止。重点记述年度内的大事、要事、特事，反映其内在的新变化、新经验、新问题。

四、《柯桥年鉴(2020)》按类目、分目、条目3个层次编辑；类目下一般设综述，分目下设概况，以便记述事物的变化和基本数据；条目为基本单位，一事一条，动态记述。

五、《柯桥年鉴(2020)》除专文外，采用记述体。文风力求严谨、朴实、简洁、通畅。数字、标点符号，分别执行国家标准《出版物上数字用法》(GB/T15835-2011)、《标点符号用法》(GB/T15834-2011)，有些计量单位如亩等顺从习惯。

六、《柯桥年鉴(2020)》所载文字内容及数据，均由区有关职能部门提供，并经各级领导和相关专业部门审核。其中有些数据，由于来源、统计口径等方面的原因，不同部门提供的同项目数字，也可能不尽一致，故正式引用应以该书“2019年柯桥区国民经济统计资料选刊”为准。部分数据、表格，在文尾注明引述来源。

七、《柯桥年鉴(2020)》所载相关单位、机构名称中涉及的符号、文字，尊重该单位、机构的原设计用法。

八、《柯桥年鉴(2020)》目录中的类目标题用英文标出。《柯桥年鉴(2020)》附正文索引、表索引。索引采用主题分析索引法，按主题词首字汉语拼音字母顺序排列。

2019 年柯桥区快览

行政区划面积 1066.02 平方千米

户籍人口 688003 人

地区生产总值 1504.27 亿元，人均生产总值 219713 元

工业总产值 2044.55 亿元

财政总收入 197.82 亿元

社会消费品零售总额 362.10 亿元

进出口总额 911.47 亿元，其中出口 867.52 亿元、进口 43.95 亿元

合同利用外资 6.27 亿美元，实际利用外资 4.01 亿美元

金融机构本外币存款余额 2162.56 亿元、贷款余额 1868.68 亿元

城镇居民人均可支配收入 68948 元

农村居民人均可支配收入 40655 元

2019年2月26日，浙江省委书记车俊（左二）到杨汛桥调研“三服务”活动开展情况

（杨汛桥街道　供稿）

2019年7月3日，浙江省委副书记、省长袁家军（左六）调研瑞丰银行，察看瑞丰银行深化“最多跑一次”改革自助服务区

（瑞丰银行　供稿）

2019 年 10 月 23 日，浙江省委常委、省纪委书记许罗德（前排左二）考察兰亭街道纪检监察规范化建设 （王　炜　摄）

2019 年 5 月，浙江省委常委、组织部部长黄建发（前排中）参观柯桥区军人之家

（区委政法委　供稿）

2019 年 3 月 16 日，中国绍兴第四届海内外高层次人才创新创业大赛启动仪式、2019 国家机器人发展论坛暨 RoboCup 机器人世界杯中国赛新闻发布会在深圳举行

（科技城建管委　供稿）

2019 年 9 月 28 日，长三角地区民营企业劳动竞赛现场交流会暨纺织行业职工职业技能竞赛在柯桥开幕

（区总工会　供稿）

2019 年 9 月 28 日，2019 中国绍兴柯桥国际纺织品博览会（秋季）在绍兴国际会展中心新馆举办 （施 斌 摄）

2019 年 11 月 8 日，第 25 届绍兴黄酒节暨“一带一路”中国（国际）黄酒产业博览会在柯桥举行 （施 斌 摄）

2019 年 4 月 28 日，柯桥区在意大利普拉托举办国际纺织展

（轻纺城建管委　供稿）

2019 年 7 月 22—24 日，中国轻纺城展团参加美国纽约服装面料及家纺展

（轻纺城建管委　供稿）

2019 年 9 月 26 日，“东方力量 · 闪耀纺都”暨柯桥时尚趋势发布启幕秀在中纺 CBD 东方米兰国际时尚发布中心举行 （区建设集团　供稿）

2019年12月15日，柯桥投资环境上海专场推介会 （区投资促进中心　供稿）

2019 年 11 月 15 日，世界墙纸墙布大会在柯桥区举行　　（施　斌　摄）

2019 年 9 月 23 日，世界布商大会参会嘉宾参观蓝印时尚小镇展馆

（柯桥经开区　供稿）

2019年12月，浙江清华长三角研究院开园　　（柯桥街道　供稿）

2019年10月，柯桥区跨境电商产业园投用　　（区建设集团　供稿）

2019 年 8 月 3 日，东方山水乐园二期项目“酷玩王国”开园迎客　　（黄　萍　摄）

2019 年 7 月 20 日，长三角第二届欢乐冰雪季在柯桥区举行　　（王香宜　摄）

2019 年 1 月 8 日，柯桥区印发机构改革方案　　（区史志研究室　供稿）

2019 年 11 月 15 日，柯桥区调整部分行政区划　　（区史志研究室　供稿）

2019 年 7 月，柯桥区被商务部认定为国家外贸转型升级基地（纺织）

（区商务局　供稿）

2019 年 7 月，柯桥区获批国家知识产权强县工程试点县（区）

（区市场监管局　供稿）

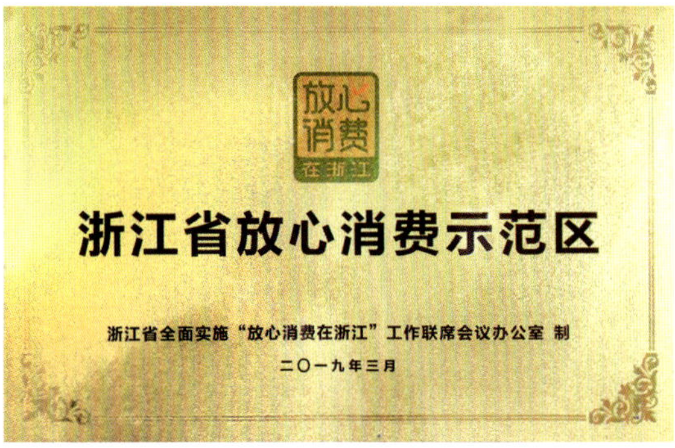

2019 年 3 月，柯桥区获批浙江省放心消费示范区

（区市场监管局　供稿）

2019年度柯桥区经济社会荣誉榜

◇ 2019年度柯桥区高质量发展贡献奖（区长奖）

高亚玲 （柯桥区杨汛桥街道中心小学教师）
黄 勇 （绍兴木林森纺织有限公司总经理）
陈仁林 （绍兴刻石山文化旅游发展有限公司董事长）
邓惠霞 （柯桥区乡贤、画家李平野遗孀）
精功企业纾困帮扶工作专班
柯桥区退役军人事务局
柯桥区民间救援协会 （战狼救援队）
柯桥区建设集团

◇ 2019年度柯桥区高质量发展贡献奖（经济发展突出贡献奖）

庞宝根 （宝业集团股份有限公司）
赵 军 （浙江浙能绍兴滨海热电有限责任公司）
蒋张水 （浙江天马实业股份有限公司）
虞阿五 （浙江日月首饰集团有限公司）
孙永根 （浙江天圣控股集团有限公司）
郑 刚 （绍兴华彬石化有限公司）
沈幼生 （索密克汽车配件有限公司）
徐茂根 （绍兴远东热电有限公司）
周永利 （浙江永利实业集团有限公司）

◇ 2019年度柯桥区高质量发展贡献奖（经济发展功臣）

陈永潮 （浙江永盛科技有限公司）
王伟峰 （浙江龙德环保热电有限公司）
俞杏英 （浙江万丰化工股份有限公司）
季国苗 （绍兴圣苗针纺有限公司）
张勤良 （浙江勤业建工集团有限公司）

张国荣 （中厦建设集团有限公司）
胡柏成 （浙江天工建设集团有限公司）
胡兴良 （浙江鼎元建设有限公司）
朱振东 （绍兴宝晨汽车销售服务有限公司）
祁志新 （绍兴阿太克生活制品有限公司）
沈汉江 （绍兴和兴茶叶有限公司）
王利芳 （浙江元尊纺织有限公司）

◇ 2019 年度柯桥区美丽柯桥建设优胜单位

平水镇
华舍街道
马鞍街道
漓渚镇
兰亭街道
钱清街道

◇ 2019 年度柯桥区政府质量奖

绍兴小轩窗布业有限公司
浙江金蝉布艺股份有限公司
浙江永盛科技有限公司

◇ 2019 年度柯桥区金融支持实体经济发展优胜单位

浙江绍兴瑞丰农村商业银行股份有限公司
上海银行股份有限公司绍兴分行
中国工商银行股份有限公司绍兴支行
中国农业银行股份有限公司绍兴柯桥支行
中国银行股份有限公司柯桥支行
中国建设银行股份有限公司柯桥支行
中信银行股份有限公司绍兴轻纺城支行
中国民生银行股份有限公司绍兴柯桥支行
杭州银行股份有限公司绍兴科技支行
浙江泰隆商业银行股份有限公司绍兴分行

目 录

农业农村经济

工业经济

建筑业

房地产业

商贸业

商务服务

开放型经济

市 场

旅游业

财政·税务

金融业

国土资源管理

环境保护

水 利

经济管理

应急管理

城镇建设与管理

交通运输·邮政

中共绍兴市柯桥区委员会

绍兴市柯桥区人民代表大会

绍兴市柯桥区人民政府

政协绍兴市柯桥区委员会

民主党派

社会团体

外事·侨务·港澳台事务

法　治

军 事

社会事务

教 育

文化·传媒

卫 生

体 育

外地媒体话柯桥

区人著述

柯桥新风

经济开发区

建制镇与街道

人　物

2019年柯桥区国民经济统计资料选刊

附 录

索 引

Contents

特 载

坚定信心 锚定目标 创新实干 奋力书写新时代柯桥高质量发展新篇章

——在区委一届四次全体(扩大)会议上的报告(摘要)

中共绍兴市柯桥区委书记 沈志江

(2019 年 1 月 7 日)

这次全会的主要任务是:高举习近平新时代中国特色社会主义思想伟大旗帜,深入学习贯彻习近平总书记在庆祝改革开放 40 周年纪念大会上的重要讲话精神,全面贯彻落实中央、省委经济工作会议和市委八届五次全会的决策部署,总结 2018 年工作,部署 2019 年和此后一个时期的工作重点,传达省委、省政府批复同意的《绍兴市柯桥区机构改革方案》有关精神,进一步动员全区上下坚定信心、锚定目标、创新实干,努力争当"'八八战略'再深化、改革开放再出发"的排头兵,以高质量发展的优异成绩迎接中华人民共和国成立 70 周年。

一、认真回顾过去一年工作,坚定推动高质量发展的信心决心

2018 年是柯桥发展史上砥砺奋进的一年。一年来,面对外部环境的深刻变化和新旧动能转换带来的压力和挑战,全区上下认真贯彻落实上级决策部署,瞄准"绍兴大城市建设的排头兵、接轨沪杭都

市圈的桥头堡”战略定位，解放思想、坚定奋斗、勇争一流，迈出了高质量发展的坚实步伐，综合实力位居全国百强区第12位，比上年提升一位，连续十年蝉联“中国全面小康十大示范县市”。

在工作中，区委常委会切实把方向、管大局、强决策、保落实，为柯桥高质量发展谋好篇、开好局。**一是旗帜鲜明讲政治**，深入学习领会习近平新时代中国特色社会主义思想，牢记习近平总书记对浙江工作的新期望，坚定自觉地与习近平同志为核心的党中央保持高度一致，坚决把上级的各项重大决策部署贯彻落实到柯桥的实践当中。**二是站高看远谋全局**，着眼高质量、现代化、竞争力，完善“四个两手抓”发展路径，提出“力争通过三到五年努力，综合实力迈入全国‘十强区’”的奋斗目标，高效推进党政机构改革、开发区体制调整、“大兰亭”建设等重大举措。**三是服务人民为中心**，始终把“民生实事”“关键小事”作为“头等大事”来抓，不断满足人民群众日益增长的美好生活需要，确保新一轮发展成果更好惠及全区人民。**四是以上率下作表率**，充分发挥示范带头作用，特别是区四套班子领导身体力行参加“大学习大调研大抓落实”活动，深化“八联系”和服务民营经济发展等机制，树起了实干担当“风向标”，提振了全区上下干事创业的精气神。**五是凝心聚力促发展**，坚持总揽全局、协调各方，既发挥好区委的领导核心作用，又协调好四套班子之间的关系，支持和保证人大、政府、政协和监察、审判、检察机关依法依章程履行职责，人民武装、民宗、外侨、老干部、关心下一代、残联、慈善等工作取得新进展，形成了同心同向、共促发展的强大合力。2018年，全年实现财政总收入198.6亿元，增长9.7%，其中一般公共预算收入126.4亿元，增长10.8%；城镇和农村常住居民人均可支配收入分别增长8.3%和8.8%。预计地区生产总值、社会消费品零售总额、自营出口分别增长7%、11%和9%。

——这是结构正向深度调整的一年，柯桥发展的动能越来越强。我们深化供给侧结构性改革，坚持传统产业改造提升和新兴产业培育壮大“两手抓”，预计规上工业产值增长7%，其中战略性新兴产业、高新技术产业、装备制造业增加值分别增长16%、10%和12%，服务业增加值增长8.5%，三次产业比调整为2.7∶48.9∶48.4。印染产业集聚升级工程顺利完成，印染加工转经销试点探索推行，华彬石化、永盛薄膜、恒鸣化纤全面复产，高端纺织产值预计增长5.5%；整治“低散乱”企业1332家，新增“个转企”466家、工业“下升上”157家。获“世界休闲城市”称号，成功创建全省首批建筑工业化示范城市和省全域旅游示范区。房地产市场平稳健康。农村一二三产业融合发展，国家级“花香漓渚”田园综合体、南部省级茶叶产业集聚区初具规模，海丰花卉等现代农业项目快速推进。抓招商选资“一号工程”，围绕“5+3+4”现代产业体系，全年引进总投资661亿元的36个重大产业项目，绍兴国际会展中心、绍兴“龙之梦”、福全产业新城等一批重点项目开工建设，实到外资3.16亿美元，引进内资104亿元，超额完成民间投资、交通基础设施投资、生态环境和公共设施投资、高新技术产业投资等4个省定有效投资指标。文化产业综合实力居全市首位，成为省专项资金重点扶持县(市、区)。

——这是改革开放走深走实的一年，柯桥发展的空间越来越大。我们以省委车俊书记对轻纺城30年发展的批示精神为动力，以“最多跑一次”改革为牵引，率先在全省实现企业投资项目竣工验收前“最多跑一次”改革目标，探索推行企业家综合评价全省试点和“标准地”“承诺制”等审批改革，成为省标准化战略重大试点项目应用示范地。完成全国农村集体产权制度改革试点，人力社保“最多跑一次”做法在全省推广，“四个办”建设、农村宅基地“有偿选位”探索在全市领先。坚持“两个毫不动摇”，为企业减负133亿元，盘活存量闲置土地2978亩，打好防范化解重大风险攻坚战，银行贷款不良率降至1.0%，为五年来最低；全面深化国企改革，推动融媒体发展。轻纺市场不断进化，圆满举办首届世界布商大会和纺博会、时尚周等活动，建成跨境电商产业园，开展“丝路柯桥·布满全球”行动，成功运营丝路柯桥·米兰馆、中欧时尚梦工厂等高端平台，成立北京、深圳、杭州柯桥商会，轻纺城的国际知名度和对外影响力不断扩大。轻纺城市场群、“网上轻纺城”分别实现成交额1808.4亿元、420.4亿元，增长10.1%和38.4%，获“中国版权金奖”保护奖。成为全省外贸十强县(市、区)。

——**这是创新活力加速释放的一年，柯桥发展的后劲越来越足**。我们坚持把创新摆在高质量发展的核心位置。对标杭州未来科技城，高标准打造绍兴金柯桥科技城、绍兴产业园、纺织产业创新服务综合体，人才创新港、创梦天地等创新创业平台相继开园，引进中科育成中心、清华长三院绍兴中心、江南大学、西安工程大学等高校院所研发机构，启动中科院总规模500亿元的联动创新母基金。突出企业主体，推动东盛慧谷、德美、壹迦等民营科技园建设，引进北大青鸟科技园等园区项目，新建“双创”基地71万平方米，启用美国波士顿海外创新孵化器，新认定高新技术企业68家，“浙江制造”标准制订和产品认证数全市第一。招引各类人才，举办第三届海内外高层次人才创新创业大赛，15名外籍院士入驻外国高端人才创新集聚区，数量居全市第一、全省前三。研究与试验发展经费支出占地区生产总值比重预计为2.36%，科技进步变化情况综合评价位列全市第一、全省第七，排名提升20位，科技产出、技术创新、科技投入综合评价分别跃居全省第三、第五和第六，排名提升50位、2位、50位，获全省市县党政领导科技进步考核优秀单位。

——**这是城市功能有机更新的一年，柯桥发展的品质越来越高**。我们抢抓大湾区、杭绍甬一体化和大绍兴建设的战略机遇，加快杭绍城际轨道、杭绍台高速、市区快速路等工程建设，启动杭金衢至杭绍台高速联络线建设，谋划推进杭州中环柯桥段，轻纺城大道高架、钱滨线建成通车，“融杭连甬接沪”的黄金枢纽优势进一步凸显。优化“1+3”城市发展格局，建成区扩展到72平方千米。高水平推进钱杨板块、马宅湖等重点区块开发建设，柯桥古镇牵手开元旅业，安昌古镇晋级国家AAAA级景区，阳明园建成开放。精致化管理深入推进，启用全省首个县级城市交通运行指数平台。培育做大展会经济，开展“月月有展会、天天可时尚”系列活动，成功协办绍兴发展大会，圆满举办世界会计论坛、全球物联网论坛、机器人世界杯、会稽山论坛等高端论坛、赛事和活动，城市的“国际范”和“现代感”越来越浓厚。

——**这是美丽家园持续发力的一年，柯桥发展的颜值越来越靓**。我们高起点实施乡村振兴战略，积极创建省美丽乡村示范县，1个村入选全国生态文化村，2个镇创建为省级美丽乡村示范镇，5个镇街通过省小城镇环境综合整治考核验收，2个田园入选全省100个最美田园。大力开展“五星达标、3A争创”，新增五星达标村89个、AAA级景区化建设示范村10个和AAA级景区村9个。联动推进“管线革命”“厕所革命”“垃圾革命”，垃圾分类实现城乡全覆盖，获评全省农村生活垃圾治理工作优胜县（市、区），“四好农村路”成为全国示范。高水平打好精准脱贫攻坚战，实施强村三年行动计划，强化东西部扶贫协作和对口支援，闲置农房激活工作领跑全市，“供销·淘实惠”农村电商网络加快铺开，推动工商资本“上山下乡”的做法得到省委主要领导批示肯定。高质量打好污染防治攻坚战，狠抓中央环保督察反馈问题整改，工业废水脱氮工程提前投用，饮用水源地工业企业关停搬迁如期完成。“五水共治”群众满意度测评全省优秀，鉴湖、大小坂湖获评省“最美河湖”；全年空气质量优良率78.1%；完成“三改”1378万平方米、拆违173万平方米，成功创建省级“基本无违建区”，柯桥的天更蓝、地更净、水更清、景更美。

——**这是民生福祉显著改善的一年，柯桥发展的成果越来越实**。我们对标一线城市，提供更多公平、普惠、优质的公共服务，全年财政用于民生支出93.1亿元，增长13.8%。签约引进北大附中柯桥未来学校，在全省率先创建全国义务教育优质均衡发展区，获省竞技体育突出贡献奖；医共体建设成为省级试点，基层首诊率、区域内就诊率分别达到64.1%和88.2%；新建文化礼堂50家，实现镇街文化分馆、图书馆全覆盖；完成老小区改造、镇街社会福利中心提档升级，农贸市场星级化改造成为全省样板，成功创建省食品安全区，通过国家卫生城市复评。成为全省首批“无欠薪”县（市、区）。持续深化“法治柯桥”“平安柯桥”建设，创新“三治融合”模式，“基层治理四平台”和“全科网格”工作走在前列，扫黑除恶专项斗争全面推进，“枫桥经验”纪念大会参观点筹备工作出色完成，消防安全“百日攻坚”等整治行动成效明显，信访、刑事发案、安全生产事故总量持续下降，连续十三年创建为省“平安区”。

——这是从严治党纵深推进的一年，柯桥发展的保障越来越优。我们深化拓展“两学一做”学习教育常态化制度化，全面落实意识形态工作责任，积极营造健康向上的主流舆论氛围。全域提升基层党建，扎实推进“五星”系列创建、基层党组织规范化标准化建设等工作。落实新时代好干部标准，大力弘扬“靠作风吃饭、凭实绩说话”的优良传统，出台镇街干部干事创业激励政策，竞争性选拔优秀年轻干部，健全容错纠错机制，打造高素质专业化干部队伍。加强和改进新形势下统战工作，民主党派基层组织标准化建设全面落地，党外人士之家建成启用，大统战格局进一步巩固提升。稳步推进机构改革，完成共青团、妇联、红十字会等群团组织换届。全面推进清廉柯桥建设，深入推动监察体制改革，强化基层公权力监督；严格落实“两个责任”，用好监督执纪“四种形态”，深入开展区委巡察，常态化正风肃纪，营造风清气正、心齐气足的政治生态。

这一年的奋斗，我们收获了发展的自信，收获了实干的自强。这些成绩的取得，是以习近平同志为核心的党中央和省委、市委正确领导的结果，是全区广大党员干部撸起袖子干出来的，是新时代的柯桥奋斗者挥洒汗水拼出来的。

在肯定成绩的同时，我们必须清醒看到，推动高质量发展还存在不少困难和挑战，主要是：发展不平衡不充分的问题依然存在，稳增长的压力在加大，创新发展、招商引智、项目建设力度还需加强，企业发展信心仍需提升；发展要素保障亟需改革创新、担当作为；城市管理、基础设施、生态环境、公共服务等热点难点问题亟待解决；安全生产、社会稳定等领域的各类风险不容忽视，保平安任重道远；面对新时代新挑战，个别党员干部的思想理念、担当意识、综合能力等方面还存在一定差距，等等。对此，我们必须高度重视，着力加以解决。

二、牢牢把握稳中求进主基调，奋力开拓高质量发展新局面

2019年是中华人民共和国成立70周年，是高水平全面建成小康社会的关键之年，也是我们柯桥加快转型跨越、努力实现晋位升级的重要一年。

2019年全区工作的指导思想是：以习近平新时代中国特色社会主义思想为指引，全面贯彻落实中央和省委、市委系列决策部署，紧紧围绕“‘八八战略’再深化、改革开放再出发”工作主线，坚持稳中求进主基调，把握“绍兴大城市建设的排头兵、接轨沪杭都市圈的桥头堡”战略定位，突出稳企业、增动能、保平安三方面工作，着力构建高质量的产业体系、创新体系、开放体系、生态体系、服务体系，奋力推进高基数上的高质量发展，以优异成绩迎接中华人民共和国成立70周年。

2019年经济社会发展的主要预期目标建议为：地区生产总值增长7%左右，一般公共预算收入增长8%以上，城乡常住居民收入增长与经济增长基本同步，全员劳动生产率稳步提高，研发经费支出占比2.4%以上，城镇登记失业率控制在3%以内，完成上级下达的节能减排目标任务。

按照上述指导思想和预期目标，做好2019年工作，重点是要锚定全国“十强区”奋斗目标，突出打造高质量发展的“柯桥标准”、建设新时期“国际纺织之都”、深化“最多跑一次”系列改革三个主方向，确保区域发展继续走在前列，为绍兴打造全省高质量发展的重要增长极、重返“综合实力30强”多作柯桥贡献。

（一）着力构建高质量的产业体系。产业是城市发展的基础，构建高质量的现代产业体系，是稳企业、增动能的根本所在。要着眼发展质量和效益提升，围绕“5+3+4”产业发展导向，坚持传统产业改造提升和新兴产业引进培育两手齐抓，加快重塑传统产业核心竞争力，形成新兴产业集群优势。要继续紧盯“绿色高端、世界领先”目标，有序高标承接越城区印染产业，大力推进产业智能化改造，全力支持大企业、大集团做优做强，有力推进小微企业园建设，做精做特中小企业配套产业链，形成大企业标杆引领、中小企业“专精特新”的良好格局，打造全国印染产业转型升级示范区。要坚持以招商论英雄、以落地论成败，继续突出招商选资“一号工程”，切实发挥开发区、度假区等大平台作用，紧盯“市县长项目工程”，集中精力抓大项目抓好项目，加快推动重点项目落地投产，努力实现新兴产业集群发展，不断提高柯桥产业的综合竞争力。

（二）着力构建高质量的创新体系。创新是引领发展的第一动力，也是柯桥发展的后劲所系。要坚决落实“创新强区”的发展导向，抓实创新要素集聚、创新资源激活、创新成果转化，以创新增动能提质量。要在良好基础上，继续坚持党政主导、各界参与，加大人才、创新政策的制定出台和落地力度，围绕全域打造科技城和纺织产业创新服务综合体建设，加强创新平台、民营科技园区等建设，不断优化人才、创新生态。要大力推动人才、企业、项目、平台加快融合，优化考核激励机制，想方设法激发创新资源活力。要更好发挥科技大市场作用，推进科研成果产业化，高度重视抓好科技孵化项目在本地产业化，致力发掘、培育一批柯桥未来发展新的增长点。

（三）着力构建高质量的开放体系。必须坚持扩大开放，这是中国改革开放40年的宝贵经验之一；发展更高层次的开放型经济，是新时期柯桥实现高质量发展的必由之路。构建高质量的开放体系，要围绕“一带一路”战略，抢抓长三角一体化上升为国家战略机遇，坚定不移“融杭连甬接沪”，重点抓好“城市”“市场”“展会”“交通”四个关键词，围绕新时期“国际纺织之都”目标，规划布局“1+3”城市发展格局，高标推进马宅湖等城市基础性、公益性项目，加快绍兴“龙之梦”等重大项目建设，强化城市精致化管理，着力提升柯桥的国际化、时尚化、高端化水平；坚持产城融合方针，深入推动轻纺城市场转型进化，做大做强“网上轻纺城”，持续提升市场吸引力和竞争力；坚持时尚创意导向，深化实施“丝路柯桥·布满全球”行动，精准开展“月月有展会、天天可时尚”系列活动，进一步打响时尚展会品牌，提升城市形象；坚持融杭发展理念，加快城际轨道交通、杭绍台高速西线、杭州中环等融杭重点交通项目建设，积极建好主通道、打通断头路，以交通的高效连接，推动产业、技术、人才等的高效承接。

（四）着力构建高质量的生态体系。习近平总书记强调，生态兴则文明兴，生态衰则文明衰。必须全面践行绿色发展理念，坚决打赢污染防治攻坚战，保障经济社会持续健康发展。要正确处理好监管与引导的关系，既要严守生态保护红线，坚持铁腕治理环境违法问题，也要深入推进“碧水行动”“蓝天行动”“净土行动”“清废行动”和“垃圾革命”“厕所革命”“污水革命”，教育引导人民群众自觉参与生态治理。要正确处理好保护与补偿的关系，既要坚决贯彻执行上级对生态保护的部署要求，切实保护好水源地、后花园，又要调整健全生态补偿政策，稳妥有序解决好南部三镇群众的生活所要、发展所需。要正确处理好美丽与发展的关系，深入实施乡村振兴战略，大力发展乡村旅游、民宿经济、农村电商等新业态，做优做强美丽经济，不断满足人民群众对美好生活的新期待。

（五）着力构建高质量的服务体系。不断优化服务，是加快高质量发展的内在要求，也是高质量发展的内生特点。要聚焦行政审批改革，抓住“互联网+”、大数据时代的发展机遇，在加快投资项目审批、打破信息孤岛、实现数据共享等方面持续加力，不断释放改革红利、激活发展活力。要聚焦营商环境优化，想方设法健全提升融资、创新、用工、走出去、知识产权、安全生产等方面机制保障，尤其是要以构建“亲”“清”新型政商关系为指引，强化部门、镇街领导与企业家的面对面沟通，帮助协调解决企业发展和项目推进中遇到的问题。要聚焦富民惠民安民，统筹推进文化、教育、医疗、养老等民生事业提质升档，深化农村文化礼堂和“一园一部”建设，坚决守牢治危防患、防汛防台、安全生产、社会稳定四条红线，让人民群众更好共享高质量发展新成果。

三、坚定不移全面从严治党，为高质量发展提供坚强政治保障

事业发展，关键在党，关键在人。全区各级党组织要紧紧围绕新时代党的建设总要求，从严落实“八个坚定不移”，全力推动全面从严治党向纵深发展，以高质量的党建工作引领和保障高质量发展。

（一）要牢牢把握政治方向。深入学习贯彻习近平新时代中国特色社会主义思想和中共十九大，中共十九届二中、三中全会精神，牢记习近平总书记对浙江工作的新期望，始终把政治建设摆在首位，牢固树立“四个意识”、增强“四个自信”，践行

“两个维护”，确保上级决策部署在柯桥率先落地见效。扎实开展中华人民共和国成立70周年纪念活动、“不忘初心、牢记使命”主题教育，引导广大党员干部不负重托、不辱使命、不愧时代。严格落实意识形态工作责任制，抓好融媒体中心建设、文化产业培育等工作，弘扬社会主义核心价值观，全面传播柯桥“好声音”、唱响时代主旋律。

（二）要紧紧抓住基层党建。全面深化“美丽党建、美好党建”，以联盟化、片区化推动“五星”系列创建，积极打造“乡村振兴党建联盟”“城市共享党建联盟”，全面加强“两新”组织、机关、学校、医院、国企等各领域党建工作，坚持党建带群建、群建促党建，全域提升党建质量，打造更多党建品牌。突出“党的一切工作到支部”的鲜明导向，遵照执行《中国共产党支部工作条例（试行）》，严格落实“三会一课”等制度，强化基层党组织规范化标准化建设，真正做到“一名党员一面旗帜，一个支部一座堡垒”。

（三）要时时不忘提振作风。严格对照新时代好干部标准，坚持正确用人导向，大力弘扬“靠作风吃饭、凭实绩说话”的优良传统。以机构改革为契机，坚持严管与厚爱结合、激励与约束并重，完善各类考核培训，落实鼓励激励、容错纠错、能上能下等机制，注重一线淬炼、轮岗锻炼，倾听基层干部心声，更好激发党员干部担当的热情、干事的激情、争先的豪情，对不作为、慢作为、推诿扯皮的严肃问责，以一流的干部作风引领柯桥一流的发展。

（四）要持续推进清廉建设。深入推进纪律检查体制和监察体制“两项改革”，严格落实中央八项规定和实施细则精神，层层压实“两个责任”，正确运用好监督执纪“四种形态”，紧盯“四风”老问题、剑指“四风”新动向，持之以恒正风肃纪，保持惩治腐败的高压态势，巩固发展反腐败的压倒性胜利。更好发挥巡察利剑作用，紧盯重点领域、关键环节，高质量完成巡察任务，推动全面从严治党向基层延伸。加快推进基层纪检监察工作规范化建设，切实强化基层公权力监督，不断深化清廉柯桥建设，涵养风清气正的政治生态。

绍兴市柯桥区人民代表大会常务委员会工作报告（摘要）

——在绍兴市柯桥区第一届人民代表大会第三次会议上

绍兴市柯桥区人民代表大会常务委员会主任 吴 晓

（2019 年 1 月 10 日）

一、2018 年的主要工作

2018 年以来，区人大常委会认真贯彻落实中共十九大和十九届二中、三中全会精神以及区委各项决策部署，围绕全区经济社会发展大局，紧密团结和依靠广大代表，依法行使职权，积极开展工作。全年共召开常委会会议 8 次，主任会议 14 次，听取和审议专项工作报告 27 个，作出决议、决定和审议意见 23 个，组织执法检查、代表视察和代表约见活动 21 次，依法任免国家机关工作人员 97 人次，开展各类专题调研 27 项，较好完成了各项工作任务，为促进全区经济社会发展和民主法治建设，发挥了应有的作用。

（一）坚持区委坚强领导，服务大局有新成效

聚焦实体经济发展。以“坚持高质量发展、实现实体经济新飞跃”为主题，深入镇街、企业开展调研，听取和审议相关情况报告，开展专题询问，要求区政府和相关部门高度重视实体经济发展工作，为实体经济高质量发展提供优质服务，营造良好氛围。以企业投资项目行政审批集成式改革为重点，持续督查“最多跑一次”改革。听取和审议区“十三五”规划实施情况中期评估报告和计划、预算、审计工作报告，探索开展政府投资项目绩效评估工作，促进财政稳健高效运行、经济持续健康发展。

聚焦两大平台建设。专题督查轻纺城转型升级工作，围绕打造新时期“国际纺织之都”这一总体目标，通过调查研究、听取报告和集体讨论，提出有针对性的意见建议，区政府认真研究、充分吸纳，及时制定行动方案，扎实推进转型升级各项工作，进一步擦亮中国轻纺城这张“金名片”。跟踪督查金柯桥科技城建设工作，听取和审议相关工作报告，提出要对标先进谋发展，多措并举求突破，加快提升区域经济创新力和竞争力。

聚焦城市建设管理。把握柯桥城市建设新定位，对融杭路网规划建设工作开展重点督查，力促以交通融合推动城市融合、经济融合、发展融合，加快开创柯桥现代化建设新局面。以督查落实绍兴市市容和环境卫生管理规定、文明行为促进条例为载体，积极助推全国文明城市、卫生城市复评工作，提高城市管理水平和居民文明素质。对土地整治规划编制工作、拆迁工作分别开展督查，促进城镇面貌加快改善，为城市建设和经济发展拓展空间、创造条件。

聚焦基层社会治理。组织代表视察"基层治理四平台"建设工作，约见区政府和相关部门、镇街负责人，通过"一问一答"互动交流、形成共识，推动相关意见建议得到贯彻落实，助力打造基层治理的"柯桥样板"。先后对宗教事务管理、消防安全等工作开展督查，推动提高社会治理的社会化、法治化、智能化、专业化水平。认真做好人大信访工作，依法维护群众权益和社会稳定。

（二）坚持宪法法律至上，法治建设有新作为

大力弘扬宪法精神。常委会牢固树立宪法法律至上理念，把学习宣传和贯彻实施宪法列入重要日程，通过党组学习、人大讲坛、参观"五四宪法"历史资料陈列馆、修改和实施柯桥区宪法宣誓制度办法等途径，带头学习宪法、尊崇宪法，积极推动宪法全面贯彻实施。

切实加强执法检查。对区政府贯彻执行《中华人民共和国固体废物污染环境防治法》《浙江省固体废物污染环境防治条例》工作情况，开展执法检查，听取和审议相关工作报告，提出审议意见并严格督促落实。对国务院《宗教事务条例》《浙江省消防条例》贯彻落实情况开展法律监督，对《绍兴市水资源保护条例》执法评议进行"回头看"。探索开展委托第三方进行规范性文件备案审查工作，确保法律法规在柯桥区正确有效实施。

积极助推司法改革。常委会持续关注并积极推动柯桥区司法体制改革工作，通过深入调研、了解情况，听取和审议区法院、区检察院司法改革工作报告，及时提出审议意见，区法院、区检察院狠抓落实，坚持不懈、深入推进司法改革各项工作，取得了阶段性成效。认真执行新修订的《中华人民共和国人民陪审员法》有关规定，依法作出关于增加人民陪审员名额的决定，积极推动司法民主，促进司法公正。

合力加强普法工作。听取和审议"七五"普法工作报告，督促政府把普法工作更好与中心工作、法治实践相结合，让人民群众拥有更多更强的法治获得感。坚持"一月一法"人大讲坛，组织代表旁听法院庭审、参加检察开放日等活动，着力提高全社会的法律素养。配合上级人大建立立法执法联动机制，着力完善基层立法调研体系，深入开展立法调研、执法检查和法制宣传等工作，努力营造良好的法治环境。

（三）坚持以人民为中心，民生福祉有新改善

督促落实民生实事。突出人民代表大会履职行权的法定性和权威性，对大会票决产生的10项民生实事，由常委会领导带队分组督查，组织代表集中视察，多次听取工作报告，提出意见建议，加强督办落实，形成了"全程监督、全面监督、全员监督"的有效工作机制。特别是对连续两年票决产生的镇村农贸市场提档升级项目，作为全年首项监督议题，集中力量开展督查，有力推动了大会票决项目的按时建成、惠及群众。

助力发展社会事业。专题督查医疗共同体改革省级试点工作，提出要以改革创新精神，努力探索更多经验，打造更多亮点，让人民群众能在家门口享受到更高水准的诊疗服务。连续第二年督查校外培训机构整治工作，对发现的问题一督到底，确保整改见效，促进教学和社会环境不断优化。

大力推动乡村振兴。专题督查"花香漓渚"田园综合体国家级试点工作，通过深入调研和学习考察，提出"加强资源整合、深化产业融合、推动多方联合、抓好工作结合"等多项建议，助力打造田园综合体建设的浙江样板和柯桥品牌。上下联动对农村土地"三权分置"工作开展督查。组织代表视察休闲农业发展工作，推动休闲农业向高质量发展、向高水平跃升。

监督环境保护工作。听取和审议生态环境状况和环境保护目标完成情况报告，督促区政府和相关部门自觉履行生态环境保护责任，加快形成绿色发展行动体系。专题督查固体废物污染环境防治工作和垃圾分类工作，要求协同推进固体废物处置和大气、水污染防治等工作，让柯桥天更蓝、水更清、环境更优美。

（四）坚持优化服务保障，代表履职有新活力

*增强代表依法履职能力。*坚持代表列席常委会会议、参加调研督查等工作，不断拓宽代表参与常委会工作渠道。组织代表履职培训，邀请履职优秀的人大代表传授经验，代表履职意识和能力不断提升。有效运用“柯桥人大”APP等信息化手段，全面加强代表履职登记和考评，督促代表履职尽责、发挥作用。

*促进代表密切联系群众。*积极开展新一轮代表联络站（室）的规范提升和向基层延伸工作，常态化开展接待活动，着力打通代表联系选民群众的“最后一千米”。组建代表专业小组，在中国轻纺城建立全省首个专业市场代表联络站。深入开展领导干部代表带头进选区活动，帮助解决具体问题，带动广大代表更好服务群众，活动成效和影响力显著提升，获得“浙江人大工作与时俱进奖”。

*创新代表建议督办方式。*制定出台代表建议办理工作规程，对重点督办建议进行专题交办、各委室分工督办，首次组织领衔代表和相关承办单位开展集中面商活动，区政府领导和牵头督办的常委会领导逐一点评，示范带动代表建议办理质量全面提升，区一届人大二次会议期间的282件代表建议都做到了“件件有着落、事事有回应”。认真督办闭会期间代表“直通车”建议，推动问题及时解决、及时答复。

*加强镇街人大工作指导。*坚持常委会领导和机关委室分片联系镇街制度，上下联动开展调研、视察和各类主题活动，全面落实生态环境状况报告制度，指导开展代表联民议事、民生实事积分制考核等试点工作，民生实事项目票选制度和议政会制度在各街道实现全覆盖，全区人大工作合力和整体水平得到进一步提高。

（五）坚持高标准严要求，自身建设有新提升

*发挥党组核心作用。*以思想政治建设和党组织建设为抓手，常态化开展常委会及机关专题学习，组织人大系统干部集中培训，深入学习贯彻习近平总书记关于坚持和完善人民代表大会制度的重要思想，自觉强化服从区委领导和服务改革发展大局的坚定性、自觉性，推动人大工作和干部素质全面提升。

*发挥制度规范作用。*健全常委会工作制度和专门委员会工作规则，各项工作的质量效果特别是监督工作的刚性实效不断增强；修订出台常委会讨论决定重大事项的规定，促进重大决策科学化、民主化、法治化；坚持党管干部原则，完善人事任免制度，确保党委人事意图顺利实现。全面加强机关内部管理和信息宣传、老干部等工作。

*发挥调研参谋作用。*认真贯彻“大学习、大调研、大抓落实”活动要求，围绕区委中心工作和人大监督事项，深入开展“八联系”、蹲点调研、“走企连心”等活动，密切联系代表和群众，广泛听取意见，及时反映问题，使常委会各项工作更加符合民意、富有成效，并积极向区委、区政府提出高质量有价值的建议，得到高度重视和吸纳落实。

*发挥纪律保障作用。*认真贯彻“清廉柯桥”决策部署，切实加强党风廉政建设、作风建设，严格落实“三会一课”等制度，定期组织民主生活会、组织生活会和“主题党日”等活动，严明政治规矩，严格纪律约束，营造人大机关风清气正、奋发有为的良好氛围。

回顾过去一年，我们也清醒地认识到，对照党对人大工作的新要求、经济社会发展的新任务、全区人大代表和人民群众的新期盼，常委会工作还存在一些问题和不足，如监督实效有待进一步提升，代表工作和自身建设有待进一步加强，指导和督促镇街人大工作的力度也有待进一步加大等。对这些问题，我们将采取有效措施，切实加以改进。

二、2019年的主要任务

2019年是中华人民共和国成立70周年，是高水平全面建成小康社会、推动高质量发展的关键之年。区人大常委会工作的总体要求是：以习近平新时代中国特色社会主义思想为指导，认真贯彻落实中共十九大精神和区委一届四次全会决策部署，更加自觉地坚持党的领导，充分行使宪法法律赋予的各项职权，坚持发扬民主，严格依法办事，全面务实抓好各项工作，为加快打造“绍兴大城市建设的排头兵、接轨沪杭都市圈的桥头堡”，推动区域经济社会发展和民主法治建设作出积极努力。

根据上述总体要求，重点做好以下五方面工作：

（一）紧扣中心大局，全力推动高质量发展

围绕事关全局的重大问题和高质量发展要求，提高站位、找准定位，积极推动区委决策部署贯彻落实。以“创造更好发展环境、努力推动民营企业做强做优”为主题，开展民营企业代表大走访活动，深入调研、加强督查、提出建议，坚定支持民营企业发展壮大。持续督查轻纺城转型升级工作，助力打造新时期“国际纺织之都”。专题督查创新驱动发展工作，推动提升区域经济发展动力和创造活力。组织代表视察全域旅游发展工作，促进旅游产业提质增效。听取和审议计划、预算、审计工作报告，深入实施政府投资项目绩效评估工作，探索开展预算联网审查，促进财政和经济运行更加高效、更有质量。听取和审议国有资产管理情况报告。围绕实施乡村振兴战略，专题督查“强村消薄”工作，加快构建城乡均衡发展新格局。规范和深化生态环境状况报告制度，实现报告工作制度化、常态化。组织代表视察大气污染防治工作，促进空气质量持续改善。

（二）依法履行职权，致力建设高水平法治

支持和促进“一府一委两院”严格执法、公正司法，不断提高全社会的法治化水平。对《中华人民共和国食品安全法》贯彻执行情况开展检查，对《绍兴市市容和环境卫生管理规定》《绍兴市文明行为促进条例》执法情况进行“回头看”，健全委托第三方开展规范性文件备案审查机制，更好维护法制统一、推动法律实施。听取和审议区监委关于强化基层公权力监督工作情况报告，推动廉政治理不断深化。对区法院刑事审判工作和区检察院公诉工作开展专题询问，维护刑事司法的严肃性和公正性。对扫黑除恶工作开展督查，促进社会和谐稳定。充分发挥立法调研联系点和立法工作调研员的作用，配合上级人大开展立法调研和执法检查。继续做好普法宣传和人大信访工作，引导群众依法理性维权。

（三）服务社会民生，助力追求高品质生活

畅通民意表达渠道，及时回应广大群众对美好生活的向往。对大会票决产生的民生实事项目，进一步健全机制、落实责任，全面加强后续监督，确保项目实施严肃规范，更好惠及广大群众。高度重视食品安全监管工作，开展督促检查，切实保障老百姓舌尖上的安全。组织代表视察体育产业发展工作，推动体育产业健康发展。听取和审议《关于全面提升城镇水患防御能力议案的决议》实施工作报告，组织代表视察防洪排涝河道整治二期工程，确保议案决议实施圆满完成，使人民美好生活更有保障。

（四）加强代表工作，着力提供高标准服务

突出代表主体地位，强化服务保障，创新活动平台，更大力度支持和推动代表发挥作用。制定出台支持保障代表履职的意见办法，继续加强代表履职培训和登记、考评等工作，全面规范和督促代表履行法定职责。以打造标杆代表联络站为抓手，引领和带动代表联络站（室）建设更加规范、活动更加丰富，继续探索专业市场代表联络站的有效运行方式，推动代表密切联系选民群众。常态化组织开展领导干部代表带头进选区活动，进一步提升活动实效，擦亮活动品牌。加大代表议案建议督办力度，健全完善重点督办建议专题交办、常委会领导和委室分工督办、领衔代表面商跟办等工作机制，推动问题有效解决，取得代表和群众更加满意的效果。全面规范各镇人大会议和街道议政会制度，指导各镇街全面加强民生实事项目代表票决制（票选制）及后续监督、深化生态环境状况报告制度、开展代表届中评议政府等工作，更好推动镇街人大工作的整体提升。

（五）狠抓自身建设，努力打造高素质队伍

深入学习习近平总书记关于坚持和完善人民代表大会制度的重要思想，进一步强化坚持党的领导、坚定人大制度自信的思想自觉和行动自觉。以省市区委召开人大工作会议为契机，积极探索人大工作的新思路、新方法、新载体，与时俱进做好人大工作。继续完善“人大讲坛”学习制度和依法履职各项制度，注重理论研究，加大宣传力度，促进人大干部在学习实践中不断提高履职能力。密切联系代表和群众，深入开展调查研究，广泛听取意见建议，为进一步提高常委会工作质量提供依据和参考。认真落实党建工作要求和“清廉柯桥”建设要求，全面加强思想政治建设、组织建设和党风廉政建设，努力打造政治坚定、履职优秀、作风优良、纪律严明的人大机关和干部队伍，推动柯桥区人大工作再上新台阶。

政府工作报告（摘要）

——在绍兴市柯桥区第一届人民代表大会第三次会议上

绍兴市柯桥区人民政府区长　赵如浪

（2019 年 1 月 9 日）

一、2018 年工作回顾

2018 年是全面贯彻中共十九大精神的开局之年，是改革开放 40 周年。我们在区委的坚强领导下，高举习近平新时代中国特色社会主义思想伟大旗帜，积极应对各种困难挑战，全面落实中央和省市决策部署，认真执行区人大及其常委会的各项决议，按照“绍兴大城市建设的排头兵、接轨沪杭都市圈的桥头堡”战略定位，聚焦高质量、现代化、竞争力，与全区人民一起加油干，较好完成区一届人大二次会议确定的各项目标任务。初步核算，全年地区生产总值 1404.6 亿元，增长 6.8%；财政总收入 198.58 亿元，增长 9.7%，其中一般公共预算收入 126.36 亿元，增长 10.8%；研发经费支出占比 2.36%；社会消费品零售总额增长 11.1%；城乡常住居民人均可支配收入分别增长 8.5% 和 8.8%；城镇登记失业率 2.25%；人口自然增长率 1.6‰。综合实力居全国百强区第 12 位，比上年提升一位；连续十年蝉联中国全面小康十大示范县市。

一年来，我们主要做了以下工作：

（一）致力于调结构、稳增长，经济实现高质量发展。轻纺市场加快改造，整体拆除老服装市场，建成西市场、南门广场，改造展示中心。成功举办首届世界布商大会。打造国际贸易区，新注册贸易公司 1400 家。全年出口预计增长 9.5%，跻身全省外贸十强县（市、区）。新增电商企业 155 家，建成轻纺城跨境电商产业园，网络零售额增长 25%。提升市场经营，圆满完成北联市场新一轮公开招租，加强花样版权保护，荣获“中国版权金奖”保护奖。保持市场活力，新注册市场主体 3500 家，市场群成交额 1808.4 亿元，增长 10.1%，网上成交额 420.4 亿元，增长 38.4%。轻纺城 30 年发展成就得到省委主要领导批示肯定。深化传统产业改造提升省级试点，历经八年顺利完成全区印染产业集聚升级工程，实现退出区内无印染企业。印染集群效应逐步显现，蓝印时尚小镇日益繁华。“华彬石化”“永盛薄膜”“恒鸣化纤”全面复产。规范提升工业小区，整治 1332

家“低散乱”企业，盘活闲置厂房50万平方米，建成小微企业园35家，集聚入园683家小微企业。新增“个转企”466家，“下升上”172家。“五大千亿”产业加快发展。时尚创意基地形成区域品牌效应，引进中国女装面料流行趋势研究院，开启中欧时尚梦工厂，17家欧洲设计企业签约落户，荣获国际工业设计大赛“TIM十佳服务平台奖”，营业收入增长13%，带动相关销售增长25.5%。建筑产业现代化提速，产值突破520亿元，增长31.3%，成为全省首批建筑工业化示范城市。旅游业全域提升，安昌古镇晋级国家AAAA级旅游景区，东方山水二期主体建成，“夜鲁镇”免费开放，举办长三角运动休闲体验季、新锐电影节等活动，荣获“世界休闲城市”称号。全年旅游收入突破252亿元，增长15.1%，创建成为省全域旅游示范区。加大技改投入，培育高端纺织，产值预计增长5.5%，占纺织业比重提高7个百分点。实施“标准化+”质量提升工程，推动先进装备制造，参与制定国家、行业标准4项，发布“浙江制造”标准12项，12个产品通过“浙江制造”认证，产值增长10%。现代农业融合发展，国家级“花香漓渚”田园综合体初具形象，南部省级茶叶产业集聚区一期建成，“海丰花卉”等项目实现多产联动发展，粮食生产保持稳定，农业总产值增长2%。预计三次产业比调整为2.7∶48.9∶48.4，结构进一步优化。

（二）致力于抓改革、增动能，区域竞争力显著提升。深化供给侧结构性改革，全面落实降本减负政策，累计减轻企业负担133亿元。主动关心帮扶企业，稳妥化解遗留问题。完成企业投资项目行政审批集成式改革省级试点，实现竣工前“最多跑一次”。一般企业投资项目实现开工前审批最多100天。“亩均论英雄”持续深化。“四个办”改革领跑全市。加强“信用柯桥”建设，积极处置不良贷款，银行不良贷款率降到1%，为五年来最低；存贷款余额增长12.3%，为五年来最高。金柯桥基金小镇充满活力，成立首期规模200亿元的中科院联动创新基金，新增基金及各类管理公司74家，基金管理规模累计超千亿元。开展项目竞赛，引进恒天新能源汽车等重大项目36个，总投资661亿元，其中8个项目入选“市县长项目工程”，落地率达到71.4%。华东智慧物流园、元筑装配式建筑等重点产业项目加快推进，实到外资3.16亿美元，引进内资104亿元，超额完成省定四个结构性投资指标。土地保障有力，新增建设用地指标3201亩，盘活存量闲置土地2978亩。科技城更有吸引力，相继引进中科湾区（浙江）创新中心、清华长三角研究院国际人才运营中心等知名研发机构。15名外籍院士入驻外国高端人才创新集聚区。启动东盛慧谷、启迪凤凰庄、壹迦等民营科技园建设，运营人才创新港等科创平台，规划新建创新创业基地71万平方米。设立美国波士顿海外创新孵化器，举办第三届海内外高层次人才创新创业大赛，引进科创项目38个。积极招才引智，人才数量全市第一。加快“两化融合”，预计“企业上云”3410家，工业机器人突破540台。新认定高新技术企业68家、省级企业研发机构8家，打造市级行业“隐形冠军”企业25家。预计新授权发明专利375件。科技产出、技术创新分别上升到全省第3位、第5位，科技进步变化情况综合评价跃居全省第7位，比上年提升20位，获评全省市县党政领导科技进步考核优秀单位。

（三）致力于大开放、提品质，现代化新城更具魅力。融入杭绍甬一体化步伐加快，开工建设杭金衢至杭绍台高速联络线，推进杭绍台高速、杭绍城际轨道等融杭交通项目，轻纺城大道高架镜水路互通、钱滨线建成通车。开展“丝路柯桥·布满全球”行动，轻纺城首个海外面料展示馆——米兰馆顺利开馆，成功举办越南、缅甸、巴基斯坦、意大利等“一带一路”境外展。承办绍兴发展大会，举办世界会计论坛、机器人世界杯、会稽山论坛、纺博会、时尚周等大展会、大论坛、大活动，实现“月月有展会、天天可时尚”。发挥北京、深圳等地柯桥商会作用，助推轻纺城更好连接大都市。完善城市分区规划，按国际标准实施钱杨板块、马宅湖、新开河、瓜渚湖南岸等重点区块的城市设计。推进城中村改造，拆迁206万平方米，城市建成区扩展到72平方千米。启动绍兴国际会展中心、绍兴龙之梦、元垄城等区域联动项目，对接融合镜湖新区。成功牵手开元旅业，引进社会资本，更好保护开发柯桥古镇。筹建绍兴兰亭文化旅游度假区，高标准完成绍大线全线景观提升，阳明园正式开放，拉开“大兰亭”开发序幕。华夏幸福产业新城落地福全，一期引进7个项目。老旧小区三年改造圆满收官，惠及52个小区、1.2万户居民。完成老城区背街小巷环境整治提升一期工程，加大市容秩序、违法建设等综合整治，“三改”1378万平方米，拆违173万平方米，创建成为省级“基本无违建区”。漓渚等5个小城镇环境综合整治通过省级验收。打造“城市数据大脑”，启用全省首个县级城市交通运行指数平台，智慧公安、智慧城管、智慧旅游建设全省领先。疏通排涝管网759千米，推动海绵城市建设，城市承载力进一步提升。

（四）致力于优生态、兴乡村，全域建成美丽升级版。深入践行“两山”理论，扎实整改中央环保督察反馈问题，提前投用工业废水脱氮工程，关停搬迁汤浦水库水源地保护区内工业企业。自然资源例行督察发现问题基本整改完毕。深化“河长制”，创新“湖长制”，开展“碧水行动”，建设“污水零直排区”，“五水共治”群众满意度测评全省优秀。百项千亿防洪排涝工程建设走在全省前列，清淤205万立方米，28个市对区考核断面水质全部Ⅲ类水标准以上。瓜渚湖入选全省首批十大运动休闲湖泊，鉴湖、大小坂湖获评省级“美丽河湖”。打好“蓝天保卫战”，全年空气质量优良率为78.1%，PM2.5均值38微克/立方米，比上年下降5%。“浙能”“华鑫”等环保项目难中求进，印染污泥、工业固废全部得到规范处置。城乡垃圾分类全覆盖，获评全省农村生活垃圾治理工作优胜县（市、区）。大力度深化“五星达标、3A争创”，创建马鞍镇亭山桥等89个五星达标村，安昌街道大山西等10个AAA级景区化示范村。棠棣村建成全市首个乡村振兴讲习所，入选2018年全国生态文化村。齐贤、夏履创建为省级美丽乡村示范镇，平水等3个镇创建为市级美丽乡村示范镇。打造省级特色精品村5个，市级特色精品村10个。培育大渡社区、鲁镇社区等一批和美家园社区。提前改造等外路、差等路106千米，被评为首批“四好农村路”全国示范县。国土绿化2255亩，造林更新4555亩，创建市级森林村庄15个。开展闲置农房激活市级试点，盘活农房12.3万平方米，打造平水刻石山雅居、王坛南山小院等网红民宿，带动乡村休闲等美丽经济增长23%。

（五）致力于办实事、惠民生，更多群众过上美好生活。十项民生实事如期完成。全年财政用于民生支出93.1亿元，比上年增长13.8%，占一般公共预算支出82.5%。新增城镇就业2.5万人。成功创建全省首批“无欠薪”县（市、区）。新（扩）建幼儿园、中小学21所，绍兴财经旅游学校建成投用，签约引进北大附中柯桥未来学校。开通学生通勤公交线路89条，惠及8300余名学生。完成医共体改革省级试点，组建3个区级医共体，新建25个名医工作室，推动优质医疗资源“双下沉、两提升”，基层首诊率、区域内就诊率分别提高到64.1%和88.2%。通过国家卫生城市复审。柯桥选手在第十六届省运会上表现出色，获浙江省竞技体育突出贡献奖。新建文化礼堂61家、文化分馆8家，镇街文化分馆实现全覆盖。推出莲花剧场文旅一台戏，组织“幸福水乡才艺秀”等群众文体活动7000余场。越剧《王阳明》献演国家大剧院。夏履镇双叶村入选第五批中国传统村落保护名录。发放救助金1.34亿元，救助各类困难群众60.5万人次。新增企业冠名慈善基金13个，募集善款3862万元。累计投入2亿元，全面完成镇街社会福利中心提档升级。建成示范型居家养老服务照料中心32家。免费为全区60周岁以上户籍老人办理出行平安保险，向60周岁以上户籍失智老人发放智能“黄手环”。推进交通治堵，城区早晚高峰平均通行时速同比提高3.8千米，拥堵指数比上年减少14.2个百分点。改造镇村农贸市场22家，星级化管理经验全省推广，成功创建省食品安全区。1857台垂直乘客电梯纳入信息化智能平台，实现实时安全监管。开展消防安全“百日攻坚”等整治行动，安全事故起数、死亡人数分别下降31.3%和25%，其中火灾起数下降46.6%。化解153个市级重点信访督查件，连续两年实现赴京“零非访”。扫黑除恶专项斗争稳步推进，刑事发案下降5.4%，群众安全感上升到99.2%。成功护航“枫桥经验”纪念大会等重要活动，连续十三年创建成为省“平安区”。

2018年，我们深入学习贯彻党的十九大精神，围绕“两强三提高”要求，制定实施行动方案，大力建设人民满意的服务型政府。坚持依法施政，规范决策程序，自觉接受人大、政协和社会各界监督，认真办理人大代表建议和政协委员提案，建议、提案的满意率分别达到100%和98.8%。坚持高效施政，调整开发区管理体制，理顺轻纺城建设机制，优化重组区属国有企业，实施国有融资平台市场化转型，政府债务风险安全可控。加快政府数字化转型，“基层治理四平台”建设走在全省前列，“政务钉钉”应用全市领先。坚持诚信施政，带头履行“契约精神”，实行重点工作清单式管理，99.1%的清单工作如期完成。坚持廉洁施政，建设清廉柯桥，持之以恒反“四风”，“三公”经费支出下降8.3%，以政府过紧日子，让群众和企业过好日子。我们还凝聚各方力量，合力完成东西部扶贫协作、东北对口帮扶、山海协作等工作任务。按照群团组织改革要求，支持工青妇、科协、文联、红十字会、商会等开展工作。审计、统计、档案、史志、民族宗教、外事侨务、对台事务和国防动员、民兵预备役、双拥、人防、国家安全等工作取得新成绩。老龄、关心下一代、残疾人等事业健康发展。

我们也清醒地看到：稳增长的基础还不够牢固，企业发展信心有待增强；区域创新力还不够强，高新技术企业偏少，研发投入占比偏低；大企业培育的成效还不够明显，因政策变动，上市2家的年度目标没有完成；生态治理上还存在不少困难，空气质量优良率有待进一步提升；公共安全体系仍有薄弱环节；个别公务人员的担当精神、服务意识有所减弱。对此，我们将在此后工作中认真加以解决。

二、2019年工作主要任务

2019年是中华人民共和国成立70周年，也是全区高水平率先全面建成小康社会的关键之年。根据区委部署，2019年政府工作的总体要求是：高举习近平新时代中国特色社会主义思想伟大旗帜，贯彻新发展理念，坚持稳中求进工作总基调，按照中央和省市决策部署，落实“四个两手抓”，以柯桥实践，推动“八八战略”再深化、改革开放再出发，着力构建高质量发展的五大体系，加快实现绍兴大城市建设的排头兵、接轨沪杭都市圈的桥头堡。

全区经济社会发展主要预期目标是：生产总值增长7%左右，一般公共预算收入增长8%以上，城乡常住居民收入增长与经济增长基本同步，全员劳动生产率稳步提高，研发经费支出占比2.4%以上，城镇登记失业率控制在3%以内，完成省、市下达的节能减排目标任务。

实现上述目标，**必须始终坚持党的领导**，自觉同以习近平同志为核心的党中央保持高度一致，提高站位、坚定立场、看准方向，积极应对各种风险挑战。**必须时刻坚定奋斗目标**，紧盯综合实力迈入“全国十强区”这一总目标，持续聚焦高质量、现代化、竞争力，积极稳增长、促改革、调结构、防风险、补短板、增动能。**必须奋力抢抓重大机遇**，以更加开放的姿态，举全区之力抢抓长三角一体化、全省“四大”建设、杭绍甬同城化等重大战略机遇，全力融杭联甬接沪，千方百计在新一轮区域竞争中抢得先机、赢取主动。**必须勇于挑起发展重担**，传承发扬“靠作风吃饭、凭实绩说话”的优良传统，精准施策，敢于担当，攻坚克难，善作善成，为绍兴早日重返全国综合实力30强城市作出更多柯桥贡献。**必须更好落实民生为先**，及时回应社会关切，精心办好民生实事，把群众对美好生活的向往作为检验工作成效的标准。重点抓好五个方面工作：

（一）重抓实业，精准招商，加快构建现代化产业体系。贯彻习近平总书记在民营经济座谈会上的重要讲话精神，毫不动摇鼓励、支持、引导非公有制经济健康发展，高质量推进“工业强区”和“服务业兴区”建设，不断增强核心竞争力。

重视民营经济。保障企业合法经营，依法保护企业家人身财产安全，始终与企业站在一起。开展企业家综合评价省级试点，深化“进企连心”“政企面对面”等活动，发挥企业家协会作用，加大新生代企业家培养，提振发展信心。成立政策性融资担保公司，组建上市企业健康发展基金，优先协助企业滚续融资，参与民企债券融资和股权融资支持计划。探索商标权、专利权质押贷款，推动信贷资源向中小企业倾斜。优化招投标、审批许可、中介服务等涉企环节，推广政府和社会资本合作模式，支持本地优秀企业参与公建领域项目。落实上级各项清费减负和税收减免政策，执行阶段性降低职工医疗保险费率、工伤保险缴费比例、失业保险单位缴费比例政策。加强产业工人队伍建设，培养“蓝领”技能工人，完善外来务工人员子女入学政策，帮助企业解决招工难、留人难问题。优化政策执行方式，从实际出发，避免“一刀切”，助推民营经济迎来发展春天。

做强传统产业。坚定“绿色高端、世界领先”目标，持续深化省级试点，推进全域印染企业提标，承接越城印染企业集聚，致力打造全国最大绿色印染基地。优化资源要素市场化、差别化配置，鼓励兼并重组，支持股改上市，大力推动加工转经销，培育国内领先的印染标杆企业。积极参与绍兴“万亩千亿”级新产业平台建设，加快绿纤等新材料项目落地，推动化纤龙头企业集聚，力争三到五年，形成一个年产值超千亿元的化纤产业集群。持续提升工业园区，规范村级集体物业，完善规划布局，加强公共配套，高标准建设一批小微企业园、绿色产业园，构建小微企业产业生态圈，达标入园500家以上。新增“个转企”400家以上，“下升上”100家以上。加快印染集聚后闲置厂房土地盘活，鼓励“二次开发”，推动产业转型升级，盘活闲置土地1100亩以上，闲置厂房30万平方米以上。

培育新兴业态。实施数字经济“一号工程”，制定五年倍增计划，筹建数字经济产业联盟，规划数字经济产业园。加强5G商用对接，推动互联网、大数据、人工智能和实体经济深度融合，力争数字经济核心产业增加值增长15%以上。推广数字化新技术新工艺，开展印染企业数字化转型试点。新增工业机器人250台以上，“企业上云”1000家。大力推进建筑产业现代化，公建项目实行装配式建造，全区装配式建筑占新建建筑比例30%以上，产值突破670亿元，增长30%以上，争创首批国家装配式建筑示范城市。做强旅游业，整合各类资源，加快串景成线，推出一批经典线路。柯岩风景区争创国家AAAAA级旅游景区。打响“老绍兴·金柯桥”旅游品牌，全年旅游收入突破280亿元，增长12%以上，创建国家级全域旅游示范区。提升柯岩酷玩小镇、湖塘黄酒小镇等特色小镇，推动黄酒产业集聚，运营东方山水二期，打造新的增长点。加快发展文化产业，用好四年1亿元的新一轮激励政策，扶持文化产业园、影视动漫、网络文学等发展，文化产业增加值增长14%以上。

坚持创新驱动。对标先进，深度打造金柯桥科技城，加强孵化园、加速园、产业园联动发展。对接全市科创大走廊，深化与知名高校产学研合作。改造科技园，提档外国高端人才创新集聚区，打造产业创新服务综合体升级版。探索新型产业用地(M0)试点，嫁接发展小微科创园。推进青鸟等民营科创园建设，新增市级以上众创空间7家。持续开展高层次人才创新创业大赛等活动，引人才带项目、引人才建企业，构建“人才+项目+资金”创新链。引进海内外高层次人才50名以上、落户人才项目40个以上。推进“质量强区”建设，实施“鲲鹏计划”，培育创新主体，新认定高新技术企业65家以上，省级企业研发机构5家以上。新增省科技型中小企业200家。授权发明专利380件以上，推动至少25个发明专利实现产业化。

推进项目竞赛。围绕“5+3+4”现代产业体系，加强产业链招商，力争新引进5亿元以上重大项目20个，其中10亿元以上重大项目6个。实到外资3.3亿美元，增长5%以上。推动招商项目落地，优先保障土地、能源等指标，新增建设用地指标1500亩以上，加快恒天新能源汽车、苏泊尔大家电等重点项目建设。制定优惠政策，全程跟踪服务，积极扶持本地产业类项目。加强资金保障，创新合作方式，加大国有投资，推动更多项目投向基础设施、环境提升等公共领域。确保省定四个结构性投资指标均增长10%以上，力争更多项目列入“市县长项目工程”。

（二）扩大开放，繁荣市场，打造新时期国际纺织之都。认真落实省委主要领导批示要求，坚持以“一带一路”统领高水平全面开放，发挥市场在传统产业改造提升中的基础性作用，推进轻纺市场朝着国际化、时尚化、智慧化发展。

加快市场再进化。用国际商贸综合体标准，改造市场传统交易区，加快物流外移。加强与广州、深圳等地轻纺市场群对接，更新市场交易模式，打造现代市场，市场群成交额突破2000亿元，增长10%以上；网上交易额超520亿元，增长25%以上。提升国际贸易区，集聚市场新业态，新增贸易公司1200家以上。持续打造创意设计基地，加快设计“梦工厂”和制造“云工厂”建设，培育壮大中欧、瓦栏、设界等创意设计平台，力争引进欧洲为主的创意设计人才30名以上、时尚品牌20个以上、创意企业20家以上，带动基地营业收入增长10%，促进相关销售增长15%。加大知识产权保护，建成轻纺城花样数据中心库及花型图案比对系统，组建知识产权维权援助中心，争取国家知识产权强县工程试点。加强招商隆市，优化市场经营，新注册市场主体3000家，经营户公司化率32%以上。

延伸市场产业链。大力发展物流、会展等传统生产性服务业，积极引育法律、财会、大数据分析应用等新兴生产性服务业，推动服务业占生产总值比重再提高1个百分点以上。培育楼宇经济，围绕提升楼宇能级、楼宇品质，制定专项政策，加大盘活利用，积极引进公司总部、贸易机构等资源，培育税收超千万元的楼宇20幢以上，楼宇税收增长10%以上。壮大会展产业，按照“月月有展会、天天可时尚”要求，办精办优纺博会、时尚周、科技论坛等产业类活动，扶持引进演唱会、综艺秀、体育赛事等消费类活动，组织各类大型展会24场以上，全年会展收入增长10%。做强轻纺城跨境电商产业园，新集聚电商企业150家以上，网络零售额突破100亿元。

推动市场走出去。加快“丝路柯桥·布满全球”行动，办好缅甸、印尼等“一带一路”境外展，探索在纽约、巴黎等国际知名展会中设立“绍兴柯桥馆”，打响轻纺城面料品牌。加强与国内外专业机构、重点知名展会交流合作，精心办好第二届世界布商大会、亚洲纺织大会等国际交流活动，扩大柯桥知名度。对接沪杭空港、宁波海港、“义新欧”班列，打造轻纺城海关特殊监管区，推动更多产品优进优出。积极应对贸易摩擦，建立企业出口订单管理系统，培育省市出口名牌，提升出口产品附加值，力争外贸出口增长5%以上。

（三）融入杭州，全面对接，争当融杭联甬接沪先行区。全方位融入杭绍甬同城化，加快全域城市化步伐，着力推动全区同城同步发展。

加快融杭接沪。推进杭金衢至杭绍台高速联络线、杭州中环柯桥段、31省道北延等重大交通项目，规划钱滨线接萧山彩虹路等融杭快速通道，打通安昌北路，构建柯桥到杭州半小时交通圈。按照“融杭新城、柯桥副城”的定位，启动钱杨核心区建设，优化空间布局，设立临杭创新园，规划中欧产业园，谋划临空配套园，主动承接杭州产业、空港经济等外溢项目，培育发展融杭经济、临空经济。开发城际轨道沿线区域，加快与杭州在城市功能上的无缝对接，打造低成本、高品质的居住空间和服务设施，积极吸引年轻创客集聚。加强沪杭甬创新协同，探索在杭州、上海设立研发“飞地”，建设浙江绍兴产业园钱清分园，形成“研发在沪杭，孵化到柯桥”的协作体系。推动京沪杭名院名校合作，建设一批全省一流特色专科，打造名医工作室20个以上，高水平建好北大附中柯桥未来学校，让市民在家门口就能享受大城市优质医疗、教育资源。办好浙江工业大学之江学院，建成浙江树人大学杨汛桥校区二期，推动树人大学总部搬迁落户。

拓展空间格局。规划布局“1+3”发展空间，有序实施撤镇设街、撤村设居，城市建成区扩展到77平方千米。提档主城区，推进柯桥古镇、安昌古镇的保护开发，加快创建国家级鉴湖旅游度假区。谋划实施一批城市联动项目，推动柯东与镜湖融合，打造宜居宜业宜游都市区。做强绍兴柯桥经济技术开发区，完成总规编制，改造柯海线等交通道路，完善文教卫等配套功能，加大新兴产业引育，加快新型产城融合，争创全省十强开发区。启动绍兴兰亭文化旅游度假区开发，对接全市文创大走廊，梳理书法文化、阳明文化等资源，高标准规划，带动兰亭、漓渚整体开发，致力建成浙东唐诗之路上的文化旅游样板区。支持福全产业新城项目开发，以城市化解决产业空心化。加快实施镜水路南延、兴越路拓宽、华齐路东延等交通项目，参与共建绍兴地铁一号线、市区智慧快速路等融合项目，助推三区互联互通。

提升功能品质。加快城中村改造，实施拆迁100万平方米以上，“三改”150万平方米以上。推进绍兴国际会展中心、绍兴龙之梦等地标建设，启动新开河城市休闲活力区、马宅湖城市公园、瓜渚湖南岸等项目，积极引进国际品牌酒店，提升城市品位。实施老城区背街小巷环境整治提升二期工程，完善公共配套服务，构筑15分钟社区生活圈。推进智慧城市建设，建成“城市数据大脑”，智慧城管扩面到柯南。试点建设智慧路灯，探索“多杆合一”，升级智能交通系统，城区主要路口通行率提高10%以上。严查违法建设，拆违50万平方米以上，拆后土地利用率80%以上，争创省级“无违建区”。高水平建设生态园林城市。加强城市社区全科网格建设，深化“五星达标、和美家园”争创，创建五星达标社区20个以上，打造和美家园社区4个以上。

（四）聚焦生态，振兴乡村，高标准打好“三大攻坚战”。加强生态文明建设，实施乡村振兴战略，推动生产、生活、生态融合发展，构筑人与自然和谐发展的高品质环境。

改善金融生态。深化“信用柯桥”建设，高度关注金融运行，积极处置金融风险，依法帮助企业解困，银行不良贷款率控制在1.25%以内。引导区内金融机构更好支持实体经济。打好政府化债、增收、节支组合拳，积极防控政府债务风险。推进“凤凰行动”，新增股份公司15家以上，IPO报会2家以上，企业上市1家以上。完成上市企业并购2起，再融资8亿元。做强金柯桥基金小镇，加快资本集聚，新增管理基金100亿元，打造成为全市基金集聚发展中心。发挥基金放大效应，设立规模10亿元的科技人才型产业基金，推动更多科技项目孵化、产业项目落地，投资引进高科技产业项目3个以上。

振兴乡村生态。推进“五星达标、3A争创”，深化“四好农村路”建设，高水平提升农村人居环境，新增五星达标村71个、AAA级景区化示范村7个以上，争创省AAAAA级景区化示范区。正确处理保护与发展的关系，提高南部三镇生态补偿标准，启动绿色农业发展先行区建设，拓宽山区农民增收途径，推动平水、王坛、夏履等竹、笋资源产业化。积极盘活闲置农房，鼓励发展乡村旅游、养老养生等富民产业。建成“花香漓渚”田园综合体、南部茶叶产业集聚区，发挥“海丰花卉”等项目的区域联动作用，带动相关种植户、经营户共同发展。办好中国春兰节暨华东兰花博览会、“平水日铸”茶叶节等农业节会。提档“供销·淘实惠”，建设农村电商配送中心，改造农村网点150个以上，拓展特色农产品销售渠道，促进农业增效、农民增收。保护好历史文化村落，传承好家风，引领好民风，推动乡风文明。推进“强村工程”三年行动，消除经营收入50万元以下的经济薄弱村25个，壮大村级集体经济。高标准完成东西部扶贫协作、东北对口帮扶、山海协作等任务。

优化自然生态。抓好中央环保督察整改后续工作，加强汤浦水库饮用水源地保护。深化“五水共治”，高标准落实“河长制”“湖长制”，加快“污水零直排区”建设，区控以上断面水质Ⅲ类水标准以上，功能区达标率95%以上。推进曹娥江综合整治等百项千亿防洪排涝工程，清淤50万立方米以上，打造市级以上“美丽河湖”2个。持续打好“蓝天保卫战”，建设城市大气网格化微控系统，严控工业废气排放，全年空气质量优良率82%以上，PM2.5均值控制在37微克/立方米以下。引导居民分类投放垃圾，准确率85%以上。加强土壤污染防治，提高固废处置能力，打击固废违法倾倒，改善土壤环境质量。努力让水更净、天更蓝、空气更清新、土壤更安全。

（五）提升标准，优质普惠，建设群众向往的幸福家园。坚持以人民为中心，构建高品质的民生供给体系，不断增强群众的获得感幸福感安全感。

高水平发展民生事业。加大教育投入，以全省一流标准，新建华舍中心幼儿园等7所幼儿园。建好鲁迅外国语学校华齐路校区等15所中小学，创建全国义务教育优质均衡发展区。提高办学水平，市级现代化学校覆盖率60%以上，让“学在柯桥”更具品牌力。推进健康柯桥建设，深化医共体改革省级试点，发展“互联网+医疗健康”，加快城乡医疗服务同质化，基层首诊率65%以上。迁建绍兴第三医院，新建中心医院华舍院区，扩建妇女儿童医院、绍兴第二医院，钱清、马鞍、平水、夏履争创国家卫生镇，创建公共卫生精品社区40个以上，建成标准化村卫生室30家以上，方便市民享受更好医疗。积极备战市第九届运动会。办好浙江省冰雪嘉年华、运动休闲时尚周等身边活动，有序开放公共体育场馆，丰富全民健身运动。建设书香城市，打造城市书房8家、乡村书吧5家。推进文化惠民工程，新建城市文化家园10个以上，农村文化礼堂30家以上，开展“相约礼堂·周末剧场”等群众文化活动。大力弘扬和践行社会主义核心价值观。保护传承优秀传统文化，办好第六届中国曲艺柯桥高峰论坛，创排反映轻纺城改革发展历程的新编越剧。

高质量落实民生保障。积极稳就业，新增城镇就业1.8万人以上。规范住房租赁市场，推动房地产健康发展。实施绍兴全民医保制度，创新医保支付方式，扩大医保覆盖范围，让百姓买得起更多好药。加快偏远山区饮用水达标提标，实现城乡同质。健全分层分类社会救助机制，推动帮扶救困与慈善救助有效衔接，实现困有所济、弱有所扶。深化居家和社区养老服务改革国家级试点，鼓励社会资本参与养老服务，推动医养结合，新建示范型居家养老服务中心10家以上。推进老旧小区住宅加装电梯，方便老年人出门。加强老年大学建设，推进文化养老、健身养老。

高标准打造民生环境。创新发展新时代“枫桥经验”，深化“基层治理四平台”建设，提升自治、法治、德治水平，夯实“平安柯桥”基层基础。深入推进“七五”普法，开展“法润柯桥”行动。深化扫黑除恶专项斗争。防范打击电信网络诈骗违法犯罪。推广出租房智能门禁系统，强化高层楼宇管控，推进安防小区建设。规范城区犬类管理。完善食品药品监管体系，争创国家食品安全示范城市。加强安全生产、应急管理、治安防控、信访化解等工作，打好消防安全三年翻身仗，积极防灾减灾救灾，确保第十四年创建成为省“平安区”。

2019年，我们仍将一如既往地做好统计、档案、科协、对台、史志、民族宗教、外事侨务以及国防动员、民兵预备役、国家安全、人民防空等工作，充分发挥老干部作用，支持工青妇、残联、文联、关工委、慈善、红十字会、商会等开展工作。

民之所盼，政之所向。按照民生实事“群众提、代表定、政府办”的理念，经过前期广泛公开征集，2019年，区政府提出12项民生实事候选项目，请各位代表认真审议后根据票决办法确定。我们将全力完成代表选定的十方面民生实事，办成一批群众普遍关心的“关键小事”。

三、大力建设担当有为政府

柯桥区发展正处在船到中流浪更急、人到半山路更陡的重要关口期，不进则退、慢进则怠，既面临前所未有的机遇，也面临不可预测的挑战。我们将以强烈的危机意识、担当意识、发展意识，以“两强三提高”为抓手，推动政府工作干在实处永无止境，走在前列要谋新篇，勇立潮头方显担当。

强化改革担当。坚定将改革进行到底。以改革精神担当负责、破解难题、推动发展。高标准完成机构改革，加快政府治理能力现代化。坚持以“最多跑一次”改革撬动各领域改革，打好标准地、承诺制、代办制、区域评价、资源要素配置等改革组合拳，深化工程建设项目审批制度改革试点，努力建设全国最优办事环境。推动国有企业向市场化、实体化、多元化、资产证券化转型，参与市场竞争，承接市场项目，提升资信评级。加快政企分开、政资分开，从管企业向管资本转变。

强化责任担当。政府工作就是抓落实。推进依法行政，落实重大行政决策报告制度、风险评估制度，自觉接受人大法律监督、政协民主监督，强化审计监督，主动接受社会监督。深化重点工作清单式管理，制定任务单、责任单、成绩单，做到事事明确、层层负责、人人担当。政府带头当好实干家，凡是作出的承诺，必须说一件、干一件、成一件。旗帜鲜明地为担当者担当，为负责者负责。坚持问政于民、问计于民、问需于民，在工作一线发现问题、协调问题、解决问题，以出色的实绩赢得百姓的口碑。

强化效率担当。加快建设数字政府。深化“互联网+政务服务”建设，成立大数据发展管理中心，推动数据资源大归集、系统平台大整合，打破“数据孤岛”，让数据多跑路、群众少跑腿，打造“无证明区”。建立一体化移动政务服务平台，“无差别全科受理”窗口向基层延伸，推动户籍、车管、民政等高频涉民事项实现一窗办、全城办、一证办、移动办，全面构建高质量的服务体系。

强化清廉担当。自觉把权力关进制度的笼子。推进清廉柯桥建设，落实政府系统全面从严治党主体责任，以更高标准、更严要求，认真整改巡视巡察发现的问题。坚决纠“四风”、正作风，打通“中梗阻”。畅通企业和群众办事投诉举报渠道，时刻要求公务人员牢记底线、干净做事。严格财政预算管理，加强绩效评估，花钱必问效、无效即问责，确保“三公”经费持续下降，让更多财政资金投向民生、助推发展。

名词解释

1.“四个办”：一窗办、全城办、一证办、移动办。

2.“市县长项目工程”：由市（县、区）长牵头，相关市（县、区）领导参与，合力谋划推进的重大产业项目工程。

3.四个结构性投资指标：交通投资、生态环境和公共设施投资、高新技术产业投资、民间投资等指标。

4. **“两化融合”**:信息化和工业化的高层次深度结合。

5. **“企业上云”**:将大数据、云计算、云平台等云服务应用在企业的基础系统、管理系统、业务系统等核心系统上,提高企业信息化应用水平。

6. **“三改”**:旧住宅区、旧厂区、城中村改造。

7. **“城市数据大脑”**:以数据为核心,依托海量实时数据的分析、建模,帮助政府优化城市管理功能。

8. **“碧水行动”**:践行绿水青山就是金山银山的理念,高标准推进“五水共治”,高水平落实“河长制”,做到污水“应截尽截、应处尽处”。

9. **百项千亿防洪排涝工程**:浙江省提出建设138个排涝项目,到2020年完成投资额近2000亿元。

10. **“五星达标、3A争创”**:达到基层党建星、富裕星、美丽星、和谐星、文明星标准,达到国家AAA级景区标准。

11. **“四好农村路”**:建好、管好、护好、运营好农村公路。

12. **医共体**:以区级医院为龙头,整合镇街医疗卫生资源,实施集团化运营管理的区域医疗服务共同体。

13. **“双下沉、两提升”**:人才下沉、资源下沉,服务能力提升、服务效率提升。

14. **“黄手环”**:为防止失智老人走失设计的黄色手环,其中附有老人的姓名、住址、亲人联系方式等,以便他人发现后报警或者送回。

15. **“两强三提高”**:强谋划、强执行,提高行政质量、效率和政府公信力。

16. **“基层治理四平台”**:综治工作、市场监管、综合执法、便民服务等四个平台。

17. **“政务钉钉”**:政府协同办公软件。

18. **“四个两手抓”**:一手抓传统产业改造提升,一手抓新兴产业引进培育;一手抓轻纺城转型升级,一手抓科技城创新驱动;一手抓企业发展氛围营造,一手抓政府服务效能优化;一手抓改革开放示范,一手抓基层党建引领。

19. **“八八战略”**:2003年7月,省委第十一届四次全体(扩大)会议上提出,浙江面向未来发展,需要发挥的八个方面优势、推进的八个方面举措。

20. **全省“四大”建设**:浙江省大湾区、大花园、大通道、大都市区建设。

21. **“万亩千亿”级新产业平台**:通过平台整合提升,产业转型升级,打造占地1万亩左右,产值1千亿元以上的产业发展平台。

22. **“鲲鹏计划”**:浙江省提出到2022年,力争培育数字经济高新技术企业8000家、科技型中小企业25000家。

23. **“5+3+4”现代产业体系**:高端纺织、时尚创意、先进装备制造、建筑产业现代化、文化旅游等五大千亿级产业,轻纺市场、黄酒产业、现代农业等具有地域优势的三大特色产业,人工智能、电子信息、新材料、生物医药等四大新兴产业。

24. **“1+3”发展空间**:1是指柯桥主城区,以轻纺城和鉴湖旅游度假区为依托,打造宜居宜业宜游都市区;3是指三大板块,即北部以国家级绍兴柯桥经济技术开发区为依托,加快形成新兴产业引育大平台,打造全省十强开发区;西部以钱杨板块为依托,打造“融杭新城、柯桥副城”;南部以绍兴兰亭文化旅游度假区为依托,打造文化旅游样板区。

25. **“多杆合一”**:将路灯杆、监控杆、指示牌、行人告示牌,运营商通信杆等道路杆整合到一起,实现一杆多用。

26. **“凤凰行动”**:通过上市公司数量倍增、实力倍增,培育形成数以百计的行业龙头企业和数以千计的骨干企业,打破“低小散”困局,不断做强实体经济,实现产业“腾笼换鸟、凤凰涅槃”。

27. **“法润柯桥”**:以“尊崇宪法、学习宪法、遵守宪法、维护宪法、运用宪法”为主题的系列学习宣传教育活动。

28. **标准地**:新增工业用地、商业用地、旅游用地要带着能耗、环境、建设、亩产等标准进行“招拍挂”。

中国人民政治协商会议第一届绍兴市柯桥区委员会常务委员会工作报告（摘要）

——在政协第一届绍兴市柯桥区委员会第三次会议上

政协第一届绍兴市柯桥区委员会主席　孟柏千

（2019年1月8日）

2018年工作回顾

一年来，区政协在中共柯桥区委的领导下，紧紧围绕区委区政府工作大局，牢牢把握“服务发展、关注民生、促进和谐”的政协工作主线，积极履职，主动有为，各项工作取得了新成绩，为加快打造“绍兴大城市建设的排头兵、接轨沪杭都市圈的桥头堡”、促进柯桥区经济社会发展作出了不懈努力。

一、始终坚持政治引领，凝聚思想共识有了新加强

高度重视理论武装。始终把思想政治建设摆在首要位置。通过党组会议、主席会议、常委会议、专题会议等多种形式，学习贯彻习近平新时代中国特色社会主义思想，传达学习习近平总书记关于加强和改进人民政协工作的重要思想，树牢“四个意识”，坚定“四个自信”，坚决做到“两个维护”，更加自觉地在思想上政治上行动上同以习近平同志为核心的中共中央保持高度一致。

自觉坚持党的领导。认真贯彻中共中央办公厅《关于加强新时代人民政协党的建设工作的若干意见》和全国政协系统党的建设工作座谈会精神，自觉坚持在中共柯桥区委的领导下开展工作。加强政协党组建设，修订完善工作规则，及时传达贯彻中央和省、市、区委重要会议精神和重大决策部署，把党的领导贯穿于政协履职的全过程和各个方面。政协重大事项、重要活动主动向区委请示报告，并按区委的要求自觉抓好落实，确保政协工作始终与区委思想上同心同德、目标上同心同向、行动上同力同行。

主动融入发展大局。大力弘扬“红船精神”，切实强化责任担当，积极投身改革发展具体实践。区政协领导认真开展“八联系”“信访接访值守”“走企连心”“大学习大调研大抓落实”等活动，深入基层、深入实际、深入群众，走进村居、走访企业、督查项目，听民言、察民情、问民计，协调和推动联系镇街重点难点工作，以实际行动彰显了政协作为。

二、紧扣中心协商议政，助推改革发展展现新作为

围绕发展大局集中协商。精心组织好区政协一届二次会议。早部署，早发动，组织委员深入调研，共收集到大会发言材料36则，涵盖经济发展、城市建设、民生改善、乡村振兴、社会治理、生态环境和作风建设等方面，区委主要领导对其中6则当场作出批示，区政府主要领导逐一点评回应。周密组织小组讨论，主席会议成员面对面听取委员建言。梳理形成进一步做好政府工作6个方面45条协商意见，及时报送区委区政府决策参考。

围绕振兴实体经济界别协商。全会期间首次召开界别协商会。组织经济、科学技术、农业、工商联、民主党派等界别36位委员，围绕“加快动能转换，振兴实体经济”开展专题协商。16位委员就传统产业改造提升、新兴产业引进培育、企业上市、高端人才引育等内容积极建言，区委主要领导当场要求与会的17个部门认真吸纳，及时改进相关工作。会后，梳理归纳市场提升、产业转型、创新驱动、企业上市、服务企业等5个方面14条意见建议报送区委区政府，为再创柯桥发展新优势添智力、增动力、聚合力。

围绕做强做优印染产业重点协商。高度关注印染产业集聚发展。围绕建设滨海蓝印时尚小镇、推动印染产业高质量发展，组建3个课题组，走访有关职能部门和镇街、企业，赴省内外学习考察，形成了专题调研报告。在此基础上召开常委会议，围绕文化旅游开发、产业提升发展、生产生态生活融合等内容，提出了增强机遇意识、强化规划引领、提升印染产业、打造特色文化、完善配套服务、优化生态环境、健全体制机制的建议，有力地推动了滨海蓝印时尚小镇建设。

围绕医共体建设视察协商。密切关注医共体改革省级试点工作。针对医疗资源供给、优质医疗资源下沉、医疗服务水平提升、基层医疗机构发展等方面遇到的实际问题，组织开展专题调研。在此基础上召开主席会议进行视察协商，建议明确部门职责、形成共管合力，调整法人结构、整合医疗资源，优化考核激励、推动合作共赢，加强政策引导、争取各方支持。这些意见建议得到了重视与采纳，广大群众在“家门口”享受到了优质的医疗服务。

围绕“花香漓渚”田园综合体建设专题协商。高度关注“花香漓渚”田园综合体国家级试点工作。组织专题调研，实地了解千亩花市、千亩花苑、千亩花田“三个千亩”项目进展情况；围绕创出特色、试出新意、打响品牌，学习考察外地做法。在此基础上进行专题协商，建议优化实施方案、加强产业支撑、注重生态宜居、强化综合保障，打好“美丽经济、田园生态、乡愁人文”三张牌，努力打造田园综合体建设的浙江样板和柯桥品牌。

三、履行民主监督职能，助力民生改善作出新成绩

突出针对性监督。紧扣企业投资项目行政审批集成式改革省级试点，多形式、全方位协商助推。探访办事窗口、模拟办事程序、走访办事群众，找痛点、摸堵点、查难点，提出了明晰操作流程、完善制度配套、加强队伍建设的监督意见，为数据多跑路、百姓少跑腿建真言、献良策，努力推动改革落地见效，打造集成式改革的“柯桥样板”。

加强持续性监督。持续关注司法公正，精准选题，绵绵用力，久久为功。围绕法院执行工作和检察院司法改革工作，召开主席会议，专题听取“两院”情况通报，提出监督协商意见。针对法院执行工作，建议科学合理配置执行权、多措并举加大执行力度、健全完善联动机制，推动执行攻坚不断向纵深推进，坚决打通司法公正“最后一公里”。针对检察院司法改革工作，建议巩固提升既有改革成果，切实加强和改进法律监督工作，扎实推进员额制配套改革，严格落实司法责任制，不断提高司法公信力，努力让人民群众在每一个司法案件中都能感受到公平正义。

深化协同性监督。聚焦城乡生活垃圾分类处

理，省、市、区三级政协联动，开展专项集体民主监督。深入村居一线，实地暗访摸排，针对硬件建设、分类质量、处置体系等方面问题，制作播放专题片。在此基础上召开主席会议专题协商，提出了优化规划与统筹推进相结合、精准分类与高效处理相结合、政府主导与市场运作相结合、加强宣传与优化考核相结合的监督意见，得到了镇街及相关部门的重视和吸纳，垃圾分类工作实现了城乡全覆盖，柯桥区成为全省农村生活垃圾治理工作优胜县（市、区）。

开展创新性监督。认真总结上一年委派民主监督小组工作成功实践，在深化扩面上下功夫。由区政协专委会牵头，组建6个民主监督小组，委派到区级相关部门，对“厕所革命”、车辆年检、学校体育设施完善、区镇道路改造提升、镇村农贸市场提档升级、高层小区二次供水改造等工作开展专项监督；同时，以镇（街道）工委划片为组的形式，组建5个民主监督小组，委派到基层站所，对智慧消防警务室建设、餐饮业厨余污水处置、污水排放口规范化设置、小餐饮食品安全监管、基本农田保护等民生热点开展专项监督。各监督小组坚持在参与中支持、在支持中服务、在服务中监督，帮助查找问题、分析问题、解决问题，助推受派单位相关工作更好开展。年底专题召开主席会议，听取各监督小组年度工作汇报和受派单位相关情况通报，进行集中评议，促进了政协委派民主监督小组工作的制度化、规范化、程序化，实现了部门工作推进和政协作用发挥的“双赢”。省政协《联谊报》在头版以较长篇幅作了专题报道，“同心苑”微信公众号也作了推介。

四、广泛汇聚各界力量，促进社会和谐取得新成效

广泛团结各界人士。坚持区政协领导定期走访联系党派团体制度，进一步深化了与民主党派、工商联、无党派人士的联系与合作。支持和保障党派团体通过政协平台参与大会发言、调研视察、提案督办、协商议政等各项活动，进一步增进了共同思想政治基础上的团结合作。密切与港澳台同胞、海外侨胞、外来引进人才以及新的社会阶层人士的联络联系，积极宣传推介柯桥，鼓励支持他们为柯桥发展多作贡献。加强政协之友社建设，组织老干部开展活动，为他们建言资政、发挥作用提供了更好的条件。

畅通民意诉求渠道。把提案工作作为顺应民意诉求、解决民生热点的重要抓手。严把提案立案关，将提案审查立案工作放在全会之后进行，推动了提案由数量型向数量质量并重型转变。区政协一届二次会议以来，共收到提案319件，经审查立案305件，并案处理后299件，其中民生类提案106件。加大提案办理督办力度，通过区政协领导领衔督办、区政协专委会联系督办、重点提案办理二次答复、办理结果媒体公示等措施，推动了提案办理由答复型向落实型转变。提案提出的建议得到解决或基本解决的109件，占总数的36.5%；列入计划逐步实施的175件，占总数的58.5%。建立健全联系沟通、编审报送、考核奖励机制，进一步加强了社情民意信息工作。全年共报送社情民意信息60件，被上级政协采用30件，在推动解决群众所急所需所盼方面发挥了积极作用。

积极助力民生改善。专题调研被征地农民社保问题，形成调研报告，建议摸清底数、分类施策，把握节奏、有序推进，得到了区委主要领导的充分肯定。开展了以“政协组织进百村、政协委员访千户”为主要内容的“慈善·助困百千行动”，发动专委会、参加单位、镇（街道）工委和广大委员，进村入户访贫问苦，会同区慈善总会因户施策、精准帮扶。活动期间，共走访村居101个、困难家庭1098户，发放慰问金、慰问品合计106万元，发出了政协履职为民的好声音。

推动文化持续繁荣。柯桥历史文化街区保护利用工程量大、涉及面广、时间跨度长，区政协持续予以关注。针对新形势新情况，组织专题调研，了解工程进展，召开主席会议进行协商，建议精益求精抓好规划设计、想方设法强化要素保障、深入发掘历史文化内涵、分期分批推进项目建设、有的放矢抓好宣传推介。联手开展“绍兴文史·百镇赋”采编活动，编辑出版《柯桥文化》丛书；加强山阴书画院建设，组织开展了庆祝改革开放40周年书画创作、书画巡展，更好彰显了政协文史书画特色。

五、致力夯实工作基础，加强自身建设有了新提升

加强履职机制建设。区委、区政府、区政协年初联合下发协商计划，明确全年各协商议题的时间、内容、形式和程序，促进了协商工作规范有序开展。丰富协商形式，建立起了以全体会议为龙头，以常委会议和主席会议为重点，以专题协商、界别协商、提案办理协商等为常态的协商体系。发挥界别优势，实行专委会对口联系界别制度，健全界别召集人工作机制，鼓励支持界别开展各具特色的学习、视察、调研、协商议政等活动。坚持专委会向政协常委会、镇（街道）工委向政协主席会议述职评议以及政协参加单位工作交流评议，进一步提高了政协工作的科学化水平。

发挥委员主体作用。围绕提升委员履职能力，邀请区政府主要领导通报经济形势，举办提案知识辅导讲座，组织委员履职经验交流，在南京大学举办委员履职能力提升培训班，定期不定期召开政情通报会，拓宽了委员知情明政、沟通交流渠道。围绕拓展委员履职途径，建设委员工作室，加强政协组织与政协委员、社会公众的联络沟通，开辟了政协发出好声音、传递正能量的新渠道。围绕加强委员教育管理，完善考核评价办法，实行委员年度述职，建立委员“退出”机制，进一步强化了委员的履职意识。广大委员充分发挥主体作用，在学习研究、建言献策、服务群众、遵章守纪上争当表率，树立了良好的社会形象。

推进政协机关建设。不断完善政协机关运行机制，加强理论学习，重视调查研究，控制会议活动，改进接待工作，机关服务管理更趋规范，学风、会风、文风、作风有了更好改进。顺利完成机关党总支和工会换届工作。优化政协门户网站，提升政协杂志质量，加强与新闻媒体的联系，在《柯桥日报》开辟“政协之声”专栏，“柯桥政协”微信公众号上线运行，政协履职的社会影响得到了进一步提升。

我们也清醒地认识到，对照新形势新任务新要求，对照广大委员和社会各界的热切期盼，区政协工作还存在不少薄弱环节，特别是在加强调查研究、提高建言资政质量方面，在丰富协商形式、促进协商成果转化方面，在发挥界别优势、加强委员队伍建设方面，需要我们引起重视，切实加以改进。

2019 年工作安排

2019 年，是中华人民共和国成立 70 周年，也是全区高水平率先全面建成小康社会的关键之年。新的一年，区政协工作的总体要求是：高举习近平新时代中国特色社会主义思想伟大旗帜，深入贯彻落实习近平总书记关于加强和改进人民政协工作的重要思想，紧紧围绕中共柯桥区委提出的目标任务和作出的决策部署，牢牢把握团结和民主两大主题，充分发挥协商民主重要渠道和专门协商机构作用，更好体现民主监督独特优势，用好话语权、汇聚推动力、画好同心圆，奋力推动政协各项工作再上新台阶，为加快实现“绍兴大城市建设的排头兵、接轨沪杭都市圈的桥头堡”作出新的更大贡献。

1. 提高政治站位，进一步凝聚向心力。人民政协是政治组织。我们必须旗帜鲜明讲政治，把加强政治建设作为做好政协工作的首要前提。深入学习习近平新时代中国特色社会主义思想，学习好、贯彻好、落实好习近平总书记关于加强和改进人民政协工作的重要思想，在政治立场、政治方向、政治原则、政治道路上与以习近平同志为核心的中共中央保持高度一致。毫不动摇坚持中国共产党的领导，严守政治纪律和政治规矩，进一步完善和落实政协重要会议、重要活动向区委请示报告制度，努力把区委的决策部署转化为政协组织和广大委员的思想共识和自觉行动。区政协党组要切实担起管党治党主体责任，充分发挥把方向、管大局、保落实的领导作用，加强对政协重要事务和重大问题的统筹研究，把实现党的政治领导、思想领导、组织领导落实到政协工作各方面和全过程。

2. 服务发展大局，进一步激发新助力。人民政协是社会主义协商民主的重要渠道和专门协商机构。我们必须把协商民主贯穿到政协履职的全过程，推进协商民主广泛多层制度化发展。选好协商议题，找准服务大局和发挥政协优势的结合点。围绕优化营商环境、发展民营经济，实施“凤凰行动”、推动企业上市等议题，开展协商监督；围绕规范校外培训机构管理，组织专题调研；围绕加强杭绍城际轨道站点周边用地开发和交通衔接，开展恳谈协商；继续关注“花香漓渚”田园综合体建设、柯桥历史文化街区保护利用工作，及时提出协商建议。拓展协商渠道，坚持内容与形式相匹配，搭建机制化、常态化的协商议政平台，深化界别协商，探索开展电视议政、网络议政，努力使协商更加广泛地展开、更为灵活地进行。提高协商实效，问情于民、问需于民、问计于民，加强调查研究，进一步提高议政建言的质量和水平。

3. 力促民生改善，进一步提升感召力。人民政协是人民民主的重要实现形式。我们必须坚持以人民为中心的发展思想，着眼民生利益诉求履职建言，努力增强人民群众的获得感、幸福感、安全感。认真贯彻落实《中共绍兴市柯桥区委关于加强和改进人民政协民主监督的实施意见》，进一步加大民主监督力度，着力助推区委区政府重大决策部署的贯彻落实和民生事业的加快发展。着重就城市道路改造、交通出行、司法便民为民、南部山区农民增收致富等民生热点，开展专题调研、座谈协商、视察督查，及时回应广大群众对美好生活的向往。注重发挥提案在民生实事中的助推作用，在提案选题、办理协商、反馈落实上下功夫，加大民主评议、“回头看”督办力度，进一步增强提案的针对性、实效性。继续探索政协民主监督的有效形式，深化委派民主监督工作，精选监督主题，优化人员构成，注重监督效果，努力做到更接地气，更聚人气，更有影响。

4. 坚持团结民主，进一步增强凝聚力。人民政协是多党合作的重要机构。我们必须牢牢把握大团结大联合主题，引导汇聚起推动高质量发展的磅礴力量。坚持党组成员联系党派制度，进一步密切与民主党派、工商联、无党派人士的沟通联系；搭建更多平台，创造更好条件，支持并保障党派团体当好民主协商的模范、议政建言的主力。广泛开展海内外团结联谊活动，积极做好新的社会阶层人士的工作，共同致力于柯桥区经济社会发展。注重发挥非公经济人士的作用，共同助力构建“亲”“清”新型政商关系。充分发挥政协作为党和政府联系各界群众的桥梁纽带作用，加强社情民意搜集报送工作，在协调关系、纾解情绪、化解矛盾、增进团结上多做联系引导工作。深入开展“助困百千行动”，发动广大委员深入村居社区、走进困难家庭，助医助学、扶弱济困，进一步彰显人民政协履职为民情怀。

5. 加强自身建设，进一步彰显影响力。人民政协是国家治理体系的重要组成部分。我们必须以更高标准加强自身建设。要更好发挥委员主体作用，按照“懂政协、会协商、善议政，守纪律、讲规矩、重品行”的要求，加强委员教育培训，探索委员双重管理，强化委员履职考核，注重发挥中共党员委员的先锋模范作用，真正让委员在政协工作中当主力、唱主角，在服务全局中展作为、树形象。要更好发挥界别独特优势，增强政协界别代表性，丰富界别活动形式，强化界别活动保障，推进界别工作规范化、常态化。要更好发挥专委会、镇(街道)工委的基础作用，积极开展各具特色的履职活动。政协机关干部要进一步增强责任意识，提升工作标准，改进工作作风，提高服务能力，为政协有效履行职能、顺利开展工作提供有力保障。

执行编辑　宋如玲

专 记

实事项目

截至2019年12月底，柯桥区政府“提档升级镇村农贸市场”“老城区环境整治提升工程”“提升中小学体育设施”“提升居家养老服务水平”“城市书房建设工程”“电动自行车智能充电接口安装项目”“山区农民饮用水达标提标工程”“中小学空调安装工程”“打造城区智能交通系统”9项实事工程完工；“老旧小区电梯化改造”实事工程有序推进。全年财政用于民生支出101.4亿元，比上年增长8.9%，占全区一般公共预算支出的79.8%，其中投入民生实事项目资金4.4亿元。

2019年柯桥区政府十件民生实事完成情况

表1

序号	项目名称	项目内容	完成情况
1	提档升级镇村农贸市场	继续推进镇村农贸市场改造提升三年计划，2019年改造提升镇村农贸市场及集散中心15家，与供销社合作探索农村小菜场超市化(门店式)改造5家。完善长效管理，提升镇村农贸市场整体环境	改造提升镇村农贸市场及农产品集散中心17家，超市化(门店式)改造农村小菜场5家；加大长效监管力度，共计完成各类测评13次
2	老城区环境整治提升工程	继续实施柯桥老城区环境综合整治提升改造三年计划，从道路市政、建筑立面、绿化景观、城市家具、夜景亮化等方面进行全面提档升级，提升城市精致化管理水平，改善城区景观形象	老城区环境综合整治二期工程完工，工程北至群贤路、南至104国道、东至湖东路、西至稽山路，包括山阴路等12条道路及浙东古运河南侧绿化带，面积11.5平方千米，总投资1.66亿元。项目分4个标段进行施工
3	提升中小学体育设施	继续推进中小学体育设施提档升级，升级改造全区中小学体育馆10个，对56片露天球场进行亮化，对16片露天水泥球场铺设硅PU面。上述体育设施在非教育时段向社会有序开放使用，满足学校教学和群众锻炼需求	至8月底，升级改造全区中小学体育馆10个，亮化露天球场57片，铺设露天水泥球场硅PU面16片。全区中小学各类室外体育设施均在非教育时段向社会免费开放使用

续表1

序号	项目名称	项目内容	完成情况
4	提升居家养老服务水平	继续健全居家养老服务体系，提升具有助乐、助学、助洁、助浴、助康、助餐功能的示范型镇(街道)、村(居委会)居家养老服务中心10家，实现城区居家养老服务助餐、配送餐全覆盖。开展百名社工素质提升工程，培育扶持10个以上示范型社区社会组织	提升“六助”功能居家养老服务中心工作10家；全区8个街道设置助餐、配送餐服务点122个，城区助餐服务覆盖率100%；对209名社工进行养老服务、社会工作等培训；5个社区社会组织入围市级公益创投项目，获资助19.63万元，15个社区社会组织入围区级公益创投项目，获资助56.4万元
5	城市书房建设工程	计划用3年时间，在城区(主要是柯桥街道、柯岩街道、华舍街道、安昌街道、齐贤街道5个街道)规划布点，建设公共图书服务网络体系及20个左右城市书房，为市民提供便捷的公共文化休闲交流平台，提升城市品位，打造“书香柯桥”。2019年计划建设8个城市书房	城区内建成城市书房8个并向公众开放；建成并验收镇(街道)城市书房7个，超额完成年度建设目标
6	推进老旧小区电梯化改造	在城区老旧小区电梯加装试点的基础上，对符合加装条件的老旧小区多层住宅楼，推进电梯化改造工程，提升居住品质	全区老旧小区加装电梯开工55台，完工23台
7	电动自行车智能充电接口安装项目	计划在城区老旧小区、高层住宅小区等公共区域，投资约1200万元，建设800个电动自行车智能充电桩；带动小微企业园及部分企业自行建设1000个电动自行车智能充电桩。每个充电桩含10个充电口，具备自动断电、数据共享等功能，缓解电动自行车充电难问题，减少电动自行车充电引发的消防火灾起数，保障广大人民群众的生命财产安全	建设住宅小区充电桩973个，含充电口8736个；建设小微企业园充电桩1173个，含充电口11730个，超额完成年度目标
8	山区农民饮用水达标提标工程	在平水、王坛、稽东等区域内的10个村开展打深井、改造供水管网、安装一体化消毒设备等工作，提升山区3900余名群众的饮用水标准，增强村民生活幸福感	平水、王坛、稽东、夏履等4个山区乡镇20个村的饮用水达标提标工程完工，受益群众1.1万人，超额完成年度目标
9	中小学空调安装工程	计划用两年时间，在全区76所公办中小学的教室及专用室内，安装空调(含配电房扩容，线路改造)3600余台，改善中小学生在校的学习、生活条件	全区79所中小学安装空调4196台，提前完成两年任务目标
10	打造城区智能交通系统	新建AR实景系统、失驾管控系统和车辆云析系统，升级交通运行指数系统、高位监控系统、信号控制系统、礼让行人系统、违停抓拍系统等系统，打造可视化、一体化、扁平化、智慧化的柯桥智能交通系统，提升城市交通组织精细化程度，改善市民出行体验，城区主要交通路口通行效率提高10%以上	建成并投用8个智能交通系统及156处外场设施，提升城市交通组织精细化、智能化程度。各类违法行为比上年下降28%，城区主要交通路口的通行率比上年增长10.4%

（孙　莹）

改革纪实

绍兴市柯桥区机构改革这样改

机构改革后，共设置区级党政机构37个，其中，区委机构11个，区政府工作部门26个。区委职能部门和区政府工作部门在机构设置和职能配置上，与省、市基本对应。同时，适应柯桥经济社会发展需要，在机构限额内因地制宜设置了部分机构，优化调整一些领域的机构职能。

区委机构改革

新组建

- 区监察委员会——同区纪律检查委员会合署办公
- 区委审计委员会——办公室设在区审计局
- 区委科技创新委员会——办公室设在区科学技术局
- 区委教育工作领导小组——秘书组设在区教育体育局

改建

- 区委全面深化改革领导小组 改为 区委全面深化改革委员会——区委全面深化改革委员会办公室作为区委工作机关，对外加挂区最多跑一次改革办公室和区委区政府政策研究室牌子
- 区委建设法治柯桥工作领导小组 改为 区委全面依法治区委员会——办公室设在区司法局
- 区委网络安全和信息化领导小组 改为 区委网络安全和信息化委员会——办公室设在区委宣传部
- 区委财经领导小组 改为 区委财经委员会——办公室设在区委全面深化改革委员会办公室（区委区政府政策研究室）
- 区国家安全领导小组 改为 区委国家安全委员会——办公室设在区委办公室
- 区委外事工作领导小组 改为 区委外事工作委员会——办公室设在区政府办公室（区政府外事办公室）

加强归口协调管理

- 区委组织部 统一管理：区委机构编制委员会办公室；公务员工作
- 区委宣传部 统一管理：新闻出版和电影工作
- 区委统战部 统一管理：民族宗教工作；侨务工作

区政府机构改革

组建 区农业农村局（加挂区水利局牌子）

- 区委区政府农业和农村工作办公室
- 区农林局的农业相关职责
- 区水利水电局的水利和渔业管理相关职责
- 区发展和改革局的农业投资项目
- 区财政局的农业综合开发项目
- 市国土资源局柯桥区分局的农田整治项目职责

注：不再保留区农林局、区委区政府农业和农村工作办公室、区水利水电局

组建 区文化广电旅游局

- 区文化广电新闻出版局的文化、文物和广播电视管理职责
- 承担行政职能事业单位区旅游局的行政职能

注：不再保留区文化广电新闻出版局

组建 区卫生健康局

- 区卫生和计划生育局
- 区深化医药卫生体制改革领导小组办公室
- 区老龄工作委员会办公室
- 区安全生产监督管理局的职业安全健康监督管理职责

注：保留区老龄工作委员会，不再保留区卫生和计划生育局、区深化医药卫生体制改革领导小组办公室。

组建 区退役军人事务局

- 区民政局的退役军人优抚安置职责
- 区人力资源和社会保障局的军官转业安置职责

组建 区应急管理局

- 区安全生产监督管理局
- 区政府办公室的应急管理职责
- 市公安局柯桥区分局的消防管理职责
- 区民政局的救灾减灾职责
- 市国土资源局柯桥区分局的地质灾害防治相关职责
- 区水利水电局的水旱灾害防治相关职责
- 区农林局的森林防火相关职责
- 区防汛防旱指挥部、区森林消防指挥部、区抗震救灾指挥部、区减灾委员会等有关职责

注：不再保留区安全生产监督管理局

重新组建 区司法局（加挂区行政复议局牌子）

- 区政府法制办公室（区政府行政复议局）
- 区司法局

注：不再保留区政府法制办公室（区政府行政复议局）

优化 区审计局

- 区发展和改革局的重大项目稽察职责
- 区财政局的预算执行情况和其他财政收支情况的监督检查、相关经济责任审计以及区属国有企业监事会等职责

重新组建 区市场监督管理局

- 区市场监督管理局（区工商行政管理局，区食品药品监督管理局）
- 区质量技术监督局
- 区发展和改革局（区物价局）的价格监督检查相关职责
- 区科学技术局的知识产权保护协调和专利行政执法指导相关职责
- 区商务局的打击侵犯知识产权和假冒伪劣商品以及反垄断等相关职责

注：保留区食品安全委员会，不再保留区质量技术监督局，不再保留区工商行政管理局、区食品药品监督管理局牌子。

绍兴市柯桥区机构改革这样改

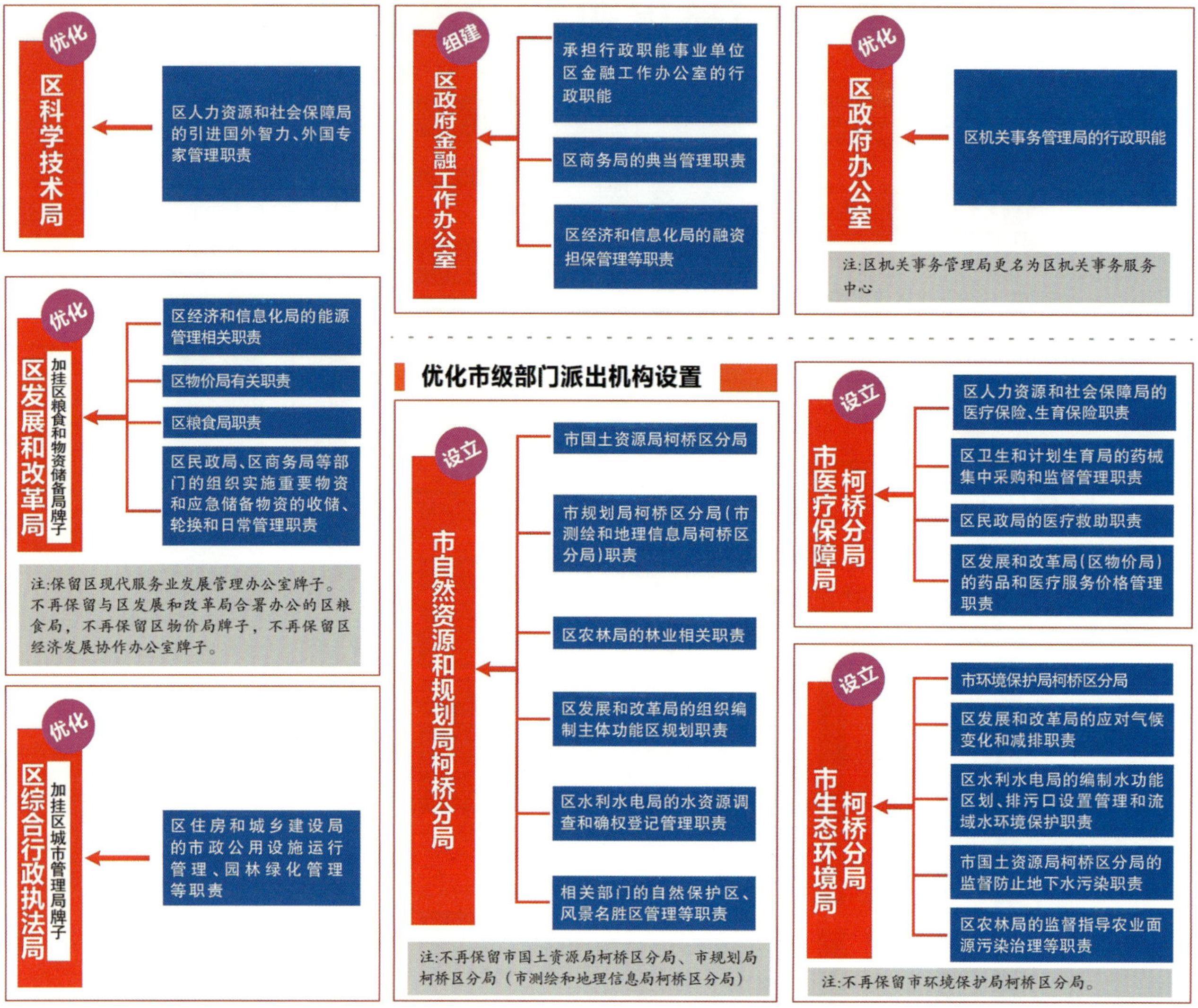

2019年1月8日,柯桥区印发《绍兴市柯桥区机构改革方案》,正式实施机构改革。改革后,柯桥区共设置党政机构37个。党委机构11个,其中纪检监察机关1个、工作机关10个。政府工作机构26个,其中办公室和工作部门24个;绍兴市级部门派出机构3个,其中市自然资源和规划局柯桥分局、市医疗保障局柯桥分局计入机构限额,市生态环境局柯桥分局不计入机构限额。

至年底,先后审议通过部门间“最多跑一次”改革、“闲置农房激活”改革、以“最多跑一次”理念优化提升中国轻纺城市场等26个方案和议题,建立8个改革专项小组。安排22项年度重点突破改革项目,定期协调项目推进中的困难和问题,每季度通报重点突破改革项目进展情况。围绕省对区67项全面深化改革考评指标,加强月度改革专项督查,及时整改发现问题。区委改革办与各改革专项小组及重点突破改革项目牵头单位建立改革工作日常联系制度,加强改革调研、协调、督查、考核。加强改革满意度宣传,在《浙江日报》专版宣传柯桥改革亮点,在区级媒体集中宣传改革经验,发动各镇

（街道）进村（企）入户进行宣传。

坚持以“最多跑一次”改革为龙头和总抓手，加快政府数字化转型，在夯实基础、延伸扩面、提质增效等方面聚焦发力。推行政务服务三级联动“一窗办”改革，16个镇（街道）均实施板块内部无差别全科受理工作，其中镇级可办事项307个、村级可办事项93个，村级可办理事项增加83%，实现群众办事“大事不出镇、小事不出村”。加快系统对接，完成19个区级部门数据交换共享，推送数据近10亿条，调用省市证照库30余万条（次），高频涉民事项实现“无证明”办理。深化政务服务“四个办”，实现全城办事项554个、一证办319个、移动办2566个。推行协同办公系统和“浙政钉”深度融合。探索推动“柯桥—萧山政务服务一体化”工作。投资项目在线审批监管平台3.0上线运行，一般企业投资项目审批“最多90天”实现率100%。围绕个人、企业全生命周期，梳理归集出生、上学、结婚、生育、就医、退休、养老、殡葬等群众办事“一件事”，以及企业开办、项目投资、不动产交易、水电气报装、获得信贷、并购重组等企业办事“一件事”，通过流程再造、系统开发、数据共享等，不断延伸联办事项服务链，基本实现省定61件部门联办“一件事”线上线下全流程可办。全面推动教育医疗、人社医保、文化旅游等公共服务领域“最多跑一次”改革。医院排队等候平均时间缩短至2.58分钟；义务教育学校入学报名、各中小学转学、休复学等均实现“最多跑一次”；完成企业职工退休“一件事”、医疗救助“一站式”改革。选取人流、物流密集的中国轻纺城市场作为“最多跑一次”改革向公共场所延伸的试点，制作并公布35项承诺清单，2019年完成24项。基本实现事项全梳理、机关全覆盖、办事全流程，共梳理部门间办事事项467项，实现“最多跑一次”456项、占比99.1%，平均减少办事环节3.69个，办事时间平均压减率64.7%，办事材料平均压减率41.8%；高频办事事项100%实现“最多跑一次”。推动“最多跑一次”改革向涉审中介组织延伸，中介办理时间由原先的平均4个月缩短至1个月、节省相关费用25%以上。落实《“10+N”营商环境便利化系列行动方案》，基本实现企业开办全流程一日办结常态化，获得电力、用水、用气平均办理时间分别减至2天、2.6天、3天，不动产登记平均办理时间1天，获得信贷办理时限减至10个工作日以内。出台促进民营经济高质量发展政策，全区小微企业享受免征增值税65135户、总额1.9亿元，全区企业享受社保费返还政策6000余家、总额3.9亿元。

持续推进传统产业改造提升和印染产业转型升级省级试点，扩大“加工转经销”试点，全面承接越城印染组团项目。完善柯桥经济技术开发区体制机制，实现兰亭文化旅游度假区挂牌运行。深化“亩均论英雄”改革，完善全领域“亩均+”综合评价体系。推动国有企业整合转型。完善科技人才体制机制，启动“浙江院士之家”试点，率先推出高层次人才服务“一卡通”，简化人才政策兑现流程。承接乡村治理体系和农村公共服务两项国家级改革试点，推动农村集体三资去现金化管理改革，入选国家级农村改革试验区，并被授予全省首批新时代美丽乡村示范县。推进闲置农房激活改革，2019年激活闲置农房650幢以上，盘活闲置农地1000亩，增收800万元以上。实施全域土地综合整治改革，整治土地并生态修复1477亩。打造农村物流“机场模式”，建成“新供销”农村网点150个。坚持发展新时代“枫桥经验”，完善“基层治理四平台”运行机制。建设社会矛盾纠纷调处化解中心（信访超市），创新“一站式接待、一揽子调处、一条龙服务”工作机制，投诉举报办理平均时间压减至3个工作日以内，重复投诉率压减到5%以内，直接答复率90%以上。开设24小时公共法律服务智慧超市，获评全省“七五”普法中期成绩突出县（市、区）。将“最多跑一次”改革理念延伸至民主法制、党的建设、纪检监察等领域，倒逼减权、放权、治权。坚持党建引领基层治理，深化农村“五星达标、3A争创”，全年共创建五星达标村166个、3A村16个。探索开发柯桥区干部信息综合分析系统，推动干部研判分析工作数字化转型。全面推行“两个责任”动态监管平台建设，推进乡镇（街道）纪检监察工作规范化建设。全域推开基层群团改革工作。

建设“军人之家”，推进军人全生命周期“一站式”改革，退役军人事务部部长孙绍骋肯定柯桥做法，列之为2020年全国现场会的考察点。以柯桥为重点的镇（街道）纪检监察工作规范化建设做法在《中共中央办公厅简报》刊发。2019年柯桥外贸多元化驱动出口增长近15%，获省委省政府主要领导批示肯定，并被授予国家纺织品外贸转型升级基地。镇（街道）总工会规范化建设标准化试点通过国家验收。探索实践"银政联盟1+N"模式，推进金融服务和政务服务业务协同、数据共享、服务下沉，该做法在省委改革办《领跑者》上刊登并在国务院办公厅《专报信息》刊发。柯桥区派驻机构全下沉改革获省委书记车俊肯定并被《新华社》专题报道。以柯桥为重点的绍兴"闲置农房激活"改革，得到省长袁家军的批示肯定。柯桥区深化招投标领域"放管服"改革、标准化打造基层应急管理站"柯桥模式"等改革获省常务副省长冯飞批示肯定。政务服务三级联动"一窗办"改革、以"最多跑一次"理念优化提升中国轻纺城市场等多项改革措施获省委改革办《竞跑者》宣传推介，中介服务市场化改革等多项改革在市委《决策参考》刊登。"企业投资项目集成式审批改革"入选浙江省"最多跑一次"改革地方最佳实践案例。承办全市夯实"最多跑一次"改革基层基础工作现场会、闲置农房激活工作现场会等。2019年，全区共有省级以上试点19个，其中国家级试点5个、省级试点14个。柯桥区全面深化改革（"最多跑一次"改革）考核位居全省第五位、全市第一位，其中改革满意度在第三方模拟测评中居全市第一位。柯桥区作为区（县、市）代表在全省深化机构改革总结会议主会场作典型发言，并被授予浙江省机构改革成绩突出集体荣誉称号。（潘洁晶　高越峰　徐一鸣）

"三服务"纪实

2019年，柯桥区各镇（街道）、部门收集问题12402个，其中服务企业问题5084个、服务基层问题3216个、服务群众问题4102个，办理解决12399个，办结率99.98%。

按照省市统一部署，第一时间下发通知，完善区领导联系制度，组织区四套班子领导集体调研，成立区"三服务"活动办公室，建立相关工作机制。元旦和春节前后，区四套班子领导率先示范；下半年结合"不忘初心、牢记使命"主题教育，区四套班子成员带头到联系点走访调研，为企业、群众、基层解难纾困；年底前区政府领导专门开展"坚守初心使命、护航企业发展"专访调研活动，走访企业115家，收集问题38个，意见建议50条。区人大常委会专门组织开展"代表进选区"活动，通过走访收集相关问题128个。区政协围绕优化营商环境、企业上市"凤凰行动"、校外培训机构规范管理等关系民生、发展的热点、难点开展重点协商和"请你来协商"4次。机关各部门结合自身实际、多形式组织开展"三服务"活动，基本走遍全区企业、村居（社区）、高端人才和困难家庭。《新华每日电讯》、浙江卫视、《浙江日报》、《绍兴日报》等中央、省、市级媒体共刊播柯桥区"三服务"活动稿件50余篇，1件获省委主要领导批示。在《柯桥日报》、柯桥广播电视开辟"深入'三服务'，当好排头兵"活动专栏，累计刊登（报道）"三服务"活动典型案例107件，结合主题教育汇编下发"三服务"活动百例精选。

成立"三服务"专题工作组，开展相关企业帮扶工作；出台《关于对重点产业项目减免城市基础设施配套费的实施意见》和《关于降低非居民用天然气销售价格的通知》等政策意见，直接为相关企业减免、降低费用2.07亿元。至9月底全区共计减轻企业负担约116亿元，其中减费超过30亿元。针对历史遗留项目审批难问题，区行政审批局会同相关部门打破部门壁垒，破解绍兴仁昌酱园有限公司环评审批、浙江梅轮电梯股份有限公司补办消防备案手续、浙江迎丰科技股份有限公司暂缺定型机指标审批、绍兴市南洋染织有限公司定型机技改项目审批等难题。围绕项目落地，区发改局通过月走访制、问诊反馈制、整改"军令状"制等举措，跑出柯桥"加速度"，"市县长项目"入库率全市第一。区交办涉及企业328个问题回复反馈率100%。全面深化政务服务"一窗办、一证办、移动办、全城办"和政务服务区镇村"三级联动一窗办"改革，确保市高频民生事项100%实现"一证办"，村级直接可受理事项增加到83个，增幅80%。针对基层群众反映最多的失地农民养老保险问题，区农业农村局牵头出台《关于做好利用被征土地节余指标办理参保工作的通知》，解决一大批农户的养老参保遗留问题。安装既有住宅电梯20台，在建28台，拟建7台。稽东派出所民警辗转 7 省，跨越 2100 千米，为村民易大姐解决落户难题，得到省委书记车俊批示肯定。出台“基层减负八条”，精减发文数量，实行周二、三“无会日”制度；全面下沉 12 类派驻机构、选优配强助企服务员（驻村指导员）、选优配足村级网格员；落实关心关爱“基层十条”，健全容错纠错机制，压缩督查考核事项，削减“一票否决”事项，破解基层精力牵制、工作力量不足、激励不足等问题。

组织开展“政企面对面”活动 11 期，累计对话企业家 112 人次，收集各类问题意见建议 168 个，办结 148 个，办结率 88.1%。组织开展“银企面对面”活动 2 次，区相关重点企业获 16 家省级银行 3 年共 1500 亿元的授信，5 个小微企业集聚点获得区瑞丰银行每年 20 亿元的信贷资金。组织开展“审批面对面”活动 3 期，受理问题事项 29 个，现场协调解决率 100%。“政企面对面”作为柯桥区落实全省“三服务”活动的创新载体、服务品牌获《浙江日报》《新华每日电讯》等媒体在头版进行报道。组建全市首个实体化运作的“三服务”活动主平台——深化服务指导中心，配备专门班子，建立问题清单管理制度，实行“清单交办 + 销号管理”。收集问题现场解决率、办理反馈率、企业群众满意率分别为 56%、100%、99%。信息化推广服务“新平台”。在全省率先全面运行“三服务”协同办理平台，用信息化手段管理“三张清单”，压缩问题处理时间，提升工作效率，通过“黄灯”提醒相关单位 28 次、“红灯”通报相关单位 5 次。（吴嘉欢）

“五星达标、3A 争创”建设

2019 年，柯桥区建成 AAA 级景区化建设示范村 6 个，五星达标村 77 个，验收通过率居全市第一。基本形成“5 带 16 片 32 核”的创建格局，从点线结合向面域美丽，实现点上盆景、线上风景向全域美景的升级蜕变。

推进农村综合环境整治，以“室内室外”双提升改善农村人居环境。开展乡村杆线整治，利用“埋”“理”“融”进行管线整治，全区“三线”整治总投资 4.3 亿元，其中用于强电改造 1.2 亿元、弱电改造 3.1 亿元。全区所有创建村及 27 条主要道路沿线全面铺开。强电部分杆线迁改 155 千米，拆除老旧立杆 1200 根，增加立杆 525 根，入地改造 38 千米；弱电部分杆线迁改 934 千米，拆除老旧立杆 14500 根，增加共用立杆 4900 根，入地改造 227 千米，切割光缆 7570 千米，入户线整理 12450 户。累计投入 26 亿元专项用于“四好农村路”建设。先后实施两轮县乡公路升级改造计划，“四圈一环”美丽乡村公路、“等外路”“差等路”提升改造、美丽经济交通走廊等 5 个“三年计划”，共完成 350 条、750 千米农村公路改造，道路优良率提升至 80%。创建区级“庭院整洁示范户”近百户、“美丽庭院示范点”155 个，形成“世外梅园”“大写西泶”“禹裔冢斜”等 18 条“美丽家园示范带”，征集到优良家风家训 400 余条。

不断强化镇村特色产业发展以及乡村特色文化挖潜，以兰花、梅花、桂花、菊花、茶叶、竹笋、杨梅、水蜜桃、香榧、青梅等特色农产品为主题的“十大农事节庆活动”为载体，建设农业特色品牌，助推乡村产业兴旺，推动富民增收步入“快车道”。创立“文化礼堂公益金”，解决“有钱办事”。以企业赞助、乡贤资助、个人捐助等形式众筹 2000 余万元，专项用于支持礼堂活动近万场，齐贤村依托村内发达的民营经济发动企业家捐助 30 万元，棠二村利用乡贤较多的优势发动捐款 50 万元；填补文化礼堂建设所需的资金缺口。以接“地气”、对“脾气”的活动，打造政府、社团、村民联动的内容供给体系。在 64 个礼堂开展“周末剧场”活动 3200 余场，以自编、自导、自演模式引导鼓励 300 余支业余文艺团队、6200 余名普通村民登台亮相，惠及群众近 60 万人次。通过增设多功能运动场、笼式足球场、灯光篮球场、健身路径、健身活动中心等，全面提档升级乡村体育场地设施。建成小康体育村升级工程 32 个，建成村（居委会）多功能运动场 8 个，建成和改造足球场（含笼式足球场）10 个。依托 22 个单项体育协会、16 个镇（街道）文化站、体育俱乐部及人民团体，贯彻实施“周周有赛事、天天有活动、人人可参与”品牌战略。组织开展群体赛事活动，建设“一镇一品牌”“一区域一特色”，开展近 420 场次乡村赛事活动，参与人数 19.8 万人次。

引导各村立足生态条件和产业基础，多途径拓展村集体经济长效增收渠道，推进乡村富裕增收步伐。通过开发特色资源、推进土地流转、提供有偿服务、发展乡村旅游、培育新型业态、参股保底分红、开发物业用房、盘活低效用地、盘活闲置农房、盘活沉淀资金等“强村十法”激活农村集体经济。齐贤村通过盘整原羊山冶炼厂、原齐贤镇自来水厂、浦沿自然村五金厂等15000平方米闲置厂房,用作家庭集聚点及物业用房,五年来增加收益1800万元。平水镇岔路口村由工商业主租赁该村38宗闲置农房,激活闲置农房实施民宿开发,实施“刻石山”农旅融合综合体项目,一期流转约200亩闲置农地,每年增加农户收入80万元,村集体增收30万元。通过美丽公路串连美丽经济,全面提升旅游厕所、标识系统的设置,生态、人文环境持续优化。全区有在建、投运的乡村民宿50余家,有客房700余间、床位1100余床、餐位5300余位,其中南部山区占60%、古镇占20%。有若耶山居、稻舍、南山小院、兰亭驿事客栈、猫在鲁镇、畅艺园等精品民宿,其中若耶山居民宿获浙江省金宿级民宿荣誉,兰亭驿事客栈、巷深竹缘民宿获浙江省银宿级民宿荣誉。2017—2019年,全区累计引进乡村旅游项目48个,吸引社会资本15.13亿元。2019年1—12月,全区接待乡村游客871.40万人次,乡村旅游收入8.29亿元。(张文斌)

2019年,美国128华人科技企业协会项目对接活动现场
(科技城建管委 供稿)

绍兴金柯桥科技城发展纪实

2019年,绍兴金柯桥科技城探索多元化引才机制,累计引进省级以上高层次人才150人,引进人才总量居全省前3位。举办深圳推介及新闻发布活动,2019国家机器人发展论坛暨RoboCup机器人世界杯中国赛,意大利高端人才科技项目对接活动,产业互联网闭门招商会,全国双创周绍兴分会场,美国128协会科技企业协会,南非、白俄罗斯项目路演等对接活动。中国·绍兴第四届海内外高层次人才创新创业大赛自3月份在深圳启动后,全球征集315个项目,经过筛选,68个项目参加欧洲、深圳、美国、亚洲4场分站赛,通过总决赛决出12强和6个优胜奖。

会同钱清街道按照“一城、两核、多点”总体布局,结合中欧产业园、临杭创新园建设,合力推进浙江绍兴人才创业园柯西园规划建设。柯西园规划方案基本完成,启动区块基本确定,资金方案深度推进,运营团队有意向,早期项目储备到位,科创孵化器完成设计方案。江南大学柯桥创新中心、中科(湾区)创新中心、西安工程大学柯桥研究院、清华长三角研究院国际人才交流中心揭牌运行;恒生凤凰数字经济产业园授牌,早期项目签约入驻;青鸟(柯桥)产业园初期项目进入评审阶段,项目土地计划年底挂牌;完成浙江(绍兴)外国高端人才创新集聚区二期建设;区科技园人才创新服务综合体、人才水岸等项目完成设计。推进民营园区建设,出台创新型用地相关政策细则,深入摸底调研,广泛宣传发动,开展拟改造园区初期指导,江圣针纺印染、巨鹏差别化纤维等7个园区设计方案,壹迦等3个园区提交区规划国土联席会议审议;东盛慧谷、壹迦科技产业加速器、德美科技园等在建园区工程建设进展顺利。推进“飞地”平台建设,借力浙江人才大厦建设契机,在杭州未来科技城创鑫国际大厦建设人才“飞地”,“浙江望安科技”等3个项目正式入驻;对接上海优质资源,选定上海优质孵化器开展上海“飞地”建设,并结合柯西园建设,深度推进上海优质项目资源溢出承接路径;联合资本力量,推进深圳人才驻停站和汇集点建设,探索粤港

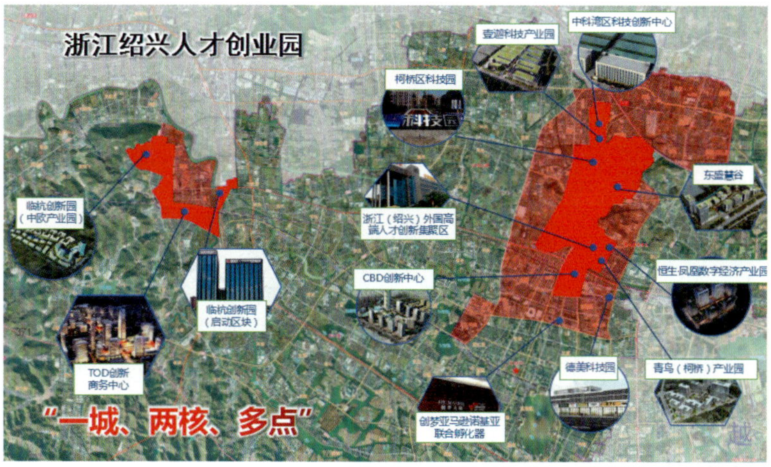

2019 年，浙江绍兴人才创业园“一城、两核、多点”示意图

（科技城建管委　供稿）

澳大湾区资源导入渠道。

开展精准性投融资服务，举办“海创大赛”项目对接会，多个项目达成合作意向；召开人才科技项目与政府参股基金合作研讨会，建立优质项目推送和融资对接服务双向互动机制，助力人才科技项目落地成长；中科院创新联动母基金实质性启动。实行人才服务券制度，公开征集第三方服务机构 55 家，209 家人才科技企业列入人才券服务范围，88 家申请开户。融入长三角一体化发展，成立上海研发公共服务平台绍兴服务驿站，探索人才服务券跨区域使用；提升企业管理能力，举办 6 期企业管理提升培训班，共 200 余家企业 500 余人参加。结合“三服务”活动，开展常态化企业需求走访，通过部门联合走访，创新创业政策上门宣讲等方式，帮助企业解决政策兑现、人员招聘、生产场地、周边配套等问题 200 余个；组织公益性招聘活动，开展网络平台人才精准对接，协助企业解决人才需求“中梗阻”；丰富人才日常生活，组织开展新春高层次人才联谊活动、中秋联欢晚会、篮球友谊赛等文体活动，免费赠送节目演出券、机器人大赛门票、景区门票，组织人才参加“乡村马拉松”。鼓励企业申报各类项目 40 余个，其中浙江津膜环境科技有限公司入围国家重点研发计划“水资源高效开发利用——高新区污水近零排放及资源化利用”，6 家企业参加“火炬杯”大赛，4 家获得省级优胜奖；鼓励企业参加浙江省节能新技术新产品新装备的产品申报，申报 4 家；引导 5 家企业申报高新技术企业；帮助 7 家企业申报浙江省 2019 年省领军型创新创业团队。区科技园作为全市唯一入选单位，被认定为为省级创新创业基地，浙江（绍兴）外国高端人才创新集聚区入围“浙江院士小镇”试点单位。建设管理委员会获浙江省模范集体、绍兴市发展贡献奖荣誉。（郑钐玥）

招商引资纪实

2019 年 1 月，柯桥区成立区政府直属正科级事业单位——柯桥区招商投资促进中心，牵头开展全区招商引资工作，实施“招商引资”一号工程，承接沪杭溢出产业。

区主要领导、分管领导赴外招商 42 次，各镇（街道、开发区）一把手赴外招商 56 批次。参与第四届海内外高层次创新创业大赛启动仪式、杭州绍兴商会成立大会等大型活动，利用各城市绍兴周、国科控股年会等开展柯桥招商环境推介，组织开展各类推介活动 20 场次以上。通过 2019 中国企业家博鳌

2019 年 12 月 1 日，中国企业家博鳌论坛“民族品牌之夜”活动上，柯桥区委书记沈志江向与会企业家推介柯桥以及柯桥纺织

（区投资促进中心　供稿）

论坛“民族品牌之夜”活动，向全球邀约百亿高端织造项目，启动4个100亿战略。对接基金公司、投资机构开拓招商，依托基金公司、投资机构开展生物医药、汽车配件等新兴产业类项目对接30余批次。全年签约“蓝盾生物”“北海康成”“江苏亚虹”“中美华世通”“米道斯心外手术医疗器械”等生物医药项目，引进“驭光科技”项目，实现柯桥区集成电路生产项目“零”的突破。

2019年11月，柯桥区第二批重大项目集中签约开工仪式现场
（区投资促进中心 供稿）

按照柯桥区“5+3+4”产业发展方向，招引智能制造、新材料、生物医药类项目，拓展人工智能、电子信息、数字经济类新兴产业招商。会同各镇（街道、开发区）平台厘清产业发展思路，编制《一镇一业重点招商产业规划》，明确各区域重点招商方向。开展产业链招商实施方案编制。组织开展大纺织产业链精准招商工作实施方案编制，按照“补上、强中、建下”原则，招引高端绿色纤维、高端面料、高端智能纺织印染设备制造等产业链项目。突出新经济项目招引，出台《新经济项目引进的若干政策意见（试行）》，2019年各镇（街道、开发区）签约新经济项目34个。11月份召开新经济项目招引工作协调小组第一次会议，审议认定4个新经济项目。

深入服务企业，整理汇总全区现有可用土地、闲置厂房情况，引导开展存量土地和闲置厂房项目招商。协调对接浙江八方纺织有限公司、绍兴鹰翔染整有限公司等腾退企业闲置厂房的新项目招商需求。深入服务项目，每月开展招商项目落地推进督查，及时掌握项目进展情况，督促推进2016—2018年集中签约重大项目落地建设，服务推进2019年新集中签约项目，结合区人大常委会视察招商投资工作，协同各级各部门加快项目推进落地。深入服务基层，每月组织召开招商工作例会，对项目招引和建设推进过程中存在的问题进行集体研判、统一协调解决。注重基层招商人员的能力提升，组织开展税收、土地利用、基金使用等专业知识授课培训。汇总全区经济社会发展情况、各类现有产业扶持政策等，编制招商工作手册和《招商引资应知应会100问》，为精准开展招商对接洽谈提供支撑。

全年举行3次重大项目集中签约，累计签约引进67个重大项目，计划总投资801.5亿元。其中，5亿元及以上项目45个、10亿元及以上项目18个（含50亿元及以上项目3个），超额完成市对区要求的引进10亿元以上4个、30亿元以上1个项目的目标任务。项目数量比2018年增加31个、计划投资额比2018年增加140.8亿元，增幅分别为86.1%和21.3%。落地集中签约重大项目25个，重大项目签约和落户数均创历年新高。其中，“温德姆酒店”项目、“青藤文化产业园”项目、年产8万吨“高性能环保纺织助剂”项目等5个项目实现当年签约当年落户。2017年、2018年集中签约的28个、36个项目分别落地21个、19个，落地率75%、52.78%。内资招商资金到位110.97亿元，其中产业类项目183个、到资94.59亿元，资本类项目13个、到资16.38亿元，完成市下达目标任务99亿元的112%。（徐利祥）

蓝印时尚小镇建设

蓝印时尚小镇地处柯桥经济技术开发区北部，位于钱塘江、曹娥江交汇之处，小镇坚持生产、生活和生态“三生融合”，推动产业、文化、旅游“三位一体”联动建设，建设全省产业类特色小镇示范样板。2019年投资16.01亿元，累计投入开发建设资金超110亿元，其中政府投资20亿元，小镇主营业务收入141.4亿元，比上年增长47.1%。2018年度省级特色小镇培育对象考核结果为优秀。

围绕“绿色高端、世界领先”目标，全面完成区

2019 年，蓝印时尚小镇立体停车楼投用　　（柯桥经开区　供稿）

印染集聚升级工程，印染三期 57 个项目全部投产。承接越城区印染项目，“国周纺织”“飞越科技”“龙翔”“七色彩虹”“立新”五大组团项目土地摘牌，其中“国周纺织”组团项目动工建设。建立印染集聚升级专家联审机制，对集聚项目实行“一企一审”，验收全面投产企业 17 家。

推进热电、交通路网、公共停车场、固废焚烧等方面项目建设，2019 年累计资金投入 6.8 亿元，其中钱滨线正式通车，开通绍兴市区至蓝印时尚小镇快 196 公交专线，1600 余个车位的蓝印时尚小镇立体停车楼投入使用。浙江浙能绍兴滨海热电有限责任公司三、四期，袍江企业江滨水处理配套工程等陆续开工，确保小镇内水、电、气等提前到位，污水处理、污泥处置配套完备。

设立便民警务区、综合执法中队等专职管理机构，实行“智慧交通”“智慧城管”、智能门禁等城市化管理，实现部门联动智慧管理。小镇客厅、印染文化博物馆、游客接待中心管理团队正式组建，年接待游客超 30 万人。举办第四届中国·绍兴曹娥江“蓝印时尚小镇”国际摩托艇公开赛暨 2019 全国摩托艇锦标赛、2019 年“健康中国”曹娥江蓝印时尚小镇游跑两项全能赛赛事。（相　江　叶异燕）

中国经纺城中央商务区建设

2019 年，柯桥区立足产业基础和发展态势，聚焦时尚元素和价值导向，构筑起以作品展示发布、

2019 年 6 月 28—30 日，柯桥区中纺 CBD 举办商贸服务月暨中纺国际时尚中心 1 周年庆活动　　（中纺 CBD 管理中心　供稿）

2019 年“健康中国”曹娥江蓝印时尚小镇游跑两项全能赛现场　　（柯桥经开区　供稿）

商贸交流对接、时尚娱乐带动，建设时尚消费为核心的时尚产业生态圈。首次主办秋季时尚周，以“时尚跃变·成就‘布’凡”为主题，集合 20 余场不同规模的时尚活动，5000 余人次到场参与；省内外近 60 家主流媒体报道。依托华夏米兰集团，建设“国际时尚发布中心”，开展从时装发布到饰品展示和豪车发布等系列活动。

按照清单式管理要求，实行重点项目跟踪服务。通过专题协调，解决 318

米的龙之梦酒店项目前期土方处置难、地质条件差等困难，年底前完成桩基、地下连续墙工程，地下室结构完成60%。216米的中纺时代大厦8月底主体结顶，10月完成屋面构架，幕墙施工年底前完成70%。绍兴馨乐庭柯桥服务公寓于7月1日试营业，经过设施提升完善服务，结合秋季时尚周于9月26日正式开业。跨境电商产业园园区合计进驻企业164家，去化面积55200余平方米，含政府纺织产业创新服务综合体项目在内，招商合计去化面积68129平方米，提前完成年度招商任务。园区内EBAY平台、亚马逊平台，速卖通平台和墙布综合服务平台四大电商、专项产业平台，园区跨境电商生态和服务体系基本形成。

依托纺织产业创新服务综合体和人才创新港等，建设"科研+"平台，构建协同创新体系。中心8月份完成纺织产业创新服务综合体管理团队招标，9月初正式实施统一管理。江南大学柯桥轻纺产业技术中心、西安工程大学绍兴柯桥纺织产业创新研究院等平台正式入驻综合体6号楼运营。质检中心完成全部装修。2楼综合体展厅投入使用，接待4批次120人次考察。8号楼花样检测中心装修完工，东华大学柯桥纺织创新研究院1层装修完工。

作为政府投资自行运营的商业综合体，中纺国际时尚中心全年完成10大档期活动，其中周年庆3天客流近5万人次，6月29日当天突破1.7万人次，3天销售额160.7万元；组织人气活动63场、促销活动10场、美陈布置2次；时尚中心公众号推送图文信息222条，其中最高单条图文点阅率近1万，累计阅读近70万人次，粉丝增加9512个，累积粉丝量1.2万。至12月底，商业中心销售总额11612.30万元，日均销售额31.81万元，日均销售额较上年增长52.42%，客流总量288.76万人次，日均0.79万人次，日均客流比上年增长10%。（中纺CBD管理中心　供稿）

2019年，中纺·国际时尚中心俯瞰　（中纺CBD管理中心　供稿）

丝路柯桥·布满全球纪事

2019年，中国轻纺城围绕"开放、时尚、智慧、高端"的现代化新型市场建设目标，推动柯桥纺织企业和市场经营户"走出去"，不断提升中国轻纺城国际品牌和影响力，全面展现中国轻纺城"国际化、时尚化、品牌化"的新时期"国际纺织之都"形象，实现中国轻纺城新一轮高水平对外开放。"丝路柯桥·布满全球"行动共组织开展韩国巡回展、巴基斯坦纺织及机械展、上海面辅料展、意大利普拉托展等12次活动。

1月10日，中国轻纺城首站全球巡回展在韩国首尔东大门举办，这次活动由轻纺城集团与轻纺城建管委、韩国东大门特区协会联合主办，是"丝路柯桥·布满全球"2019农历新年后首个海外组团参展活动。中国轻纺城20余家纺织企业携带棉、麻、毛、丝等各类优质面料，抱团参加对接活动，吸引Crocodile、DownFidle等诸多韩国服装品牌企业与设计师前来采购。

3月6—8日，巴基斯坦纺织及机械展在巴基斯坦卡拉奇国际展示中心举办。这次展会由中国轻纺城建设管理委员会、中国轻纺城集团股份有限公司主办，中国轻纺城数十家纺织企业参加，设展面积800余平方米，分为特装展区和标摊展区，精选千余款轻纺城时尚创意面料，全面展示时尚纺城、智慧纺城品牌形象。

2019 年 3 月 12 日，intertextile 春夏面辅料展中柯桥区纺织企业展位现场 （轻纺城建管委 供稿）

3 月 12 日，2019intertextile 春夏面辅料展在上海国家会展中心启幕。这次展会设有六大展馆、九大展区，展出面积超 162000 平方米，汇聚 23 个国家和地区的近 3300 家行业领先的面辅料供应商参展。中国轻纺城 20 余家纺织企业参展。展出轻纺城精品面料 11500 余款，开展首日国内外客商 5300 余人次。

4 月 28 日，中国轻纺城全球巡回展·意大利站在普拉托举办。这次活动由柯桥区人民政府主办、中国轻纺城建设管理委员会、中国轻纺城集团股份有限公司承办，是第二个走进意大利自办展。展会以柯桥纺织品为重点内容，设立面料展区和文化展区，中国轻纺城 20 余家纺织企业集体展出 5000 余款优质面料，活动吸引普拉托当地 ROMITO、GEOSPIRIT、MOOD 等服装公司、面料机构的百余人到场采购面料。

6 月 7 日，中国轻纺城全球巡回展·越南站在胡志明市举办，中国轻纺城参展企业 30 余家，展出 5000 余款优质面料，涵盖绣花、雪纺、色丁、衬衫面料、牛仔面料等品类，吸引当地 150 余家越南服装企业、面料批发商前来采购对接。

7 月 22—24 日，中国轻纺城展团参加 2019 年美国纽约服装面料及家纺展，这次展会在纽约·贾维茨会展中心举办，来自中国、美国、印度、巴基斯坦等 17 个国家和地区的 800 余家纺织服装企业参加，其中包括来自中国的 545 家纺织服装企业。中国轻纺城参展企业 13 家，以“对美出口量大、高端面料。面向美国西市场销售”为特色，展出针织、天丝、牛仔、棉麻、蕾丝、绣花等面料。展会期间轻纺城展区接待客流近万人次。

7 月 4—6 日，为期 3 天的深圳国际纺织面料及辅料博览会在深圳会展中心开幕，这次展会有来自多个国家和地区的近 900 家海内外展商参展，集中展示科技、创新与时尚兼备的面辅料产品。中国轻纺城 20 余家优秀纺织企业参展，展厅形式包括特装展厅和标摊区，展出轻纺城特色优质精品面料万余种。

2019 年 7 月 4 日，深圳国际纺织面料及辅料博览会中柯桥区纺织企业展位现场 （轻纺城建管委 供稿）

8 月 28 日，为期 4 天的 2019 intertextile 中国国际家用纺织品及辅料（秋冬）博览会在上海国际会展中心开幕。展会面积 17 万平方米，参展企业来自 25 个国家和地区，吸引 100 多个国家和地区的专业观众到场观展采购。中国轻纺城携“帘创优家”“众茂”“红山宇”等 20 多家优势企业及品牌参加，参展对象以成品帘为主，围绕成品帘产销模式，对接采购商和专业观众。

11月4日，由19家柯桥区企业组成的柯桥国际纺织之都展团赴尼日利亚参加为期4天的第33届尼日利亚拉各斯国际贸易展览会，“米娜纺织”“宝纺印染”“远望贸易”“睿趣纺织”“楠腾纺织”“舟叶纺织”“三川纺织”“华诺纺织”等企业展位均展出对口非洲市场的纺织产品，包含衬衫面料、绣花面料、特色印花面料、TR弹力布及窗帘布、台布等家纺面料。首日接待3000余人次参观和询单。

2019年11月4日，由19家柯桥区企业组成的柯桥国际纺织之都展团参加第33届尼日利亚拉各斯国际贸易展览会

（轻纺城建管委　供稿）

12月6—8日，2019缅甸国际纺织及机械展暨中国轻纺城巡回展在缅甸仰光会议中心举办。这次展会有200余家企业参与展出，共计展位260个。其中，中国轻纺城集团100余家纺织企业参展，共计展位150余个，展出特色面料3万余款。展会现场还进行商务面料对接活动。（周佳熠）

轨道建设

杭绍城际铁路工程全线共有10个站点，其中6个地下站、4个高架站。2019年，笛扬路站、柯华路站、姑娘桥站、衙前站4个地下站，钱清站、柯桥西站、西沙路站3个高架站，共7个站点结顶。区间包括山岭隧道、桥梁、盾构，其中山岭隧道全部贯通，大跨径连续梁合龙3座，彩虹东伸代建工程取得阶段性进展。

首列电客车落车下线；笛扬路进入实质性设备安装阶段，笛扬变和万绣变设备到场。姑娘桥站率先开始全线首个站内铺轨工作，柯桥西站、钱清站、西沙路站、湖安路站预埋件埋设基本完工。机电施工3标柯华路站（部分区域）做好进场施工准备；全线3个装修标主要管理人员进场开展前期工作；4座高架车站幕墙施工中，其中钱清站、柯桥西站进场，西沙路站和湖安路站具备进场条件。柯华路站、笛扬路站人防门框进场安装。

编制、评审与实施SG-3、4、5、6标车站深基坑开挖、SG-7标、涉铁代建标预应力连续箱梁挂篮施工、SG-2、7标高架桥高大承重支模架、SG-4、6标盾构掘进施工、SG-8、9标段钢结构吊装、塔吊施工等专项方案，组织各类专家论证评审25次，定期或不定期开展方案与实际施工相符性巡查，确保危大工程项目施工处于可控状态。规范全线施工标段对安全风险信息的上报与反馈，整合施工监测、第三方监测、监理单位、风控单位监测信息日报，安全风险监控中心共发布监测预警34次、安全风险动态管理月报11期。开展4次安全生产大检查，6次综合检查，220余次日常巡查，开具整改通知书100余份，签发不良行为通报、专项检查通报12份，发现隐患2000余条，隐患整改率100%。

完成27项设备招标和8项机电施工招标；完成全线铺轨、高架站幕墙、车站装修、弱点施工等省级平台招标项目28项，新开河北侧休闲活力区等区级平台限额以上招标项目3项，区级层面限额以下招标项目25项；开展铺轨、高架幕墙等合同交底及计量管理培训，推进计量工作，年度累计计量金额10.17亿元。

取得轨道交通建设债37亿及短期贷款1.162亿元；与区财政局对接，取得财政补助资金6908.75万元；安排闲散资金，共收息5497.99万元。

全线管线总数123条以上，一期管线迁改基本完工，进入扫尾清零阶段，其中35千伏以上电力线全部迁改。征地62.1873公顷，其中柯桥区段取得报批批复，分割、注销4宗土地、6本权证。

实施拆迁扫尾，拆迁房屋5400平方米，包括萧山青松化纤办公楼、钱清前梅商厦剖拆、东江居签约未拆除4户住户及主线2户钉子户，主线拆迁完成率100%。（陈　菲）

电子商务发展纪实

2019年，柯桥区网络零售额105.32亿元，比上年增长22.8%，轻纺城网上交易额526.59亿元，比上年增长25.3%，6个行政村获评省级电子商务专业村，11个农村服务站点获评省级农村电商示范服务站，纺织产业集群跨境电商发展试点2018年度工作绩效考核晋升A级。

2019年7月17日，柯桥区首家纯跨境电商企业——沐家家居入驻中国轻纺城跨境电商产业园区　（区商务局　供稿）

中国轻纺城跨境电商产业园于2月启动运营，招引新三板企业沐家家居、易贝服务商通纺云等大型优质企业181家，入驻率85%，其中80%以上为跨境电商及配套服务企业。投资引进1万平方米跨境电商孵化器项目，实行边建设边运营模式，孵化企业35家。深化纺织产业带平台化、渠道化发展，举办阿里国际纺织产业带大会，易贝、京东、拼多多等平台家纺产业带专项活动，推动面料线上零售化，举行面料淘宝蓝海行动，推动52家面料企业开启线上零售模式。借势首届国际纺织贸易服务展览会，汇聚12家跨境龙头企业集中推介，建设跨境营销新窗口。

加强与美团、饿了么、口碑等电商平台合作，推动餐饮、商超、菜场等业态数字化，推动融合式体验消费，联合美团、饿了么等平台，举办“双十一”外卖节、高校开学季大促、大牌会吃等活动。美团、饿了么、口碑等平台有效商户数均突破2000家，其中口碑日均交易额超100万元，交易50万单，占全市在线供给份额61%；饿了么日均交易额96万元，比上年增长80%，日均交易2.23万单。永辉超市、大润发、华润万家、世纪联华等4家大型超市实现线上交易额4884.08万元，比上年增长293.98%，占总交易比重的8.36%。

构建“新零售直营店+农村网点+城乡物流配送体系”新模式，建成农村电商配送中心，联合知名快递企业搭建共配中心“机场模式”，以各行政村、社区为网点，规划统一“航线”，运营2个物流分拨中心，提升改造56个网点，建成33家直营店。完善电商人才培养体系，整合主流电商平台、直播平台，开展各类资源对接会、主题培训会、沙龙活动8场次，参加企业1100家次。举办电商人才之江专场招聘活动，牵头开展5家重点电商企业共建高校人才实习基地，组织4家重点跨境企业赴西安等地招引专业人才。加大电商数据支撑，开发建设电商大数据平台，形成重点平台、重点渠道、重点企业研判分析。（赵胜君）

执行编辑　宋如玲

大事记

2019年大事记

1月

1月7日，中共绍兴市柯桥区委召开一届四次全体（扩大）会议，并套开区委经济工作会议。区委书记沈志江作工作报告，传达中共浙江省委、省政府批复同意的《绍兴市柯桥区机构改革方案》。区委副书记、区长赵如浪部署2019年工作。

同日，由浙江华宇实业集团有限公司冠名的“华宇·贤德”慈爱基金正式成立，总金额1000万元，下设美德美育、急难救助、慈善组织孵化培育和西周社区专项等四大子基金。

1月7—10日，中国人民政治协商会议第一届绍兴市柯桥区委员会第三次会议召开，实到委员270人，会议审议通过政协工作报告和提案工作情况报告，表决通过区政协一届三次会议决议。

1月8日，以“新金融格局下机遇与挑战”为主题的2019亚太国际金融论坛柯桥峰会在柯桥区举行。国内外知名金融机构高管、负责人，上市公司老总、高净值投资人等1000余人参加，围绕国内外经济形势、服务实体经济及资本市场的机遇与挑战等内容展开交流探讨。

1月8—11日，柯桥区第一届人民代表大会第三次会议召开，出席代表278人。会议听取关于议案收集情况及处理意见的报告，表决通过关于《政府工作报告》等6个报告的决议和关于加快推进中国轻纺城转型升级议案的决议。

1月18日，柯桥区召开机构改革动员大会。区委书记沈志江讲话。区委副书记、区长赵如浪主持会议。区四套班子领导，区人民法院院长、区人民检察院检察长等参会。全区共设置党政机构37个，比改革前少1个。

2019年1月18日，柯桥区召开机构改革动员大会（高　洁　摄）

1月22日，柯桥区与省级金融机构全面深入合作洽谈暨招商引智推介会在杭州举行。推介会上，举行政银签约仪式，区政府与16家省级银行签订3年总额1500亿元的全面深入合作协议。

2月

2月13日，柯桥区召开全区干部大会。区委书记沈志江讲话，强调要深入开展“服务企业、服务群众、服务基层”活动，以一流作风、一流服务争创一流业绩，为奋进全国“十强区”作出新的更大贡献。区委副书记、区长赵如浪主持会议。

2月23日，柯桥区政府召开一届五次全体(扩大)会议。区委副书记、区长赵如浪作报告。常务副区长诸剑明主持会议并布置政府清单工作。全体副区长出席会议并布置分管线重点工作。

3月

3月7日，中共绍兴市柯桥区委全面深化改革委员会举行第二次会议。会议传达学习中共浙江省委全面深化改革委员会第二次会议、市委全面深化改革委员会第一次会议精神；听取区委全面深化改革委员会2019年工作要点，区委全面深化改革委员会工作规则、区委全面深化改革委员会专项小组工作规则、区委全面深化改革委员会办公室工作细则等情况汇报；审议并原则通过关于推进柯桥区部门间“最多跑一次”改革行动方案等。区委书记、区委全面深化改革委员会主任沈志江主持会议，区委全面深化改革委员会成员出席会议。

3月16日，中国绍兴第四届海内外高层次人才创新创业大赛启动仪式、2019国家机器人发展论坛暨RoboCup机器人世界杯中国赛新闻发布会在深圳举行。

3月29日，中共浙江省委、省政府以视频形式召开全省建设平安浙江工作会议。区委书记沈志江在省主会场参加会议。区领导赵如浪等在区分会场参加会议。会上，柯桥区自2006年起连续14年获浙江省平安县(市、区)称号。

4月

4月12日，在浙江省乡村旅游发展论坛上，柯桥区夏履镇被评为全省首批乡村旅游示范基地，成为绍兴市首个获此称号的乡镇。

4月18日，以“深化改革开放、夯实体系建设、实现创新发展”为主题的中国科学院控股有限公司2019年度工作会议在柯桥区举行。中国科学院副院长、党组成员张涛等出席并致辞。中国科学院及市、区领导陆维、邵全卯、赵如浪等出席。会上宣布，由柯桥区政府和中国科学院控股有限公司共同发起，总规模500亿元的中科院联动创新基金落户柯桥。

4月19日，2019国家机器人发展论坛暨RoboCup机器人世界杯中国赛在柯桥区举行。中国工程院院士、中国自动化学会理事长郑南宁致辞。中国工程院院士孙优贤、封锡盛、桂卫华、陈杰等出席开幕式。国内外高校500多支队伍3000多名师生参加机器人世界杯比赛。

4月22日，柯桥区与杭州市萧山区签订友好城区合作协议，双方将在跨区基础设施建设、社会文旅交流等领域开展全方位合作。

4月25日，内蒙古自治区政协党组书记、主席李秀领率全区盟(市)政协主席一行19人到柯桥区学习考察经济高质量发展和政协工作提质增效情况。

4月30日，“青春心向党、建功新时代”柯桥区庆祝五四运动100周年各界青年代表座谈会举行。区委书记沈志江讲话。区委常委、组织部部长孙彦主持会议。

5月

5月6—8日，2019中国绍兴柯桥国际纺织品面辅料博览会(春季)在中国轻纺城国际会展中心举行，

2019年5月6日，中国绍兴柯桥国际纺织品博览会(春季)在中国轻纺城国际会展中心举行　(施　斌　摄)

入场专业采购商 52576 人次，其中境外采购商 8210 人次，分别较上年增长 9.5% 和 9.1%。其间，举行第三届中国服装定制高峰论坛、中国纺织服装流通业高质量发展论坛、时尚独角兽创新赋能项目启动仪式等活动。

5 月 8 日，中国红十字总会副会长王海京到柯桥区调研。

2019 年 5 月 8 日，中国红十字会总会副会长王海京（前排中）到柯桥区调研　（丁　璐　摄）

同日，2019 年柯桥区—金川县东西部扶贫协作和对口支援重点工作联席会议在柯桥区举行。区委书记沈志江出席会议并讲话，区委副书记、区长赵如浪主持会议。区领导诸剑明、杨伟卿、魏静，金川县领导卞思发、杨凯龙、唐孝东等参会。

5 月 8—9 日，中共浙江省委常委、组织部部长黄建发到柯桥区调研基层党建、乡镇机构改革、基层综合治理以及基层减负等工作。

5 月 13 日，柯桥区被世界休闲组织授予“世界休闲城市”称号，成为继加拿大里士满市之后全球第二个“世界休闲城市”。

5 月 16 日，中华国家供销合作总社副主任邹天敬一行到柯桥区调研供销社综合改革和实施乡村振兴战略工作。

5 月 17 日，柯桥区举行 2019 年重大项目集中签约开工暨恒天智能移动空间研发制造项目开工仪式。33 个重点项目集中开工，计划总投资 486.05 亿元；19 个重点项目集中签约，计划总投资 330.55 亿元。

6 月

6 月 13 日，2019 年全国大众创业万众创新活动周在柯桥中纺 CBD 举行绍兴分会场启动仪式暨高层次人才创业创新平台集中揭牌仪式。柯桥区西纺纺织产业创新研究院、江南大学柯桥纺织产业技术中心、浙江清华长三角研究院国际人才运营中心、中科湾区（浙江）科创中心等 4 个平台揭牌。

6 月 14 日，柯桥区举行数字经济发展、推进政府数字化转型大会暨区企业家协会（企业联合会）二届五次会员大会。区委书记沈志江讲话，区委副书记、区长赵如浪主持会议。

6 月 26 日，中共浙江省委常委、常务副省长冯飞到柯桥区调研，并深入企业车间，开展“不忘初心、牢记使命”主题教育暨“三服务”活动。

7 月

7 月 8 日，绍兴柯桥恒鸣化纤有限公司年产 140 万吨功能性纤维智能生产线项目开工，总投资 60.5 亿元，用地 688.12 亩。这是柯桥区 2019 年度 9 个“市县长项目工程”之一。

7 月 22 日，在绍兴市文化产业发展大会上，兰亭文化旅游度假区与南通森林野生动物园有限公司签约，兰亭野生动物王国项目正式启动。

7 月 25 日，中共浙江省委常委、宣传部部长朱国贤到柯桥区调研文化与旅游深度融合工作。

8 月

8 月 2 日，由柯桥区主办的 2019“老绍兴·金柯桥”城市品牌发布会在上海国际会议中心举行，纽约、上海、柯桥三城同步发布“老绍兴·金柯桥”城市品牌。区委副书记、区长赵如浪致辞。

8 月 9 日，中共绍兴市柯桥区委举行一届六次全体（扩大）会议。区委书记沈志江作工作报告。区委副书记、区长赵如浪部署工作。

8月16日，柯桥区政府召开一届六次全体(扩大)会议。区委副书记、区长赵如浪讲话。区委常委、常务副区长诸剑明主持会议。各副区长部署分管线上下半年重点工作。

8月19日，中共浙江省委、省政府以视频形式召开全省深化机构改革总结会议。区委书记沈志江在主会场作典型发言。区四套班子领导，其他机关单位主要负责人等在柯桥区分会场参加会议。

8月20日，2019中国·绍兴第四届海内外高层次人才创新创业大赛深圳分站赛在深圳市南山区举行。中共绍兴市委常委、组织部部长徐晓光，中共绍兴市柯桥区委书记沈志江等出席。18个来自全国各地的优秀创业创新团队进行现场路演。

2019年9月12日，柯桥区召开"不忘初心、牢记使命"主题教育部署会议
（区委组织部　供稿）

9月

9月6日，柯桥区举行文化旅游重点项目集中签约仪式。中共绍兴市委常委、宣传部部长丁如兴，区委书记沈志江参加并讲话。区委副书记、区长赵如浪主持。现场集中签约项目17个，总投资128.18亿元。

9月11日，中共绍兴市柯桥区委常委会议暨区委"不忘初心、牢记使命"主题教育领导小组第一次会议举行。会议传达学习中央、省委"不忘初心、牢记使命"主题教育部署会议精神，研究部署柯桥区贯彻落实意见，确定全区开展主题教育的总体安排。

9月12日，柯桥区举行"不忘初心、牢记使命"主题教育部署会议。区委书记、区委"不忘初心、牢记使命"主题教育领导小组组长沈志江主持会议并讲话。中共绍兴市委第二巡回指导组全体成员，区四套班子领导、区人民法院院长、人民检察院检察长等参加。

9月17—19日，中共绍兴市柯桥区委理论学习中心组举行"不忘初心、牢记使命"主题教育第一次专题学习会。全体成员到绍兴周恩来纪念馆开展初心之行，并举行集中学习和交流发言。

9月23日，"不忘初心、牢记使命"暨"我心中的清廉柯桥"主题晚会在蓝天大剧院举行。市委常委、纪委书记、监委主任陈灿，市委"不忘初心、牢记使命"主题教育第二巡回指导组组长刘孟达等出席。柯桥区四套班子领导、区人民法院院长、人民检察院检察长，区人武部政委等观看演出。

9月25日，柯桥传媒集团新大楼落成投运揭牌仪式举行。区委书记沈志江出席并揭牌。大楼总建筑面积2万平方米，建筑高度69.3米。

2019年9月27日，第二届世界布商大会在中国轻纺城国际会展中心开幕
（轻纺城建管委　供稿）

9月27—29日，以“开放协同、科技驱动、时尚跃变”为主题的2019第二届世界布商大会在中国轻纺城国际会展中心举行。国际纺织制造商联合会副会长、中国纺织工业联合会会长孙瑞哲，中国商业联合会副会长傅龙成，中国纺织品进出口商会副会长张锡安，中国纺织科学研究院院长庄小雄等出席开幕式。其间，举行全球时尚产业发展论坛、第15届亚洲纺织会议、全球纺织产业国际合作高峰论坛、“一带一路”纺织合作论坛等一系列活动，来自全球45个国家和地区的代表共商行业发展趋势。

9月28日，“我和我的祖国”柯桥区庆祝中华人民共和国成立70周年文艺晚会在蓝天大剧院举行。区领导和全区劳动模范、优秀党员等一同观看。晚会分《忆往昔峥嵘岁月稠》《看今朝幸福金柯桥》《守初心共圆中国梦》3个篇章，全面展现柯桥辉煌成就和时代新貌。

9月28—30日，2019中国绍兴柯桥国际纺织品博览会(秋季)在新落成的绍兴国际会展中心举行，设展位1400个，参展企业552家，展览面积2.5万平方米。

9月30日，柯桥区举行“应急·救援”慈善公益基金成立仪式，成立全省首个应急救援慈善基金。区委书记沈志江出席并讲话，区委副书记、区长赵如浪致辞，区委常委、常务副区长诸剑明主持。

10月

10月8日，《人民日报》发布2019年中国中小城市高质量发展指数研究成果。柯桥区比上年再进一位，名列全国第11。

10月15日，浙江省政府批复同意钱清、杨汛桥、马鞍3镇改为街道。11月8日，3个街道举行集中揭牌仪式。

10月26—27日，以“领秀湾区、智赢未来”为主题的2019中国·绍兴第四届海内外高层次人才创新创业大赛总决赛在柯桥区举行。浙江材华科技有限公司的安全健康的大分子着色剂、杭州精刁智能科技有限公司的面向不确定性的多模态鲁棒精密主轴算法模块2个项目获大赛一等奖。创业大赛自3月启动，共收到来自英国、德国、美国等国家和地区的315个创新创业项目报名，经欧洲、中国深圳、美国、亚洲4场分站赛及半决赛角逐，18个项目晋级总决赛。

11月

11月8日，在浙江省深化“千万工程”建设新时代美丽乡村现场会上，柯桥区获浙江省新时代美丽乡村示范县称号，成为绍兴市首个获此荣誉的县(市、区)。

11月12日，中共绍兴市柯桥区委举行“不忘初心、牢记使命”主题教育集中学习暨“弘扬胆剑精神、勇于担当作为”专题讲座。区委书记沈志江主持并讲话。市委第二巡回指导组组长刘孟达作讲座。区四套班子领导，区人民法院院长、区人民检察院检察长等参加。

11月21日，退役军人事务部党组书记、部长孙绍骋到柯桥区调研退役军人事务工作。浙江省副省长王文序等陪同调研。

11月25日，绍兴市柯桥区工会第一次代表大会召开，选举产生区总工会第一届委员会，确定此后五年区工会工作的主要任务。区委书记沈志江出席并讲话。区领导、各群团组织、区总工会历任主席、劳模代表等参加会议。

11月29日，柯桥印染企业数字化高峰论坛暨柯桥纺织工业互联网基地启动仪式举行。区政府和中国纺织工业联合会、小米数字科技有限公司签署《共同打造柯桥区纺织工业互联网示范基地战略合作协议》，举行政企面对面活动和圆桌论坛。

11月30日，柯桥区举行绍兴兰亭森林野生动物园项目开工暨2019年第二批重大项目集中签约开工仪式，集中开工重大项目35个、总投资308亿元，集中签约项目30个、计划总投资260.81亿元。

12月

12月6—8日，2019年缅甸国际纺织及机械展暨中国轻纺城巡回展在缅甸(仰光)会议中心举行。

近 70 家企业组成的中国轻纺城展团携 2 万余款面料参展。

12 月 12 日，柯桥区社会矛盾纠纷调处化解中心正式揭牌运行。区委书记沈志江，区委副书记、区长赵如浪等参加揭牌仪式。政法、司法、信访等单位常驻中心，教体、交通、市场监管等 16 家单位轮驻，变“多中心”为“一中心”。

12 月 13 日，杭州中环绍兴柯桥段工程开工仪式举行。该路段项目总长 25.9 千米，占中环全部路段的 13.56%，总投资 95 亿元。

12 月 15 日，柯桥区上海商会成立大会暨绍兴柯桥文化旅游、投资环境推介活动在上海举行。区委书记沈志江讲话，区委副书记、区长赵如浪为商会授牌。

12 月 17—19 日，首届“枫桥经验”高峰论坛在柯桥区举行。区委书记沈志江在论坛上致辞。其间，与会成员参观柯桥区、镇两级多个社会矛盾纠纷调处化解中心。

12 月 18 日，第十一届“海外学子浙江行”绍兴洽谈大会暨第四届“海纳创新创业大赛”决赛在柯桥区举行。来自全球的 150 余名海外高层次人才参加，与绍兴 200 余家企事业单位开展对接洽谈，并进行创新创业决赛。

12 月 19 日，柯桥区社科联第一次代表大会举行。区委书记沈志江出席并讲话。区领导赵如浪等参加会议。会议修改通过《绍兴市柯桥区社会科学界联合会章程》，选举产生区社科联第一届理事会，章慧娟当选主席。

2019 年 12 月 15 日，柯桥区上海商会成立大会暨绍兴柯桥文化旅游、投资环境推介活动在上海举行　（钟兴友　摄）

12 月 28 日，绍兴市印染产业跨区域集聚提升“国周印染组团”项目在柯桥区蓝印时尚小镇开工。市委书记马卫光宣布开工，市委副书记、市长盛阅春致辞。市、区领导谭志桂、魏伟、陆维、邵全卯、沈志江、赵如浪等参加。“国周印染组团”由市区 3 家印染公司整合而成，计划总投资 8.5 亿元。（王伟峰　朱祖德）

执行编辑　王　翊

区情概貌

历史沿革

【越族繁衍】 柯桥，历史悠久。新石器时代，境内就有人类繁衍生息。在距绍兴偏西约100千米的建德山地，于1963年、1974年先后发现人类牙齿化石，距今约5万年，命名为“建德人”，人们推测为于越先祖蛰居山地、开辟草莱的端倪。偏东69千米的余姚江南、四明山北，于1973年、1977年先后发掘的河姆渡文化遗址，测定距今7000~6000年，被视为越族创造文明的嚆矢。在北部平原古丘上，1984年发掘出马鞍山寺桥村凤凰墩文化遗址，距今约4500年。1985年又在附近发现仙人山文化遗址，距今约5000年，确认为新石器时代晚期越族祖先的聚落遗存。传说时代，在今上虞区去城15千米的地方，名姚丘，是舜的出生地。后来舜继承尧的事业，为华夏民族的首领。他推举鲧的儿子禹治理洪水，才有大禹治水的神话。传说大禹吸取父亲鲧用“堙”（堵）的办法治洪水失败被杀的教训，改用“疏”“导”之策，劳身焦思，居外13年，“三过家门而不入”，终于把洪水治平。因为这个功劳，舜把帝位禅让给禹。相传禹是越族的祖先，生于今之绍兴，在治水时曾“上茅山，大会计，爵有德，封有功”，遂更名茅山为会稽山，“会稽”一名始此。大禹娶妻于涂山，妻名女娇，生子启。公元前21世纪前后，禹过世，葬于会稽，故有禹陵。启接禹位，打破禅让制，推行世袭制。启之后过了6世，约公元前19世纪，少康即位，怕禹祭断绝，封其庶子无余于越，以续香火。历史上遂有“于越”的名称。1991年，陶里壶瓶山文化遗址被发掘。该文化成于公元前17世纪至前16世纪的商周时期，出土有石器、玉器和夹砂红陶器等文物。约公元前11世纪（周成王二十四年），《竹书纪年》记有“于越来宾”，是为于越部族有文献记载之始。约公元前10世纪（周穆王三十七年），周“伐越至于纡”，1981年、1986年两次发掘的袍谷文化遗址证明是这个时期的文化。周定王六年（前601），越开始与楚结盟。周景王元年（前544），吴始伐越。此后吴越两国多有强事小争。周敬王十年（前510），吴王阖闾伐越，败越于槜李（今浙江嘉兴）；十五年（前505），越王允常乘吴伐楚而入吴，以报槜李之败。自此，吴越之间的战争连绵不断，规模越来越大。

【越国兴衰】 史载，自无余封越，千有余岁，至句践，越国兴起。周敬王二十三年（前497），允常病卒，句践即位，迁都平水平阳。次年建元，打败吴国进攻，吴王阖闾被射伤而死。句践三年（前494），吴王夫差为报父仇，大败越军。越向吴求和，越王句践携夫人、范蠡等人入质囚吴，几乎灭国。行三年韬晦之计，于句践五年得释返越，在范蠡、文种、计然等谋士辅助下，于句践七年立郭树都，构筑小城、大城，作为政治、经济、文化中心，致力发展生产、增长人口、强化军事、安定国家。经过卧薪尝胆，“十年生聚而十年教训”，越国炽富。

句践十五年，句践乘夫差北会诸侯于黄池（今河南封丘）之机，率兵入吴，败吴师，杀吴太子。句践十九年，再战笠泽，大败吴师。句践二十二年，越大举攻吴，败吴军于没（吴地），又败之于郊，再败之于津，围吴城三年，以候时机。句践二十四年，越国灭吴，吴王夫差自杀。越国报仇雪耻之战告终。

句践平吴之后，乃以兵北渡淮，与齐、晋诸侯会于徐州，并派使臣向周王朝进贡，周元王遣使赐句践胙，命为伯。时，越兵横行于江淮以东。句践二十五年，迁都琅琊，与齐、楚、秦、晋会盟，“诸侯毕贺，号称霸王”。

句践三十二年，句践卒，子鹿郢立。越国在不寿、朱句、翳、诸咎、孚错枝、无余、无颛、无彊等代，均称强。但因后代国内频起杀伐，无彊伐楚失败，于周显王三十六年（前333）被楚威王杀死，楚国尽取故吴地至浙江，越国从此四散。诸族子争相自立，或为王、为君，滨于江南海上，服朝于楚。秦王政二十五年（前222），秦将王翦平定江南，越君降，越遂亡。

【秦汉会稽郡山阴县】 秦始皇二十六年（前221）平定天下，分海内为36郡。原越地称大越，隶会稽郡，治吴（吴县）；三十七年（前210）秦始皇南巡，上会稽，祭大禹，刻石颂秦德，更名大越为山阴，山阴县始此。西汉高祖五年（前202），刘邦徙韩信为楚王，山阴属楚国。六年并丹阳、会稽两郡为荆国，封刘贾为荆王，山阴隶荆国。十二年荆国除，建吴国，刘濞为王，山阴属吴国。景帝前元三年（前154），刘濞叛，国除，恢复会稽郡，山阴属之。汉永建四年（129），析浙江以西为吴郡，浙江以东仍会稽郡，山阴县为郡治。熹平三年（174），孙坚父子开始在会稽图建国，建置不变。

近400年中，山阴人郑吉于甘露年间（前53—前50）数出西域。建武年间，上虞王充著《论衡》，反对谶纬迷信。永元年间，太守马棱建回涌湖，治绩有声。永和五年（140），太守马臻疏筑鉴湖，溉田9000余顷，造福百姓。

【魏晋南北朝会稽郡山阴县】 东汉建安元年（196）孙策击败严白虎，自领会稽太守。五年，孙策死，孙权领会稽，谋建国。三国吴黄龙元年（229），孙权称帝，建都建业，仍设会稽郡，山阴县为郡治所在地。天纪四年（280），孙皓降晋，山阴仍为会稽郡治。晋太康二年（281），改会稽郡为会稽国，孙秀当国，治山阴县。永宁元年（301），孙秀因参与赵王伦篡位，国除，复郡，治山阴。建武元年（317），司马睿在建康即晋王位，改元，次年称帝，史称东晋，山阴隶属不变。咸和四年（329），王舒任会稽内史，为避父讳，钦改会稽为郐稽。永初元年（420），晋恭帝禅位，刘裕称帝，建国号宋，次年复为会稽郡。元嘉三十年（453）析扬州浙东5郡为会州，治山阴，旋罢。孝建元年（454）又析扬州浙东5郡为东扬州，治山阴。后屡有变易，但山阴为会稽郡治不变。建元元年（479），萧道成逼宋帝禅位，立南朝齐，会稽郡仍属扬州，治山阴县。天监元年（502），萧衍逼齐和帝禅位，建南朝梁。普通五年（524），置东扬州，治山阴县。太平元年（556）罢东扬州，还复会稽郡，属扬州，郡治山阴县。永定元年（557）陈霸先废梁自立，是为南朝陈，隶属依旧。陈后主时（583—589）析山阴县东部置会稽县（一说在永定年间），两县同城而治。会稽设县自此始。

在三国吴、西晋、东晋和南朝360年间，除西晋37年外，其他各朝均建都建康（今南京），故史称六朝。六朝期间，贺循疏凿浙东运河，造福百姓；司马睿称“今之会稽，昔之关中”，地位重要；王羲之修禊兰亭，会稽成书法圣地。

【隋唐五代越州山阴、会稽】 隋开皇九年（589）废郡置吴州，并山阴、上虞、始宁、永兴为会稽县，隶吴州。大业元年（605）改吴州为越州，治会稽。越二年仍复会稽郡。唐武德四年（621），李子通克杭州，置越州，治会稽，旋改越州总管府。武德七年改总管府为都督府，恢复山阴县。此后，山、会两县时有废复。元和十年（815），山、会两县同城而治遂成定制。开平元年（907），朱温篡位，史称后梁，封钱镠为吴越王，后称吴越国，越州为东府，山、会属之。后虽有后唐、后晋、后汉、后周更迭，山、会隶属不变，直至北宋太平兴国三年（978）。

在隋、唐、五代的388年间，越州为浙江东道之道治所在地，山、会县城为七州之首、钱镠行都。期间，观察使皇甫温、会稽县令李俊之和李左次先后增修百余里东江塘。山阴王叔文主持永贞革新。诗人贺知章告老归故里。李白、杜甫等诗人踏歌山阴道上，史称“唐诗之路”。越绫、青瓷名闻遐迩。

【宋元建置变迁和山、会两县】 后周显德七年（960），赵匡胤陈桥兵变，夺取后周政权，建立宋朝。太平兴国三年（978），钱俶降宋，改东府为越州，山、会属之。其间曾设两浙路，统州、县。建炎元年（1127），赵构在南京称帝，史称南宋。绍兴元年（1131），定都临安，改州称府，升越州为绍兴府，山、会隶属不变。至元十三年（1276），元军攻占绍兴，改府为路，山、会属绍兴路，直至元亡。

宋、元400余年间，两宋经济有所发展。开宝四年（971）开广州、杭州、明州市舶司后，越州丝绸、青瓷远销日本、印度、大食等国。纸币"会子"允许与铜钱并行。鉴湖围湖造田兴起，史有争论。州学书院代有所建。大中祥符五年(1012)，陆轸建陆太傅书院于牛峰寺；天圣九年(1031)，成悦等4任知州建州学于望花桥(今稽山中学)；崇宁二年(1103)间，山、会两县学宫分建于阳堂山和竹园坊。其间，会稽县令杨宪重筑箐江石塘，知府赵彦倓修筑山阴海塘，知府汪纲疏浚西兴运河，拓建贡院、教场，缮治罗城诸城门，为世人称道。元朝是个大逆转大倒退时期，西僧杨琏真伽盗掘宋六陵，民族矛盾加剧，很快激起民变。

【明朝绍兴府山、会两县】 明洪武元年(1368)，朱元璋称帝，山、会两县属绍兴府。崇祯十七年(1644)明亡，绍兴处在南明小朝廷控制之下。清顺治三年(1646)，多铎部将博洛取绍兴，明鲁王逃亡舟山，绍兴归属清。

明朝统治绍兴近280年，由于前期执行与民休养生息的政策，生产发展，经济繁荣，资本主义因素萌生，绍兴第一家酱园"俞合兴"在城内开张营业。"一条鞭法"的推行，由实物税转入货币税。知府戴琥建麻溪坝，制"山会水则"；汤绍恩建三江闸，最后一次开通碛堰，造福山、会、萧三县。王守仁、刘宗周分别创阳明心学和蕺山学派，皆为一代宗师；稽山、阳明、五云、和靖等书院兴旺；古小学重建。张景岳被誉为绍派伤寒之祖。其间，倭寇为患，汤和筑三江、沥海、白洋等所城防倭，姚长子抗倭殉难，均名垂史册。

【清朝绍兴府山、会两县】 清顺治三年(1646)，多铎部将博洛定绍兴，绍兴仍为府，山、会两县属之。前期，绍兴经济有所发展，但是由于大兴文字狱、禁用绍兴师爷、停止山会乡试、会试等民族歧视政策，曾多次发生民变。康乾期间，康熙帝、乾隆帝采取到绍祭禹、削除绍兴堕民籍等举措，阶级矛盾有所缓和。知府俞卿修筑城垣和改建玉山斗门。李亨特立"十禁牌"以淳风俗，为世人称道。鸦片战争期间，葛云飞英勇抗击英军，壮烈牺牲。咸丰十一年(1861)太平天国将领陆顺德占据绍兴，设200余乡官局施政，多次击杀英、法官兵。同治二年(1863)左宗棠收复绍兴，山、会仍属绍兴府。

19世纪60年代到90年代的洋务运动中，绍兴有识之士奋起救亡，徐树兰、徐友兰兄弟兴办实业，创立绍兴中西学堂。齐贤"益昌佩"绸厂、山阴"公豫源"丝厂相继开业。汤寿潜著《危言》，主张变法。蔡元培、陶成章建立"光复会"。徐锡麟、秋瑾、陶成章为建立中华民国先后牺牲，成为辛亥革命时期"绍兴三烈士"。宣统三年(1911)11月6日，浙江革命军攻克绍兴，废府存县，知府陈赞清为绍兴军政分府都督。越4日，王金发率部抵绍，成立绍兴军政分府，自任都督。次年1月，归属浙江省。

【民国时期绍兴县】 民国肇元(1912)1月，奉浙江省军政府关于"调整县区，更改县名"令，山、会两县合并，成立绍兴县，直属省，治原会稽县衙。民国3年(1914)6月，省县间设道，绍兴县属会稽道，治绍兴县。民国16年(1927)4月道废，直隶省。民国24年(1935)6月，设绍兴行政督察区，绍兴县属之，为区治所在地。民国25年(1936)4月，绍兴县改属第三行政督察区，仍为区治。民国37年(1948)4月改名第二行政督察区，绍兴县属之，区治迁至余姚县。1949年3月，中共绍兴县临时工作委员会(临工委)办事处(实为县人民政府)成立。4月6日，中共浙东临工委决定由会稽二支队、四明五支队一部和新越中队、绍兴办事处共500余人联合发起"车头战役"，获胜。10日，宣布成立南池、越南、漓渚、汤浦4个区人民政府。5月7日，浙东人民解放军第二游击纵队进驻绍兴城，绍兴解放。11日，中国人民解放军第三野战军21军61师先遣部队抵绍。12日中共浙东临工委建立绍兴军管会。25日成立绍兴市军管会。6月3日，中共绍兴县委成立，同时建立城郊、柯桥、齐贤、漓渚、进化、马山、东皋、汤浦、越南9个区分委。6日，绍兴县人民政府成立，同时建立9个区人民政府。

【中华人民共和国成立后】 1949年10月1日，中华人民共和国成立。是月，析绍兴县城区为绍兴市，市政府驻城区；绍兴县东部为会稽县，县治驻皋埠；西部仍为绍兴县，县治移驻柯桥。两县一市均属绍兴专区。1950年5月9日，两县一市合并为绍兴县，治城区，隶属仍旧。9月15日又析城区复置绍兴市(县级)，县、市同城而治，隶属不变。1952年1月撤绍兴专区，绍兴县直属省，1953年2月改属宁波专区。1958年2月21日又次撤销绍兴市(县级)，并入绍兴县，隶属仍旧。1962年1月11日，再析城区置绍兴市(县属)。1963年1月3日，再撤县属市建制，称绍兴县城关镇。1964 年 9 月恢复绍兴专区，绍兴县属之。1968 年 5 月改绍兴专区为绍兴地区，绍兴县属之。1978 年 9 月又改名为绍兴地区行政公署，绍兴县属之。1981 年 3 月 31 日，撤绍兴县，建绍兴市，仍县级，隶属不变。1982 年 2 月 8 日国务院公布绍兴市（县级）为全国第一批 24 个历史文化名城之一。1983 年 7 月 23 日，国务院批准实行市管县体制，撤绍兴地区行政公署，设绍兴市（地级），撤县级市，恢复为绍兴县，驻市。是年 9 月 20 日，省人民政府办公厅通知，析绍兴县城区和周边亭山、禹陵、灵芝、城东、梅山 5 个乡和东湖 1 个镇建越城区（县级），隶绍兴市，市、县、区同城而治。2000 年 7 月，再析绍兴县之东浦、鉴湖、皋埠、马山、斗门 5 个镇归属越城区，以扩大其地域。是年 10 月，绍兴县行政中心搬迁柯桥试运行。2001 年 1 月 13 日，经国务院正式批准，绍兴县治迁至柯桥。是年 3 月 23 日，举行绍兴县人民政府驻地迁至柯桥揭牌仪式。2013 年 10 月，国务院批复同意浙江省调整绍兴市部分行政区划，撤销绍兴县，设立绍兴市柯桥区，原绍兴县的孙端镇、陶堰镇、富盛镇划归绍兴市越城区管辖。

绍兴县自 1988 年起，多次名列全国财政收入“十大财神县”；1991 年起多次被评为中国农村综合实力百强县（市），名列十位前后。2000 年，绍兴县在划出 5 个建制镇后，在中国县（市）社会经济综合发展指数排名中，名列综合位次第 15 位。2007—2013 年，在全省城乡统筹水平综合评价中连续七年居各县（市）首位。2017 年获浙江省首批平安金鼎。2019 年，柯桥区实现地区生产总值 1504.27 亿元，比上年增长 7.6%；财政总收入 197.82 亿元，比上年下降 0.4%；2009—2019 年连续 11 年被评为中国全面小康十大示范县市，2006—2019 年连续 14 年被评为浙江省平安县（市、区）。（史　志）

名胜古迹

【概况】 柯桥区历史悠久，文化遗存丰富，名胜古迹众多，至 2019 年年底，辖区内有各级各类文物保护单位（文物保护点）163 处，其中全国重点文物保护单位 9 处、省级文物保护单位 7 处、区级文物保护单位 58 处、区级文物保护点 89 处；有国家级旅游景区 26 个，其中 AAAA 级景区 5 个、AAA 级景区 6 个、AA 级景区 15 个。

2019 年柯桥区国家级文物保护单位情况

表 2

序号	名称	时代	地址	公布时间
1	古纤道	明代	柯桥街道、湖塘街道、钱清街道	1988 年 1 月
2	印山越国王陵	春秋战国	兰亭街道里木栅村	2001 年 6 月
3	王守仁故居及墓	明代	兰亭街道花街洪溪鲜虾山	2006 年 5 月
4	青藤书屋和徐渭墓	明代	兰亭街道里木栅村	2006 年 5 月
5	柯岩造像及摩崖题刻	宋、清	柯岩街道柯岩风景区内	2013 年 3 月
6	舜王庙	清代	王坛镇双江溪舜王山	2013 年 3 月
7	绍兴越国贵族墓群	春秋战国	平水镇、漓渚镇	2013 年 3 月
8	大运河柯桥段	春秋战国至中华人民共和国	钱清街道、柯桥街道、湖塘街道	2013 年 3 月
9	绍兴古桥群（太平桥、融光桥、接渡桥）	元至民国	柯岩街道、柯桥街道	2013 年 3 月

2019 年柯桥区省级文物保护单位情况

表 3

序号	名称	时代	地址	公布时间
1	马鞍遗址	新石器时代	马鞍街道寺桥村	1997 年 8 月
2	鉴湖遗址·大王庙	东汉至清	柯桥区及钱清街道江南村虎象自然村	2011 年 1 月
3	善庆学校旧址	民国	柯岩街道州山村	2011 年 1 月
4	绍兴古桥群(西跨湖桥)	元至民国	湖塘街道	2011 年 1 月
5	绍兴会稽山古香榧种植园——稽东古香榧林	宋至清代	稽东镇占岙村、陈村、石岙村	2013 年 4 月
6	羊山造像及摩崖石刻(含石佛寺)	唐至民国	齐贤街道石佛禅寺	2017 年 1 月
7	虹明桥	清代	福全街道徐山村	2017 年 1 月

2019 年柯桥区国家级旅游景区情况

表 4

序号	名称	级别	地址	公布时间
1	绍兴柯岩风景区	AAAA	柯岩街道柯岩大道 558 号	2001 年 1 月
2	柯桥区大香林乡村休闲旅游区	AAAA	湖塘街道岭下村	2007 年 2 月
3	绍兴市乔波冰雪世界旅游区	AAAA	柯南大道 2168 号	2013 年 10 月
4	绍兴酷玩小镇·东方山水乐园景区	AAAA	柯岩街道稽山南路 118 号	2018 年 5 月
5	绍兴安昌古镇旅游区	AAAA	安昌街道老街	2018 年 12 月
6	中国轻纺城市场景区	AAA	柯桥街道金柯桥大道 1639 号	2011 年 12 月
7	绍兴香雪梅海旅游区	AAA	王坛镇东村村	2011 年 12 月
8	绍兴舜王庙景区	AAA	王坛镇长林村	2012 年 12 月
9	绍兴会稽山千年香榧林·月华景区	AAA	稽东镇占岙村	2012 年 12 月
10	柯桥同康绿林竹海景区	AAA	平水镇同康村	2014 年 9 月
11	红豆仙霞旅游区	AAA	稽东镇龙东村	2017 年 12 月
12	印山越国王陵景区	AA	兰亭街道里木栅村	2001 年 6 月

续表 4

序号	名称	级别	地址	公布时间
13	陶元岭—金渔湾景区	AA	平水镇金鱼村	2013 年 12 月
14	王坛镇南岸旅游景区	AA	王坛镇南岸村	2013 年 12 月
15	齐贤街道羊山景区	AA	齐贤街道石佛村	2013 年 12 月
16	夏履镇越王峥景区	AA	夏履镇越王峥村	2013 年 12 月
17	湖塘街道香湖乡村休闲旅游区	AA	湖塘街道夏泽村	2013 年 12 月
18	平水镇平阳禅寺旅游景区	AA	平水镇平阳村	2015 年 1 月
19	王化·日铸岭旅游景区	AA	平水镇王化村	2015 年 1 月
20	王坛镇玫瑰山庄景区	AA	王坛镇南岸村	2015 年 1 月
21	陶宴岭·新联溪旅游景区	AA	王坛镇新联村	2015 年 1 月
22	巷深竹缘·小千养生谷旅游景区	AA	平水镇下灶村	2016 年 3 月
23	雪窦岭旅游景区	AA	稽东镇止步坑村	2016 年 3 月
24	五百岗·雄鹅峰旅游景区	AA	王坛镇丹家村	2016 年 3 月
25	龙池山·青陶峡谷旅游景区	AA	王坛镇青坛村	2016 年 3 月
26	钱清西天竺旅游景区	AA	钱清街道前梅村	2017 年 12 月

（刘迎兵　黄　萍）

名士之乡

【概况】 绍兴自越王句践至当代伟人周恩来，可谓人才辈出，灿若星河。名闻全国以至世界者，有著名哲学家、思想家王叔文、王阳明、刘宗周，历史学家谢承、赵晔、范文澜，方志学家袁康、吴平、章学诚，文学家贺知章、陆游、张岱、鲁迅，画家徐渭、赵之谦、任颐，书法家王羲之、王献之，教育家蔡元培，日记大家李慈铭，自然科学家钱三强、陈建功、竺可桢，民族英雄葛云飞，革命志士秋瑾、徐锡麟、陶成章。自隋、唐兴科举至清光绪三十一年(1905)废科举，会试中试、钦赐进士者 1400 余人，明、清两朝还出现过“绍兴师爷”这一人才群体。近代以后，有为中华人民共和国英勇牺牲之在册烈士 183 人。至 2019 年年底，累计有高级职称人员 9459 人。（史　志）

区域和行政区划

【区域地理位置和面积】 柯桥区位于浙江省中北部，地处杭州湾南岸，会稽山北麓，东与上虞区、越城区交界，东南、西南分别与嵊州市、诸暨市为邻，西部、西北部与杭州市萧山区接壤，北濒海。全区介于北纬 29° 42'01" ~ 30° 13'01"，东经 120° 16'52" ~ 120° 44'58"，东西宽 45.28 千米，南北长 57.5 千米，周边长 407.45 千米。区域土地面积 106601.76 公顷，计 1066.02 平方千米。（鲁海江　屠世泽）

【行政区划和各镇街面积】 至 2019 年年底，柯桥区下辖 11 个街道 5 个建制镇。区政府驻柯桥街道。

2019年柯桥区各镇（街道）地域面积

表5　　单位：平方千米

地域	面积	地域	面积
柯桥街道	15.95	钱清街道	54.18
柯岩街道	45.32	杨汛桥街道	37.67
华舍街道	23.06	马鞍街道	134.09
湖塘街道	66.28	夏履镇	51.01
齐贤街道	32.48	漓渚镇	36.64
安昌街道	24.05	平水镇	173.39
福全街道	39.87	王坛镇	137.69
兰亭街道	82.85	稽东镇	111.50

说明：国有农场面积包括在马鞍街道面积中，未单独计算

主要机构及负责人名单

【柯桥区党政机构及有关部门负责人名单】

中共绍兴市柯桥区第一届委员会

书　记：沈志江
副书记：赵如浪
　　诸剑明（2019年11月任）
　　金水法（任至2019年12月）
常　委：诸剑明　周志刚（2019年1月任）
　　杨伟卿　王静静
　　李红军　孙　彦
　　李　东（2019年11月任）
　　丁　贵（2019年11月任）
　　马海明（2019年9月任）
　　周树森（任至2019年1月）
　　徐凯盛（任至2019年11月）
　　马焉军（任至2019年3月，挂职）
　　郭新志（任至2019年5月，挂职）
　　钱勇军（任至2019年9月）

绍兴市柯桥区第一届人民代表大会常务委员会

主　任：吴　晓
副主任：蔡金标　胡国炜
　　葛美芳　沈祖卫
　　王张泉　刘　斌

绍兴市柯桥区人民政府

区　长：赵如浪
副区长：孙　彦（2019年12月任）
　　齐方良　祝静芝
　　吴晓炯　马亦忠
　　傅纪明　张又岱（2019年7月任）
　　诸剑明（任至2019年12月）
　　马焉军（任至2019年3月，挂职）
　　郭新志（任至2019年5月，挂职）
　　姜宏斌（任至2019年5月，挂职）
　　李　东（2019年5—11月，挂职）
　　魏　静（任至2019年11月，挂职）

政协第一届绍兴市柯桥区委员会

主　席：孟柏千
副主席：马芳妹　许永明
　　骆学新　吴汉华
　　裘江新
秘书长：孙尧富

区委办公室
主　任:郎煜江(2019年1月任)
　　　吴国建(任至2019年1月)

区委台湾工作办公室(区政府台湾事务办公室)
主　任:王　彪(任至2019年1月)
说明:2019年1月机构改革,区委台湾工作办公室与区委办公室合署办公,挂区人民政府台湾事务办公室牌子

区人大常委会办公室
主　任:李亚根(任至2019年11月)
区人大常委会机关党组
书　记:李亚根(任至2019年11月)

区人大常委会监察和司法工作委员会
主　任:钱兔根
说明:2019年5月,区人大常委会法制和内务司法工作委员会更名为区人大常委会监察和司法工作委员会

区人大常委会社会建设工作委员会
主　任:杨高相(2019年12月任)

区人大常委会财经工作委员会
主　任:宋金木

区人大常委会代表工作委员会
主　任:王　勤

区人大常委会教科文卫工作委员会
主　任:徐国娣(任至2019年12月)

区人大常委会城建环保工作委员会
主　任:徐智煊

区人大常委会农村经济工作委员会
主　任:高青泉

区人大常委会研究室
主　任:杨高相

区人大监察和司法委员会
主任委员:钱兔根
说明:2019年1月,区人大法制和内务司法委员会更名为区人大监察和司法委员会

区人大财政经济委员会
主任委员:宋金木

区人民政府办公室
党组书记、主任:章金尧
区政府法制办公室主任:冯祝泉(任至2019年1月)
说明:2019年1月机构改革,不再保留合署办公的区政府法制办公室,建立区政府办公室党组,撤销区政府办公室(区政府法制办公室、区政府外事办公室)党组

区政协办公室
主　任:孙尧富
区政协机关党组
书　记:孙尧富

区政协研究室
主　任:王　彪(2019年3月任)

区政协提案委员会
主　任:王秋珍

区政协经济和港澳台侨外事委员会
主　任:汪建中
说明:2019年1月机构改革,区政协经济科技委员会更名为区政协经济和港澳台侨外事委员会

区政协文化文史和教科卫体委员会
主　任:丁兵康
说明:2019年1月机构改革,区政协文史和教文卫体委员会更名为区政协文化文史和教科卫体

委员会

区政协农业农村和人口资源环境委员会

主　任:杨金法

说明:2019年1月机构改革,区政协城建和人口资源环境委员会更名为区政协农业农村和人口资源环境委员会

区政协社会法制和民族宗教委员会

主　任:冯鹏英

说明:2019年1月机构改革,区政协社会法制和港澳台侨委员会更名为区政协社会法制和民族宗教委员会

区政协委员工作委员会

主　任:陈永建

区纪律检查委员会

书　　记:李　东(2019年11月任)
　　　　徐凯盛(任至2019年11月)
常务副书记:何其洪(2019年1月任副书记,2月明确为常务副书记)
副 书 记:张晓峰(2019年1月任)
　　　　郎煜江(任至2019年1月)
　　　　黄宇峰(任至2019年1月)

区监察委员会

主　　任:徐凯盛(任至2019年11月)
代理主任:李　东(2019年11月任)
副 主 任:何其洪(2019年2月任)
　　　　张晓峰(2019年2月任)
　　　　郎煜江(任至2019年2月)
　　　　黄宇峰(任至2019年2月)

区委组织部

部　　长:丁　贵(2019年12月任)
　　　　孙　彦(任至2019年12月)
常务副部长:王炳豪(2019年1月任)

区委宣传部

部　　长:杨伟卿
常务副部长:陈广见(2019年1月任)

区委统战部

部　　长:王静静
常务副部长:阮建康(2019年1月任)

区民族宗教事务局

局　长:俞园娟

区人民政府侨务办公室

主　任:盛顺利(任至2019年1月)

说明:2019年1月机构改革,区民族宗教事务局、区政府侨务办公室在区委统战部挂牌

区委政法委

书　　记:诸剑明(2019年12月任)
　　　　金水法(任至2019年12月)
常务副书记:李兴成

区委全面深化改革委员会办公室

常务副主任:罗　耀(2019年1月任)

说明:2019年1月机构改革,设立区委全面深化改革委员会办公室

区委机构编制委员会办公室

主　任:高来兴

说明:2019年1月机构改革,区机构编制委员会办公室更名为区委机构编制委员会办公室

区委巡察工作领导小组办公室

主　任:张晓峰(2019年8月任)
　　　张海峰(2019年1—8月)

区委区政府信访局

局　长:高卫军(2019年8月任)
　　　鲁建潮(任至2019年8月)

区委老干部局
局　长:徐民江

区委党校
校　　长:丁　贵(2019 年 12 月任)
　　　　孙　彦(任至 2019 年 12 月)
党委书记、常务副校长:鲁立新

区史志研究室
主　任:何鸣雷
说明:2019 年 8 月,区史志办公室更名为区史志研究室

区档案馆
党组书记、馆长:尹伟樑(2019 年 1 月任)

区档案局
党组书记、局长:尹伟樑(任至 2019 年 1 月)
说明:2019 年 1 月机构改革,建立区档案馆党组,撤销区档案局党组,区档案局在区委办公室挂牌

区深化服务指导中心
党组书记、主任:马国勇(2019 年 8 月任)
说明:2019 年 4 月,建立区深化服务指导中心党组

区发展和改革局
党组书记、局长:方优美
说明:2019 年 1 月,建立区发展和改革局党组,撤销区发展和改革局(区粮食局)党组

区经济和信息化局
党组书记、局长:娄东寅

区教育体育局
党工委书记、局长:任宏亮(2019 年 1 月任)
　　　　　　　何其洪(任至 2019 年 1 月)

区科学技术局
党组书记、局长:沈关祥(任至 2019 年 12 月)

市公安局柯桥区分局
党委书记、局长:傅纪明
政　　委:徐伟民

区流动人口服务管理局
党组书记、局长:倪东辉(任至 2019 年 1 月)
说明:2019 年 1 月机构改革,不再保留区流动人口服务管理局

区民政局
党组书记:喻光耀(2019 年 8 月任)
　　　　陈　方(任至 2019 年 8 月)
局　　长:喻光耀(2019 年 9 月任)
　　　　陈　方(任至 2019 年 9 月)

区司法局
党组书记、局长:胡斌钦

区财政局
党工委书记、局长:余建林

区国有资产管理委员会办公室
主　任:钱　鸿(2019 年 1 月任)
说明:2019 年 1 月机构改革,区国有资产管理委员会办公室不再单设,在区财政局挂牌

区人力资源和社会保障局
党组书记、局长:钱建明

市自然资源和规划局柯桥分局
党委书记、局长:陈立根
说明:2019 年 1 月机构改革,设立市自然资源和规划局柯桥分局,不再保留市国土资源局柯桥区分局、市规划局柯桥区分局

市生态环境局柯桥分局
党工委书记、局长:张国生
说明:2019 年 1 月机构改革,设立市生态环境局柯桥分局,不再保留市环境保护局柯桥区分局

区住房和城乡建设局
党工委书记、局长:李卫龙
说明:2019 年 1 月机构改革,建立区住房和城乡建设局党工委,撤销区住房和城乡建设局(区建筑业管理局、区人民防空办公室)党工委

区交通运输局
党工委书记、局长:马建刚

区农业农村局
党工委书记、局长:邱松定(2019 年 1 月任)

区委区政府农业和农村工作办公室
主　任:祝安钧(任至 2019 年 1 月)

区水利水电局
党工委书记、局长:邱松定(任至 2019 年 1 月)

区农林局
党工委书记、局长:陈广见(任至 2019 年 1 月)
说明:2019 年 1 月机构改革,组建区农业农村局,不再保留区委区政府农业和农村工作办公室、区水利水电局、区农林局

区商务局
党组书记、局长:谭　科

区文化广电旅游局
党工委书记:钱清华(2019 年 1—12 月)
局　　　长:金伟梁(2019 年 1 月任)

区文化广电新闻出版局
党工委书记、局长:钱清华(任至 2019 年 1 月)

区旅游局
党组书记、局长:陆晓巍(任至 2019 年 1 月)
说明:2019 年 1 月机构改革,组建区文化广电旅游局,不再保留区文化广电新闻出版局、区旅游局

区卫生健康局
党工委书记、局长:傅　超
说明:2019 年 1 月机构改革,组建区卫生健康局,不再保留区卫生和计划生育局

区退役军人局
党组书记、局长:何华均(2019 年 1 月任)
说明:2019 年 1 月机构改革,设立区退役军人事务局

区应急管理局
党组书记、局长:赵忠根(2019 年 1 月任)

区安全生产监督管理局
党组书记、局长:张咸良(任至 2019 年 1 月)
说明:2019 年 1 月机构改革,组建区应急管理局,不再保留区安全生产监督管理局

区审计局
党组书记、局长:李伟根

区市场监督管理局
党委书记:沈秀娣(2019 年 1 月任)
　　　　　寿志平(任至 2019 年 1 月)
局　　长:柯洪炜(2019 年 1 月任)
　　　　　寿志平(任至 2019 年 1 月)

区质量技术监督局
党委书记、局长:沈秀娣(任至 2019 年 1 月)
说明:2019 年 1 月机构改革,重新组建区市场监督管理局,不再保留区质量技术监督局

区政府金融工作办公室
党组书记、主任:孙伟刚
说明:2019 年 1 月机构改革,组建区政府金融工作办公室,不再保留区金融工作办公室

区行政审批局
党工委书记:孙　彦(2019 年 12 月任)
　　　　　　诸剑明(2019 年 11—12 月)
　　　　　　黄化强(2019 年 1—11 月)

局　　长:金阿根(2019 年 11 月任)
　　　　诸剑明(任至 2019 年 11 月)

区行政审批局(区公共资源交易管理委员会办公室)
党工委书记:诸剑明(任至 2019 年 1 月)
说明:2019 年 1 月机构改革,区行政审批局与区公共资源交易管理委员会办公室不再合署办公

区统计局
党组书记、局长:孙其康(2019 年 11 月任)
　　　　　　　金阿根(任至 2019 年 11 月)

市医疗保障局柯桥分局
党组书记、局长:朱伟芳(2019 年 1 月任)
说明:2019 年 1 月机构改革,设立市医疗保障局柯桥分局党组

区综合行政执法局
党组书记、局长:鲁建潮(2019 年 8 月任)
　　　　　　　丁国灿(任至 2019 年 8 月)

区公共资源交易管理委员会办公室
党组书记:孙爱珍(2019 年 1 月任)
主　　任:孙爱珍(2019 年 1 月任)
　　　　黄化强(任至 2019 年 1 月)
说明:2019 年 1 月机构改革,区公共资源交易管理委员会办公室与区行政审批局不再合署办公

区城市更新改造工作办公室
党组书记、主任:陆晓巍(2019 年 1 月任)
说明:2019 年 1 月机构改革,设立区城市更新改造工作办公室

区大数据发展管理中心
党组书记、主任:黄伟祥(2019 年 1 月任)
说明:2019 年 1 月机构改革,设立区大数据发展管理中心

区招商投资促进中心
党组书记、主任:孙成荣(2019 年 1 月任)
说明:2019 年 1 月机构改革,设立区招商投资促进中心

区机关事务服务中心
党组书记、主任:陈晓峰
说明:2019 年 1 月机构改革,区机关事务管理局更名为区机关事务服务中心

国家统计局柯桥调查队
党组书记、队长:徐建江

国家税务总局绍兴市柯桥区税务局
党委书记、局长:单红明

绍兴市兰亭文化旅游度假区
党工委书记:马海明(2019 年 9 月任)
　　　　　钱勇军(任至 2019 年 9 月)
管委会主任:张伟江(2019 年 6 月任)
说明:2019 年 4 月,设立绍兴市兰亭文化旅游度假区管理委员会

绍兴金柯桥科技城
党工委书记:周志刚(2019 年 1 月任)
　　　　　周树森(任至 2019 年 1 月)
建管委主任:陈　钧(2019 年 11 月任)
　　　　　周志刚(2019 年 1—11 月)
　　　　　周树森(任至 2019 年 1 月)
说明:2019 年 8 月,建立绍兴金柯桥科技城党工委,撤销绍兴金柯桥科技城建设管理委员会党工委

区中国轻纺城
党工委书记:钱勇军(2019 年 8—11 月)
　　　　　张伟江(任至 2019 年 8 月)
建管委主任:冯华林(2019 年 1 月任)
说明:2019 年 8 月,建立区中国轻纺城党工委,撤销区中国轻纺城建设管理委员会党工委

绍兴柯桥经济技术开发区
党工委书记:周志刚(2019 年 4 月任)
　　　　　周树森(任至 2019 年 4 月)

管委会主任:陈　钧

区鉴湖旅游度假区
党工委书记、管委会主任:郁　伟

区中国轻纺城中央商务区开发建设管理中心
党组书记:裘华建(2019年4月任)
　　　　　柯洪炜(任至2019年4月)
主　　任:俞小炜(2019年4月任)
　　　　　柯洪炜(任至2019年4月)
说明:2019年8月,区中国轻纺城中央商务区开发建设指挥部办公室更名为区中国轻纺城中央商务区开发建设管理中心

区印染产业集聚升级服务中心
主　　任:寿红卫
说明:2019年8月,区印染产业集聚升级工程建设办公室更名为区印染产业集聚升级服务中心

区会展业发展中心
党组书记:潘建华(2019年1月任)
主　　任:潘建华
说明:2019年8月,区会展业发展办公室更名为区会展业发展中心

区柯桥古镇保护利用管理服务中心
党组书记、主任:韩烨飞
说明:2019年8月,区柯桥古镇开发建设办公室更名为区柯桥古镇保护利用管理服务中心

区浙江树人大学杨汛桥校区建设管理中心
党组书记、主任:朱坚敏
说明:2019年8月,区浙江树人大学杨汛桥校区建设指挥部办公室更名为区浙江树人大学杨汛桥校区建设管理中心

区轨道交通建设指挥中心
党组书记、主任:李卫龙(2019年1月任)
　　　　　　　　孙成荣(任至2019年1月)
说明:2019年8月,区轨道交通建设指挥部办公室更名为区轨道交通建设指挥中心

市住房公积金管理中心柯桥分中心
党组书记、主任:钱　鸿(2019年1月任)

区供销合作社联合社
党委书记:尉睦金(2019年8月任)
主　　任:尉睦金(2019年8月任)
　　　　　金　强(任至2019年8月)

区水务集团有限公司
党委书记、董事长:周　俭

区中国轻纺城集团股份有限公司
党委书记、董事长:葛梅荣
总经理:虞伟强

区开发经营集团有限公司
党委书记、董事长:单崇军(2019年11月任)
总经理:王海明(2019年11月任)

区中国轻纺城市场开发经营集团有限公司
董事长:葛梅荣(任至2019年11月)
总经理:王海明(任至2019年11月)
党委书记:王征宇(任至2019年11月)

绍兴市金柯桥房地产开发有限公司
党委书记、董事长:单崇军(任至2019年11月)
说明:2019年11月,组建区开发经营集团有限公司,不再保留区中国轻纺城市场开发经营集团有限公司、金柯桥房地产开发有限公司

区建设集团有限公司
党委书记、董事长:滕建平
总经理:朱志康

区旅游发展集团有限公司
党委书记、董事长:徐忠良
总经理:徐海芳(2019年11月任)
　　　　徐忠良(任至2019年11月)

区轨道交通集团有限公司
党委书记、董事长:徐永祥
总经理:鲁麓树(2019年11月任)
　　　徐永祥(任至2019年11月)

绍兴中石油昆仑燃气有限公司
董事长:娄国忠(2019年11月任)
　　　毛东敏(任至2019年11月)

绍兴天然气投资有限公司
总经理:胡建飚

区人民法院
党组书记、院长:陈建民

区人民检察院
党组书记:钱昌夫(2019年12月任)
　　　　周　江(任至2019年12月)
检 察 长:周　江

区工商业联合会(总商会)
主席(会长):陈　瑾
党 组 书 记:金爱琴(2019年1月任)
　　　　　李国兴(任至2019年1月)

区总工会
党组书记、主席:陈　方(2019年8月任)
　　　　　　喻光耀(任至2019年8月)

共青团绍兴市柯桥区委
党组书记、书记:单子岚

区妇女联合会
党组书记、主席:于　琪

区科学技术协会
主　　席:王茂荣(任至2019年12月)
党组书记:吴青青

区文学艺术界联合会
主　　席:黄锡云
党组书记:吴坚祥(2019年1月任)
　　　　黄锡云(任至2019年1月)

区残疾人联合会
党 组 书 记:王国彪
执行理事长:沈琴梅

区归国华侨联合会
党组书记:盛顺利(2019年1月任)
主　　席:盛顺利
说明:2019年1月机构改革,建立区归国华侨联合会党组

区红十字会
党组书记、常务副会长(执行委员会主任):
　　　　楼建飞

柯桥传媒集团有限公司(区融媒体中心)
党委书记、董事长、总编辑,区融媒体中心主任:
　　　　邹文伟(2019年11月任)

柯桥日报社
党组书记、总编辑:邹文伟(任至2019年11月)

区广播电视总台
党组书记、台长:孙挺军(任至2019年11月)
说明:2019年11月,建立柯桥传媒集团有限公司党委,柯桥传媒集团有限公司挂柯桥日报社、区广播电视总台牌子

瑞丰银行
党委书记、董事长:章伟东(2019年1月任)
行　　长:章伟东

民革绍兴市柯桥区基层委员会
主　委:陈　军

民盟绍兴市柯桥区基层委员会
主　委:祝静芝

民建绍兴市柯桥区基层委员会

主　委:祁金凤

民进绍兴市柯桥区基层委员会

主　委:俞小炜

农工党绍兴市柯桥区基层委员会

主　委:骆学新

九三学社绍兴市柯桥区基层委员会

主　委:蔡金标

【各街道和建制镇党政正职名单】

柯桥街道

党工委书记:冯华林(2019 年 1 月任)
　　　　　　张伟江(任至 2019 年 1 月)
办事处主任:章　松(2019 年 1 月任)
　　　　　　高　波(任至 2019 年 1 月)

柯岩街道

党工委书记:黄宇峰(2019 年 1 月任)
　　　　　　徐　迅(任至 2019 年 1 月)
办事处主任:陆高峰(2019 年 8 月任)
　　　　　　成　诚(任至 2019 年 1 月)

华舍街道

党工委书记:徐　迅(2019 年 1 月任)
　　　　　　冯华林(任至 2019 年 1 月)
办事处主任:孙其康(任至 2019 年 1 月)

湖塘街道

党工委书记:王其龙
办事处主任:章　宇(2019 年 4 月任)
　　　　　　黄伟祥(任至 2019 年 1 月)

钱清街道

党工委书记:王叶刚
办事处主任:徐　锐(2019 年 4 月任)
　　　　　　朱国庆(任至 2019 年 1 月)
说明:2019 年 11 月,撤镇设街道,建立钱清街道党工委、钱清街道办事处

杨汛桥街道

党工委书记:王峻峰(2019 年 1 月任)
　　　　　　任宏亮(任至 2019 年 1 月)
办事处主任:俞　丰
说明:2019 年 11 月,撤镇设街道,建立杨汛桥街道党工委、杨汛桥街道办事处

马鞍街道

党工委书记:祁力峰
办事处主任:缪建军
说明:2019 年 11 月,撤镇设街道,建立马鞍街道党工委、马鞍街道办事处

齐贤街道

党工委书记:陈　勤
办事处主任:成　诚(2019 年 8 月任)
　　　　　　马国勇(任至 2019 年 8 月)

安昌街道

党工委书记:钱　钧
办事处主任:徐　俊(2019 年 8 月任)
　　　　　　徐　锐(任至 2019 年 4 月)

福全街道

党工委书记:徐兴建
办事处主任:裘登华(2019 年 1 月任)

兰亭街道

党工委书记:邵世昉
办事处主任:孙　洁

夏履镇

党委书记:朱国庆(2019 年 1 月任)
　　　　　王峻峰(任至 2019 年 1 月)
镇　　长:赵建兴(2019 年 4 月任)
　　　　　章　宇(任至 2019 年 4 月)

漓渚镇
党委书记:裘剑平
镇　　长:胡　爽(2019 年 1 月任)
　　　　　何华均(任至 2019 年 1 月)

平水镇
党委书记:高　波(2019 年 1 月任)
　　　　　金伟梁(任至 2019 年 1 月)
镇　　长:姚建炜

王坛镇
党委书记:张志华
镇　　长:钱苗娣

稽东镇
党委书记:许立峰
镇　　长:陆建祥

地形地貌

【概况】 柯桥区南靠会稽山,北濒海,故呈西南高、东北低的阶梯形地势,山脉、平原、海岸兼有,受江山—绍兴大断裂影响,山丘与平原间界限比较明显。西南部为低山丘陵河谷区,占全区总面积约52%,中北部为水网平原区,占全区总面积约 31%,平均海拔 6~7 米,偶有孤山、残丘分布其间,其高度一般不超过 200 米,史称山会平原。东北部为滨海平原区,占全区总面积 11%,海拔 5 米左右,系淤涨型滩涂,地势平坦。

柯桥区内山地和丘陵在形态和成因方面有许多共同之处,其分布也紧密相连,犬牙交错,难以截然区分。区内群山连绵,山体抬升强烈,地形破碎,溪流短小湍急,一般在海拔 300~400 米,向东北急剧倾斜,降至海拔 20 米左右时,与无数山麓冲积扇和中北部冲积平原相连,坡度以 15° ~25°和大于25°为主。境内水系发育受地质构造及地貌形态制约,南部丘陵山地地面切割强度大,地形破碎,树枝状水系发育;北部水网平原地势低平,河湖密布,交织成网。

柯桥区境处于浙西山地丘陵、浙东丘陵山地和浙北平原三大地貌单元的交接地带,地貌类型复杂,以山地丘陵、丘陵盆地和河谷平原为主,有夏履、型塘、漓渚、兰亭、平水及小舜江河谷,王坛、平水盆地,其面积较小,山城较狭,水流湍急,含沙量较高,土壤冲积明显。丘陵盆地与水网平原交界处均有大片坡地、阶地,漓渚、兰亭一带面积较大,坡度皆在 10°以下,土层深厚,适宜农耕。

【西南部低山丘陵河谷】 会稽山脉尾闾进入柯桥区境内南部,构成崎岖低山、丘陵、河谷地,形成于1.3 亿年前,长期基本稳定。新石器时代有频繁农垦活动,现辟为茶、桑、果等经济作物和旱粮种植地,在绍兴农业史中占有重要地位。

【中北部水网平原】 历史上,山会平原本是一片战海沼泽,潮汐无常,今之漓渚、平水均为海水直拍的山地和海岸交界处,海退之后,海岸北移,海岸线轮廓已与今相似,浅海开始赤裸,加之山丘泥沙来源丰富,溺谷於浅不畅,浅海逐渐垫高而变成咸潮出没的沮洳沼泽之地。约在公元前 21 世纪,经大禹治水,无余封越,越族居民才开始垦殖。距今 3000年前后,越族酋长开始把聚落居民从会稽山地向北迁徙,山麓冲击扇和平原中一些较大孤丘及附近坡地被开发,中部冲积扇平原形成。公元前 5 世纪初,越王句践把驻地迁至今之越城,经过筑城、立郭、围堤、筑塘、拒潮、蓄淡,造就会稽山北麓冲积扇以下的大片耕地。秦汉时,越人迫迁,北人南徙,潮沼地加快开发。东汉马臻浚筑鉴湖,开辟良田 9000 顷。唐垂拱二年(686)山阴与萧山间 25 千米界塘筑成,开元十年(722)会稽县令李俊之主持修筑山会海塘,后经大历十年(775)、大和六年(832)两次增修,才形成东起上虞、西至山阴、全长 50 余千米之防海塘,山会平原遂全面形成。

境内除偶有高不过 200 米的零星火成岩残丘外,皆为冲积、淤积、海积而成。地势平坦,平均海拔 6~7 米。靠近古海塘北部狭长地带,地势低平,平均海拔 4.5 米,河流较少,水面狭窄,为向滨海滩涂过渡地带。平原地区,则河流纵横,湖泊星散,有大量以溇、湖、埭、桥、江、墅、葑、塘、渎、堰、岸、港、浦等命名的村落。

【东北部滨海平原】 滨海平原是柯桥区棉、麻、甘蔗、西瓜等主产区,部分近海涂地系近代人工围垦而成。由于近钱塘江河口岸线受潮汐及曹娥江涌潮影响，极不稳定，需人工筑堤防护。明永乐至万历年间(1403—1620)，钱塘江主槽北移，山、会两县海涂外涨，有人自发垦殖，植棉、麻，种水稻、瓜果、蔬菜。清咸丰年间(1851—1861)，三江口乾、坤两号沙地，面积超过 4 万亩。清末民初，滩涂曾向杭州湾伸展 10 千米，有磨盘丘、豆腐畈等垦区。此后，由于钱塘江南股槽游移，滩涂大片坍方，至建国前夕，几乎丧失殆尽。从 1969 年开始组织大规模人工围涂造地，至 2001 年围垦 76 平方千米，约占滩涂总面积 47%。2002 年 10 月，启动“九七”丘二期工程，总投资 1.58 亿元，抢围低滩面积 450 公顷。2006 年 10 月 28 日，最后一期口门治江围涂(西片)工程动工建设。此次围涂计划分三阶段实施，共抛筑堤坝两支，其中西堤全长 1997 米，北堤全长 2186 米，实际围垦面积为 316.67 公顷，抛筑石坝 4183 米，筑堤 4130 米。至 2007 年 7 月 10 日，口门丘治江围涂(西片)工程竣工。这块淤涨型滩涂，约占全区总面积的 10%，区内地势平展，人工水系纵横交错，海拔 5 米左右，为滨海平原。

【主要山脉及主峰】 会稽山是曹娥江与浦阳江分水岭，主峰太白山在诸暨、嵊州交界处，海拔 1000 余米。其北脉自西南方由诸暨、嵊州边境进入柯桥区，主峰有 2 个。

真如山，在嵊州境内，海拔近 800 米，延伸到王坛镇孙岙，称五百岗，海拔近 700 米，余脉向东北伸展，达曹娥江畔。主要山峰有雄鹅峰、西峰山、衙堂山、龙塘山，皆在小舜江东岸。

骆家尖，在稽东镇龙西村焦坞西南，海拔 700 余米，为境内最高峰。沿主峰分出 3 支：

第一支向东过龙头岗、东桃林、木窝尖、铜盘山抵王城之仰山岭，称木窝尖山脉。

第二支向东北延伸，过独树尖大、小西岭至王坛，称独子山脉。

第三支逶迤经越大山、九曲岭、龙头岗、古博岭、铜井山、叶家山、越王峥至马社，称西干山脉，系柯桥区与诸暨市、杭州市萧山区的天然分界岭。

西干山脉又分出 3 条分支：

由五岩山向东过分水岭、化山、龙池山、皇姑山、陶晏岭、日铸岭，东折过捣臼坞、石泄岭入上虞市者称化山山脉。其中的诸葛尖、将军山、银山、稷山颇具史迹。

由捣臼坞北折过寺后山、九岗山、杨梅山到东湖绕门山，称东干山脉，其中的绕门山、吼山等紧依城区，独具自然景观。

由西干山脉乍丹岗向北伸展，过法华岭，折向东北，经峨嵋山、秦望山、横浜岭到香炉峰(宛委山之峰)，称秦望山脉。秦望山如钳状环展于越城区南部和西南部，其中的石匮、侯山、塔山、种山、蕺山、亭山等各具典故，名著于世。

这 3 条支脉余脉散落在平原上的孤丘，自南而北主要有梅里尖、柯山、牛头山、梅山、金鸡山、西扆山、上方山、羊山、壶瓶山、白洋山、马鞍山、驼峰山、大和山等，为古越文明之摇篮，文化积淀深厚。

【火山地貌】 发生在中生代的燕山运动，给境内带来剧烈的火山喷发活动，后经长期外力作用，火山多已荡然无存，残留下来的死火山地貌在柯桥区境内仅五百岗火山群。这些死火山山顶都较平坦，火山锥形保存完整。五百岗位于柯桥、嵊州两地交界处，属江南少见的火山群地貌。山体由安山岩构成，有多座火山锥分布于喷出岩构成的高台地上，其中以主峰雌鹅凸(近 700 米)、雄鹅凸(600 余米)最为典型。(屠世泽)

河流和湖泊

【概况】 柯桥区境内河流源于南部会稽山，除小舜江、浦阳江外，均流经中部平原，北注曹娥江、入钱塘江。经历自然水系、鉴湖水系、运河水系的发展演变过程。现分属小舜江、运河、浦阳江三大水系，又以运河水系为主。

【小舜江水系】 小舜江是曹娥江中游的最大支流。流域面积 534 平方千米，主流长 72 千米。辖区范围的流域面积为 294 平方千米。主要支流有南溪、北溪、双江溪、王化溪 4 条支流。

南溪，为小舜江的正源，发源于嵊州竹溪赤藤岗，东北流经谷来、显潭，在五间头流入柯桥区境内，过王城、王坛，到肇湖与北溪合流。在区境内起于童家泛、王城，经南子口，折东北到肇湖与北溪合流。主流长 9.65 千米，支流总长 34.4 千米，境内集雨面积 67.47 平方千米。

北溪，上游呈扇形，分别源于龙峰上王谷雨尖、越峰胡宅、越大山、九曲岭、相岙等，汇合于袁村，过上冯、车头、青坛、王坛至肇湖与南溪合流。主流全长 23.15 千米，支流总长 69.45 千米，集雨面积 124.51 平方千米，是小舜江上游的两大支流之一。

双江溪，由南溪和北溪在肇湖汇合而成，流经罗镇汇入汤浦水库，主流全长 7.8 千米，支流总长 25.5 千米，集雨面积 43.91 平方千米。

王化溪，源于王化上祝杨梅山，向东南流经宋家店、王化、青店，在登岸注入小舜江，主流全长 14.4 千米，支流总长 11.15 千米，集雨面积 42.63 平方千米。

【运河水系】 西干山脉与化山山脉之间丘陵、平原地区的溪、河、湖泊，总称运河水系，由山区河流、平原河网和平原湖泊三部分组成，流域面积为 731 平方千米。

【浦阳江水系】 在柯桥区境内流域面积 15.8 平方千米，主要涉及漓渚镜内的弦腔溪、朱家坞溪和黄山畈溪等，属山区性河流，河道总长 11.05 千米。

【山区河流】 古称“三十六源”之水，源出于西干山脉和化山山脉，源短流急，由南向北，下注平原与萧绍运河通连，为平原河湖网的主要水源。境内自西依次往东的主要河流 8 条。

夏履江，发源于湖塘黄山岭下凉帽尖，流经华丰、夏履桥、汪家埭后，河道弯曲盘迴，称九曲河，至前童、南钱清通连西小江。主流全长 32.6 千米，支流总长 94.6 千米，集雨面积 148.47 平方千米。

陌坞江，发源于湖塘陌坞一字岗，流经古城，在西跨湖注入鉴湖大江，主流全长 6.75 千米，支流总长 10.35 千米，集雨面积 14.03 平方千米。

型塘江，发源于湖塘俞家山村九岭下，经潜家桥、型塘，出寿胜埠头注入鉴湖大江，主流全长 18.65 千米，支流总长 16.6 千米，集雨面积 28.61 平方千米。

项里江，发源于柯桥州山大洋水库冷水弯岗，经项里，在彤山西侧注入鉴湖大江。主流全长 4.7 千米，支流总长 13.85 千米，集雨面积 13.78 平方千米。

秋湖江，发源于福全镇(街道)樊迪豆腐尖，流经王七墩、秋湖，在彤山东侧注入鉴湖大江。主流全长 6.6 千米，支流总长 16.5 千米，集雨面积 12.09 平方千米。

漓渚江，发源于漓渚棠棣刘家村太山岭，流经九板桥、义桥、下溇、徐山，于钟堰汇入鉴湖大江。主流全长 20.4 千米，支流总长 44.15 千米，集雨面积 57.23 平方千米。

娄宫江，又名兰亭江，发源于兰亭镇(街道)大庆山，流经谢家桥、花街、分水桥、娄宫、凌江岸，在偏门汇入鉴湖大江。主流全长 21.55 千米，支流总长 98.05 千米，集雨面积 111.31 平方千米。

平水江，又名若耶溪，发源于平水镇上嵋岙茅园岭，流经岔路口，平水江水库、平水、铸铺岙、望仙桥后有上灶溪注入，出龙舌嘴，在稽山门汇入环城河。主流全长 23.55 千米，支流总长 103.95 千米，集雨面积 152.42 平方千米(含上灶溪)，是运河水系中最长的山区河流。

【平原河网】 会稽山区河流，自南而北，涌入平原，或溢而为江，或潴而为湖，或为沼为池，或为溇为荡，形成纵横密布、四通八达的平原水网。水流总趋西南向东北；水位升降幅度受水闸节制。萧绍曹运河贯穿东西，其径流主要由西小江、直落江经新三江闸、马山闸等注入曹娥江。

萧绍曹运河，古名漕渠，又名西兴运河，疏凿于晋代，历加竣治而成。今西起萧山西兴，东至上虞曹娥，全长 78.5 千米，与萧甬铁路线基本平行。运河在区境内，西起钱清镇，经柯岩、柯桥街道入绍兴东浦，柯桥区境内共长 17.9 千米，为运河水系的主干河道。运河南面有夏履江、陌坞江、型塘江、项里江、秋湖江、漓渚江、娄宫江等汇入鉴湖与萧绍运河贯通，又有平水江、攒宫江等直接汇入绍曹运河。运河北面，与各南北、东西向河道连接，主要经西小江、直落江及马山闸配套河道，由新三江闸、马山闸等注入曹娥江。

西小江，又名钱清江。宋、明时期，多次成为浦阳江下游干道；明嘉靖十六年(1537)建成三江闸前，为直通杭州湾之潮汐河流。明宣德年间(1426—1435)，始筑临浦坝，复开碛堰山口，导浦阳江归复故道入钱塘江；明成化年间(1465—1487)，又筑麻溪坝、新河闸，浦阳江与西小江分流，自此，西小江自成系统。上游为进化溪(古称麻溪，今萧山境内)，源出今萧山进化畚斯岭。经晏公桥入西小江，在境内杨汛桥镇上坂入境，流经江桥、杨汛桥，在钱清镇附近贯穿萧绍运河，又折而东北经南钱清，新甸、管墅、华舍、嘉会，下方桥、狭猕湖，流经袍江新区斗门，于荷湖与直落江汇合，由西入新三江闸江总干河，注入曹娥江。其中，上坂至钱清河段，为柯桥区与萧山之界河；华舍至嘉会主干河道，因垦殖消失。西小江全长91.6千米，区境内长58.6千米(上坂至三江闸)，为境内西部主要的灌溉、排涝和航运河流。

【平原湖泊】 公元前2000年左右海岸线自会稽山麓逐渐北移，至春秋时代出现山麓地带湖泊群，汉代出现中部地带湖泊群，其间产生大型人工湖泊古鉴湖，唐代形成沿海地带湖泊群。境内曾存在大量湖泊群，较大湖泊54个。唐代以后，开始围垦湖泊，宋代加剧，湖泊锐减。明清两代，湖泊继续垦废。至中华人民共和国成立前，主要湖泊存18个；中华人民共和国成立后，湖泊仍遭局部围垦，20世纪90年代，围湖现象明显抑制。

经历次行政区划调整，现属柯桥区6个主要湖泊。以萧甬铁路线为界，分成两大系统。路南以古鉴湖残留湖泊为主，路北属于滨海潟湖。

鉴湖，古鉴湖残留湖泊，属河道式湖泊。西起湖塘街道西跨湖桥，东至越城区亭山东跨湖桥，全长19.2千米，最宽处300多米，最窄处10多米，湖面积294.8万平方米，容积875.9万立方米。鉴湖西通西小江，东连环城河，南有会稽山区河流夏履江、陌坞江、型塘江、项里江、秋湖江、漓渚江、娄宫江汇入，北岸古称南塘即古鉴湖西湖堤，有众多南北向小河与萧绍运河沟通，流域面积357平方千米。

瓜渚湖，位于区域中心柯桥街道，南濒萧绍运河，滨海潟湖。清初，有前后两湖，广数千余亩，现存一湖，面积为138.3万平方米，容积396.21万立方米。

大小坂湖，位于区西北13千米华舍街道，滨海潟湖。湖面积67.61万平方米，容积223.63万立方米。

芝塘湖，又称茭塘湖、菱塘湖、芝湖，位于区西北24千米杨汛桥镇。原为自然湖泊，明洪武二十七年(1394)始筑塘建闸，遂成为滞洪蓄水工程。历有围垦。现湖面积为59.47万平方米，容积161.08万立方米。

施家荡，位于区西北20千米钱清镇，滨海潟湖，南接萧绍运河，北通西小江，湖面积19.91万平方米，容积79.35万立方米。

屃石湖，位于城西南9千米福全街道，古鉴湖残留湖泊。湖面积43.72万平方米，容积114.63万立方米。(祁　欢)

自然资源

【土地资源】 柯桥区(绍兴县)域，历来变动较多，土地面积又疏于记载，从明万历年间，才有若干年份土地面积记录。

明万历《绍兴府志》载，洪武二十四年(1391)，山阴、会稽两县(此两县旧时归属绍兴县)合计土地面积2184279亩。万历十三年(1585)，山、会两县合计2215007亩。

清乾隆《绍兴府志》载，康熙十年(1671)，山、会两县合计2246859亩。乾隆四十九年(1784)，山、会两县合计2263086亩。

民国时期，据《重修浙江通志稿(标点本)》(2010年版)载，民国18年(1929)，绍兴县呈报公私土地面积为2672558亩。民国24年(1935)，《浙江省各县面积分析表》列绍兴县总面积为3124832.26亩。据宁波专署按浙江省统计局刊发《浙江省银行经济年鉴》反馈给县的资料，民国35年、36年、38年，绍兴县土地面积(不含海湾)均为287.35万亩。

中华人民共和国成立后，绍兴县域20世纪50年代变动11次，与1949年比，净减土地面积474.6平方千米。1959年土地总面积为1441平方千米(不含海湾面积)。1983年撤地建市，恢复绍兴县，土地面积减至1392平方千米。据1991年土地资源详查资料，全县总面积为1492.51平方千米(含海湾面积)。2000年7月，行政区域又作调整，除去划给越城区的东浦、马山、斗门、皋埠、鉴湖5镇，计土地面积239.70平方千米，全县土地面积减到1252.81平方千米。2003年，绍兴县齐贤镇划出15个村，计19.21平方千米，绍兴县土地面积减到1233.6平方千米。

2013年10月，国务院批复同意撤销绍兴县设立绍兴市柯桥区，行政区划再作调整，除去划给越城区的孙端、陶堰、富盛3个镇土地面积136.42平方千米后，据2013年12月31日土地利用调查的数据，柯桥区域土地面积为106601.76公顷，计1066.02平方千米。区境土地后备资源潜力不大，人均耕地由中华人民共和国成立初的人均0.07公顷减至0.03公顷。（屠世泽）

【水资源】 柯桥区境内水资源的主要来源是雨水。常年雨量充沛，其年内时间分配随季节交替变化，差异明显。2019年全区按平均降水量计算地表水资源量10.99亿立方米，地下水资源2.52亿立方米，两者重复计算水量1.58亿立方米，全区水资源量11.92亿立方米，按年末常住人口100.02万计算，人均水资源占有量1192.2立方米。（孙国定）

【生物资源】 柯桥区有主要野生动植物1521种。其中，植物8门187科931种，动物9门2类12纲16目213科59种。在众多生物中，属国家级保护的共24种，其中属国家二级保护植物有鹅掌楸、杜仲、银杏、金钱松、天竺桂5种，国家三级保护植物有凹叶厚朴1种；属国家一级保护动物有虎1种，二级保护动物有穿山甲、水獭、豺、白鹇、小杓鹬、鸺鹠、东方蝾螈、虎纹蛙和5种鹰类、2种隼类共15种。属省级保护动物有眉锦蛇、眼镜蛇、蕲蛇、寿带、戴胜、大杜鹃、毛冠鹿7种。

【矿产资源】 柯桥区境内矿藏资源丰富。自1958年陆续开展地质勘探以来，探明32个矿种，85个矿点。内生矿为铁、铜、金、多金属、萤石等，是浙江省钢铁、冶金、化工、有色金属原材料及黄金的重要产地之一。外生矿有石煤、泥碳、钾、石英、石灰石、白云石等。境北部第四系地层中有天然气。

金、铜、铁、铅、锌等多金属矿大都分布于元古界双溪坞变质火山岩中，石煤、磷、钾、石灰石、白云石等大多分布于西南部古生代地层中，萤石、墨曜石、珍珠岩则分布于上侏罗火山岩中。（屠世泽）

气象特征

【概况】 2019年，柯桥区年平均气温18.3℃，较常年偏高1.4℃，年降水总量1689.5毫米，较常年偏多15%，年降水日数163天，较常年偏多4天，年日照时数1589.4小时，比常年偏少一成。

年内主要天气气候事件有持续偏暖，雨水偏多；夏季强对流频发，强度强；入梅偏晚，梅雨量明显偏多，为历史同期第三多，梅汛期气温为20年最低；台风影响个数接近常年；秋冬季大雾，交通严重受阻；11月降水量明显偏少，森林火险气象等级高。

2019年，柯桥气象观测场　（区气象局　供稿）

冬季(1—2月)，气温与常年基本持平，雨量和雨日均较常年偏多，日照较常年明显偏少，季内出现低温雨雪等灾害性天气。春季(3—5月)平均气温较常年略偏高，雨量和雨日均较常年偏少，日照较常年略偏少，季内出现冷空气、霜冻、大风、强对流、暴雨、雷电等气象灾害。夏季(6—8月)平均气温较常年略偏高，雨量较常年明显偏多，雨日较常年偏多，日照接近常年，季内出现强对流、暴雨、台风等气象灾害。秋季(9—11月)平均气温较常年明显偏高，雨量较常年略偏少，雨日较常年略偏多，日照较常年明显偏少。季内出现台风、暴雨、雷电、大雾、冷空气等气象灾害。12月平均气温较常年偏高，雨量、雨日明显偏多，日照略偏少。

年平均气温18.3℃，较常年偏高1.4℃，自2016年起连续4年异常偏高。年极端最高气温为39.4℃，出现在7月30日；年极端最低气温为-0.2℃，出现在1月27日。年高温日数(日最高气温≥35.0℃)25天，较常年偏少2天。年低温日数(日最低气温 <0℃)1 天,比常年异常偏少。

年降水量 1689.5 毫米,较常年偏多 15%。降水时空分布不均匀。降水空间上呈现南多北少的分布态势。时间上不同月份降水分布不同,11 月为全年降水最少月份,降水量 25.4 毫米;6 月为全年降水最多月份,降水量 268.1 毫米。年暴雨日 8 天,日最大降水量为 126.1 毫米,出现在 7 月 13 日。全年雨日为 163 天,比常年偏多 4 天,其中 9 月雨日偏少,占常年一半。

年日照时数 1589.4 小时,比常年偏少一成,其中 2 月日照异常偏少,为常年同期的 24%。

年平均风速 1.4 米 / 秒,小风日数(小于 2 米 / 秒的天数)291 天;年极大风速 21.8 米 / 秒(8 月 10 日)。全年盛行风向为东北偏东风。

年蒸发量 1017.8 毫米,为近三年最少,其中 8 月蒸发量为全年最多,达 159.7 毫米。

年大雾日数 10 天,较常年偏少 13.6 天。

年霜日 79 天,初霜日出现在 12 月 3 日,终霜日出现在 2 月 19 日(2020 年)。

年雪日、年积雪日均 0 天。

年雷暴日 162 天,初次雷暴出现在 3 月 21 日,终止雷暴出现在 8 月 29 日。

年酸雨率 73.7%,比上年增长 17.8% ;降水 pH 值年平均为 5.17,比上年下降 0.36。

【重要天气事件】 2019 年,柯桥区年平均气温 18.3℃,比常年偏高 1.4℃,自 2016 年起连续 4 年年平均气温异常偏高,为历史第四高值(最高为 2007 和 2017 年的 18.7℃)。

4 个台风影响柯桥区,和常年相近(常年 3.4 个)。其中,台风“利奇马”和“米娜”影响较大。“利奇马”为超强台风级,是 1949 年以来登陆浙江省第三强台风,8 月 10 日 1 时 45 分在台州温岭城南镇登陆,10 日 12 时进入绍兴境内(强热带风暴级),擦过柯桥后于 14 时左右离绍进入杭州,在绍滞留 2 小时。“利奇马”带去大范围的暴雨和大风天气,对交通、电力、通信、城市绿化及农业等造成不利影响。

出现 15 次明显的强对流天气。其中,8 月 3 日 18 时至 4 日 9 时,出现分散性短时暴雨,累计雨量最大湖塘兜率天站 108.1 毫米,夏履莲西站 89.9 毫米;8 月 18 日晚,自北向南出现大风、雷电等恶劣天气,有 6 个镇(街道)出现 8 级以上大风,最大马鞍出现 9 级阵风;9 月 2 日夜,普降暴雨,全区面雨量 84.1 毫米,平水、王坛累计雨量超 100.0 毫米,最大王坛银沙 163.2 毫米。

6 月 17 日入梅,较常年(6 月 10 日)偏迟;7 月 17 日出梅,较常年(7 月 10 日)偏迟;梅期 30 天,与常年持平。梅雨量 424.0 毫米,较常年同期(208.8 毫米)偏多 1 倍多,为历史第三多;全区梅雨期面雨量 407.1 毫米,10 个站累计雨量超 450.0 毫米,最大雨量为平水祝家 495.0 毫米;梅雨期平均气温 25.3℃,较常年偏低 2.0℃,为近 20 年最低。

年初,阴雨寡照。1—2 月,多阴雨天气,雨日数 38 天,为常年的 1.5 倍;降水量为 302.4 毫米,为常年 1.7 倍;日照时数 97.9 小时,不到常年一半,位列历史同期最少,阴雨寡照天气对农业生产造成不利影响。(胡燕华)

2019 年 10 月 22 日,柯桥区在诸暨市进行人工影响天气应急演练 (胡燕华)

民族 人口

【概况】 2019 年年底,柯桥区域总户数 230518 户,户籍人口 688003 人。其中,男性 336171 人、女性

351832人，分别占总人口的48.86%和51.14%；城镇人口415104人、农村人口272899人，分别占总人口的60.33%和39.67%。全年出生人口6690人，出生率9.72‰；死亡人口4056人，死亡率5.9‰。人口比上年增加6704人，自然增长率3.83‰，比上年下降2.03个千分点。

全区境内人口以汉族为主，人数为680774人，占总人口比率的98.95%；少数民族人口7229人，占总人口比率的1.05%，比上年上升0.7个百分点。全区境内有壮族等36个少数民族人口居住。少数民族人口比上年增加641人；以女性为主，计5506人，占总数的76.17%；男性1723人，占总数的23.83%。男性人口比上年上升2.29%。

2019年柯桥区少数民族人口情况

表6

序号	民族	男	女	序号	民族	男	女
1	蒙古	44	74	20	畲族	51	84
2	回族	70	119	21	拉祜族	0	2
3	藏族	1	0	22	水族	3	12
4	维吾尔族	45	27	23	纳西族	44	309
5	苗族	133	493	24	景颇族	0	3
6	彝族	49	212	25	柯尔克孜族	0	1
7	壮族	357	2286	26	土族	2	0
8	布依族	59	272	27	达斡尔族	3	4
9	朝鲜族	399	398	28	仫佬族	4	33
10	满族	129	149	29	羌族	2	10
11	侗族	33	74	30	布朗族	0	2
12	瑶族	18	48	31	毛南族	3	21
13	白族	44	235	32	仡佬族	10	27
14	土家族	179	414	33	锡伯族	1	1
15	哈尼族	7	42	34	怒族	0	1
16	傣族	2	15	35	乌孜别克族	14	6
17	黎族	11	89	36	京族	1	1
18	傈僳族	3	30	37	入籍	1	1
19	佤族	0	2		其他	1	9

（徐　金）

经济和社会发展

【概况】 2019年，柯桥区地区生产总值(GDP)1504.27亿元，按可比价计算比上年增长7.6%。其中，第一产业增加值37.21亿元，比上年增长2.4%；第二产业增加值755.38亿元，比上年增长7.9%，其中工业增加值639.99亿元，比上年增长9.3%；第三产业增加值711.67亿元，比上年增长7.6%。三次产业结构调整为2.5∶50.2∶47.3。人均GDP为219713元(按年平均汇率折算为31849美元)，比上年增长6.5%。

【农业】 2019年，柯桥区农林牧渔业总产值54.73亿元，比上年增长6.1%。其中，农、林、牧、渔业产值分别为38.47亿元、5.13亿元、4.51亿元、6.09亿元，比上年增长5.0%、5.5%、23.8%、2.0%。全年粮食播种面积18.64万亩，比上年增长2.7%；粮食总产量8.34万吨，比上年增长2.9%。生猪出栏量10.03万头，比上年下降1.8%；禽肉产量492吨，比上年增长2.3%；禽蛋产量1974吨，比上年下降15.3%；茶叶产量7353吨，比上年增长0.1%；淡水产品产量2.11万吨，比上年增长2.5%。

【农村建设】 2019年，柯桥区推进“五星达标、3A争创”，增加五星达标村77个，新创国家AAA级景区化建设示范村6个，农村人居环境整治综合测评全市第一，被授予浙江省首批新时代美丽乡村示范县。承接乡村治理体系和农村公共服务两项国家级改革试点。农业节会创出知名度，柯桥成为中国春兰节永久承办地。启动绿色农业发展先行区建设，创建省级点1个、市级点5个，建成省级美丽牧场2个、市级美丽场园8家。盘活闲置农房，鼓励发展乡村旅游、养老养生等富民产业，吸引社会资本6.65亿元，实施激活项目269个，激活农房建筑面积21.57万平方米。

【工业】 2019年，柯桥区规模以上工业总产值2044.55亿元，比上年增长6.4%；主营业务收入1855.50亿元，比上年增长3.2%；利润总额121.43亿元，比上年增长8.8%；主营业务收入利润率6.5%，比上年提高0.3个百分点。大纺织业依然为规模以上工业支柱行业，产值1045.81亿元，比上年增长5.1%；主营业务收入1012.84亿元，比上年增长4.5%；利润总额71.32亿元，比上年增长16.2%；三项指标分别占全部规模以上工业的51.2%、54.6%和58.7%。在规模以上工业中，战略性新兴产业产值858.13亿元，比上年增长14.0%；高新技术企业产值565.85亿元，比上年增长7.5%；装备制造业产值238.30亿元，比上年增长11.8%。印染产业集聚升级工程完工，创建省先进印染制造业创新中心，跨区域承接的5个越城印染组团项目全部落户。建成省级小微企业园6个，新集聚入园企业548家，整治落后产能企业57家；全年“个转企”430家，“小升规”155家；盘活闲置用地1106.94亩，处置“僵尸企业”8家。

【建筑业】 2019年，柯桥区房屋建筑施工面积14435万平方米。批准建筑业企业资质58项，获国家级科技进步奖一等奖1项。培育装配式建筑产业基地2家，被住房和城乡建设部列为浙江省农村装配式钢结构住宅试点地区。创省级以上优质工程77项，其中国家级优质工程19项，包括鲁班奖2项、詹天佑奖1项、国优工程3项；主编国家级行业标准1项，参编国家级行业标准6项；获发明专利13项、实用新型专利33项，国家级QC成果10项，创建省级以上施工工法18项。

【固定资产投资】 2019年，柯桥区固定资产投资比上年增长8.9%。第一产业增长114.1%，第三产业增长14.1%，第二产业下降3.3%。民间投资、交通运输投资、生态环境和公共设施投资、高新技术产业投资分别为170.02亿元、57.45亿元、46.11亿元和44.66亿元，增长12.6%、13.0%、26.0%和76.5%。先后举办两批重大项目集中开工和签约仪式，引进“蓝盾医药”等67个重大项目，总投资801.5亿元；“苏泊尔大家电”等9个项目入选市县长项目工程，落地率88.9%。

【房地产业】 2019年，柯桥区房地产投资210.13亿元，比上年增长16.9%；房地产开发项目194个，比上年增加3个；施工房屋面积847.45万平方米，比上年增长5.2%；竣工房屋面积126.92万平方米，比上年下降31.8%。商品房销售面积338.54万平方米，比上年增长19.8%；商品房销售额407.75亿元，比上年增长3.4%。

【国内贸易】 2019年，柯桥区开展放心消费行动，培育示范单位296家，全年社会消费品零售总额337.45亿元，比上年增长10.5%。其中，批发零售业零售额306.62亿元，增长10.4%；住宿餐饮业零售额30.83亿元，增长11.4%。全年批发零售业商品销售额6691.85亿元，比上年增长14.8%。其中，批发业商品销售额5905.54亿元，增长14.8%；零售业商品销售额786.31亿元，增长14.9%。年末有商品交易市场90个，全年商品交易市场成交额2050.30亿元，比上年增长10.4%；中国轻纺城市场和钱清轻纺原料市场成交额分别为1379.19亿元和621.13亿元，比上年增长13.6%和4.5%；轻纺城网上交易额526.59亿元，比上年增长25.3%。“最多跑一次”改革进轻纺市场，加速轻纺城国际化、时尚化、智慧化。国际贸易区新注册市场主体4610家，比上年增长18%，经营户公司化率32.9%，增加贸易公司1260家。启动“时尚梦工厂”二期，引进欧洲时尚定制城、“中意印象”国际文创基地等创意项目。2019春季纺博会设1546个国际标准展位，参展企业580家，累计入场52576人次，比上年增长9.5%，其中境外采购商增长9.1%。2019秋季纺博会设1400个国际标准展位，参展企业552家，累计入场43849人次，比上年增长9.1%，其中境外采购商增长7.8%。

【对外经济】 2019年，柯桥区货物进出口总额911.47亿元，比上年增长15.0%。其中，出口总额867.52亿元，比上年增长15.6%；进口43.95亿元，比上年增长4.3%。重点拓展“一带一路”沿线境外营销网络，实现5年来“一带一路”对外承包工程零的突破。发挥“产业+市场”优势，开拓“一带一路”新兴市场，“丝路柯桥·布满全球”活动走进欧美国家，实现纺织品“买全国卖全球”。柯桥区被商务部授予国家纺织品外贸转型升级基地。全年合同外资6.27亿美元，实际利用外资4.01亿美元，分别比上年增长23.7%和38.9%。批准三资企业144家，总投资6.41亿美元，比上年增长9.7%；注册资本7.48亿美元，比上年增长30.5%。增加国(境)外常驻代表机构61家、外商投资商业企业85家。

【交通】 2019年，柯桥区公路通车里程1487.46千米，其中国道53.36千米、省道56.20千米、县道396.83千米、乡道297.51千米、村道672.12千米、专用公路11.44千米。全区实现客运周转量28971万人千米，比上年增长2.3%；货物周转量1325862万吨千米，比上年增长17.0%。推进“融杭”交通大会战、杭绍城际轨道交通，杭州中环柯桥段开工建设，启动杭甬高速柯桥互通改造，安昌北路接萧山段加快打通，实施杭金衢与杭绍台高速连接线、31省道北延等融杭工程。开通钱清到宁波的城际客运班列。绍大线柯桥段被评为全国美丽乡村路。

【旅游业】 2019年，柯桥区接待国内外旅游者2901.96万人次，比上年增长18.1%，其中接待国内旅游者2895.85万人次，增长18.2%；旅游总收入301.08亿元，比上年增长19.1%，其中国内旅游收入299.05亿元，增长19.2%。“夜鲁镇”成为网红打卡点，创建成AAAA级景区。柯岩风景区、稽东镇冢斜村等5家单位被评为首批市级非遗旅游景区，安昌古镇等2家单位被列入市级非遗研学游基地。至年末，全区有国家级旅游景区26个，其中AAA级旅游景区6个、AAAA级旅游景区5个。

【财政】 2019年，柯桥区财政总收入197.82亿元，比上年下降0.4%，其中一般公共预算收入131.41亿元，增长4.0%。一般公共预算支出126.99亿元，比上年增长12.5%，其中民生支出得到重点保障，公共安全、教育、科学技术、文化旅游体育与传媒、社会保障和就业、卫生健康、节能环保、城乡社区、农林水等九项民生支出总计101.38亿元，占一般公共预算支出的79.8%。

【金融】 2019年年底，柯桥区金融机构本外币存款余额2162.56亿元，比上年末增长11.5%，其中住户存款余额1102.19亿元，增长15.1%。年末金融机构本外币贷款余额1868.68亿元，比上年增长18.3%，银行不良贷款率0.74%。持续推进“凤凰行动”，支持股改上市，增加股份公司55家，浙江吉麻良丝新材料股份有限公司挂牌新三板，浙江迎丰科技股份有限公司、浙江越剑智能装备股份有限公司、浙江西大门新材料股份有限公司IPO（首次公开募股）报会。全年保费收入22.13亿元，比上年增长9.3%；保费赔付支出金额7.55亿元，比上年增长12.8%。全年证券交易额5420.39亿元，比上年增长26.5%。年末开户20.21万户，比上年增长9.5%。

【教育】 2019年年底，柯桥区有高等学校2所，在校学生1.25万人，专任教师637人；有中等职业教育学校2所，在校学生0.90万人，专任教师604人；普通中学27所，在校学生3.73万人，专任教师3379人；小学53所，在校学生4.54万人，专任教师2697人。扩建幼儿园、中小学22所。安装空调4196台，实现中小学教室空调全覆盖。市级现代化学校覆盖率66.7%，17所学校开展“互联网+义务教育”城乡结对。高考一段上线1279人，北大、清华录取15人，五大学科奥赛浙江赛区获一等奖5人次，各类学科竞赛获全国特等奖3人次、全国一等奖118人次。全国职业院校技能大赛获5金6银3铜，金牌数、奖牌数均居全市第一，被浙江省教育厅授予2019年度教育工作业绩考核优胜奖。

【科学技术】 2019年，举办2019国家机器人发展论坛暨RoboCup机器人世界杯中国赛、第四届海内外高层次人才创新创业大赛等活动。全年落户外国院士及其他外国高端人才项目3个。实施区科技成长型企业三年培育计划(2018—2020)，2019年全国科技创新百强区排名第11位，比上一年度提升1位。增加高新技术企业97家、省级企业研发机构13家，入选省科技型中小企业250家。增加省级众创空间5家、市级众创空间5家，省级企业研究院2家，省级高新技术企业研发中心11家。创建省领军型创新团队1个。实现技术市场交易额12.86亿元，创新券使用额513.8万元。入选国家知识产权强县工程试点县(区)。年末有中国驰名商标50件。注册商标4349件，累计注册商标27922件。累计参与制(修)订国际标准28项、国家标准194项、行业标准195项，为主起草“浙江制造”标准25项。2家企业获得中国专利奖，增加专利示范企业5家，知识产权贯标企业40家。申报省商标品牌示范企业4家、示范镇(街道)2个，推荐43项成果参加绍兴市优秀QC小组成果发布，其中11项成果获一等奖，列全市首位。

【文化】 2019年，柯桥区有绍兴小百花越剧艺术传习中心1个、文化馆1个、图书馆1个、博物馆1个。举办各类群众文化活动2000余场。区文化馆年举办各类活动30余场次，区图书馆年总服务112万余人次，区博物馆年接待参观人数8.64万人次。创排越剧《云水渡》，申报国家艺术基金资助项目；绍兴莲花落小戏《一刨花》获得浙江省“群星奖”，绍兴莲花落《“孝子”的服务》获浙江省第十届曲艺新作大赛银奖。承办第六届中国曲艺高峰论坛。

【卫生】 2019年，柯桥区“医共体”建设持续深化。年末全区有卫生机构439个，其中三级乙等综合医院2家、二级乙等综合性医院1家、二级甲等中医医院1家、妇幼保健院1家、皮肤专科医院1家、镇卫生院8家，街道社区卫生服务中心7家、社会资本开办的综合医院1家、中医骨科医院1家、口腔医院6家。全区开放床位4785张，卫生技术人员7130人，其中医生2920人。实现国家卫生镇创建全覆盖。3家医共体总院继续加强与浙一、邵逸夫和省中医院等省内外院校合作，建立名医工作室20个。基层首诊率65.1%，在健康浙江考核中获得全省优秀。建成中心医院华舍院区一期，启动第三医院迁建，妇女儿童医院等扩建工程建成投用。建设公共卫生精品社区49个、标准化村卫生室30家。

【体育】 2019年，柯桥区被世界休闲组织授予世界休闲城市称号，被国家体育总局评为国家体育产业示范基地。全年完成建设小康体育村升级工程18个，建成游泳池4个、多功能运动场5个、足球场3个、中心村体育休闲公园1个。柯桥区籍运动员获世界级金牌5枚、亚洲级金牌2枚、国家级金牌24枚、省级金牌43枚。在市九运会获金牌245枚。

【环境保护】 2019年，柯桥区第一轮中央环保督察反馈问题全部完成整改，关停搬迁平水江水库水源保护区内所有工业企业。全年空气质量优良率78.4%，PM2.5均值39微克/立方米。8个镇(街道)创建成污水零直排区，建设市级美丽河湖3个，市控及以上断面水质全部Ⅲ类及以上。推进曹娥江综合整治等百项千亿防洪排涝工程，清淤60万立方米。浙能污泥清洁化处置项目加快建设，工业固废实现消库清量。

【能源消耗】 2019年，柯桥区优化淘汰标准体系向能耗、环保、质量、安全、技术等“四法一政策”《中华人民共和国节约能源法》《中华人民共和国环境保护法》《中华人民共和国产品质量法》《中华人民共和国安全生产法》4部法律和《产业结构调整指导目录(2011 年本)(修正)》转变。对机械行业无磁轭(≥ 0.25 吨)铝壳中频感应电炉进行全面排查,整改中频炉涉及企业 13 家。落实能源"双控"目标,全区规模以上工业能耗消费总量 722 万吨标煤(等价能耗),比上年增长 1.5%;规模以上单位工业增加值能耗比上年下降 7.7%。

【城乡建设】 2019 年,柯桥区城镇化率 80.1%,马鞍、钱清、杨汛桥撤镇设街道,城市建成区扩展到 77 平方千米,实有城市市政道路面积 1300.38 万平方米。全年处理城市污水 1.86 亿吨,日均污水处理能力为 110 万立方米/日。建成区绿地面积 2715 公顷,其中公园绿地面积 698 公顷。实施小赭等城中村拆改,全年拆迁 120 万平方米,"三改"360 万平方米。加快华墟、马宅湖等重点区块开发。智慧城管扩面到柯南,处置违建 208.7 万平方米。

【人民生活】 2019 年,柯桥区人民生活水平不断提高。居民人均可支配收入 61111 元,比上年增长 8.7%。其中,城镇常住居民人均可支配收入 68948 元,比上年增长 8.1%;农村常住居民人均可支配收入 40655 元,比上年增长 8.9%。城乡居民收入比为 1.70。全体居民、城镇居民、农村居民人均生活消费支出分别为 32342 元、35789 元、23345 元。

【社会保障】 2019 年年底,柯桥区城镇登记失业率 2.02%,全年城镇新增就业 78632 人,下岗失业人员实现再就业 46430 人,其中就业困难人员实现再就业 4551 人。深入实施稳岗补贴和技能提升补贴政策,向 5924 家企业返还社保费 4.01 亿元,为 30012 名就业困难人员和 5530 名农村"4555"人员发放灵活就业社保补贴 6309.44 万元,为 3228 名群众办理技能提升补贴 378.70 万元。年末全区基本养老保险参保 63.28 万人,其中企业养老保险参保 52.65 万人、机关事业养老保险参保 2.67 万人、居民养老保险参保 7.97 万人。基本医疗保险参保 82.20 万人,其中职工基本医疗保险参保 43.24 万人、城乡居民基本医疗保险参保 38.96 万人。工伤保险参保 36.04 万人,生育保险参保 30.61 万人,失业保险参保 30.73 万人。城乡居民最低生活保障标准提高到每人每月 810 元,社会散居孤儿基本生活费标准提高到每人每月 1516 元。做好特困人员供养、困难对象救助、临时救助、慈善救助等工作,共发放救助金 8679.29 万元。全区有最低生活保障 4694 人,全年发放最低生活保障资金 3692.84 万元。接受社会捐赠款 3028 万元,受益 22.02 万人次。

说明:

①所列各项数据为年度初步统计数据,此后均以《柯桥区统计年鉴》数据为准。

②生产总值和各产业增加值绝对数是按现价计算的初步核算数,增长速度按可比价格计算,人均生产总值按户籍人口计算。

③由于计量单位取舍而产生的计算误差均未作机械调整。

④ 2019 年起粮食生产数据由国家统计局柯桥调查队采用新调查制度采集汇总。

人才数据来自区委组织部;教育、体育数据来自区教体局;高新技术企业、专利申请授权等数据来自区科技局;户籍人口数据来自区公安分局;社会救助数据来自区民政局;财政数据来自区财政局;登记失业率、社会保障等数据来自区人力社保局;建成区面积数据来自区自然资源和规划分局;生态环保数据来自区生态环境分局;拆迁整治、建筑、绿化等数据来自区住建局;客运周转量、货物周转量等数据来自区交通运输局;美丽乡村建设等数据来自区农业农村局;出口、对外经济等数据来自区商务局;旅游、艺术中心、文化馆、图书馆、博物馆等数据来自区文化广电旅游局;卫生、医疗数据来自区卫生健康局;标准、商标等数据来自区市场监管局;货币金融、上市公司等数据来自区金融办;医疗保险数据来自区医保局;空气质量数据来自区气象局;粮食生产数据、城乡居民收支来自国家统计局柯桥调查队;轻纺市场、展会等数据来自轻纺城建管委。(刘　弘)

执行编辑　宋如玲

农业农村经济

综 述

2019 年，柯桥区获评当年度中国全面小康十大示范县市、2018 年度浙江省美丽乡村示范县，获评 2018 年度重大农业植物疫情防控工作评价优秀、2018 年度重大动物疫病防控和畜产品监管目标管理考核县级优秀。

粮食生产功能区（以下简称粮功区）提标改造面积 0.5 万亩，引进早晚稻新优品种 31 个，建立水稻新品种示范展示点 3 个，创建市级优质稻米示范方，其中当年引种的嘉丰优 2 号酵素米获浙江省好稻米金奖称号。水稻耕种收综合机械化率 78.91%，新增省级“机器换人”示范基地 1 个。推广病虫害专业化统防统治 13.6 万亩，建成千亩以上省级农作物病虫害绿色防控示范区 1 个、百亩以上区级绿色防控示范方 3 个，农药减量 8.8 吨。清洁能源利用率超 85.5%，农作物秸秆综合利用率 95.6%。农药实名制率 100%，农药废弃包装物回收率 86.2%。省级农产品例行风险监测合格率 100%，新增农产品质量安全可追溯点 16 家，主要食用农产品中绿色优质农产品比率 56.31%。畜产品质量安全抽检合格率 100%，规模养殖场免疫密度 100%。

举办 2019 “平水日铸”茶叶节、中国春兰节暨华东兰花博览会、中国蕙兰节、农民丰收节绍兴庆丰收活动等节会，中国春兰节举办地永久落户柯桥；举办春笋节、杨梅节、香榧节等农业文化旅游节会。平水日铸茶获得 2019 第二十六届上海国际茶文化旅游节中国名茶金奖，平水日铸茶品牌化产业提升技术集成应用获第六届中国茶叶学会科学技术奖二等奖。绍兴市柯桥区安昌镇哈哈香肠食品厂哈啦喇香肠、绍兴市柯桥区玉龙茶业有限公司越红工夫茶 2 个产品获省农博会金奖，绍兴陶里田藕专业合作社泥娃娃藕粉、绍兴山娃子农产品开发有限公司山娃子香榧 2 个产品获省农博会优质奖。

开展“五园一场”美丽示范创建，创建市级美丽茶园 6 家、市级生态有机茶园 4 家、省级示范性家庭农场 8 家，省级、市级美丽生态牧场各 1 家，国家级水产健康养殖示范场 1 家、省级 5 家。

村级集体经济年收入 18.41 亿元，比上年增长 10.6%；村级集体经济经营性收入 9.25 亿元，比上年增长 8.16%。所有村级集体经济年收入均在 100 万元以上，村集体年经营性收入均在 50 万元以上，102 个经济薄弱村脱贫。在全省率先全面推行农村集体“三资”去现金化管理改革、全面实施农村集体“三资”手机 APP 公开。（顾　巍）

农业产业化经营

【概况】 2019 年，柯桥区有区级以上重点农业龙头企业 52 家，其中国家级 1 家、省级 7 家、市级 32 家、区级 12 家。区级及以上示范性农民专业合作社 22 家，其中国家级 1 家、省级 3 家、区级 18 家。区级及以上示范性家庭农场 33 家，其中省级 21 家、区级 12 家。获区级及以上认定农家乐 36 家，其中省级 8 家、市级 13 家、区级 15 家。到年底，全区有农业企业 129 家、农民专业合作社 262 家、农产品专业市场 11 个、家庭农场 123 家。（胡　萦）

农业企业产值87.26亿元、销售收入79.15亿元、利润4.06亿元，分别比上年减少22.68%、24.13%、23.11%。其中，农产品加工企业65家，产值54.10亿元、销售47.10亿元、利润2.46亿元。年销售收入5000万元以上的农业龙头企业24家(其中年销售额超亿元的农业龙头企业13家)，销售收入69.27亿元、利润3.00亿元，占全区农业企业的87.52%和73.89%。农产品自营出口(按实到外汇统计)6.80亿元(人民币口径)，比上年减少6.96%。农产品专业市场交易额20.70亿元，比上年减少13.64%。(赖利文)

农产品品牌有中国驰名商标6件、浙江名牌17个、浙江名牌农产品1个、浙江区域名牌农产品1个、浙江省著名商标31件、绍兴名牌26个、绍兴市著名商标65件。(赵　灵)

评定区级规范化农民专业合作社3家，全区有各类农民专业合作社262家，行业覆盖全区主导产业和农机、植保等农业服务业。全区茶叶自动化流水线新增17条。创建市级美丽茶园3家、区级美丽茶园4家、市级生态有机茶园4家。中国国际茶文化研究会会长周国富考察玉龙茶业有限公司。3月31日，全国第十一届“全民饮茶日”启动仪式在柯岩风景区举行。5月14日，召开《越地茶史》学术研讨会。

【示范性家庭农场新认定17家】 2019年，柯桥区培育发展高质量家庭农场。新认定区级示范性家庭农场9家、省级示范性家庭农场8家。全区累计有工商注册的家庭农场123家，其中省级示范性家庭农场21家、区级示范性家庭农场12家。

【农家乐接待游客334万人次】 2019年，柯桥区围绕“五星3A”创建、千亿旅游产业培育和省级美丽乡村示范区、省级全域旅游示范区创建目标，全面提升农家乐休闲旅游发展水平。至年底，全区有区级以上农家乐村点36家，其中省级特色村3个、特色点5个，市级特色村2个、特色点11个。全年接待游客334万人次、直接营业收入5.42亿元，带动游客购物收入1.14亿元，分别比上年增长11.89%、15.24%、15.17%。(胡　萦)

【越茶茶博馆启动建设】 2019年，柯桥区启动越茶茶博馆建设。作为柯桥区省级南部茶叶产业集聚区建设的重要项目之一，该馆选址于集聚区核心地块——平水镇平阳寺茶园内。建筑面积1100余平方米，初步设计由越茶简史、越茶产业、越茶风情、越茶文化和越茶影院等部分组成。项目计划于2021年年初全面建成并对外开放。(王卓琴)

【组织从业人员赴外省考察茶产业】 2019年11月9—12日，柯桥区组织部分从事茶叶生产和经营的茶文化研究会会员赴湖南省安化县考察黑茶产业。考察组一行观摩湘中茶园，参观湖南华莱生物科技有限公司的生产车间、茶文化旅游设施，听取该企业发展情况介绍及其营销做法。12月3—6日，组织部分有外拓意向的茶叶企业负责人赴四川省筠连县考察。考察组一行实地踏看千米海拔的高山茶园，了解当地的茶园土壤、气候条件和茶叶产品、茶树品种，参观宜宾市出口茶叶质量安全示范区，与千秋茶业、凤鸣茶业和金李村委等进行交流洽谈。(谢国良)

种植业

【概况】 2019年，柯桥区粮食作物统计监测面积和产量分别为20.47万亩和9.37万吨，面积比上年减少1.0%，产量比上年增长2.4%。春粮面积1.60万亩，夏粮面积(早稻)2.89万亩，秋粮面积15.98万

2019年12月2日，绍兴市农业局对柯岩街道路南市级美丽田园进行验收　　(张惠泽　摄)

亩,其中单晚面积9.32万亩,连晚面积2.88万亩。瓜菜播种面积14.42万亩,比上年增长1.31%;总产值9.1亿元,比上年增长2.60%。创建市级美丽田园1家。

【推进粮功区管护与提标改造工程】 2019年,柯桥区继续开展粮功区提标改造工程,通过摸排调查和前期申报,结合其他农业建设项目,马鞍、柯岩、王坛、稽东、夏履等5个镇(街道)承担建设任务,共计创建面积0.5万亩,修缮农田基础设施,提升配套服务能力。

【23个示范方在粮食绿色高产示范竞赛中获奖】 2019年,柯桥区继续开展粮食作物绿色优质高产示范竞赛活动,推进粮食作物绿色高效生产,全年申报晚稻示范方19个,经实地踏勘考评,评选出水稻百亩示范方12个、水稻高产攻关田5个、水稻品种展示示范点3个、水稻病虫害绿色防控示范区3个。

【挽回农作物病虫害产量损失4.86万吨】 2019年,柯桥区根据区域特点,以区病虫测报站为龙头,在福全、钱清、安昌等地建立8个病虫观测点,在福全、兰亭、安昌等地设立4个苗情观察点。全区开展会商和植保技术培训2次,培训镇村农技人员和农户70余人次,印发植保技术资料243份;开展电视宣传,在柯桥区广播电视台播出新闻5次,分别宣传早稻、蔬菜病虫和草地贪夜蛾的防治;通过报刊进行防治策略宣传,在《柯桥日报》进行6次病虫防治等宣传;发布《病虫情报》15期,对重大病虫预测准确率接近100%;向农户发送防治病虫害短信15次;开展生物农药药效试验。柯桥区全年主要粮油、蔬菜作物发生病虫草鼠害面积139.35万亩次,实施防治面积198.13万亩次,挽回产量损失4.86万吨。

【绿色防控技术推广13.6万亩次】 2019年,柯桥区推广病虫害专业化统防统治面积13.6万亩,绿色防控技术应用面积13.6万亩次,建成千亩以上省级农作物病虫害绿色防控示范区1个、百亩以上区级绿色防控示范方3个,农药减量8.8吨。

【阻击草地贪夜蛾】 2019年,柯桥区召开全区草地贪夜蛾防控工作会议布置监测与防控工作,通过发放宣传图册、农民信箱短信提醒与电子资料发送、培训讲课、电视报纸报道、微信推送等多种途径宣传,普查草地贪夜蛾发生情况。在区内2个镇(街道)的玉米上发现草地贪夜蛾,指导农户进行防治,在防治后回访确保杀灭。经防治,草地贪夜蛾在区内未成灾、未扩散。

【储备农作物种子8万千克】 2019年,柯桥区启动当年度储备种子工程,品种以中早39、甬籼15、秀水519、扬麦24为主,储备数量为8万千克,全部完成入库检查。

2019年11月27日,柯桥区对上虞沥海储备种子开展入库检查
(张惠泽 摄)

【引试水稻新优品种31个】 2019年,柯桥区共引进早晚稻新优品种31个,建立3个水稻新品种示范展示点。推广水稻主导品种和主推技术,免费发放水稻优质新品种种子420千克,惠及大户7户,示范展示面积140亩。创建市级优质稻米示范方,其中当年引进指导种植的嘉丰优2号酵素米获得浙江省好稻米金奖称号。在兰亭街道黄贤村继续探索再生稻栽培,全区范围内主要安排试验点3个,涉及农户3户,面积180亩,品种以甬优4949、甬优1540等为主,前往参观考察50余人次。(骆文婷)

【农业水价综合改革12.8万亩】 2019年,柯桥区马鞍镇等9个镇(街道)全面开展农业水价综合

改革，改革面积 12.8 万亩，占全区有效灌溉面积比例提升至 60.7%，农田有效灌溉系数 0.623，通过省对区 2019 年度农业水价综合改革年度工作绩效考评。

【高标准农田建设】 2019 年，柯桥区在马鞍、柯岩、齐贤、夏履 4 个镇（街道）开展高标准农田建设，计划总投资 792.9 万元，实施面积 3564 亩，其中高效节水灌溉面积 442 亩。计划新建机埠 5 座、渠道 9.39 千米、机耕路 3.89 千米，2020 年完成。（李国华）

【审核标准农田占补 104.61 公顷】 2019 年，柯桥区审核标准农田占补（置换）13 批次 104.61 公顷，其中一等田 48.80 公顷、二等田 55.66 公顷、三等田 0.15 公顷。涉及千万亩标准农田区域 42.25 公顷，其中一等田 4.80 公顷、二等田 37.44 公顷。涉及千万亩标准农田质量提升项目实施区 4.56 公顷。

【开展水稻化肥定额制试验】 2019 年，柯桥区在平水镇会稽村开展水稻化肥定额制示范工作，示范面积 103 亩，辐射 1000 亩以上，设置试验处理田间小区 3 个（缓控释肥区、无氮区、定额区）和大区示范 1 个。主要通过测土配方施肥、因缺补缺、缓（控）释肥应用、秸秆还田、秒田深施等技术应用，实现化肥减量 10% 左右。（骆文婷）

养殖业

【概况】 2019 年，柯桥区生猪总饲养量 13.60 万头，其中存栏生猪 4.64 万头，出栏 8.96 万头。家禽总饲养量 80.19 万羽，其中存栏 34.14 万羽，出栏 46.05 万羽。兔饲养量 0.55 万只，羊饲养量 1.03 万头。禽蛋产量 2719.1 吨，肉类总产量 7168.6 吨。

【2 家养殖场获美丽生态牧场称号】 2019 年，柯桥区有 2 家养殖场开展美丽生态牧场创建，分别是柯桥区禾田肉鸽专业合作社茅山养殖场（省级）和柯桥区五百岗农场（市级），均通过验收。

【畜禽产品质量安全抽检合格率 100%】 2019 年，柯桥区参与畜禽产品质量安全“大抽检、大排查、大整治、严打击”专项行动，规范化开展养殖场和定点屠宰场畜禽产品质量监管，严格把控动物及动物产品质量安全。屠宰环节完成“瘦肉精”抽检 8755 份，开展定量检测 100 份（猪尿 39 份、禽肉禽蛋 13 份、猪肝猪肉 48 份），无阳性样品检出。

【规模养殖场防疫密度 100%】 2019 年，柯桥区共使用 H5N1、H7N9 三价高致病性禽流感疫苗 88.95 万毫升，免疫家禽 61.95 万羽。使用猪口蹄疫疫苗 11.83 万毫升，免疫生猪 4.42 万头。使用猪瘟疫苗 39.4 万头份，免疫生猪 10.63 万头。使用猪蓝耳病疫苗 3.6 万头份，免疫生猪 2.29 万头。使用牛羊口蹄疫疫苗 1.79 万毫升，免疫牛羊 0.67 万头；使用羊小反刍兽疫疫苗 2.82 万头份，免疫羊 0.45 万头；牛羊口蹄疫、羊小反刍兽疫免疫密度 100%。全区规模场的口蹄疫、猪瘟和高致病性禽流感的防疫密度均为 100%，散养畜禽口蹄疫、猪瘟、猪蓝耳病免疫密度 97%，禽流感免疫密度 95%。

【抗体检测 5060 份】 2019 年，柯桥区共检测抗体 5060 份。其中，O 型口蹄疫抗体 602 份，合格率 89%；H5 亚型抗体 1999 份，合格率 90.3%；H7 亚型抗体 1531 份，合格率 96.6%；猪瘟抗体 497 份，合格率 88.3%；新城疫抗体 101 份，合格率 100%；猪高致病性蓝耳病抗体 120 份，合格率 100%；小反刍兽疫抗体 105 份，合格率 91.4%；布病非免疫抗体 105 份，均为阴性。

【检疫屠宰生猪 13.4 万头】 2019 年，柯桥区完成生猪屠宰检疫 13.4 万头，检疫出不合格生猪 101 头、不合格肉品 9800 千克，不合格生猪及肉品全部进行无害化处理。

【查办动物卫生监督案件 14 起】 2019 年，柯桥区查办动物卫生监督行政处罚一般程序案件 14 起，罚款 5.41 万元，无害化处理生猪 47 头。（杨鸣洲）

【建成省部级水产健康养殖示范场 6 家】 2019 年，柯桥区有 6 家养殖场开展省部级水产健康养殖示范场创建，均通过验收。其中，绍兴宇成生态农业开发有限公司被评为国家级水产健康养殖示范场，绍兴市柯桥区天利水产养殖有限公司等 5 家养殖场（企）被评为省级水产健康养殖示范场。

【南美白对虾苗种常见疾病监测】 2019 年，柯桥区开展南美白对虾苗种常见疾病监测，共采集虾苗样品 52 份（其中 9 份为外地购入虾苗，其余为区内 3 家虾苗淡化场培育）。经检测，有 5 例感染急性肝胰腺坏死病原，其余均为阴性，感染率 1.9%，南美白对虾苗种质量总体较好。

【新品系南美白对虾试养成功】 2019年，柯桥区首次试养由浙江省自繁自育的浙海科1号南美白对虾苗，共引进91万尾，平均亩产350千克左右，养殖获得成功。（金斐君）

林 业

【概况】 2019年，柯桥区完成营造林面积1250亩，清理枯死松树面积17061亩，重点公益林地面积231725亩。新增“一村万树”示范村7个。兰亭街道谢家坞村被授予浙江省生态文化基地称号，稽东香榧产业小镇被评为省级林业特色产业小镇，王坛镇东村村被认定为省级森林人家，绍兴市柯桥区月华山千年香榧森林氧吧被评为浙江森林氧吧。张帆被浙江省人民政府评为全省公益林建设成绩突出个人，裘鑫灿被浙江省林业局评为全省林业技术推广突出贡献个人。

2019年，柯桥区志愿者义务植树
（市自然资源和规划局柯桥分局　供稿）

【新建提升平原绿化925亩】 2019年，柯桥区完成营造林面积1250亩，其中新建提升平原绿化925亩、规划造林地造林325亩。修复退化林12000亩。

【创建“一村万树”示范村7个】 2019年，柯桥区新命名“一村万树”示范村7个，分别为柯岩街道里庄村、马鞍街道湖安村、平水镇东桃村、王坛镇舜皇村、兰亭街道兰亭村、湖塘街道岭下村、福全街道容山村。

【创建国家森林乡村5个】 2019年，柯桥区成功创建国家森林乡村5个，分别为兰亭街道谢家坞村、平水镇同康村、夏履镇莲增村、王坛镇东村村、稽东镇龙东村。

【省级及以上林业龙头企业新增2家】 2019年，柯桥区创建省级及以上林业龙头企业2家，其中华绿建设有限公司（稽东镇）被评为国家级林业龙头企业，浙江良辰建设有限公司（钱清街道）被评为省级林业龙头企业。（朱　颖）

【清理枯死松树面积17061亩】 2019年，柯桥区清理枯死松树面积17061亩，投入劳力18000余工，投入资金250余万元。

【松木检疫执法行动开展13次】 2019年，柯桥区开展松木检疫执法行动，重点排查松木制品制作、经营、使用单位情况，打击违法采伐、收购、加工、经营、利用、调运、存放、使用松材线虫病疫木，无证调运松木及其包装制品等行为。全年开展8部门联合执法1次、独立检查12次。累计出动执法人员36人次，检查涉木企业（个人）60余家，发放宣传资料400余份。

【救护野生动物35只】 2019年，柯桥区救护野生动物33起，救助野生动物35只。其中，包括猫头鹰、苍鹰、猕猴等国家级保护野生动物14只。（阮蒙恩）

【立案查处涉林案件17起】 2019年，柯桥区开展“雷霆行动”“绿卫2019”等专项打击行动，打击破坏森林和野生动物资源的违法犯罪活动。全年受理立案查处涉林行政案件15起，其中滥伐林木案2起，擅自改变林地用途案10起，非法交易、狩猎野生动物案件3起，行政处罚20人（家）次，收缴罚款合计60余万元。侦查涉林刑事案件2起，抓获犯罪嫌疑人5人。（区自然资源和规划分局　供稿）

农业服务

【概况】 2019年，柯桥区深化基层农技推广体系改革，完善农技人员分级分类培训，提高农技推广队伍素质能力。推介发布一批符合农业转型升级、质量兴农、绿色兴农要求的主推技术和主导品种,形成操作规范,落实到示范基地和示范户。组织开展科技下乡联村谋振兴活动,促进新品种、新技术、新机具等进村落户到田头。健全农业农村人才引进、培养、服务、激励机制,优化农业农村人才干事创业环境。

柯桥区农业机械总动力 17.83 万千瓦,其中柴油机 7.49 万千瓦、汽油机 0.42 万千瓦、电动机 9.92 万千瓦。水稻生产耕、种、收综合机械化率 78.91%。

【25 人入选首批市级乡村振兴“领雁计划”】 2019 年,柯桥区开展乡村振兴“领雁计划”人才选拔推荐,25 人入选首批绍兴市乡村振兴“领雁计划”,占全市入选总人数的 23.8%,排名全市第一。涉及现代农业龙头企业负责人、乡村新产业“领头雁”、农业科技领军人才、乡村文化能人和能工巧匠、“五星 3A”创建带头人、优秀乡贤、乡村专业技术服务人才和乡村双创型青年人才 8 个方面。(胡广洲)

【省级农产品例行风险监测合格率 100%】 2019 年,柯桥区完成区级农产品监测 413 批次,配合省、市各部门完成抽样任务 375 批次,省级农产品例行风险监测合格率 100%。镇(街道)农产品质量安全检测室向公众免费开放,完成农残快检 9869 批次,完成牲畜尿样“瘦肉精”检测 0.99 万份,未发现含“瘦肉精”尿样。

【农产品质量安全可追溯点新增 16 家】 2019 年,柯桥区新建农产品质量安全可追溯点 16 家。至年底,全区有可追溯生产主体 159 家,累计打印“二维码”10 万余张。

【主要食用农产品中绿色优质农产品比率 56.31%】 2019 年,柯桥区新增无公害农产品 11 个,绿色食品 3 个。至年底,全区有无公害农产品 43 个、绿色食品 10 个、有机食品 3 个、地理标志农产品 3 个,“三品”(无公害农产品、绿色食品、有机农产品)种植面积 12.82 万亩,无公害认证的生猪 7.58 万头、禽类 24.9 万羽,全区主要食用农产品中绿色优质农产品比率 56.31%。

【1591 人次参与农村假冒伪劣食品专项治理】 2019 年,柯桥区开展农村假冒伪劣食品专项治理,出动检查人员 1591 人次,检查各类食品生产主体 61 家、食品经营主体 1281 家、市场 41 家,各类抽检 230 批次。立案查处违法行为 64 起,移送公安机关追究刑事责任 5 起,刑拘 6 人;查处无证生产海蜇丝黑作坊 2 处,查扣制假用海藻酸钠、硫酸铝铵、氯化钾等原料 30 余千克,查扣假冒粉丝、鸡蛋肠成品 100 余千克,查扣山寨食品 2840 余千克。受理消费者申诉举报 32 件,为消费者挽回损失 0.25 万元。开展各类宣传、辅导、培训 21 次。(张美平)

【花卉特色园建成】 2019 年,柯桥区总投资 1180.62 万元的花卉特色园三期项目完成建设并通过区级验收。至此,总投资 3531.11 万元的花卉特色园项目工程建设全面完成。(李国华)

【区级农机购置补贴发放 43.43 万元】 2019 年,柯桥区有 196 户农户购置 282 台(套)农业机械,总投入资金 186.88 万元,享受中央补贴资金 146.49 万元、省级补贴资金 16.16 万元、区级配套资金 24.23 万元,补贴全部落实到位。对 5 家农业企业共 10 台(套)植保无人机实行区级追加补贴,合计补贴 19.2 万元。

【农业领域开展“机器换人”建设】 2019 年,柯桥区在农业领域开展“机器换人”建设。全年新增 1 个省级“机器换人”示范基地、1 个省级“机器换人”示范乡镇、1 个省级“平安农机”示范乡镇,新成立 3 家飞机防疫组织,新购置植保无人机 10 架。

【变型拖拉机综合整治】 2019 年,柯桥区开展变型拖拉机综合整治,通过进村入户方式逐台核实变型拖拉机情况,核实当地车辆 1129 台、外籍车辆 105 台。年检车辆 840 台,报废切割 87 台变型拖拉机。开展联合执法 50 次,查处拖拉机违法 1019 起,查扣拖拉机 810 辆次。

【生态能源建设】 2019 年,柯桥区开展生态能源建设,清洁能源利用率超 85.5%,秸秆综合利用率 95.6%。开展沼液在茶园规模应用示范推广项目建设,探索沼液代替化肥有效灌溉茶园之路。新建 1 条氮磷生态拦截沟渠,通过省级验收。(陈培仙)

【培育新型职业农民 291 人】 2019 年,柯桥区实施新型职业农民(高素质农民)培育计划,培训新型职业农民 291 人。其中,以农业经营主体带头人为培养对象,以休闲农业与乡村旅游为培训主题,开展部级新型职业农民培训 171 人;以技能型人才为培训对象，以电子商务为培训主题，开展省级新型职业农民培训120人。

【农村实用人才培训开展39期】 2019年，柯桥区实施千万农民素质提升工程，组织镇（街道）成人文化技术学校因地制宜开展家政服务、母婴护理、农家厨师、花卉栽培等技能培训39期，培训农村实用人才1926人，培训被征地农民437人。

【招收观光农业经营专业中专班学员70人】 2019年，浙江省农业广播电视学校柯桥区分校与齐贤街道成人文化技术学校联合办班，招收2019级观光农业经营专业中专班学员70人，进行为期2年的中专学历教育。7月，62名2017级中专班学员毕业。至年底，有2018级和2019级在校学员140人。

【现代农业技术培训666人次】 2019年，柯桥区以新型职业农民继续教育、学历教育拓展培训为重点开展环节性技能培训，配合镇（街道）需求开展订单式培训，共组织开展区级现代农业技术（绿色证书）培训10期，培训666人次。其中开展新型职业农民继续教育3期，培训244人；完成订单式培训5期，培训240人。

【464人次参加农技知识更新培训】 2019年，柯桥区为提高基层农技人员服务水平，分7批组织62名区、镇（街道）两级农业产业团队专家和农技指导员到浙江农林大学现代农业培训基地、浙江大学农业技术推广中心、浙江省农科院等培训基地进行集中培训。利用中央农广校网络大讲堂，组织农技人员知识更新远程培训9期，培训402人次。

【51名职业农民学习深造】 2019年，柯桥区组织14名职业农民参加高职院校扩招报考，录取9人；组织4名职业农民参加领军人才报考，录取1人。推荐41名职业农民参加省级高层次新型职业农民培训。（寿绍贤）

农村经营管理

【概况】 2019年，柯桥区村级集体经济共328个，建立村民主理财小组328个，年末总资产121.44亿元，所有者权益95.77亿元。16个镇（街道）全部实行会计委托代理制，涉及328个村集体。镇（街道）实有农经人员80人。2019年度，全区村级集体经济收入18.41亿元，比上年增长10.6%，村社平均561.27万元；村级集体经济经营性收入9.25亿元，比上年增长8.16%，村社平均282.1万元；所有村集体经济年收入均超过100万元，村集体年经营性收入均超过50万元，102个经济薄弱村提前一年脱贫。（宣吉华）

【闲置农房激活36.42万平方米】 2019年，柯桥区探索农房和宅基地“三权分置”改革，通过“农房+农地”联合激活、“农房+产业”带动激活、“村集体+农户”引领联动激活、“村集体+工商业主”合作激活、“连锁+连片”结合激活、“招商+引才”同步激活、“支部+农户”引领激活等模式，打造刻石山雅居、禅居、南山小院、红尘再等一批具有一定影响力、带动作用明显的闲置农房激活示范点。印发《柯桥区盘活利用闲置农房试点方案》《关于“闲置农房激活计划”的实施意见》等指导性文件。组建“闲置农房激活”专家咨询组，从城乡规划、建筑安全、美丽乡村、政策法规等方面进行指导和服务。制订全市首个《绍兴市柯桥区闲置农房盘活利用准则》。至年底，全区累计引入社会资本10.78亿元，开发项目507个，激活农房建筑面积36.42万平方米，激活土地、山林7086.62亩，增加农户收入3019.91万元，增加村集体收入3266.45万元，新增农创客451人，带动农户就业2046人。（洪　锋）

2019年5月8日，浙江省委常委、组织部部长黄建发（前）在平水岔路口村调研闲置农房激活和村集体经济发展情况　（洪　锋　摄）

【农村集体“三资”去现金化管理改革】 2019年，柯桥区印发《关于推行农村集体“三资”去现金化管理改革的实施意见》，在全省率先全面推行农村集体“三资”去现金化管理改革。主要内容包括建立农村集体资金网上审核支付系统，全面取消村集体库存现金，所有村级资金支出全部实行网上审核后转账，实施村务卡制度，所有村级收入通过转账收取。9月26日，全市农村集体“三资”去现金化管理改革工作现场会在柯桥区召开。通过改革，全面规范村级集体资金使用，方便村出纳员资金收付，杜绝坐收坐支、以据抵现、虚报冒领、不合规支出的发生。

【农村集体“三资”手机APP公开】 2019年，柯桥区开发建立“财灵清”农村集体“三资”APP公开系统，印发《关于做好柯桥区“财灵清”手机APP“三资”公开工作的通知》，全面实行手机APP公开。村民通过扫描“财灵清”二维码，输入本村用户名和密码，即可登录村集体“三资”公开系统，查看本村每笔收支情况，落实村集体经济组织成员对农村集体“三资”管理的知情权、参与权、监督权，倒逼村干部干净干事。

【农村集体“三资”管理专项整治追回违规发放资金52.41万元】 2019年，柯桥区印发《农村集体“三资”管理专项整治方案》，对镇(街道)“三资”管理工作以及村级集体资金管理、村属实体、合同管理、工程项目、专项支出、民主理财、管理制度、问题整改等方面进行检查，发现并解决农村集体“三资”管理中存在的薄弱环节、突出问题，检查发现违规发放的村干部通信费补贴14.63万元、村干部福利费0.57万元、村干部交通补贴30.84万元、村干部工奖报酬3.32万元、其他违规发放资金3.05万元全部追回，16个镇(街道)对村集体“三资”租赁进行进一步完善。

【规范农村集体资产公开交易】 2019年，柯桥区规范农村集体资产公开交易，实施农村集体资产资源公开交易制度，对出租转让金额2万元以上、规定应公开交易的村集体资产资源在农村产权交易平台公开交易。一年中，全区农村产权交易396宗，交易金额7345万元。实施村集体大宗物资采购交易，全区有供应商409家，全年交易722宗，交易金额3609万元。（王国根）

【审计村级集体经济155个】 2019年，柯桥区按照“三年一轮审”的要求，采用社会化服务方式，委托4家会计师事务所开展农村集体财务审计，审计155个村级集体经济，出具审计报告155份，印发审计通报16期，督促镇(街道)整改。（宣吉华）

农业行政执法

【概况】 2019年，柯桥区组织开展“3+X”绿剑集中执法行动，除春、夏、秋三大行动外，还分别开展饲料加工点用药、农药和叶面肥农药隐性成分、草莓用药及水产用药等专项行动。全年执法行动检查各类生产、经营单位255家次，出动执法人员381人次，抽检农业投入品101批次(种子13个、农药52个、肥料16个、兽药5个、饲料15个)，合格率98%。开展假劣农资识别知识和有关法律法规宣传。开展放心农资下乡活动，对农资经营人员进行相关安全用药知识培训，引导经营户推广绿色防控和安全施药技术。规范提升农资经营店28家，创建市级农资示范店7家。全年农业投入品案件立案5起，办结5起，处置农业生产事故5起。柯桥区生猪定点屠宰稽查大队成建制划入柯桥区农业行政执法大队。创建“无违建河道”105.24千米。柯桥区被

2019年，柯桥区植物检疫防疫知识进学校　　（唐永伟　摄）

2019年，柯桥区创建的市级农资示范店　（周荣良　摄）

评为2018年度省级重大植物疫情防控优秀区(县)。

【农药废弃包装物回收处置率100%】 2019年，柯桥区将农药废弃包装物回收任务，以“五水共治”责任清单形式量化分解到各镇(街道)，列入岗位责任制考核。全年产生农药废弃包装物31.05吨，回收26.76吨，回收率86.2%；处置26.76吨，回收处置率100%。

【农产品质量安全抽检376批次】 2019年，柯桥区高频次开展农产品质量安全检查。全年完成抽检197批次，其中蔬菜127批次、水果59批次、茶叶11批次。协助做好省、市农产品抽检，共抽样179批次，其中省级106批次、市级73批次。

【农药销售实名制率100%】 2019年，柯桥区全面推行农药销售实名制。4月份开始，采取集中培训、走下去、请上来等方式，加大农资监管平台培训力度，在日常监管中分类指导、重点督查。至年底，农药实名制工作率100%。7月1日起，甲拌磷、克百威等32种限用农药在柯桥区全面退市。(周劲节)

【“生猪扫雷行动”和“百日行动”】 2019年，柯桥区深入推进“生猪扫雷行动”和“百日行动”，加强对重点区域、重点场所、重点人员的监督检查频次和力度，取缔私屠滥宰。开展媒体宣传7次，发放宣传资料2700份；举办培训3次，培训人员42人次；接群众举报5起，查实1起；开展执法138次，出动执法人员572人次，其中联合执法76次。在专项整治活动期间进行地毯式大排查，紧盯屡查屡犯的黑窝点和顽固窝点，集中力量开展查处行动，捣毁私屠滥宰窝点1个。

2019年3月13日，柯桥区执法人员在稽东镇某疑似私屠窝点执法检查　（杨　成　摄）

2019年5月7日，柯桥区执法人员在农产品基地抽检当季农产品　（唐永伟　摄）

【畜禽联合执法行动执法76次】 2019年，柯桥区开展第五次畜禽联合执法专项行动。张贴海报300余份，发放宣传资

2019 年 3 月 15 日，柯桥区执法人员在天虹商场进行畜禽净膛杀白上市宣传　（马赛君　摄）

料 2500 余份，宣传畜禽净膛杀白上市的要求。在第五次畜禽联合执法专项行动中，联合执法队共执法 76 次，出动执法人员 380 人次，没收秤具 12 台、活禽 156 羽、违规杀白禽 139 羽。

【屠宰环节“瘦肉精”抽检合格率 100%】 2019 年，柯桥区 2 家生猪定点屠宰场共屠宰生猪 134675 头，

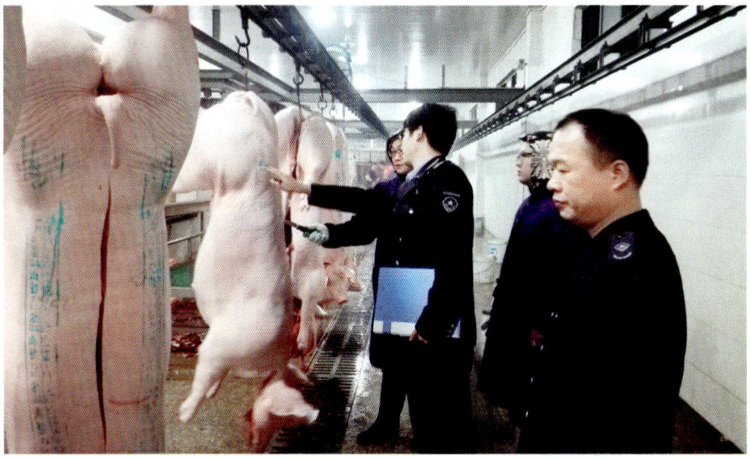

2019 年 4 月 4 日，柯桥区执法人员在兰亭屠宰场开展夜间检查　（秦　威　摄）

其中绍兴柯桥齐贤食品有限公司屠宰 105022 头、绍兴兰亭农牧业有限公司屠宰 29653 头。屠宰环节共完成“瘦肉精”抽检 9951 份，均检测合格。

【查处水事违法案件 10 件】 2019 年，柯桥区立案查处水事违法案件 10 件，查处违法侵占水域面积 1488.45 平方米。其中行政处罚（处理）6 件，共处罚款 68000 元；当事人自行清障 1 件，恢复水域面积 49.55 平方米。申请法院强制执行案件 13 件（包括遗留案件）。强制清理涉水违法建筑 1 处，恢复水域面积 243.65 平方米。

【查处渔业违法案件 118 起】 2019 年，柯桥区查获各类渔业违法案件 118 起，收缴行政罚款 19.49 万元，清缴各类非法渔具 6038 只（张）。

【初级水产品安全执法检查 35 次】 2019 年，柯桥区开展初级水产品“百日攻坚”安全执法检查等 7 项专项行动，外出执法检查 35 次，出动执法人员 124 人次，检查初级水产品养殖单位 86 家。

【初级水产品质量抽检合格率 100%】 2019 年，柯桥区完成初级水产品抽检任务 180 批次，其中省级 62 批次、市级 2 批次、柯桥区 116 批次，抽检合格率 100%。

【完成 25 个在建项目水土保持检查】 2019 年，柯桥区完成 25 个在建项目水土保持现场监督检查，批复建设项目水土保持方案登记表 39 件、报告表 20 件及报告书 27 件，对重点区域的水土保持措施存在的问题提出整改意见，共下发整改通知书 23 份。（何　英）

执行编辑　陈飞燕

工业经济

综　述

2019年，柯桥区作为印染产业转型升级和传统产业改造提升两大省级试点区，做好稳企业、稳投入、稳运行三大工作，抓实产业提升、发展质量、数字经济、园区建设、激励保障五项工作重点，提升产业综合实力。全区规模以上工业产值2045亿元，比上年增长6.4%；规模以上工业增加值424.7亿元，比上年增长10%，增速全市第一。全区规模以上装备制造企业总产值238.30亿元、工业增加值36.08亿元，比上年分别增长11.8%和5.5%。189项工业新产品被列入省级工业新产品计划，147项通过鉴定（验收），数量均为历年之最。浙江瑞创生物科技有限公司的异体通用型DNT细胞药治疗复发难治急性髓细胞白血病研究、浙江捷众科技股份有限公司的汽车精密注塑齿轮设计制造技术研发项目、浙江天圣化纤有限公司的原液着色异形涤纶丝产品开发3个科研项目列入省级重点技术创新专项，绍兴驰达汽车配件制造有限公司的带制动衬片磨损指示报警功能的自动调整臂、绍兴骏马机械制造有限公司的机械切边V带切割机、绍兴鑫隆计算机技术股份有限公司的鑫隆物联生产线柔性定义平台、浙江梅盛新材料有限公司的水性定岛超纤光面革4个科研项目列入省重点高新技术产品开发项目计划。浙江迎丰科技股份有限公司、绍兴电力设备有限公司和浙江东厦建工集团有限公司3家企业技术中心认定为省级企业技术中心；浙江景岳堂药业有限公司、浙江宝仁无纺制品有限公司等10家企业技术中心认定为市级企业技术中心，年认定市级以上企业技术中心数量创历史新高。

印染产业集聚升级

【概况】 2019年，柯桥区出台《推进柯桥印染产业高质量发展实施方案》和《柯桥区全域印染企业改造提升行动方案》，推行印染企业智能化改造和“加工转经销”工贸一体化模式。3家企业开展“印染大脑”试点，29家企业申报国家高新技术印染企业，其中24家成功申报，21家印染企业启动“加工转经销”模式。印染企业定型机全部实施牌证化管理，安装定型机废气收集装置和废气实时监控系统。开展印染企业有限空间综合整治提升，安装门禁系统177套、逃生门88套、视频监控715个、气体检测探头320个。

2019年，柯桥区印染布年产量180.94亿米、销售收入388.65亿元、利润35.67亿元、税金25.42亿元，分别占全区工业总量的20.9%、29.4%和38.7%。（沈海雁）

【承接5个印染组团】 2019年，柯桥区先后与越城区“飞越科技”“国周组团”“七色彩虹组团”“龙翔组团”和“立新组团”5个印染组团签订落户协议。5个印染组团由越城区34家印染企业整合而成，12月完成全部土地摘牌，落户马鞍街道蓝印小镇，涉及土地655亩。12月28日，国周印染组团项目首先举行开工仪式，计划总投资8.5亿元。

【“印染大脑”入选省级工业互联网平台创建名单】 2019年10月，浙江中国轻纺城集团股份有限公司的印染产业工业互联网平台(简称“印染大脑”)被列入浙江省2019年度省级工业互联网平台创建名单。“印染大脑”通过采集印染企业的人机料法环数据,应用大数据、物联网、互联网、人工智能等先进技术,提供企业设计与生产过程中的基本诊断、生产管控、工艺优化等数据服务。至年底,在3家印染企业试点,染色一次成功率显著提升,加料次数下降,达到节能减排、提质增效的目的。

·小资料· 人机料法环

对全面质量管理理论中五个影响产品质量的主要因素的简称,即制造产品的人,制造产品所用设备,制造产品所使用原材料,制造产品所使用方法,产品制造过程中所处的环境。

【先进印染制造创新中心入选浙江省制造业创新中心创建名单】 2019年11月,浙江省先进印染制造创新中心入选浙江省制造业创新中心创建名单,全省仅5家。该印染创新中心由中国轻纺城集团股份有限公司牵头成立,采用“公司+联盟”模式,吸引浙江宝纺印染有限公司、浙江迎丰科技股份有限公司等多家领先印染企业自愿加入,与政府共同持股开展管理和运营工作,实现政企联合发展。(张 伟)

投资装备

【概况】 2019年,柯桥区工业投资137.22亿元,比上年下降3.3%,其中技改投资103.80亿元,比上年下降20.1%,仍占工业投资主导地位;高新技术产业投资44.66亿元,比上年增长76.5%。总投资459.05亿元。集中开工33个重点工业项目,总投资382.75亿元。

【5000万元以上计划建设项目总投资800.18亿元】 2019年,柯桥区5000万元以上计划建设项目109个,总投资800.18亿元。集中签约制造业项目34个,主要涉及装备制造、新材料、生物医药等五大战略新兴领域,总投资459.05亿元;集中开工重点工业项目33个,总投资382.75亿元。有68个项目列入市重点工业项目计划,总投资80.60亿元。

【兑现有效投入激励资金9802.57万元】 2019年,柯桥区向104家项目企业兑现2018年度有效投入激励资金9802.57万元。其中传统产业项目81个,兑现资金7852.2万元;新兴产业项目23个,兑现资金1950.37万元。优化资金拨付流程,由区经信局直接拨付至项目企业。

【增加工业机器人250台(套)】 2019年,柯桥区出台工业机器人购置奖励政策,对当年度企业购置的工业机器人按设备款的10%给予奖励,向15家购置工业机器人的企业兑现奖补资金68.47万元。至年底,全区增加工业机器人250台(套)。(田小琴)

新型墙材

【概况】 2019年,柯桥区有新型墙材企业16家,其中蒸压加气砌块类企业2家、烧结砖类企业2家、板材类PC结构生产企业1家、混凝土砖生产企业11家。全年新型墙体材料产量6.01亿标砖,比上年下降18.34%;销售5.52亿标砖,比上年下降23.44%,新墙材应用比例83.45%以上。(袁宁蕾)

企业服务

【概况】 2019年,柯桥区持续深化“亩均论英雄”改革,有1805家工业企业参与评价。增加小微企业园6家,548家小微企业入园发展。落实多项企业减负降本措施,为企业减负152亿元。开展中小

2019年9月19日,柯桥区举办数字化小微企业园建设标准宣贯培训会 (朱小科 摄)

企业梯度培育，"小升规"（小微企业升级为规模以上企业）155家，进入省"专精特新"培育库312家企业，6家企业被评为省"隐形冠军"培育企业。建立长效化入企走访机制，收集汇总各类涉企问题4423个，解决4405个，占99.6%。

【对1805家工业企业开展"亩均效益"综合评价】 2019年，柯桥区开展工业企业"亩均效益"综合评价工作，参评的规模以上工业企业1173家、占地3亩以上的规模以下工业企业620家、建筑工业化企业12家。新开展建筑工业化企业综合评价和小微企业园绩效评价，改造亩均税收万元以下低效企业145家。全区规模以上工业企业亩均税收15.4万元，比上年增长9.2%。柯桥区被浙江省政府评为深化"亩均论英雄"改革有力县(市、区)。

【14家小微企业园获省级首批认定】 2019年6月，柯桥区出台《关于加快小微企业园高质量发展的实施意见》，重点解决全区小微企业园建设水平不高、服务功能不强、入园标准不明、管理机制不全等问题，持续推进低效土地"二次开发"和新型产业用地建设小微企业园。全年增加小微企业园6家，入园企业548家；鼎立科技产业园、柯桥区东华小微园、万盛工业园区、创意大厦、永盛工业园区、光明工业园、金龙工业园、天衣小微企业园、冠南小微企业园、宝龙工业园、柯桥区科技园、中国轻纺城跨境电商中心、中国轻纺城创意园、优创小微企业园等14家小微企业园获省级首批审核认定，数量居全市第一、全省第四。

【企业减负152亿元】 2019年，柯桥区为企业减负152亿元。其中，出口退税104.5亿元；落实困难企业社保费返还和工伤保险费率下调政策，返还4亿元；阶段性降低部分企业社会保险缴费3.23亿元。开展拖欠民营企业中小企业账款排查工作，累计清理拖欠民营企业中小企业账款24笔。（吴晗青）

行业提升

【概况】 2019年，柯桥区持续深入开展行业整治提升。淘汰落后产能涉及企业57家，其中中频炉整改涉及企业13家，整治"低散乱"（产业层次低、布局散乱、管理混乱）企业（作坊）280家，"低散乱"化工企业关停7家、停产8家。111家工业园区完成分类整合，其中52家并入开发区，21家并入规划的工业园区，38家撤销（关闭）退出。柯桥区被省政府评为加快传统制造业改造提升成效明显的县(市、区)。

柯桥区战略性新兴产业增加值、高新技术产业增加值两项增速均居全市第一，高新技术产业投资比上年增长76.5%。首批65家企业完成市下达的智能化改造任务，投入资金40.87亿元。有12个项目列入浙江省"四个百项"重点技术改造示范项目计划，70个项目列入绍兴市智能化改造重点项目计划；65家企业完成市下达的智能化改造任务，投入资金40.87亿元。

【2个产品获浙江省装备制造业重点领域省内首台（套）认定】 2019年，柯桥区推荐5家装备制造企业的产品申请认定浙江省装备制造业重点领域首台(套)产品，浙江越剑智能装备股份有限公司的YJ-10VF四层卷绕加弹机、浙江精功科技股份有限公司的JCTX300型千吨级碳纤维生产线被认定为浙江省装备制造业重点领域省内首台(套)。

【2个创新团队入选浙江省领军型创新团队】 2019年2月，柯桥区的浙江亚太药业股份有限公司"国家一类抗凝新药开发创新团队"和精功(绍兴)复合材料有限公司"航空航天碳纤维复合材料国产化研究创新团队"入选浙江省领军型创新团队，入选数量创历史新高，占绍兴市入选数的1/2。前者团队研发CX3002作为I类新药，填补国内抗凝药方面空白。后者团队通过研发高性能碳纤维复合材料替代进口，突破航天固体火箭复合材料的应用壁垒。（金　丹）

二次开发

【概况】 2019年，柯桥区制定落实《关于加快低效工业用地"二次开发"的补充意见》，推进全区低效闲置土地"二次开发"工作，盘活闲置低效工业用地1106.94亩，闲置厂房33.54万平方米。

【处置"僵尸企业"8家】 2019年，柯桥区建立"僵尸企业"联动协同处置机制，协调整合破产审判中所涉维稳、公共服务和社会管理各项职能。4月和10月，2次对全区疑似“僵尸企业”进行摸排调查，共排查出“僵尸企业”11家。至年底，处置8家，盘活土地208.83亩，出清厂房面积13.52万平方米，安置职工667人，盘活资金2588万元。（陈立峰）

2019年11月1日，柯桥区在齐贤街道检查“二次开发”项目进展情况（陈立峰 摄）

数字经济

【概况】 2019年，柯桥区出台《关于印发柯桥区数字经济发展五年倍增计划(2018—2022年)的通知》，推进数字产业化发展、提升产业数字化改造、优化数字经济产业生态等工作，争创全省产业数字化示范区和全市数字经济倍增先行区。成立柯桥区数字经济联合会和数字经济发展工作领导小组，推进恒生·凤凰数字经济产业园建设和挂牌。出台《关于加快推进5G网络规划建设的实施意见》，按照“一体规划、分步实施、全面覆盖”的思路，推进5G通信网络规划布局和建设。

柯桥区“环思纺织”“印染大脑”“精筑BIM+”三个平台列入2019年度省行业级工业互联网平台。增加上云企业3000多家，其中省级上云标杆企业1家，累计上云企业1.2万家。“精筑BIM+”项目管理平台工业互联网APP应用解决方案被工信部列入工业互联网APP优秀解决方案。

【柯桥区数字经济联合会成立】 2019年11月12日，柯桥区举办数字经济发展论坛暨柯桥区数字经济联合会成立大会。会议选举产生数字经济联合会第一届理事会，选举通过中国电信股份有限公司绍兴柯桥分公司、中国移动通信集团浙江有限公司柯桥区分公司、中国联合网络通信有限公司绍兴市柯桥区分公司和中广有线信息网络有限公司柯桥区分公司为会长单位。在发展论坛上，来自全省各地的专家围绕“数字经济创新发展的柯桥路径”“5G+天翼云开启企业上云智能未来”“中国移动5G+战略赋能经济高质量发展”“5G引领数字经济”等专题，进行研讨交流。

【全区数字经济发展大会】 2019年6月14日，柯桥区召开全区数字经济发展大会。会上，柯桥区与中国电信浙江分公司、铁塔公司、腾讯云计算、东方国信科技、深圳美云智数科技5家企业分别签订合作协议，涉及数字经济示范区战略、5G网络建设、腾讯云工业基地、工业互联网创新中心、数字化转型应用平台等。举行恒生·凤凰数字经济产业园授牌仪式。

2019年6月14日，柯桥区召开数字经济发展，推进政府数字化转型大会（杨 君 摄）

盐业管理

【概况】 2019年，柯桥区出台《柯桥区政府食盐储备暂行管理办法》和《柯桥区食盐供应应急预案》。5月，开展《食盐专营办法》及“防治碘缺乏病日”集中宣传活动。开展区政府食盐储备公开招投标工作，中标单位绍兴市盐业公司按照要求完成全区640吨小包装口食盐储备工作。开展食盐执法检查，重点抽查亚太粮油市场部分零售商户、安昌古镇腊肠制作生产企业及部分个体户。（陈 霞）

能源工业

【概况】 2019年，柯桥区有热电企业5家，装机容量144.1万千瓦。其中，地方公共热电企业4家，装机容量37.6万千瓦，供热量52897482吉焦，供电量17.83亿千瓦时。省统调热电企业1家（浙江浙能绍兴滨海热电有限责任公司），装机容量106.5万千瓦，对外供热量44792400吉焦，供电量45.7亿千瓦时。地方公共热电企业中资源利用热电企业1家（浙江龙德环保热电有限公司），装机容量5.4万千瓦，对外供热量11354100吉焦，供电量2.455亿千瓦时。

全区规模以上工业综合能源消费量722.90万吨标煤，比上年增长1.5%；规模以上单位工业增加值综合能耗比上年下降7.7%；规模以上工业原煤消费总量509.91万吨（不包括“滨海热电”统调发电用煤），比上年增长5.82%。全社会用电量165.65亿千瓦时，比上年增长7.11%；其中工业用电量142.79亿千瓦时，比上年增长6.86%，占全社会用电量的86.20%；全社会（不含福全、兰亭、漓渚、平水）用气量86472.15万立方米，比上年增长22.06%。

【对重点用能企业开展节能监督】 2019年，柯桥区与16个镇（街道、开发区）186家年耗能5000吨标煤以上重点用能企业，25家年用电350万千瓦时以上非工业单位，261家年耗能1000吨标煤及以上、5000吨标煤以下区级重点用能企业签订节能目标责任书。采用“双随机”（监察对象、监察人员均随机抽取）办法，以省、市、区联动模式，对45家重点用能企业开展节能监察，向80家企业提出节能意见。

【验收19个光伏发电项目】 2019年，柯桥区对19个光伏发电项目进行验收，装机容量17.65兆瓦的分布式太阳能光伏电站并网发电。新投放11辆新能源公交车，新能源公交车辆占总客车数的96.8%。（诸旷怡）

上市企业介绍

【浙江华通医药股份有限公司】 浙江华通医药股份有限公司前身为绍兴县华通医药有限公司，成立于1999年8月，主要从事药品批发、零售连锁、药品生产、药品会展及药品第三方物流业务。2015年5月27日，在深交所中小板挂牌上市。2019年营业收入16.79亿元，净利润2505.48万元。

【会稽山绍兴酒股份有限公司】 会稽山绍兴酒股份有限公司创建于1743年，原名云集酒坊。1951年，酒坊被政府接收，更名为云集酒厂；1967年更名为绍兴东风酒厂；2005年更名为会稽山绍兴酒有限公司；2007年9月29日，更名为会稽山绍兴酒股份有限公司，精功集团成为公司第一大股东。企业主要从事黄酒、白酒、调味料（液体）、其他酒（配制酒）的生产、销售。2014年8月25日，在上海证券交易所挂牌上市，成为国内黄酒行业第三家上市企业。2019年营业收入11.71亿元，净利润1.66亿元。

【浙江精功科技股份有限公司】 浙江精功科技股份有限公司成立于2000年9月，主要从事专用设备装备制造。2004年6月25日，在深圳证券交易所上市。2019年营业收入8.65亿元，净利润-1.21亿元。

【浙江梅轮电梯股份有限公司】 浙江梅轮电梯股份有限公司始创于1979年，1985年进入电梯行业，是全国专业化程度高、规模大的电梯扶梯制造基地之一。2017年9月15日，在上海证券交易所挂牌上市。2019年营业收入7.37亿元，净利润3959.02万元。

【浙江明牌珠宝股份有限公司】 浙江明牌珠宝股份有限公司成立于2002年10月，主要从事中高档贵金属和宝石首饰产品的设计、研发、生产及销售，核心业务是对“明”牌珠宝品牌的连锁经营管理。2011年4月22日，在深交所中小板挂牌上市。

2019年营业收入34.29亿元，净利润5778.79万元。

【浙江中国轻纺城集团股份有限公司】 中国轻纺城市场始建于1985年7月，名为柯桥轻纺产品市场；1988年10月，更名为绍兴轻纺市场；1992年6月，经国家工商局批准更名为浙江绍兴中国轻纺城。1993年3月，中国轻纺城改制为中国轻纺城发展股份有限公司；1994年11月，更名为中国轻纺城集团股份有限公司。公司以中国轻纺城市场营业用房的开发、租赁和物业管理为主业，集市场、物流、担保于一体。1997年2月28日，在上海证券交易所挂牌流通。2019年营业收入9.81亿元，净利润3.61亿元。

【三力士股份有限公司】 三力士股份有限公司创始于1984年，以橡胶制品的生产、开发销售为主业。2008年4月25日，在深圳证券交易所上市。2019年营业收入9.46亿元，净利润1.29亿元。

【浙江亚太药业股份有限公司】 浙江亚太药业股份有限公司前身为浙江亚太制药厂，创办于1989年，2001年完成股份制改造，主要从事医药生产制造业务（包括化学制剂、原料药、诊断试剂的研发、生产、销售）和提供医药研发外包(CRO)服务。2010年3月16日，在深交所正式挂牌上市。2019年营业收入7.09亿元，净利润-20.69亿元。

【长江精工钢结构（集团）股份有限公司】 长江精工钢结构（集团）股份有限公司成立于1999年，主营业务是生产销售轻型、高层、空间大跨度建筑用钢结构产品及新型墙体材料，钢结构设计、施工、安装，承包境外钢结构工程和境内国际招标工程。2003年6月，收购上市公司安徽长江农业装备股份有限公司，实现借壳上市。2019年营业收入102.35亿元，净利润4.00亿元。（竺鸣咚）

执行编辑　王　翊

建筑业

综 述

2019年，柯桥区建筑业总产值1529亿元，居绍兴市第一、浙江省第二，其中省内产值804亿元，比上年增长0.92%；建筑安装工程投资293亿元，比上年增长13.9%；建筑产业现代化产值677亿元，比上年增长30.2%。建筑业实缴区内税收13.9亿元，比上年增长3.73%，其中超3000万元企业9家，超1亿元企业1家。建筑业产值占全区GDP的7.7%。全年创省级以上优质工程77项，其中国家级优质工程19项，包括鲁班奖2项、詹天佑奖1项、国优工程3项。实施装配式建造项目建筑总面积262万平方米，占新建项目建筑面积的37%，实现中心城区新建项目装配式建造全覆盖和新建住宅全装修全覆盖。浙江远大勤业住宅产业化有限公司获批国家装配式建筑产业基地，浙江中设集成建筑有限公司、浙江天壹重石建设科技有限公司2家规上装配式建筑产业基地建成投产，浙江天壹重石建设科技有限公司新型装配式桥梁板应用于绍兴智慧快速路建设。宝业集团股份有限公司与德国索玛设备技术有限公司合资的浙江宝玛装配式建筑设备制造有限公司、浙江元筑住宅产业化有限公司旗下的艾尔柯瑞特（中国）有限公司相继开业，分别引进欧洲先进建筑工业化设备制造技术和产品技术。（陈晔华）

2019年2月22日，柯桥区召开全区建筑业创新发展大会
（区建设局　供稿）

市场拓展

【概况】 2019年，柯桥区签订工程业务合同额1481亿元。宝业建设集团承接EPC项目15个，精工钢构集团承接北京冬奥会张家口赛区“三场一村”项目。12月，柯桥区组织区建协五届常务理事赴广州、深圳、珠海学习考察，考察团先后了解当地建筑市场和投资环境，并与当地部门进行对接。

【第二届中国建筑产业“互联网+”大会在柯桥举办】 2019年11月1—2日，第二届中国建筑产业“互联网+”大会暨中国建筑与建材新技术新产品博览会在柯桥举办。大会由绍兴市人民政府指导，绍兴市住房和城乡建设局、绍兴市柯桥区人民政府、绍兴市兰亭智库中心主办，绍兴市柯桥区住房和城乡建设局、筑脸网承办。绍兴市人民政府副市长邵全卯，绍兴市柯桥区委常委、常务副区长诸剑明，浙江省建筑业行业协会副会长兼秘书长蒋兆康，浙江大学管理学院院长、教育部长江学者特聘教授魏江，筑脸网创始人、筑脸网络科技有限公司董事长阮木等出席会议。大会以“数字建筑，创赢当下”为主题，包括装配式建筑发展专题论坛、十四五规划暨企业成本管理专题论坛、全过程工程咨询专题论坛、民营建筑企业权益保护专题论坛、全过程工程造价控制专题论坛、建筑风水研讨会6个专题论坛和数字科技背景下的绍兴建筑产业发展研讨会、数字建筑产业新经济共享研讨会2场研讨会。（陈晔华）

质量管理

【概况】 2019年，柯桥区严把建筑工程质量验收关，落实推进全装修工程，加强装配式工程监管。推进预拌砂浆应用，工程主体验收前要求项目部先做一块样板。对都市阳光、恒宇锦园、金地自在城五期等房产项目进行竣工验收。

【建筑工程质量专项检查】 2019年，柯桥区开展在建工程商品砼质量专项检查，检查工程15项，总建筑面积110万平方米；开展在建工程节能综合检查，检查工程10项，总建筑面积70万平方米；开展在建住宅工程质量通病防治专项检查，检查在建住宅工程17项，总建筑面积197万平方米。（董建强）

行业管理

【概况】 2019年，柯桥区批准建筑企业资质58项，引进二级以上施工总承包企业6家，建设企业信息化管理平台2家。宝业集团股份有限公司入选中国企业500强，浙江宝业建设集团有限公司入选全国民营企业500强，中设建工集团有限公司、中厦建设集团有限公司、浙江勤业建工集团有限公司、浙江天工建设集团有限公司4家企业入选全国建筑业承包商80强，浙江勤业建工集团有限公司获全国建筑业AAA级信用企业，浙江绿筑集成科技有限公司获国家科技进步奖一等奖。（陈晔华）

安全生产

【概况】 2019年，柯桥区出台《关于开展全区建设工地“安全生产月”和“安全生产万里行”活动暨安全隐患专项治理行动的通知》《关于开展全区建筑工地安全生产文明施工百日攻坚专项整治行动的通知》《关于印发〈2019年柯桥区建筑工地施工扬尘污染专项治理工作方案〉的通知》。召开全区建筑工地安全质量工作会议、全区建筑工地文明测评动员会议、全区扬尘整治工作会等各类会议20余次。开展节前安全生产专项检查、节后复工检查、起重机械检查、文明测评专项检查、扬尘整治行动，严控建筑施工危险源，严查违法违规行为。在抗击“利奇马”“米娜”等台风中，累计撤离1.8万人，加固工棚、塔吊等临时设施83处，修补围墙、围挡42处。推进打赢蓝天保卫战工作进程，在建工地发放安全画报、教育读本200余份，制作板报60余块，宣传窗60余处，横幅150余处，公益广告围墙3万余米。疏通（修复）

2019年10月，柯桥区建设局安质管站派员赴中纺大厦项目部，参观学习单元式幕墙施工工艺

（董建强 摄）

沉淀池(槽)100余处,新增(修补)围墙8000余米,覆盖土方10万平方米,累计安装自动冲洗设施15项,脚手架喷雾装置32项,扬尘在线监测设备63项。(汤杨毅)

【建筑工地安全检查640余项次】 2019年,柯桥区组织春季安全检查、起重机械专项检查、安全文明施工专项整治、文明测评专项检查、预防高处坠落治理、消防安全隐患排查、扬尘整治专项行动等安全文明施工检查16次,联合消防、综合执法等部门开展专项执法检查8次,累计检查城乡工地640余项次,建筑面积1300万平方米。出具整改意见400余条,整改率100%,对31项工地提交行政处罚,对1家机械一体化单位暂停承接业务资格。(赵　赣)

【掌上执法检查】 2019年9月中旬,柯桥区从项目库中随机抽取工地进行检查,重点检查安全管理机构设置、安全管理人员到岗履职、安全生产台账资料、安全防护措施落实情况,跟踪问题至整改完毕,对随机抽查做到全程留痕、责任可追溯,并将随机检查全过程实时同步到"钉钉"掌上执法中。(王　强)

勘察设计

【概况】 2019年,柯桥区开展民用建筑节能评估审查,组织专家召开民用建筑节能评估审查评审会39项。建设民用建筑绿建二星级以上40项,占比66.67%。实施绿色建筑(太阳能等可再生能源建筑)面积401.9万平方米,既有公共建筑节能改造2.52万平方米,家庭屋顶太阳能光伏建成801户。主编国家级行业标准1项,参编国家级行业标准6项;获得发明专利13项、实用新型专利33项、国家级QC成果10项,创建省级以上施工工法18项。(陈晔华)

执行编辑　黄炳耀

房地产业

综　述

2019年，柯桥区房地产市场运行总体平稳。新建商品房成交17168套，比上年增长11.51%，其中安置小区成交1420套。成交面积206.48万平方米，比上年下降1.71%，其中安置小区成交面积16.33万平方米。成交金额311.18亿元，比上年增长20.22%；成交均价15070元/平方米，比上年增长22.30%。新建商品住房成交15688套，比上年增长25.13%；成交面积185.96万平方米，比上年增长16.94%；成交金额295.87亿元，比上年增长30.97%；成交均价15910元/平方米，比上年上涨11.99%。

【出台商品房销售管理政策2项】 2019年，柯桥区出台《关于进一步规范商品房车位(库)租售行为的通知》，实行车位(库)租售公示制度，确定车位(库)租售价格，加强车位(库)租售管理和指导监督力度。出台《关于加强全装修商品住宅管理的通知》，规定全装修住宅设计报批、全装修样板房管理、全装修住宅信息公示确认制度、全装修住宅监督管理。规范预售资金监管，对在建在售的预售项目每月现场抽检、做好预售合同备案。完善月度房地产统计报表，定期不定期分析房地产市场形势。

【城镇危房治理改造10处】 2019年，柯桥区治理改造城镇危房10处，其中住宅危房7处(C级6处，D级1处)，非住宅危房3处(C级3处)。复核鉴定2015年第一次大排查3处已维修加固解危房屋，核准鉴定2018年第二次大排查27处(住宅23处，非住宅4处)疑似丙类房屋。完善浙江省城镇房屋安全信息系统数据，补充录入10处市定年度任务危旧房图像、照片，补充改造前照片24张，危险点照片27张，改造后照片25张，补充上传房屋鉴定报告13份。(杨学敬)

开发投资

【概况】 2019年，柯桥区房地产投资210.13亿元，比上年增长17.27%；商品房累计开工面积225.84万平方米，比上年下降20.76%；商品房累计竣工面积126.92万平方米，比上年下降30.26%。

【房产项目去化周期14.19个月】 2019年，柯桥区房地产库存去化周期整体处于合理区间。至年底，项目可售总面积233.5万平方米，去化周期14.19个月，其中住宅可售面积90.14万平方米，去化周期6.08个月，比上个月减少0.63个月；商业及办公去化周期80.01个月。(包一娜)

住房保障

【概况】 2019年，柯桥区核准城镇中等偏下收入住房困难家庭23户，新就业大学生、创业创新人员及军队转业干部96户。启动亲馨家园1—3幢(高等人才租赁用房)装修。发放安昌街道东昌居城中村改造、湖塘街道湖塘村棚户区改造、柯岩街道蓬山村城中村改造3个棚改项目的中央和省专项补助资金。核准公租房租赁补贴9户，累计发放公租房租赁补贴50户，完成考核目标的143%。(周　峰)

物业管理

【概况】 2019年,柯桥区推动既有住宅加装电梯和城区电动自行车智能充电桩建设两项民生实事工作。全年老旧住宅加装电梯开工55台,完工30台。住宅小区建成电动自行车智能充电桩973个、充电口8736个;小微企业园建成充电桩1173个、充电口11730个。修订《柯桥城区拆迁安置小区、老旧住宅小区物业"以奖代补"实施暂行办法》,出台《柯桥区物业服务领域扫黑除恶治乱工作方案》,在物业行业开展扫黑除恶专项斗争。(杨水良)

交易市场

【概况】 2019年,柯桥区二手房成交8797宗,比上年增长11.20%;成交面积101.02万平方米,比上年增长12.73%,成交金额104.37亿元,比上年增长33.81%。其中住宅二手房成交7482宗,比上年增长18.18%;成交面积89.04万平方米,比上年增长15.61%;成交金额95.81亿元,比上年增长39.26%。

【新建商品房成交均价稳步上涨】 2016—2019年,柯桥区商品房成交均价分别为7998元/平方米、9101元/平方米、12322元/平方米,成交均价稳步上涨。2019年年底,全区商品住宅成交均价15910元/平方米。城区商品住宅成交均价17539元/平方米,其中天空之城住宅毛坯均价21004元/平方米,大越府住宅毛坯均价19003元/平方米。福全街道漓江华庭住宅均价13781元/平方米,杨汛桥街道悦薇雅苑住宅均价16680元/平方米,马鞍街道杭越府住宅均价9352元/平方米。(包一娜)

住房公积金管理

【概况】 2019年,柯桥区归集住房公积金161711.64万元,为年度计划的156%,比上年增长12%;支取住房公积金129573.83万元,比上年增长26%;归集余额356901.78万元。发放住房公积金贷款34523万元,比上年减少2%;收回贷款37141.47万元,比上年增长29%;贷款余额289651.83万元,存贷比81%。实现业务收入11097.33万元,其中委托贷款利息收入9460.08万元;业务支出5563.00万元,其中住房公积金利息支出5148.43万元。实现住房公积金增值收益5534.33万元,收益率1.51%。提取贷款风险准备金3320.60万元,占增值收益60%;提取管理费用570.61万元,占增值收益10%;提取城市廉租住房建设补充资金1643.12万元,占增值收益30%。新增扩面职工13378人,净增职工1789人,净增率2.8%;住房公积金贷款逾期率0.01%。发放住房补贴5940万元,房改房上市6套,面积484.67平方米。

【住房公积金缴存新政实施】 2019年10月起,柯桥区实施《绍兴市住房公积金个人缴存托管管理实施细则(试行)》,对尚未缴存住房公积金的中低收入人员,包括个体工商户、自由职业者、灵活就业人员,以及其他具备缴存条件并自愿缴存的人员等,在符合条件的情况下,可按8%的缴存比例,下限按上一年度绍兴市职工月平均工资的60%标准确定,上限按不超过上一年度绍兴市职工月平均工资的3倍标准确定的缴存工资基数,实施个人缴存托管业务。

【住房公积金提取新规推行】 2019年1月8日起,柯桥区实施住房公积金提取新规,规定1月8日以后签订正式购房合同的,只有职工在本人或其配偶的缴存地或户籍地购房,或者职工父母、子女在各自的缴存地或户籍地购房,方可提取住房公积金账户余额;1月8日以后偿还的住房贷款本息,只有在职工本人或其配偶的缴存地或户籍地购房并办理住房贷款,方可提取住房公积金账户余额;缴存职工申请异地购房或还贷提取,除按原政策规定提供相应办事材料的同时,还须对应提供职工本人或其配偶、直系亲属在购房或贷款地的户籍或公积金缴存证明;解除或终止劳动关系职工个人账户封存时间须达6个月以上,方可允许办理账户资金异地转出手续;以地市级行政范围为界具体认定缴存地、户籍地。

【公积金增值收益存款竞争性存放公开招标】 2019年5月30日,柯桥区完成2.6亿元住房公积金存款竞争性存放公开招标工作,资金存放期限为一年。中国农业银行股份有限公司绍兴柯桥支行中第一标段，可存储资金 8000 万元，中标利率 2.07%；浙江绍兴瑞丰农村商业银行股份有限公司中第二标段，可存储资金 6000 万元，中标利率 2.145%；中国银行股份有限公司柯桥支行中第三标段，可存储资金 5000 万元，中标利率 2.07%；中国建设银行股份有限公司柯桥支行中第四标段，可存储资金 4000 万元，中标利率 2.07%；中国工商银行股份有限公司绍兴支行中第五标段，可存储资金 3000 万元，中标利率 2.07%。11 月 26 日，完成 2.47 亿元公积金增值收益存款竞争性存放公开招标工作，资金存放期限为一年。建设银行柯桥支行可存储资金 12590 万元，工商银行绍兴支行可存储资金 12110 万元，中标利率为 1 年定期基准利率上浮 38%，提前用款综合利率活期基准利率上浮 30%。（娄雅惠）

执行编辑　黄炳耀

商贸业

综　述

2019年，柯桥区社会消费品零售总额337.4亿元，比上年增长10.5%，其中限额以上社会消费品零售总额122.3亿元，比上年增长14.9%。批发零售业销售额6691.9亿元，比上年增长14.8%，其中批发业销售额5905.5亿元，比上年增长14.8%，占全市总量的55.0%，增速居全市第二；零售业销售额786.3亿元，比上年增长14.9%。住宿餐饮业营业额42.8亿元，比上年增长17.2%，其中餐饮业营业额35.7亿元，比上年增长17.7%；住宿业营业额7.1亿元，比上年增长14.8%。22个重点商贸项目投资71.1亿元。

举办柯桥城市购物节系列活动，30家次企业参加，销售额1.55亿元。承办"浙江老字号巡回展·绍兴专场"，开展夜间"十大网红店"评选和夜宵啤酒节，组织企业参加市消费促进月小吃节、吃货节、品享生活节、二手车展等活动。推进民生实事工程，建成便民放心早餐店5家，提升改造特色小吃店15家，改造提升"食阁"夜宵城。推进汽车消费市场稳步发展，23家限上汽车销售企业销售汽车22866台，销售额72.95亿元，比上年增长17.6%；有备案二手车市场4家，二手车交易31161辆，成交额13.42亿元。健全加油站点安全生产管理长效机制，有成品油经营企业(点)50家，销售成品油27.46万吨，比上年增长6.0%，其中汽油20.69万吨，比上年增长4.7%；柴油6.77万吨，比上年增长10.4%。加强清洁生产督查管理，开展建设工程"禁现"(禁止现场搅拌混凝土和砂浆)检查、绿色混凝土改造，通过省绿色清洁生产验收企业1家，累计通过省绿色清洁生产认定混凝土生产企业13家。销售散装水泥124.5万吨，比上年增长44.9%，水泥散装率90.8%；预拌混凝土678.46万立方米，比上年增长7.8%；预拌砂浆34.51万吨，比上年增长11.2%。加强散装水泥发展和应用领域监管，89个项目(企业)开展检查62次，发送警示短信30余万条次。(沈　琴)

商场超市

【概况】 2019年，柯桥区居民生活消费平稳，社会消费品零售总额337.4亿元，比上年增长10.5%，其中限额以上社会消费品零售总额122.3亿元，比上年增长14.9%。继续开展便民放心早餐网点建设等民生实事项目，5家便民放心早餐店、15家特色小吃店和1个夜宵城项目通过验收。

【9个重点商贸服务业建设项目投资60.6亿元】 2019年，东方山水二期(酷玩小镇)、龙之梦等9个重点商贸服务业建设项目投资60.6亿元，累计投资160.2亿元。其中东方山水二期(酷玩小镇)、华阳农贸市场等项目建成投运。

【2019柯桥城市购物节销售额1.55亿元】 2019年9月27日至10月7日，柯桥区举办以"嗨购金柯桥，共享品质新生活"为主题的2019柯桥城市购物节，30家商贸企业参与，销售额1.55亿元。购物节设2019柯桥"舌尖上的中国"美食文化节、中纺CBD时尚静态展、国潮秀、金秋趣味游园会、大型宝宝爬爬秀，天虹百货婚庆节、千人炸鸡宴、欢乐夺宝亲子游，万达广场"国潮"主题活动，红星美凯龙家

具建材促销等主题购物系列活动。(沈　琴　陈国建)

粮油购销

【概况】 2019年,柯桥区收购粮食15331吨,完成29914.8吨区级储备粮油轮换,76000.7吨区级储备粮油保质保量到位。对6家粮油批发和零售点加强价格监测力度,及时反馈粮油价格异动信息。推进粮食依法行政,对粮油市场、放心粮油配送企业及示范店开展定期不定期执法检查。加强4个粮库信息化联网工程建设,粮库信息化管理经验成为全国22个先进典型之一。规范救灾物资储备管理,台风"利奇马"登陆时期,调拨490个应急生活保障包支援新昌灾区。63544吨政策性粮食通过全国政策性粮食库存数量和质量大清查。

【江南粮食文化陈列馆被评为浙江省粮食安全宣传教育基地】 2019年,江南粮食文化陈列馆被浙江省粮食物资局、省农业农村厅、省教育局、省科技厅、省妇联命名为浙江省粮食安全宣传教育基地,为绍兴市唯一一家获评单位,全省12家省级粮食安全教育基地之一。该展馆总面积500平方米,馆内陈列分粮食生产、粮食仓储、粮食购销、粮食史话、粮食加工5个部分,利用文字、图片以及实物展示江南地区的农业耕种交易历史和粮食生产文化的时代沿革。(诸旷怡)

供销合作商业

【概况】 2019年,柯桥区供销合作社联合社总经营收入62.43亿元,商品总销售35.1亿元,利润额2.01亿元,缴纳税金1.08亿元,位列全国供销系统百强县级社第八名。组织入库春耕化肥4000吨、农药450吨、农地膜220吨,主要农资商品储备总量与2018年基本持平,未发生农资商品断档脱销现象。5月28日,区供销合作社搬迁至柯岩大道187号华都商务大厦4楼(城市客厅)。获评2018年度全国供销合作社系统百强县级社第八位、2018年度全省供销社系统综合业绩考评优秀单位、绍兴市乡村振兴工作突出贡献集体、2018年度全市综合业绩考评特等奖。

【区供销合作社联合社六届十七次理事会会议】 2019年9月24日,柯桥区供销合作社联合社六届十七次理事会会议在华都商务大厦召开,3名监事、10名理事列席会议。会议同意增补尉睦金、江海峰为区供销合作社联合社六届理事会理事,尉睦金任理事会主任。

【农村电商物流配送新模式探索】 2019年6月,由区供销社控股公司——浙江益统物流有限公司主导建设的农村电商配送中心运营。该中心引入"机场模式",由益统物流与申通、中通、圆通、韵达、百世、天天6家快递企业联合组建成立浙江民升供应链管理有限公司,占股51%,以各行政村、社区为网点,规划统一"航线",实现同仓、同车、同网、同配,解决当地工业品下乡、农产品进城的农村最后一公里和城区一百米服务难题。10月14日,全国供销总社党组书记王侠等总社领导、31个省(市、自治区)及新疆建设兵团供销社主任和浙江省11个地级社主任在内的全国供销社系统领导等200余人参观农村电商配送中心。至年底,福全、兰亭、漓渚3个镇(街道)每天进出港件2万余件,降低快递运营成本30%以上。

2019年10月14日,中华全国供销合作总社党组书记王侠等领导参观柯桥区农村电商配送中心　(区供销社　供稿)

【花卉产业农合联组建】 2019年,柯桥区供销社从漓渚镇辖区内农民合作社、家庭农场、种植大户中选择种植主体开展横向联合，首届吸纳会员34人。4月蕙兰节期间，举行花卉产业农合联授牌仪式。花卉产业农合联引导花卉产业相关的农资经营、销售大户（企业）、电商平台、金融、保险等经营性服务组织开展纵向联合，为花卉农户提供农资服务、技术服务、营销服务、金融服务、管理服务，协调对接技术、中介等服务组织和专家，通过合作共建、建立服务联系机制、建立专家库等形式，纳入花卉产业农合联服务体系。

2019年，再生资源回收站钱清镇九岩村站（区供销社　供稿）

2019年4月11日，绍兴市柯桥区花卉产业农合联举行授牌仪式　（区供销社　供稿）

【华通商贸集团自然人股份转让】 2019年，根据浙江省供销社核心资产上市规划要求，省供销社所属企业浙农控股集团有限公司收购浙江绍兴华通商贸集团有限公司自然人股份，收购后占股比例57%，公司组成新一届法人治理结构。

【建设再生资源回收站点117个】 2019年6月，柯桥区供销社确定垃圾分类第三方服务与再生资源体系运营建议方案，选定钱清镇为农村集镇再生资源回收工作试点镇（街道）。至年底，建成117个再生资源回收站点，全区再生资源体系全面运营到位。

【参展绍兴市对口合作地区特色农产品巡回展销会】 2019年，柯桥区对江山、金川两地开展扶贫帮扶工作。12月4—6日，在绍兴市对口合作地区特色农产品巡回展销会上，柯桥区供销社8个对口合作地区的65家农业企业、专业合作社参展，设摊位78个，销售额162.7万元。（华　琤）

批发零售业

【概况】 2019年，柯桥区批发零售业销售额6691.9亿元，比上年增长14.8%，其中批发业销售额5905.5亿元，比上年增长14.8%；零售业销售额786.3亿元，比上年增长14.9%。限额以上批发零售业销售额1512.3亿元，比上年增长28.8%，其中限额以上批发业销售额1414.4亿元，比上年增长30.0%；限额以上零售业销售额97.9亿元，比上年增长14.6%。（沈　琴　徐　洁）

住宿餐饮业

【概况】 2019年，柯桥区住宿餐饮业营业额42.8亿元，比上年增长17.2%，其中餐饮业营业额35.7亿元，比上年增长17.7%；住宿业营业额7.1亿元，比上年增长14.8%。限额以上住宿餐饮业营业额8.4亿元，比上年增长13.3%，其中限额以上住宿业营业额4.0亿元，比上年增长14.2%；限额

以上餐饮业营业额4.4亿元，比上年增长12.4%。（沈　琴　徐　洁）

楼宇经济

【概况】 2019年，柯桥区楼宇经济管理系统录入楼宇116幢，总建筑面积437.7万平方米，可租售面积342.1万平方米。登记入驻单位8535家，其中企业（包括个体工商户）8168家、非企业367家，入驻率66%。楼宇入驻单位纳税销售额2420.9亿元，纳税额47.6亿元。（徐　洁　许胜男）

汽车服务业

【概况】 2019年，柯桥区有成品油经营企业（点）50家，其中加油站42家、民营加油点7家、管理公司1家。全年销售成品油27.46万吨，比上年增长6.0%，其中汽油20.69万吨，比上年增长4.7%；柴油6.77万吨，比上年增长10.4%。健全加油站安全生产管理长效机制，推动实施规范化、标准化作业流程。督导20家备案网点使用"越警管家—安心码"散装汽油实名制购销操作系统。加强加油站油气回收综合治理，开展检查58家次。4个二手车交易市场按交管部门要求，改造交易专网审批和大厅升级，独立开展二手车过户转籍业务。

【改造18个地下油罐】 2019年，柯桥区配合做好成品油质量监管和打击取缔黑加油站点工作，防渗改造4个加油站点18个地下油罐。2017—2019年累计投入5300余万元，全面防渗改造27家加油站点190个地下油罐及辅助设施。

【23家限上汽车销售企业销售额72.95亿元】 2019年，柯桥区低级别车型市场相对萎缩，中高端车销售稳中略增，SUV车型消费升级趋势明显。23家限上汽车销售企业销售汽车22866台，销售额72.95亿元，比上年增长17.63%。全区有备案二手车市场4家，交易31161辆，成交额13.42亿元。（马金良　徐　洁）

会展业

【概况】 2019年，中国轻纺城国际会展中心举办各类会展项目28个，总展览面积25万余平方米，吸引参观客商30万余人次。

【2019中国绍兴柯桥国际纺织品面辅料博览会（春季）】 2019年5月6—8日，由中国商业联合会、绍兴市柯桥区人民政府主办的2019中国绍兴柯桥国际纺织品面辅料博览会（春季）在中国轻纺城国际会展中心举行。此届展会设1546个国际标准展位，展览面积3.4万平方米，参展企业580家，主要展品为面料、家纺、辅料、纱线、原料、创意设计等。入场52576人次，比上届增长9.5%，其中境外采购商8210人次，比上届增长9.1%。

【2019中国绍兴柯桥国际纺织品博览会（秋季）】 2019年9月28—30日，由中国国际贸易促进委员会纺织行业分会和绍兴市柯桥区人民政府主办的2019中国绍兴柯桥国际纺织品博览会（秋季）在绍兴国际会展中心举行。此届展会设1400个国际标准展位，展览面积2.5万平方米，参展企业552家，主要展品为面料、家纺、辅料、纱线、原料、创意设计等。入场43849人次，比上届增长9.1%，其中境外采购商8750人次，比上届增长7.8%。

【2019世界杯机器人中国赛暨国家机器人发展论坛】 2019年4月18—21日，由中国自动化学会和柯桥区人民政府共同主办，中国自动化学会机器人竞赛与培训部、绍兴金柯桥科技城建设管理委员会承办的2019世界杯机器人中国赛暨国家机器人发展论坛在中国轻纺城国际会展中心举行。此次机器人世界杯中国赛历时4天，来自国内外的522支代表队共2783名师生参加足球类人组、救援组、仿真组、太空机器人、工程创意等项目，同期举办机器人产业发展论坛、国家机器人发展论坛分论坛等活动。

【第25届绍兴黄酒节暨"一带一路"中国（国际）黄酒产业博览会】 2019年11月8—10日，由第25届黄酒节组委会主办的第25届绍兴黄酒节暨"一带一路"中国（国际）黄酒产业博览会在中国轻纺城国际会展中心举行。开幕式举行"中国黄酒之都·绍兴"授牌仪式，发布《中国黄酒振兴倡议书》，14家绍兴黄酒企业代表在开酿仪式上行冬酿大礼并共同宣誓"做诚实人，酿良心酒"。展会同期举行"中国黄酒之都扬帆一带一路"·中国黄酒产业高峰论坛、全国黄酒品酒职业技能竞赛（决赛）、"新定位·新变革·新营销”中国黄酒高质量发展论坛、“酝酿黄酒千年醇香、品味中华舌尖之旅”论坛以及黄酒COSPLAY节、京东11·8黄酒节、美酒与美食节等配套活动。

【2019绍兴柯桥中国轻纺城窗帘布艺展览会(春季)】 2019年2月27日至3月2日,由中国家用纺织品行业协会、绍兴市柯桥区人民政府主办的中国轻纺城窗帘布艺展览会(春季)在中国轻纺城国际会展中心举行。此届展会以“科技窗帘、智能生活”为主题,展览面积1.7万平方米,标准展位超830个,吸引参展企业189家,吸引客商37895人次,比上届增长3.5%,现场签约订单2万余个。

2019年8月1日,2019绍兴柯桥中国轻纺城窗帘布艺展览会(秋季)上,众多采购商参观采购　　(施　斌　摄)

2019年2月27日,采购商在2019绍兴柯桥中国轻纺城窗帘布艺展览会(春季)上看样选样　　(施　斌　摄)

【2019绍兴柯桥中国轻纺城窗帘布艺展览会(秋季)】 2019年8月1—3日,由中国家用纺织品行业协会、绍兴市柯桥区人民政府主办的中国轻纺城窗帘布艺展览会(秋季)在中国轻纺城国际会展中心举行。此届展会以“成品窗帘+网红直播”为主题,展览面积1.7万平方米,标准展位超1000个,吸引参展企业157家,吸引客商近4万人次。首次引入网红直播卖窗帘,20余家参与企业近500款窗帘进行直播展示,吸引观众近6000人次,直播成交额60.3万元。

【第二届中国绍兴(柯桥)轻纺城墙纸墙布窗帘展览会】 2019年11月14—16日,由中国室内装饰协会、中国国际展览中心集团公司、中国国际贸易促进委员会浙江委员会主办的中国轻纺城墙纸墙布窗帘展览会在中国轻纺城国际会展中心举行。此届展会吸引参展企业300余家,展览面积1.5万平方米。展会期间,举行世界墙纸墙布大会。

2019年中国轻纺城国际会展中心会展情况

表7

序号	展会名称	时间	主办单位	承办单位	展位数量(个)
1	2019中国柯桥特色商品及全国名特优产品博览会	1月11—15日	绍兴凯莱会展有限公司	绍兴凯莱会展有限公司	266

续表 7

序号	展会名称	时间	主办单位	承办单位	展位数量(个)
2	2019绍兴柯桥中国轻纺城窗帘布艺展览会(春季)	2月27日至3月2日	中国家用纺织品行业协会、绍兴市柯桥区人民政府、浙江萤火虫会展有限公司	中国轻纺城建设管理委员会、绍兴市柯桥区会展业发展中心、温岭商会、浙江萤火虫会展有限公司	834
3	2019柯桥家博会	3月3—6日	浙报集团	绍兴市柯桥日报有限公司、柯桥经济开发区管委会	200
4	绍兴第二十三届中国轻纺城(春季)家居博览会	4月6—7日	浙报集团	绍兴市柯桥日报有限公司、柯桥经济开发区管委会	200
5	绍兴第三十三届中国轻纺城(春季)汽车博览会	4月5—8日	浙报集团	绍兴市柯桥日报有限公司、柯桥经济开发区管委会	1200
6	2019中国柯桥坯布纺织新材料展	4月12—14日	中国长丝织造协会、绍兴市柯桥区人民政府、绍兴易纺会展有限公司	中国轻纺城建设管理委员会、绍兴市柯桥区会展业发展中心、浙江中国轻纺城集团股份有限公司、全球纺织网、网上轻纺城	814
7	2019年绍兴第九届家电博览会	4月13—14日	浙江省家电零售协会	绍兴市柯桥区柯桥优良家电有限公司	150
8	2019Robocup世界杯机器人中国赛暨国家机器人发展论坛	4月18—21日	中国自动化协会、绍兴市柯桥区人民政府	绍兴金柯桥科技城建设管理委员会	1200
9	2019柯桥时尚周(春季)	5月5—8日	绍兴市柯桥区人民政府	绍兴市柯桥区科技局	100
10	2019中国绍兴柯桥国际纺织品面辅料博览会(春季)	5月6—8日	中国商业联合会、中国纺织品进出口商会、绍兴市柯桥区人民政府	中国轻纺城建设管理委员会、绍兴市柯桥区会展业发展中心、中国轻纺城展会有限公司、上海歌华展览服务有限公司	1546

续表 7

序号	展会名称	时间	主办单位	承办单位	展位数量(个)
11	2019 中国柯桥纺织印花工业展览会(春季)	5 月 6—8 日	艾特怡(亚洲)展览有限公司、上海歌华展览服务有限公司、上海艾歌展览服务有限公司	艾特怡(亚洲)展览有限公司、上海歌华展览服务有限公司、上海艾歌展览服务有限公司	411
12	2019 绍兴春季房交会	5 月 17—19 日	绍兴市柯桥日报有限公司	绍兴市柯桥日报有限公司	180
13	梅赛德斯－奔驰 GLE SUV 上市发布会	6 月 15 日	杭州岸芷汀兰文化创意有限公司	杭州岸芷汀兰文化创意有限公司	100
14	2019 绍兴柯桥中国轻纺城窗帘布艺展览会(秋季)	8 月 1—3 日	中国家用纺织品行业协会、绍兴市柯桥区人民政府、浙江萤火虫会展有限公司	中国轻纺城建设管理委员会、绍兴市柯桥区会展业发展中心、温岭商会、浙江萤火虫会展有限公司	1055
15	绍兴第三十四届中国轻纺城(秋季)汽车博览会	9 月 13—16 日	浙报集团	绍兴市柯桥日报有限公司、柯桥经济开发区管委会	1150
16	2019 绍兴秋季房博会	9 月 13—16 日	浙报集团	绍兴市柯桥日报有限公司、柯桥经济开发区管委会	50
17	2019 中国绍兴柯桥国际纺织品博览会(秋季)	9 月 28—30 日	浙江省人民政府、中国国际贸易促进委员会、中国纺织工业联合会、中国商业联合会	浙江省商务厅、中国国际贸易促进委员会浙江省委员会、绍兴市人民政府、绍兴市柯桥区人民政府	1400
18	中国绍兴柯桥国际纺织贸易服务展览会	9 月 28—31 日	浙江省人民政府、中国国际贸易促进委员会、中国纺织工业联合会、中国商业联合会	浙江省商务厅、中国国际贸易促进委员会浙江省委员会、绍兴市人民政府、绍兴市柯桥区人民政府	
19	2019 柯桥时尚周(秋季)	9 月 28—30 日	浙江省贸促会、绍兴市人民政府	绍兴市柯桥区人民政府、绍兴市商务局	100
20	2019 第二届世界布商大会	9 月 27 日	绍兴市柯桥区人民政府	中国轻纺城建设管理委员会	1200

续表 7

序号	展会名称	时间	主办单位	承办单位	展位数量(个)
21	绍兴市柯桥区总工会关于长三角地区民营企业劳动竞赛现场交流会暨纺织行业职工职业技能竞赛	9月28日	绍兴市柯桥区人民政府	绍兴市柯桥区总工会	100
22	第五届绍兴水城动漫节	10月1日	绍兴市动漫爱好者协会	绍兴市动漫爱好者协会	35
23	柯桥区第三届运动休闲时尚周“世界休闲城·柯桥论坛”	10月21日	浙江省体育局、浙江日报报业集团、绍兴市柯桥区人民政府	浙江省体育产业联合会、钱江晚报、柯桥区教育体育局	100
24	第25届绍兴黄酒节暨“一带一路”中国(国际)黄酒产业博览会	11月8—10日	中国酒业协会、绍兴市人民政府	绍兴市经信局、中国绍兴黄酒集团、绍兴市黄酒行业协会、绍兴市越城区人民政府、绍兴市柯桥区人民政府、绍兴市上虞区人民政府	589
25	中国绍兴(柯桥)轻纺城国际墙纸墙布暨家居软装饰展览会	11月14—16日	绍兴市人民政府、中国国际贸易促进委员会浙江省委员会、中国国际展览中心集团公司、法国智奥会展集团、中国室内装饰协会、中国室内装饰协会墙纸墙布专业委员会	中展智奥(北京)国际展览有限公司、中国国际贸易促进委员会绍兴市委员会	620
26	绍兴第三十五届中国轻纺城(冬季)汽车博览会	11月22—25日	绍兴市柯桥日报有限公司	绍兴市柯桥日报有限公司	1000
27	全新梅赛德斯-奔驰 GLB SUV 绍兴地区上市会	12月7日	杭州岸芷汀兰文化创意有限公司	杭州岸芷汀兰文化创意有限公司	100
28	2019柯桥名优农产品展	12月12—17日	杭州百纳展览有限公司	杭州百纳展览有限公司	200

（金明高　施　斌　沈伟伟）

执行编辑　黄炳耀

商务服务

法律服务

【概况】 2019年,柯桥区有律师事务所13家,执业律师194人,实习律师19人,办案7839件,担任法律顾问865家,收费13712.68万元。基层法律服务所担任法律顾问74家、办案1818件、收费1085.7万元。公证处办案5216件,收费1163.56万元。有5名律师分别当选为省人大代表、市人大代表、区人大代表、区政协委员。

柯桥区选派11名优秀党员干部赴各律师事务所支部、公证处支部担任党建督导员。10个律师事务所支部以“每一次法律服务都能让人感动”为目标,建设“律动”系列党建品牌。把优秀律师培养成党员,把党员培养成骨干律师,让党员律师成为律师事务所管理和发展的骨干力量,2019年有8名律师递交入党申请书,4名律师发展成为入党积极分子。组建13支党员律师志愿者服务队伍,开展“镇(街道)巡回法律服务活动”。

2019年7月24日,浙江金柯桥律师事务所党支部书记胡杰丰(左)带领支部党员前往夏履镇慰问革命老兵　　（郭秀清　摄）

2019年8月7日,浙江越光律师事务所律师缪叶青(右)在华舍街道兴越社区公共法律服务点解答群众法律问题　　（谭承琪　摄）

【创建规范化公共法律服务点12个】 2019年,柯桥区出台《绍兴市柯桥区规范化公共法律服务点创建实施意见》,开展规范化公共法律服务点创建工作。通过完善硬件设施、规范服务台账、优化服务模式,发挥法律服务工作者作用,提升基层法律服务质量,改善基层依法治理成效,增强基层干部群众法律意识,创建规范化公共法律服务点12个。

【法律“三服务”活动】 2019 年，柯桥区组织区内资深律师为企业家开展法律讲座，为企业解决法律难题、提供经营策略、政策宣讲解读、检视企业经营环境等。法律“三服务”活动为小微企业开展法治体检 2250 余次，发放“法治体检联系卡”2780 余张，发布法律风险警示 1504 条，办理服务民企金融案件 205 余件。村（社区）法律顾问主动参与村（居、社区）法治创建和平安建设，优化基层公共法律资源。每周组织区内律师、基层法律服务在全区 16 个镇（街道）公共法律服务站以及轻纺城公共法律服务站驻点值班，值班 900 余次。2 家律所党支部成立爱心基金，用于帮助相关困难群众，1 家律所党支部开展全区巡回法律咨询活动。

2019 年 1 月 11 日，柯桥区公证人员在鉴湖大酒店现场监督公证中国轻纺城东升路市场 C 区四楼营业房拍租会 （韩晓芬 摄）

2019 年 8 月 30 日，浙江越光律师事务所律师娄国芬应邀为精工控股集团有限公司做《企业合同风险法律防范》专题法律讲座（陈超贤 摄）

【参与办理扫黑除恶案件 244 件】 2019 年，柯桥区律师参与扫黑除恶专项斗争涉及案件共计 244 起，内含 82 件法律援助案件。其中，寻衅滋事犯罪 36 件、敲诈勒索犯罪 13 件、强迫交易犯罪 5 件、故意伤害犯罪 1 件、黑社会性质犯罪 7 件、聚众斗殴犯罪 13 件，其他类型犯罪 146 件。现已办结案件 57 件。（谭承琪）

公证服务

【概况】 2019 年，柯桥区接受各类公证咨询 7198 次，受理各类公证事项 5216 件，其中国内公证事项 3579 件，涉外类及涉港、澳、台地区公证事项 1637 件，审理农房确权 17443 宗，送达司法文书 2424 件。全年外出核实公证事项 722 件，发现存在问题的共计 50 件。办理政府采购现场监督公证 372 场 441 件，政府项目建设工程招投标公证 168 场 174 件，国有土地出让“招拍挂”现场监督公证 69 件，网上交易成交确认书公证 68 件，国有建设用地使用权出让合同公证 73 件，国有资产产权拍卖现场监督公证 31 场 1424 件。

【设立公证处农房服务部】 2019 年，柯桥区设立公证处农房业务部，下设遗产继承公证专项办证组 4 个，机动组 4 个，赴平水等 16 个镇（街道）和各所辖村（居委会）开展培训、辅导、咨询、调查、统计、建档、受办等工作。下村培训、辅导、调查、统计 152 次，接受咨询 2195 次，受理公证案件 275 件，下基层“现场办公、集中办理”40 次，为年老体弱、病残人员提供上门服务 15 次，办结送达继承公证案件 261 件，减免公证费 156240 元。在办理遗产继承公证的基础上，拓展分家析产协议书公证及代办代批事项。9 个农房确权登记发证组合计下乡 2128 天，建档 17443 宗，办结确权登记 543 宗。

【公证处与法院合作试点】 2019 年，柯桥公证处与法院对接并开展试点工作，设立合作平台和咨询窗口，共参与送达司法文书 2424 件，外出 3374 人次。

【公证服务金融机构】 2019年，柯桥公证处入驻区内金融机构，为农业银行、中国银行、工商银行、建设银行、瑞丰银行办理抵押登记1681件，注销抵押登记2656件，为瑞丰银行办理登簿371件，并为银行查找出各类问题1590起。

【办理各类国内公证事项3164件】 2019年，柯桥区办理继承公证1033件(其中小额遗产继承167件)，委托公证836件，遗嘱15件，现场监督545件，文本相符公证196件，有无违法犯罪记录190件。办理保全证据329件，其中涉及知识产权13件、其他316件。办理金融类公证事项11件。办理赋予强制执行效力债权文书公证5件，涉及金额20900万元。办理股权转让公证4件，涉及金额32285.7万元。

2019年5月10日，柯桥区公证人员在轻纺城服装市场为择房抽签公证 (韩晓芬 摄)

【办理各类涉外公证事项1637件】 2019年，柯桥区办理各类涉外及港澳台公证事项1637件，包括涉港21件，涉澳3件，涉台25件。所办公证主要用于旅游、商务、留学、移民、工作，使用地包括日本、韩国、德国、美国、澳大利亚、加拿大、法国、阿根廷、意大利、乌兹别克斯坦等国家及中国台湾地区。(韩晓芬)

会计服务

【概况】 2019年，柯桥区有会计师事务所5家(兴业会计师事务所、集财会计师事务所、宏泰会计师事务所、中审会计师事务所、中景会计师事务所)，其中有限责任事务所2家，普通合伙事务所3家。全区会计师事务所从业人员102人，其中注册会计师34人。全年会计师事务所业务收入合计1915.31万元，其中审计收入1307.35万元，其他收入607.96万元。至2019年年底，柯桥区共有会计人员27993人，其中硕士及以上学历人员为126人、本科学历5661人、大专学历8007人。具有高级及以上职称的110人，中级职称的1235人，初级职称的4567人。(寿彩琴)

广告服务

【概况】 2019年，柯桥区增加广告经营单位119家，累计608家。经营额3000万元，其中房地产广告经营额1300万元，酒类食品广告经营额1200万元，汽车广告经营额500万元，分别列广告经营额前三位。绍兴最越文化传播有限公司、绍兴市柯桥区百世代广告装潢中心等单位参加2019浙江省第二十届“金桂杯”助力小微企业和区域经济发展广告创意大赛，5件作品获优秀奖。(吴建江)

商标服务

【概况】 2019年，柯桥区申请并注册商标4349件，累计注册商标达27922件。开展企业商标权质押融资，商标权质押贷款8500万元。浙江省市场监督管理局认定三力士股份有限公司、墙煌新材料股份有限公司、浙江凯利新材料股份有限公司、浙江金蝉布艺股份有限公司4家企业为浙江省商标品牌示范企业，华舍街道、柯桥街道为浙江省商标品牌示范镇街。(吴建江)

执行编辑 章水清

开放型经济

综　述

2019年，柯桥区开放型经济保持稳定发展，自营进出口911.47亿元，比上年增长15.0%。推进“丝路柯桥·布满全球”行动，实施“三海”（指引出海、抱团出海、带队出海）拓“三市”（美国市场、欧洲市场、新兴市场）计划。与193个国家和地区有贸易往来，其中出口超1000万元的国家和地区131个，比上年增加2个。7月，柯桥区被商务部认定为国家外贸转型升级基地（纺织）。

完善全方位预警机制，完成浙江省“订单＋清单”监测预警管理系统2833家企业填报，发挥化纤长丝和高端纺织装备2个省级对外贸易预警点及重点出口企业监测平台作用，加强风险监测预警。中国出口信用保险公司绍兴办事处为柯桥企业开拓市场承保13.03亿美元，比上年增长10.7%，为柯桥企业挽回损失1477万美元。中美贸易摩擦后，走访涉美出口企业358家次，帮助协调解决企业实际困难。

推进一般原产地证“即来即办”，在册企业3173家，比上年增加375家；累计签发一般原产地证74808份，比上年增长15.1%；出口额26.0亿美元，占全区出口额的20.7%，签证量居全省贸促系统同类机构首位。

批准外商投资项目144个，其中总投资1000万美元以上项目30个。合同外资62704万美元，比上年增长23.7%；实到外资40145万美元，比上年增长38.9%。项目合同外资来自31个国家和地区。有国（境）外企业常驻代表机构1520家、外商投资商业企业884家。

批准（备案）境外投资企业7家，总投资10909万美元，其中中方投资额8619万美元，比上年增长581.3%。有获批准（备案）境外投资企业507家，分布67个国家和地区。对外承包工程实际营业额2711万美元，比上年增长152.4%，其中新增“一带一路”沿线国家工程实际营业额1586万美元，占对外承包工程实际营业额的58.5%。（沈　琴）

对外贸易

【概况】 2019年，柯桥区自营进出口911.47亿元，比上年增长15.0%，其中出口867.52亿元，比上年增长15.6%；进口43.96亿元，比上年增长4.3%。进出口额、出口额均居全市第一。出口增幅高于全国平均10.6个百分点，全国占比50.34‱，比上年提高4.70‱。一般贸易进出口899.08亿元，比上年增长15.1%；加工贸易进出口12.25亿元，比上年增长8.2%。纺织品出口774.97亿元，比上年增长14.9%，占全区出口总额的89.3%。

对外贸易进出口实绩企业4783家，其中出口实绩企业4656家，比上年增加159家。出口实绩企业中，贸易型出口企业3850家，比上年增加156家，出口687.80亿元，比上年增长21.0%，其中轻纺市场出口企业2015家，比上年增加88家，出口340.86亿元，比上年增长19.1%；生产型出口企业806家，比上年增加3家，出口179.72亿元，比上年减少 1.3%。

对外贸易进出口国家和地区 193 个，其中出口国家和地区 191 个，出口超 1000 万元的国家和地区 131 个。“一带一路”沿线国家和地区出口 494.98 亿元，比上年增长 20.3%，占全区出口总额的 57.1%。出口额前三大洲为亚洲、非洲、欧洲，分别出口 447.18 亿元、136.50 亿元、117.43 亿元；出口增幅前三大洲为非洲、亚洲、大洋洲，分别增长 32.5%、20.0%、19.0%。出口额居前五位国家分别是印度尼西亚、越南、阿联酋、美国、巴基斯坦，分别出口 56.62 亿元、53.79 亿元、47.17 亿元、46.61 亿元、41.06 亿元，分别比上年增长 27.3%、10.4%、50.0%、-2.1%、48.4%。

【实施“三海”拓“三市”计划】 2019 年，柯桥区实施“三海”拓“三市”计划，通过指引出海、抱团出海、带队出海方式，帮助企业紧盯美国市场、深耕欧洲市场、开拓新兴市场。组织春(秋)季广交会、上海面料展等国内外展会 40 场次，参加企业 3008 家次。组织巴基斯坦国际纺织及机械博览会展中展、印尼纺机面料展展中展 2 场特色展会；与中国纺织贸促会达成联办系列海外展合作意向，首次走进非洲，11 月举办尼日利亚拉各斯纺织面料展；组织 206 家单位、470 名专业采购人员参加第二届中国国际进口博览会，成交意向金 3056.94 万美元。

2019 年 11 月 4 日，柯桥区企业参加第 33 届尼日利亚拉各斯国际贸易展览会（区商务局 供稿）

【走访对美出口企业】 2019 年，柯桥区应对中美贸易摩擦，走访涉美出口企业 358 家次。对照征税清单，确定 151 家对美出口 100 万美元以上外贸企业为重点关注对象，实时跟踪联系，组织开展对美加征关税商品排除申请工作。重点走访“五色清单”企业 233 家，组织 1130 余家次企业参加外贸业务培训、法律服务 10 场次，帮助协调解决企业实际困难。

·小资料· “五色清单”

指对美出口分黑、红、黄、蓝、绿五种颜色，绿色是没有影响或有增长，蓝色下降幅度在 30% 以内，黄色下降幅度在 30%~60%，红色下降幅度在 60%~90%，黑色是完全退出市场。

【首家纯跨境电商企业入驻中国轻纺城跨境电商产业园】 2019 年 7 月 17 日，柯桥区首家纯跨境电商——绍兴沐家家居科技股份有限公司入驻中国轻纺城跨境电商产业园。该公司是柯桥区唯一一家在新三板上市的跨境电商企业，主营产品包括窗帘、靠垫、床品等生活、居家和家居户外用品，主要面向美、欧、日等多国境外消费者。（沈 琴 孟舒璐）

利用外来资金

【概况】 2019 年，柯桥区批准外商投资项目 144 个，比上年增加 27 个，增资 23 家，减资 8 家，合同外资 62704 万美元，比上年增长 23.7%；实到外资 40145 万美元，比上年增加 38.9%，其中柯桥经济技术开发区（含马鞍街道、齐贤街道、安昌街道、柯桥街道、华舍街道、钱清街道）实到外资 26682 万美元，占全区实到外资总额的 66.5%。项目合同外资来自 31 个国家和地区。批准第二产业项目 19 个，比上年增长 35.7%。第二产业项目合同外资 16167 万美元，比上年增长 54.6%，实到资金 8915 万美元，比上年增长 122.6%。

【新批（增资）总投资 1000 万美元以上项目 30 个】 2019 年，柯桥区批准

（增资）总投资1000万美元以上项目30个。其中，瑞雪控股集团有限公司增资1.4亿美元；浙江红绿蓝纺织印染有限公司增资并到资1746万美元。总投资1474万美元，合同外资749万美元的浙江迅实科技有限公司被博科码（香港）投资有限公司、衡卓有限公司收购部分股权。（沈　琴　詹月宝）

对外经济合作

【概况】 2019年，柯桥区获批准（备案）境外投资企业507家，比上年增加7家；分布67个国家和地区；其中批准（备案）境外投资企业7家，增资3家，总投资10909万美元，中方投资额8619万美元，比上年增长581.3%。对外承包工程实际营业额2711万美元，比上年增长152.4%。

【境外投资项目10个】 2019年，柯桥区境外投资项目10个，其中浙江元筑住宅产业化有限公司并购荷兰艾尔科瑞特欧洲控股有限公司，为柯桥区最大的跨国并购项目，中方投资额4764万美元。绍兴锦强针纺有限公司赴越南投资建厂、欣明控股集团有限公司赴斐济投资建农业项目、浙江亚太药业股份有限公司赴加拿大投资建生物科技项目的中方投资额分别为998万美元、800万美元、522万美元。4个项目中方合计投资额7084万美元，占柯桥区中方投资总额的82.2%。

【“一带一路”沿线国家工程承包】 2019年，柯桥区对外承包工程实际营业额2711万美元，其中新增“一带一路”沿线国家工程实际营业额1586万美元，占全区对外承包工程实际营业额的58.5%。精工工业建筑系统有限公司在泰国获得工程订单逾4000万美元。

【320家次企业参加推介对接等活动15场次】 2019年，柯桥区组织320家次企业参加境外经贸合作区与长三角企业对接会、越南投资专场对接会等推介对接和经贸交流活动15场次，其中在首届中非经贸合作论坛绍兴峰会上签约平台项目1个、产业项目3个。

【6家企业获推动经济高质量发展补助67万元】 2019年，柯桥区6家境外投资企业获2018年度柯桥区推动经济高质量发展鼓励企业“走出去”奖补资金67万元，分别为齐贤街道2家，安昌街道3家，平水镇1家。（沈　琴　王小玲）

服务贸易

【概况】 2019年，柯桥区服务贸易进出口40.22亿元，比上年增长9.7%，其中服务贸易出口35.83亿元，比上年增长11.5%，进出口额、出口额均居全市第一。服务外包离岸执行额4036万美元，比上年增长66.5%，有服务外包认定企业112家。绍兴柯桥国际服务外包示范园区通过浙江省服务贸易发展基地离岸服务外包特色园区三年（2019—2022）延期考核。凡特思集团有限公司、绍兴柯桥木林盛贸易有限公司等5家企业获柯桥区推动经济高质量发展财政专项激励资金（服务外包离岸执行额）83.52万元。浙江省国际服务贸易统计监测系统增加入库服务贸易实绩企业24家，审核通过合同292份；商务部服务外包业务管理和统计系统增加入库服务外包实绩企业10家，审核通过合同1170份。

【组织服务贸易活动20场次】 2019年，柯桥区组织54家企业参加中国（北京）国际服务贸易交易会、浙江服务贸易（美国）设计服务展等服务贸易展会17场次；组织130家企业参加全国出国经贸工作会议暨中国（绍兴）会展业区域合作与发展论坛、2019中国绍兴柯桥国际纺织贸易服务展览路演论坛等服贸对接活动3场次。

【组织服贸培训2场次】 2019年，柯桥区组织16家企业参加浙江省服贸统计监测运行分析系统绍兴市监测点业务培训和2019年度全省服务贸易实务培训班，培训内容包括服务贸易发展形势、服务外包政策解读、服贸统计监测业务等。（沈　琴　卢耀华）

外商服务

【概况】 2019年，柯桥区接待临时出入境外商90979人次，比上年增长6.9%；办理居留许可4331人次，比上年减少18.7%。增加国（境）外企业常驻代表机构61家,累计1520家;增加外商投资商业企业85家,累计884家。出口23亿元,占全区出口额的2.7%。组织外商开展体验柯桥传统文化、新春团拜会、中秋送关爱、夏日送清凉、关爱留守儿童、外商投资企业服务暨迎新活动等联谊活动9场次,500余名外商参加。邀请260余名外商参加2019第二届世界布商大会、国际纺织贸易服务展览会、首届中非经贸合作论坛绍兴峰会等活动。

2019年9月28—30日,中国绍兴柯桥国际纺织贸易服务展览会在绍兴国际会展中心举行　　（区商务局　供稿）

【出台境外人员子女就学实施办法】 2019年6月,柯桥区出台新《绍兴市柯桥区境外人员子女就学实施办法》,确定绍兴市柯桥区实验中学、绍兴市柯桥区实验小学、绍兴市柯桥区柯桥中心幼儿园为涉外定点学校,具有招收境外学生资格,规定申请在该区就读的境外人员子女须具备的条件、报名方法、学籍档案等。区商务局与区教体局联合进行现场审核“学前面试”。全年审核外籍子女入学44人。(沈　琴　朱兰萍)

2019年6月23日,柯桥区商务局工作人员和区内3所涉外定点学校老师为境外人员子女入学进行现场报名和“学前面试”(徐　鸿　摄)

2019年柯桥区外贸出口分类情况

表8

类别名称		出口额(万元)	比上年(±%)	占比(±%)	比重(±%)
企业类型	外贸公司	6878008	21	79.3	3.5
	生产企业	1797162	−1.27	20.7	−3.5
贸易方式	一般贸易	8593863	15.63	99.1	0.0
	加工贸易	80991	12.66	0.9	0.0
产品类型	纺织品	7749708	14.93	89.3	−0.5
	纺织面料	7485911	15.31	86.3	−0.2
	化纤长丝	179990	18.19	2.1	0.0
	无纺布	30143	−1.59	0.3	−0.1

续表 8

类别名称		出口额（万元）	比上年（±%）	占比（±%）	比重（±%）
	服　装	263797	5.13	3.0	−0.3
	机电产品	350063	24.88	4.0	0.3
	高新技术	27389	30.68	0.3	0.0
合　计		8675170	15.6	100.0	0.0

2019 年柯桥区外贸出口主要市场

表 9

国家（地区）	出口额（万元）	比上年（±%）	占比（±%）	比重（±%）
全区	8675170	15.6	100.00	0.00
亚洲	4471756	19.96	51.5	1.9
欧洲	1174251	5.95	13.5	−1.2
		主要国别		
意大利	133214	9.69	1.5	−0.1
德国	116135	1.8	1.3	−0.2
俄罗斯	107123	14.42	1.2	0.0
斯洛文尼亚	105434	−13.09	1.2	−0.4
希腊	102363	19.1	1.2	0.0
拉丁美洲	1122695	3.3	12.9	−1.5
巴西	388665	22.65	4.5	0.3
墨西哥	224128	−12.32	2.6	−0.8
哥伦比亚	98129	5.4	1.1	−0.1
智利	76505	−2.64	0.9	−0.2
阿根廷	67805	−8.62	0.8	−0.2
非洲	1364958	32.51	15.7	2.0
埃及	297783	38.64	3.4	0.6
尼日利亚	168510	103.45	1.9	0.8

续表 9

国家(地区)	出口额(万元)	比上年(±%)	占比(±%)	比重(±%)
阿尔及利亚	140489	7.56	1.6	−0.1
南非	132932	10.59	1.5	−0.1
摩洛哥	104167	22.28	1.2	0.1
北美洲	514035	−2.76	5.9	−1.1
美国	466115	−2.1	5.4	−1.0
加拿大	47886	−8.84	0.6	−0.1
大洋洲	26678	18.98	0.3	0.0
澳大利亚	19250	18.26	0.2	0.0
新西兰	3818	−5.47	0.0	0.0
		区域(经济)组织		
中东	1570747	26.12	18.1	1.5
东盟	1656158	16.31	19.1	0.1
欧盟	920323	4.27	10.6	−1.2

2019 年柯桥区"一带一路"沿线国家(地区)主要出口市场

表 10

国家(地区)	出口额(万元)	比上年(±%)	占比(±%)	比重(±%)
全区	8675170	15.6	100.00	0.00
一带一路	4949752	20.3	57.06	2.23
印度尼西亚	566158	27.27	6.53	0.60
越南	537855	10.41	6.20	−0.29
阿联酋	471661	50.01	5.44	1.25
巴基斯坦	410595	48.38	4.73	1.05
孟加拉国	362091	10.66	4.17	−0.19
印度	316364	17.62	3.65	0.06
埃及	297783	38.64	3.43	0.57

续表 10

国家(地区)	出口额(万元)	比上年(±%)	占比(±%)	比重(±%)
沙特阿拉伯	166362	52.8	1.92	0.47
马来西亚	166317	20.29	1.92	0.07
伊拉克	145794	29.82	1.68	0.18
泰国	138390	18.73	1.60	0.04
土耳其	125812	21.95	1.45	0.08
也门共和国	117261	41.75	1.35	0.25
俄罗斯	107123	14.42	1.23	−0.01
斯洛文尼亚	105434	−13.09	1.22	−0.40
柬埔寨	100074	−13.09	1.15	−0.38
斯里兰卡	86401	14.51	1.00	−0.01
乌克兰	71395	−7.03	0.82	−0.20
菲律宾	70394	11.17	0.81	−0.03
乌兹别克斯坦	53009	7.34	0.61	−0.05
其他	533476	1.9	6.15	−0.83

（沈　琴）

执行编辑　黄炳耀

市　场

综　述

2019 年，柯桥区商品市场成交额 2050.30 亿元，比上年增长 10.44%。其中，消费品市场成交 1420.47 亿元，比上年增长 13.32%；生产资料市场成交 629.83 亿元，比上年增长 4.44%。中国轻纺城成交 1379.17 亿元，比上年增长 13.61%；钱清中国轻纺原料城成交 621.13 亿元，比上年增长 4.50%。网上市场成交 234.66 亿元，比上年增长 0.18%。至年底，全区有各类商品交易市场 90 个，其中消费品市场 81 个、生产资料市场 8 个、服务市场 1 个；有网上交易市场 5 个。注销市场名称 5 家，新增农贸市场 2 家、专业市场 2 家。

【农贸市场改造提升】 2019 年，柯桥区改造提升镇村农贸市场及室内农产品集散中心 18 家。创建省放心农贸市场 9 家，包括绍兴市柯桥区百舸农贸市场、绍兴市柯桥区江桥农副产品综合市场、绍兴市柯桥区滨海金旺角农副产品综合市场、绍兴市柯桥区大坂旺角农副产品综合市场、绍兴市柯桥区兴越综合市场、绍兴市柯桥区红丰农副产品综合市场、绍兴市柯桥区立新农副产品综合市场、绍兴市柯桥区王坛旺角农贸市场、绍兴市柯桥区夏履镇农贸市场。柯桥区对 71 个完成改造农贸市场及农产品集散中心的长效管理工作进行督查、考核、奖补，其中绍兴市柯桥区裕民农副产品综合市场、绍兴市柯桥区滨海秋实农贸市场、绍兴市柯桥区滨海旺角综合市场、绍兴市柯桥区滨海金旺角农副产品综合市场、绍兴市柯桥区大坂旺角农副产品综合市场、绍兴市柯桥区华舍农副产品综合市场、福全金三角集散中心、绍兴市柯桥区安昌农副产品综合市场被评为 2019 年度最佳农贸市场。

【增加 8 个星级文明规范市场】 2020 年 1 月，浙江省市场监督管理局发文认定绍兴市柯桥区华阳农贸市场、绍兴市柯桥区中国轻纺城南区市场为省四星级文明规范市场，认定绍兴市柯桥区湖塘农副产品综合市场、绍兴市柯桥区齐贤龙山农贸市场为省三星级文明规范市场，有效期三年(2020—2022 年)。2020 年 1 月，绍兴市市场监督管理局发文认定绍兴市柯桥区平水镇西湖桥农贸市场、绍兴市柯桥区平水镇会稽农贸市场、绍兴市柯桥区顺达综合市场、绍兴市柯桥区滨海秋实农贸市场为 2019 年度省二星级文明规范市场，有效期三年(2020—2022 年)。

【增加市场 4 家】 2019 年，柯桥区新批准核发市场名称登记证 4 张，其中农贸市场 2 张，即绍兴市柯桥区华阳农贸市场、绍兴市柯桥区福全农副产品综合市场；专业市场 2 张，即绍兴市柯桥区新农农产品批发市场、绍兴市柯桥区中国轻纺城国际面料采购中心市场。

【注销商品交易市场 5 家】 2019 年，柯桥区注销市场名称登记证 5 张，分别是绍兴县齐贤农副产品综合市场、绍兴县新围农副产品综合市场、绍兴县寺桥农副产品综合市场、浙江绍兴中国轻纺城西市场、绍兴市柯桥区中国轻纺城电讯电脑市场。(吴佳杰)

中国轻纺城

【概况】 2019年，中国轻纺城市场群实现成交额2000.3亿元，比上年增长10.61%，其中面料市场成交额1379.17亿元，比上年增长13.61%。市场共有注册经营户30156家，其中公司9753家。联托运货运量648.89万吨，比上年增长10.48%。市场外贸出口实绩企业2015家，出口额340.9亿元，比上年增长19.11%。网上轻纺城实现在线交易额526.59亿元，比上年增长25.26%。网上轻纺城会员206万人，企业会员62万家，建立商铺95802家，比2019年初增加5697家。

【袁家军考察轻纺城联合市场】 2019年7月3日，浙江省省长袁家军、中央第二指导组组长陈际瓦考察中国轻纺城联合市场，分别与米尚纺织、逸顺纺织、瞰帛纺织、温莎纺织、溢达纺织5家经营户进行交谈，了解营商环境及生产经营情况。

【春秋两季纺博会入场门禁9.6万人次】 2019年，柯桥区举办春、秋两季纺博会，入场门禁9.6万人次。其中，春季纺博会入场门禁52576人次，比上届增长9.5%，境外采购商8210人次，比上届增长9.1%；秋季纺博会入场门禁43849人次，比上届增长9.1%，境外采购商8750人次，比上届增长7.8%。

【第二届世界布商大会】 2019年9月27日，柯桥区举办第二届世界布商大会，大会由主题大会、全球时尚产业发展论坛、第15届亚洲纺织会议等18项重要会议及配套活动组成。来自美国、德国、法国、意大利、日本等全球45个国家和地区的1200余人参会。大会围绕"开放协同·科技驱动·时尚跃变"主题，探讨全球纺织产业链、价值链重组，中国在世界纺织时尚产业发展新布局中的地位和发展方向等方面议题，并发布《世界布商宣言》，宣布中国纺织工业联合会与绍兴市柯桥区人民政府联合共建世界级纺织产业集群，加强全球纺织产业的全方位协作与多领域融合。

【轻纺市场提档升级】 2019年，中国轻纺城市场提档升级，拆除老服装市场，建成轻纺城南广场；启用八区市场南侧的联托运受理点，共设收货位136个。改造国际面料采购中心，完成优先承租户招商，1733户承租户参加抽签，占应抽数的99.7%。

【23家企业落户"中欧时尚梦工厂"】 2019年，柯桥区建立中欧时尚产业创新联盟，全年引进欧洲创意设计人才37人、时尚品牌31个、创意企业33家，有23家中欧企业开业。

【中国绍兴柯桥坯布纺织新材料展达成意向订单1.8亿元】 2019年4月12日，柯桥区举办为期3天的2019中国绍兴柯桥坯布纺织新材料展。展会面积1.5万平方米，323家纺织企业参展。主办方以新材料、新时尚为主题，吸引美国杜邦、新加坡赛得利、唐山三友、中纺绿纤、白鹭集团、天竹联盟、江苏斯尔克、鲁泰纺织等国内外众多纺织行业领导者参加，展品涵盖纤维、纱线、坯布、面料、印染、后整理等全产业领域的20余万款展品，吸引采购商20655人次，达成意向订单1.8亿元。

2019年9月27日，第二届世界布商大会现场

（轻纺城建管委　供稿）

【举办全球时装设计精英挑战赛】 2019年，柯桥区举办"中国轻纺城杯"2019全球时装设计精英挑战赛。8月13日，19个国家和地区的450余名职业设计师的作品参加初评。在9月27日进行的决赛中，20位入围设计师采用中国轻纺城的时尚面料，将创意进行成衣转化。中国陈景获金奖，斐济Jadeine

Sotiana Whiteside 和中国金泳萱获银奖，意大利 Chiara Rossi、泰国 Porramace Poglarpprasert、中国于琛琪获铜奖。

【2021SS 中国女装面料流行趋势提案会在柯桥举行】 2019 年 12 月 20 日，2021SS 中国女装面料流行趋势提案会在绍兴鉴湖大酒店举行。提案会由中国纺织信息中心、国家纺织产品开发中心、轻纺城建设管理委员会主办，中国女装面料流行趋势研究院、中国纺织面料流行趋势研究与发布联盟、柯桥时尚同盟协办。提案会从趋势研究、创意开发和产品价值落地三个方面着眼，围绕生活方式、色彩、面料开发以及市场需求的研究成果及市场实践，以多元互动形式，对 2021 春夏中国女装面料的创意价值实现提供指引，还进行面料开发的盈利模式、中国国潮元素在服装设计中将传统文化与时下潮流相融合、纺织服装行业趋势和流行点等主题分享。（周佳熠）

钱清中国轻纺原料城

【概况】 2019 年，钱清中国轻纺原料城成交额 621.13 亿元，比上年增长 4.5%，税费总计约 1 亿元。投资 20 多万元对市场内老旧道路进行白改黑维修，投入 400 多万元对原外贸园区进行立面改造，统一制作安装经营户招牌，通过五星级文明规范市场复评。网上市场发布各类轻纺原料产品商机及信息近万件，有注册会员 2000 余家。山东省昌邑市轻纺原料分市场改造完成，市场总占地 80 亩，建筑面积 3.2 万平方米，有营业房及配套仓储用房 400 余套。12 月，根据浙江绍兴产业园（柯西园）建设总体规划，提前解除市场 A 区 A1、A2 两幢经营户租赁合同，在原料城 A 区建设浙江绍兴产业园（柯西园）。2019 年，中国社会科学评价研究院发布中国商品市场综合百强榜单，榜单包括线上、线下市场，钱清中国轻纺原料城上榜全国百强市场名单，位列第 61 名。（沈丹丽）

人力资源市场

【概况】 2019 年，柯桥区举办各类人才招聘活动 102 场，增加就业大学生 20257 人，兑现创业创新人才专项资金 2905.18 万元，完成 75 户公共住房租赁工作。

【高校学子柯桥行暨绍兴籍大学生看故里活动】 2019 年 1 月 26 日，柯桥区组织开展高校学子柯桥行暨绍兴籍大学生看故里活动，来自浙江大学、武汉大学、暨南大学、新疆大学、兰州理工大学等 20 余所高校的 50 余名学子及区鲁迅中学等校毕业在外就读的 30 余名绍兴籍大学生齐聚财智综合体，感知柯桥区情风貌、了解人才引聚政策、对接企业引才需求，并赴人才创新港、杭一电器等创新平台和科技企业实地参观考察。

【2019 新春公益性人力资源交流会】 2019 年 2 月 15 日，柯桥区举办 2019 年柯桥区新春公益性人力资源交流会，96 家用人单位参会，提供岗位 3621 个，3000 余名求职者进场觅岗，当场达成初步意向 1352 人次。

2019 年 2 月 15 日，柯桥区举办新春公益性人力资源交流会
（区人社局　供稿）

【2019 招才引智·春季专列（兰州站）系列活动】 2019 年 3 月 29 日，“活力绍兴·智引全球”2019 招才引智·春季专列（兰州站）综合推介会在兰州

2019年3月29—30日，“活力绍兴·智引全球”2019招才引智·春季专列(兰州站)系列活动现场　　（区人社局　供稿）

组工大厦会议中心举行。兰州大学、兰州理工大学等20余所高校的有关领导、就业部门和相关学院负责人、硕博士和优秀本科生代表等260余人参会。3月30日，以柯桥区企业为主体的全市108家用人单位携3600余个需求岗位，赴兰州大学和兰州理工大学招贤纳才，用人单位共收到求职简历3750多份，达成初步意向3131人，其中博士14人、硕士378人、本科2150人。

【百名硕博柯桥行暨高校人才智力合作对接】 2019年7月16日，柯桥区举办百名硕博柯桥行暨高校人才智力合作对接活动，来自北京大学、武汉大学、四川大学、西安交通大学、哈尔滨工业大学等15所“双一流”及重点高校的近200位硕博士研究生和就业部门负责人齐聚柯桥，开展引才洽谈对接，考察人才生态环境，共商校地、校企、校际合作事宜。

【2019招才引智·秋季专列(西安站)系列活动】 2019年9月25日，2019招才引智·秋季专列(西安站)活动在西安建国饭店举行。西安交大、西北工大等20余所高校的有关领导、就业部门和相关学院负责人、硕博士和优秀本科生代表等近300人参会。以柯桥区重点企事业单位为主体的全市116家用人单位，携近4000个需求岗位，在西安交通大学举办招聘会。柯桥区有81家单位推出需求岗位2800余个，区内用人单位与求职者达成初步意向近2000人次。

【2019冬季招才校园行暨紧缺人才精准招引活动】 2019年11—12月，柯桥区组织开展2019年“冬季招才校园行”暨紧缺人才精准招引活动。累计组织457家次企业赴北京、上海、西安、银川等人才资源集聚地开展招引对接活动25场，提供岗位13066个次。活动现场，参会企业与高校学子达成初步就业意向2720人次，其中本科2225人次。(盛超男)

联托运市场

【概况】 2019年，柯桥区加快轻纺市场货运行业转型升级，重点发展物流企业与商贸企业上下游互联项目，推动全区货运行业集约化、专业化发展。全年增加托运部23家，注销11家。至年底，轻纺城联托运市场共有物流经营户283家(不含普货)，其中在国际物流中心注册的122家、柯东仓储47家、其他区域经营114家。从经营性质分，个体经营户55家、个人独资81家、有限公司151家。其中，AAAA级物流企业2家、AAA级物流企业3家(广通物流新认定为AAA级物流企业)。物流运输遍及30个省(市、区)共87个城市。全年联托运量648.89万吨，比上年增长10.48%；周转量966022万吨千米，比上年增长12.04%。

(高奇卉)

执行编辑　陆　杨

旅游业

综　述

2019 年，柯桥区围绕浙江省“大景区”“大花园”建设部署，开展全域旅游示范区创建、“百千万”景区化发展建设，推进文旅产业融合发展，获浙江省首批 AAAA 级景区城和首批全域旅游示范区。全区有省级旅游度假区 1 个，国家 AAA 级以上旅游景区 11 个，三星级以上旅游饭店 4 家。全年接待国内外游客 2901.96 万人次，旅游收入 301.08 亿元，比上年分别增长 18.14% 和 19.10%。（黄　萍）

景区建设

【概况】 2019 年，柯桥区推进绍兴龙之梦、东方山水乐园二期、柯桥历史文化街区改造（一期）项目等 38 个总投资 430 亿元的文化旅游项目建设，累计完成投资 65.15 亿元。

【东方山水乐园二期项目开园】 2019 年 8 月 3 日，东方山水乐园二期项目“酷玩王国”开园迎客。项目总投资 100 亿元，占地约 500 亩，是一个纯室外的综合主题乐园，有魔环飞车、摩天轮、峡谷漂流等 22 台超大型游乐设备。

【全国首条水上玻璃栈道投用】 2019 年 8 月 1 日，位于柯岩鉴湖景区的水上玻璃栈道正式投用，这是全国首条水上玻璃栈道，总投资 1600 万元。栈道长约 200 米、宽 2.4 米，路面采用 4D 技术，夜晚霓虹相映，脚踩玻璃会有玻璃变“碎”的映像效果。

【6 个镇（街道）10 个村达到省 AAA 级景区标准】 2019 年，柯桥区贯彻落实省“百千万”景区化建设工程，经绍兴市文广旅游局、区农业农村局等部门现场评定、联合审定，马鞍街道、兰亭街道、漓渚镇、平水镇、王坛镇、稽东镇共 6 个镇（街道）达到浙江省 AAA 级景区镇（街道）标准要求；柯桥街道柯亭社区、华舍街道坂湖社区、钱清街道九岩村、安昌街道西扆村、福全街道尹家坂村、夏履镇莲东村、漓渚镇九坂桥村、漓渚镇棠二村、平水镇剑灶村、王坛镇新华村共 10 个村庄达到浙江省 AAA 级景区村庄标准要求。

2019 年，浙江省 AAA 级景区镇——漓渚镇（区文广旅游局　供稿）

【拥有乡村民宿 60 家】 2019 年,柯桥区继续推进民宿等级创建奖励政策,累计建成乡村民宿 60 家,客房 900 余间,床位 1500 余个,餐位 5600 余个。平水镇若耶山居获评浙江省金宿级民宿;兰亭街道兰亭驿事客栈,平水镇巷深竹缘民宿、花筑畅艺园民宿,柯岩街道一湖酒场・朴筑民宿获评浙江省银宿级民宿。(黄　萍)

旅游营销

【概况】 2019 年,柯桥区举行「“稽山鉴水唐诗路”“老绍兴・金柯桥”品牌发布会、2019 金柯桥文旅节等活动。组织旅游企业赴杭州、上海、宁波、北京等地参加“大运河文化旅游博览会”“杭州・绍兴周”“北京・绍兴周”等各类文化旅游交流推介活动 15 次。利用携程、同程等 OTA(空中下载技术)平台进行文旅资源整合,开展柯桥旅游长三角推广季等系列推介活动,提升柯桥旅游品牌知名度。

2019 年 8 月,“老绍兴・金柯桥”全域文旅品牌发布会在上海国际会议中心举行　　（王香宜　摄）

【“老绍兴・金柯桥”品牌发布】 2019 年 8 月,柯桥区在美国纽约、上海、柯桥三城同步发布“老绍兴・金柯桥”城市品牌。发布会上,数百款文创产品分为“稽山鉴水”“诗路踏歌”“文人印记”“花样四季”“情味柯桥”五大主题,展现“老绍兴・金柯桥”独特的人文历史、产业及生活等多方面印记;并在携程、同程等 OTA 平台推出金色年华“诗路”研学游、金色未来产业游、金色风情乡村游 3 条主题旅游线路。

【“稽山鉴水唐诗路”旅游体验活动开幕】 2019 年 4 月 13 日,“稽山鉴水唐诗路”研讨会暨游线体验活动在平水镇启幕,来自文化和旅游界的学者、各界代表、市民游客等 130 人参加启动仪式。活动围绕“鉴水越音”“云门墨池”“日铸问茶”“若耶春晓”4 个主题展开,通过诗歌朗诵、舞曲展演、故事讲述等形式,再现柯桥的大唐余韵和文化内涵。“浙东唐诗之路”是穿越浙东绍兴、宁波、台州等地的一条山水人文道路,李白、杜甫等 450 余位唐代诗人曾游历此路,并留下众多诗文。(王香宜)

旅游接待

【概况】 2019 年,柯桥区观光、休闲、会展、商务、度假等综合性旅游业态全方位发展,全年接待国内外游客 2901.96 万人次,旅游收入 301.08 亿元,比上年分别增长 18.14% 和 19.10%。继续实施绍兴人免费游绍兴惠民政策。(黄　萍)

行业管理

【概况】 2019 年,柯桥区检查旅游企业 97 家次,发现问题 86 处,全部下发整改通知书;继续保持柯桥区旅游责任事故、事故死亡人数、事故直接经济损失三项指标为零。全年举办各类培训 9 场次,参训 1000 余人;完成全域旅游导游词标准化成果的印发,并对全区导游进行运用培训。

【49 件旅游投诉结案】 2019 年,柯桥区 24 小时受理旅游投诉,依法公平、公正有效处理全部投诉。全年受理旅游投诉 49 件,结案率 100%,无一例群体性上访事件和较大以上旅游投诉发生。

【“文明旅游”宣传系列活动】 2019 年,柯桥区利用特殊节日，开展“文明旅游”宣传活动。3月15日消费者权益日，在天虹广场向市民派发《品质旅游·文明出行》等宣传资料1000余份。5月19日中国旅游日，向全区民众发放柯桥区手绘旅游地图、文明旅游安全出行手册等宣传资料2000余份；配合市文旅局开展“万名绍兴人·美好游绍兴”活动宣传接待工作，当天共接待来自各行各业的新绍兴人1000余人，向其派发《文明旅游·安全出行手册》。（虞秦翡）

2019年9月11日，柯桥区对东方山水乐园开展“隐患排查、风险提示”专项检查 （虞秦翡 摄）

执行编辑 王 翊

财政·税务

财 政

【概况】 2019年，柯桥区财政总收入197.82亿元，比上年下降0.4%，其中一般公共预算收入131.41亿元，比上年增长4.0%。一般公共预算支出126.99亿元，比上年增长12.5%。

梳理现行财政政策206项，清理整合政策，构建集中财力办大事财政政策体系，消除政策碎片化、资金分散化现象。推进涉农资金改革，将15个部门33项资金统筹整合为四大专项，涉及资金6.4亿元。坚持“压一般”和“保重点”并进理念，共压缩“三公”经费[指政府部门人员因公出国(境)经费、公务车购置及运行费、公务招待产生的消费]等一般性支出0.87亿元，压减项目支出1.1亿元，盘活存量资金5亿元，统筹财力用于提升“保工资、保运转、保基本民生”能力。

化解政府隐性债务143.73亿元，推进融资平台公司市场化转型，制定出台资产量化方案，完成资产量化配置工作。梳理部门历年在建政府投资项目中长线资金需求，划定财政保障能力红线，共核减项目预算资金13.8亿元。

六部门联合开展惠民惠农财政补贴资金“一卡通”专项治理工作，组织财政扶贫领域作风问题专项整治、公款存放监督检查等，完成财政监督检查项目18个，并督促整改发现的违规问题。出台财政专户资金竞争性存放制度、财政专项资金管理内控办法、行政事业单位资产财政管理规程等规章制度。

【兑现产业扶持资金5.5亿元】 2019年，柯桥区以产业政策谋划落实为切入点，修订出台《促进民营经济高质量发展若干意见》《推进柯桥印染产业高质量发展的实施方案》等扶持政策，2亿元振兴实体经济(传统产业改造)财政专项激励资金用于支持纺织印染、化纤等重点传统制造业改造提升，培育发展先进装备制造、数字经济等战略性新型产业，鼓励企业加大研发投入、产品科技创新、引进培育人才等，全年兑现相关政策资金5.5亿元。

【500亿元中科院联动创新基金落户柯桥】 2019年，柯桥区总规模500亿元的中科院联动创新基金正式落地，引进首期规模10亿元的浙能普华基金。中科院联动创新基金是由柯桥区政府和中国科学院控股有限公司共同倡议发起，总目标规模500亿元，重点关注人工智能、信息电子、环境工程等新兴产业，助力柯桥集聚私募机构、人才和资金，加速科技与经济的深度融合，首期目标规模200亿元，一期认缴出资72亿元。全年全区共投资引进高科技产业项目5个。

【开展基金小镇建设活动16场次】 2019年，柯桥区加快基金公司向金柯桥基金小镇集聚，累计入驻私募金融机构266家，注册资金238亿元。全年组织南非理事会专家项目路演、乌克兰院士专家路演等活动16场次，接待各级政府、企业团队等考察团30多次。

【民生支出101.38亿元】 2019年，柯桥区安排民生支出101.38亿元，比上年增长8.9%，占一般公共预算支出79.8%。安排财政资金1.3亿元，用于中小学空调安装、山区农民饮用水达标提标、老旧小区电梯化改造等与群众生活休戚相关的民生项目。统一调整企业退休人员基本养老金，增加财政支出1.39亿元，惠及企业退休人员14万余人。全区教育支出比上年增长22.0%。卫生健康支出11.17亿元，比上年增长14.3%。投入财政资金6.7亿元支持乡村振兴战略，推进“花香漓渚”国家级田园综合体试点建设。筹集重点项目资金16.5亿元，争取地方政府债券16亿元，支持杭绍城际轨道、杭金衢与杭绍台连接线、树人大学二期、柯海线提升改造等重大项目建设。

【财政资金绩效提升】 2019年，柯桥区启动全面绩效管理改革，建立预算绩效一体化工作框架，编制项目绩效共性指标体系20项，编制552个专项资金项目的核心绩效指标和标准体系，跟踪管理财政资金项目600个，对教育、医疗、交通等23个重点民生领域项目开展重点绩效评价，涉及资金14.49亿元。

【“数字财政”建设】 2019年，柯桥区申报财政部“预算编制云”浙江省试点单位，在全省率先研发“基层财政一体化平台”，为全省财政改革提供“样本”。上线“财务核算云”，区本级国库集中支付预算单位上线开账率100%。推广“政采云”，搭建农业扶贫馆，支持对口援建地区扶贫协作。深化电子化收缴改革，推行医疗票据电子化，全区非税收入电子化缴费金额12.1亿，比上年增长25.5%。

【财政事项100%实现“最多跑一次”】 2019年，柯桥区推进部门间财政预算执行领域“最多跑一次”改革，优化办事流程，缩短办事时间，精简办事材料，全部办事事项实现“最多跑一次”，16大事项提速50%以上，其中6个项目实现即办。(王淼剑)

税务

【概况】 2019年，柯桥区税收收入(财政口径)180.56亿元，其中一般公共预算收入114.15亿元。全年办理出口退税104.5亿元，其中生产企业16.55亿元，外贸企业87.95亿元；审核通过免抵税额7.60亿元，比上年增长2.2%；办理免抵调库3.75亿元，比上年同期减少58.39%。开展2019年信用评价工作，全年对纳入信用管理的69户涉税机构开展评价，评定TSC等级(涉税专业服务机构信用等级)为5级的涉税机构4户，TSC等级为4级的涉税机构65户；对纳入信用管理的45519户纳税人开展信用等级评价，评定A级纳税人7988户，占全区纳税人17.55%，约为全省平均水平的2倍；B级纳税人16877户，占全区纳税人的37.08%，高于全省平均水平。完善线上线下纳税人学堂建设，通过网络直播、视频点播等方式拓展学习渠道，共开展44场实体辅导培训会，累计辅导纳税人31318户次；构筑征纳沟通平台推送公告、发布最新政策及涉税课程，共激活企业46191户，组建83个税企交流群，涉及接收政策消息2.5万人次，访问量总计2.6万次。

2019年，柯桥区税务干部在会稽山绍兴酒股份有限公司开展减税降费政策辅导
(区税务局 供稿)

【减免各类税收43.84亿元】 2019年，柯桥区贯彻落实中央小型微利企业普惠性税收减免、深化增值税改革等一系列减税降费政策，减免各类税收43.84亿元。其中，为促进小微企业发展减免税收9.36亿元，鼓励高新技术企业和投资创业减免税收6.28亿元，改善民生减免税费9.51亿元，落实节能环保类税收优惠0.53亿元。

【城乡居民医保银行缴费协议签订30.40万人次】 2019年，柯桥区组织区内10户代征银行协商确定“现金改卡”工作方案，组建税务、镇（街道）、银行三方微信联络群在线沟通协调，统一印制宣传海报1100份、宣传手册14.3万份，发放到16个镇（街道）、368个村（社区）。至12月31日，全区城乡居民医保银行缴费协议签订30.40万人次。

【征收社会保险费58.90亿元】 2019年，柯桥区建立信息共享、联动合作的工作机制，全年累计征收各项社会保险费58.90亿元，比上年上涨11.48%。其中，养老保险费入库40.03亿元，医疗保险费入库13.22亿元，失业保险费入库1.31亿元。

【应对税收风险对象2648户】 2019年，柯桥区针对低中高三类风险等级，采取提示提醒、纳税评估、移送稽查局等不同的应对措施，应对税收风险对象2648户（含以前年度积案7户），补缴税费滞纳金21388万元，调整退税和调减留抵5013万元。

【分类管理10480户出口退（免）税企业】 2019年初，柯桥区根据《退税规范2.0版》和《出口退（免）税企业分类管理办法》的规定，分类管理评定全区10480户备案且正常开业出口退税资格认定企业，符合评定条件的一类企业156户（占比1.49%），二类企业5331户（占比50.87%），三类企业4122户（占比39.33%），四类企业871户（占比8.31%）。按照分类管理办法，对四类企业实施差别化出口退税申报受理和退税管理，鼓励企业规范申报、诚信纳税。

【通过司法途径入库税款1.2亿元】 2019年，柯桥区通过司法途径入库税款1.2亿元。其中，通过组织核实破产企业欠税费情况，向区法院申报破产债权33户次，申报破产债权8522万元（含滞纳金），受领破产分配款1194万元；通过查询淘宝司法拍卖成交情况，向区法院申请参与分配司法拍卖款61户次，受领法院拍卖分配款11户次，入库税费953万元。

【汇算清缴入库企业所得税6.89亿元】 2019年，柯桥区汇算清缴、后续审核2018年度企业所得税，对2511户企业开展后续审核，其中自审企业2345户，税务机关审核175户，补缴企业所得税4636.66万元，弥补此前年度亏损8111.27万元，减少2019年度亏损额38577.51万元，全年汇算清缴入库企业所得税6.89亿元。

【土地增值税入库税额21.9亿元】 2019年，柯桥区完成土地增值税清算项目82个，入库土地增值税21.9亿元，比上年增收7.15亿元，比上年增长48.50%。其中，通过审核增加土地增值税清算补税2.23亿元。

【为213户纳税人提供信用贷款2.01亿元】 2019年，柯桥区开展便民办税春风行动，通过与金融机构共享纳税信用评价结果，实现“纳税信用”与“融资信用”的无缝对接，全年为213户纳税人提供信用贷款2.01亿元。

【环保税入库税款2501万元】 2019年，柯桥区调研12户黄酒企业使用锅炉情况，通过对比质检部门提供使用锅炉纳税人名单，对130户锅炉企业进行扩围征税，准确采集固体废物生产企业信息134户。环保税实际申报企业302户，共入库环保税2501万元，比上年增长106.65%。（孙佳佳）

执行编辑　章水清

金融业

综　述

2019 年，柯桥区金融业保持总体平稳。全区有银行机构 27 家，其中总行级银行 1 家、一级法人银行 1 家、分行级机构 4 家；保险机构 22 家，其中产险单位 14 家、寿险单位 8 家；证券机构 15 家；期货公司 1 家；小额贷款公司 10 家。

金融业增加值 68.68 亿元，比上年增长 12%，分别占全区 GDP 和服务业增加值的 4.5% 和 9.65%。银行、保险公司、小贷公司、证券公司、期货公司共缴税费 8.33 亿元；税收贡献占全区一般公共预算收入 6.34%。

建立余额日报制，加强银行存贷款月度动态监测，推进银行不良贷款压降工作。全年处置不良贷款 23.17 亿元。至年底，不良贷款余额 13.80 亿元，比年初减少 2.03 亿元，不良率 0.74%，比年初下降 0.26 个百分点，低于全市、全省平均不良率，为 5 年来最低。

1 月 22 日，柯桥区与省级金融机构全面深入合作洽谈暨招商引智推介会在杭州市召开，推介 16 个重大投资项目、现代产业项目和 21 个重点科技人才项目，与 16 家省级银行签订 3 年总额 1500 亿元的全面深入合作协议，涉及全面综合、小微金融、科技金融、乡村振兴等多个领域。（竺鸣冬）

银　行

【概况】 2019 年，柯桥区有瑞丰银行、浙商银行、上海银行、滨海银行、泰隆银行、工商银行、农业银行、中国银行、建设银行、交通银行、绍兴银行、中信银行、招商银行、华夏银行、浦发银行、民生银行、村镇银行、邮储银行、义乌农商行、杭州银行、民泰银行、宁波银行、北京银行、广发银行、嘉兴银行、平安银行、台州银行 27 家银行。其中，总行级银行 1 家（瑞丰银行），一级法人银行 1 家（村镇银行），分行级银行 4 家（浙商银行绍兴分行、上海银行绍兴分行、泰隆银行绍兴分行、天津滨海银行绍兴支行），科技支行 1 家（杭州银行绍兴科技支行），小微企业专营支行 6 家（民泰银行、宁波银行、广发银行、嘉兴银行、平安银行、台州银行）。至年底，金融机构本外币存款余额 2162.56 亿元，比上年增加 222.30 亿元，比上年增长 11.46%。其中，个人存款余额 1102.19 亿元，比上年增加 144.16 亿元，比上年增长 15.05%；非银企业存款余额 627.02 亿元，比上年增加 87.01 亿元，比上年增长 16.11%。期末银行业金融机构本外币贷款余额 1868.68 亿元，较年初增加 288.66 亿元，比上年增长 18.27%，连续 25 个月保持两位数增长。其中，住户贷款 779.65 亿元，较年初增加 190.29 亿元，比上年增长 32.29%；非金融企业及机关团体贷款 1089.01 亿元，较年初增加 98.36 亿元，比上年增长 9.93%。全年银行存、贷款指标呈逐渐攀升态势，国内生产总值考核指标中的年末存贷款增速 16%，居全市各县（市、区）首位。

【瑞丰银行与区政府签订乡村振兴战略合作协议】 2019 年 1 月 22 日，瑞丰银行与柯桥区政府签订乡村振兴战略合作协议，未来三年意向投放信贷增量资金 200 亿元，用以支持柯桥区经济社会高质

2019年4月19日，瑞丰银行被柯桥区政府授予乡村振兴主办行称号（瑞丰银行 供稿）

量发展，主要合作领域包括支持乡村振兴战略、扶持新型农业经营主体、服务民营和小微企业等。

【“推进千万工程、打造信用柯桥”暨瑞丰银行乡村振兴大会】 2019年4月19日，瑞丰银行在漓渚街道召开“推进千万工程、打造信用柯桥”暨瑞丰银行乡村振兴大会。会上推出“越贤贷”乡贤专属个人贷款产品，授予乡贤会1亿元专项信贷资金；针对“田园综合体”国家级项目推出“三个千亩”（千亩花田、千亩花市、千亩花苑）服务计划；启动普惠金融“千万工程”，通过“走千家、访万户”活动，打造农村信用体系，实现人人可贷。

【瑞丰银行举办“金融助推三服务”主题活动】 2019年6月5日，瑞丰银行举办“金融助推三服务”主题活动，实施“普惠模式”“融资畅通”“银政联盟”三大工程。活动现场，瑞丰银行与区经信局签订《小微企业园建设战略合作协议》，明确每年投放信贷增量资金20亿元，用于服务小微企业，建立健全小微企业园综合金融服务长效机制；与区委统战部签订《支持乡贤发展战略合作协议》，明确瑞丰银行将在完善乡贤基础金融服务、提供投资创业信贷支持等方面提供支撑；向市级示范小微园——冠南小微企业园企业授信1亿元。

【瑞丰银行践行“银政联盟1+N”】 2019年，瑞丰银行践行“银政联盟1+N”，1家银行与N个党政部门合作，推进金融服务和政务服务业务协同、数据共享、服务下沉。6月5日，“银政1+9联盟”正式成立，瑞丰银行与区人力社保局、区自然资源分局等9个政府部门实现数据与服务深度合作。9月，瑞丰银行践行“银政联盟1+N”的经验，被省委改革办（省“最多跑一次”改革办公室）《领跑者》专刊刊发。中共浙江省委副书记、省长袁家军，常务副省长冯飞等省市各级领导先后调研或批示。

【瑞丰银行ETC单日发行量创全省新高】 2019年10月10—16日，瑞丰银行发起ETC（电子不停车收费系统）拓展攻坚战——“战狼行动”。全行新增签约ETC3万余辆，累计发行2.6万辆，10月12日单日发行3767辆，10月16日单日发行5692辆，两次创全省农信系统单日发行新高。

2019年10月10—16日，瑞丰银行举行ETC拓展攻坚战——“战狼行动”启动仪式（瑞丰银行 供稿）

【瑞丰银行举办浙江农信丰收驿站省级旗舰店“绍兴月”柯桥瑞丰专场活动】 2019年11月5—9日，瑞丰银行在杭州市举办“丝路柯桥·经纬杭绍”浙江农信丰收驿站省级旗舰店“绍兴月”柯桥瑞丰专场活动，邀请300位杭绍各界人士参加。瑞丰银行以视频形式发布乡村振兴“五朵金花”标志，向乡贤汇报柯桥制造转型柯桥智造成果，举行银政联盟“最多跑一次”改革战略合作协议签订仪式，向杭绍商会联合授信5亿元。

2019年11月5日，瑞丰银行举办“丝路柯桥·经纬杭绍”浙江农信丰收驿站省级旗舰店“绍兴月”柯桥瑞丰专场活动
（瑞丰银行　供稿）

【上海银行绍兴分行存贷规模突破160亿元】 2019年年底，上海银行绍兴分行本外币存款余额54.99亿元，较年初增加16.69亿元，比上年增长43.59%；本外币贷款余额108.43亿元，较年初增加31.67亿元，比上年增长41.26%。存贷款余额突破160亿元，创历史新高。

【泰隆银行绍兴分行上线“开放银行”】 2019年5月，浙江泰隆商业银行绍兴分行上线“开放银行”，以“聚合支付”为切入口，与第三方软件公司合作，由泰隆银行绍兴分行为客户提供账单、收款、线上支付等服务。至年底，共办理44个开放银行项目，累计带动负债规模近1800万元，其中活期520多万元、定期500万元、理财700多万元，累计带动资产规模300多万元，年底贷款余额260多万元。

【中国银行柯桥支行承销浙江省首单信托模式供水类资产支持票据项目】 2019年8月，中国银行柯桥支行承销的柯桥区国有资产投资经营集团有限公司25亿资产支持票据项目正式发行。该项目为全国金融系统内金额最大、期限最长的资产支持票据项目，也是浙江省首单信托模式供水类资产支持票据。

【中国银行柯桥支行揽得国土保证金存款72亿元】 2019年，中国银行柯桥支行先后取得财政国库集中支付业务、财政非税土地出让金账户和土地竞买网上交易保证金账户，累计揽得国土保证金存款72亿元。

【中国银行柯桥支行推出移动终端对公开户业务】 2019年，中国银行推出移动终端对公开户业务。企业到银行网点提供一套申请资料，可快速在移动端办理开立账户、开通网银、单位结算、银企对账等所需银行服务；在行政大厅完成工商注册登记、印章刻制后，可通过移动终端对公开户服务开立银行账户。5月24日，柯桥支行完成首次移动终端对公开户，系全市中行系统内第一笔。

【农行绍兴柯桥支行小微企业贷款余额增加5.23亿元】 2019年，农行绍兴柯桥支行推广“小微网贷”“简式贷”等产品，帮助小微企业解决融资难题。至年底，据银监口径统计，有小微企业贷款客户335户，较年初增加143户；贷款余额8.24亿元，较年初增加5.23亿元。支行存贷款总量515亿元，继续居四大国有银行首位。

【农行绍兴柯桥支行稽东惠农金融服务站开业】 2019年9月18日，农行绍兴柯桥支行稽东惠农服务站开业，这是该行继江桥、夏履之后设立的第三家普惠金融服务站。服务站作为农行平水支行的延伸点，配备超级柜台等最新金融服务设备，可为客户办理除现金业务外的所有业务，为周边茶叶、香榧农产品交易市场提供金融服务。

【农行绍兴柯桥支行旅游类项目贷款6.76亿元】 2019年，农行绍兴柯桥支行获批绍兴市柯桥区会稽山兜率净土开发有限公司“大香林景区二期”景区收益权支持贷款5.26亿元，绍兴市柯桥区文化发展有限公司“兰亭街道阳明园项目”景区开发建设贷款1.5亿元。

【范静波劳模创新工作室升格为“国字号”】 2019年3月14日，全国金融系统劳模和工匠人才创新工作室——范静波劳模创新工作室在农行绍兴柯桥支行揭牌，成为浙江省农行系统和绍兴地区唯一一家“国字号”工作室。劳模创新工作室于2018年11月挂牌，总部设在农行绍兴柯桥支行，全国五一劳动奖章获得者、农行浙江省分行榜样人物范静波为带头人，组建专业团队，健全学习培训制度，实现“精神传承、技能传授、品牌传播”三大功能。

【工商银行绍兴支行存贷款余额273.32亿元】 2019年年底，工商银行绍兴支行本外币各项存款余额146.84亿元，较年初增加27.59亿元，比上年增长23.14%；本外币各项贷款余额126.48亿元，较年初增加10.85亿元，比上年增长9.38%。

【工商银行绍兴支行普惠贷款5.29亿元】 2019年5月，工商银行绍兴支行专门设立普惠贷款业务部，通过e抵快贷等产品，优化整合业务审批流程，推动普惠金融增量、扩面、平价，让工行金融服务更多普助小微、惠及民生。全年净增普惠贷款5.29亿元。

【建设银行柯桥支行推出“好家庭信用贷”】 2019年3月，建行柯桥支行与柯桥区妇联签订合作协议，推出“好家庭信用贷”，主要面向获得各级先进家庭和先进妇女称号的家庭及个人，最高贷款额度30万元，在同等条件下给予市场最优惠利率，可循环使用、随借随还。3月8日，为漓渚镇花农朱某某办理全市首笔个人“好家庭信用贷”15万元。

【华夏银行绍兴钱清支行落地绍兴分行多笔金融新产品】 2019年5月27日，华夏银行绍兴钱清小微企业专营支行落地绍兴分行首笔民营企业撮合租赁融资业务3000万元。6月24日，落地绍兴分行首笔“证租通”（国内信用证）3130万元。11月26日，发放绍兴分行首笔厂房按揭贷款，至年底，累计发放7笔，金额7150万元。

【招商银行柯桥支行自营存贷款余额45.39亿元】 2019年年底，招商银行柯桥支行全折自营存款余额27.22亿元；自营贷款余额18.17亿元，较年初增加6.37亿元，较上年增长53.98%。通过发债、撮合等新业务为区内企业募集资金13亿元。

【绍兴银行柯桥支行授信金额2.5亿元】 2019年，绍兴银行柯桥支行为破解小微企业无押品融资难问题，创新“金积贷”“兰花易贷”等具有无抵押、纯信用、授信时间长、随借随还等特点的贷款产品。至年底，累计授信1200户，金额2.5亿元。

【绍兴银行柯桥支行推行“无还本续贷”业务】 2019年绍兴银行柯桥支行向小微企业推行“无还本续贷”业务，借款人在原贷款到期且满足一定要求的情况下，不需将原贷款本金还清即可办理新的贷款手续。至年底，有330家企业、1563户个人进入名单库。

【北京银行绍兴柯桥支行中标2个非公开发行公司债】 2019年11月22日，北京银行绍兴柯桥支行中标同业直投项目——绍兴柯岩建设投资有限公司2019年3年期非公开公司债。12月6日，中标绍兴市柯桥区城建投资开发集团有限公司2019年第二期非公开发行3年期公司债，引入外部资金3.8亿元，衍生存款沉淀合计6.6亿元。

【北京银行绍兴柯桥支行向自闭症画家发放贷款1000万元】 2019年5月15日，北京银行绍兴柯桥支行向浙江毕昌煜文化艺术发展有限公司发放小微企业贷款1000万元，助力自闭症画家毕昌煜文化创业。（竺鸣咚）

保　险

【概况】 2019年，柯桥区有人保财险、太保产险、平安产险、天安产险、华泰财险、中华联合、太平财险、安邦财险、都邦保险、阳光财险、国寿财险、长安责任、安诚保险、浙商保险14家产险机构，中国人寿、太保寿险、平安人寿、泰康人寿、新华人寿、太平人寿、生命人寿、人保人寿8家寿险机构。保费收入22.13亿元，比上年增长9.23%。其中，财险保费收入9.98亿元，比上年增长5.05%；寿险保费收入12.14亿元，比上年增长13.03%。各项赔款支出7.55亿元，比上年增长12.86%。

【人保财险柯桥支公司参与小微企业出口信用险政府项目】 2019年1月7日，中国人保财险柯桥支公司中标2019年度柯桥区小微企业出口信用保险政府联保服务项目，保费收入50.6万元，提供风险保障13亿元。3月22日，中国人保财险柯桥支公司完成小微企业出口信用险政府项目，共承保小微企业80家，承保金额1.99亿美元，总保费人民币51.93万元，占市场份额34%。

【人保财险柯桥支公司为350辆公交车装“安全卫士”】 2019年4月11日，中国人保财险柯桥支公司为绍兴市公共交通集团第二有限公司350辆公交车安装“安全卫士”。该设备可获取行驶区域、里程等数据，还能对驾驶员的驾驶行为规范、安全车距示警等进行过程管理。

【人保财险柯桥支公司开展台风救灾理赔】 2019

年8月12日，中国人保财险柯桥支公司发放首笔“利奇马”台风政策性农房家财险理赔款。8月8日，柯桥支公司启动重大灾害理赔应急预案，在接到兰亭街道一客户房屋因台风受损的报案后，赴现场查勘，开通绿色理赔通道，经现场定损确认财产损失共计1500元。

【人保财险柯桥支公司承保钱塘江海塘加固工程项目】 2019年11月5日，中国人保财险柯桥支公司承保钱塘江海塘加固工程保险项目，签单保费34万元，提供全方位风险保障8500万元。该工程是确保钱塘江南岸海塘封闭线安全、确保萧绍平原防洪潮安全的重点项目。

【人保财险柯桥支公司中标新型农业经营主体综合险项目】 2019年12月17日，中国人保财险柯桥支公司中标柯桥区新型农业经营主体综合险项目，保费收入100万元，提供风险保障3.5亿元。该综合险包含农险、财产险、责任险、意外险等多个险种，对不同类型经营主体提供较全面风险保障。

【人保财险柯桥支公司中标小微企业出口信用险政府联保项目】 2019年11月20日，中国人保财险柯桥支公司中标2020年度柯桥区小微企业出口信用保险政府联保服务项目，清单份额由上年的25%提至80%，保费收入133.9万元，提供风险保障34.3亿元，协助政府优化营商环境。

【人保财险柯桥支公司中标曹娥江综合整治工程保险项目】 2019年11月26日，中国人保财险柯桥支公司中标曹娥江综合整治工程Ⅰ标、Ⅱ标工程一切险(含第三方责任险)项目，签单保费73万元，提供全方位风险保障2.7亿元。该工程是提升曹娥江坝顶道路和综合环境的重点项目，被列为2019年省“百项千亿防洪排涝工程”建设项目，总投资4亿元。

【人保财险柯桥支公司中标杭州中环工程项目】 2019年12月，中国人保财险柯桥支公司中标杭州中环柯桥段高架桥改建工程、杭州湾环线高速公路(杭甬段)柯桥互通改扩建工程建筑工程一切险(含第三者责任险)项目，保费收入1.3亿元，提供风险保障35亿元。

【人保财险柯桥支公司中标环卫工雇主责任项目】 2019年12月18日，中国人保财险柯桥支公司中标环卫工雇主责任保险项目，保费收入15.5万元，为380位环卫工人提供2.5亿元的风险保障。(竺鸣咚)

典 当

【概况】 2019年，柯桥区有绍兴天业典当有限责任公司、绍兴翰越堂典当有限责任公司、绍兴恒通典当有限责任公司、绍兴汇银典当有限责任公司、浙江兴发典当有限公司、台州市鼎盛典当有限责任公司绍兴柯桥分公司、绍兴瑞兴典当有限责任公司、浙江盛兴典当有限责任公司8家典当公司，注册资本10058万元，开展典当业务243笔，典当总额35033万元，利息及综合服务费收入328.98万元。(竺鸣咚)

证 券

【概况】 2019年，柯桥区有财通证券柯桥分公司、中信证券兴越路营业部、国元证券金柯桥大道营业部、浙商证券金柯桥大道营业部、浙商证券钱清文化路营业部、信达证券裕民路营业部、中国银河证券鉴湖路营业部、山西证券金柯桥大道营业部、华林证券金柯桥大道营业部、光大证券金柯桥大道营业部、东北证券金柯桥大道营业部、天风证券杨绍线营业部、东吴证券金柯桥大道营业部、东方财富证券群贤路营业部、联储证券裕民路营业部、长城证券金柯桥大道营业部16家证券营业部。至年底，累计开户数202124户，比上年增加17173户，比上年增长9.13%。全年证券机构交易额5420.39亿元，比上年增加1135.96亿元，比上年增长26.51%。期末客户保证金13.96亿元。

企业上市

【概况】 截至2019年年底，柯桥区累计实现企业境内外上市18家，其中境内10家(4家主板，6家中小板)，境外8家(中国香港4家，新加坡2家，澳大利亚2家)，累计融资151.99亿元，总值349.52亿元。累计新三板挂牌企业14家，当年新增1家(浙江吉麻良丝新材料股份有灵公司)。新增3家企业(浙江越剑智能装备股份有限公司、浙江迎丰科技股份有县公司、浙江西大门新材料股份有限公司)报会。1家企业(浙江万丰化工股份有限公司)省证监局辅导。全年新增股份公司55家,为全市第一。

小额贷款

【概况】 2019年,柯桥区有绍兴柯桥汇金小额贷款股份有限公司、绍兴市柯桥区永利小额贷款股份有限公司、绍兴市柯桥区富邦小额贷款有限公司、绍兴柯桥华联小额贷款股份有限公司、绍兴市柯桥区贤盛小额贷款股份有限公司、绍兴市柯桥区日月小额贷款有限公司、绍兴市柯桥区宏泰小额贷款有限公司、绍兴市柯桥区兴发小额贷款股份有限公司、绍兴市柯桥区屹男小额贷款有限公司、绍兴市柯桥区振东小额贷款股份有限公司10家小额贷款公司,合计注册资本18.50亿元。全年累计发放贷款2682笔,较上年增加996笔;总金额29.31亿元,较上年增加2.64亿元,增长9.90%。年底贷款1565笔18.39亿元,其中种养殖业及100万元以下贷款1201笔5.46亿元。

2019年,柯桥区有民间融资管理创新试点单位9家,其中民间资金管理企业2家(绍兴柯桥区稽山力合民间资本管理有限公司、绍兴市柯桥区蓝天资本管理有限公司),民间融资信息服务企业6家(浙江汇普金融服务集团有限公司、绍兴市柯桥区振东金融服务有限公司、绍兴万国金融服务有限公司、绍兴柯桥耀光金融服务有限公司、绍兴柯桥荣生金融服务有限公司、绍兴柯桥越商金融服务有限公司),民间融资服务中心1家。全年,浙江汇普金融服务集团有限公司中小企业转贷业务累计发放758笔,金额89.37亿元。绍兴市柯桥区振东金融服务有限公司中小企业转贷业务累计发放348笔,金额33.04亿元。绍兴柯桥荣生金融服务有限公司转贷业务累计发放27笔,金额2.06亿元。(竺鸣咚)

期　货

【概况】 2019年,柯桥区有大越期货柯桥营业部1家期货机构。至年底,有客户1800户,累计客户权益数0.35亿元,累计交易金额525.90亿元,实缴税收20.45万元。(竺鸣咚)

执行编辑　王　翊

国土资源管理

综　述

2019年，柯桥区继续推进“611”耕地保护工程，推行耕地保护补偿机制，发放耕地保护补偿资金1080.87万元。开展违建别墅清查整治行动、国土资源领域扫黑除恶斗争和第三次全国国土调查。至年底，征收土地90宗1648.84亩，办理被征地农民“即征即保”审核2033人，不动产抵押登记1943件，涉及企业国有建设用地面积20469.29亩，抵押金额824.71亿元，查处国土资源违法案件121件。

·小资料· “611”耕地保护工程

是指土地开发垦造耕地工程、千万亩耕地质量提升工程和农村土地综合整治工程。土地开发垦造耕地工程。通过滩涂围垦造地、低丘缓坡开发等途径，力争完成新增耕地60万亩，其中垦造和改造水田30万亩。千万亩耕地质量提升工程。加强以农田水利设施为基础的田间水渠配套工程建设，加大中低产田改造力度，提升耕地质量，再建成1000万亩旱涝保收、与现代农业生产和经营方式相适应的高标准农田。农村土地综合整治工程。继续实施和推进城乡建设用地增减挂钩和农村土地综合整治，通过矿山废弃地土地复垦、农村建设用地复垦新增耕地10万亩。（吴建灿）

土地资源管理

【概况】 2019年，柯桥区严格履行招拍挂审批程序，成交土地67宗4233.84亩。争取各类新增建设用地指标1986.824亩。外购耕地占补平衡指标1775亩、补充水田指标3001.5亩。办理国土资源领域扫黑除恶线索52条。

【“611”耕地保护工程】 2019年，柯桥区深化“611”耕地保护工程。全年垦造耕地509.9亩，旱地改水田1466.6亩，建成标准农田1218.8亩，农村土地综合整治立项34.9亩、验收项目229.1亩，表土剥离再利用403.5亩。

【2个乡村全域土地整治与生态修复项目获省级立项】 2019年6月，柯桥区马鞍街道飞跃闸村、长虹

2019年12月5日，柯桥区副区长吴晓炯代表柯桥区在浙江省乡村全域土地综合整治与生态修复现场会上作先进经验交流发言

（洪晓鸿　摄）

闸村2个全域土地综合整治与生态修复项目经省级批复立项，总整治面积0.86万亩，计划总投资2291.72万元，于7月启动实施。12月5日，副区长吴晓炯代表柯桥区在全省乡村全域土地综合整治与生态修复现场会上作先进经验交流发言。

【成交土地67宗】 2019年，柯桥区严格履行招拍挂审批程序。全年成交土地67宗4233.84亩，成交金额141.29亿元。其中，经营性用地出让23宗1536.45亩，出让金额128.32亿元；工业用地出让44宗2697.39亩，出让金额12.97亿元。划拨供地42宗778.22亩；集体使用5宗15.55亩。

【违建别墅清查整治】 2019年，柯桥区开展违建别墅清查整治专项行动。排查2004年10月后新动工别墅项目（含别墅类房地产、具有别墅风格的经营性项目、私家庄园、私人别墅）18个，面积1780.71亩。纳入清查整治范围1宗，占地面积9.15亩，于2019年11月25日拆除完毕，并通过上级验收。

【用地空间拓展】 2019年，柯桥区争取新增建设用地规划指标1253亩，入库95个项目共1805亩新增建设用地项目数据，修改11个乡镇规划共2422亩。

【争取新增建设用地计划指标1924.5亩】 2019年，柯桥区在浙江省新增建设用地指标减少的形势下，争取各类新增建设用地计划指标1924.5亩。其中，省国土厅下达年度存量盘活挂钩指标765亩，重大产业项目奖励指标60.1亩，省政府督查激励事项奖励指标200亩，省统筹补充耕地奖励指标5.1亩，争取跨省增减挂钩新增建设用地指标820.3亩，农民建房专项指标62亩，调剂指标12亩。审批农转用15个批次共158个项目，新增建设用地2165.7亩（其中使用盘活调整等历年节余指标241.2亩）。

【盘活存量土地2525.2亩】 2019年，柯桥区继续实施存量建设用地盘活情况按月通报机制，推动批而未供土地消化利用和存量土地盘活，共消化利用批而未供土地1126.94亩，盘活存量土地2525.2亩，城镇低效用地再开发项目供地27宗1905亩。

【出让工业用地"标准地"41宗】 2019年，柯桥区探索工业用地"标准地"出让改革，在省级及省级以上平台试行工业项目用地"标准地"出让。全年出让"标准地"41宗，面积2263亩。

【对永久基本农田实行占补平衡政策】 2019年，柯桥区因重点工程建设拟占用永久基本农田1353.9亩，经省级部门论证并落实补划数量、质量和空间布局相当的永久基本农田1353.9亩。柯桥区发放耕地保护补偿资金1080.87万元。

【解决企业融资难题】 2019年，柯桥区帮助企业解决融资难题，办理不动产抵押登记1943件，涉及企业国有建设用地面积20469.29亩，抵押金额824.71亿元。为企业、银行提供抵押、查封信息查询22751次。办理审批临时用地项目13个，批准临时用地166.58亩。

【受理不动产业务76840件】 2019年，柯桥区受理不动产业务76840件，制发不动产权证130461本，其中不动产权证书83965本、登记证明46496份，办结司法查、解封业务2958件，抵押注销业务15918件。

【征收土地1648.84亩】 2019年，柯桥区依法完成土地征收90宗，计1648.84亩。办理被征地农民"即征即保"审核2033人，对事实失土农民调查确认，办理农民社保认定38人。

【开展土地卫片执法监督检查17宗】 2019年，柯桥区分类开展土地卫片执法监督检查。立案查处违法用地9宗，面积29.15亩，移交其他部门处理8宗，拆除复耕1宗。

【第三次全国国土调查】 2019年3月，柯桥区第三次

2019年3月5日，柯桥区三调外业人员在夏履镇联华村进行国土三调外业调查　　（孙　涛　摄）

全国国土调查完成初步成果，分别经省、市检查，作业单位补充举证、修改完善，6月7日经国家级核查合格。针对核查反馈问题，采取内业处理和外业补充举证相结合的方法，分类进行全面系统整改，完成入库、合库、质检和三调时点更新工作。

【查处国土资源违法案件121件】 2019年，柯桥区开展国土资源执法巡查1826次。作出行政处罚决定121件，查处国土资源违法面积21.3万平方米，罚没款506万元。（魏烨桦）

地质环境保护

【概况】 2019年，柯桥区发生84次滑坡、崩塌和泥石流等小型地质灾害，主要分布于南部山区，由短时强降雨和人类不规范工程活动引发。全区有地质灾害突发性易发区面积594.22平方千米，占全区面积的55.74%；年度地质灾害隐患点3处。至年底，全区累计核销地质灾害隐患4处，减少威胁人数22人，所有地质灾害隐患均落实综合治理措施，设置4处专业监测点进行永久监测。

【地质灾害防治】 2019年，柯桥区编制完成《2019年度地质灾害防治方案》，修编《柯桥区突发地质灾害应急预案》，更新《突发地质灾害应急操作手册》。汛期累计发布地质灾害气象风险预警20余次，分别启动地质灾害应急响应Ⅳ级5次、Ⅲ级2次、Ⅱ级2次、Ⅰ级1次，发送地质灾害预警信息2万余条，新建3处专业监测点并记录监测数据4084条；开展地质灾害隐患治理工程1处，治理即查即治地质灾害应急排险小规模工程79处，发放财政治理资金1200余万元。全年没有发生一起因地质灾害造成的人员伤亡事故。（邵　弘）

矿产资源管理

【概况】 2019年，柯桥区有探矿权单位3家，有采矿权单位6家，其中有经营性采矿权的4家(2家金属矿产、2家建筑石材矿产)，有工程性采矿权单位2家。经营性生产矿山平铜、漓铁2家均完成绿色矿山建设。

依法规范矿产资源勘查开采和监督管理工作，落实矿业权人信用监管制度。全年统一组织开展矿山储量动态检测24次，定期进行矿山动态巡查450余次。结合浙江省地矿综合监管系统和浙江省地矿信用信息公示平台，对矿业权人矿产资源勘查开采信息公示工作进行督促指导与服务，监督检查矿业权人公示信息的真实性、完整性，规范开展实地核查。

【2处废弃矿山生态修复工程完工】 2019年，柯桥区推进废弃矿山生态修复三年专项行动。至年底，2处治理工程交工验收，为原马鞍安兴石料矿和原马鞍通济石料场。原马鞍通济石料废弃矿山生态修复工程于2019年8月通过交工验收，工程对废弃矿山可视宕口裸岩边坡进行绿化消除视觉污染和对宕底出入口进行封堵消除安全隐患。

【矿山环境粉尘专项整治行动】 2019年，柯桥区开展矿山环境粉尘专项行动，把经营性露天矿山纳入检查范围。对列入检查范围的2家矿山进行每周不少于2次的巡查，对检查过程中发现的环境脏乱、路面未硬化等问题下发整改通知书，每月定期联合对矿山粉尘防治情况进行检查打分，对重点环节的粉尘防治措施内容提出问题、强调整改，并建立矿山粉尘防治管理台账。（邵　弘）

执行编辑　陈飞燕

环境保护

综　述

2019年，柯桥区曹娥江大闸前断面（国家考核断面）水质为Ⅱ类，达到Ⅲ类水环境功能区目标要求。5个省控及以上断面Ⅰ～Ⅲ类比例为100%，28个市对区考核断面中，Ⅱ类断面24个，Ⅲ类断面4个，断面水质全部满足功能要求，达标率100%，跨行政区域10个交接断面中，水质为Ⅱ类的断面7个，Ⅲ类断面3个，全部满足功能要求，出境水质达到Ⅱ类水质标准，优于2018年，跨行政区域考核继续保持优秀。空气质量优良率78.4%，PM2.5均值每立方米39微克。生态环境质量公众满意度得分实现“六连升”。全省环境宣传教育工作会议在柯桥召开。（赵晓丰）

2019年3月26日，参加浙江省环境宣传教育工作会议的与会人员参观国家级绿色学校——夏履镇中心小学

（市生态环境局柯桥分局　供稿）

环境监察与稽查

【概况】 2019年，柯桥区强化涉水、涉气案件查处，依法从重从严打击各类环境违法行为，维护区域环境安全。组织开展“蓝剑”行动6次、“碧海”行动5次。开展执法大练兵，共抽调33名执法人员赴外地参加重点案件调查、省级秋冬季专项执法暨交叉检查和“蓝天保卫战”重点区域强化督查帮扶工作。加强应急管控，区域内无重大环境突发事件发生。全年受理环保类信访投诉1553件，调处回复率100%。

【立案查处环境违法案件186件】 2019年，柯桥区立案查处环境违法案件186件，行政处罚金额1731万元，移送公安案件4件，刑事拘留2人。其中，涉气案件立案查处108件，占全年总案件数的58.1%，罚款金额421万元。

【环保百日攻坚专项行动】 2019年9月起，柯桥区开展环保百日攻坚专项行动，共检查企业657家，发现问题1094个，责令整改企业484家，立案查处企业15家，查封19家。

【环境信访群众满意率95%以上】 2019年，柯桥区继续设置夜间应急值班小组，应对和处置各类突发环境污染事件，加强信访后督查，进一步提高信访处置效能。全年受理信访投诉1553件，比上年下降11.6%，调处回复率100%，群众满意率95%以上。（赵晓丰）

环境监测及管理

【概况】 2019年，柯桥区提交各类监测、检测报告789份，其中常规政府指令性监测报告85份，重点污染源监督性监测报告73份，执法监测586批次，参加应急演练2次、应急监测6次。维护管理3个萧绍交接断面水站、29个微型水站、4个常规六参数站、3个工业园区VOCs站、11个乡镇PM2.5站、1个清新空气站、3个雷达站、2个新建国标站、20个微网格化站。

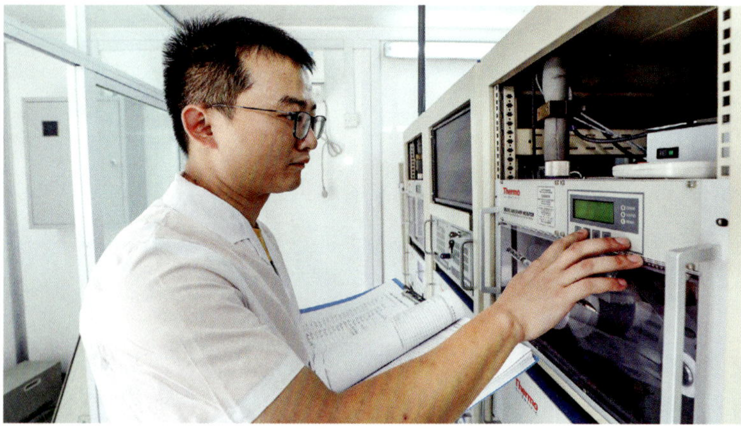

2019年8月22日，绍兴市生态环境局柯桥分局工作人员巡检大气环境自动监测站点设备运行　（徐　晔　摄）

【发出环境质量预警函69份】 2019年，柯桥区继续推行镇(街道、开发区)环境质量预警机制，对空气质量、河道断面水质状况超过预警值或者排名落后的镇(街道、开发区)及时发出信函督促整改。全年发出环境质量预警函69份，其中大气环境质量预警通报函36份、水环境质量预警函32份、自动站水质预警1份。

【空气质量优良率78.4%】 2019年，柯桥区空气质量优良率78.4%，比上年增长0.77%。其中，PM2.5均值每立方米39微克；臭氧均值每立方米103微克；二氧化氮均值每立方米30微克；二氧化硫均值每立方米7微克；PM10均值每立方米62微克；一氧化碳均值每立方米0.7毫克。

【河道断面水质达标率100%】 2019年，柯桥区28个考核断面中，高锰酸盐指数与上年持平，氨氮指标比上年下降每升0.04毫克、总磷指标比上年增加每升0.015毫克。28个断面均为Ⅰ～Ⅲ类水质断面，断面水质达标率100%。18个市控及以上断面水质达标率100%，28个市对区考核断面水质达标率100%，全省交接断面考核优秀。(赵晓丰)

污染防治管理

【概况】 2019年，柯桥区以改善和提升环境质量为工作核心，坚持“水、气、土”合治，高标准打好污染防治攻坚战，创建“污水零直排区”工业园区3个。推进区域环境空气质量提升和污染防治工作。加强机动车尾气监管，严把机动车检测关，全年检测车辆202646辆，累计淘汰老旧车314辆。

【联合巡查大气环境35次】 2019年，柯桥区召开迎接第二轮中央环保督察暨推进大气环境治理工作会议，出台《绍兴市柯桥区空气质量达标进位专项行动方案》《绍兴市柯桥区打赢蓝天保卫战2019年工作计划》，成立治气专班，开展联合巡查35次，下发大气问题督办单37期，发现问题117个。

2019年10月28日，柯桥区开展大气污染夜间专项检查暨“蓝剑2019”6号执法检查
（市生态环境局柯桥分局　供稿）

【多措并举开展净土行动】 2019年，柯桥区开展建设用地土壤污染状况调查报告专家评审工作，经场地环境初步调查报告评审的出让(划拨)地块71个，工业再开发地块场调报告评审地块56个。开展污染土壤风险管控和污染修复，治理修复柯西R-08、R-09地块。调查重点行业企业用地土壤污染状况点位386处。

【污染源普查数据核算定库】 2019年，柯桥区审核、整改污染源普查入户调查数据质量，审核并整改数据质量问题7万余条，开展名录库比对并补充各类源50家，通过2次国家级现场核查、1次省级现场核查、2次市级现场核查，基本完成污染源普查数据核算及定库工作。

【“无废城市”建设试点启动】 2019年，柯桥区全面启动“无废城市”建设试点。编成“无废城市”建设试点实施方案初稿，持续推进工业污泥“消库清量”和危险废物“存量清零”，完成16家危险废物产生和经营单位规范化考核，建成柯桥区危险废物填埋场项目，“浙能”单日2500吨污泥焚烧项目按计划推进。

【排污权交易56宗】 2019年，柯桥区废水排污权交易18宗，涉及交易水量每日7453.9吨，总交易金额10067.87万元。废气排污权储备指标交易38宗，涉及二氧化硫指标223.16吨、氮氧化物指标444.83吨，总交易金额742.54万元。(赵晓丰)

生态建设

【概况】 2019年，柯桥区开展美丽柯桥建设(生态文明示范创建行动)，创建市级绿色学校3所，生态环境质量公众满意度得分86.24分。62家工业企业完成“两断三清”，汤浦水库饮用水水源地环境保护问题完成整改销号。开展各类生态宣传活动，共分发宣传资料2.3万份，发送宣传短信188万条，农村数字电影广告播放400场，社区(办公楼宇)投放电梯广告1200幅。

·小资料· 两断三清

两断三清是指切断工业用电、用水，清除原料、产品、生产设备。全国集中式饮用水水源地环境保护专项行动开展以后，柯桥区大力推进汤浦水库饮用水水源地保护工作。针对保护区内75家小微企业，区级多次与上级有关部门沟通协调，制定出台《柯桥区汤浦水库饮用水源地保护区工业企业整治实施方案》，除13家农业加工企业原则可予以保留外，其余62家工业企业必须拆除或关闭。针对关停退出的企业，按业主选择、分类处置、分档补助原则，由业主自行选择自愿停产退出、购租厂房搬迁、新供用地安置等三种处置方式，并给予相应补助。至年底，62家工业企业全部“两断三清”，完成整改验收销号。

【“绿盾2019”专项行动】 2019年，柯桥区开展“绿盾2019”自然保护区监督检查专项行动，对绍兴舜江源省级自然保护区、兰亭大庙坞鹭鸟自然保护区等2个自然保护区和1个国家级、3个省级森林公园进行全面体检，未发现有违规项目建设。

【“筑梦‘柯桥蓝’”主题活动】 2019年，柯桥区开展“筑梦‘柯桥蓝’——蓝天保卫战 我是行动者”主题活动。柯桥区企事业单位、学校、社区等500多名环保热心人参加，由唱响“六五环境日主题曲”——“让中国更美丽”、发起“蓝天保卫战 我是行动者”倡议、百名学子共绘“柯桥蓝·美丽家园”等活动组成。(赵晓丰)

2019年6月2日，柯桥区举行“六五”世界环境日主题活动

(徐晔 摄)

执行编辑 陈飞燕

水　利

综　述

2019年，柯桥区全面实施水利行业机构改革，推进重点水利工程建设，水利投资9.7亿元。水费收缴的“柯桥模式”在全省农村饮用水达标提标行动暨冬修水利工作现场会上交流。柯桥区被水利部评定为全国第二批节水型社会建设达标县（区），被省水利厅推荐为全国深化小型水库管理体制改革示范县。浙东古运河、瓜渚湖、若耶溪被浙江省水利厅、浙江省治水办（河长办）评为浙江省2019年度美丽河湖。（胡飞珍）

【鉴湖江（柯桥区段）被列为河长制省级标准化试点】 2019年4月，柯桥区鉴湖江被确定为全省唯一的河长制工作标准化试点河道。根据河湖管护“一张底图、一套标准、一个平台、一支队伍”的目标，探索河湖标准化管护机制，重点推进河道养护标准化、河长履职标准化、河道监管标准化三项工作，从制度上规范和完善河湖长效管理。设立全国首个河长制标准化工作展示馆，馆内设置搭载有智慧巡河系统、无人机巡河系统、模拟体验巡河系统的智慧河长管理操作平台。7月28日，《人民日报》报道《绍兴柯桥开展河湖治理标准化试点》。（冯柏松）

水资源管理

【概况】 2019年，柯桥区落实最严格水资源管理制度，强化用水计划管理，树立“节水优先”理念，落实用水总量和强度“双控”行动，通过县域节水型社会建设国家复核，增加节水型企业35家、节水型公共机构10家。被省水利厅、省人社厅授予最严格水资源管理工作成绩突出集体称号。

【水法规宣传和水情教育】 2019年，柯桥区利用第27届“世界水日”和第32届“中国水周”、城市节水周、宪法宣传日开展水资源宣传活动，通过设摊、微信公众号、公交移动电视媒体等面向社会公众开展水情教育，提高公众节水、护水、爱水的意识。赴香水湾幼儿园上节水公开课，宣传水的性质及用途。赴大渡社区文化礼堂开展节水宣讲，宣读节水倡议书，为社区居民讲解节水知识。系列活动共分发宣传海报、宣传册、知识读本等800余份，分发印有宣传标语的环保袋、清洁手套、彩色笔等宣传品600余份。

【县域节水型社会达标建设通过国家复核】 2019年，柯桥区推进节水型社会建设，创建工业企业水平衡测试及节水型企业35家、公共机构节水单位10家，县域节水型社会达标建设工作通过国家复核。

【入选全省首批县域水资源强监管综合改革试点】 2019年，柯桥区入选全省首批县域水资源强监管综合改革试点单位名单，全省首批共11个试点县（市、区），绍兴市仅1家。组织编制《绍兴市柯桥区水资源强监管综合改革试点实施方案（2019—2020年）》，于10月通过专家评审，12月开始实施。

【区域“三合一”水影响评价改革】 2019年，柯桥区开展区域“三合一”水影响评价改革，将特定区域内多个单体建设项目涉及的水土保持方案、防洪影响评价报告及水资源论证报告以区域为单元按照“1+X”原则(其中1是指“水土保持方案报告书”)组合成区域水影响评价报告开展编制、审批(审查)工作,提高办事效率,加快项目落实。编制并批准《柯桥经济技术开发区区域“三合一”水影响评价报告》。(阮亭颜)

【创建省级“美丽河湖”3个】 2019年,柯桥区以美丽诗画河湖为重点,统筹水生态、水资源、水环境、水景观、水文化等综合治理,推进美丽河湖创建。浙东古运河(柯桥城区段)、瓜渚湖和若耶溪被评定为省级“美丽河湖”。(冯柏松)

2019年,浙东古运河(柯桥城区段)　　(冯柏松　摄)

【节水教育宣传基地开放】 2019年6月,柯桥区节水宣传教育基地开放。基地坐落于马臻纪念馆二楼东南首,项目总投资104万元。场馆内主要内容包括上善若水·禹迹柯桥、百桥千街·水声柯桥、走进水世界·节水柯桥、大力节水·卓有成效、智慧治水·生态柯桥5个主题。至年底,累计接待团队42批次,游客约4200人次。(傅永平)

【1250万尾鱼苗放流鉴湖水域】 2019年,柯桥区在福全街道、大小畈湖等水域开展渔业资源增殖放流活动,共放流花鲢、白鲢、鳊鱼苗种1250万尾。(何　英)

水利工程建设

【概况】 2019年,柯桥区开工建设绍兴市曹娥江综合整治工程(柯桥段)、柯桥区钱塘江一线海塘加固工程、小舜江南溪综合治理工程等工程,完成瓜渚湖直江柯北段拓浚工程、23个行政村的农村饮用水达标提标任务。整治山塘20座、灌溉泵站2座,建设渠道5.51千米。整治山区溪流6条,治理总长度3.4千米。首次测量河道水域特征断面淤积情况,建立数据库,促进河道清淤常态化、规范化,配合浙东引水5.16亿立方米,促进水质持续改善。(胡飞珍)

【中小河流整治完成】 2019年,柯桥区审核杨汛桥漓渚、福全、王坛、齐贤、夏履、马鞍、安昌、平水、湖塘、钱清9个项目区竣工财务决算。至此,全区12个项目区全部完成结算扫尾,中小河流整治工作基本结束。(李国华)

【柯桥城区外围南北活水工程通过完工验收】 2019年1月,柯桥城区外围南北活水工程通过完工验收并投入运行。工程总投资3800万元,建成设计引水流量每秒20立方米的泵站1座,宽度为50米的液压坝闸1座以及宽度为10米的节制闸1座。工程由绍兴市柯桥区水利投资开发有限公司投资建设,工程的建成,可以促进柯桥城区外围水体流动,进一步改善城区河道水环境。

【绍兴市曹娥江综合整治工程(柯桥段)开工】 2019年11月,绍兴市曹娥江综合整治工程(柯桥段)开工。工程被列为浙江省重点工程,概算投资4.45亿元,主要建设内容为护岸工程4.97千米,堤顶道路提升12.62千米,巡查通道提升24.28千米,沿河配套绿化景观提升19.45万平方米,堤防沿线水闸、桥梁改建等。工程防洪标准100年一遇,工期两年,计划于2021年12月完工,至年底,完成总工程量的10%。工程施工单位为上海建工(浙江)水利水电建设有限公司(I标)和浙江艮威水利建设有限公司(II标)。

【柯桥区钱塘江一线海塘加固工程开工】 2019年8月,柯桥区钱塘江一线海塘加固工程开工。工程概算投资1亿元,计划新建堤脚防冲结构全长5.85千米,其中板桩堤脚防冲结构2.6千米,集装箱段护坦补强3.2千米,挡浪墙修复5.8千米。工期480天,计划于2020年11月完工。至年底，完成总工程量的50%。工程施工单位为宁波龙元盛宏生态建设工程有限公司(I标)和浙江省围海建设集团股份有限公司(II标)。

【小舜江南溪综合治理工程开工】 2019年8月，小舜江南溪综合治理工程开工，工程概算投资4147万元，主要建设内容为新建堤防73.69米、护岸1890.13米，加固堤脚1800.11米，改造原有堰坝4座，河道疏浚1.49万立方米，绿化提升1130米等。工期360天，计划于2020年8月完工。至年底，完成总工程量的60%。工程施工单位为绍兴广汇水电建设工程有限公司(I标)、宸欣生态环境建设有限公司(II标)和浙江富恒建设工程有限公司(III标)。

【瓜渚湖直江柯北段拓浚工程完工】 2019年12月，柯桥区瓜渚湖直江柯北段拓浚工程完工。工程总投资11.36亿元，综合治理滨海大河安昌段(I标)、三江大河城区段(II标)、瓜渚湖直江柯北段(III标)河道15.8千米，清淤疏浚土方90万立方米，绿化景观4万平方米，改建阻水桥梁5座。工程施工单位为广东省水利水电第三工程局有限公司(I标)、广东省水利水电建设有限公司(II标)和浙江丰铎建设有限公司(III标)，2018年1月开工。(董利斌)

【水旱灾害防御实现安全度汛目标】 2019年，柯桥区抓早抓实抓细水旱灾害防御各项工作，有效应对“7·16”梅雨强降雨和9号超强台风“利奇马”，未发生人员伤亡事故，实现安全度汛目标；开展山洪灾害防御群测群防整体提升项目，巩固水旱灾害防御成果。

【实施农村饮用水达标提标工程】 2019年，柯桥区投资9500万元，实施农村饮用水达标提标工程。至年底，完成23个行政村的农村饮用水达标提标任务，受益1.10万人。10月11日，全市农村饮用水达标提标行动现场推进会在稽东镇召开，柯桥区副区长吴晓炯在会上介绍经验做法。

2019年，王坛镇丹家村农村供水站　（夏利良　摄）

【整治山塘20座】 2019年，柯桥区整治铜井坞、韩坞底等20座山塘，总投资1360万元，主要开展以除漏、坝坡护砌、重建防水设施、库内清淤等内容的整修加固。(夏利良)

【河道清淤60万立方米】 2019年，柯桥区围绕“污水零直排区”创建工作，对岩塘、迪埠江、瓜渚湖东直江等河道和其他镇村河道16条开展河道清淤，总长27千米，清淤60万立方米。(冯柏松)

【平水江水库灌区2渡槽维修加固工程开工】 2019年11月，柯桥区平水江水库灌区镇山、寒溪渡槽维修加固工程开工。工程投资概算461.26万元，工期150天，计划于2020年4月完工。主要对槽身、排架及基础进行加固。镇山渡槽维修加固长度为530.5米，净跨504米，共42跨；寒溪渡槽维修加固长度为152.5米，净跨96米，共8跨，对渡槽槽身采用每平方厘米300克的碳纤维布进行补强加固，局部破损采用丙乳砂浆修复等。工程由绍兴市第一水利生态建设有限公司施工。(李红波)

执行编辑　陈飞燕

经济管理

发展改革管理

【概况】 2019 年，柯桥区争取到上级各类资金奖励 4212 万元、土地资源 60 亩。“扩大有效投资”“市县长项目”考核获全市第一。启动“十四五”基本思路调研和编制、修改工作，开展“十四五”规划前期“六个重大”摸排。出台柯桥区《促进民营经济高质量发展的若干意见》，对振兴实体经济、促进降本减负、推动高质量发展等民营企业关注的六大焦点问题，提出 30 条具体措施。9 个项目列入“省市县长项目”清单，项目数量和规模均为全市第一。苏泊尔大家电制造基地等 8 个“市县长项目”落地并统计入库，落地率 88.9%，落地数量继续保持全市第一。对境内 4 家单位的 6 条过境油气管线开展安全生产监管工作，全年无安全事故发生。制定下发《2019 年度东西部扶贫协作工作方案及重点工作清单》，出台《金川籍就业子女就读问题意见》，鼓励和稳定金川籍人员到柯桥就业。增加 2 家学校、医院结对，开展致富带头人等各类培训专班 49 期，参加培训 1274 人次。

【固定资产投资 512.26 亿元】 2019 年，柯桥区举行 3 次重大项目开工仪式，恒天立信智能装备及物流项目等 70 个重大项目参加集中开工仪式，总投资 838.15 亿元。编制 2019 年政府投资项目、现代产业重点项目建设计划，年中调整项目建设计划，充实项目库。全年固定资产投资 512.26 亿元，比上年增长 8.9%，民间投资增长 12.6%、交通基础设施投资增长 13%、生态环境和公共设施投资增长 26%、高新技术产业投资增长 76.5%、建安投资增长 13.9%。

【增加省重点项目 4 个】 2019 年，柯桥区通过省重点建设项目、省重大产业项目争取更多土地“戴帽”指标，通过发行债券等方式进行融资。杭州至柯桥城际铁路工程等 4 个项目列入省重点建设项目名单，柯桥区越剑智能纺机生产基地及研究院建设项目等 5 个项目列入 2019 年浙江省重大产业项目名单，项目总数位列全市第一。恒天 REDS 新能源汽车生产研发基地等 57 个项目列入浙江省“五个千亿”投资工程计划，项目数量和投资规模均居全市首位。

【服务业增加值 711.67 亿元】 2019 年，柯桥区出台《2019 年柯桥区服务业发展工作思路暨服务业强区培育工作计划》《柯桥区开展服务业企业“亩产效益”综合评价工作实施办法》，完成 2018 年度服务业企业“亩产效益”综合评价。对现代服务业重点项目的落地率、开工率、完成率，进行每月通报、每季督查、年度考核，23 个市级服务业重点项目完成投资 91.3 亿元，完成年度计划的 112%。8 月，柯桥区最大的服务业项目——东方山水二期建成开放。

【省级特色小镇考核优秀数量全市第一】 2019 年，柯桥区出台《加快推进特色小镇培育建设工作计划》。特色小镇固定资产投资 73.9 亿元，用于鉴湖江南岸慢行系统、蓝印时尚小镇停车场和黄酒搬迁集聚整体规划建设项目、东方山水二期、印染集聚升级迁建项目等 50 余个基础设施建设和特色产业项目。在 2018 年度的省级考核中，柯桥区 4 个省级特色小镇中，黄酒小镇、兰亭书法小镇、蓝印时尚小镇考核优秀，柯岩酷玩小镇考核良好，省级特色小镇考核优秀数量居全市第一。漓渚花木小镇在市级特色小镇年度考核中获得优秀。

2019 年，兰亭书法小镇的阳明花海　　　　（区发改局　供稿）

【东西部消费扶贫 5946 万元】 2019 年，柯桥区结合对口帮扶地区金川县的产业、资源特点，利用电商、直销、助销等多种形式拓展销售渠道，帮助金川县销售雪梨制品、川贝、虫草、花椒等农副产品 560 万元，合计帮助四川、贵州、湖北、吉林四省销售农副产品 5946 万元。全年拨付东西部扶贫计划内援助资金 2130 万元，用于 13 个项目，包括交流交往项目、贫困学生助学项目、花椒种植项目、劳务协作项目、老街红军城旅游项目、雪梨项目、农业种养殖项目、安卡路基建项目、金川中学体育馆项目、扶贫综合产业项目、贫困村基础设施建设项目、残疾人帮扶项目、人才支援项目。

【投资项目审批“最多 90 天”】 2019 年，柯桥区启用投资项目在线审批监管平台 3.0 版，赋码且竣工验收的项目 100% 实现“最多 90 天”。完成区域规划环评、能评等十个事项，评估完成后，不在负面清单里面的企业投资项目不再单独进行项目评估。（诸旷怡）

国有资产管理

【概况】 至 2019 年年底，柯桥区资产总额 2288.6 亿元，净资产 547 亿元，资产负债率 76.1%，国有资产总量 513 亿元；营业收入总额 46.2 亿元，利润总额负 20.3 亿元；国有企业从业人数 6252 人，其中职工数 6170 人。

【国有资产管理情况报告制度建立】 2019 年 5 月，柯桥区人大常委会首次听取和审议国有资产管理情况综合报告和企业国有资产专项报告，柯桥区正式建立区人民政府向区人大常委会报告国有资产管理情况制度，以人大监督推进国有资产管理公开透明。

【柯桥区开发经营集团有限公司成立】 2019 年 11 月，柯桥区统筹谋划国有企业布局，整合中国轻纺城市场开发经营集团有限公司和绍兴市金柯桥房地产开发有限公司，组建成立柯桥区开发经营集团有限公司，该集团公司属国有独资企业，注册资本 2.5 亿元，经营范围为房地产开发经营，城市综合开发，土地综合开发利用，轻纺城市场相关基础设施、公益性项目投资开发，中国轻纺城市场的开发建设和经营管理等。下设办公室、审计部、财务预决算部、投资发展部、工程技术部、市场管理部、会展中心项目办、市场招商办。集团公司管理 10 个子公司，分别是金腾置业公司、恒成房地产公司、禾丰房地产公司、金柯物业公司、柯东仓储公司、西市场开发经营公司、东门纺织品市场公司、南区市场经营公司、网络投资公司、农垦实业公司。

【柯桥金融投资管理平台组建】 2019 年，柯桥区以直属国有企业绍兴金柯桥产业投资发展有限公司为主体，以开展股权投资、资产管理等资本运作为运营模式，组建柯桥金融投资管理平台，注册资本 100 亿元，实行实体化独立运作。绍兴金柯桥产业投资发展有限公司（以下简称金控公司）原由绍兴市柯桥区财政局投资设立。根据 2019 年 10 月股东会决议，金控公司投资人变更为绍兴市柯桥区财政局、区国投集团、区经开集团、区水务集团、区旅发集团、区交投集团等。公司经营范围为政府性投资基金管理与资产管理业务。

【公开拍卖（租）资产 1.88 亿元】 2019 年，柯桥区国有企业有7次资产公开拍卖，成交金额15671.5万元；68项资产公开拍租，成交金额3078.7万元。全年审核（或审批）资产报废（含报损）4户，资产金额547.07万元；资产转让1户，资产金额4819.82万元；资产调拨8户，金额110787.88万元。

【国有企业考核机制创新】 2019年，柯桥区根据国有企业的不同属性，实施差别化考评制度，突出对企业经营收入、利润总额、资产保值增值率等指标，对7家区直属国有企业负责人经营业绩进行考核。实施国有企业工资改革，将保障性工资和效益工资分别同CPI、利润指标挂钩，强化正向激励，实现职工收入同步增长。

【国有资产监管】 2019年，柯桥区依托国有产权登记信息系统，加强对资产运行情况的监控、分析和预警，对6家国有企业19.56亿元的资产处置收购进行审核。开展国有资产清理调查，对全区行政事业单位资产、局办下属54家国有公司情况进行摸底，制定调配处置方案。出台《柯桥区国有企业融资担保及借款管理办法》，用制度规范国有企业融资担保和借款行为。（王森剑）

市场监督管理

【概况】 2019年，柯桥区增加市场主体21675家，其中公司等各类企业7518家，个体工商户14157家，比2018年增长18.8%；在册市场主体首次突破13万家，达136428家，其中公司等企业52143家，企业在册数量居全市第一；个体工商户84286家。举办首届中国纺织面料花样版权保护论坛，建成全省首个花样版权数据中心库和花样图型应用比对系统，入选国家知识产权强县工程试点县（区）。创建各类放心消费单位297家、无理由退货承诺单位153家，获评浙江省放心消费示范区。创设“市场先锋”非公党建综合体，推进“非公党建”工作，绍兴市柯桥区个体劳动者协会/绍兴市柯桥区民营企业协会获评全国个私协会系统先进单位。（洪　彬）

【“企业常态化开办”一日办结制度建立】 2019年，柯桥区推出“企业常态化开办”一日办结制度，企业开办全流程涉及的企业设立登记、公章刻制、银行开户、发票申领等4个联办事项组成的“一件事”在一个工作日（8个工作小时）内通过企业开办平台予以办结。柯桥区市场监管、税务、公安、人社等多个部门于4月底联合试点设立“一日办结”工作专窗，从5月开始通过线上和线下两种方式全面实施。至12月31日，通过“一件事”申报企业开办4102家。企业开办全流程“一件事一日办结”获评全市机关单位“三个最佳”之最佳服务举措。（吴燕如）

【小微企业增加6451家】 2019年，柯桥区推进“小微企业三年成长计划”工作，增加小微企业6451家，其中八大重点产业小微企业1391家、个转企439家。做好“银商合作”扩面，对接银行9家，累计推送培育库企业29784家。柯桥区成为全市自2016年起连续第4年获“全省小微企业三年成长计划工作优秀县（市、区）”荣誉的唯一县（市、区）。（范晓波）

2019年9月27—28日，柯桥区举办首届中国纺织面料花样版权保护论坛　（区市场监管局　供稿）

【开创全国花样版权保护领域共享共保先河】 2019年9月27—28日，柯桥区举办首届中国纺织面料花样版权保护论坛，促成浙江、山东、江苏、广东《四省纺织品花样版权保护联盟协作机制》签约，开创全国花样版权保护领域共享共保的先河。建成全省首个花样版权“数字化大脑”——花样版权数据中心库和花样图型应用比对系统，收录全省近10万条花样数据，为纺织品备案登记花型建立起数字化“户口”并进行“户籍式”管理。全年受理花样版权登记申请5465件，核发作品登记证4233本，调解争议纠纷92件。协助举办浙江省第七届“知识产权杯”创意设计大赛，获奖的26件作品成果直接与13家纺织企业签署版权转让协议转化为生产力，可带来超过500万元的经济效益。（宋若莞）

2019年4月，柯桥区承办2019年浙江省第七届“知识产权杯”创意设计大赛（区市场监管局　供稿）

【助企融资387.19亿元】 2019年，柯桥区搭建股权出质、动产抵押、知识产权质押三大融资平台，实施网上申报、当场办结，全年办理动产抵押登记124件，股权出质登记100件，知识产权（商标、专利）质押4件，累计助企融资387.19亿元。区市场监管部门线上依托省政务平台推进服务无纸化办理，实现群众“零跑次”，线下开展股权出质、动产抵押登记，全面落实当场办结制、一次告知制和服务承诺制，对符合条件的登记事项当场受理、当场审查、当天办理。与农业银行、绍兴泰隆银行沟通，建设搭台助力、银企联姻的融资模式，完善政府、部门、银行、企业四方良性互动机制，引导企业盘活隐性资产。（洪　彬）

【“放心消费在柯桥”行动】 2019年，柯桥区创建各类放心消费单位297家、无理由退货承诺单位153家，分别比上年增长141.46%、26.45%，柯桥区获评“浙江省放心消费示范区”，被列入浙江省放心消费建设重点县（区）。重点培育室内外游乐综合体东方山水乐园和酱文化江南水乡安昌古镇两大放心景区，培育安昌西扆村、兰亭谢家坞村和夏履莲增村3个放心消费乡村。全年受理并调处各类投诉、举报、咨询5641件。（朱利丹）

质量技术监督管理

【概况】 2019年，柯桥区通过第二批“浙江制造”品牌培育试点县（市、区）评价验收。以柯桥区内企业为主制（修）订行业标准4项，参与制（修）订行业标准5项。“镇街总工会规范化建设标准化试点”国家级项目、“纺织产业改造提升标准化试点项目”省级重大项目均通过验收。推进环杭州湾国家检验检测高技术服务业集聚区绍兴分园（柯桥辐射区）建设，增加检验检测机构4家，检验检测机构年产值2.41亿元。建设纺织印染全产业链检测服务中心硬件，整体搬迁食品、药品、质检计量所3个实验室。推荐43个成果参加绍兴市优秀QC小组成果发布，其中11项成果获一等奖，位列绍兴市首位；3项成果参加浙江省优秀QC小组成果发布。（洪　彬）

【“浙江制造”品牌培育试点通过验收】 2019年4月24日，柯桥区通过浙江省质量强省工作领导小组办公室第二批“浙江制造”品牌培育试点县（市、区）评价验收。全年增加“浙江制造”重点培育企业7家，柯桥区为主新发布“浙江制造”标准8项，累计有19家企业发布标准25项。浙江吉麻良丝新材料股份有限公司等8家企业12个产品获“浙江制造”认证证书，获得证书数量居全市第一；浙江昌丽家居有限公司获“浙江制造”国际互认证书。增加“品字标”企业5家，累计15家。（寿　叶　黄　华）

【质量奖评审】 2019年，柯桥区组织开展“质量奖”评审工作，绍兴小轩窗布业有限公司、浙江永盛科技有限公司、浙江金蝉布艺股份有限公司获2019年柯桥区政府质量奖；墙煌新材料股份有限公司、浙江东进新材料有限公司获2019年柯桥区政府质量奖提名奖；推荐2家企业参加市长质量奖申报，指导1家企业开展2019年浙江省政府质量奖申报。（洪　彬）

【“标准化+”工程实施】 2019年，柯桥区鼓励规模以上企业主导产品采用国际标准和国外先进标准，柯桥区采标率81.78%，比上年增长1.58%；企业为主制(修)订行业标准4项，参与制(修)订行业标准5项；企业标准信息公共服务平台企业标准自我声明增加公开企业198家，累计登记声明企业1971家，在用有效标准3184项，列入2019年审查整改标准数1014项，审查整改数居全市第一，基本实现三年全覆盖。“标准化+项目”模式取得新成绩，“镇街总工会规范化建设标准化试点”国家级项目、“纺织产业改造提升标准化试点项目”省级重大项目均通过验收；绍兴柯桥江滨水处理有限公司被浙江省市场监督管理局和浙江省教育厅联合发文命名为浙江省中小学质量教育社会实践基地，成为柯桥区首家省级中小学质量教育社会实践基地。(寿　叶　洪　彬)

2019年11月，柯桥区镇(街道)总工会规范化建设综合标准化试点项目验收现场　　(区市场监管局　供稿)

【环杭州湾国家检验检测高技术服务业集聚区绍兴分园(柯桥辐射区)建设】 2019年，柯桥区编制完成《国家环杭州湾检验检测高技术服务业集聚区绍兴园区(柯桥辐射区)(2018—2020年)》三年建设方案，与浙江省检验检疫科学技术研究院合作共建纺织国家检验检测中心。至2019年年底，比建设前增加检验检测机构4家，检验检测机构年产值2.41亿元，比建设前增长75%，提前完成三年量化指标。建成纺织印染全产业链检测服务中心硬件，提供计量、标准、检验检测、认证认可等国家质量基础(NQI)技术服务。投资4000万元、建筑面积5900平方米，异地搬迁质监、食品、药品检测“三中心”，为柯桥区产业和民生需求，提供质检、计量、食品药品等多领域检验检测服务。(黄　华　洪　彬)

【特种设备安全监管】 2019年，柯桥区检查特种设备使用单位717家，检查特种设备2763台(套)，发出《安全监察指令书》22份，消除安全隐患172处，未发生特种设备安全责任事故。实施“智慧电梯”工程，柯桥区1961台垂直乘客电梯纳入电梯信息化监管平台，占绍兴市“智慧电梯”总数的50.9%，实现困人故障第一时间报警，应急人员第一时间发现，维保人员第一时间处置。2019年，共监测到故障报警7315起，不文明乘梯现象超30万起，发生困人报警1112起，解救被困人员1734人，平均救援时间缩短至9.49分钟，低于国家规定的30分钟时限，比未接入信息化系统平均救援时间提速近1倍。(宋若莞)

食品药品监督管理

【概况】 2019年，柯桥区开展浙江省食品安全区跟踪评价工作，签订食品药品安全长效管理目标责任书5596份，创建名特优食品作坊8家和亮化达标小微食品生产企业12家。抽样检测食品4470批次、合格率98.61%；开展食用农产品快检428013批次，检出阳性品354批次，当场下架销毁652.896千克。新创、续创省级放心农贸市场9家，累计18家。验收省级农村家宴放心厨房15家，验收公示区级标准化家宴中心16家，落实兑现2017、2018年共计51家区级标准化家宴中心186万元补助资金和50家省级农村家宴放心厨房100万元省补资金。建设“送药上山”便民服务点5个。组织开展各类食品药品专项整治，立案481件，取缔食品生产经营窝点18个。(洪　彬)

【浙江省食品安全区跟踪评价实施】 2019年，柯桥区出台《2019年柯桥区食品安全工作要点》，将食安城市创建和群众满意度纳入镇(街道)岗位责任制考核内容，签订食品安全长效管理目标责任书5324份。柯桥区食安办对16个镇(街道)开展食品安全工作督查，风险提醒2个、书面通报1次。组织镇（街道）“四个平台”相关负责人参加食品安全事故处置培训，开展突击性食品安全事故应急拉练2场。组织开展食品安全系列活动，制作发放宣传用品5.7万份，推送短信1万余条，公众对食品安全总体满意度85.4分。12月5日，浙江省食安办暗访组对柯桥区餐饮环节的暗查暗访，整改落实存在问题。（余国庆）

【食品安全规范化】 2019年，柯桥区创建名特优食品作坊8家和亮化达标小微食品生产企业12家。推进安昌酱醉制品规范化工作，发布并实施《安昌香肠团体标准》，实行分类改造规范。至年底，柯桥区有酱醉制品生产企业7家，47家小作坊申领登记证。柯桥区新农农产品批发市场成为全市首家“浙江省‘AA’级食品安全规范化农批市场”，实现农产品“源头可塑、质量可控、去向可查”。（陈　蕾）

【餐饮“阳光厨房”建设】 2019年，柯桥区印发《2019柯桥区餐饮单位“阳光厨房”建设计划》，指导建设视频直播方式的“阳光厨房”64家，其中社会餐饮39家、学校食堂25家；“透明厨房”申请单位7家，培育建设“放心餐饮”示范单位27家。到年底，“阳光厨房”覆盖全区所有学校食堂，社会餐饮建设完成165家，养老机构及企事业单位食堂建设完成18家。（任颖佳）

【建立“送药上山”便民服务点5个】 2019年，柯桥区在全市率先建成稽东镇高阳村、王坛镇老街、夏履镇夏建村和柯岩、安昌景区5个“送药上山进岛”便民服务点。采取药店联合配送企业合作和村卫生室联合批发企业合作为主、自动售药机为辅的模式，通过升级店内药品品种、收集群众购药信息、指导网上购药等多种形式，依托连锁企业和批发公司现代化的药品配送服务和优质的执业药师资源，解决偏远地区群众“对症用药”的需求。覆盖山区村域面积18.33平方千米，每年可惠及村民5000余人、游客300万人次。（王　樱）

【18家镇村农贸市场改造提升完工】 2019年，柯桥区改造提升镇村农贸市场及农产品集散中心18家，改造面积2.58万平方米，投资额4957万元。启动改造3家，改造面积约0.66万平方米，到年底投入改造金额约2000万元。投入80余万元建设农贸市场智慧监管大屏，将71家农贸市场（集散中心）的农产品溯源、视频实时监控等进行整合，完善农产品源头可追溯、安全有保障、执法有证据、信息可查询的大数据监管平台。（吴佳杰）

【农产品快检与溯源体系完善】 2019年，柯桥区各市场自建快检室，每日实施快检并上传不少于20批次，第三方机构对2家农批市场经营户及品种快检日覆盖，51家农贸市场快检月覆盖。全年开展食用农产品快检428013批次，检出阳性品354批次，阳性率0.83‰，阳性处置率100%，当场下架销毁652.896千克。在食安柯桥APP基础上，投入10万元开发全省首个农贸市场智慧长效测评系统，实现部门、第三方、基层所测评信息实时共享。全区1247户市场经营户设立“食安柯桥”服务终端，实时上传台账、检测等信息140.97万条，第三方通过智慧系统开展测评283家次。（胡文佳　吴佳杰）

【立案查处食品药品违法行为481件】 2019年，柯桥区开展农村假冒伪劣食品、保健品乱象“百日整治”、冷藏冷冻食品、校园及周边食品安全、“亮剑2019”打击假冒伪劣综合执法、“不忘初心、牢记使命”食品安全联合整治、药师虚挂等专项治理，对各类食品药品违法行为进行精准打击。共立案481件，取缔食品生产经营窝点18个，查扣假冒食品2940余千克，查扣违规化妆品8408件；移送公安部门追究刑事责任24件，刑拘135人；办理省级督办案件5起。其中，柯桥区市场监督管理局“以食品添加剂为原料制售人造海蜇丝、粉丝制品系列案”在浙江省市场监督管理局2019年度全省食品安全抽检监测核查处置典型案例评选中获全省一等奖，入编《长三角地区2019年食品安全抽检监测处置典型案例汇编》。（洪　彬）

价格管理

【概况】 2019年，柯桥区做好重要民生商品价格、节日市场价格监测工作和灾害天气价格应急监测。加强价格信息发布，推进和完善主要民生商品、纺织价格指数等价格信息公开发布工作。针对下半年猪肉价格上涨幅度过快现状，在国庆期间投放不少于4.2吨的储备猪肉，确保全区市场价格稳定有序。

【核减不合理定价成本23602.73万元】 2019年，柯桥区开展绍兴水处理发展有限公司等8项定调价成本监审工作，核减不合理定价成本费用23602.73万元。在调查研究和成本监审的基础上，召开听证会，核定阳明园景区门票价格。调研天然气价格和供热价格供用户矛盾，按照购销差价明显降低的目标从紧核定非居民配气价格。在执行省煤改气用户用气价格优惠政策的基础上，再为煤改气用户争取降价0.03元/立方米。（诸旷怡）

审　计

【概况】 2019年，柯桥区安排审计项目23个，其中省审计厅统一组织审计项目2个、交办项目9个、自定项目12个。审计发现问题金额11179万元，其中管理不规范金额6947万元、违规金额4232万元；移送问题线索11件，移送处理金额391万元。出具审计报告和专项审计调查报告18篇，提交审计综合分析报告、信息简报105篇，其中提交审计专报和综合性报告23篇、审计简报信息82篇，被批示采用92篇，向被审计单位提出审计建议52条。创新内审工作载体，探索开展内审项目协同计划和争先创优计划和能力提升计划等“三大计划十个一”活动，包括培育一个先进内审集体、创建一个优秀内审项目、做强一批内审机构、打造一支优秀指导员队伍等。柯桥区审计局获评全省审计机关考核先进单位，“稽东镇原党委书记俞园娟、原镇长许立峰任期经济责任审计”项目被评为2019年度省优秀审计项目。

【依托大数据深化财政审计】 2019年，柯桥区以“1+N”审计模式，将年度内对一个单位的领导干部经济责任审计、国有企业审计、资源环境审计等项目与财政同级审项目有机结合，综合运用审计资源，促进成果共享。采取“无项目审计”，以非现场审计统领现场审计，依托大数据审计手段，对全区一级预算单位2018年度部门预算执行情况进行数据分析，扫除审计监督盲区，锁定疑点问题，发挥审计精准“查病”和“治已病、防未病”作用。

【经济责任大项目审计模式实行】 2019年，柯桥区安排涉及镇(街道)、部门、国有企业的13位领导干部经济责任审计项目。树立“大项目”审计理念，实行同步审计模式，将经济责任审计项目集中安排在7—10月实施，对审计发现同类问题汇总梳理，提升审计价值。出台《2019年经济责任审计工作的若干意见》，探索编制领导干部经济责任审计干部版报告，形成领导干部履行经济责任负面清单、审计“容错免责”36种常见行为清单。

【实施政策跟踪审计项目9个】 2019年，柯桥区把乡村振兴、精准扶贫、环境整治等相关政策作为重点，形成以政策跟踪为主线的“+政策”审计模式。全年安排9个政策跟踪审计项目，着重关注和反映政策措施贯彻落实情况，在低收入群体公共扶持政策落实情况专项审计调查项目中，优化完善全区面上有关低收入群体政策。

【投资审计转型】 2019年，柯桥区深化投资审计转型，把区政府投资项目工程结算审计项目纳入国家审计项目计划，抽取65个工程，抽签分配15家中介单位开展审计。工程结算审计审定造价27.19亿元，净核减造价416万元；清理完成遗留工程结算审查项目11个，送审造价10.90亿元，审定造价9.52亿元，净核减造价1.38亿元。加强对中介机构监管，制定《公共投资项目结(决)算中介机构管理办法》，将中介机构竣工决算审核纳入审计监督范围，加大对中介机构低质违规行为的处罚力度，优化市场环境，提高公共资金绩效。

【多方式助推优化内部审计】 2019年，柯桥区强化国家审计与内部审计之间的联动协作，落实内审定点联系制度，通过统一指导实施内审联动项目、国家审计与内部审计同步进点实施、内审人员编入国家审计项目组、国家审计人员实地指导开展内审项目等方式助推内审项目做精做优。在安排国家审计项目时，同步考虑内审项目，以同步实施法、交叉审计法、指导+抽查法、协助审计法等多种形式推进内审项目实施。全年组织264名内审人员参加省、市内审协会的专题培训。（邵凯瑜）

统　计

【概况】 2019年，柯桥区基本完成第四次全国经

2019年5月21—24日，柯桥区新动能经济统计监测培训班在杭州电子科技学校举办　（区统计局　供稿）

济普查任务，登记普查一套表单位2675家、非一套表单位41075家、个体户样本1856户。完成基本单位、综合、农业、工业、投资、服务业、景气等常规调查工作，开展城乡划分、5‰人口抽样、群众安全感等专项调查。撰写统计分析52篇，其中11篇获区主要领导批示、区情研究录用1篇；撰写统计快讯74篇，两办录用51篇次。

【统计方法制度改革】 2019年，柯桥区探索推进高质量发展统计监测，推进一项目一档案改革。对全区所有投资项目建立完整档案，月度投资额超过500万元的项目建电子档案，提升投资数据质量。有序推进GDP统一核算改革。按照国家统计局地区生产总值统一核算改革部署，结合省统计局印发的《浙江省季度地区GDP核算方案(2019)》，利用第四次全国经济普查数据核算2018年全区GDP最终核实数。

【统计造假整治】 2019年，柯桥区健全防范统计造假制度体系，检查70家企业，发现统计违法行为8家，立案8家、处罚5家，罚款4.3万元。开展统计造假专项整治，对全区1218家工业企业的营业收入与纳税收入进行比对审核，重点对能源、贸易、服务业等2596家企业开展数据审核，对488家单位开展数据质量核查。（刘　弘）

执行编辑　陆　杨

应急管理

安全生产监管

【概况】 2019年，柯桥区层层签订2019年度安全生产和消防工作目标管理责任书，形成齐抓共管的工作格局；下发《柯桥区2019年安全生产责任制》和《安全生产目标管理责任制考核办法》，重新明确各安委会成员单位名单及其安全生产工作职责，明确考核评分有关要求和标准。全年发生安全生产事故9起、死亡9人、受伤4人，事故起数、死亡人数分别比上年下降60.87%、43.75%，没有发生较大及以上事故。其中，工矿企业发生事故2起、死亡2人，事故起数与上年持平，死亡人数比上年下降50%；生产经营性道路交通发生事故7起、死亡7人、受伤4人，事故起数、死亡人数分别比上年下降65%、36.36%。

【检查工贸行业小微企业安全3761家(次)】 2019年，柯桥区下发《关于印发柯桥区工贸行业小微企业安全生产专项整治实施方案的通知》，对辖区内小微企业园区开展地毯式排查摸底，每月10日就镇(街道)深度检查汇总情况进行通报。至年底，摸排小微企业园区310个，检查企业3761家(次)，发现隐患5057处，关闭取缔39家，停产整顿102家。

【查出危险化学品隐患476处】 2019年，柯桥区开展危险化学品使用单位安全隐患排查整治。全区13家危险化学品生产企业经省、市、区三级检查，共发现隐患与问题246处，均整改完毕。国庆期间，检查危险化学品使用等工矿商贸企业84家次，发现隐患230处，其中责令限期整改69处，停产整改4家。

2019年10月2日，柯桥区对辖区内工贸行业使用危险化学品进行专项安全检查　　（区应急管理局　供稿）

【排查污水罐(池)1223个】 2019年，柯桥区在涉爆粉尘作业、涉有限空间作业、喷涂作业、金属冶炼、液氨制冷三场所两企业，开展污水罐(池)排查整治。通过属地摸底排查、企业自查自纠、部门开展联合核查和执法检查等方式，摸排企业210家，排查地上罐74个、池1149个(包括厌氧池、应急池、酸化池等)，指出问题并整改落实。

2019 年 12 月 6 日，柯桥区安委会成员单位应急管理专题培训班在区委党校举办　（区应急管理局　供稿）

【安全生产培训 8000 余人次】 2019 年，柯桥区制定《柯桥区 2019 年度应急安全培训指导计划》，通过规范培训市场、成立应急安全培训教育示范基地、提高培训质量等方式，提升培训人员应急安全素质。全年培训危险化学品企业经营单位负责人、安管员、从业人员 1000 余人次，一般企业负责人、安管员 7000 余人次。培训内容包括法律法规，安全（消防）技能，隐患排查整改，事故防范，应急预案编制、演练、救援、处置等。

【基层应急管理站全覆盖】 2019 年，柯桥区出台《关于加强基层应急管理站建设的实施意见》，按照有独立营房、有人员编制、有车辆装备、有执法职责、有执勤制度、有保障措施的标准建设基层应急管理站，确保基层应急管理站应急智慧平台全覆盖，实现对辖区领域应急救援指挥、隐患闭环管理、日常巡查等功能项目的全覆盖。全区 16 个镇（街道）应急管理站均正式揭牌，全面实现实体化运作。（虞伟杰）

消防管理

【概况】 2019 年，柯桥区成立消防工作专班，从 8 个部门抽调 10 人进行实体化办公，持续开展工业企业、高层建筑、重大火灾隐患整治等一系列行动。承办全市安全工作现场会，开展柯桥区高层应急实战演练，联合区红十字会举办多种形式消防队伍灭火救援技能和应急救护知识培训等一系列实操实训。全年发生火灾 193 起，火灾起数比上年下降 31.3%，没有发生亡人及较大以上火灾。全年接处警 1723 次，抢救被困群众 299 人，疏散被困群众 40 人，处置“1·16”柯桥街道梅福小区、“5·30”福全街道乐乐家纺等一系列大型火灾事故，抗击超强台风“利奇马”，派出救援分队驰援临海，疏散被困群众 19 人。区消防救援大队有 1

2019 年 11 月 14 日，柯桥区在华鑫大厦举行消防宣传月启动仪式暨高层建筑灭火救援应急演练　（区应急管理局　供稿）

2019 年 12 月 20 日，齐贤街道基层应急管理站挂牌成立　（区应急管理局　供稿）

人被浙江省消防救援总队记个人三等功，1 人被浙江省消防救援总队评为优秀共产党员。

【消防《便民利民八项举措》出台】 2019 年，柯桥区消防救援部门开展创人民满意消防队伍活动，出台消防《便民利民八项举措》，压缩办理时限，17 个消防政务服务事项办理时限比法定时限压缩 85.87%，12 个消防政务服务事项实现即到即办，全部实现网上办理、掌上 APP 端办理。

【消防安全隐患排查整治】 2019 年，柯桥区排查企业消防安全隐患 3262 家，督促整改隐患 2776 处，拆除影响消防安全的违章建筑 1.6 万平方米，拆除违规夹层 2.2 万平方米，关停企业 327 家。开展"防风险保平安迎大庆"消防安全执法检查专项行动，对全区 14 类重点场所、1700 余家单位进行自主评估风险、安全检查和隐患整改。全年消防部门检查单位 3790 家，发现隐患 1905 处，督促整改隐患 1859 处，下发责令改正通知书 1174 份，下发行政处罚决定书 263 份，临时查封 56 处，责令"三停" 93 家，罚款 142.15 万元。

【培育支持社会应急力量】 2019 年，柯桥区出台《柯桥区关于培育支持社会应急力量发展的实施意见》，通过政府统筹规划、平台搭建、政策完善、资金支持、表彰激励等方式，支持和培育社会应急救援队伍。募集 300 万元成立全省首个应急救援慈善公益基金，定向用于褒扬嘉奖、安抚体恤、资助关爱应急人员等慈善公益项目。

【电气火灾安全防范】 2019 年，柯桥区将电气火灾治理纳入民生实事项目，推进棚户区、老旧小区电气线路改造，开展电动自行车消防安全治理。全年安装电动自行车公共充电桩 2222 套，安装老旧民房电气线路套管和漏电保护器 4271 户，安装群租房、孤寡老人居住场所独立式烟感报警探测器 3015 套。（虞伟杰　丁　捷）

自然灾害防治

【概况】 2019 年，柯桥区开展汛前防汛检查，查出隐患 134 项，全部整改和管控。成立抢险队伍 19 支，区，镇（街道、开发区），社区、村（居委会）三级共有抢险人员 3466 人，储备防汛编织袋 26.5 万只、土工布 3.73 万平方米、救生衣 1666 件等应急救灾物资。及时发出梅雨期防汛和台风防御工作通知，确保防御重点和防御措施具有针对性，汛期启动Ⅰ～Ⅳ级应急响应 10 次；沿海 7 座水闸累计排涝 11.88 亿立方米；2 次转移危险区人员 17469 人次。

2019 年 8 月 7 日，柯桥区委书记沈志江在区应急救援指挥中心参加视频会商会议，研判台风"利奇马"走向，部署台风防御工作
（区应急管理局　供稿）

2019 年 9 月 30 日，柯桥区"应急·救援"慈善公益基金成立
（区应急管理局　供稿）

【森林火灾比上年下降 66.6%】 2019 年，柯桥区有 8 支森林消防"引水灭火"队伍，人员 211 人，配备进口携带式高压

水泵19台;开展应急演练提升实战能力,加强“引水灭火”队伍技能培训,全年分解落实10个区级应急演练计划。把宣传教育作为森林防火的第一道防线,构建森林火灾群防群控局面。先后出动宣传车110余辆次,印发宣传资料5000余份,在森林消防重点镇(街道)开展火灾案例专题片2次,在村、社区和进山主要道口拉横幅200余幅、张贴标语70余条,设置临时检查卡口50余处,在主要交通干线新增防火宣传牌5块;排查整改森林消防安全隐患3处,在重点时段发送防火短信3900余条。全年发生森林火情1起,比上年下降66.6%,森林火灾受害率、森林火灾发生率,均控制在省、市下达考核指标的0.8‰、10万公顷20次以内。(虞伟杰)

执行编辑　宋如玲

城镇建设与管理

综 述

2019年,柯桥区围绕“绍兴大城市建设的排头兵、接轨沪杭都市圈的桥头堡”战略定位,牢固树立“创新、协调、绿色、开放、共享”五大发展理念,实施新型城市化战略,加强科学规划,提升城市品质。完成拆迁面积136.11万平方米,完成率159.7%,完成率位居全市第一;“三改”(对旧住宅区、旧厂区、城中村进行改造)建筑面积437.41万平方米,完成率485%,完成总量、完成率均排名全市第一。实施老小区改造,其中华舍街道兴越东区等6个小区基本完成改造,柯桥街道在3年老旧小区改造基础上,专项整治12个社区53个老旧小区的车库强电线。(潘朝霞)

规划编制

【概况】 2019年,柯桥区查实查清国土资源利用现状,调查成果通过国家级核查,为开展各项规划工作绘好底数底图。启动国土空间规划,初步划定生态保护红线和永久性基本农田保护红线,完成柯桥区国土空间分区规划初步方案。完成绍兴兰亭文化旅游度假区战略策划及概念性规划、柯桥区融杭临空经济区空间规划、柯桥区产城融合发展策略研究,完成轨道交通1号线周边地块研究、推进马宅池区块等单元控规编制,提前谋划城市未来发展空间。

【绍兴兰亭文化旅游度假区战略策划及概念性规划编制】 2019年,柯桥区委托上海驴妈妈奇创旅游景观设计有限公司开展兰亭文化旅游度假区战略策划及概念性规划编制工作。规划发展目标为力争用三年左右时间创建省级旅游度假区,五年左右时间创建国家级旅游度假区。总体定位为“中国兰亭·国家级文旅融合发展示范区”,世界书法朝圣地、中国传统文化复兴地、长三角研学度假目的地、浙江乡村振兴示范地。

【柯桥区融杭临空经济区空间规划研究】 2019年,柯桥区为落实中央关于长三角高质量一体化以及杭绍甬一体化战略,探究在融杭背景下柯桥

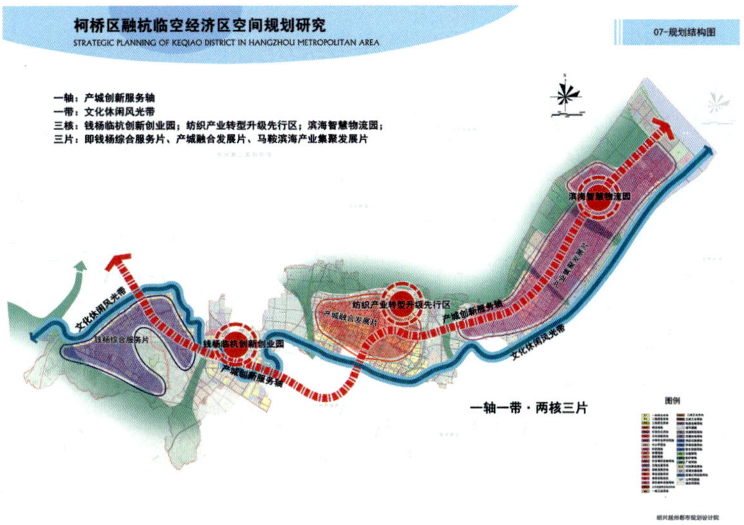

2019年,柯桥区融杭临空经济区空间规划研究规划结构图

(市自然源和规划局柯桥分局 供稿)

区临空临杭区域衔接融合所带来的利弊，从而构建科学的区域协调发展机制，开展柯桥区临空临杭规划研究。规划编制范围包括柯桥区与杭州市边界相邻的街道、镇，包括2个街道3个镇（杨汛桥镇、钱清镇、安昌街道、齐贤街道、马鞍镇）。包含区域背景研究、临空经济分析、临杭发展融合、一体化交通构建和空间布局引导等内容，科学把握区域目标定位、发展规模、产业类型等未来发展方向，实现临空经济区区域协同发展。

【柯桥区产城融合发展策略研究】 2019年，柯桥区开展柯桥区产城融合发展策略研究。按照区域视野、整体统筹、示范先行、逐步铺开的思路，明确产城融合发展阶段和重点，构建全区产城融合发展的结构性格局，提出产城融合发展的总体策略，划分并制定产城融合单元指引，为下一步控规等相关规划编制打下基础，进一步推动“产、城、人”的时间、空间协同，驱动低效用地提质和新片区的精细化开发。

【第二批历史建筑保护名录推荐】 2019年，柯桥区开展第二批历史建筑保护名录筛选推荐工作。以编制完成的历史建筑预备名录库数据为基础，统筹历史文化保护与城市发展的关系，与城乡规划及相关专项规划进行协调对接，最终筛选出126处具有较高历史文化价值建（构）筑物，作为第二批历史建筑推荐名录。首批47处第一批历史建筑已于2017年公布。

【控规编制及重点地段规划研究】 2019年，柯桥区推进城区KQ-01管理单元（马宅池区块）控规编制，引导马宅池周边区域开发。开展柯桥区KQ-06管理单元（原广电中心）地块、柯桥区KQ-07管理单元（KQ-072-02~04等）地块、KQ-08管理单元R-23~28地块、KQ-12管理单元控规调整。完成柯桥区彪佳路两侧用地研究、轨道交通1号线周边地块研究。完成柯桥经济技术开发区（滨海工业区）BH-2单元、MA-1单元控制性详细规划报批工作。（徐　华　屠世泽）

城区建设

【概况】 2019年，柯桥区开展政府性投资建设项目，共实施国有投资项目42个，新建13个，续建29个，总投资323.2亿元，全年完成投资114.84亿元。推进城市地标建设，绍兴国际会展中心一期B区于2月底全面开工，1号馆于9月底试投用并举办第二届世界布商大会和秋季纺博会。柯桥区矛盾纠纷调处化解中心、新传媒集团大楼、监管中心专区配套用房等代建项目建成投用。柯桥城区环境综合提升工程（二期）及2019年马拉松赛沿线景观整治、城区夜景亮化工程等一大批环境提升项目相继完工。（张文波　李　厦）

【背街小巷（二期）改造工程实施】 2019年，柯桥区继续推进老城区环境整治提升工作，实施背街小巷（二期）改造工程。整治范围北至群贤路，南至轻纺城大道，东至湖东路，西至稽山路，合计整治面积8.4平方千米，共投资1.66亿元改造共涉及道路12条，主要包括太平路、双亭路、泽国路、瓜渚路、育才路、笛扬路、鉴湖路、湖西路、湖滨路、稽山路等，以及浙东古运河南侧绿化带1条（约2千米）。改造内容包括道路修复、人行道面层翻修、市政管线迁改、景观绿化提档、城市家具等。（茹瑶华）

2019年，柯桥区对城区背街小巷实施二期改造　（茹瑶华　摄）

【实施“三改”项目54个】 2019年，柯桥区实施“三改”项目54个。其中，旧住宅区改造项目5个、城中村改造项目1个、旧厂区改造项目48个。全区累计“三改”建筑面积437.41万平方米，其中涉及旧住宅改造195.45万平方米、城中村改造85.2万平方米、旧厂区改造154.76万平方米。（鲍朱慧）

【马拉松赛(柯桥段)沿线景观整治】 2019年，柯桥区对2019年绍兴国际马拉松赛(柯桥段)沿线进行景观整治，工程涉及道路4条，分别是胜利西路、柯岩大道、湖滨路、云集路，总长10.87千米，总投资0.2亿元。整治内容包括施工围挡提升、运动小品增设、绿化景观布置、花海节点改造、店招店牌改造、破损路面修复等。（茹瑶华）

2019年，绍兴国际马拉松赛柯桥段沿线景观 （区建设局　供稿）

【老小区改造】 2019年，柯桥区对华舍街道兴越东区、兴越南区、兴越小区、绸缎小区、双周小区、聚贤花苑6个小区进行改造(立面、管线、绿化)，项目总投资2800万元，涉及房屋259幢，6948户，建筑面积95.39万平方米，年底前基本完成改造。柯桥街道在三年老旧小区改造基础上，完成12个社区53个老旧小区的车库强电线专项整治，共计投入500万元。（潘朝霞）

【绍兴新国际会展中心1号馆建成】 2019年2月，绍兴国际会展中心一期B区工程开工建设，该工程是浙江省重点工程，由柯桥区建设集团投资建设。位于柯桥区双渎路以东、兴华路以南、镜水路以西、绸缎路以北地块，项目总投资27亿元，规划用地面积123590.30平方米，主要建设内容为新建会展中心(由1号展厅、2号多功能展厅、会展廊组成)、会议中心和地下车库及设备用房等，总建筑面积174776.83平方米，其中地上建筑面积135386.37平方米、地下建筑面积39390.46平方米，展位数2156个。其中，建筑面积4.9万平方米的1号馆于9月底试投用并举办第二届世界布商大会和秋季纺博会。该馆建筑高度24.85米，各类型桩共3159根，为单层(局部夹层三层)钢结构展厅，总用钢量约1.5万吨，主体施工时间112天。（区建设集团　供稿）

2019年，绍兴国际会展中心一期B区1号馆夜景

（区建设集团　供稿）

【柯桥传媒集团新大楼建成】 2019年9月25日，柯桥传媒集团揭牌运行。柯桥传媒集团新大楼位于齐贤街道兴浦村，项目用地8664平方米，总建筑面积19976.31平方米，由柯桥区建设集团负责代建。地面楼高15层、总建筑高度69.3米，总投资约3亿元。

【洋江西路柯桥段贯通】 2019年9月20日，洋江西路柯桥段通车。洋江西路柯桥段东起区界大湙河东岸(与越城区已建洋江路接顺)，西至镜水路，总投资约4300万元。道路全长约480米，宽36米，

含桥梁 1 座，其中人行道宽约 4 米，按城市主干道设计，双向四车道，设计时速 60 千米。该项目于 2018 年 5 月 4 日开工，是越城区与柯桥区之间的主要联网路建设项目。（张文波）

2019 年，洋江西路柯桥段　　（区建设局　供稿）

【柯桥区矛盾纠纷调处化解中心投用】 2019 年 12 月 12 日，柯桥区矛盾纠纷调处化解中心揭牌运行，该项目由区社会治理综合服务中心（信访超市）和区社会治理综合指挥两部分组成，为对原人社局一楼及原人才市场进行整体装修改造，总装修面积 3222 平方米，总投资约 2500 万元。于 10 月 2 日开工建设，历时 72 天完工投用。（李　厦）

城管执法

【概况】 2019 年，柯桥区以十件“城管小事”为抓手，加大综合执法和城市管理力度。实施柯桥城区市政道路修补工程、城市环境提升工程、城区夜景亮化工程、城区市政设施升级改造及绿地提档改造、金柯桥大道“多杆合一”5G 项目等重大工程项目。建成全市首个宪法主题公园，开展城区消防栓和桥梁安全检查，消除安全隐患。对城区路灯开展全面检修，保证亮灯率 98% 以上。做好公共自行车运维、候车亭公益广告等管理工作，加强城区公园亮化灯具、健身器材、坐凳座椅等设施设备的维保维修，提升城市设施管理档次。

【城市设施 100% 完好】 2019 年，柯桥区通过对城区道路市政、绿化景观、城市家具、夜景亮化等城市基础设施进行提档升级，提升城市环境和品位。沥青修复镜水路、群贤路、钱陶公路、太平路等道路 2.4 万平方米；修复鉴湖路、笛扬路、育才路等人行道 5000 平方米。施划标志标线 9000 平方米，绿植春季补种 3.7 万平方米，修剪行道树 1120 余棵，清除园林垃圾 70 余吨。加强城区公园设施设备维护，对道路垃圾箱、路灯等加强维护，城市设施 100% 完好。

【“多杆合一”5G 智慧杆塔工程实施】 2019 年 10 月，柯桥区启动实施金柯桥大道“多杆合一”5G 智慧杆塔工程。工程投资约 1800 万元，将 5G 基站、照明、路牌、传感器、LED 屏、智慧交通等多功能集于一体。至年底，实施智慧杆 500 余根，优化减少电线杆 200 余根，比实施前减少 40%。

【办结“非接触性执法”案件 6 起】 2019 年，柯桥区综合执法部门试点推广“非接触执法”数字化执法（指采取“零扣押”“零口供”的方式，通过视频监控、影像摄录等信息技术手段，收集制作旁证资料，形成完整的证据链），设立非接触性执法试点中队，利用智慧城管监控设备，办理“非接触性执法”案件。通过到区档案馆工商窗口调取当事人工商登记信息，到街道派出所调取相关个人身份信息，同时收集制作旁证笔录后，对当事人随意堆放建筑垃圾的违法行为，依据《城市建筑垃圾管理规定》条款，作出相应的行政处罚决定。截至 12 月底，办结非接触执法案件 6 起。

【小区车库车棚整治】 2019 年，柯桥区对辖区内住宅小区车库车棚使用情况开展摸排，建立问题清单，并按照居住、经营性用房、经营性仓储、加装卫生设施、厨房设施等门类进行分类。综合执法部门联合公安、市场监督、社区等相关部门组织联合执法行动。共整治小区车库车棚问题 1891 处，整治到位的小区有 150 个。

【犬类管理强化】 2019 年，柯桥区在综合执法部门设立专门的犬管队伍，升级改造犬只周转收容场所，面积 90 平方米，可同时收容犬只约 100 只。设立 3 处免疫、登记、办证一站式服务点，实施养犬登记制度，实现一犬一证一号。到年底，办理犬只登记380件，抓捕散放犬、流浪犬716只，犬只无害化处置645只。

【非机动车辆停车秩序规范】 2019年，柯桥区加强非机动车辆停放秩序管理。对于非机动公共车辆进行及时整理，全年整理公共自行车备用车辆8631辆；以共享单车的规范化运营为契机，引导共享单车运营企业通过设置“电子围栏”等方式规范车辆的停放秩序，9月中旬至10月初，协助运营企业清理共享单车（助力车）2.6万余辆。利用主次干道、沿街路面施划非机动车停车位，在柯桥城区补划、施划标线5490平方米。将非机动车入框停放纳入日常市容秩序管理内容之一，以劝为主、管为辅引导车主规范停放，对不规范停放的行为进行及时劝导，全年劝导非机动车停放71831辆。

【设置自产自销农副产品疏导点】 2019年，柯桥区依托现有农贸市场，规范施划自产自销农副产品区域；在104国道与步行街交叉口设立疏导点，实行定点、定时、定品、定人、定责管理，对影响交通安全、环境卫生的游商小贩予以取缔，共劝导流动摊贩71831起。

【“最乱一条街”整治】 2019年，柯桥区通过日常督查、群众举报、网络舆情、城市管家微信平台等渠道，梳理出全区域市容秩序较差的街区、路段。全年查找出梅泽路、太平路、耶溪路、金扬路4条“最乱一条街”，进行针对性整治。针对耶溪路百舸农贸市场周边车辆停放问题，加大施划力度，增加非机动车停车框位，开展常态劝导专项整治，将车辆归位入框；针对太平路占道经营突出问题，实行“三级”递进式管理模式；针对梅泽路流动摊贩问题，开展早、晚错峰时段的路面流动摊占道取缔专项整治；针对金扬路机动车违停现象较多，与交管部门开展联合执法。

【卫生死角专项整治546处】 2019年，柯桥区依托智慧城管信息采集平台，开展卫生死角专项普查，定时、不定时对主干道、市场、背街小巷、社区、城郊结合部的环境卫生状况进行检查，发现问题即提交系统，由环卫中心平台限时清理完结。结合全国文明城市复评和国家卫生城市省级综合评审，动员环卫工人对主次干道、商业街、广场等重点场所及道路两侧房边墙角进行地毯式清扫保洁，发现、清理卫生死角，实现可视范围内无垃圾，共清理卫生死角546处，清理垃圾约119.2吨。

【长效处理井盖、标线、表箱问题】 2019年，柯桥区将井盖类、杆线类、表箱类问题纳入城市管理长效机制，明确各类无主井盖、线杆吊挂等问题由市政管理部门兜底处置。至年底，智慧城管平台累计采集上报井盖类问题3726处，处置3661处，处置率98.26%；电线吊挂类问题525处，处置520处，处置率99.05%；表箱类问题673处，处置665处，处置率98.81%。

【处理各类违法违规广告超12000处】 2019年，柯桥区进一步建立健全户外广告管理体制机制，对未经许可擅自设置的违法户外广告设施依法依规查处，对存在安全隐患、年久失修、长期空白闲置的坚决拆除，严厉查处乱刻画、乱涂写、乱张贴行为。至年底共整治未经审批、审批逾期、存在安全隐患、影响市容市貌等违规户外广告4815处；清理与周边环境不协调的公益广告1628处；乱涂画、乱张贴等非法小广告查处6312处，立案93起。

【全市首个“宪法”主题公园建成】 2019年6月，柯桥区建成“宪法”主题公园。公园位于群贤路与湖西路交叉口、瓜渚湖西北角处，总占地面积4.5万平方米，总投资约400万元。宪法主题公园

2019年6月，柯桥区建成“宪法”主题文化公园（区建设局　供稿）

以“了解宪法、走进宪法、增强宪法意识、提升宪法观念”为主要宣传理念，以块带面、以线串联，强化整体主题展现功能，突出区块个性特色。

【滴漏抛洒专项整治】 2019年，柯桥区严格管理全区渣土泥浆运输，重点开展滴漏抛洒专项整治行动。通过对在建项目开展每日巡查、要求严密覆盖净车出场、开展联合执法等举措，严防滴漏抛洒等违法行为。全年出动执法人员800余人次，开展专项整治160余次，督促各工地清洗出入口2410次，监督并要求各运输公司清洗渣土清运车辆2350辆次，立案查处滴漏抛洒案件155件，罚款金额16.9万元。

【城区夜景亮化提升工程启动】 2019年，柯桥区启动城区夜景亮化提升工程，总投资8000万元，项目分两年实施。按照“连成线、集成点、撒成面”的构思，对城区金柯桥大道、轻纺城高架“两路”，瓜渚湖、大小坂湖“两湖”，万达商圈、银泰商圈“两圈”等区域沿线第一视线范围内的建筑、绿化景观、道路桥梁等进行全面亮化提升改造，实现一路一特色、一湖一景观、一圈一时尚。

【处置违法建筑208.7万平方米】 2019年，柯桥区制定出台《柯桥区2019年控新拆违实施方案》，全面开展存量违建清零整治工作，全年累计处置违法建筑208.7万平方米，处置总量全市第一，完成市定任务数的116%，累计拆后土地利用率82.5%。落实《关于进一步加强新增违建管控强化责任追究的意见》，出台《柯桥区“裁执分离”案件分类处置办法》《关于进一步加强对涉违商品住宅实施“四不予”措施》等政策，推广防违控违综合管理系统平台植入“四个平台”工作，对全区涉违信访进行核查。查实违建1291处，对柯岩街道康郡小区313户违建住宅实施“四不予”措施。（王丽军　楼军凯）

环境卫生管理

【概况】 2019年，柯桥区加强环卫保洁，累计清运处置生活垃圾54.5万吨，处置建筑渣土300万立方米、建筑泥浆160万立方米。通过加强源头管控、严格收运管理和强化终端监管，建立垃圾分类收运处理体系，淘汰不达标的环卫垃圾清运车辆，杜绝滴漏洒等二次污染。通过智慧环卫受理案件41496件，出具督查通报38期，扣款68万余元。对城区800余名环卫工人推出爱心早餐，建立“三服务”活动问题清单管理制度和效果评价机制，解决环卫管理问题280余条，解决满意率100%。

【全市首推环卫爱心早餐项目】 2019年9月29日，柯桥区在绍兴市率先推出一线环卫工人爱心早餐工程。项目由浙江天圣控股集团捐助，绍兴放心一百餐饮有限公司供应早餐，首期捐赠168万元。爱心早餐共覆盖柯桥城区一线环卫工人800余人，以每人每天7元为标准进行全年供应发放，每天早晨5点半到6点免费供应包含牛奶、鸡蛋在内的营养早餐。

2019年9月29日，柯桥区举行城区环卫工人爱心早餐捐赠仪式
（区综合执法局　供稿）

【生活垃圾分类覆盖率超92%】 2019年，柯桥区增加垃圾分类办人员力量，从商务、市场监管、生态环境、农业农村等部门各抽调1人扩充垃圾分类力量，制定全区垃圾分类三年行动实施方案。柯桥城区有192个小区、160个机关事业单位、28080家企业开展生活垃圾分类，分类覆盖率92.51%。农村有274个行政村（居委会）开展生活垃圾分类，生活垃圾分类覆盖率100%。

【8座中转站安装除臭装置】 2019年，柯桥区投

资100余万元，为城区8座中转站安装除臭系统。设备采用高压雾化喷淋循环系统，雾化覆盖面广、雾化颗粒极其细小，加速除臭药剂微雾与异味分子的结合，使异味分子分解成无味分子，从而达到消除异味的目的，该设备投用后臭气扰民投拆率有效降低。（王丽军）

城区交通管理

【概况】 2019年，柯桥区继续推进治堵保畅工程，完善路面勤务机制，加快城区智能交通建设，强化交通秩序管理，落实各项工作措施，推进城市交通拥堵治理。实行"一路口一方案"管理模式，提高路口执勤效率；落实大队民警站高峰岗工作制度，提高路面见警率、管事率。组建"铁骑警队"36人，实现巡逻、处警、疏道、管理相结合，为快速处警、快速疏道、停车管理提供保障，加快突发事件的响应及处置速度；拓展警保联勤机制，实现对轻微交通事故的快处快撤快赔，减少因事故引发的道路交通拥堵及秩序混乱。

【智能交通系统改造升级】 2019年，柯桥新建开发AR实景指挥系统、"失驾"管控系统、车辆云析系统，基本实现交通控制的智能化、交通指挥的扁平化和违法打击的精准化。建设联网智能信号控制点位299个、电子警察252个、视频监控点位134个，建成区城市主干道范围内，路口交通信号灯、电子警察和视频监控覆盖率均98%以上；85%以上的路口交通信号灯实现联网控制协调；在城区104国道、金柯桥大道、钱陶公路、柯南大道等7条道路上设置绿波带，车辆平均速度提升10%以上，车辆平均停车次数降低40%以上。

【查处各类交通违法行为102.59万起】 2019年，柯桥区开展各类专项整治行动，从严查处酒驾毒驾、无牌无证、"三超一疲劳"等重点违法，从严管理"两客一危"、中重型货车、工程运输车、电动自行车等重点车辆。现场查处各类交通违法行为为30.8万起，其中酒驾2769起、非机动车和行人违法15.7万起、中重型货车违法5.8万起、其他交通违法8.9万起。（徐　金）

拆迁安置

【概况】 2019年，柯桥区实施拆迁项目32个，建筑面积136.11万平方米。其中，新增拆迁项目24个，建筑面积122.41万平方米；遗留结转项目8个，建筑面积13.7万平方米。全年建设安置房68.6万平方米。（鲍朱慧）

【张溇安置小区二期（兰园）建成】 2019年12月，柯桥区张溇安置小区二期（兰园）建成。项目总投资约13.5亿元，建设7幢17层公寓，共计各类户型363套，总用地面积16916平方米，总建筑面积57534.41平方米。由柯桥区建设集团投资建设。

【柯桥古镇安置小区（笛里人家）完工交付】 2019年8月6日，柯桥古镇安置小区（笛里人家）完工交付。该安置小区东至黄社溇直江，南至中泽横江，西至中泽路，北至柯中泵站（山阴路），项目建筑面积54717平方米，规划容积率2.4，由5幢22—23层高层住宅及相关物管和商业用房组成，配置安置房428套，自行车棚428个，停车位240个。由柯桥区建设集团代建。（吴　剑）

供排水

【概况】 2019年，柯桥区安全供水2.48亿吨，实

2019年，柯桥区江滨水处理公司污水强化脱氮工程（周国栋　摄）

2019年,柯桥区窨井在线监测项目(RTU)在全区36个低洼点全面“上岗” （周国栋　摄）

加压延伸工程是2019年度全区十大民生实事工程之一,分两年实施,涉及平水、王坛、稽东、夏履、钱清5个镇22个行政村39个自然村,投资估算9751万元,受益1.2万人。

【提升12万吨/日应急供水保障能力】 2019年年底,柯桥区供水第三通道建成。该供水通道建设历时3年,起于马鞍镇,终于钱清镇与湖安路输水管连接,管线总长14千米,管线应急输送能力12万吨/日,满足柯桥区供水需求。

【滨海工业水供水能力增加15万吨/日】 2019年5月,柯桥区滨海第二水厂

际供水能力96.6万吨/日;收集污水1.97亿吨,截污能力100万吨/日;污水达标处理2.94亿吨,污水处理能力110万吨/日,化学需氧量削减22.68万吨。投资1.90亿元,建成江滨水处理公司20万吨/日污水强化脱氮工程,提升污水脱氮效率出水各项指标优于国家排放标准。

【7400名山区群众喝上放心水】 2019年10月,柯桥区平水、王坛、稽东、夏履、钱清5个镇(街道)23个自然村的农村饮用水达标提标,建设130千米管道、27座泵站,7400名山区群众喝上符合国家标准的生活饮用水。农村饮用水达标提标

2019年,滨海第二水厂二期工程江滨水厂全景 （周国栋　摄）

二期工程完工,增加工业水供水能力15万吨/日,使滨海工业水供水能力提升至56万吨/日,实现两厂南北供水,保障滨海印染集聚区、提升区企业用水需求。

【建立生活污水运维管理“柯桥模式”】 2019年,柯桥区建立生活污水运维“互联网+网格化”管理机制,全年生活污水收集量4597.34万吨,城区和集镇生活污水收集处理率分别达93.03%、80.99%。蓝天、万达两大商圈生活污水实现标准化管理,完成65座终端标准化改造,实现已接管运维终端设施提标升级全覆盖,终端出水五项指标合格率高于全省平均水平。

2019年,柯桥区山区村民用上放心自来水 （赵　炜　摄）

全年提供“一户一策”技术指导1100次，排查、疏通生活污水管线137.5千米。

【丁卫松技能大师工作室入选国家级项目】 2019年，丁卫松技能大师工作室入选国家级技能大师工作室建设项目，这是柯桥区首个国家级技能大师工作室。浙江省丁卫松技能大师工作室成立于2012年11月，由享受国务院特殊津贴的浙江工匠、焊工专家丁卫松领衔，其成员多为集团技术骨干，其中不乏全国技术能手、浙江省首席技师等优秀“金蓝领”高技能人才。下辖焊接实训中心，拥有500平方米实训场地，配备中国技能大赛焊接22个项目比赛专用设备20余台，成为企业高技能人才培养、成长平台。

2019年，丁卫松技能大师工作室　　（周国栋　摄）

【全市首个全自动水表检定装置上线运行】 2019年11月2日，绍兴市首个全自动DN15–25水表检定装置在柯桥供水公司正式上线运行。该装置采用循环供水系统，使用摄像采集数据代替人工抄读，检定通过系统控制自动运行，除装卸表外，整个过程无需人工介入检定操作，可同时进行7只DN15–20水表或5只DN25水表的检定工作，每批次水表的检定时间为8~12分钟，检定所用时间为手动检定装置的1/4，消除人工检定读数产生的检定误差。

【完成133个高层小区水表远传系统改造】 2019年11月，柯桥区改造133个高层小区约8.73万户的水表远传系统，实现已接收高层小区无人抄表全覆盖。该系统改造采用“有线+无线”方式，先以有线方式将各楼层水表信号回路连接至楼宇集中器，再通过组建LORA无限局域网，利用物联网技术以无线方式将水表信息上传信息处理中心，通过专用数据处理软件获得用户每日用水数据，实现水量科学审计、用水异常监测、漏损报警、漏损区域定位等功能。（周国栋）

供　电

【概况】 2019年，柯桥区完成电网建设投资14565万元，开工建设67个10千伏配网工程，在建110千伏变电所6座。全社会用电量165.65亿千瓦时，比上年增长7.11%，最高用电负荷239.39万千瓦。完成中小学增容加装空调、袍江印染企业落户对接、服务垃圾发电企业等重点民生工程。

【供电可靠性提升0.0338%】 2019年，柯桥区根据区域规划发展布局，调整提升36个配网网格，新建32条10千伏公用出线，完成30组目标网架建设，供电可靠性99.9770%，比上年提升0.0338%。（杨丹荔）

新农村建设

【概况】 2019年，柯桥区坚持以“五星

2019年，柯桥区漓渚镇的千亩花海　　（区农业农村局　供稿）

达标、3A争创”为抓手，推进农村人居环境整治提升；加快“强村消薄”工作进程，推进乡村振兴。全区创建五星达标村163个、AAA级景区化建设示范村16个，“会稽诗路”“山阴兰桂”“钱杨印象”“鉴湖渔歌”“水乡记忆”5条党建示范带基本建成。

2019年，绍兴市美丽乡村特色精品村——华舍街道西蜀阜村
（区农业农村局　供稿）

【省市级美丽乡村示范创建】 2019年，柯桥区创建省美丽乡村示范乡镇1个（平水镇）、市美丽乡村示范乡镇1个（稽东镇），省美丽乡村特色精品村3个（柯岩街道河塔村、杨汛桥街道麒麟村、平水镇剑灶村）、市美丽乡村特色精品村15个（福全街道信诚村，柯岩街道三佳村，柯岩街道新风村，柯岩街道叶家堰村，王坛镇舒村村，安昌街道安华村，安昌街道大和村，兰亭街道古筑村，兰亭街道兰亭村，平水镇娄家村，平水镇剑灶村，漓渚镇棠一村，钱清街道九岩村，华舍街道西蜀阜村，杨汛桥街道园里湖居）。62个新时代美丽乡村达标村、21个精品村接受省调研评估。（沈伟娟）

【“百日行动”总分全市第一】 2019年，柯桥区按照全市农村人居环境整治提升集中攻坚“百日行动”要求，持续推进“一分两清三化”（农村生活垃圾分类，清理乱堆乱放、清理空倒房，公厕洁化、“三线”序化、庭院美化），通过市测评迎检及市乡村振兴暨“五星达标、3A争创”领导小组办公室实地复核，市第二次测评和前后两次测评总得分均居全市首位。总结出“源头自主分类自主投放”的福全欣华路径，视频《欣华村的“垃圾分类经”》入选“学习强国”。至年底，全区15个镇（街道）256个村清理乱堆乱放2.47万处，整治庭前屋后房屋1.53万幢，拆除空倒房500余处，创建庭院整洁户6.6万户。（沈伟斌）

【城乡环境管理常态化】 2019年，柯桥区抓实城乡环境整治抽考，抽调农办、交通运输局等8个部门工作人员，组建城镇、农村两套环境整治专职考核组，每月对全区16个镇（街道）范围内的学校、医院等10类“洁净单位”争创对象进行实地检查。实行月度抽查考核、季度专项考评、年度综合评价考核机制，考核新增农村生活垃圾分类等乡村振兴重点内容，建立环境考核电子照片采集库。对检查发现的问题，通过现场告知镇村业务人员、下发书面通报、上报书面检查报告等形式，督促问题整改落实。全年累计拨付奖补资金约2400万元。（周　烽）

2019年，柯桥区对钱清街道华星村进行环境整治检查
（区农业农村局　供稿）

【农村生活污水治理工作审验扫尾】 2019年，柯桥区对2017年度农村生活污水治理项目进行区

级审验，实施第三方审验机构、机器人管道检测和第三方终端水质检测三套体系，保障工程质量，由第三方审验机构对项目资料、工程现场、日常运维进行验收，实行管道检测、水质检测全区覆盖。开展工程结算扫尾工作，报送2015—2016年度项目67个，涉及补助资金约1900万元。（王奇军）

2019年8月3日，东方山水二期项目“酷玩王国”正式对外运营（鉴湖旅游度假区 供稿）

村级工业物业改造

【概况】 2019年2月2日，柯桥区成立城市更新改造办公室，10月，完成机关基本框架建设，内设综合科、计划管理科。开展全区村级工业物业改造调研工作，从基础、政策、试点等三方面，同步推进调查摸底、政策梳理、试点摸排等三项专题工作，8月正式启动调查。至12月底，完成现状数据调查结果分析，形成《关于柯桥区村级工业物业现状的初步分析》等报告。（童珊清）

鉴湖旅游度假区建设

【概况】 2019年，鉴湖旅游度假区完成政府性投资约21.29亿元，接待游客约360万人次，旅游收入43亿元，举办省级以上赛事6次。招商项目投资约17.8亿元；上缴税收本级约1.06亿元（土地增值税）、房地产项目税收约4.53亿元。出让土地约400亩，土地出让金额约40亿元。

【东方山水乐园二期项目“酷玩王国”正式运营】 2019年8月3日，浙江省重点工程项目东方山水二期项目“酷玩王国”正式对外运营。该项目位于鉴湖旅游度假区，由上海华昌集团投资，投资总额约100亿元，占地面积502亩，于2017年3月动工建设。项目涵盖室外游乐、古典园林、特色民宿和综合商业，分为时空之门、天幕大街、魔法花园、异域海湾、水晶城堡、酷玩世界、冒险峡谷、欢乐港湾、玄宇园和别墅酒店等10个区域，共有水上摩天轮、飞舟冲浪、魔环飞车等22个游乐项目。东方山水二期项目“酷玩王国”开园后与一期室内乐园隔岸相互呼应，形成室内与室外互补的格局，衔接为3~4日综合旅游目的地。

【旅游区环境提升】 2019年，鉴湖旅游度假区实施15千米通景公路景观节点提升，建成慢游绿道20千米；建设旅游公厕15座、生态停车场2处、立体停车场1处，增设车位3000个；更换投放生态垃圾桶、休息桌椅、标识牌、警示牌等150余处。推进智慧旅游大数据平台建设，建立游客服务中心、数据中心，设置宣传牌16处，增设导览标识等105余处。引进雷迪森、凯悦等知名品牌酒店和个性化住宿设施，构建多层次复合型住宿接待体系，形成“住在鉴湖”品牌。

2019年11月1—3日，中国汽车耐力锦标赛在鉴湖旅游度假区浙江国际赛车场举行（鉴湖旅游度假区 供稿）

【两场汽车锦标赛举行】 2019年7月5—7日，2019赛季CTCC中国房车锦标赛在鉴湖旅游度假区的浙江国际赛车场举行。该比赛首次在浙江举行，共有上汽大众333车队等8个车队、韩寒等20多位知名赛车手参加比赛，争夺超级杯和中国杯奖项。近万名观众现场观看比赛，央视网、腾讯体育等多家媒体进行直播。11月1—3日，中国汽车耐力锦标赛在度假区的浙江国际赛车场举行，该比赛列入年度全国体育竞赛计划及中国汽车摩托车联合会赛历、中国汽车类场地赛唯一一项耐力锦标赛。此次国际组与国家组共48辆赛车比赛，近万名观众现场观看比赛。

【胜利西路与柯岩大道沿线景观亮化工程完工】 2019年11月，柯桥区胜利西路延伸段和柯岩大道沿线7千米景观亮化工程建成，增加403套人行道基础照明、3204套绿化灯光、1150米景观小品照明、490套建筑外立面照明及6套灯光控制，结合柯岩云骨等元素，采用无线4G网络控制灯光，形成以鉴湖（柯岩段）为核心，亮化“两带两路”，优化夜间环境，点亮“夜鉴湖”。

【绍兴乔波冰雪世界获5项荣誉称号】 2019年，绍兴乔波冰雪世界在由中国滑雪产业联盟举办的2019年金雪花奖中获最佳赛事活动奖，在2019年度冬鼎奖评选中获得中国室内滑雪三强、四季冰雪推广优秀企业、年度最佳四季运营雪场和区域最具特色奖称号。

【绍兴国际马拉松赛沿线度假区段景观整治工程完工】 2019年11月初，绍兴国际马拉松赛沿线度假区段景观整治工程全线完工，工程全长7.25千米，东起胜利西路镜湖花园，北至柯岩大道与104国道交叉口，内容包括越马花海和道路沿线整治。越马花海面积105亩，内部园路环通，设有观景平台、入口及中心位置景观节点；道路沿线整治分为胜利西路和柯岩大道两个区段，主要地修复绿化、更换时令草花、增加栏杆挂花、美化立柱、增设运动主题小品等。

2019绍兴国际马拉松赛沿线鉴湖旅游度假区段景观
（鉴湖旅游度假区　供稿）

【104国道南复线（柯岩段、湖塘段）主车道全线恢复通车】 2019年12月底，104国道南复线（柯岩段、湖塘段）路面大修工程全线恢复通车。该工程西起杭金衢连接线、东至镜水南路，总投资约2.38亿元，全长11.677千米，其中湖塘段长5.91千米，柯岩段长5.767千米，双向四车道，沿线桥梁17处，于2019年3月18日全面启动施工。（杨凌科）

兰亭文化旅游度假区建设

【概况】 2019年年初，柯桥区筹建兰亭文化旅游度假区，5月6日挂牌成立。按照“1+1+1”的模式，度假区管委会、投资服务中心、发展有限公司等机构先后成立，全年融资超2亿元。

【度假区战略策划及概念性规划编制】 2019年，柯桥区编制兰亭文化旅游度假区战略策划及概念性规划编制，国家级文旅融合示范区的定位和“一主两副、一核一廊九区”的空间总体布局基本明确，度假区国土空间总体规划完成框架方案。其规划总面积292平方千米，度假区核心区以兰亭街道、漓渚镇为主，规划控制与开发延伸辐射至平水镇、王坛镇、稽东镇等地。

·小资料·　一主两副　一核一廊九区

一主即兰亭主中心，两副即漓渚副中心、平水副中心；一核即中国兰亭文旅体验核，一廊即全景山阴·文旅发展走廊，九区为兰亭文旅综合体、阳明心谷、漓渚铁矿艺术小镇、森林动植物园、百越部落、花香田园综合体、云门禅学研修综合体、会稽山农业公园、刻石山秘境运动综合体。

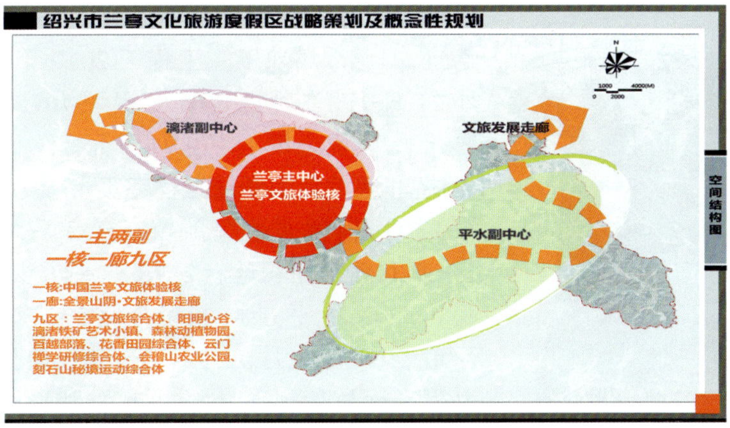

2019 年,兰亭文化旅游度假区战略策划及概念性规划图
（市自然资源和规划局柯桥分局　供稿）

【兰陵路改造工程开工】 2019 年 12 月,柯桥区兰陵路改造工程开工。该工程是兰亭度假区成立后建设的首条道路,在交通功能上,连接绍大线和 32 省道,道路全长 3.6 千米。作为文化旅游样板路,串接兰亭景区和印山越国王陵。工程总投资 9400 万元,由浙江中祺建设有限公司建设。(孙恩吉)

古镇保护

【概况】 2019 年,柯桥古镇完成投资 6.26 亿元,主力店招商 3 家,涉及面积约 1.15 万平方米,整体招商率 20%。完成柯桥古镇商业业态规划方案;完成永丰桥西传统建筑修缮设计、董希文纪念馆建筑设计、精品酒店建筑方案;新街区块历史建筑修缮工程、龙舌嘴区块历史建筑修缮工程、思美楼改造工程、同仁当历史建筑修缮工程、灵秘院复建工程、柯桥非遗馆新馆新建工程、下市头直街区块(南段)历史建筑修缮工程相继完工。

【龙舌嘴区块传统建筑修缮工程完工】 2019 年 5 月 30 日,柯桥古镇龙舌嘴区块传统建筑修缮工程完工。项目建筑面积 4765.99 平方米,投资金额 1775.97 万元,2018 年 9 月 5 日工程开工,建设单位为绍兴柯桥历史文化街区开发利用投资建设有限公司。

2019 年 5 月 30 日,柯桥古镇龙舌嘴区块传统建筑修缮工程完工
（严文杰　摄）

【新街区块传统建筑修缮工程完工】 2019 年 1 月 26 日,柯桥古镇新街区块传统建筑修缮工程完工。工程项目建筑面积 3438.49 平方米,投资金额 1385.97 万元,于 2018 年 7 月 6 日开工,建设单位为绍兴柯桥历史文化街区开发利用投资建设有限公司。

2019 年 1 月 26 日,柯桥古镇新街区块传统建筑修缮工程完工
（严文杰　摄）

【灵秘院复建工程完工】 2019 年 12 月,柯桥古镇建设中的灵秘院复建工程完工。项目建筑面积 2459 平方米,投资

2019年12月,灵秘院复建工程完工　　（严文杰　摄）

金额1497.3万元,是年1月20日开工,建设单位为绍兴柯桥历史文化街区开发利用投资建设有限公司。灵秘院按原有区块规划以历史记录的格局和现场发现的遗址为主要参照条件,按原有朝向布局恢复主轴线上的山门、放生池、大雄宝殿、大悲楼等主要建(构)筑物,厢房则结合“三桥四水”的视线作出适当调整。

【古玩市场工程开工】 2019年6月5日,柯桥古镇建设中的古玩市场工程开工,至年底,完成主体结构和中间结构验收。项目建筑面积10172平方米,投资金额6779.24万元,建设单位为绍兴柯桥历史文化街区开发利用投资建设有限公司。此前,古玩市场地下室工程于2019年1月24日完工,项目建筑面积19467.71平方米,投资金额15170.94万元。

【柯桥非遗馆新馆新建工程完工】 2019年12月,柯桥非遗馆新馆新建工程完工。项目建筑面积地上2676.58平方米、地下2245.25平方米,投资金额5222.66万元,2018年3月13日开工,建设单位为绍兴柯桥历史文化街区开发利用投资建设有限公司。(严文杰)

2019年12月,柯桥非遗馆新馆新建项目完工　　（严文杰　摄）

执行编辑　陆　杨

交通运输·邮政

交通建设

【概况】 2019年，柯桥区实施综合交通建设项目16个，完成投资49.8亿元，完成率114.5%，完成投资数在全市各区（市、县）中排名第一。32省道兰亭至平水段改建、32省道王坛至王城段改建、展望大道、北十一路、柯北大道西延、兰店线、世纪路、汤公路北延和环会稽山森林公园美丽公路一期等项目完工通车，镜水路南延、柯海线提升改造工程等一大批综合交通建设重点项目加速推进。

按照绍兴大城市发展的排头兵，接轨沪杭都市圈的桥头堡战略定位，拟定17条融杭联甬接沪交通外联路网建设计划。杭绍台高速、杭州中环、杭甬高速柯桥互通、安昌路北延、和山桥北延、31省道北延、闸前大道西延、新东线西延等8条道路开工建设；杭金衢高速至杭绍台高速联络线、杭绍甬高速公路、钱滨线安昌支路西延接成虎路等3条道路完成立项或工可批复，通城大道—杭金衢连接线、彩虹快速路—钱滨线2条道路完成“预工可”评审；杨江公路西延接03省道东复线、螺山路（杨江公路—新螺路）、湖安路北延头蓬路、致远大道西接信益线等4条道路开展前期工作对接。

【柯北大道西延段通车】 2019年1月10日，柯北大道西延段通车。工程于2017年9月开工，起于柯北大道与安华北路交叉口，终于钱滨线，全长2.465千米，道路路基宽41米，双向6车道，总投资约7.17亿元，按一级公路兼顾城市道路的标准设计，设计时速60千米，由浙江大洋建设集团有限公司（施工单位）建设。

【展望大道柯桥区段完工】 2019年6月1日，展望大道柯桥区段（新东线）建设工程完工。工程于2017年4月开工，起于滨海工业区柯海线，终于在建钱滨线，长1.2千米，按一级公路标准兼顾城市道路功能设计，设计时速80千米，路基宽度53.5米，双向6车道，总投资1.5亿元，由舟山宏达交通工程有限公司（施工单位）建设。

【32省道绍兴兰亭至平水段改建完工】 2019年6月21日，32省道绍兴兰亭至平水段改建工程（柯桥区段）完工。工程起于绍大线与规划镜水路交叉处，沿解南公路走廊带，穿越兰亭街道、鉴湖街道、平水镇，终于绍甘线与工商路交会处，总长14.36千米。桥梁2座、涵洞15道、隧道1座。按一级公路标准设计，双向4车道，路幅宽24.5米，设计时速

2019年，建成后的32省道绍兴兰亭至平水段（区建设集团　供稿）

80千米。项目总投资6亿元,其中建安费2.4亿元。工程于2016年12月开工,由浙江交工金筑交通建设有限公司(施工单位)建设。

【环会稽山国家森林公园美丽公路柯桥区段通车】 2019年10月12日,环会稽山国家森林公园美丽公路柯桥区段通车。工程按照“一环、两支线”进行建设,“一环”即从古香榧群入口(稽东镇顺利村)起,接入梗黄线、十赵线,南经平水镇沈村、横路村、驻日岭和诸暨市赵家镇、嵊州市谷来镇袁家岭村后,接入车谷线,北经稽东镇龙西村、新上王村、金山村至竹田头村,最终回到拟定古香榧群入口;“两支线”即稽东至皂溪支线和陈村至龙西支线。总投资6.7亿元,全长64.9千米,由柯桥、诸暨和嵊州的三处香榧森林公园三段公路组成。其中,柯桥区段环线全长23.7千米,投资4亿元,涉及局部弯道拓宽改造,沥青路面维修罩面,水泥路面“白改黑”处治,完善沿线排水、防护及交通安全设施。工程于2017年9月开工,由中亿丰建设集团股份有限公司建设。

【闸前大道完工】 2019年10月18日,闸前大道(北十一路)完工。道路起于滨海工业区柯海线,终于钱滨线,长1.6千米,按一级公路兼城市道路标准设计,路基宽50米,双向6车道,总投资1.6亿元,由江苏燕宁工程科技集团有限公司(施工单位)建设。

【世纪路延伸工程完工】 2019年10月18日,福全世纪路延伸工程完工。工程起于现世纪路与秋瑾路交叉口,终于越城区观澜路,全长1.63千米,采用二级公路兼顾市政道路标准,投资2.85亿元,由杭州中航建设集团股份有限公司施工建设。

【32省道王坛至王城改建工程完工】 2019年12月31日,32省道王坛至王城改建工程完工。工程起于王坛镇政府,穿过南溪新路,在南子口与老路重合,沿老路穿过王城村,终于嵊州市交界处,路线全长4.5千米,二级公路标准,双向2车道,路基宽12米(靠近村镇路段加宽至14米),投资2.6亿元。工程于2016年12月开工,由中天路桥有限公司施工建设。

2019年12月31日,32省道柯桥区王坛至王城段改建工程完工
(区建设集团 供稿)

【兰店线通车】 2019年12月31日,市区至店口快速道路柯桥区段(兰亭至店口)建成通车。项目于2017年9月开工,起于绍大线兰亭景区附近,经分后线、兴园路、福漓公路向西,在杨梅桥水库附近往北偏西方向前行,进入诸暨市。道路全长15.8千米,按双向4车道、二级公路兼顾城市道路标准设计,路基宽18米。其中,柯桥区新建2.8千米,起于福漓公路(杨梅桥水库附近),往北偏西方向前行,进入诸暨,其余路段(绍大线、福漓公路、分后线和兴园路)均利用老路,总投资2亿元。施工单位为浙江众达建设有限公司。

【汤公路北延工程完工】 2019年11月27日,汤公路北延工程完工。工程起于袍江新区汤公路与三江路交叉口,终于柯桥区马鞍街道,与柯海线平交。柯桥区段长1.3千米,双向6车道、一级公路标准设计,路基宽度32米,总投资约9452万元。施工单位是宏远建设有限公司,于2016年9月开工。

【杭州中环柯桥段工程开工】 2019年12月13日,杭州中环柯桥段工程开工建设。该工程是规划“杭州中环”的组成部分,项目分为钱陶公路高架段、湖安路高架段和轻纺城大道高架段,长度分别为3.38千米、6.55千米、3.76千米。工程共设高架桥长13.70千米;设互通立交4处,其中新建互通3处,改造互通1处。该项目采用一级公路标准,设计时速80千米。项目总投资51.1亿元,由柯桥区建设集团

2019年12月13日，杭州中环绍兴柯桥段开工仪式在柯桥区钱清街道举行　（吴　剑　摄）

投资建设。

·小资料·　杭州中环柯桥段

杭州中环柯桥段包括329国道上虞至临安公路柯桥钱清至萧山界段改建工程项目、104国道绍兴柯桥钱清至柯岩段改建工程项目、杭州中环高架桥改建工程，总长约25.9千米，总投资约95亿元。杨绍线以北采用双向6车道地面加6车道高架的形式，杨绍线以南采用地面或隧道形式，按照一级公路兼顾城市道路标准设计。根据项目用地、工程投资和建设时序等情况，采取“分类报批、分段实施”的办法，分两个地面道路和一个高架桥梁，共三个项目进行报批和实施。

【杭州湾环线高速公路(杭甬段)柯桥互通改扩建工程开工】 2019年11月，杭州湾环线高速公路(杭甬段)柯桥互通改扩建工程开工。在现有柯桥互通北面增设一个喇叭型互通出入口，新建出入口与钱滨线相接。改造后设南北2个出入口，其中南出入口主要承担柯桥城区客车流，北出入口为增设出入口，主要承担拟建的轻纺城物流园区和滨海工业区的客、货流。需改建5条匝道、新建5条匝道，新建及改建互通匝道总长5.79千米。总投资约6.4亿元，其中建安费3.2亿元。

【安昌路北延工程开工】 2019年10月，安昌路北延工程开工。工程起于钱滨线安昌支线终点，终于八柯线，全长255米，按照一级公路兼顾城市道路功能设计，建安费约1500万元，由杭州萧山路桥工程有限公司建设。

【31省道北延柯桥至萧山段“柘林江桥”主跨合龙】 2019年11月20日，由柯桥区建设集团投资建设的31省道北延柯桥至萧山段关键节点“柘林江桥”主跨合龙。该工程是省重点工程，也是柯桥融杭重要通道，起于齐贤街道镜湖村后诸互通，向北经齐贤、马鞍，跨杭甬运河、杭甬高速，于柯海线设置互通立交桥1座，终点与钱滨线相接，全长5.6千米，按照双向6车道、一级公路标准设计，总投资12.96亿元，其中建安费9.27亿元。（高奇卉　吴　剑）

2019年，31省道北延跨杭甬高速架梁　（区建设集团　提供）

交通设施管养

【概况】 2019年，柯桥区境内公路总里程1487.457千米，其中国道53.361千米(含国家高速公路12.287千米、普通国道41.074千米)、省道56.198千米(含绍诸高速11.145千米)、县道396.83千米、乡道297.508千米、专用公路11.438千米、村道672.122千米。全区桥梁927座，其中国家高速23座、普通国道37座、省道41座(含绍诸高速11座)、县道324座、乡道151座、村道351座。隧道14座(青坛隧道、元宝山隧道左侧、元宝山隧道右侧、兰亭隧道左侧、兰亭隧道右侧、古博岭隧道左侧、古博岭隧道右侧、日铸岭隧道、凤凰山隧道左侧、凤凰山隧道右侧、型塘岭隧道、杨汛桥隧道、大岩头山隧道左侧、大岩头山隧道右侧），建制村公路通达率100%。按公路技术等级划分，高速公路23.432千米、一级公路117.903千米、二级公路189.354千米、三级公路109.359千米、四级公路922.893千米、准四级公路124.516千米。（高奇卉）

【“四好农村路”助推乡村振兴柯桥现场会】 2019年9月5—6日，全国美丽农村路建设与产业融合发展研讨会暨“四好农村路”助推乡村振兴柯桥现场会在柯桥区召开，来自全国各地近300名代表参加会议。与会代表实地参观柯桥区钱茅线、双棠公路、南塘线（鉴湖江六级航道）等美丽公路（航道）以及香林村、棠棣村等美丽乡村，对柯桥区“四好农村路”建设及美丽公路助推乡村振兴的经验做法及成效表示赞赏。

【治理事故多发点段23处】 2019年，柯桥区整治事故多发点段23处，其中省级2处、市级2处和区级19处。整治非法路口封闭154个、改造路口349处；设置临水临崖安全防护25处，累计9.503千米；设置两级加宽公路、城市道路隔离护栏45.2千米，机非侧石隔离护栏8.34千米；改造其他隐患点26处。

【三级“路长制”管理实施】 2019年，柯桥区开发建设并试运行“路长制”智能化管理系统，建立区、镇、村三级“路长制”管理体系。创新成立首批杆管线单位“企业路长”，公路沿线杆管线问题即点即办。持续推进路域环境整治、小城镇环境整治“道乱占”、桥下空间整治等专项行动，实现全区公路“路长制”管理全覆盖。

【绍大线（柯桥区段）获评2019全国美丽乡村路】 2019年10月23日，绍大线（柯桥区段）获评2019全国美丽乡村路，为绍兴全市唯一。该评选由中国公路学会组织，共18条乡村公路入选。该路段全长14.5千米，涉及20个行政村。2012年起进行大规模改造整治，以书法景观大道为主题，对原有道路提升改造，绿道、景观、立面等沿线设施提升完善，恢复沿线生态环境。在交通功能的基础上，突出文化体验、休闲度假、田园生活等功能。2018年启动第三期建设，共投资26.6亿元，对全线景观进行再次提升，完成智慧交通管理体系全覆盖。

【柯海线金柯桥大道至迎海路段提升改造工程主线通车】 2019年，柯桥区对柯海线金柯桥大道至迎海路段进行提升改造。工程起点位于K0+000与金柯桥大道交叉，终于滨海工业区迎海路口，全长9.6千米，投资3.8亿元，设计时速80千米。完成4车道改6车道、慢行系统增设、沥青路面及上跨杭甬高速桥大修等方面的提升改造，同步完善全线交安、排水、绿化及照明等设施，年底前主线通车。

2019年年底，柯海线金柯桥大道至迎海路段提升改造工程主线通车
（区交通运输局　供稿）

【16.6万辆机动车使用ETC】 2019年，柯桥区推广发展ETC使用车辆16.6万辆，保有量80%。12月30日，区内首个物流大厦ETC停车场投入使用，约200个车位，通过对停车场设施智能化改造，实现不停车无感支付快速通行，车辆平均通行时间由原来人工收费15秒缩短至3秒。（高奇卉）

海事管理

【概况】 2019年，柯桥区内有定级航道46条，通航里程320.12千米。其中，四级航道2条（柯甬运河、曹娥江），通航里程50.52千米；五级航道1条（绍海甲线），通航里程12.8千米；六级航道5条（萧余线、南塘线、钱陶线、钱海线、柯海线），通航里程99.8千米；七级航道13条，通航里程80.6千米；准七级航道25条，通航里程76.4千米。有货运码头11个，

均为300吨级以上,其中厂矿自备码头6个。浙能绍兴滨海热电有限公司码头年进港电煤347万吨,为全市进港量最大的码头。取得港口经营许可证的客运码头1个,柯岩景区和瓜渚湖景区游船靠泊点6处。全区有116艘货船、24艘客船,计49187载重吨、1012客位,货船平均吨位424.03吨,平均吨位为历年最高值。有水运企业5家,其中水路普通货物运输企业3家,拥有52艘货船,运力26056载重吨。水路客运企业2家,拥有24艘客船,运力1012客位。共完成水路货运量186.76万吨,比上年增长11.39%;水路货物周转量30497.92万吨千米,比上年增长14.17%。完成水路客运量64.83万人次,比上年降低3.26%;水路旅客周转量74.13万人千米,比上年降低0.52%。港口吞吐量700.50万吨,比上年降低3.69%;进港货物700.50万吨,比上年降低3.69%;进港货物中煤炭占50.07%、矿建材料占49.54%。(高奇卉)

【投资773万元改善普货码头设施】 2019年7月,柯桥区投入资金773万余元,对8个普货码进行环境整治。实施平整硬化码头场地,修建护磡挡墙,设置排水沟、沉淀池和喷淋设施,封闭输送带等工程,垃圾油污水上岸处置由"2桶1牌"改成"5桶1牌"(指可回收垃圾桶、不可回收垃圾桶、有害垃圾桶、其他垃圾桶、油污桶和接收牌),新增码头船舶生活污水接收设施8套、岸电桩11套、吊机4台,淘汰挖机3台,增设雾炮洒水车3台。

【74艘船舶增设改造生活污水贮存柜】 2019年11月,柯桥区内74艘100总吨~400总吨船舶增设改造生活污水贮存柜,共获补助资金89.4万元。其中,100总吨以上至300总吨以下(不含300总吨)单船补助金额为1.2万元,300总吨至400总吨以下(不含400总吨)单船补助金额为1.5万元。

【首艘集散两用船舶投入运营】 2019年8月16日,柯桥区首艘集散两用船舶"顺通集001"取得船舶营业运输证,正式投入运营。该船由绍兴市柯桥区顺通航运有限公司自筹资金近200万元建造,总长54.6米、宽10.6米,最大满载排水量1608吨,最大参考载货量1316吨,既可装载集装箱2层36标箱,也可装载超千吨散装货物,是绍兴市最大的内河集散两用船舶,也是柯桥区第一艘超千吨船舶。和绍兴之前最大的船舶相比,该船航行柴油消耗相差无几,但可多装200吨货物,每吨污染物排放量减少13%左右。

【首次开展运河水上联合应急演习】 2019年11月27日,柯桥、萧山两地海事部门在杭甬运河浙江江顺实业有限公司码头前沿水域联合开展杭甬运河杭绍段水上综合应急演习,通过模拟船舶碰撞人员落水和燃油泄漏等险情,锻炼提升两地海事部门的相互协调和应急搜救能力。演习首次引入智能救生圈、无人机等水上智能救助设备,提升应急搜救和救助能力。

2019年1月,柯桥区码头环境提升现场会在绍兴美佳热电有限公司码头举行 (沈国安 摄)

【杭甬运河柯桥区段建成为多功能航道】 2019年1月,柯桥区杭甬运河美丽航道创建工程开工,项目位于柯桥区北侧,西起杨汛桥街道钱家湾,东至齐贤街道镜湖村,途经杨汛桥、钱清、华舍、齐贤等4个镇(街道),全长34.52千米,约25万平方米,总投资3800万元。主要对杭甬运河柯桥区段全线约22.7万平方米绿化提档升级、航道浅滩疏浚、修建围墙和铁丝网等隔离带,升级改造沿河建筑物,新建公园式节点水泽4个、船舶生活污水和油污水接收处置设施2套、改建公园式锚泊服务区1个。至年底,杭甬运河柯桥区段建成为集航运、水利、旅游等多功能

2019年11月27日，柯桥区联合杭州市萧山区开展杭甬运河杭绍段水上综合应急演习 （区交通运输局 供稿）

于一体的航道。（高奇卉）

公共交通发展

【概况】 2019年年底，柯桥区公共交通以城乡公交、中长途班线和出租客运为主，有一级客运站1个（柯桥客运中心），城区及镇（街道）公交站场26个。有产权的12个，分别为之江学院公交站、柯华站、湖东站、会展中心公交站、柯南公交站、滨海公交站、平水客运公交站、柯北公交站、齐贤公交站、兰亭公交站、漓渚公交站和稽东公交站，其余7个公交站产权为镇（街道）所有，有租用借用停车场7个。全年新建公交候车亭5个、改建停车亭48个，候车亭覆盖率80.64%，建成区公交站点500米半径覆盖率98%以上。

在全市率先完成699台公交移动支付一体机安装，实现公交移动支付全覆盖；联合支付宝、银联等平台推出公交移动支付5折月卡、银联闪付1分钱等优惠乘车活动。开通590路兰漓文化旅游线，助推兰亭漓渚文化旅游产业发展。为365辆城市公交车安装驾驶区域全包隔离设施、84辆公交车驾驶区域安装半包隔离、170辆公交车安装单栏杆防护设施。实现车载一键报警系统全覆盖，一键报警系统与区公安分局指挥中心系统对接。

有城乡公交线路100条（不含市公交在柯桥区运营线路），其中跨区线路28条、区内公交主线33条、二级公交39条，线路总里程2321.7千米，日发总班次4629班，全年公交发班176.01万班次，比上年增加3.75%，所有公交线路均实现无人售票。线路里程2099.9千米，全年行驶里程4738.5万千米，比上年增加9%。全区在册登记公交车734辆，实际在营公交车辆699辆，其中新能源公交车677辆，占比96.85%。采用租赁模式在钱清公交站新建电动充电桩6个，共12个枪，全区共有充电桩14个，共37个枪。全年公交客流5499.63万人次，比上年下降0.29%。共有从业人员1278人，其中公交驾驶员982人（男性894人、女性88人），公交人车比1.27。

全区有道路旅客运输经营业户13家，其中班车客运企业3家、包车客运企业3家、公交企业1家（绍兴市公共交通集团第二有限公司）、巡游出租车客运企业5家、客运站（场）经营业户1家（柯桥客运中心）。有营运客车596辆（不含公交），其中班线客车44辆、省内外旅游包车87辆、巡游出租汽车465辆。

柯桥客运中心始发班线41条、补员32条，合

2019年，稽东公交新站 （李毅伟 摄）

计73条；进站车辆始发75辆、补员50辆，合计125辆，最长线路2000千米（柯桥至高县）。日均发送942人次，单日最高1767人次(10月1日)，全年运送旅客34.04万人次，旅客周转量296.8万人千米。其中，市内客运班线4条，分别为柯桥至嵊州、诸暨、岭北、新昌；市际客运班线（含途经）30条，分别为柯桥至杭州、萧山机场、东阳、义乌、磐安、浦江、兰溪、石浦、慈溪、苍南、玉环、杜桥、仙居、丽水、松阳、许村、沈家门、缙云、安吉、南浔、嘉兴、海宁、桐乡、海盐、临安、新安江、桐庐、千岛湖、临平、富阳；跨省（市）的长途客运班线（含途经）38条，分别为太仓、无锡、江阴、张家港、淮阴、靖江、盛泽、吴江、盐城、海门、连云港、宿迁、景德镇、德兴、乐平、高县、祁门、鹿邑、临泉、来安、亳州、襄樊、浦城、商丘、淮滨、周口、常熟、扬州、绩溪、安庆、南通、姜堰、黄桥、吴江、常州、启东、上海、浦东机场。

【首条“互联网＋”融杭客运班线开通】 2019年5月，全市首条“互联网+”融杭客运班线开通，该条客运班线在原有柯桥至杭州黄龙城际公交班线基础上借助“巴巴快巴”平台，实现汇集人车互动、身份认证、移动支付、调度管理和大数据分析等功能的“互联网＋客运”服务班线。乘客只需通过“巴巴快巴”平台进行实名注册、电子身份确认后即可实现网上购票、刷身份证乘车和扫码移动支付功能，还可查询班车实时位置，了解班车动向。

【调整、新增公交线路37条】 2019年，柯桥区按照“加、减、延、联”调整原则，结合兰亭度假区成立，通过开辟新线路、优化原线路、延伸旧线路，累计新增公交线路8条、延伸调整公交线路29条。柯桥城区、柯北、柯南、福滴兰、钱杨、滨海、漓福兰和南部山区等区域线网布局均有完善。调整完善后，境内公交营运线路120余条。

·小资料· 公交线路变更情况

1. 新增专1013路，线路走向：凌家山—阳明北路—人民东路—平江路—云东路—东池路—中兴北路—二环北路—后墅路—凤林西路—绿云路—二环北路—104国道—稽山路—西周村，全程31千米，投入1辆车，日发1趟。首班车时间7:05，末班车时间17:00。

2. 新增专1015路，线路走向：体育中心南大门—平江路—云东路—都泗门隧道—昌安立交桥—霞西路—越西路—胜利西路—镜水路—杨绍线—柯桥区公路管理处，全程26千米，投入1辆车，日发1趟。首班车时间7:30，末班车时间17:00。

3. 新增810（夜）路，线路走向：钱清城际站—104国道—景岳堂，全程11.5千米，投入2辆车，日发12趟。首班车时间18:30，末班车时间21:30。

4. 新增快196路，线路走向：公路客运西站—杨绍线—越西路—胜利西路—解放大道—横湖路—适南路—解放大道—群贤路—汤公路—柯海公路—秋实路—新围路—柯海公路—滨诚路—兴滨路—北十一路口，全程41千米，投入2辆车，日发6趟。首班车时间6:00，末班车时间18:30。

5. 新增快893路，线路走向：湖光桥—湖东路—云集路—湖西路—鉴湖路—全柯桥大道—钱陶公路—镜水路—齐大公路—尹大线—柯海公路—秋实路—新围路—柯海公路—滨中路—兴滨路—蓝印小镇，全程33.5千米，投入2辆车，日发12趟。首班车时间6:00，末班车时间18:30。

6. 新增快892路，线路走向：柯东公交站—裕民路—金柯桥大道—104国道—湖安路—杭金衢连接线—钱茅线—夏履公交站，全程22千米，投入2辆车，日发16趟。首班车时间7:00，末班车时间17:20。

7. 新增快188路，线路走向：马鞍公交站(新)—镜海大道—秋实路—新围路—兴滨路—致远中大道—越中路—畅和路—听海路—南滨路—海滨路—海东路—沥海工业区，全程21千米，投入2辆车，日发20趟。首班车时间6:00，末班车时间18:00。

8. 新增590路，线路走向：兰亭国家森林公园—绍诸高速兰亭连接线—绍大线—兰亭湖大道—分后线—漓渚新街—漓渚幸福路—棠一村—棠棣村，全程22千米，投入1辆车，日发8趟。首班车时间6:00，末班车时间18:00。

9. 调整及更名专1002路，线路走向：柯桥区公共服务大楼—华齐路—金柯桥大道—兴越路—湖东路—群贤路—百舸路—云集路—镜水路—胜利路—绍齐公路—杨绍线—城南大道—绍甘线—王坛公交站，全程61千米，投入2辆车，日发8趟。始发站首班车时间9:10，末班车时间16:30；终点站首班车时间6:20,末班车时间14:00。

10. 调整更名1002路支,线路走向:绍兴财经旅游学校—杨绍线—城南大道—绍甘线—平王线—民兴路—平水公交站,全程53.7千米,投入1辆车,周发2趟。

11. 调整及更名专1003路,线路走向:柯桥区公共服务大楼—华齐路—金柯桥大道—兴越路—湖东路—群贤路—百舸路—云集路—镜水路—胜利路—绍齐公路—杨绍线—城南大道—绍甘线—车竹线—稽东公交站,全程58千米,投入1辆车,日发4趟。始发站首班车时间10:00,末班车时间15:30;终点站首班车时间7:30,末班车时间13:30 。

12. 调整更名1003路支,线路走向:绍兴财经旅游学校—杨绍线—城南大道—绍甘线—车竹线—稽东公交站,全程50.2千米,投入1辆车,周发2趟。始发时间14:50,终点时间13:00 。

13. 调整807路,线路走向:秋湖公交站—柯岩大道—湖滨路—梅泽路—柯南大道—香林路—104国道—育才路—鉴湖路—笛扬路—兴越路—湖中路—华齐路—镜水北路—齐大公路—环镇南路—羊山路—振贤路—兴齐路—环镇东路—齐贤公交站,全程24千米,投入10辆车,日发80趟。首班车时间6:00,末班车时间22:00。

14. 调整806路,线路走向:安昌公交站—柯北大道—环镇北路—环镇南路—盐仓路—安华北路—下大线—安昌路—柯北大道—金柯桥大道—山阴路—稽山路—104国道—万绣路—山阴路—黄龙刺绣,全程24.4千米,投入12辆车,日发96趟。首班车时间6:00,末班车时间18:00。

15. 调整832路,线路走向:湖光桥—云集路—万商路—金柯桥大道—钱陶公路—镜水路—怡华北路—绍齐公路—环镇南路—环镇西路—尹大线—党老线—宝善路—钱滨线—迎海路—柯海公路—镜海大道—秋实路—汇商路—镜海大道—滨海公交站,全程30.5千米,投入12辆车,日发72趟。首班车时间6:00,末班车时间18:00。

16. 调整831路,线路走向:柯华公交站—越州大道—104国道—金柯桥大道—云集路—镜水路—兴越路—站前大道—柯袍线—(左转上嘉会大桥)—绍齐公路—羊山路—振贤路—齐马公路(因石佛大桥施工绕道—绍齐公路—齐央公路—环镇东路—齐马公路)—寺桥路—钱滨线—党老线—柯海线—镜海大道—滨海公交站,全程31.8千米,投入8辆车,日发56趟。首班车时间5:50,末班车时间18:00。

17. 调整807路,线路走向:秋湖公交站—柯岩大道—湖滨路—梅泽路—柯南大道—香林路—104国道—育才路—鉴湖路—笛扬路—兴越路—湖中路—华齐路—镜水北路—齐大公路—环镇南路—羊山路—振贤路—兴齐路—环镇东路—齐贤公交站,全程24千米,投入10辆车,日发80趟。首班车时间6:00,末班车时间18:00。

18. 调整833路,线路走向:湖光桥—云集路—湖西路—鉴湖路—金柯桥大道—柯北大道—柯海线—镜海大道—秋实路—新围路—滨海大道—新二路—启滨路—滨中路—滨海旺角公交站,全程24千米,投入10辆车,日发80趟。首班车时间6:00,末班车时间18:00。

19. 调整846路,线路走向:绍兴高铁北站—站前大道—钱陶公路—绍齐公路—羊山路—振贤街—兴齐路—镇东路—柯海线—双闸路—汇商路—镜海大道—兴滨路—北十二路—滨海大道—滨海大道底,全程33.8千米,投入12辆车,日发80趟。首班车时间6:30,末班车时间20:10。

20. 调整专1013路支,线路走向:天镜南苑路口—解放南路—二环南路—中兴路—胜利西路—解放北路—环城北路—霞西路—二环西路—胜利西路—镜水路—104国道—稽山路—西周路口,全程31.5千米,投入1辆车,日发1趟。起点发车时间7:10,终点发车时间17:00。

21.1010路改名106A及调整走向,线路走向:海关—凤林西路—解放大道—横湖路—适南路—解放大道—群贤路—金柯桥大道—华齐路—柯桥区公共服务大楼,全程17.2千米,投入5辆车,日发24趟。起点冬令时首班车时间7:50,末班车时间16:25;终点冬令时首班车时间9:05,末班车时间17:10;起点夏令时首班车时间7:50,末班车时间16:10;终点夏令时首班车时间9:05,末班车时间17:40。

22. 调整158路,线路走向:客运中心—二环北路—曲屯路—凤林西路—解放大道—群贤路—齐独路—绍齐公路—齐贤镇政府,全程18.9千米,投入10辆车,日发100趟。首班车时间6:00,末班车时间18:00。

23. 调整807路,线路走向:秋湖公交站—柯岩大道—湖滨路—梅泽路—柯南大道—香林路—104国道—育才路—鉴湖路—笛扬路—兴越路—湖中路—华齐路—镜水北路—齐大公路—环镇南路—羊山路—振贤路—兴齐路—环镇东路—齐贤公交站,全程24千米,投入10辆车,日发80趟。首班车时间6:00,末班车时间18:00。

24. 128路更名调整为专1028路,线路走向:科创大厦—西环路—柯北大道—安华北路—越州大道—兴越路—笛扬路—群贤路—百舸路—青峰路—镜水路—群贤路—S308省道—二环北路—越西路—城南大道—解放南路—大明路—中兴路—繁荣村,全程31.2千米,投入2辆车,日发4趟。首班车时间8:30,末班车时间17:30。

25. 调整862路,线路走向:柯东公交站—裕民路—湖中路—钱陶公路—金柯桥大道—鉴湖路—小佐路—发展路—镇东路—群贤路—104国道—钱陶公路—镇前路—钱茅线—夏履公交站,全程29.7千米,投入16辆车,日发116趟。首班车时间6:00,末班车时间18:00。

26. 调整801路,线路走向:柯东公交站—裕民路—双渎路—兴越路—湖中路—华宇路—湖西路—万商路—越州大道—鉴湖路—稽山路—钱陶公路—越州大道—兴越路—金柯桥大道—钱陶公路—湖中路—绸缎路—双渎路—华齐路—镜水路—裕民路—柯东公交站(西环反之),全程24.5千米,投入12辆车,日发110趟。首班车时间6:00,末班车时间22:00。

27.511路支6更名调整为511F路,线路走向:平水公交站—平水大道—昌峰路—西昌路—绍甘线—十赵线—平水大道—十赵线—蒋坞,全程30.6千米,投入1辆车,日发2趟。首班车时间6:00,末班车时间18:00。

28.825路与813路合并更名调整为813路,线路走向:柯北公交站—梅林—西环路—曙光路—安昌路—柯北大道—金柯桥大道—梅林支路—尹大线(陶里小学)—柯海线—环镇东路—齐央公路—绍齐公路—怡华北路—镜水路—钱陶公路—金柯桥大道—创意路—镜水路—环镇南路—玉屏山路—齐马公路—尹大线—柯海线—镜水路—环山西路—齐贤路—官湖沿路—柯北大道—西环路—梅林—柯北公交站(东环反之),全程34千米,投入2辆车,日发12趟。首班车时间6:00,末班车时间18:00。

29. 调整817路优化,线路走向:张溇—民生路—华舍路(秋湖至张溇:民生路—兴华路)—笛扬路—华齐路—越州大道—钱陶公路—育才路—鉴湖路—金柯桥大道—柯南大道—柯岩大道—南复线—里庄村路—九峰寺路—九峰路—秋湖公交站,全程22.2千米,投入11辆车,日发98趟。首班车时间6:00,末班车时间18:00。

30. 调整513路,线路走向:平水公交站—平水大道—公园路—绍甘线—十赵线—梗黄线—车竹线—稽东公交站,全程28.9千米,投入2辆车,日发4趟。始发站首班车时间10:50,末班车时间17:40;终点站首班车时间6:05,末班车时间12:00。

31. 调整535路,线路走向:稽东公交站—车竹线—梗黄线—相岙公路—相岙,全程11.5千米,投入1辆车,日发16趟。始发站首班车时间6:15,末班车时间17:20;终点站首班车时间5:55,末班车时间17:00。

32. 调整537路,线路走向:稽东公交站—车竹线—胡宅公路—树裘公路—杨宅(塘岙)—车竹线—稽东公交站,全程25千米,投入2辆车,日发11趟。首班车时间5:50,末班车时间16:50。

33. 调整518及518A路,线路走向:平水公交站—平水大道—公园路—绍甘线—人民路—平平线—平水大道—十赵线—兵康村级公路—兵康,全程19.2千米,投入1辆车,日发10趟。平水站首班车时间7:50,末班车时间17:30;兵康站首班车时间6:20,末班车时间18:00。

34. 调整501C路 线路走向:平水公交站—平水大道—平王线—合兴—平王线—长塘头—平王线—五一—平王线—岭下,全程30.7千米,投入1辆车,日发2趟,首班车时间6:00,末班车时间17:05。

35. 调整506B路,线路走向:四丰—石四线—上裘线—西上线—平水大道—平水镇中,全程7千米,投入1辆车,日发2趟。首班车时间6:20,末班车时间17:00。

36. 调整111路，线路走向：客运中心—中兴路—杨绍线—钱茅线—夏履公交站，全程37.3千米，投入14辆车，日发84趟。首班车时间6:00，末班车时间18:00。

37. 调整815路，线路走向：安昌公交站—环镇北路—齐大公路—曙光路—镇西北路—兴工路—齐大公路—钱滨线—兴安路—安华北路—安昌路—曙光路—安华北路—柯北大道—柯海公路—环镇西路—环镇南路—绍齐公路—怡华北路—镜水路—钱陶公路—站前大道—绍兴北站，全程23千米，投入2辆车，日发16趟。首班车时间7:30，末班车时间18:00。（高奇卉）

道路运输监管

【概况】 2019年，柯桥区通过开展客、货运输市场专项整治，驾培、维修行业集中整治和公交车辆规范停靠现场整治活动，实现道路运输行业安全有效监管。

到年底，有货运车辆3313辆（其中危货车97辆），共计39727吨，全年运送货物4132.1万吨、周转量329341.8万吨千米。有道路危险品运输企业5家、危货运输车辆97辆，全年淘汰国Ⅲ及以下老旧营运货车473辆。维修企业317家，其中一类维修企业18家、二类维修企业73家、三类维修企业（含快修）226家，维修从业人员3025人。驾校16家，教练车1136辆，教练员1785人（其中理论教练员58人、驾驶操作教练员1727人），全年汽车驾驶员报名39798人（手动挡39761人、自动挡37人）。

【整治重点运输企业108家次】 2019年，柯桥区加强重点车辆源头隐患治理，检查“两客一危”（指从事旅游的包车、三类以上班线客车，运输危险化学品、烟花爆竹、民用爆炸物品的道路专用车辆）等重点运输企业108家次，整改隐患78处。重点车辆检验率、报废率、3次以上违法处理率均达100%。4286辆中重型货车“3小件”安装率100%，224辆“两客一危”车辆、699辆公交车智能视频监控报警设备安装应用率100%。

【重点货源单位源头治理】 2019年，柯桥区18家重点货源单位安装称重设备和视频监控设备。853辆工程车摸排基础数据建档立册、安装“5小件”（4G视频监控、雷达报警、转弯语音提示器、左右后侧防护栏、放大反光号牌）安防设施，实行管理“三化”（本地化、企业化、行业化）。累计核发车辆登记证846份、驾驶人登记证1971份，车辆办证率99.18%。

【汽车维修业倡导环保维修】 2019年，柯桥区倡导绿色维修，引导一二类维修企业开展水性漆、等离子废气处理装置、VOCs（是挥发性有机化合物Volatile Organic Compounds的英文缩写）废气处理装置改造应用。绍兴兴田汽车销售有限公司完成广州本田品牌全国绿标店创建，8家企业升级改造水性漆应用，全区远红外加热烤漆房使用率90%以上，绍兴万马汽车服务有限公司等4家企业完成营运车辆尾气排放治理维护站(M站）建设。不定期开展维修危“五废”（废机油、废电池、废轮胎、废配件和废包装物）回收处置情况督查，二类以上维修企业均与有资质回收企业签订危废回收合同。

【7家网约车平台取得经营许可】 2019年，柯桥区规范网约车驾驶员、车辆许可管理工作。神州专车、曹操专车、滴滴出行、大众出行、AA租车、斑马快跑、司机点点等7家网约车平台取得经营许可，核发网约车营运证734本（总784本）。

【构建农村物流“柯桥模式”】 2019年，柯桥区发展

2019年，柯桥区启用农村电商配送中心　（李毅伟　摄）

“交邮+供销”农村物流“柯桥模式”，引导交通运输、邮政快递、供销商贸深度融合，打通工业品下乡、农产品上行双向流通“最初”和“最后”一千米，助力乡村振兴。启用柯桥区农村电商配送中心，首创物流“机场模式”，实现同仓、同车、同网、同配，有效降低快递运维成本30%以上，提高配送效率20%以上，区级中转、镇级分拨、村级配送的三级物流配送体系初步形成。至年底，新建村级物流网点151个，累计211个，覆盖面超75%，600余种柯桥农产品开辟新市场。

【健全车辆技术信息档案】 2019年，柯桥区加强道路运输车辆技术管理，规范落实车辆技术等级评定，核查营运车辆燃料消耗量限值，健全车辆技术信息档案。全年技术等级评定车辆6745辆次，燃料消耗量核查324辆。推动建立汽车“健康档案”，83家一二类维修企业100%完成信息注册和系统对接，实现二类以上维修企业电子健康档案全覆盖，累计上传维修数据73万辆次，数据质量分为91分。

【查获学时造假行为92起】 2019年，柯桥区16所驾校开展模拟教学集中培训，采用人脸签到签退，保证学员4个学时的模拟培训。道路交通安全法律、法规和相关知识不低于4个学时，安全文明驾驶常识不低于2个学时。利用驾培监管服务平台，对所有理论及模拟培训的签到签退学员照片进行人工审核，杜绝学时造假行为。通过监管平台查处学时造假行为92起。升级改造计时终端，其中9家驾校选择维尔计时商、7家选择一诺计时商。（高奇卉）

交通安全

【概况】 2019年，柯桥区交警部门健全交通事故处理机制，严格车辆、驾驶员安全管理，开展车辆、驾驶员安全隐患排查。办理机动车注册登记17250件；机动车转移登记32480件；变更登记6014件；抵押登记5853件；注销登记736件；补换行驶证、牌照、登记证书6332件；核发机动车检验合格标39669件，核发临时号牌4967件；机动车检测225122辆，电动车上牌2665辆。受理各类交通事故75068起，其中一般程序处理152起；事故造成67人死亡、104人受伤，比上年分别下降5.63%和18.75%；直接经济损失41014元，比上年下降25.21%。共发生道路交通事故81407起，一般程序处理事故数212起，全口径死亡事故87起，比上年下降24.35%；造成89人死亡、156人受伤，分别比上年下降23.93%、13.81%。

【现场查处交通违法30.8万起】 2019年，柯桥区交警部门与相关部门配合，完善公路客运车辆、危险品运输车、学生接送车和公路危险路段的安全隐患排查，建立动态管理台账。查获酒驾2769起，其中醉酒262起，现场查处交通违法30.8万起。

【查处违法车辆4149辆次】 2019年，柯桥区建立应急联动机制，提升路警联合执法效率，在全市率先实现路政、运管、交警一站式处罚。全年开展“春雷”“亮剑”“惊蛰”“百日治超”等各类治超专项行动，累计查处各类违法车辆4149辆次，其中非现场执法1890辆次，路政处罚款和赔补偿款总计2172万元；超限超载率控制在2.0%以内，卸载货物4.28万吨。

2019年，柯桥区交通执法人员在现场执法　（李毅伟　摄）

【道路运政亮剑执法行动130余次】 2019年，柯桥区组织客运市场联合整治、企业接送车辆隐患治理、无证网约车整治、柴油车联合整治等各类亮剑执法行动130余次。开展无证营运“黑车”、网约车整治行动50余次，清理疑似非法组客点20

余个,查处违章车辆922辆次,其中黑车(网约车)72辆。全年办理行政处罚案件787件,其中一般程序561件、简易程序226件,累计罚款203.01万元。

【交通安全宣传教育活动】 2019年,柯桥区交警部门通过多种渠道广泛开展各类交通安全宣传教育。组织民警下社区、进企业、入校园开展宣传活动320余次,集中上交通安全课82次,其他形式的宣传活动32场次。制作以地方曲艺莲花落为载体的宣传片在16个镇(街道)巡回放映1700场次;制作交通安全宣传片在柯桥12家电影院、740辆公交车移动电子屏上滚动播放;开展电瓶车骑乘人佩戴头盔倡议,赠送安全头盔3万余个,发放宣传资料10万余份;开展老年人专项宣传活动,分发老年人反光袖套、鞋贴3.5万套;启动10个电动自行车违法人现场教育点,在媒体设置交通违法曝光台,累计曝光违法行为5300余起。(高奇卉　徐　金)

邮　政

【概况】 2019年,柯桥区快递服务企业业务量7404.9万件,比上年增长53.30%,增速全市第一;业务收入61490.4万元,比上年增长28.00%,增速全市第一。其中港澳台业务量6.25万件,业务收入322.19万元;国际业务量19.21万件,业务收入5789.54万元。全区有邮政EMS和顺丰、德邦、"四通一达一天"(申通、圆通、中通、百世汇通、韵达、天天快递)为代表的15个国有和民营快递品牌及14家国际快递企业,以直营或加盟方式参与柯桥快递经营业务的企业共36家(含柯桥分公司),营业网点139个。严格执行收寄验视、实名收寄、过机安检三项安全制度,确保寄递渠道安全畅通。加强部门联动,协助公安机关破获毒品案件2起,查获冰毒60克;查处非法烟草1163条,涉案金额43.86万元。

【全市首个快递行业工会建立】 2019年4月,柯桥区邮管部门联合区总工会组织召开柯桥区快递行业工会第一次代表大会,成立全市首个快递行业工会,大会选举柯桥区快递行业工会第一届委员会主席、副主席、委员,以及经费审查委员会委员、主任,近1500名快递从业人员入会。工会先后开展夏季送清凉慰问、赠送600顶安全头盔,开展双"十佳"、快递员职业技能大赛暨第七届"金梭奖"等评选活动,组织快递小哥参加"喜迎国庆文明行车你我同行"暨"文明行车无违章"挑战赛启动仪式,观看"我和我的祖国——绍兴市柯桥区庆祝中华人民共和国成立70周年主题晚会"等。

2019年4月11日,柯桥区成立全市首个快递行业工会(秋　琦　摄)

【柯桥区农村电商物流集散配送中心启用】 2019年6月5日,柯桥区农村电商物流集散配送中心启动仪式在福全街道富强村举行。一期工程占地面积约140亩,有农产品检测中心、快递中转区、冷库、农村电商基地、商贸物流仓储、停车场及其他生

2019年6月5日,柯桥区农村电商物流集散配送中心启动仪式在福全街道富强村举行
(《柯桥日报》供稿)

活配套等功能区。区供销社与区邮管局合作，在兰亭、福全、漓渚三地开展“机场模式”试点，由区供销社旗下的浙江益统物流有限公司和申通、中通、圆通、韵达、百世、天天等快递企业联合成立浙江民升供应链管理有限公司，搭建共配中心，并以各行政村、社区为网点，规划统一的“航线”，实现同仓、同车、同网、同配，打破各快递公司自成一体、互不融通的现状。建立区级物流集散中心，通过智能化分拣设备，在数据操作、装卸环节等流程采取自动化分拣，通过各条货运“航线”派送到各村和社区。快递共配与新供销商贸仓储率先进驻，于6月正式投入运营。

2019年10月，柯桥邮政管理局向全区快递企业分支机构发放快递包装物回收箱 （秋 琦 摄）

【邮件包装绿色化】 2019年，柯桥区推动邮件快件包装标准化和绿色化，督促企业按照国家标准实施绿色采购，使用环保胶带、包装袋和填充物，淘汰重金属和特定物质超标的包装物料。快递电子运单使用率95%以上，50%以上电商快件不再二次包装。循环中转袋、循环快递盒、循环中转袋使用率70%，全区所有快递企业网点和分支机构均按要求配齐设置包装废弃物回收装置。（孟丽莎）

执行编辑 陆 杨

中共绍兴市柯桥区委员会

重要会议

【区委一届四次全体(扩大)会议】 2019年1月7日,中共柯桥区委召开一届四次全体(扩大)会议,套开区委经济工作会议。区委常委会主持会议。区委书记沈志江作工作报告,并传达浙江省委、省政府批复同意的《绍兴市柯桥区机构改革方案》有关精神。区委副书记赵如浪部署2019年工作。区委副书记金水法参加。全会要求以习近平新时代中国特色社会主义思想为指引,全面贯彻落实中央和省委、市委系列决策部署,紧紧围绕"'八八战略'再深化、改革开放再出发"工作主线,坚持稳中求进主基调,把握"绍兴大城市建设的排头兵、接轨沪杭都市圈的桥头堡"战略定位,突出稳企业、增动能、保平安三方面工作,着力构建高质量的产业体系、创新体系、开放体系、生态体系、服务体系,奋力推进高基数上的高质量发展,以优异成绩迎接中华人民共和国成立70周年。全会指出,做好2019年工作,要锚定全国"十强区"奋斗目标,突出打造高质量发展的"柯桥标准"、建设新时期"国际纺织之都"、深化"最多跑一次"系列改革三个主方向,确保区域发展继续走在前列,为绍兴打造全省高质量发展的重要增长极、重返"综合实力30强"多作柯桥贡献。全会强调,要牢牢把握政治方向、紧紧抓住基层党建、时时不忘提振作风、持续推进清廉建设,为高质量发展提供坚强政治保障。全会列出2019年经济工作的9个重点,全力抓好经济运行"开门红",持续改造提升传统产业,着力补齐科创短板,坚持以城市开放带动经济转型,更好发挥投资在稳增长中的作用,持续深化重点领域改革,全力提升开放型经济水平,坚决打好"三大攻坚战",更高标准保障和改善民生。会议还布置岁末年初有关工作。全会强调,抓发展是最大的谋划,抓经济是最大的落实。要坚定发展信心,充分发挥先发优势、积极抢抓战略机遇、大力营造发展氛围。要保持发展定力,始终聚焦全国"十强区"奋斗目标、"排头兵、桥头堡"战略定位、"四个两手抓"发展路径。要突出发展重点,全力确保经济有速度的高质量增长、城市有张度的开放发展、社会有温度的和谐稳定。要凝聚发展合力,高度重视人才队伍建设、企业家队伍建设、干部队伍建设,汇聚推动高质量发展的强大合力、最大动能,奋力开创柯桥改革开放和现代化建设新局面。

【区机构改革动员大会】 2019年1月18日,柯桥区召开机构改革动员大会。区委书记沈志江在会上强调,要深入学习贯彻习近平总书记关于深化党和国家机构改革的重要论述,严格按照中央和省委、市委、区委深化地方机构改革有关决策部署,高质量推进机构改革各项任务落地见效。区委副书记、区长赵如浪主持,吴晓、孟柏干、金水法等区四套班子领导和区人民法院院长、区人民检察院检察长、区人武部政委参加会议。改革后共设置党政机构37个,其中区委机构11个、区政府机构26个。

【区干部大会】 2019年2月13日,柯桥区召开干部大会。会议强调,全区上下要高举习近平新时代中国特色社会主义思想伟大旗帜,全面落实贯彻中央和省、市、区各项决策部署,深入开展服务企业服务群众服务基层活动，以一流的作风、一流的服务争创一流的业绩，为柯桥加快打造“绍兴大城市建设的排头兵、接轨沪杭都市圈的桥头堡”，奋力进军全国“十强区”作出新的更大贡献。会议对有关先进进行表彰。会议强调，2019年是中华人民共和国成立70周年，是高水平全面建成小康社会的关键之年，也是柯桥加快转型跨越、努力实现晋位升级的重要一年。各级各部门和广大干部必须深入开展“三服务”活动，打响服务方显担当的“柯桥本色”。深入开展“三服务”活动，是上级党委顺时应势、推进高质量发展的一项战略举措，必须提升站位、强化担当；是加快打造“排头兵、桥头堡”、确保实现全国“十强区”奋斗目标的一条必然路径，必须持之以恒、贯穿始终；是对全区党员干部能力水平、纪律作风的一次综合检验，必须真抓实干、务实落实。

【区委一届五次全体（扩大）会议】 2019年2月18日，中共柯桥区委召开一届五次全体（扩大）会议，会议审议通过柯桥区部分行政区划调整决定。区委常委会主持会议，区委书记沈志江讲话。区委委员、候补委员，区民政局主要负责人，钱清镇、杨汛桥镇、马鞍镇党委和政府主要负责人参加会议。

【区警示教育大会】 2019年5月20日，柯桥区在蓝天大剧院举行警示教育大会。区委书记沈志江作动员讲话，吴晓、金水法等区四套班子领导，区人民法院院长、区人民检察院检察长，区人武部政委，区委管理及以上的现职领导干部，区纪委、区监委全体干部参加会议。会议组织观看警示教育片《以案为鉴警钟长鸣》，强调要提高站位、把握方向，深刻领会开展警示教育活动具有重大的政治意义、鲜明的时代意义、紧迫的现实意义，清醒认识中央全面从严治党、加强党风廉政建设和反腐败工作的信心和决心，切实把讲忠诚、严纪律的政治要求全面融入各项工作，深刻对照、反躬自省，让警钟长鸣不绝于耳。要精心组织、突出实效，认真组织开展“十个一”活动，切实提升警示教育的政治性、针对性，强化责任担当，从严落实主体责任，坚持正本溯源，严肃党内政治生活，深化执纪问责，严厉惩治腐败行为，坚定不移推进全面从严治党向纵深发展。要以上率下、坚守底线，始终保持共产党人清正廉洁的政治本色，坚定信念，更好提升政治能力，慎独慎微，更好筑牢自律防线，树好家风，更好引领社会风尚，共同构建好风清气正的政治生态，为柯桥高质量发展作出更大努力、贡献更大力量。

【区委一届六次全体（扩大）会议】 2019年8月9日，中共柯桥区委召开一届六次全体（扩大）会议。区委常委会主持会议。区委书记沈志江作工作报告，区委副书记赵如浪部署工作。全会要求认真学习贯彻中央和省委、市委部署精神，始终坚持底线思维，切实增强忧患意识，进一步统一思想、提高站位，牢牢把握工作主动权，坚决打赢防范化解重大风险攻坚战。全会指出，要加速全面融入杭州，奋力争当“融杭接沪示范区”，要以产业融杭接沪为主方向，突出数字经济发展、新兴产业引进培育、城市经济发展，加快构筑“5+3+4”现代产业体系。要以交通融杭接沪为突破口，更好构建现代化互联互通交通网络、优化城市发展空间布局、建设新时期国际纺织之都，加快推进城市区域一体化发展。要以人才融杭接沪为支撑力，持续做大科创平台、做强科创主体、做优科创环境，加快推动城市科创要素集聚流动。要以民生融杭接沪为着力点，探索推进公共服务共享机制、文化旅游资源共享机制、政务改革一体化机制，加快实现城市公共资源互惠共享。全会对开展“不忘初心、牢记使命”主题教育和下阶段工作进行具体部署。

【第二届世界布商大会】 2019年9月27日，第二届世界布商大会在中国轻纺城国际会展中心启幕，为期3天。大会以“合作共赢·责任发展”为宗旨，围绕“开放协同·科技驱动·时尚跃变”主题，按照“绿色高端、世界领先”的目标，链接全球产业智库，深入探讨行业的共同繁荣与可持续发展，为进一步加强全球纺织产业的全方位协作、多领域融合蓄能助力。大会发布《世界布商宣言》，举行“共建世界级纺织产业集群先行区”授牌仪式。

【区委常委会会议】 2019年，中共柯桥区委共召开19次常委会会议。

1月4日会议　会议传达学习上级听取关于巡视巡察工作所作的指示精神，听取关于区人大常委会、区政协2018年工作总结和2019年工作思路汇报，听取关于区法院、区检察院2018年工作总结和2019年工作思路汇报，听取关于区委一届四次全体

（扩大）会议建议方案、报告（送审稿）的汇报，听取关于《政府工作报告》（送审稿）的情况汇报，听取关于2019年柯桥区国有投资（含政府投资）项目建设计划情况的汇报，听取关于2019年柯桥区现代产业重点项目建设计划情况的汇报，听取关于2017年度规模以上服务业企业综合效益评价情况的汇报，听取关于柯桥区2018年国民经济和社会发展计划执行情况及2019年国民经济和社会发展计划（草案）的汇报，听取关于柯桥区2018年财政预算执行情况及2019年财政预算（草案）的汇报，听取关于2019年度柯桥区经营性用地出让计划和工业用地及公益性项目划拨用地供地计划的汇报，听取关于实施新时代柯桥区产业工人队伍建设改革等事项的情况汇报，听取关于第二批群团改革方案的汇报，原则同意上述事项。

1月18日会议　会议传达市委书记马卫光在市八届人大四次会议柯桥代表团集中审议时的讲话精神，传达学习市八届人大四次会议、市政协八届三次会议精神，学习中共浙江省委省人民政府关于印发《义乌国际贸易综合改革试验区框架方案》的通知精神，传达学习十九届中央纪委三次全会和省纪委十四届四次全会精神，听取关于镇（街道）机构改革和行政事业单位改革有关事项的情况汇报，听取关于企业解困和帮扶工作的情况汇报，听取关于2018年度全区意识形态工作的情况汇报，听取关于全区2018年人才工作总结和2019年工作思路汇报，听取关于全区2018年社会稳定及平安创建、信访工作总结和2019年工作思路的汇报，听取关于全区2018年安全生产、食品药品安全工作总结和2019年工作思路的汇报，原则同意上述事项。会议还研究其他有关事项。

2月2日会议　会议传达学习省委书记车俊，市委书记马卫光，市委副书记、市长盛阅春在省十三届人大二次会议绍兴代表团集中审议时的讲话精神；传达学习省委书记车俊、省长袁家军对中央环保督察整改工作提出的新要求；传达学习省十三届人大二次会议、省政协十二届二次会议精神；传达学习全市扫黑除恶专项斗争视频会议精神；传达学习全省财政工作会议精神；传达学习市纪委八届四次全会精神；听取关于区纪委一届四次全体（扩大）会议方案及工作报告的汇报；听取关于组织开展“学习强国”学习平台推广工作的情况汇报；听取关于2018年主要经济指标完成情况的汇报；听取关于若航绍兴直升机场及游艇俱乐部项目历史遗留问题处置方案的汇报；听取关于2018年度柯桥区发展贡献奖评比结果的情况汇报；听取关于区管领导干部及区机关部门退职领导干部2018年度考核优秀等次（嘉奖）建议名单的汇报；听取关于2018年度公务员嘉奖、三等功、区级先进单位、区级先进工作者（区管干部以下）评选结果的汇报；听取关于2019年区委区政府工作思路的汇报；听取关于2018年度机关部门、镇（街道）、平台岗位目标责任制考核有关情况的汇报，原则同意上述事项。

2月14日会议　会议传达学习省委书记车俊在新华社《国内动态清样》上的批示精神，传达学习中共浙江省委办公厅浙江省人民政府办公厅关于印发《浙江省高质量发展指标体系实施办法》的通知精神，传达学习省委书记车俊、省长袁家军、省委副书记郑栅洁就有关“大棚房”问题专项清理整治工作的批示精神，听取关于全区经济“开门红”工作的情况汇报，听取关于浙江亚太集团有限公司有关事项的汇报，听取关于浙江省劳动模范、模范集体评选推荐工作的情况汇报，传达学习市对区选人用人工作专项检查情况反馈意见的通报精神，原则同意上述事项。

2月18日会议　会议传达学习国家信访局关于学习贯彻习近平总书记重要批示的通知精神，传达学习省委政法工作会议精神，听取关于开展部分行政区划调整的情况汇报，原则同意上述事项。会议还研究其他有关事项。

3月12日会议　会议学习《中共中央关于加强党的政治建设的意见》精神，传达学习省委书记车俊在推进长三角一体化发展工作情况汇报会上的讲话精神，学习《中国共产党政法工作条例》精神，传达学习省委农村工作会议精神，传达学习全省县级融媒体中心建设推进会、全省全市宣传思想工作会议和全省宣传思想战线开展增加“四力”教育实践工作会议精神，传达学习全省统战部长会议精神，传达学习全省、全市组织部部长会议精神，听取关于建立区人民政府向区人大常委会报告国有资产管理情况制度的实施意见，听取关于落实省对市2018年度履行全面从严治党主体责任情况报告评议反馈意见中涉及柯桥区有关问题的整改方案的汇报，听取关于落实市对区2018年度履行全面从严治党主体责任情况报告评议反馈意见的整改方案的汇报，听取关于深化柯桥区纪委区监委派驻机构改革的意见的汇报，听取关于柯桥区纪委区监委派驻（出）机构改革方案的汇报，听取关于区委2019年度政党协商计划的汇报，听取关于柯桥区扫黑除恶专项斗争攻坚年活动实施方案的汇报，听取关于进一步改进和加强基层财政财务管理工作意见（草案）的汇报，听取关于区农村饮用水达标提标实施方案的汇报，听取关于区“大棚房”问题专项清理整治工作的情况汇报，听取关于开展区领导“八联系”活动的情况汇报，听取关于成立调整区委依法治区委员会等10个区委议事协调机构的情况汇报，听取关于区委常委分工建议方案的说明，原则同意上述事项。

3月18日会议　会议听取关于要求解决精功集团流动性困难的情况汇报，听取关于建立精功纾困专项资金的情况汇报，听取关于重新设立政府应急专项资金的情况汇报，原则同意上述事项。

4月12日会议　会议传达学习省委书记车俊到柯桥区调研时的讲话精神，学习中共中央办公厅《关于解决形式主义突出问题为基层减负的通知》和浙江省委办公厅浙江省人民政府办公厅《关于整治形式主义突出问题切实减轻基层负担的若干意见》精神，传达学习中央扫黑除恶第11督导组督导浙江省工作动员会精神，传达学习全国巡视工作会议暨十九届中央第三轮巡视动员部署会、十四届省委第六轮巡视工作动员部署会精神，学习《党政领导干部选拔任用工作条例》精神，学习中共中央办公厅国务院办公厅《关于推进基层整合审批服务执法力量的实施意见》精神，听取关于柯桥区媒体融合工作方案的汇报，听取关于2016—2017年度区级文明村镇、文明单位评选复评工作的情况汇报，听取关于一季度全区社会稳定及平安创建、信访工作的情况汇报，听取关于一季度全区安全生产和食品药品安全工作的情况汇报，听取关于促进民营经济高质量发展若干意见的汇报，听取关于进一步加大南部山区发展扶持力度补充意见的情况汇报，听取关于进一步做好迎接省生态环保督察有关工作情况的汇报，听取关于全区第一季度项目招商工作进展情况的汇报，听取关于二轮承包土地失地核查分析及后续参保工作的情况汇报，原则同意上述事项。

4月23日会议　会议学习《中国共产党党组工作条例》，传达学习中共浙江省委办公厅浙江省人民政府办公厅关于印发《浙江省生态环境保护工作责任规定》的通知精神，传达学习中央扫黑除恶第11督导组与浙江省第一次通报对接会精神，传达学习全市建设平安绍兴工作会议暨扫黑除恶攻坚年活动推进会精神，传达学习中共绍兴市纪委关于6起违反中央八项规定精神典型问题的通报精神，听取关于一季度全区城乡环境卫生整治考核情况的汇报，听取关于全区镇（街道）纪检监察工作规范化建设的情况汇报，原则同意上述事项。会议还研究其他有关事项。

5月16日会议　会议传达学习省委副书记、省长袁家军到柯桥区调研时的讲话精神，传达学习全省科学技术奖励大会精神，传达学习国务院安委会第十二考核巡查组到柯桥区考核巡查的精神，传达学习全省产业创新服务综合体建设现场推进会精神，传达学习省委常委、组织部部长黄建发到柯桥区蹲点调研时的讲话精神，听取关于中央宗教工作督查反馈精神及柯桥区贯彻整改意见的汇报，听取关于中央扫黑除恶督导反馈问题整改暨全区扫黑除恶查补短板活动工作方案的汇报，听取关于《关于整治形式主义突出问题切实减轻基层负担的通知》起草情况的汇报，原则同意上述事项。会议还研究其他有关事项。

6月14日会议　会议传达学习中共中央关于在全党开展“不忘初心、牢记使命”主题教育的意见和中共浙江省委关于开展“不忘初心、牢记使命”主题教育的实施意见精神，传达学习中共浙江省委关于印发《重大事项请示报告清单》的通知精神，传达学习《重大行政决策程序暂行条例》精神，传达学习中央扫黑除恶第11督导组督导浙江省情况反馈会精神，听取关于2019年落实全面从严治党主体责任考核办法的情况汇报，听取关于2019年柯桥区党风廉政建设和反腐败工作组织领导与责任分工的情况汇报，听取关于落实市委检查组意识形态工作责任制落实情况反馈意见的整改方案的汇报，听取关于开展行政村(居委会)调整工作实施方案的汇报，听取关于开展突出生态环境问题排查防范化解重大环境风险工作行动方案的汇报，听取关于有关区管领导干部案件查办的情况汇报，原则同意上述事项。

7月22日会议　会议研究有关企业帮扶工作。

8月2日会议　会议传达学习习近平总书记在深化党和国家机构改革总结会议上的重要讲话精神，传达学习习近平总书记在中央和国家机关党的建设工作会议上重要讲话精神，传达学习市委八届六次全体(扩大)会议精神和全市防范化解重大风险专题培训班精神，传达学习省委常委、宣传部部长在绍兴调研时的讲话精神，传达学习《关于民粹主义的有关问题》《正确认识中美贸易斗争集中精力办好自己的事》，传达学习省委常委、统战部部长熊建平在全省新疆籍人员服务管理会议上的讲话精神，传达学习《中共中央关于李平同志搞形式主义、官僚主义案件查处情况及其教训警示的通报》精神，传达学习全国市县巡察工作推进会、十四届省委第七轮巡视工作动员部署会、省委巡视工作领导小组关于巡察工作专项检查情况通报精神，听取关于区人大常委会、区政协上半年工作情况和下半年工作安排的汇报，听取关于上半年全区党风廉政建设和反腐败工作的情况汇报，听取关于要求增设区委第五巡察组的情况汇报，听取关于做好“不忘初心、牢记使命”主题教育专项整治及有关工作考虑的汇报，听取关于上半年全区社会稳定及平安创建、信访工作的情况汇报，听取关于上半年全区安全生产和食品药品安全工作的情况汇报，听取关于柯桥区加强基层应急管理站建设实施意见的汇报，听取关于柯桥区违建别墅问题清查整治专项行动实施方案的汇报，听取关于柯桥区2019年上半年主要经济指标完成情况的汇报，听取关于柯桥传媒集团内部机制融合改革方案的汇报，听取关于国有企业改革实施、柯桥经开区体制调整一年来运作情况的汇报，听取关于区委一届六次全体(扩大)会议及专题培训班建议方案的汇报，听取关于给予有关区管领导干部党纪政务处分的情况汇报，原则同意上述事项。

8月9日会议　会议传达学习《部分地区统计造假问题追责不到位》及省委书记车俊的批示精神，传达学习全省防御第9号超强台风“利奇马”工作会议精神，部署全区防台抗台工作，传达学习《中国共产党宣传工作条例》及柯桥区贯彻落实意见的汇报，听取关于全区教育大会筹备工作的情况汇报，听取关于高水平推进柯桥教育现代化实施方案(2019—2022)的汇报，听取关于全面深化新时代教师队伍建设改革实施意见的汇报，听取关于上半年全区公安工作和枫桥式公安派出所创建工作的情况汇报，听取关于加快推动“三农”高质量发展若干政策意见的情况汇报，听取关于柯桥区全域印染企业改造提升行动方案的汇报，听取关于柯桥区2019年金融支持实体经济发展考核奖励办法的汇报，听取关于柯桥区公务员职务与职级并行制度实施方案的汇报，原则同意上述事项。会议还研究其他有关事项。

8月30日会议　会议传达学习省委书记车俊，省委副书记、省长袁家军对柯桥区外贸工作的重要批示精神，传达学习全省深化机构改革总结会议精神，传达学习李克强总理在全国深化“放管服”改革优化营商环境电视电话会议上的讲话精神，传达学习省委人大工作会议精神，传达学习国务委员兼国务院秘书长肖捷在部分省区信访工作座谈会上的讲话精神，传达学习市委书记马卫光在《柯桥区退役军人事务工作情况汇报》上的批示精神，传达学习全市基层党建引领基层治理“五星”系列创建推进会精神，听取关于进一步推进全区“扫黄打非”工作的汇报，听取关于2019年镇(街道)岗位目标责任制考核经济指标分解建议的汇报，听取关于支持浙江先进印染制造业创新中心建设意见(试行)的汇报，听取关于柯桥区突出生态环境问题整改情况的汇报，听取关于推进新型产业用地试点实施意见的实施细则(试行)的汇报，听取关于首届中国绍兴柯桥国际纺织贸易服务展会筹备工作情况的汇报，听取关于上半年全区外贸工作情况和下半年工作安排的汇报，听取关于以“最多跑一次”理念优化提升中国轻纺城市场工作方案的汇报，听取关于2019

年镇(街道)、平台岗位目标责任制考核意见的情况汇报,听取关于2019年区机关部门岗位目标责任制考核意见的情况汇报,听取关于2019年区直属国有企业经营业绩考核意见的情况汇报,原则同意上述事项。

9月11日会议　会议传达学习中央和全省第一批“不忘初心、牢记使命”主题教育总结暨第二批部署会议、全市主题教育部署会议精神,传达学习全省美丽城镇建设工作会议精神,传达学习全市公安工作会议精神及柯桥区中华人民共和国成立70周年大庆安保工作的汇报,听取关于区法院、区检察院上半年工作情况和下半年工作安排的汇报,听取关于开展庆祝中华人民共和国成立70周年“我和我的祖国”群众性主题宣传教育活动的汇报,听取关于拟收购永利集团所持华融金融租赁股份有限公司股权建议方案的汇报,听取关于全区主题教育筹备工作情况和专项整治推进情况的汇报,听取关于开展“不忘初心、牢记使命”主题教育的实施意见等6个主题教育有关方案的汇报,原则同意上述事项。

11月15日会议　会议开展中共十九届四中全会精神研讨交流,传达学习十九届中央第四轮巡视工作动员部署会、市县巡察工作调研座谈片会、全国县级巡察办主任培训班、十四届省委第八轮巡视工作动员会等会议精神,传达学习全省传统制造业改造提升现场推进会精神,传达学习全省深化“千万工程”建设新时代美丽乡村现场会精神,传达学习省委政协工作会议、市委政协工作会议精神,学习《中国共产党农村工作条例》《习近平关于“三农”工作论述摘编》,传达学习全省统计法治工作会议精神,传达学习全省乡村产业高质量发展推进会精神,学习《地方党政领导干部食品安全责任制规定》《食品安全法实施条例》,听取关于区一届人大四次会议、区政协一届四次会议筹备工作的汇报,听取关于与浙江报业集团签订《柯桥日报》回归地方管办合作协议的情况汇报,听取关于落实宗教工作督查整改及省委“回头看”检查情况的汇报,听取关于柯桥区迎接第二轮中央生态环保督察工作方案及其他相关工作的情况汇报,听取关于柯桥区部分行政区划调整实施工作的情况汇报,听取关于进一步加强对涉违商品住宅实施“四不予”措施的汇报,听取关于康郡小区违法建筑处置方案的汇报,听取关于柯桥区医共体基本医疗保险总额付费实施细则的汇报,听取关于贯彻落实全省应对中美经贸摩擦工作现场会会议精神的情况汇报,听取关于三季度全区社会稳定及平安创建、信访工作的情况汇报,听取关于三季度全区安全生产和食品药品安全工作的情况汇报,听取关于全区前三季度主要经济指标完成情况的汇报,听取关于《中共绍兴市柯桥区委关于推进新时代人大工作高水平发展的意见》《中共绍兴市柯桥区委关于新时代加强和改进人民政协工作的实施意见》起草情况的汇报,原则同意上述事项。会议还研究其他有关事项。

12月6日会议　会议传达学习省委十四届六次全会精神,传达学习《关于我省违建别墅问题清查整治专项行动进展情况的报告》及省委书记车俊有关批示精神,传达学习《浙江省打好防范化解重大金融风险攻坚战实施方案》精神,传达学习全省县级社会矛盾纠纷调处化解中心建设现场推进会精神,听取关于市委副书记、市长盛阅春在参加指导区委常委会民主生活会时的有关要求分解落实的情况汇报,听取关于加快推进柯桥区基于“城市大脑”的新型智慧城市建设有关情况汇报,听取关于柯桥区法治政府建设补短板的情况汇报,听取关于精功集团帮扶工作的情况汇报,听取关于龙禧中心处置工作的情况汇报,听取关于柯桥区高水平推进美丽城镇建设工作的汇报,听取关于促进建筑业企业转型升级加快推进建筑产业发展实施意见的汇报,听取关于2020年区委区政府工作思路的汇报,原则同意上述事项。会议还研究其他有关事项。

12月12日会议　会议听取关于开展2019年度落实全面从严治党主体责任考核工作的汇报,听取关于柯桥区第三批群团改革实施计划的汇报,听取关于区政协一届四次会议有关工作的汇报,听取关于区一届人大四次会议有关组织领导机构建议名单的汇报,原则同意上述事项。会议还研究其他有关事项。(王伟峰)

重要决策和活动

【柯桥区机构改革】 2019年1月8日,《绍兴市柯桥区机构改革方案》获省委、省政府批准。此次机构改革，全区设置党政机构37个，比改革前少1个，其中区委机构11个，区政府机构26个。区委机构改革侧重健全加强党的全面领导制度，完善区委机构职能；区政府机构改革侧重转变政府职能，推进重点领域、关键环节的机构职能优化和调整。此次机构改革于3月底前基本完成。

【部分行政区划调整】 2019年2月18日，中共柯桥区委召开一届五次全体（扩大）会议，会议审议通过柯桥区部分行政区划调整决定，决定撤销钱清镇、杨汛桥镇、马鞍镇建制，其行政区域改由区人民政府直辖，并在此行政区域内设立钱清街道办事处、杨汛桥街道办事处、马鞍街道办事处。全区由8个街道、8个镇调整为11个街道、5个镇。

【基层减负】 2019年5月28日，柯桥区印发《关于整治形式主义突出问题切实减轻基层负担的通知》。以精简文件简报、规范发文程序、压缩会议活动等八方面举措，切实减轻基层负担，强化以解决问题、服务基层为导向的务实作风，激励广大党员干部担当作为，不断深化"服务企业服务群众服务基层"活动。

【推进柯桥教育现代化】 2019年9月3日，柯桥区印发《高水平推进柯桥教育现代化实施方案（2019—2022）》。"方案"围绕十三方面的重点工作，计划通过四年努力，进一步提升教育均衡化、教育优质化、教育现代化、教育贡献度。到2022年，率先创建成为全国义务教育优质均衡发展区，率先创建成为浙江省教育现代化区，引领全省教育改革创新，教育均衡化、优质化、现代化整体水平得到较大提升。（王伟峰）

纪检监察

【概况】 2019年，柯桥区围绕"不忘初心、牢记使命"主题教育、"三大攻坚战"等8方面43项重点工作开展立项监督，对11名不担当、不作为的党员干部给予党纪政务处分。加强对全面从严治党主体责任落实情况的监督，协助区委对97个单位党组织开展重点检查。严把干部选拔任用政治关、品行关、作风关、廉洁关，回复党风廉政意见147人次。

【派驻机构改革】 2019年，柯桥区按照全省统一部署完成派驻机构改革，改革后共设立派驻机构12家，实行"六个一体化"（区纪委区监委派驻机构与委机关在干部选调录用、选拔任用、轮岗交流、教育培训、党建工作和经费保障等六个方面实现一体化）管理，提升派驻机构归属感。开展派驻工作规范化建设，建立4方面12项机制，派驻机构全年处置问题线索103条、立案19件。深化乡镇纪检监察工作规范化建设，建立基层公权力监督平台，全年处置问题信息1734条，转问题线索170条。

【廉政监督】 2019年，柯桥区对照"六大纪律"、中央八项规定精神，系统梳理"三重一大"决策和公权力运行等重点领域廉政风险点，制定监督路径1438条。开发廉政档案信息化管理系统，对全区15569名监察对象建立电子廉政档案，实现全覆盖。成立区巡察数据信息管理中心，升级改版党风廉政信息监察平台，集成自建监察系统10套、业务系统专线49条、互联网公共查询资源2个，全年对各单位上报的1766次会议11450项事项进行实时监察，发现问题329个。

【正风肃纪处理97人】 2019年，柯桥区开展正风肃纪监督检查73批（次），处理26人。整治发生在"三大攻坚战"、扫黑除恶等重点领域的形式主义、官僚主义问题，共查处问题40起、处理71人。为10名受到不实举报的干部进行澄清。

【警示教育感召6人主动投案】 2019年，柯桥区开展"十个一"警示教育月活动，组织各类活动1555场，参加人员4.9万人次。全年有6名违纪违法党员干部主动投案。

【推出5条清廉游线】 2019年，柯桥区对阳明园、棠棣乡村振兴实训基地、师爷馆等廉政文化教育基地进行提档升级，串联形成5条富有柯桥特色的"清风廉旅"精品路线。

【纪检监察专项治理处理45人】 2019年，柯桥区开展信访工作形式主义、官僚主义专项治理，对17件列入省市督办信访件进行全面审核，对履职不力、监管缺失的9名党员干部严肃问责。查处涉黑涉恶腐败和"保护伞"4起，处理22人。开展扶贫、民生领域不正之风和侵害群众利益问题专项整治，建立与对口支援地区线索移送、信息交流等协作机制，共组织专项检查88次，发现问题36个，查处党员干部14人次。

【开展“七个一”活动】 2019年，柯桥区深入开展“七个一”（通读一本规定书目、上好一次专题党课、组织一次自我检视、开展一次志愿活动、办好一件实事好事、开展一次专项行动、召开一次组织生活会）活动，全区纪检监察干部深入一线调研走访600余人次，收集问题151个，提出对策建议54条。对照党章党规、先进人物和群众诉求进行检视整改，征集查摆问题128个，提出整改措施30条，建立修订制度13项。推进全员培训，常态化组织学习教育，以片区协作机制为抓手开展“传帮带”，切实提升干部实战能力。健全内控机制，出台规范使用审查调查措施、涉案财物管理等制度。建立特约监察员队伍。（李　巍）

巡察工作

【概况】 2019年，柯桥区开展一届区委第七、八、九轮常规巡察和第二、三轮村（居委会）延伸巡察，与省、市联动开展人防系统机动式巡察。

柯桥区机构改革中，区委巡察办被明确为11个区委工作机关之一。8月，增设区委第五巡察组。9月，区委巡察办下属事业单位柯桥区巡察数据信息管理中心正式挂牌成立。

【开展6轮巡察工作】 2019年，柯桥区完成常规巡察3轮，村（居委会）延伸巡察2轮，人防系统机动式巡察1轮，巡察党组织123个，发现党的领导弱化、党的建设缺失、全面从严治党不力等方面问题4303个，提出整改意见319条，移送问题线索145条，在整改落实中立案查处并作党纪政务处分15人次，运用监督执纪第一种形态292人次，督促各单位新建或完善制度330项，挽回经济损失1156.77万元。

【“四式”巡察法巡察村级组织】 2019年，柯桥区采取下沉式、组团式、点穴式、回头式“四式”巡察法，开展2轮村（居委会）延伸巡察，对16个镇（街道）的96个村（居委会）开展集中巡察，个别谈话2486人次，实地走访473批次，受理来信来电来访307人次，发现各类问题2445个，提出整改意见（意见建议）252条。

【组织前六轮巡察“回头看”】 2019年，柯桥区对一届区委第一、二、四轮19个被巡察党组织巡察反馈意见整改工作开展“回头看”督查。3轮被巡察单位共清退违规资金121.5万元，扣除或罚没资金1036.5万元，追缴欠款1389.8万元，新建或完善制度344项，运用监督执纪第一种形态150余人次，党纪处分11人次。从12月中旬开始，对一届区委第三、五、六轮巡察反馈问题整改工作开展“回头看”督查，共涉及34个被巡察党组织。开展第一至第六轮巡察整改“回头看”共发出整改督查书16份。

【信访矛盾工作专项巡察问责12人】 2019年6月，柯桥区配合市委第四巡察组专项巡察市委落实“两个责任”处置化解基层信访矛盾工作，整改落实反馈的2大方面10类16个具体问题，制订58项具体整改措施，共问责处理12人，其中党纪处分3人，诫勉问责、通报批评、责令公开检讨（书面检查）各2人，书面效能告诫、批评教育、提醒谈话各1人。（冯　森）

组织工作

【概况】 2019年，柯桥区组织开展“不忘初心、牢记使命”主题教育，稽东镇派出所深化“三服务”有关事迹、漓渚镇棠棣村党总支书记“刘宝”事迹获省委书记车俊批示肯定。机构改革后，调整5批次425名区管领导干部，对拟提拔重用的5批次81名干部（区管63名、部管18名）开展“凡提四必”（即讨论决定前，对拟提拔或进一步使用人选的干部档案必审、个人有关事项报告必核、纪检监察机关意见必听、线索具体的信访举报必查）查核，处理9起干部不担当不作为问题。对公示期间16批次涉及11名干部的信访反映进行深入调查核实。针对机构改革后干部流动情况开展各类培训班31期，共培训干部3800余人次。复核全区3500余名领导干部和公务员（参公人员）的档案审核认定。对2016年以来存在因私出国（境）违规问题的30余名区管干部视情给予诫勉、责令检查、批评教育等处理，出台《关于进一步明确在职区管干部因私出国（境）有关事项的通知》等制度。校对全区7500余名干部基础信息和700余名区管领导干部信息。“五星3A”“五星和美”“五星双强”及人居环境整治提升集中攻坚“百日行动”四项工作市级验收均位列全市第一。第二轮“五星3A”创建6个AAA级景区化建设示范村、77个五星达标村通过市级验收。结合“五星3A”创建，开展国家级乡村治理体系建设试点。增加市级以上高层次人才91人，累计集聚省级以上领军人才150人，总量居全省前3位，第7次获评全省党政领导人才工作目标责任制考核优秀单位。

2019年6月，被评为柯桥区AAA级景区化建设示范村的谢家坞村
（徐秋佳　摄）

全年举办3期区管领导干部专题读书班和一期村党组织书记轮训班，实现所有区管领导干部和341名村党组织书记学训全覆盖。在全区3100余个基层党组织中开展“‘靠作风吃饭、凭实绩说话’，争当融杭接沪示范区”大讨论。在“柯桥组工”公众号开设“每日一学”测试，推动全区5.5万名党员在线灵活学。推进九大专项整治，落实选人用人整改措施114条，处理相关责任人22人。摸排核查8条中央扫黑督导组等上级转办线索，约谈30余人。整转25个后进村（社区）党组织，清退受过刑事处罚的村干部17人，调整和配强后进村党组织书记7名。开展政治素质考察，对16个镇（街道）、80个部门领导班子和115名关键岗位领导干部进行一次全面“政治体检”。

【区党政机关和镇街机构改革】 2019年，柯桥区改革区级党政机关和镇（街道）机构，区级层面净减少机构1个，解决多个历史遗留问题，并对15个涉改单位进行机构改革“回头看”调研，组织开展涉改单位机关事业人员公开选调，28名干部有序流动。镇（街道）净增行政编制2个、事业编制26个、正股级职数7个，12个区级机关部门派驻基层的2271名站所人员全部纳入镇（街道）属地管理。

【关心关爱镇街干部“基层十条”持续落实】 2019年，柯桥区注重干部的镇（街道）经历，全年提任或进一步使用的区管领导干部中有18名镇（街道）干部，11名干部到镇（街道）任职。通过优先交流任职，进一步帮助干部解决夫妻双方均在镇（街道）、单位离家路途较远、身体状况无法继续胜任现职岗位等实际困难。注重干部心理健康，依托区心理健康关爱中心，为400多名干部提供辅导。推动“两个担当”良性互动，3名干部被评为“绍兴市担当作为好干部”，出台人才工作领域容错纠错具体办法，保护干部积极性。落实基层减负要求，将区对镇（街道）、部门考核中的“一票否决”事项和责任状事项由原来的23项削减到10项。

【“源头干部”素质能力提升工程】 2019年，柯桥区实施“源头干部”素质能力提升工程。首次将遴选范围从机关单位扩大至教体、卫生系统和国有企业，产生第四批源头干部151人，并优先将选调生、13名“双一流”高校择优招聘的党政储备人才纳入“源头干部”培养库。拓宽优秀选调生来源，从全国“双一流”高校和省内部分重点高校择优录用县乡机关选调生10人。新派遣48名试用期公务员、12名选调生赴“五星系列”创建村（社区）见习。抽调70名优秀年轻干部赴企业解困、参与“五星达标，3A争创”创建、参加拆迁工作专班等。

【区、镇、村三级联动“一窗办”改革】 2019年，柯桥区开展区、镇、村三级联动“一窗办”改革。“区、镇、村三级联动‘一窗办’改革”（整合梳理有关社保、民政、卫计、公安、残联等49个需要到区级部门办结的涉民事项，进行三级联动一窗受理，即通过“镇村综合受理—区级分类办理—镇村统一出件”的模式，力求群众办事不出镇、不出村）做法在农业农村部“全国城乡公共服务均等化培训班”上作典型介绍。

【首招专职社工41人】 2019年，柯桥区首次招录专职社会工作者，共16名全日制硕士研究生和25名本科生考入社工队伍。

2019年3月20日，中国绍兴第四届海内外高层次人才创新大赛启动仪式在柯桥举行（区委人才办　供稿）

【通过“五星双强”验收20家（个）】 2019年，柯桥区17个“两新”组织党组织和轻纺城经营公司等3家国有企业通过“五星双强”（即“五星达标、双强争先”，“五星”：党建星、实力星、人才星、文化星、和谐星；“双强”：党建强、发展强）验收。联合余杭区举办“融杭”新生代企业家培训班，两区共40名优秀企业家赴深圳清华大学研究生院参加培训；建设“楼尚我家”商贸楼宇党建品牌，辐射主城区62幢商贸楼3000余家楼宇企业；精准服务企业，共举办“政企面对面”12场，区级领导出席40人次，累计对话企业家代表114人次，办结问题168个。

【实行村级党组织书记区级备案管理】 2019年，柯桥区印发《关于开展村级党组织书记区级备案管理及村（居委会、社区）干部资格条件区级常态化联审的实施意见》，标准化制成村级党组织书记“一人一档”，开发信息化平台，按照“凡提必备、新进必审”要求，实行村党组织书记备案和村干部联审机制常态化。

【“结对消薄”任务提前完成】 2019年，柯桥区提前完成对江山市、嵊州市的“结对消薄”任务，累计向两地注入资金1706万元，联村物业电商园为10个村分别提供每年5万元分红收入，4个“一对一”（消薄飞地、异地物业、消费扶贫、项目对接）项目均投产使用。

【开展高层次人才对接活动10余场次】 2019年，柯桥区举办2019国家机器人发展论坛、第四届海内外高层次人才创新创业大赛、“活力绍兴·智引全球”2019招才引智·春秋专列（兰州站、西安站）等活动，组织开展南非高端人才项目路演、北美智能出行数字互联项目柯桥行、意大利高端人才项目对接会等人才对接活动10余场次，累计邀请专家270余人次、企业和风投机构1500余人次开展精准对接。入选绍兴“海内外英才计划”人才46人，引进柯桥英才计划人才45人。入选省领军型创新创业团队1个，全市唯一。

【人才平台能级提升】 2019年，浙江绍兴产业园柯西园规划方案实质启动，外国高端人才集聚区二期工程完工，全年落户外国院士及其他外国高端人才项目9个。江南大学柯桥创新中心、中科（湾区）创新中心、西安工程大学柯桥研究院、清华长三角研究院国际人才运营中心开园，北大青鸟产业园初期

2019年12月18日，浙江清华长三角研究院国际人才运营中心开园（区委人才办　供稿）

项目进入评审阶段。在杭州未来科技城创鑫国际大厦建设“飞地”孵化器,浙江望安科技等3个项目入驻,“飞地”平台初见规模。

【兑现人才开发专项资金1.3亿元】 2019年,柯桥区完善人才“一卡通”和“鉴湖英才”信息服务平台功能,兑现人才开发专项资金18批共计1.3亿元,其中发放人才房票或购房补助2597.55万元。召开人才工作专题协调会9次,解决人才实际困难86件。开展“建功立业新时代·鉴湖英才谈发展”全媒体主题宣传活动,录制8期,16名人才参加访谈。(区委组织部　供稿)

宣传工作

【概况】 2019年,柯桥区开展党委理论学习中心组主题学习讲座14场,围绕“不忘初心、牢记使命”主题教育等开展区委中心组专题交流学习6场,编发《学习摘编》14期,借助“之江大讲堂”“明珠讲坛”等平台开展专题讲座26场。开展“书香柯桥”建设,全年组织开展“笛扬读书会”“笛笛绘本故事会”“朗读者”等活动150多场,参与人数8600多人次,“跟着小微去朗诵”“笛扬读书会”被列入全市2019年“书香绍兴”建设重点活动。培育先进典型,全年获评市级以上道德模范6人、中国好人7人、浙江好人30人、浙江骄傲2人、绍兴好人48人,评选助人为乐、见义勇为、诚实守信、敬业奉献、孝老爱亲等五类柯桥好人40人。完成省对市城市文明程度指数测评迎检工作。

全年放映农村电影86部3728场次,年检印刷企业156家,年度核验出版物发行单位266家,办理审批(备案)许可事项214件。柯桥区获2018中国版权金奖保护奖。

【开展主题宣讲活动650余场次】 2019年,柯桥区组建一支由188名宣讲人才组成的“草根名嘴”队伍,确定宣讲主题192个,共开展各类主题宣讲活动650余场次,参与者5.8万人次。

【刊发理论文章110余篇】 2019年,柯桥区制定《2019年〈柯桥日报〉“鉴湖论坛”理论专版主题计划》,开设“实践中来”“理政实践”等理论专版专题,共推出“壮丽70周年、奋斗新时代”等12个专题,刊发录用理论文章110余篇。

【获全省区县社科联测评优秀单位称号】 2019年,柯桥区获评2019年度全省区县社科联测评优秀单位,实现“三连冠”。全年区级课题立项118项,获省社科联调研成果评比奖项2项,获市社科联课题立项13项。协办第六届绍兴社科智库论坛“乡村振兴与绍兴发展”理论与实践研讨会。会稽山黄酒博物馆、永利·梦想书院、区美术馆、秋瑾中学秋瑾生平事迹陈列室4家单位成为区级社科基地,棠棣村兰文化科普基地、区图书馆获市级社科普及基地示范基地称号。

【重点报道1770余篇】 2019年,柯桥区接待各级各类媒体采访710余人次、各类直播50余场,在省级以上核心媒体上刊发报道120余篇,其中《新华每日电讯》刊发报道5篇(头版3篇),《人民日报》(含海外版)刊发15篇(头版2篇),中央电视台刊播6篇(新闻联播1条)。省级主流媒体刊发报道750余篇,其中《浙江日报》刊发111篇(头版16篇)。在《柯桥日报》、柯桥电视台、FM106频率等阵地刊发各类专栏报道900余篇,推出《深入三服务、当好排头兵》《壮丽70年 奋斗新时代》《不忘初心、牢记使命》等20余个影响力较大的专题栏目。

【媒体融合】 2019年,柯桥区出台《关于加快媒体融合有序推进柯桥传媒集团建设的实施方案》《柯桥区媒体融合工作方案》,推进机构、人员、平台、渠道、功能融合,4月15日,举行柯桥传媒集团、区融媒体中心挂牌仪式,9月25日,举行柯桥传媒集团新大楼落成投运揭牌仪式。统筹区域报纸、广播、新闻网站、“两微一端”等媒体资源,推出《融入长三角、奋进十强区》全媒体报道46期,《建功立业新时代、鉴湖英才谈发展》系列访谈8期。

【“扫黄打非”专项行动】 2019年,柯桥区开展“清源”“固边”“净网”“护苗”“秋风”五大“扫黄打非”专项行动,检查文化市场经营场所85家次、出版物发行单位244家次、印刷企业443家次,立案查处印刷企业4家,没收非法盗版书籍96本,取缔流动书摊1处。

【开展文化惠民活动12850余场次】 2019年,柯桥区结合中华人民共和国成立70周年主题,开展“鉴湖之春”广场文化活动暨“好戏连台—群英会”

展演评比、“幸福水乡才艺秀·唱响柯桥”群众声乐大赛、“我和我的祖国”主题晚会等大型活动40余场，组织梅花奖、群星奖、牡丹奖演员送演出到基层32场，开展“文艺五进”80场、“民营剧团送戏下乡”96场。深入开展文化“三服务”活动，开展宣讲教育活动4300余场、升旗仪式370余场、村级文艺演出4600余场，在69个文化礼堂开设“周末剧场”，开展文艺演出、品牌赛事等活动3300余场，惠及群众60万余人次。赴新疆阿瓦提和浙江省江山、海宁等地开展区域外“文化走亲”32场次。

【规上文化产业增加值55.25亿元】 2019年，柯桥区规模以上文化产业增加值55.25亿元，比上年增长14.5%，文化产业综合实力自2011年起连续9年居绍兴市首位。9家文化企业、园区（街区）被评为绍兴市文化龙头企业、成长性文化企业和重点文化园区（街区），数量居全市首位。金沙旅游等5家企业获评浙江省第四批成长型文化企业，入选数量居全省各县（市、区）首位。

【建成新时代文明实践中心（所、站）193个】 2019年，柯桥区制订《柯桥区关于推进新时代文明实践中心建设试点方案》，形成区级新时代文明实践中心、镇（街道）级新时代文明实践所、村（居委会、社区）级新时代文明实践站（文化礼堂）三级组织架构。至年底，区级新时代文明实践中心建成试运行，8个镇级新时代文明实践所、184个村级新时代文明实践站挂牌成立。全区有志愿者1.1万人，注册志愿服务团队1400余支，全年开展各类志愿活动400余场。（沈婧婧）

统一战线

【概况】 2019年，柯桥区委统战部指导区各民主党派、知联会深入推进“不忘合作初心、继续携手前进”主题教育，赴省社科院举办党外人士专题培训班。指导区知联会换届。围绕中华人民共和国成立70周年，举办“同心向党·经典回声”统战专场庆祝活动。制定区委年度政党协商计划，开展法检“两院”重点工作专题协商会和区南部三镇发展情况专题协商会等7次协商活动。调整各民主党派对口联系政府部门，召开对口联系工作会议，以专题协商活动为载体，加强民主党派与部门之间的对口联系工作。区委理论学习中心组（扩大）学习会邀请中央社会主义学院统战理论教研部副主任、教授王小鸿作《新型政党制度70年》专题讲座。以区党外人士之家为主阵地，动员各民主党派、知联会和各统战团体开展形式多样的社会服务活动，全年开展同心服务198次，其中大型服务活动3次，受益群众4000余人。挂牌成立柯桥区学生思想政治教育基地，全年开展学生思政课3期，参加中小学生近千人。

举办绍兴市柯桥区上海商会成立大会暨绍兴柯桥文化旅游、投资环境推介活动。指导北京、杭州、深圳地区商会建设，接待回乡考察投资环境8批次100多人，牵线人才意向项目3个。对镇（街道）村两级乡贤组织、乡贤人员基本信息进行全面调查整理，共收集乡贤信息6000多条，实现镇（街道）村两级乡贤组织全覆盖。拍摄乡贤统战工作专题片，评选表彰10个五好示范乡贤组织和10个优秀乡贤组织，将26个乡贤故事编印成《乡贤印记》一书，召开全区乡贤工作推进会。完成基础侨情数据库建设，组织高尔夫社区与区商会及机关事业单位有关人员举办侨界青年联谊会，有效乡情数增长10.7%，接待香港绍兴柯桥同乡会故乡行访问团100多人，接待浙港青年交流团90余人。分批次深入商会和企业，开展科技综合服务、“一带一路”沿线民营企业现状等40余项调研，摸排出小微园区需求、税收政策等问题34个、当场解决28个。

“柯桥统战”微信公众号全年编发140期426篇，《发挥好乡贤在基层善治中的作用》等3篇经验信息被《中国统一战线》录用，《激活乡贤资源　凝聚乡贤智慧　汇聚乡贤力量》等8篇工作动态在《情系中华》发表。

【同心服务启动仪式】 2019年4月26日，柯桥区在党外人士之家举行统一战线同心服务“五个一”活动启动仪式。在区党外人士之家建立柯桥区民主党派社会服务实践基地和柯桥区学生思想政治教育基地，并进行揭牌仪式，为统一战线同心志愿服务队授旗。仪式后，志愿服务队赴笛扬路步行街开展现场社会服务。

【“故乡行”访问团到访柯桥】 2019年4月1日，香

2019年4月1日，香港柯桥同乡会“故乡行”访问团到柯桥访问考察　（钟兴友　摄）

港柯桥同乡会“故乡行”访问团100余人在会长倪伟虎的带领下到柯桥访问考察。访问团一行先后参观中纺CBD、瓜渚湖东岸公园，随后乘船从东岸公园经大小坂湖至太平桥公园，领略柯桥城乡建设发展情况。

【杭州市柯桥商会考察柯桥】 2019年8月13日，杭州市柯桥商会20多位代表到柯桥考察交流。商会代表们实地考察绍兴东方山水乐园一期和二期、金柯桥基金小镇、中纺CBD，了解柯桥区在文旅产业发展、新兴产业培育、创新人才服务等方面的情况。

2019年8月13日，杭州市柯桥商会20多位代表考察柯桥　（钟兴友　摄）

【全区乡贤工作推进会】 2019年9月23日，柯桥区召开乡贤工作推进会，区委书记沈志江在会上讲话。会议观看乡贤工作专题片，表彰柯桥区“五好”示范乡贤参事会和柯桥区优秀乡贤参事会，华舍街道党工委、稽东镇乡贤联谊会、安昌街道大山西村乡贤参事会在会上作交流发言。

【“三下乡”服务群众600余人】 2019年10月17—18日，由柯桥区委统战部牵头组织的各民主党派、知联会“三下乡”活动走进夏履镇集镇、平水镇宋家店村，发放各类资料400余份，书写书画作品70余幅，共计服务群众600余人。

【党外代表人士培训班】 2019年11月25日，柯桥区党外代表人士培训班在柯桥区社会主义学校开班，区各民主党派、知联会、网联会、新联会等党外代表人士50余人参加培训，培训为期5天，在区社会主义学校和浙江省社会主义学院2个授课点分别进行。

【柯桥区上海商会成立】 2019年12月15日，柯桥区上海商会成立大会暨柯桥文化旅游、投资环境推介活动在上海星河湾酒店举行。区委书记沈志江出席并讲话，区委副书记、区长赵如浪为商会授牌。高盾集团国际有限公司董事长丁峰当选为会长。区文化旅游局作文旅品牌推介，区招商投资促进中心作投资环境推介。（钟兴友）

机构编制

【概况】 2019年，绍兴市柯桥区召开编委会2次，审议批复25个部门单位请示31件。核准19个部门、16家参公事业单位年度用编计划80个，90家事业单位用编计划556个。办理进编手续7981项、出编手续7965项。设立事业单位7家，注销事业单位5家，变更事业单位68家。新发放机关、群团的社会统一信用代码证19家，撤销8家。注册中文域名单位25家，续费120家。开展事业单位名称、经费、财务制度、业务活动开展情况等事项审查，在区政府网站信息公开专栏公示368家事业单位年度报告书。开发实名制系统无纸化管理模块，实行机构编制工作网上全流程办理。

4月中旬和5月上旬，中央编办调研组和浙江

2019 年 4 月 15 日，中央编办调研组中央编办研究中心副主任李民生一行到柯桥区调研基层机构编制工作 （高越峰 摄）

省委常委、省委组织部部长黄建发先后到柯桥区蹲点调研基层机构编制工作。8 月中旬，柯桥区作为区（县、市）代表在全省深化机构改革总结会议主会场作典型发言，被授予浙江省机构改革成绩突出集体称号。

【党政机构改革完成】 2019 年 3 月，柯桥区党政机构改革完成，印发 37 个区级党政部门和 16 个镇（街道）的“三定方案”，完成柯桥经济开发区、滨海工业区体制调整后相关编制调整及人员划转工作，重新印发柯桥经济开发区、鉴湖旅游度假区等单位“三定”规定。调整 34 个区级部门（单位）权力事项（公共服务事项）666 项，完成 6207 条权力事项比对、信息完善等工作。推进浙江政务服务网办事事项梳理工作，区级部门认领、入库事项 4114 项。

【机构改革后续工作】 2019 年，柯桥区组织开展包括看标牌更换、看内设机构、看人员转隶、看职能划转、看权责清单、看系统信息、看交接变更和看运转情况“八个看”的机构改革“回头看”。推进“三定一评”（定岗定责定员和履职评价）工作，全面完成 16 个镇（街道）和 45 个部门（单位）定岗定责定员工作。抓好机构改革后镇（街道）干部专题培训，全面完成对镇（街道）工作人员培训，共计开展培训 153 次，参训 10162 人次，培训 5144 人，覆盖率 100%。调整完善镇（街道）职责事项，完成在柯岩街道的试点工作，探索建立镇（街道）职责清单。试点中，共计梳理街道依法履行职责事项 44 项、协助党委（政府）工作事项 12 项。

【改革事业单位 169 家】 2019 年，柯桥区完成 41 家行政职能事业单位改革，梳理行政职能事业单位相关权力事项 111 项，其中行政许可 35 项、行政强制 18 项、行政征收 2 项、行政确认 6 项、行政奖励 2 项、其他行政权力 48 项。改革 2 家生产经营类事业单位，撤销 1 家正科级事业单位，降格 4 家正科级事业单位，更名调整 12 家副科级以上事业单位。清理规范事业单位，整合 6 家、撤销 29 家、新设 13 家，涉及更名 61 家。

【五大领域综合行政执法改革】 2019 年，柯桥区完成市场监管、生态环境保护、文化市场、交通运输和农业五大领域综合行政执法队伍的组建、挂牌，明确各综合行政执法队职能、领导职数和内设机构，锁定执法人员编制 310 人。

【编制资源配置】 2019 年，柯桥区结合机构改革，共收回参公编制 20 个，差额拨款事业编制 21 个，自收自支事业编制 92 个，将编制资源向应急管理、医疗保障等重点民生领域和关键环节倾斜。在镇（街道）机构改革中，探索编制统筹调整，减少 4 个镇（街道）34 个行政或事业编制，增加 3 个镇（街道）62 个行政或事业编制，进一步优化镇（街道）编制资源配置。（高越峰）

2019 年 5 月 17 日，柯桥区召开机构编制实名制管理培训会 （高越峰 摄）

信访工作

【概况】 2019年，柯桥区在重大节会期间，开展事前排查化解工作，消除矛盾隐患；坚持领导干部值守接访，抓领导接访批示件办理，增强属地吸附作用。全年保持进京“零非访”，进京赴省信访量双下降。柯桥区被省信访工作领导小组评为全省无信访积案县（市、区）。

【信访超市接访群众1456人次】 2019年3月开始，柯桥区结合三级视频连线接访，推出“重点部门集中常驻、一般部门轮流入驻、涉事部门随叫随驻”的“信访超市”。截至12月31日，共接待信访群众820批1456人次。建立信访代办员库，为信访群众提供分类分级代办服务，推行“平台整合网络跑、镇村干部代理跑、专业人士帮助跑、社会组织参与跑、信访超市精准跑”的信访代办“五跑”服务机制。

【市级重点督查件化解率87.6%】 2019年，柯桥区推进“两减一创”专项行动，通过包案区领导、事权单位、属地镇街、第三方力量等合力化解。截至12月31日，全区市级重点督查件121件，化解106件，化解率87.6%，区级重点督查件全化解。

2019年12月17日，柯桥区委书记沈志江在区社会矛盾纠纷调处化解中心接访　（张晓玲　摄）

【举办信访业务培训2期】 2019年，柯桥区举办信访干部业务培训2期。5月24日，组织第1期信访干部业务培训会，解读2019年全区信访工作要点，省信访局接访处主任周宇龙解读《浙江省依法分类处理信访诉求工作细则（试行）》，区机关有关部门（单位）分管负责人或业务科室负责人、各镇（街道、开发区）分管领导及综治办主任、区信访局中层以上干部共计110余人参加培训。7月29日，组织第2期信访干部业务培训会，通报近期信访工作，对初信初访规范办理工作特别是“2211”工作机制进行部署强调，区机关有关部门（单位）分管负责人、各镇（街道、开发区）分管负责人共计40余人参加培训。（龚亚萍）

2019年5月24日，柯桥区召开信访干部培训会　（龚亚萍　摄）

老干部事务

【概况】 2019年，柯桥区组织离休干部读书会2次、集中学习22次、情况通报会5次、主题报告会3次，发放学习资料1500余册。开展老干部走基层和“三助力三服务”调研考察活动18次，参加活动900余人次。开展离休干部、老领导体检。加强对特殊及困难离休干部的关心照顾，落实慰问金22.4万元，惠及122位离休干部及遗属。全年慰问走访老干部1600余次，医院探望200余人次，电话联系近3000次。开展“我看中华人民共和国新变化”畅谈、征文活动和“壮丽70年、感恩新时代”艺术展，收录人物畅谈2位、征文20篇，展出24组摄影作品、70幅书画作品。老干部活动中心全年开放，向市县各层面的老干部活动比赛提供服务保障151次，承办各类综合性老年活动82次，累计6825人退休干部参加各项学习与活动，组队参加第二届绍兴市老干部智力运动会并获得团体金奖。区老年大学被评为省级办学先进单位。倪齐全被评为全省离退休干部先进个人、李会鹏被评为全省最美共和国同龄人。

2019年6月27日，柯桥区老党员驿站启用　（董国华　摄）

2019年10月29日，柯桥区老干部参观“不忘初心、牢记使命”主题教育档案文献展　（董国华　摄）

【2个区级老党员驿站建成投用】 2019年，柯桥区在区委老干部活动中心新建启用2个区级老党员驿站，接待23批单位共计400余人参观、活动。

【老年大学30周年校庆系列活动】 2019年，柯桥区以“桑榆竞芳华”为主题开展区老年大学30周年校庆系列活动。在区文化馆举办“拥抱新时代、桑榆竞芳华”专场文艺演出，表彰“惠风教师”和“风范学员”。在全国老年教育权威期刊《老年教育》7月号中刊登专版，出版校庆纪念画册。制作30年校庆宣传片，与区传媒集团合作，将学校办学经历以影像形式展现。

至年底，全区有离休干部108人(其中党员离休干部68人)，其中易地安置在外的9人；抗战前期入伍的2人，抗战后期入伍的14人，解放战争时期入伍的91人；享受厅(局)级待遇的1人，县(处)级45人，副科级62人；行政单位33人，事业单位41人，企业单位34人。代管外省市易地到柯桥区安置的离休干部1人。代管副区级以上退休干部43人。

2019年9月17日，柯桥区老年大学30周年校庆专场演出(董国华　摄)

【完成2个新时代离退休工作课题调研】 2019年，柯桥区完成2个新时代离退休工作课题调研，其中离退休党建调研成果获区机关党工委一等奖，老年大学构建“三级网络”调研成果列入区社科联课题。

【新建老年大学教学点120处】 2019年，柯桥区新建齐贤、安昌2所分校，新设柯桥区福利院教学点，与区教体局社区学院共同开设村居学习点117处，柯桥、平水、钱清、华舍等4所分校和颐养园教学点被评为全市家门口老年大学示范点。6月26日，在全国地市老干部局局长培训班上，区委老干部局局长徐民江以《推进“家门口老年大学”建设，努力打通老年教育“最后一公里”》为题作经验交流。（董国华）

党史研究

【概况】 2019年，柯桥区编印《70年柯桥热词解读》和《走在前列——新闻媒体说柯桥》丛书，编写《中华人民共和国绍兴县历史(1979—2003年)》（简称“党史三卷”）农业专题的初稿。继续开展党史进部门、单位、企业、村居、学校、军营的“六进”活动，赠阅党史书籍5000余本。党史宣讲到基层党组织，对曹素民故居、中共绍兴独立支部纪念馆等革命遗迹进行开发保护。

【《70年柯桥热词解读》编印】 2019年9月，柯桥区编印《70年柯桥热词解读》，筛选1949年5月至2019年5月间，柯桥区政治、经济、文化、社会、生态建设及党自身建设领域的70个热门词汇，进行图文并茂的解读，共9.3万字，包括115张历史图片。该书印制4000册，赠送给全区党政机关部门、各镇（街道、开发区）和中小学校。

【《走在前列——新闻媒体说柯桥》丛书编印】 2019年12月，柯桥区编印《走在前列——新闻媒体说柯桥》丛书，包括《〈人民日报〉说柯桥》《〈浙江日报〉说柯桥(发展篇)》《〈浙江日报〉说柯桥(民生篇)》《〈浙江日报〉说柯桥(作风篇)》4本，收录1949年5月柯桥解放至2019年10月间，《人民日报》《浙江日报》对柯桥区域的977篇报道，按发展、民生、作风3个篇章编辑，总字数约150万，全面展现中华人民共和国成立70年来，柯桥区辉煌的发展历程。丛书印制200套，赠送给区机关各部门、镇（街道、开发区）和相关专家学者。

【曹素民陈列馆启动建设】 2019年，柯桥区启动建设曹素民陈列馆，派员赴杭州市萧山区益农镇走访烈士继孙，查阅馆藏档案资料50多卷，咨询退休党史知情者，共搜集整理曹素民烈士相关资料30余份，包括17张照片、12份亲友回忆手写稿、3份由烈士起草的文章（文件）。

【浙江省青年党史工作者学术沙龙在柯桥举办】 2019年10月，由中共浙江省委党史和文献研究室主办的2019年全省青年党史工作者学术沙龙活动在柯桥区举行，来自省委党史和文献研究室及省内各市、县（区）的23名青年党史工作者参加活动，以“学习‘最美’人物，干好本职工作”为主题，结合樊锦诗、郑德荣等先进人物事迹和工作研究心得，开展学术交流。省委党史和文献研究室副主任王祖强出席并讲话。

2019年10月15日，第十次浙江省青年党史工作者学术沙龙在柯桥举办
（区史志研究室　供稿）

【开展党史宣讲4场】 2019年，柯桥区开展党史宣

2019年10月21日，柯桥区史志研究室王翊在区市场监管局检测中心开展“不忘初心、牢记使命”党史宣讲　（童珈珈　摄）

讲4场，分别在区委组织部、区行政执法局、区审计局和区市场监管局检测中心开展题为“不忘初心、牢记使命”等的主题教育党课。（王　翊）

党校教育

【概况】 2019年，柯桥区委党校举办培训班87期（其中计划内班次42期），培训学员8910余人次，与兄弟党校联合举办主体班次2期。新开发党性教育、理论教育课程7门。获绍兴市党校系统主题党课一、二等奖3人。获批市级现场教学示范点3个。举办2次“组织部长进党校”活动。赴基层开展主题宣讲超250场次，受教育对象1.2万人次。与区委统战部、区教体局联合推出全区中小学生“思政第一课”，受到中新网等媒体的关注和报道。获省党校系统课题立项6项。获省哲学社会科学规划课题市县社科联专项课题立项1项。获市社科联课题立项4项，其中1项为重大招标课题。获市社科系统、市党校系统理论研讨会论文奖项4项。获省社院系统调研成果评比奖项2项。获省党校系统咨政成果评比一、二等奖各1项。21篇理论文章在各级各类刊物公开发表。3篇决策参考获得区委书记沈志江批示肯定。1人次入选绍兴市社科新人。公开出版《改革开放的柯桥样本》论文集1本。获全省党校系统科研工作优秀奖。

【承办全国应用哲学年会】 2019年8月4—5日，柯桥区委党校承办的主题为“文化哲学与中国问题”的全国应用哲学年会暨第二十二次理论研讨会召开，该研讨会是区委党校建校以来举办的规格最高的学术研讨会，也是浙江省首次由县一级党校承办的全国性理论研讨会。全国应用哲学研究会会长、中央党校（国家行政学院）哲学教研部副主任董振华在开幕式上致辞。来自中央党校、吉林省委党校、山东省委党校等20余所省市党校以及西安交通大学、武汉大学、北京师范大学等20多所国内高校和湖南省社科院等社科机构相关领域80多名专家、学者参加研讨会。

【承办全省智库年会】 2019年5月16—17日，柯桥区委党校承办的浙江省县级党校智库研究中心第三次理事会议暨2019年年会召开，省委党校副校长徐明华出席会议。全省12家县级党校的校领导和教研人员交流智库建设工作，听取省委党校专家所作的智库建设业务辅导和当前长三角一体化形势报告。会后，与会人员参观考察柯桥区乡村振兴实训基地（棠棣村）和湖塘黄酒小镇。

【承办区管领导干部专题读书班3期】 2019年10月11日至11月19日，柯桥区委党校承办区管领导干部“不忘初心、牢记使命”主题教育专题读书班3期，全区900多名区管现职、退职领导干部参加培训。每期培训班时间3天，教学形式主要包括区委书记讲党课和专家学者讲理论、观看“不忘初心”专题片、各小组集中自学，围绕发扬“靠作风吃饭、凭实绩说话”精神进行小组讨论、大会交流以及应知应会理论测试。

【培训新录用公务员59人】 2019年10月29日至11月28日，柯桥区新录用公务员初任培训班在区委党校举办，新录用公务员59人参训。培训分设计始业和党性教育、理论教育、技能教育、区情教育、结业教育等5个模块。培训形式除课堂讲授外，还穿插大量的现场教学、拓展训练、实证调研、学员论坛、读书沙龙、班团活动等教学活动。（叶燕苹）

2019年，柯桥区新录用公务员初任培训班户外拓展活动

（毛睿佳　摄）

机关党务

【概况】 2019年年初，柯桥区直机关工委更名为柯桥区委直属机关工委并入组织部，单设一个机关党建科。

柯桥区机关全年成立党组织18个，撤销党组织15个，变更调整党组织18个，督促指导36个党组织换届、14个党组织增补支委，5个党组织升格，衔接整转转入党支部6个。按计划发展党员30人，转正党员44人，为961名党员转接组织关系。9月12日开始，在全区开展“不忘初心、牢记使命”主题教育。

2019年5月14日，柯桥区直机关第九届运动会开幕式上运动员代表进行工间操展演　（区委组织部　供稿）

【举办区直机关第九届运动会】 2019年4—11月，柯桥区举办区直机关第九届运动会，共组织登山、乒乓球、羽毛球、棋类、游泳、男子篮球、跳绳、拔河、工间操和趣味运动共十大类20余个比赛项目。1200余名机关干部参赛，其中副局级及以上领导102人次。区直机关第一代表团、第二代表团和第七代表团分获团体总分前三名。

【评定“五星双优”机关基层党组织31个】 2019年，柯桥区不断完善和优化机关基层党组织“五星示范、双优引领”成效标准，开展学习星、规范星、服务星、民主星、创新星“五星”星级评定，开展党建优、业绩优“双优”先进争创。至年底，评选出“五星双优”机关基层党组织31个。

【48人25岗被评为“先锋”】 2019年，柯桥区开展以“服务中心、推动发展、机关党员做先锋”为主题的“先锋工程”建设，经推选，6人分别被评为市级改革先锋、服务先锋、志愿先锋，3个岗位被评为市级共产党员先锋岗。22个岗位和42名党员获评2019年度柯桥区直机关“共产党员先锋岗”和“先锋标兵”。

【组织党建培训4批次】 2019年，柯桥区分别举办为期4天和2天的机关党组织书记、专职党务干部培训班，提高教育培训的深度和广度，提升机关党务干部政治理论和业务素质。8月和11月分2批次举办区直机关发展对象集中培训班，共培训党员发展对象123人。

【庆七一、十一系列活动】 2019年，柯桥区组织机关各基层党组织在庆七一、十一活动期间开展专题学习教育、党建工作补短板、党内慰问帮扶及志愿服务等系列活动。机关工委组织举办“向楷模致敬”暨“我心中的清廉柯桥”创意诵讲比赛，开展新党员入党宣誓仪式，举办“弘扬主旋律、唱响新时代”柯桥区直机关庆祝中华人民共和国成立70周年红歌

2019年9月19日，柯桥区在区文化馆举办“弘扬主旋律、唱响新时代”红歌大合唱庆祝中华人民共和国成立70周年　（区委组织部　供稿）

大合唱，组织"柯桥记忆（围涂篇）——情满江海间"专题讲座等活动。

【确定首批机关党员教育活动联系点10个】 2019年，柯桥区通过推行"7+X"（7是指重温一次入党誓词、交纳一次党费、参观一个乡村振兴样板、聆听一堂基层党组织书记党课、开展一次主题教育、召开一场民情座谈、组织一次入户访谈等为规定项目，"X"为各联系点设置的特色项目）党员教育活动，探索搭建机关党建与农村、两新党建互学互助平台，确定10个市级"五星3A村"为首批柯桥区机关党员教育活动联系点。（孙 艳）

执行编辑 陈飞燕

绍兴市柯桥区人民代表大会

综　述

2019年，柯桥区第一届人民代表大会召开第三次会议，举行10次常委会会议和13次常委会主任会议，听取和审议"一府两院"（人民法院、法院、检察院）专项工作报告23个，作出决定、决议和审议意见22个，组织执法检查、常委会视察和代表视察活动共19次，任免国家机关工作人员123人次。集中宣传贯彻习近平总书记关于坚持和完善人民代表大会制度的重要思想和省委、市委、区委人大工作会议精神，开展工作监督和法律监督，配合开展地方立法工作，专题询问"两院"刑事审判和公诉工作，完善代表建议督办机制，推动区域经济社会高质量发展和民生改善。（陈仲华）

重要会议

【区一届人大三次会议】 2019年1月9—11日，柯桥区第一届人民代表大会第三次会议在柯桥举行。会议应到区人大代表289人，列席人员261人。会议听取和审议区政府区长赵如浪作的政府工作报告、区人大常委会主任吴晓作的区人民代表大会常务委员会工作报告、区人民法院院长陈建民作的区人民法院工作报告、区人民检察院检察长周江作的区人民检察院工作报告；审议区发改局局长方优美提交的关于绍兴市柯桥区2018年国民经济和社会发展计划执行情况及2019年国民经济和社会发展计划（草案）的报告、区财政局局长余建林提交的关于绍兴市柯桥区2018年财政预算执行情况及2019年财政预算（草案）的报告，通过相应的决议。会议选举徐凯盛为绍兴市柯桥区监察委员会主任，王炳豪为绍兴市柯桥区一届人大常委会委员。票决确定提档升级镇村农贸市场、老城区环境整治提升工程、提升中小学体育设施、提升居家养老服务水平、城市书房建设工程、有序推进老旧小区电梯化改造、电动自行车智能充电接口安装项目、山区农民饮用水达标提标工程、中小学空调安装工程、打造城区智能交通系统10个项目为2019年区政府民生实事项目。

会议期间，举行预备会议1次、全体会议4次、主席团会议5次。会议共收到区人大代表10人以上联名提出的议案9件，其中沈祥星等16位代表提出的

2019年1月9日，绍兴市柯桥区第一届人民代表大会第三次会议在蓝天大剧院开幕　（区人大办　供稿）

《关于加快推进中国轻纺城转型升级的议案》列入会议议程并作出相应决议，其余8件议案作为代表建议处理；收到代表提出的建议、批评、意见251件。两项合计260件。

【区一届人大常委会第十七次至第二十六次会议】 2019年，柯桥区人大常委会共举行10次会议，履行重大事项决定权、监督权和人事任免权。

1月2日，区一届人大常委会举行第十七次会议。会议听取和审议绍兴市柯桥区人民代表大会常务委员会讨论决定重大事项的规定（修订草案），审议并接受区一届人大常委会委员朱伟芳的辞职请求，补选陆维、唐学兵为绍兴市第八届人民代表大会代表。

1月24日，区一届人大常委会举行第十八次会议。会议根据区政府区长赵如浪、区人大常委会主任会议提出的有关人事任免议案，进行人事任免。

2月28日，区一届人大常委会举行第十九次会议。会议听取和审议区政府关于绍兴市柯桥区部分行政区划调整的议案，同意柯桥区部分行政区划调整工作实施方案，由区政府依照法定程序报批并组织实施，根据区人大常委会主任会议、区监察委员会主任徐凯盛提出的有关人事任免议案，进行人事任免。

3月25日，区一届人大常委会举行第二十次会议。会议传达十三届全国人大二次会议精神，听取区监察委员会关于强化基层公权力监督推进清廉柯桥建设工作情况的报告，听取和审议区政府2018年度生态环境状况和环境保护目标完成情况的报告；审议通过关于接受朱伟芳等请求辞去绍兴市柯桥区第一届人民代表大会代表职务的决定（草案），根据区政府区长赵如浪、区人民法院院长陈建民提出的有关人事任免议案，进行人事任免。

5月28日，区一届人大常委会举行第二十一次会议。会议听取和审议区政府关于2018年度全区企业国有资产管理情况的专项报告、区政府关于《区一届人大三次会议关于加快推进中国轻纺城转型升级议案的决议》实施方案的报告、区人大常委会关于增设和更名柯桥区人大常委会有关工作委员会的报告、代表资格审查委员会关于区第一届人民代表大会代表变动情况的报告，审议区政府关于2018年度全区国有资产管理情况的综合报告。会议审议并接受李光辉、赵建兴提出辞去区第一届人民代表大会常务委员会委员职务的请求，根据区政府区长赵如浪、区人大常委会主任会议、区人民法院院长陈建民、区人民检察院检察长周江提出的有关人事任免议案，进行人事任免。

7月26日，区一届人大常委会举行第二十二次会议。会议听取和审议区发改局局长方优美受区政府委托所作关于2019年绍兴市柯桥区国民经济和社会发展计划上半年执行情况和下半年工作意见的报告、区财政局局长余建林受区政府委托所作关于绍兴市柯桥区2018年财政总决算及2019年上半年财政预算执行情况的报告和关于调整绍兴市柯桥区2019年地方政府债务限额和专项债券预算方案（草案）的报告、区审计局局长李伟根受区政府委托所作关于2018年度绍兴市柯桥区本级预算执行和其他财政收支的审计工作报告。会议作出关于调整区一届人民代表大会常务委员会代表资格审查委员会个别成员的决定，根据区政府区长赵如浪、区人民检察院检察长周江提出的有关人事任免议案，进行人事任免。

9月2日，区一届人大常委会举行第二十三次会议。会议听取和审议区公安局关于提请许可对区一届人大代表凌国军采取刑事强制措施的报告，决定许可对凌国军采取刑事强制措施。

9月20日，区一届人大常委会举行第二十四次会议。会议听取和审议区人民法院关于刑事审判工作情况的报告、区人民检察院关于公诉工作情况的报告，对区人民法院刑事审判工作和区人民检察院公诉工作开展专题询问，这是柯桥区人大常委会历史上首次。会议审议并接受周波青提出辞去区第一届人民代表大会常务委员会委员职务的请求，根据区政府区长赵如浪、区人大常委会主任会议提出的有关人事任免议案，进行人事任免。

11月27日，区一届人大常委会举行第二十五次会议。会议听取和审议区政府关于全面提升城镇水患防御能力议案决议实施情况并要求结案的报告、关于2019年民生实事项目完成情况的报告、关于代表建议办理情况的报告、关于绍兴市柯桥区2019年财政预算调整方案（草案）的报告，决定同意全面提升城镇水患防御能力的议案结案。会议审议并接受徐凯盛提出不再担任绍兴市柯桥区监察委员会主任职务的请求，根据区政府区长赵如浪、区人大常委会主任会议、区人民法院院长陈建民、区人民检察院检察长周江提出的有关人事任免议案，进行人事任免。

12 月 13 日，区一届人大常委会举行第二十六次会议。会议听取和审议区一届人大四次会议筹备工作情况的报告、区一届人大四次会议大会主席团、秘书长等建议名单、区政府关于 2020 年区政府民生实事候选项目建议方案的报告，审议并接受徐国娣提出辞去区一届人大常委会委员职务的请求和金良顺提出辞去区一届人大代表职务及常委会委员职务的请求，作出关于召开绍兴市柯桥区第一届人民代表大会第四次会议的决定，通过区人大常委会工作报告（送审稿）和 2020 年度监督工作计划（送审稿），表决通过区一届人大四次会议列席人员名单。会议根据区政府区长赵如浪、区人大常委会主任会议提出的有关人事任免议案，进行人事任免。

【区一届人大常委会第二十七次至第四十次主任会议】 2019 年，柯桥区人大常委会共举行 14 次主任会议。

1 月 2 日，区一届人大常委会举行第二十七次主任会议。会议研究通过区一届人大常委会第十七次会议建议议程及相关内容。

1 月 24 日，区一届人大常委会举行第二十八次主任会议。会议研究通过区一届人大常委会第十八次会议建议议程及相关内容。

2 月 22 日，区一届人大常委会举行第二十九次主任会议。与会人员实地视察柯桥中学学生饮食放心工程、柯桥市场监管所食品安全智慧监管系统、放心消费体验中心，听取区市场监管局局长柯洪炜受区政府委托所作关于柯桥区食品安全监管工作情况的报告，研究通过区一届人大常委会第十九次会议建议议程、绍兴市柯桥区人大代表建议办理工作规程（送审稿）、绍兴市柯桥区人大代表建议重点督办工作实施办法（送审稿）、绍兴市柯桥区人大常委会关于做好区政府民生实事项目跟踪监督工作的实施方案（送审稿）。

3 月 14 日，区一届人大常委会举行第三十次主任会议。与会人员实地视察浙江梅轮电梯股份有限公司、浙江元筑住宅产业化有限公司，听取区经信局局长娄东寅受区政府委托所作关于柯桥区创造更优营商环境，努力推动民营经济高质量发展工作情况的报告，研究通过区一届人大常委会第二十次会议建议议程、绍兴市柯桥区人大常委会关于开展柯桥区促进民营经济高质量发展情况监督工作的实施方案（送审稿）。

4 月 18 日，区一届人大常委会举行第三十一次主任会议。与会人员实地视察柯岩街道叶家堰村、绍兴东方山水二期·酷玩小镇现场，听取区文化广电旅游局局长金伟粱受区政府委托所作关于柯桥区全域旅游发展工作情况的报告，研究通过 2019 年重点督办建议及联系领导和督办委室（送审稿）、2019 年补选区一届人大代表建议方案；研究通过绍兴市柯桥区人大常委会关于 2018 年全区环境状况和环境保护目标任务完成情况报告的审议意见（送审稿）。

5 月 20 日，区一届人大常委会举行第三十二次主任会议。与会人员实地视察柯桥区六一幼儿园，听取区教体局局长任宏亮受区政府委托所作关于柯桥区贯彻执行《浙江省学前教育条例》工作情况的报告，研究通过区一届人大常委会第二十一次会议建议议程。

2019 年 5 月 20 日，柯桥区一届人大常委会第三十二次主任会议督查贯彻执行学前教育条例工作情况 （区人大办 供稿）

7 月 10 日，区一届人大常委会举行第三十三次主任会议。与会人员观看柯桥区创建国家体育产业示范基地纪实片，听取区教体局局长任宏亮受区政府委托所作关于柯桥区体育产业发展工作情况的报告，研究通过区一届人大常委会第二十二次会议建议议程。

8 月 21 日，区一届人大常委会举行第三十四次主任会议。与会人员视察绍兴国际会展中心一期B区施工现场，听取区建设集团董事长滕建平受区政府委托所作关于柯桥区建设集团工作情况的报告，研究《关于做好全面提升城镇水患防御能力议案结案工作的方案（送审稿）》和《绍兴市柯桥区人大常委会关于对柯桥区国民经济和社会发展计划、财政预算执行及财政同级审情况报告的审议意见（送审稿）》。

9月2日，区一届人大常委会举行第三十五次主任会议。会议研究通过区第一届人大常委会第二十三次会议建议议程及相关内容。

9月10日，区一届人大常委会举行第三十六次主任会议。与会人员实地视察平水镇岔路口村闲置农房激活项目，听取区农业农村局局长邱松定受区政府委托所作关于实施"强村消薄"工程、推进乡村振兴工作情况的报告，研究通过区一届人大常委会第二十四次会议建议议程。

10月9日，区一届人大常委会举行第三十七次主任会议。与会人员实地视察浙江省现代纺织产业创新服务综合体核心平台、浙江（绍兴）外国高端人才创新集聚区，听取区科技局局长沈关祥受区政府委托所作关于柯桥区科技创新驱动发展工作情况的报告，研究通过《绍兴市柯桥区人大常委会关于区人民法院刑事审判工作和区人民检察院公诉工作情况报告的审议意见（送审稿）》。

11月14日，区一届人大常委会举行第三十八次主任会议。会议听取区政府副区长、区公安分局局长傅纪明所作关于全区扫黑除恶专项斗争情况的报告，听取区审计局局长李伟根受区政府委托所作关于2018年度绍兴市柯桥区本级预算执行和其他财政收支审计查出问题整改情况的报告，研究通过区一届人大常委会第二十五次会议的建议议程。

11月27日，区一届人大常委会举行第三十九次主任会议。会议研究通过区第一届人大常委会第二十五次会议建议议程及相关内容。

12月10日，区一届人大常委会举行第四十次主任会议。会议专题学习贯彻中共十九届四中全会精神，听取区人大常委会各委室2020年度工作思路，书面交流区人大常委会各委室2019年度工作总结，听取关于绍兴市柯桥区一届人大四次会议筹备工作情况的报告，研究区人大常委会工作报告（初稿），研究通过《绍兴市柯桥区人大常委会关于全面提升城镇水患防御能力议案决议实施情况并要求结案的报告的审议意见（送审稿）》《绍兴市柯桥区人大常委会关于对2019年绍兴市柯桥区政府民生实事项目完成情况报告的审议意见（送审稿）》和区一届人大常委会第二十六次会议建议议程。

【区第一届人大工作研究会会员大会】 2019年11月22日，柯桥区第一届人大工作研究会会员大会召开。会议听取绍兴县第二届人大工作研究会副会长章生建受会长李会鹏委托作的研究会工作报告、区人大常委会办公室主任李亚根就《研究会章程》修改的说明和关于柯桥区第一届人大工作研究会理事会组成人员的情况说明，审议通过《绍兴市柯桥区人大工作研究会章程（修订草案）》，选举产生第二届理事会会长、副会长、理事和秘书长。

【全区镇街人大工作座谈会】 2019年12月26日，柯桥区人大常委会召开全区镇（街道）人大工作座谈会。会议交流各镇（街道）2019年特色性工作和2020年工作思路，提出做好下一年镇、街道人大工作的意见和要求，部署镇人代会、街道议政会议筹备工作等。（陈仲华）

人大建议

【概况】 2019年，柯桥区人大常委会完善代表建议督办和办理流程，开展重点督办建议的领衔代表、办理单位负责人、政府领办领导和人大常委会督办联系领导集中面商。区一届人大三次会议期间，大会秘书处共收到代表们提出的议案1件（《关于加快推进中国轻纺城转型升级议案的决议》）、建议259件。区政府及67个主、会办单位加大办理力度，就执行《关于加快推进中国轻纺城转型升级议案的决议》和出台《加快推进中国轻纺城转型升级议案办理工作方案》，组织开展议案办理工作。259件建议全部办复，满意率99.6%；其中解决或基本解决的173件，占66.8%，部分解决或列入计划解决的68件，占26.3%，受条件限制留作参考或不可行的18件，占6.9%。

2019年柯桥区人大常委会重点督办代表建议情况

表11

建议号	领衔代表	所在小组	建议题目	主办单位	督办委室
4	孙　广	华舍街道	关于加快马宅湖公园及其城市区块建设，打造接轨沪杭都市圈桥头堡的建议	建设局	城建环保工委
8	袁启森	平水镇	关于解决平水部分山区百姓生活用水的建议	农业农村局	代表工委
146	王　芳	杨汛桥镇	关于中小学校教室安装空调的建议	教体局	教科文卫工委
151	王　珉	夏履镇	关于进一步采取措施，解决或改善农村住房困难的建议	自然资源分局	农经工委
186	濮黎明	安昌街道	关于进一步加快推进安昌古镇保护和开发的建议	安昌街道	城建环保工委
200	朱玉美	马鞍镇	关于采取措施积极应对我区老龄化加剧的建议	民政局	法制内司工委
208	许关炎	福全街道	关于解决小微企业贷款问题的建议	金融办	财经工委
250	蔡圆圆	王坛镇	关于水源地保护区农民增收问题的建议	农业农村局	农经工委

（裘可钦）

主要活动

【收集交办139条关于民营企业发展的问题建议】 2019年2—4月，柯桥区人大常委会结合“三服务”活动，对民营企业中的109名人大代表进行全面走访，专题听取区政府关于创造更优营商环境、推动民营经济高质量发展工作报告，组织常委会组成人员集体视察招商投资工作，共收集到139条关于民营企业发展的问题建议，全部以闭会期间代表建议“直通车”的形式进行交办。

【纪念地方人大设立常委会40周年座谈会】 2019年11月22日，柯桥区纪念地方人大设立常委会40周年座谈会在稽山宾馆召开。会议传达中央关于地方人大设立常委会40周年相关指示和讲话精神，省委、市委、区委人大工作会议精神。区人大常委会主任、副主任，区人大常委会部分老领导，部分市、区两级人大代表，乡镇（街道）人大主席（主任）参会，就人大依法履职、发挥代表作用、代表履职等作交流发言。

【“政企面对面”人大代表专场活动】 2019年4月10日，柯桥区人大常委会开展“政企面对面”人大代表专场活动，区人大常委会委员、区政府领导及相关部门负责人与部分民营企业中的人大代表面对面交流。9名人大代表围绕企业发展中碰到的土地、人才、资金等方面问题发表意见，提出高质量发展的诉求和建议。区政府和相关部门负责人针对人大代表提出的问题进行现场回应，可办理的现场协调办理，其余问题统一收集，承诺限时解决。

【部署和指导镇街开展“届中评议”工作】 2019年8—9月，柯桥区人大常委会组织各街道人大工委、镇人大主席团对政府工作进行“届中评议”。各街道人大工委、镇人大主席团在区人大常委会指导下，分组织准备、宣传动员、视察调研、集中评议、落实整改、反馈结果六个阶段展开评议工作，突出推进“三服务”“最多跑一次改革”等与群众需求密切的事项。区人大常委会加强面上指导，就街道评议工作的一些具体问题进行研究，提出统一性意见。

【人大代表联络站镇街全覆盖】 2019年，柯桥区人大常委会推进实体和网上人大代表联络站提档升级，从场所设施、组织结构、人员、制度、接待、问题处理、资料存档等八方面进行规范化建设。至年底，全区建人大代表联络站（室）75个，实现镇（街道）全覆盖，成为群众的接待站、工作站、充电站、服务站、宣传站。11月，绍兴市深化代表联络站建设现场推进会在柯桥区召开。

【组织代表集中视察3次】 2019年，柯桥区人大常委会组织区人大代表集中视察3次。4月23日，组织部分代表视察防洪排涝河道二期整治工程，听取区农业农村局局长邱松定受区政府委托作的关于柯桥区防洪排涝河道整治二期工程建设情况的报告。6月25日，组织部分代表实地视察“湖塘”省控站点周边影响空气质量的相关隐患点（加油站附近停车场、杨绍线道路施工、黄酒小镇拆迁工地），听取区蓝天办常务副主任张国生所作关于柯桥区大气污染防治工作情况的报告。8月27日，组织部分区人大代表视察代表建议办理工作，围绕“加强对城乡社区居家养老服务照料中心公建民营单位管理考核”“打造永不熄灭的阅读之光”“中小学校教室安装空调”3件建议的办理工作，实地视察鉴湖景园城市书房、轻纺城小学安装空调施工项目现场和后梅社区居家养老服务中心，听取有关主办单位对建议办理工作的情况汇报。

2019年6月25日，柯桥区人大常委会组织部分人大代表视察位于湖塘街道的空气质量省控站点　　（区人大办　供稿）

【举办“人大讲坛”10次】 2019年，柯桥区举办“人大讲坛”10次，内容包括学习贯彻习近平总书记关于坚持和完善人民代表大会制度的重要思想和习近平总书记在民营企业座谈会上的重要讲话精神、绍兴古城保护利用条例、生态文明建设和相关法律解读、民营企业创新发展与产业政策、绍兴会稽山古香榧群保护规定、新修订的《中华人民共和国刑事诉讼法》、新修订的《中华人民共和国公务员法》《中华人民共和国促进科技成果转化法》提高代表议案建议质量专题培训《中华人民共和国人民调解法》等相关知识的专题讲座。相关党政干部、人大代表等2000余人次参加。

【编发各类宣传报刊30期】 2019年，柯桥区人大常委会做好人大宣传工作。全年编发“柯桥人大之窗”专版11期、《柯桥人大》杂志4期、《常委会会刊》3期、《人大办通报》12期，编辑常委会工作纪实、工作画册和《柯桥区年鉴》人大部分等。其中，《举行民生实事代表建议项目交接仪式》《真心真情真招促民企》《一场来自村代表联络站的约见》《代表联络站首进专业市场》被《浙江人大》杂志登载，柯桥区镇级民生实事代表票决制微创新、代表建议工作微创新被《浙江人大信息（专刊）》登载。《一场来自村代表联络站的约见》还分别获得省人大好新闻三等奖和市人大好新闻一等奖。柯桥区人大自2012年来连续第八年被评为省级人大宣传信息工作成绩突出单位。

【受理群众来信来访61件（人次）】 2019年，柯桥区人大常委会将人大信访与代表建议“直通车”、常委会监督工作结合起来，加大对信访案件办理和监督力度。全年受理群众来信32件，接待上访人员16批29人次，通过加强与区信访局、各镇（街道）的协同配合，解决一批群众反映强烈的信访问题。（陈仲华）

执行编辑　王　翊

绍兴市柯桥区人民政府

重要会议

【区政府一届五次全体(扩大)会议】 2019年2月23日,柯桥区政府召开一届五次全体(扩大)会议。区委副书记、区长赵如浪作报告。会议强调,全区政府系统要高举习近平新时代中国特色社会主义思想伟大旗帜,全面贯彻落实近期中央、省、市和区委系列会议精神,围绕进入全国“十强区”目标和“排头兵、桥头堡”战略定位,全力落实政府各项工作,重点持续深化开展重点工作清单式管理和项目竞赛活动,更加突出实效绩效工作导向,深入开展“服务企业、服务群众、服务基层”活动,推动政府工作真抓实干,深化“清廉柯桥”建设,严格落实党风廉政建设主体责任,并分解部署区政府2019年各项重点工作任务。

【区政府一届六次全体(扩大)会议】 2019年8月16日,柯桥区政府召开一届六次全体(扩大)会议。区委副书记、区长赵如浪作报告。会议强调,全区政府系统要高举习近平新时代中国特色社会主义思想伟大旗帜,以“不忘初心、牢记使命”主题教育为契机,贯彻省委十四届五次全会、省政府第四次全体会议、市委八届六次全会、市政府八届六次全体会议决策部署,落实区委一届六次全会精神,总结上半年工作,部署下半年任务,动员全区政府系统进一步振奋精神,推动下半年各项工作落到实处,推进全区经济社会高质量发展。

【区政府常务会议】 2019年,柯桥区人民政府共召开14次常务会议,审议政府相关工作。

1月28日,区政府召开第二十五次常务会议。会议集体学习传达省委书记车俊关于新昌县“全民清洁日”活动相关形式主义问题整改情况的批示精神、市委书记马卫光在市八届人大四次会议柯桥代表团集中审议时的讲话精神,听取并审议区人才办关于柯桥区与清华长三角研究院合作的情况汇报,区人社局关于2018年度公务员嘉奖、三等功、区级先进单位、区级先进工作者(区管干部以下)评选结果的汇报,区应急管理局关于2018年全区安全生产工作及节前安全生产工作部署情况的汇报,柯桥经开区关于重大招商项目的情况汇报,区统计局关于2018年主要经济指标完成情况的汇报,区房开公司关于收购绍兴柯桥尚兰轻纺原料有限公司下属项目公司“退二进三”(二类工业用地改三类居住用地)3宗土地开发建设情况的汇报,鉴湖旅游度假区关于若航绍兴直升机场及游艇俱乐部项目历史遗留问题处置方案的情况汇报,科技城建管委关于2019柯桥创新创业环境推介会方案及2019中国·绍兴第四届海内外高层次人才创新创业大赛实施方案(含费用明细)的汇报、关于浙江(绍兴)外国高端人才创新集聚区运营服务情况的汇报,区改革办关于2018年度镇(街道、开发区)和区机关部门岗位目标责任制考核情况的汇报,区政府办关于政府工作报告和民生实事工程任务分解情况汇报、关于2018年度表彰奖项评比结果的汇报、关于区政府重大决策出台前向区人大报告制度的汇报、关于区政府一届五次全体(扩大)会议方案的汇报、关于区政府领导分工的情况汇报。

2月25日,区政府召开第二十六次常务会议。

会议集体学习讨论中共中央《关于加强党的政治建设的意见》、中共中央《关于印发中国共产党重大事项请示报告条例的通知》,听取并审议区财政局关于进一步改进和加强基层财政财务管理工作意见(草案)的汇报,区民政局关于柯桥区部分行政区划调整方案的汇报,科技城建管委关于绍兴市柯桥区人才科技项目联审领导小组及《柯桥区重点人才科技项目落户评审办法(试行)》的汇报、关于2019RoboCup机器人世界杯中国赛暨国家机器人发展论坛总体方案的汇报,区投资促进中心关于招商引资相关工作的情况汇报,区农业农村局关于区农村饮用水达标提标实施方案(送审稿)的汇报,区“大棚房”问题专项清理整治行动协调推进小组办公室关于区“大棚房”问题专项清理整治工作的情况汇报,区委政法委关于柯桥区扫黑除恶专项斗争工作阶段性情况的汇报。

3月17日,区政府召开第二十七次常务会议。会议听取并审议杨汛桥镇、区金融办关于有关企业纾困工作的情况汇报。

3月26日,区政府召开第二十八次常务会议。会议听取并审议区发改局关于促进民营经济高质量发展若干意见的汇报、关于2019年柯桥区投资项目竞赛活动方案的汇报,福全街道关于加快推进柯桥区福全产业新城建设相关事宜的情况汇报,区财政局关于进一步明确柯桥经开区、马鞍镇、齐贤街道、安昌街道财政管理体制方案的汇报,区建设局关于对重点产业项目减免城市基础设施配套费的汇报、关于进一步开展柯桥区既有住宅加装电梯工作实施意见的汇报、关于柯桥区城区电动自行车智能充电桩建设工作实施方案的汇报,柯桥街道关于D-17地块拟落户项目有关情况的汇报,区建设集团关于杭金衢高速至杭绍台高速联络线工程PPP项目实施方案的汇报,区经信局关于进一步推动企业兼并重组实施意见的汇报、关于2019年度柯桥区振兴实体经济(传统产业改造)财政专项激励资金使用若干意见的汇报,区投资促进中心关于全区1—3月项目招商工作进展情况的汇报,区改革办关于进一步加大南部山区发展扶持力度补充意见的汇报,区民政局关于深化养老服务综合改革提升养老服务质量实施意见的情况汇报,区农业农村局关于家庭承包土地失地核查分析及后续参保工作的情况汇报,区委政法委关于柯桥区扫黑除恶专项斗争攻坚年活动开展情况的汇报,区道安办关于2019年全区交通安全综合治理大会战实施方案的汇报,轻纺城建管委关于2019柯桥时尚周(春季)总体方案的情况汇报。

4月30日,区政府召开第二十九次常务会议。会议集体学习传达省委书记车俊和省长袁家军重要批示精神、省委书记车俊在大运河(浙江)文化保护传承利用规划编制工作情况汇报会上的讲话摘要,听取并审议区人社局关于困难企业社保费返还和工伤保险费率下调工作的情况汇报,区审计局关于柯桥区公共投资项目结(决)算审核中介机构管理办法的汇报,区建设局关于柯桥区住宅房屋拆迁有关政策操作细则的汇报,区建设集团关于新建滨海沥青混凝土项目方案的汇报,区轨道交通集团关于杭绍城际铁路项目涉铁代建工程(一期)包干费用的情况汇报,区教体局关于推行小学放学后校内托管服务工作指导意见的汇报,轻纺城建管委关于“中欧时尚梦工厂”二期—欧洲时尚定制城及欧洲蓝网络直播基地项目有关情况的汇报、关于中国轻纺城国际面料采购中心招商政策意见的汇报、关于2019中国绍兴柯桥国际纺织品面辅料博览会、柯桥时尚周(春季)实施方案的汇报,区道安办关于全区交通安全综合治理大会战交通设施提升有关事宜的情况汇报,区委政法委关于柯桥区扫黑除恶专项斗争攻坚年活动开展情况的汇报,区投资促进中心关于全区项目招商进展的情况汇报,杨汛桥镇关于要求对精工控股集团有限公司债券融资提供担保增信的情况汇报。

5月27日,区政府召开第三十次常务会议。会议集体学习传达省府办关于对2018年落实有关重大政策措施真抓实干成效明显地方予以督查激励的通报精神、全国违建别墅问题清查整治专项行动电视电话会议精神、《法治政府建设与责任落实督察工作规定》、市扫黑除恶专项斗争领导小组落实中央扫黑除恶督导组反馈问题对照整改工作会议精神,听取并审议区发改局关于柯桥区对口工作和山海协作工作的汇报、关于2019年柯桥区现代产业重点项目建设计划调整情况的汇报,轻纺城经营公司关于注册纾困专项公司债券的汇报,轻纺城建管委关于加快推进中国轻纺城转型升级议案实施方案的情况汇报，科技城建管委关于推行新型产业用地试点实施实施细则(试行)的汇报、关于恒生·凤凰数字经济产业园项目的情况汇报，区生态环境分局关于追加2019年大气环境监测能力建设项目预算资金的汇报，区文广旅游局关于柯桥区省级景区城和景区镇(街道)创建实施方案的汇报，区民政局关于开展行政村(居委会)调整工作指导意见的汇报，区供销社关于华通集团自然人股份转让的情况汇报，区投资促进中心关于1—5月项目招商进展情况和集中签约项目情况汇报，区府办关于2019年区政府领导领办区人大代表建议和政协提案方案的汇报。

6月28日，区政府召开第三十一次常务会议。会议听取并审议区应急管理局关于柯桥区加强基层应急管理站建设实施意见的汇报，区公管办关于进一步提高公共资源交易工作效率若干意见的汇报，马鞍镇关于绍兴柯桥恒鸣化纤有限公司聚酯装置工艺废水回收精制乙醛技改项目的情况汇报、关于浙江万丰化工有限公司上市募投项目的情况汇报，区自然资源分局关于柯桥区违建别墅问题清查整治专项行动实施方案的汇报，区生态环境分局关于开展突出生态环境问题排查防范化解重大环境风险工作行动方案的汇报，区经信局关于加快小微企业园高质量发展的实施意见的汇报，区科技局关于与东华大学、绿丞实业共建创新研究院合作方案的汇报，区教体局关于浙江毅腾足球俱乐部有关事宜的汇报，区农业农村局关于加快推动“三农”高质量发展若干政策意见的情况汇报，区综合执法局关于柯桥区垃圾分类第三方综合服务及再生资源体系运营服务方案的汇报，区人才办关于支持建设外国高端人才创新集聚区补充意见的汇报、关于设立专门人才租赁住房的情况汇报，区商务局关于应对中美贸易摩擦工作情况的汇报，区委政法委关于定期研究扫黑除恶专项斗争工作方案的汇报，区投资促进中心关于2019年上半年全区项目招商进展的情况汇报。

7月29日，区政府召开第三十二次常务会议。会议集体学习政府投资条例，听取并审议区教体局关于高水平推进柯桥教育现代化实施方案(2019—2022)的汇报、关于全面深化新时代教师队伍建设改革实施意见的汇报，区应急管理局关于全区半年度安全生产工作情况的汇报、关于柯桥区2019年安全生产责任制的汇报，区统计局关于柯桥区2019年上半年主要经济指标完成情况的汇报，区自然资源分局关于被征地农民参加社会保障实行“人地对应”实施办法的汇报、关于柯桥区国土空间分区规划编制工作方案的汇报，区水务集团关于将区农业农村局平水江水库及相关项目资产无偿划拨给柯桥水务集团的汇报，区档案馆关于专用库房建设项目投资估算调整事宜的汇报，区经信局关于印染产业整治提升“亮剑”行动退出奖励相关情况的汇报、关于柯桥区全域印染企业改造提升行动方案的汇报、关于成立柯桥区创建全国印染创新中心工作领导小组的汇报，区投资促进中心关于加强招引新经济项目若干政策意见(试行)的汇报，区金融办关于柯桥区2019年金融支持实体经济发展考核奖励办法的汇报，平水镇关于对平水江水库上游整片工业企业清退搬迁的汇报，区司法局关于加强行政规范性文件制定和监督管理工作的汇报、关于行政机关负责人出庭应诉管理办法的汇报、关于法治政府建设工作情况的汇报，区府办关于区政府一届六次全体(扩大)会议方案的汇报。

8月28日，区政府召开第三十三次常务会议。会议听取并审议区财政局关于全面落实预算绩效管理实施意见的汇报，区改革办关于2019年镇(街道)、平台岗位目标责任制考核意见的情况汇报、关于2019年区机关部门岗位目标责任制考核意见的情况汇报、关于2019年区直属国有企业经营业绩考核意见的情况汇报，区发改局关于2019年镇(街道)岗位目标责任制考核经济指标分解建议的汇报、关于2019年柯桥区国有投资(含政府投资)项目建设计划半年度调整情况的汇报，房开公司关于提前收购绍兴柯桥禾丰房地产开发有限公司股权的汇报，区经信局关于支持浙江先进印染制造业创新中心建设意见(试行)的汇报，区生态环境分局关于柯桥区突出生态环境问题整改情况的汇报，科技城建管委关于钱清联合国贸中心资产购置建议方案的情况汇报，漓渚镇关于进一步推进柯桥区花香漓渚田园综合体建设补充意见的汇报，轻纺城建管委关于2019第二届世界布商大会筹备情况的汇报、关于2019中国绍兴柯桥国际纺织品博览会(秋季)筹备情况的汇报、关于消除同业竞争转让下属市场资产方案的汇报,中纺CBD关于2019柯桥时尚周(秋季)总体方案的汇报,区商务局关于首届中国绍兴柯桥国际纺织贸易服务展会筹备工作情况的汇报,区公管办关于柯桥区招标投标领域违法行为专项治理工作推进情况的汇报,区自然资源分局关于柯桥区土地、矿产资源领域整治工作情况的汇报,区公安分局关于全区公安机关打击整治"套路贷"犯罪工作情况的汇报、关于推荐优秀见义勇为人员申报政府荣誉的情况汇报,区投资促进中心关于全区1—8月项目招商进展的情况汇报。

9月11日,区政府召开第三十四次常务会议。会议集体学习国务院办公厅《体育强国建设纲要》、全省美丽城镇建设工作会议精神,听取全国文明城市测评迎检、国家卫生城市省级评审有关情况汇报,听取并审议区建设集团关于拟收购永利集团所持华融金融租赁股份有限公司股权建议方案的汇报,漓渚镇关于举办首届中国春兰节方案的汇报。

9月29日,区政府召开第三十五次常务会议。会议学习传达国务院副总理胡春华在全国稳定生猪生产保障市场供应电视电话会议上的讲话精神,听取并审议区发改局关于冻猪肉收储和市场保障工作的情况汇报,关于明确柯桥区既有住宅加装电梯资金补助补充意见的汇报、关于柯桥区物业服务领域"黑恶乱"问题集中治理工作的汇报,柯桥经开区关于处置省水利厅下属围垦技术开发中心闲置土地的汇报,区农业农村局关于低收入农户高水平全面小康计划实施意见的汇报,区乡村振兴暨"五星达标、3A争创"领导小组办公室关于"五星达标、3A争创"2018年工作情况及2019年资金安排建议方案的汇报,区综合执法局关于进一步加强对涉违商品住宅实施"四不予"措施的汇报,区市场监管局关于共建浙江省检科院柯桥纺织检测中心合作方案的汇报,区投资促进中心关于全区1—9月项目招商进展的情况汇报,集体学习《重大行政决策程序暂行条例》。

10月28日,区政府召开第三十六次常务会议。会议听取并审议区综合执法局关于建筑垃圾(渣土)清运处置领域扫黑除恶工作的专题汇报、关于柯桥区建筑垃圾管理和资源化利用项目实施方案的汇报、关于康郡小区违法建筑处置方案的汇报,区财政局关于组建柯桥区金融投资管理平台方案的汇报,区建设局关于柯桥城区拆迁安置小区、老旧住宅小区物业"以奖代补"实施办法的汇报,区应急管理局关于全区三季度安全生产工作情况的汇报、关于培育支持社会应急力量健康发展实施意见的汇报,区统计局关于全区前三季度主要经济指标完成情况的汇报,兰亭度假区关于绍兴兰亭森林野生动物园项目的情况汇报,柯桥经开区关于蓝盾药业生物医药项目的情况汇报,区医保分局关于柯桥区医疗救助实施细则的汇报、关于柯桥区医共体基本医疗保险总额付费实施细则的汇报、关于医保经办"购买服务"调整方案的汇报,区教体局关于柯桥中心城区筹建高端民办幼儿园的情况汇报,区治水办关于柯桥区2019年"五水共治"建设项目任务的汇报,漓渚镇关于首届中国春兰节实施单一来源采购的汇报,区人力社保局关于柯桥区职业技能提升行动方案的汇报,区商务局关于贯彻落实全省应对中美经贸摩擦工作现场会会议精神的情况汇报,区司法局关于公布区政府及区政府办公室行政规范性文件清理结果的汇报,区金融办关于全区金融信贷领域扫黑除恶工作情况的汇报,区投资促进中心关于全区1—10月项目招商进展的情况汇报。会议集体学习《中华人民共和国政府信息公开条例》。

11月29日,区政府召开第三十七次常务会议。会议传达学习贯彻中共十九届四中全会精神、省委十四届六次全会精神、省长袁家军在全省传统制造业改造提升现场推进会上的讲话精神,听取并审议区发改局关于在柯桥设立柯桥—江山"消薄飞地"的汇报,杨汛桥街道、平水镇关于项目竞赛排名落后单位项目建设情况的汇报,区建设局关于柯桥区高水平推进美丽城镇建设工作的汇报、关于促进建筑业企业转型升级加快推进建筑产业发展实施意见的汇报,区轨道交通集团关于杭绍城际铁路项目银团贷款方案的汇报、关于杭绍城际铁路项目涉铁代建工程(二期)管线迁改包干费用的汇报,夏履镇关于夏履镇原强盛轻纺地块拆迁业主变更为绍兴市柯桥区开发经营集团有限公司相关事宜的汇报,区帮扶办关于龙禧中心处置工作的情况汇报,区经信局关于2018年度规上工业企业、占地3亩以上规下工业企业、建筑工业化企业"亩均效益"综合评价情况的汇报,区生态环境分局关于柯桥区迎接第二轮中央生态环保督察工作方案及其他相关工作的情况汇报,区大数据中心关于加快推进柯桥区新型智慧城市建设有关情况的汇报,柯桥经开区关于中国通用技术集团(中纺院)一期12万吨绿纤项目有关政策的汇报,区市场监管局关于柯桥区政府质量奖评审管理办法的汇报、关于传销类领域扫黑除恶行业治乱工作的汇报,区委组织部关于加快人口集聚促进高质量发展实施意见的汇报,轻纺城建管委关于中国轻纺城国际面料采购中心一层一区、四区剩余营业房招商方案的汇报,区司法局关于柯桥区法治政府建设补短板的情况汇报,区投资促进中心关于全区1—11月项目招商进展的情况汇报。会议集体学习《国务院办公厅关于全面推行行政执法公示制度执法全过程记录制度重大执法决定法制审核制度的指导意见》。

12月23日,区政府召开第三十八次常务会议。会议听取并审议区发改局关于绍兴市柯桥区2019年国民经济和社会发展计划执行情况及2020年国民经济和社会发展计划草案的汇报、关于2020年柯桥区政府投资项目、国有投资项目建设计划情况的汇报,区发改局、区商务局关于2018年度服务业企业"亩产效益"综合评价情况的汇报,区商务局关于柯桥区新一轮稳外贸稳外资工作若干意见的汇报,柯岩街道关于柯岩驭光科技微纳光学研发、生产和装备基地招商项目的情况汇报,区财政局关于区机关部门所属经营性、投资性资产处置实施方案的汇报、关于改革区直属国有企业工资决定机制实施意见的汇报、关于柯桥区投融资平台实体化运作改革方案的工作汇报、关于绍兴市柯桥区2019年财政预算执行情况及2020年财政预算(草案)编制情况的汇报,中纺CBD关于中纺CBD商业中心整体租赁运营方案的汇报,区生态环境分局关于绍兴市柯桥区2019年度生态环境状况和环境保护目标完成情况的报告,科技城建管委关于2020RoboCup机器人世界杯中国赛暨国家机器人发展论坛总体方案的汇报、关于2020柯桥创新创业环境推介会方案、2020中国·绍兴第五届海内外高层次人才创新创业大赛实施方案的汇报,区建设局关于柯桥区老旧小区综合改造提升工作实施方案的汇报,区医保分局关于全区机关事业单位人员医保缴费基数调整需要增加财政支出的汇报,区人才办关于加强柯桥区高层次人才队伍建设打造人才生态最优区若干政策的汇报,区市场监管局关于柯桥区创建国家知识产权强县工程试点区工作方案的汇报、关于2019年度柯桥区政府质量奖评审概况和拟奖单位的汇报,区投资促进中心关于2019年全区招商引资工作情况的汇报,区府办关于《政府工作报告》(送审稿)的情况汇报。会议集体学习《中华人民共和国外商投资法》。(沈城钢)

政务信息

【概况】 2019年,柯桥区编辑政务信息刊物249期,编辑参阅件8期。《绍兴市柯桥区"银政联盟1+N"模式实现金融服务和政务服务"一揽子"办理》被国务院办公厅单篇专报录用。被省政府办公厅录用信息44篇,其中录用专报信息22篇,作为《政务工作交流》在全省推广1篇,获得省政府主要领导批示1篇,获得省政府分管领导批示16篇。被市政务办公室信息处录用信息225篇,其中录用专报信息3篇,获得市政府主要领导批示2篇。

【13条信息获省领导批示】 2019年,柯桥区有13条政务信息获省领导批示,具体是《集聚不是目的 提升才是关键——柯桥区印染产业实现集聚基础上的高质量发展》《建议在"杭绍甬一体化"进程中实现污水处理管网互连共享》《绍兴市柯桥区积极应对中美经贸摩擦纺织品出口实现逆势增长》《创新基层大应急 打造柯桥新样板——柯桥区推进镇街应急管理站标准化建设》《借力文旅融合激活千年运河——保护好、传承好、利用好浙东运河的"柯桥实践"》《柯桥区实施"微改造"提升老旧小区人居环境》《柯桥区推行"钢结构装配式"建农房试点取得成效——以杨汛桥镇竹园童村农房连片改建项目为例》《柯桥区聚焦"全产业链"抑制猪肉价格飞涨》《柯桥区"交邮+供销"模式促进城乡物流双向流通 解决农村"卖难买难"问题》《标准化建设 数字化转型 立体化监管——柯桥区深化招投标领

域“放管服”改革》《柯桥区“零增地”挖潜空间 走出小微企业园高质量发展新路径》《政策加码服务提标产品增效——柯桥区扎实推进全省稳外贸政策落地实现外贸持续逆势上扬》《柯桥区推进景区城建设 打响“老绍兴·金柯桥”品牌》。(周莹芳)

协调督查

【概况】 2019年,柯桥区围绕年初的政府工作报告、重点工作清单和阶段性中心工作,开展督查活动29次;编发《政务督查》16期、《督查通报》8期、《批示专报》36期、《工作简报》18期;办理市政府下达督办事项28件、市政府主要领导批示件127件、区政府主要领导批示件434件。(孙 莹)

建议提案办理

【概况】 2019年,柯桥区政府承办区一届人大三次会议议案1件、建议259件。其中,属于经济建设方面的70件,占比26.9%;城乡发展方面的77件,占比29.6%;民生社会方面的99件,占比38.1%;其他方面的14件,占比5.4%。至年底,259件建议全部办复,满意率99.6%。其中,解决或基本解决的173件,占66.8%;部分解决或列入计划解决的68件,占比26.3%;受条件限制留作参考或不可行的18件,占比6.9%。

2019年,柯桥区政府承办区政协一届三次会议提案275件。其中,事关经济、生态建设等方面的90件,占总数的32.7%;文化建设等方面的59件,占总数的21.5%;政治、社会建设等方面的126件,占总数的45.8%。至年底,275件提案全部办复,满意率98.5%。得到解决或基本解决的112件,占总数的40.7%,比上年提高4.2个百分点;列入计划逐步实施的151件,占总数的54.9%;因条件限制留作参考的12件,占总数的4.4%。(孙 莹)

人事工作

【概况】 2019年,柯桥区坚持公开、平等、竞争、择优的原则继续完善事业单位工作人员考试录用工作。全年办理事业单位工作人员录用529人,其中机关事业单位21人、卫计类357人、教师145人、人才引进6人。

【梳理人力资源领域部门间“最多跑一次”事项84项】 2019年,柯桥区梳理人力资源领域部门间“最多跑一次”事项84项,办事材料压减材料40%以上,办事平均办理时间压缩50%以上,制作完成全部事项的办事指南和流程图。(陈海军)

行政审批

【概况】 2019年,柯桥区围绕区委、区政府重点工作,开展三级联动“一窗办”、投资项目综合评估审批改革、企业投资项目审批“最多90天”改革等工作,促进项目审批提速提质。全年办理各类审批事项144万件,日均办理5760件;行政许可准确率和承诺件按时办结率均为100%。3月,区行政审批局完成机构改革,为依法行使相对集中行政许可权的区政府工作部门。

在行政服务中心设立9大板块和2个专区,重点在经济发展、交通运输、商事管理、不动产综合4个板块开展“一章受理”业务。在镇街便民服务中心推行“一窗云”平台综合受理,把“一章受理”延伸到基层。深化全城办工作,在原有柯桥区全城办事项554个基础上,梳理出278个“区域内通办”事项。实现区级民生事项60%以上在乡镇、街道可办,可办理社保、公积金事项的银行等代办网点实现乡镇(街道)100%覆盖。民生事项一证通办实现323项(基数为342项),实际完成率94.44%,市定新增事项实现101项,一证通办办件量占涉民事项94.2%。

【“萧山—柯桥政务服务一体化”合作框架签约】 2019年12月,“萧山—柯桥”政务服务一体化合作框架签约。明确事项办事流程、办理条件、材料清单,按照“由点带面”和“区、镇、村三级联动”工作原则,双方选择在各自行政服务中心、镇街及所辖中心村设立自助服务专区开展服务。第一批试点专区设于萧山区行政服务中心、萧山区衙前镇党群服务中心及所辖中心村和柯桥区行政服务中心、杨汛桥街道便民服务中心及所辖中心村。每个专区相应配置两台自助服务终端机,落实管理人员，提供异地咨询、异地打印、异地办理等服务。

【审批服务“面对面”解决急难事 50 余件】 2019年5月起，柯桥区开展审批服务“面对面”活动，收集“三服务”问题需求，召集相关窗口和项目审批代办员，组建“项目代办团队、中介评估团队、一章审批团队”3大团队共104人，实行“5个当场”机制（当场受理问题需求、当场明确政策意见、当场告知办事流程、当场落实代办人员、当场协调困难问题），共协调解决企业和群众急事难事50余件。

2019年5月21日，柯桥区开展第一期审批服务“面对面”活动
（区行政审批局　供稿）

【推进政务服务智能化建设】 2019年，柯桥区在行政服务中心大厅全面推进24小时自助服务区建设，新设置人力社保自助服务专区和税务自助办理专区；实施“智能导引机器人”项目，提供导览讲解、政策咨询、智能引领、主动迎宾、广告宣传、定点播报（比如天气）等功能性服务；开发运行“行政服务智慧后勤”系统，窗口人员管理、办公用品领用、设备物资采购等全部线上运行、全程留痕；新增3台身份证自助正反打印设备，新设残疾人专用车位，新建“妈咪小屋”母婴室，提供智能化服务。（徐一鸣）

公共资源管理

【概况】 2019年，柯桥区深化招投标领域“放管服”改革，创新与推进招标领域“整件事”改革，实现招标采购全过程标准化、数字化和效能化。修订完善招投标相关规章制度，全面应用和升级招投标管理系统，查处招投标违规行为，做好招投标领域扫黑除恶工作。招投标领域“放管服”改革相关经验做法得到浙江省常务副省长冯飞批示肯定。招标领域“整件事”改革入选2019年浙江省改革创新优秀实践案例。全年公共资源交易中心完成四项交易1214项，成交金额221.96亿元，其中建设工程165项，成交金额55.42亿元，节资8.54亿元，节资率13.35%；政府采购929项，成交金额16.53亿元，节资3.07亿元，节资率15.65%；土地产权120项，成交金额150.01亿元，增效24.93亿元，增效率19.93%。

·小资料·　招标领域“整件事”改革

在2019年浙江省改革创新最佳实践案例评选活动中，柯桥区招标领域“整件事”改革入选浙江省改革创新优秀实践案例。柯桥区以“最多跑一次”改革决策部署为引领，在“两分离一结合”监管体制的基础上，进一步完善交易全纳入的市场资源配置机制、提升“零跑腿、零成本、零障碍”交易体验的数字化转型、坚持“智慧＋协同＋信用”立体化闭环监管，统筹推进招投标领域“放管服”改革，在提升交易便捷性和透明度、开展大数据应用、强化事中事后监管等方面开展探索，率先实现招标项目从项目申请到中标合同备案、从线下到线上、从交易环节到履约环节、从平台集中交易到交易全覆盖监管的“整件事”全流程“最多跑一次”改革目标。

【编制“三张清单”】 2019年，柯桥区根据招标采购法律体系、基本流程，对项目招投标从“项目招标申请”开始到“合同备案”结束进行全面梳理，再根据不同的办事情形、所需材料等进行分解细化。梳理出基础办事事项28项、颗粒化办事事项79项，形成“办事事项”清单。编制工程建设项目施工公开招标、政府采购公开招标等17件招标采购“一件事”清单以及“整件事导航”清单等“三张清单”，汇编成“一本通”。

【助力企业降费减负】 2019年，柯桥区依托电子化平台，实现申请材料、招投标文件、中标通知书、开评标、合同备案等的无纸化“绿色招标”，为企业减轻各类交易成本3000万元以上。全面固化、自动监察涉企费用条款，国家规定可以收取的投标保证金、履约保证金、质量保证金等一律设定上限，其余费用一律取消。

【招投标时间提速 70% 以上】 2019 年，柯桥区推行“承诺制”“容缺受理制”“并联办理制”等提速增效举措，对重点工程、重要民生项目，在具备项目建议书的情况下，由建设单位出具承诺手续后，采用容缺受理，提前启动招标方式核准、招标文件备案等工作，推行招标文件备案与招标控制价备案并联办理，招投标时间压缩 70% 以上。

【工程软件系统更新建设】 2019 年，柯桥区依靠“互联网 +”技术，完善系统功能，把办事事项从“现场办理”搬到“网上办理”，建设虚拟开标大厅，推进不见面开标，打通招标采购全流程电子化的“最后一公里”，实现从项目申请、招标文件制作、信息发布、招标文件获取、投标保证金收退、专家抽取、开标评标等各环节数字化运行。多渠道推进系统延伸，在实现“网上办”的基础上，与省、市交易网站深度融合，全面对接“浙里办”，提升交易系统功能，拓展招标采购“自助办”“掌上办”途径，集约化网站于 10 月启用。

【规章制度修订完善】 2019 年，柯桥区开展规章制度清理修订工作，先后修订完善《招标代理机构管理暂行办法》《2019 年招标代理机构考核细则》《绍兴市柯桥区限额以下公共资源交易管理工作考核办法》《绍兴市柯桥区建设工程年度投标保证金管理办法(试行)》等制度，强化招投标平台的监管和服务职能。修订完善《绍兴市柯桥区公共资源交易不良行为处理暂行办法》，打击串标、围标等违规情形。全年查处违规案件 6 起，联合惩戒 3 起，累计对 15 家单位、6 名个人(建造师)处以暂停交易限制的处罚。

【招投标领域“黑恶乱”整治】 2019 年，柯桥区根据区扫黑除恶工作部署，统筹推进招投标领域“黑恶乱”整治工作，起草《绍兴市柯桥区公共资源交易管理委员会办公室扫黑除恶攻坚年行动实施方案》《柯桥区公管办关于开展扫黑除恶专项斗争宣传工作方案》《柯桥区招投标领域“黑恶乱”问题集中治理工作方案》等工作方案。开展招投标领域违法线索的排查工作，对 2014 年以来查处的 190 余个违规案件进行“回头看”，排查出 10 条问题线索。(陈宇飞)

重要接待

【概况】 2019 年，柯桥区接待中央、部委、省、市、县各级领导等 246 批 7031 人次，其中接待省部级以上领导 45 批 76 人次。

2019 年柯桥区接待省部级领导及考察团情况

表 12

日期	考察人员	考察内容
1 月 9 日	浙江省副省长、公安厅长王双全	调研有关工作
1 月 9 日	浙江省副省长朱从玖	调研有关工作
1 月 18 日	军队在京全国人大代表陆军组中央军委政治工作部原副主任贾廷安(正战区职)、中央军委科学技术委员会副主任辛毅(副战区职)、陆军原副司令员周松和(副战区职)、武警部队装备部部长管廷密(正军职)、陆军航空兵学院院长黄克超(副军职)，由省军区政治委员杨笑祥(正军职)陪同	考察有关工作
3 月 2 日	浙江省农村发展研究中心理事长，省人大常委会原党组副书记、副主任程渭山，省军区原副司令员李金国	参加 2019 华东地区兰花博览会
3 月 26 日	青海省副省长田锦尘	调研有关工作
3 月 29—30 日	浙江省农村发展研究中心理事长，省人大常委会原党组副书记、副主任程渭山	考察有关工作并参加“平水日铸”茶叶节

续表 12

日期	考察人员	考察内容
3月30日	中国国际茶文化研究会会长、省政协原主席周国富	参加“平水日铸”茶叶节
4月1日	浙江省副省长彭佳学	调研装配式农村保障房工作
4月2日	浙江省人大常委会副主任李学忠	专题调研促进民营经济高质量发展
4月6日	中央政治局原委员、北京市委原书记刘淇	考察有关工作
4月10日	浙江省政协副主席张泽熙	调研农村文化礼堂建设情况
4月11日	浙江省委书记车俊	考察运河古纤道
4月15日	中央编办副主任李民生	调研有关工作
4月17日	国家市监总局副局长孙梅君	调研食品小作坊监管工作
4月25日	内蒙古自治区政协党组书记、主席李秀领及政协党组副书记、副主席王中和	考察
4月29日	中央书记处原书记、中纪委原副书记赵洪祝	考察
5月5—6日	中国纺织工业联合会会长孙瑞哲，中国纺织工业联合会副会长、流通分会会长夏令敏及中国纺织工业联合会副会长、中国服装协会会长陈大鹏	参加2019年春季纺博会、时尚周
5月7—8日	浙江省委常委、组织部部长黄建发	调研有关工作
5月15日	浙江省委副书记、省长袁家军	调研有关工作
5月15日	内蒙古自治区党委常委、包头市委书记张院忠	考察“千万工程”等工作
6月4日	国家文化和旅游部党组副书记、副部长李金早	调研有关工作
6月5日	浙江省政协副主席郑继伟	调研“柯桥酷玩小镇”建设工作
6月14日	国家民委副主任赵勇	调研有关工作
6月22—23日	北京大学兼职教授、工业和信息化部原副部长杨学山及中国纺织工业联合会会长孙瑞哲、副会长夏令敏	参加2019首届中国纺织工业互联网高峰论坛
6月26日	浙江省委常委、常务副省长冯飞	了解企业生产经营情况，听取应对中美贸易摩擦、减税降费政策落实工作的意见建议
6月26日	浙江省政府副省长彭佳学	调研有关工作
7月3日	浙江省委副书记、省长袁家军及中央第二指导组组长、十三届全国政协文化史和学习委员会副主任、广西自治区政协原主席陈际瓦，中央第二指导组副组长、新华社原副社长、党组成员龙新南	专题调研“以刀刃向内的自我革命精神推动营商环境走在前列”

续表 12

日期	考察人员	考察内容
7月4日	浙江省委常委、宣传部部长朱国贤	调研媒体融合工作
7月5日	浙江省副省长成岳冲	调研乔波冰雪运动初步方案
7月8日	海南省政协副主席、民进海南省委主委史贻云，海南省政协常委、省农科院副院长、九三学社海南省委副主委曹兵	考察
7月12日	浙江省人大常委会副主任梁黎明	调研安全生产工作情况及印染传统行业安全生产情况
7月23日	住房和城乡建设部党组成员、副部长易军	调研工作
7月24日	浙江省委常委、杭州市委书记周江勇	签署绍兴市—杭州市相关协议
7月25日	浙江省委常委、宣传部部长朱国贤	调研文化与旅游深度融合发展工作
8月23日	浙江省政协副主席周国辉	参加“中国轻纺城”政协委员会客厅首场活动
9月4日	全国政协副主席刘奇葆，全国政协文化文史和学习委员会副主任、原文化部副部长丁伟，全国政协委员、原国家新闻出版广电总局副局长童刚	调研有关工作
9月5日	青海省人大常委会党组书记、常务副主任张光荣	考察
9月6日	中国工程院原副院长、院士，无废城市咨询专家委员会主任杜祥琬	调研“无废城市”建设试点工作
9月27—29日	浙江省人大常委会副主任、省总工会主席史济锡，副省长王文序	参加第二届世界布商大会系列活动
9月27—29日	浙江省副省长王文序	参加第二届世界布商大会系列活动
9月27—29日	中国纺织工业联合会会长孙瑞哲	参加第二届世界布商大会系列活动
10月15日	全国供销合作总社党组书记王侠	考察
10月16日	全国政协委员、农业和农村委员会副主任、陕西省政协原主席马中平，全国政协常委、农业和农村委员会副主任、民建中央专职副主席吴晓青，全国政协常委、农业和农村委员会委员、中国地质调查局副局长、农工党中央常委李朋德，全国政协委员、农业和农村委员会委员、原中央防范和处理邪教问题领导小组办公室（国务院防范和处理邪教问题办公室）副主任徐海斌	调研美丽乡村建设和“五星3A”争创工作
11月21日	退役军人事务部党组书记、部长孙绍骋，由副省长王文序陪同	调研工作

机关事务管理

【概况】 2019年，柯桥区开展机构改革，原柯桥区机关事务管理局更名为柯桥区机关事务服务中心。区行政中心通过“84138399”维修热线和24小时值班制，确保大院设施设备高效顺畅运行。区行政中心、区公共服务大楼、区鉴湖大院共维修水、电、消防、木工等设备设施4708次，响应率100%。增设增值类服务，引进新供销便利店、福奈特干洗店，增设自助洗车服务，开放区行政中心东南、西南两侧停车场。区行政中心会场共保障会议757场次，与会53890人次。行政中心大厅布展34期。区机关事务服务中心完成区“两会”、全区发展改革大会、机器人世界杯赛、国际纺织品博览会、集中开工典礼、“大众创业万众创新”活动启动仪式、“老绍兴·金柯桥”暨招商推介晚宴等27场重要会议和重大活动的相关服务保障工作。全年区行政中心、公共服务大楼食堂保障就餐67.5万人次，提供净菜7722份、特色面点36669份。

6月，柯桥区召开区公共机构节水型单位创建工作培训会议，指导湖塘中心小学、财经旅游学校、柯桥妇保院、传媒集团等7家单位通过柯桥区公共机构节水型单位创建验收组的验收。利用柯桥区用水监测平台，对区行政中心、鲁迅中学、滨海医院等32家单位的日常用水进行动态检测，节省年用水量12万余吨。以“绿色发展，节能先行”为主题开展宣传周系列宣传活动。联合区能源监察大队对柯桥中学、浙江工业大学之江学院开展2019年公共机构节能联合专项监察工作。推进全区党政机关垃圾分类工作，柯桥区出台《2019年柯桥区生活垃圾分类攻坚年实施方案》，实现全区党政机关、事业单位实施生活垃圾强制分类覆盖率100%。

持续完善行政中心大院部分功能设备设施及服务保障项目改进提升工作，深化智慧后勤建设。完成区行政中心、区公共服务大楼、鉴湖大院物业管理服务采购、服务中心2019年度招标代理和造价咨询、鉴湖大院路灯改造、行政中心140套VRV空调设备升级改造和自动洗车场工程，完成一卡通升级改造，增加人脸识别功能。

【规范公务用车管理】 2019年，柯桥区完成全市公务用车“一张网”平台建设，与市公务用车平台实现对接和运用。打通全省公务用车服务功能，实现数据全省共享与跨区用车，实现公务用车定位系统高效运行。完成公务用车数据库建设，实现信息化管理。全年完成区重要会议、重大活动、调研、考察、接待等公务车辆保障1845车次。完成非参公事业单位232台业务用车与特种用车的标识喷涂、测绘院业务用车报废流程。

【调配22个部门办公用房】 2019年，柯桥区围绕机构改革办公用房调整，调研机构改革办公用房，制定办公用房调整建议方案。调研轻纺城市场法庭和“信访超市”建设涉及部门，制订办公用房调整建议方案、跟踪推进协调“信访超市”建设进度。协调完成14个部门（单位）办公用房搬迁腾空工作，修缮腾空办公用房，共计完成22个部门的调配工作。

【清理规范92个单位办公用房】 2019年，柯桥区开展办公用房服务周活动，走访25个部门（单位），检查指导机构改革办公用房调整落实及使用情况。开展办公用房信息统计报告工作，会同区纪委区监委清理规范92个单位的办公用房，对存在问题的8个单位的整改落实情况开展“回头看”。维修改造实地督查及审核区交警大队等6个部门（单位）的办公用房。（张　弦）

2019年6月，柯桥区召开公共机构节水型单位创建工作培训会议
（区机关事务服务中心　供稿）

执行编辑　韩兰芳

政协绍兴市柯桥区委员会

综　述

2019年，政协绍兴市柯桥区委员会召开全体会议1次、常委会议7次、主席会议13次。组织大会发言材料36篇，区委主要领导对其中6篇作出批示。围绕进一步做好政府工作，从4个方面提出42条协商意见；围绕“融入国家开放战略、加快打造新时期国际纺织之都”，组织开展界别协商会；围绕“优化营商环境、激发民营企业家创业创新激情工作”，开展专题调研，进行重点协商；围绕加快发展南部山区乡村旅游业开展专题调研，调研报告得到区委主要领导批示。利用“请你来协商”平台，围绕优化营商环境、印染集聚后产业升级、企业上市“凤凰行动”计划实施、杭绍城际轨道交通建设、城市道路改造提升、校外培训机构规范管理等议题，举行6场专题协商，形成协商纪要，为区委、区政府决策提供参考。在11个民主监督小组的基础上，首次以界别为单位组建民主监督小组，围绕中小学教室空调安装、城区智能交通推进、“城市书房”建设、居家养老服务水平提升等12项民生关键小事，开展民主监督。围绕破产审判和民事、行政、公益诉讼检察工作，召开主席会议，专题听取区法、检“两院”情况通报，提出监督协商意见。深化“进百村、访千户”慈善助困行动，开展关爱孤儿、关爱学童、关爱老人、关爱患者、关爱弱者五大行动。举办庆祝人民政协成立70周年、中秋联谊等活动，宣传推介《柯桥文化》丛书，举办名家书画邀请展。继续实行专委会向区政协常委会、镇（街道）工委向区政协主席会议集体述职评议以及区政协参加单位工作交流评议制度。探索“互联网+”履职新途径，办好《政协信息》刊物、区政协网站、“柯桥政协”微信公众号。（郑　江）

重要会议

【区政协一届三次会议】 2019年1月8—10日，中国人民政治协商会议第一届绍兴市柯桥区委员会第三次会议在柯桥召开。会议审议通过区政协主席孟柏千代表区政协常务委员会所作的工作报告和区政协副主席吴汉华受区政协常委会委托所作的提案工作情况报告，听取并通过区政协提案委员会关于区政

2019年1月8—10日，中国人民政治协商会议第一届绍兴市柯桥区委员会第三次会议在柯桥召开　（凌　军　摄）

协一届三次会议提案受理情况的报告，表决通过区政协一届三次会议决议。与会委员列席绍兴市柯桥区第一届人民代表大会第三次会议，听取并讨论区政府区长赵如浪所作的《政府工作报告》和其他报告，并围绕全区改革发展大局和群众关注的热点难点问题，提出协商意见。

【区政协一届十二次至十八次常委会议】 2019年1月7日，柯桥区政协召开一届十二次常委会议。会议表彰2018年度区政协工作先进单位和先进个人，审议通过区政协一届三次会议日程、《提案受理情况的报告》报告人，确定提案截止日期，宣布会议期间各次大会常委会值日安排。

1月9日，区政协召开一届十三次常委会议，审议区政协一届三次会议《提案受理情况报告(草案)》和《会议决议(草案)》，听取《政协常委会工作报告》《提案工作情况报告》《政府工作报告》讨论情况的汇报。

3月1日，区政协召开一届十四次常委会议暨提高履职能力读书会。会议听取区政协老领导陈忠尧、老常委陈显明和老委员杨来荣作的履职体会交流，审议通过区政协相关室(委)主任、副主任任免等有关事项。区委常委、副区长马焉军到会通报有关情况。

6月5日，区政协召开一届十五次常委会议，重点协商优化营商环境，激发民营企业家创业创新激情工作。区政协3个课题组及6位区政协常委、界别委员围绕加强政府服务、强化金融保障、减轻企业负担等方面议政建言，区深化服务指导中心、区金融办、区经信局分别作出回应。会议审议通过有关人事任免事项。区委常委、常务副区长诸剑明，区人大常委会副主任沈祖卫到会听取协商意见。会后形成区政协常委会建议案，报送区委、区政府供决策参考。

8月7日，区政协召开一届十六次常委会议暨统战系统半年度经济社会发展情况通报会议。会议听取区委副书记、区长赵如浪所作2019年上半年经济社会发展情况和下半年重点工作安排的通报。区委常委、统战部部长王静静出席会议。

11月21日，区政协召开一届十七次常委会议。会议听取区政府关于2019年政协提案办理工作情况的通报，评议区政协各专委会2019年度履职工作情况。区委常委、常务副区长诸剑明到会通报有关情况，区人大常委会副主任刘斌列席会议。

12月11日，区政协召开一届十八次常委会议。会议听取区政协一届四次会议筹备工作方案汇报，审议通过召开区政协一届四次会议有关事项，听取2019年度反映社情民意信息工作情况报告，讨论修改区政协常委会工作报告和提案工作情况报告，审议通过区政协有关委员调整事项、2019年度区政协工作先进单位和先进个人。

【区政协一届二十八次至四十次主席会议】 2019年1月9日，柯桥区政协召开一届二十八次主席会议，审议和修改《区政协一届三次会议决议(草案)》，研究决定召开区政协一届十三次常委会议。

2019年6月5日，柯桥区政协召开一届十五次常委会议
(凌　军　摄)

2月21日，区政协召开一届二十九次主席会议，审议通过区政协2019年工作要点、2019年重点履职任务分解和责任分工方案，审议通过区政协专门委员会委员调整安排、区政协界别活动组活动办法和区政协专门委员会与民主党派区基层委员会建立联系制度的意见，研究决定召开区政协一届十四次常委会议。

3月13日，区政协召开一届三十次主席会议，审议通过区政协工作先进单位和先进个人考核评选办法、区政协反映社情民意信息工作考核评比办法，听取区政协一届三次会议提案立案情况的报告。

4月10日，区政协召开一届三十一次

主席会议，专题协商助推企业上市“凤凰行动”计划实施工作。与会人员实地视察浙江亚太药业股份有限公司，听取区金融办关于柯桥区实施企业上市“凤凰行动”计划有关工作情况的汇报和区政协经济和港澳台侨外事委员会有关调研情况的汇报，围绕加强后备梯队建设、壮大股改上市主力梯队、完善政策措施等方面提出建议意见。会议审议通过“助推企业上市‘凤凰行动’计划实施工作”专题协商会议方案。副区长蒋宏斌到会听取协商意见。

5月29日，区政协召开一届三十二次主席会议，专题协商推进柯桥区中小学校外培训机构规范管理工作。与会人员实地视察巴音艺术培训学校、海鲸灵少儿英语美华校区等校外培训机构，听取区教体局关于柯桥区中小学校外培训规范管理有关工作的通报，区政协文化文史和教科卫体委员会有关调研情况的汇报，围绕疏堵结合、评定等级、搭建平台等方面提出建议意见。会议审议通过“推进柯桥区中小学校外培训机构规范管理工作”专题协商会议方案，研究决定召开区政协一届十五次常委会议。副区长祝静芝到会听取协商意见。

6月28日，区政协召开一届三十三次主席会议。与会人员实地踏看杭绍城际轨道交通笛扬路站建设现场，听取市自然资源和规划局柯桥分局关于杭绍城际轨道交通站点周边综合开发规划情况的通报和区政协农业农村和人口资源环境委关于推动杭绍城际轨道交通站点周边用地开发和交通衔接专题协商会议方案的汇报。会议审议通过推动杭绍城际轨道交通站点周边用地开发和交通衔接专题协商会议方案和绍兴市柯桥区政协系统新时代人民政协的新样子专题讨论活动工作计划。

7月26日，区政协召开一届三十四次主席会议，民主监督区人民法院破产审判工作和区人民检察院民事行政检察和公益诉讼工作。会议听取区人民法院和区人民检察院有关工作情况通报，围绕推进信息公开，组建专家团队，形成联动机制和合理配备专业人士、提高案件处置的前瞻性有效性等方面提出监督意见。会议研究决定召开区政协一届十六次常委会议。

8月19日，区政协召开一届三十五次主席会议，督查评议2018年度重点提案办理落实工作。会议听取区政协提案委关于2018年度重点提案办理落实工作督查评议意见的汇报，区政协主席会议成员对各自督办的重点提案作督查评议发言。区委常委、常务副区长诸剑明到会听取督查评议意见。

9月25日，区政协召开一届三十六次主席会议，专题协商推进“花香漓渚”田园综合体建设试点工作。与会人员实地视察“花香漓渚”田园综合体建设试点现场，听取漓渚镇主要负责人关于综合体建设试点工作的通报和区政协委员工委有关调研情况的汇报，围绕加快工程进度、开展精准招商、探索乡村旅游经济、完善基础设施、扶持产业发展等方面提出建议意见。区财政局、区文广旅游局等有关部门在现场作互动回应。副区长张又岱到会听取协商意见。

10月30日，区政协召开一届三十七次主席会议，专题视察柯桥历史文化街区建设现场，对建设工作提出具体要求。会议听取区文广旅游局、区建设局、区市场监管局杨汛桥所3个受派部门(单位)关于城市书房建设工程、老城区环境整治提升工程和以家宴中心为重点的农村集体食品安全监管工作开展情况的通报，区政协文化文史和教科卫体委、农业农村和人口资源环境委、区政协杨汛桥镇工委3个民主监督小组关于民主监督工作开展情况的汇报，其他9个受派部门(单位)、民主监督小组分别作书面汇报。区委常委、常务副区长诸剑明到会听取评议意见。

11月22日，区政协召开一届三十八次主席会议。会议听取各镇(街道)工委2019年度工作述职并进行评议，审议《区政协一届四次会议筹备工作方案(草案)》。

12月9日，区政协召开一届三十九次主席会议。会议审议召开区政协一届四次会议有关事项，讨论《区政协常委会工作报告和提案工作情况的报告》，审议2019年度区政协工作先进单位和先进个人等有关事项，审议通过2019年度区政协反映社情民意信息工作先进单位和先进个人、2019年度区政协优秀提案等有关事项，讨论2020年区政协主要履职议题，审议建立区政协钱清等街道工作委员会和撤销钱清等镇工作委员会等有关事项。会议研究决定召开区政协一届十八次常委会议。

12月26日，区政协召开一届四十次主席会议，听取区委常委、区纪委书记、区监委代主任李东关于2019年度全区党风廉政建设和反腐败工作情况的通

报,审议人事任免等事项。会议研究决定召开区政协一届十九次常委会议。(郑　江)

政协提案

【概况】 2019年,柯桥区政协一届三次会议期间及会后,共受理党派团体和政协委员以提案形式提出的意见建议304件,经审查立案295件,作并案处理275件,作来信处理9件。至年底,所有作并案处理的提案如期办复,解决或基本解决的112件,占40.7%;列入计划逐步实施的151件,占54.9%;因条件限制留作参考的12件,占4.4%。提案委员会收到委员对提案办理情况反馈意见表281件,对办理结果表示满意的277件,基本满意的4件,满意率98.6%。

2019年柯桥区政协重点提案情况

表13

提案号	提案人	主要内容	承办单位		反馈结果
			主办	承办	
46	韩会稽	关于在老旧小区改造中,如何让百姓真正体会到"真""实""美"存在的建议	区住建局		满意
115	农工党区基层委	关于进一步创新和加强我区农村基层社会治理工作的建议	区委政法委		满意
136	区政协经济和港澳台侨外事委员会	关于合力破解民营企业成长中烦恼的建议	区市场监管局		满意
137	区政协王坛镇工委	关于适应生态环境保护新要求,推进南部山区可持续发展的建议	区农业农村局	区委改革办	满意
138	区政协农业农村和人口资源环境委员会	关于加强杭绍城际轨道站点周边用地开发和交通衔接的建议	区自然资源分局	轨道办、轨道集团	满意
139	区政协安昌街道工委	关于传承发展酱文化,提升安昌古镇品位的建议	区市场监管局	安昌街道	满意
140	九三学社区基层委	关于高标准提升滨海工业区公共配套设施建设的建议	柯桥经济开发区管委会	区教体局、区交通运输局、区卫生健康局、马鞍镇政府	满意
147	民革区基层委	关于深入推进我区全域旅游发展的建议	区文广旅游局		满意
160	区政协柯岩街道工委	关于快速接轨"沪杭都市圈"的建议	区发改局	区交通运输局、区卫生健康局、区文广旅游局、区建设集团	满意

(郑　江)

主要工作

【“融入国家开放战略，加快打造新时期国际纺织之都”界别协商会】 2019年1月9日，柯桥区政协一届三次会议期间举行“融入国家开放战略，加快打造新时期国际纺织之都”界别协商会。12名区政协委员围绕市场升级、时尚引领、扩大开放、产城融合等内容建言献策。区委书记沈志江要求与会部门吸纳委员建议，做深做透“市场进化”“丝路柯桥”“时尚引领”三篇文章。会后梳理归纳市场服务、营商环境、产业提升、创新驱动、时尚引领5方面20条建议意见报送区委、区政府，供决策参考。

【优化营商环境专题协商】 2019年6月19日，柯桥区政协利用“请你来协商”平台，围绕“优化营商环境”议题，开展专题协商。部分政协委员、企业家代表与相关部门和金融机构负责人围绕强化金融保障、加强政府服务、减轻企业负担3个主题，开展对话协商。区委书记沈志江到会，针对协商中提出的问题，做出回应。副区长李东到会听取协商意见。7月2日，浙江省政协《联谊报》头版刊登《营商环境没有最好只有更好——这场“请你来协商”充满柯桥味》，进行专题报道。

2019年6月19日，柯桥区政协利用“请你来协商”平台，围绕“优化营商环境”议题，开展专题协商 （凌 军 摄）

【推动杭绍城际轨道交通站点周边用地开发和交通衔接专题协商】 2019年7月9日，柯桥区政协利用“请你来协商”平台，围绕推动杭绍城际轨道交通站点周边用地开发和交通衔接议题，开展专题协商。部分政协委员、界别群众代表从站点周边用地开发、站点周边交通衔接、群众关注的施工问题等角度作协商发言，区交通运输局、区商务局等相关部门（单位）负责人作互动回应。区委副书记、区长赵如浪到会听取协商意见。

2019年7月9日，柯桥区政协利用“请你来协商”平台，围绕推动杭绍城际轨道交通站点周边用地开发和交通衔接议题，开展专题协商 （凌 军 摄）

【合力推进城市道路改造提升工程工作电视协商议政】 2019年8月14日，柯桥区政协立足“请你来协商”平台，围绕合力推进城市道路改造提升工程工作议题，在区传媒集团演播大厅开展电视协商议政。部分政协委员、界别群众代表针对交通规划、道路养护、交通治堵、治超治载、宣传引导等方面提问，就进一步合力推进城市交通道路改造提升工作提出意见建议。区公安分局、区建设局等11个部门（单位）负责人作互动回应。

【印染产业集聚后的升级工作专题协商】 2019年10月16日，柯桥区政协利用“请你来协商”平台，围绕“印染产业集聚后的升级工作”议题，开展专题协商。与会人员观看柯桥区印染产业集聚升级相关专题片，9位印染企业负责人和区政协委员代表围绕税收、高能耗设备管理、交通运输、治理拥堵、环境保护、行政审批、安全生产、外贸出口等方面提出建议，区税务、经信、发改、公安、交通、环保、人社、应急管理等部门和马鞍镇相关负责人作互动回应。副区长吴晓炯到会听取协商意见。

【区政协履职能力提升培训班在厦门大学举办】 2019年6月10—14日，柯桥区政协2019年度履职能力提升培训班在厦门大学举办。区政协领导和区政协各室(委)、镇(街道)工委、参加单位负责人及部分区政协常委、政协委员参加。培训采取课堂教学和现场教学相结合的方式，由厦门大学有关专家讲授《提升政协委员的履职能力》《政协委员法治思维的养成》《中国制造2025与产业结构调整》等课程，并组织参观白鹭洲公园、五缘湾、环岛路等城市文明建设亮点。

【"优化营商环境、激发企业家创新创业激情工作"专题调研协商】 2019年3—6月，柯桥区政协专题调研和协商"优化营商环境、激发民营企业家创业创新激情工作"。组建3个课题组，围绕加强政府服务、优化金融供给、减轻企业负担等主题，走访企业，听取企业家意见建议，召开座谈会，了解政府部门和金融单位相关工作情况，形成3份调研报告。6月5日，在区政协一届十五次常委会议上，调研组成员和6位区政协常委、界别委员建言献策，提出3个方面共10条建议意见。会后形成区政协常委会建议案，报送区委、区政府供决策参考。

【报送调研报告等48篇(件)】 2019年，柯桥区政协围绕印染产业集聚后的升级、企业上市"凤凰行动"计划实施、中小学校外培训机构规范管理、杭绍城际轨道交通站点用地开发和交通衔接、"花香漓渚"田园综合体建设试点等工作，开展专题调研。全年形成调研报告38篇，1篇(《关于加快发展南部山区乡村旅游业的建议》)被区委主要领导批示；报送区政协常委会建议案2件、协商意见2件、"请你来协商"协商纪要6件。

【首次以界别为单位组建民主监督小组】 2019年，柯桥区政协首次以界别为单位组建民主监督小组，委派12个民主监督小组到区教体局等12个部门(单位)，分别就柯桥区中小学空调安装工程等12项工作开展民主监督。10月30日，区政协召开一届三十七次主席会议，听取受派部门(单位)工作情况的通报和民主监督小组监督工作情况的汇报，进行民主评议。会后向区委、区政府报送监督评议意见。

【收集社情民意信息257件】 2019年，柯桥区政协开展社情民意信息收集工作，为党委、政府决策提供参考。全年收集社情民意信息257篇，其中被省政协采用6篇、市政协采用50篇，2篇被市领导批示，编发《政协信息·社情民意信息专报》101期。信息考核得分在全市政协系统中位居第一。

【"进百村、访千户"慈善助困行动募集资金218万元】 2019年3月，柯桥区政协制定《关于2019年深入开展"进百村、访千户"慈善助困行动的意见》，同步开展关爱孤儿、关爱学童、关爱老人、关爱患者、关爱弱者五大行动。成立慈爱基金，通过发动政协委员、工作人员捐款，山阴书画院书画作品义买等形式募集资金218万元，发放慰问金、慰问品70余万元。

【书画创作交流活动4次】 2019年1月7—10日，柯桥区政协一届三次会议期间，在鉴湖大酒店举办"翰墨情缘——山阴书画院老书画家作品展"，共展出23位书画家的25件作品。7月16—31日，由区政协主办、区山阴书画院承办的"排头兵 桥头

2019年8月15日，柯桥区山阴书画院部分会员赴杭州市临安区开展书画联谊活动 （凌 军 摄）

堡——纪念中华人民共和国、人民政协70华诞名家书画邀请展暨书画义卖活动”在区行政中心大厅举行,展出50余件名家书画作品。8月15日,由柯桥区山阴书画院与临安书画院联合举办的“纪念人民政协70华诞”主题笔会在杭州市临安区举行,柯桥、临安两地10余名书画家围绕“纪念人民政协70华诞”主题,进行现场创作。10月1日,区山阴书画院在越社举办“山阴新风——2019山阴书画院新人展”。(郑　江)

执行编辑　王　翊

民主党派

综述

2019年，柯桥区6个民主党派基层组织共计812名成员，其中省人大代表1人，市人大代表9人、市政协委员18人，区人大代表23人，区政协委员97人。党派成员在各级人大、政协会议上共提交各类提案、建议200余件，上报直通车10篇，其中《关于创建中国轻纺城拼布艺术创作基地的建议》和《破解技能型人才供需“冰火两重天”困境，全力助推印染产业高质量发展的意见建议》2篇被区委、区政府主要领导批示。

2019年4月26日，柯桥区举行统一战线同心服务“五个一”活动启动仪式
（区委统战部　供稿）

【开展7次政党协商活动】 2019年，柯桥区开展党风廉政建设通报会、法检两院重点工作专题协商会和南部三镇发展情况专题协商会等7次协商活动，收到意见建议100余条，其中南部三镇发展情况专题协商会以调研协商的形式，组织各民主党派和知联会围绕南部山区水源地保护后如何发展的问题，分别开展专题调研，汇编成调研文集。

【开展同心服务“五个一”活动】 2019年，柯桥区动员各民主党派、知联会和各统战团体开展社会服务活动，开展每周一次周五开放日，每月一次群贤大讲堂，每季一次志愿服务，每一学期面向千名学生开展教育活动，每年一次重点课题调研的“五个一”活动。全年度共开展同心服务198次，其中在柯桥街道步行街、夏履桥集镇、平水镇宋家店开展大型服务活动3次，受益群众4000余人。

【柯桥区学生思想政治教育基地挂牌】 2019年，柯桥区学生思想政治教育基地在柯桥区党外人士之

2019年9月11日，柯桥区开展第一期中小学生思想政治教育课
（区委统战部　供稿）

家挂牌，在中小学生中开展“读历史”“知先贤”“树理想”教育活动，全年度开展3期学生思政课，近1000名中小学生参加。（裘小娟）

民革柯桥区基层委员会

【概况】 2019年，民革柯桥区基层委员会有党员96人，其中市政协委员3人、区人大代表2人、区政协委员16人。下设3个支部，基层委主委陈军，副主委陈显明、杨丽芬、倪钟，委员蒋婉英、任祥、孙胜利、吴新竹、张炜娣。基层委与各支部分别组织了“不忘合作初心、继续携手前进”主题教育活动。基层委获民革全省宣传思想工作先进集体，三支部获得“全国示范支部”称号，一支部获全省“民革e家”建设使用工作先进集体。

基层委提交人大建议2件、政协提案31件、社情民意信息33篇，调研报告5篇。其中，《破解老旧小区加装电梯难的建议》作为市委会集体提案报市政协会议，被选为副市长领衔督办的重点提案；《关于深入推进我区全域旅游发展的建议》作为区政协会议书面交流材料，被区政协评为优秀提案；党员陈炜强撰写的《宅基地有偿退出补贴与房价差距过大，建议予以调整》被省委统战部、市政协、民革省委会录用；党员陈炜强撰写的《制定〈个人破产法〉需防范“恶意破”》、诸丹萍撰写的《建议基层反映房屋征地拆迁档案归集无“章”可依应引起重视》被民革省委会录用；党员陈军撰写的《防范工业辐射源污染环境的建议》被市政协录用；党员诸丹萍撰写的《建议我市规范房屋征地拆迁档案管理工作》被区政协录用；《关于做大做强建设集团，推动我区城市建设管理提档升级的意见建议》报“直通车”。基层委被评为2019年度政协工作先进单位，党员陈军、吴新竹、王培永、张炜娣被评为2019年度政协工作先进个人，党员陈炜强被评为2019年度区政协反映社情民意信息工作先进个人。

基层委组织党员参加区委区政府经济形势通报会、农村饮用水达标提标项目民主监督、南部三镇发展情况专题协商会等，参与行风评议活动，在调研视察中发现和反映问题，针对性地提出意见和建议。吴新竹参与年度十大民生项目中城市书房建设民主监督工作。蒋敏敏11月参加中国邮政绍兴公司行风监督员活动。朱良凤2次参加街道行风评议。陈军带领民主党派界别委员对民生实事工程“电动自行车充电桩接口安装工程”开展民主监督。

党员寿景兴、孔明珠、吴丽琴等通过电话、微信、邮件、接待等保持与台湾亲友交流互动。党员寿景兴撰写涉台提案，参加涉台专题调研，《关于采取切实措施，吸引台湾地区优秀人才来绍创业兴业的建议》被评为市政协优秀提案，8月当选市第七届台联会会长。9月28日，基层委组织部分党员参加市台胞台属“盼祖统、迎国庆”联谊会。

基层委组织党员学习民革党史，中共统一战线和多党合作理论，深入学习习近平新时代中国特色社会主义思想，认真学习贯彻全国及省市区各级两会精神，落实民革绍兴市委会的工作部署，组织党员参加省委会、市委会、区人大、政协、统战部组织的学习班。1月19日，民革柯桥区基层委召开全体党员大会，总结2018年度工作、表彰各项先进、新党员举行入党宣誓仪式。4月19日，一支部组织考察美年大健康绍兴越城分院；6月15日，二支部组织党员赴乐清王十朋纪念馆学习廉政文化教育。10月10日，二支部开展“活力民革——青年党员培

2019年7月30日，民革柯桥区基层委与区司法局举行对口联系工作座谈会 （王军新　拍摄）

养行动”助力青年党员成长。11月23日，一支部组织参观民革莫干山之家；11月24日，一支部赴南浔开展“观故居，走多党合作之路”。

9月9日，三支部与下市头社区开展结对签约仪式，三服务进社区；9月25日，一支部进大渡社区考察调研，为社区治理建言献策；11月1日，二支部到区育才学校开展慰问活动，与特殊儿童联欢献爱心。（王军新）

民盟柯桥区基层委员会

【概况】 2019年，民盟柯桥区基层委员会下属7个支部，共有盟员122人，其中新加入盟员6人。主委祝静芝，副主委蒋勇、王慧、沈琴梅，委员钱利红、单建尧、徐春光、章利萍。召开专题学习会议6次，开展“不忘合作初心，继续携手前进”专题教育活动和庆祝中华人民共和国成立70周年系列活动。与区发改局、建设局、文旅局和鉴湖度假区等对口部门召开2次联系工作会议。基层委获民盟中央授予的思想政治建设和宣传工作先进集体荣誉称号。盟员中共有21名人大代表、政协委员担任不同领域的特邀监督员、行风监督员等职。

参与《区政府工作报告》听取民主党派意见会2次，参与区政协“民生实事协商平台·有事好商量”2次，参加区政协“请你来协商”活动2次。基层委主委祝静芝负责撰写省级课题《关于深化全省县域医疗共同体建设的建议》获区主委领导批示。副主委沈琴梅撰写区级课题《关于加快推进我区乡村旅游提质增效的建议》和《打好南部三区旅游组合拳，实现三区经济发展方式转型升级》，城建支部副主委徐志君提交《关于进一步加强我区公共交通的建议》以“直通车”方式上报区委区政府。

基层委向区两会提交人大建议、政协提案近40则，包括集体提案4则。向民盟绍兴市委会报送《建议国家税务总局完善安置残疾人增值税即征即退政策》《关于严厉打击公众号违规营销行为的建议》《关于在医共体改革中规范医疗机构命名管理工作的建议》等社情民意信息32条，其中18件被盟省委、省委办、市政协等部门录用。

2019年1月9日，民盟柯桥区基层委员会盟员参加区两会
（区委统战部　供稿）

基层委文艺支部继续开展“民盟心·柯桥情”为主题的文艺类服务，组织开展各类惠民演出10余场次；柯桥中学支部开展“书法下乡”活动；城建支部开展咨询类、宣传类活动；机关支部和科技支部，开展多次“献爱心”活动；鲁迅高级中学支部发挥名师优势，送教下乡，与豫才中学开展长期结对帮扶工作。基层委与柯桥区雅博残疾人庇护中心

2019年9月，民盟柯桥区基层委员会举行庆祝中华人民共和国成立70周年暨文艺下乡活动　（区委统战部　供稿）

结对共建“爱心服务基地”；在柯桥中学举办高考咨询会，发放400份资料，为近100名考生和家长提供咨询服务；在兰亭谢家坞村举办庆祝中华人民共和国成立70周年暨2019年文艺下乡活动，近350名村民观看演出；参加“三下乡”活动2次。

基层委依托“盟员之家”建设“家文化”，传递“家文化”，接待各级领导、兄弟党派组织参观、考察近30批次，共计600余人。借助《柯桥盟讯》刊物、微信公众平台“古越盟情”累计报送信息100余条。基层委获民盟浙江省示范基层组织和五星级盟员之家称号。鲁迅高级中学支部创建为市级十佳规范支部，柯桥中学支部创建为市级十佳特色支部。（许达卡）

2019年5月7日，民盟柯桥区基层委员会在柯桥区雅博残疾人庇护中心举行“爱心服务基地授牌”仪式　　（区委统战部　供稿）

民建柯桥区基层委员会

【概况】 2019年，民建柯桥区基层委员会下属8个支部，共有会员170人，新加入会员7人，主委祁金凤，共有市、区人大代表和政协委员34人次。区两会期间，提交集体提案1件，个人提案23件，其中《关于南部山区实施“乡村振兴”的建议》被列为2019年度区政协室（委）督办重要提案。在绍兴市政协八届三次会议上，委员陈焕鑫代表民建绍兴市委会作题为《关于加快绍兴大湾区建设的建议》大会发言。撰写《关于进一步促进小舜江库源保护区经济发展的建议》调研报告，并上报区委统战部。提交社情民意29篇，会员韩明海撰写的《关于统一全国各大城市地铁（包括轻轨）标识和出口处标注的建议》、孙剑撰写的《关于将高层二次供水水质监测报告列入城市安全隐患问题并定期公开》被省委会录用，会员应静撰写的《关于将“不孕不育的诊治项目”分期分批逐步纳入医保范畴的建议》被区政协录用。

先后就《区政府工作报告》，区法院、检察院工作情况，区南部三镇发展情况等提出意见建议。担任各行风监督员开展行风效能明查暗访，部分人大代表参加区法院执法行动。参加与区财政地税局、区经信局、区市场监督管理局、柯桥经济开发区、区政协经济与港澳台侨委员会对口联系单位工作座谈会。

开展“不忘合作初心、继续携手前进”主题教育活动，参加“纪念绍兴民建成立60周年主题征文”活动和区委统战部组织的“同心向党”专场活动。建中支部举行“不忘初心、牢记使命”书画展，建华支部、建爱支部、建国支部开展专题学习会，建才支部考察新农村建设。基层委与杭州上城区三支部和市直新兴二支部开展两地基层组织面对面学习交流活动。建兴支部与越城基层委开展交流联谊会，探讨绍兴三区的大融合，助力产业升级、政治体制改革。建国支部与市直综合支部长期建立友好支部，定期开展学习交流活动。组织会员60人次参加培训学习。

成立“三服务”调研小组，对30多家会员企业进行走访。召开“减税降费惠民生，服务企业助发展”座谈会和印染企业智能制造专题座谈会。建英支部在绍兴焕鑫管业有限公司内建成“民建之家”活动室。利用柯桥区党外人士之家内的民建经济政策咨询工作室，接待咨询150人次。基层委与建中支部从2013开始连续7年与平水镇王化小学建立扶贫助学基金。建国支部与贵州黔西县化屋村2名品学兼优的贫困生开展结对助学活动，资助学生直至完成高中阶段学业。会员韩明海捐资50万元建造村家宴中心。会员夏燕红向柯桥区港越社区红十字会捐资2万元，向柯桥街道共青团捐资1.5万元。会员张峰与贵州2名高中生、2名初中生结对，并在当地捐资建造1个图书室。会员俞利峰创建孝德会弘扬中华传统文化，定期走进敬老院，关爱夕阳老人。会员朱玉美向漓渚镇朱家坞村捐款10万元，并资助1名无父母管养的孩子。会员沈子平向兰亭镇1户困难家庭捐资2万元。会员陶晓东向"柯桥侨爱"基金出资5万元，资助金川困难学生2000元。会员韩爱民与云南省包包小学、舍得小学的12名困难学生、优秀学生结对助学。钱伟英与湖塘家庭困难的优秀学生结对助学。会员夏钦婷接对柯桥中学、鲁迅中学贫困学子。会员施华锋在区政协举办的慈善拍卖上，将作品善款2500元注入慈善基金。会员黄勇每年和柯桥中学开展困难师生帮扶资助活动，从2015年开始连续5年，在柯桥中学设立清华、北大高端奖励基金。会员沈子平和黄勇被民建中央授予脱贫攻坚奖先进个人，会员沈子平被区政府授予2018年度柯桥区发展贡献奖，会员胡克勤被区政府授予70年浙江设计终身成就奖。（阮丽娜）

2013—2019年，民建柯桥区基层委与建中支部连续7年与平水镇王化小学建立结对扶贫助学基金（阮丽娜 摄）

民进柯桥区基层委

【基层委概况】 2019年，民进柯桥区基层委下属9个支部，共有会员154人，新成立医卫支部，新发展会员9人。主委俞小炜，副主委金国琴、吴建锋、屠剑伟，委员周李钧、金筱娟、周学东、金红红、胡萍英。区两会期间，22位区人大代表、政协委员共递交建议案、提案29件，其中集体提案3件。《关于打造"智慧纺企"，加速发展现代纺织产业的建议》获区政协重要提案；《深化校企合作，"破冰"民营企业应用型人才短缺现状》获区长批示；《构建"田园综合体"，助推经济"多元化"》等4篇调研文章以"直通车"报送区党委政府决策。撰写社情民意信息65条，"我为家乡献一计"96条，其中被民进中央录用1则，被省委办、省委会录用5则，被市委办、市政协、市委会录用5则。接待民进中央研究室调研基层组织建设、省委会教育工委调研"互联网＋教育"、市委会调研基层组织建设及主题教育活动开展情况，以及民进湖州市委会、临海市委会、余姚区基层委等兄弟组织到柯桥调研指导，组织骨干会员赴吉林与民进辽源市委会及西安区总支开展对口合作交流。

开展"不忘合作初心、继续携手前进"主题教育活动，开展纪念"中华人民共和国成立70周年"主题活动。制定《支部标准化建设年度考核细则》，研究《会员慰问、贺喜和吊唁办法》，建设"开明嘉苑"（民进之家），各支部建立固定活动场所，其中柯中、鲁迅中学、职教中心、初中、小教、机关一、机关二7个支部建立独立的"开明嘉苑"。微信公众号"开明金柯"发布推送88期，70条被市委会录用、40条被区委录用。《柯桥民进》继续刊出。基层委获民进全国先进基层组织称号，获柯桥区反映社情民意信息先进集体称号；初中支部获2019年度民进全省优秀基层组织称号；初中支部和基层委分别获民进全省基层组织建设案例"金点子"和"银点子"奖；职教中心支部、小教支部、机关二支部获2019年度民进绍兴市基层组织考核先进支部；鲁迅中学支部、机关一支部获2019年度民进柯桥区基层委先进支部称号。会员孙玉兰、莫焕庆、封萍、胡萍英4位老师获市学科带头人荣誉称号；会员商爽老师被评为市教坛新秀；会员张瑜和陈利华被评为区三八红旗手。会员陈利华定期在绍兴古城大戏院进行越剧公演，把宣传戏曲文化的处女作电影《花旦忆》搬上银幕。

2019 年 1 月，民进柯桥基层委在党外人士之家举行年度总结表彰大会　（区委统战部　供稿）

基层委开展“信用让消费更放心”现场活动、“扫黑除恶”专题法律讲座、远程互联网送教、结对西藏学子教学活动等多项活动，做好“用心用情三服务”。开展“开明 · 金柯”公益活动，“开明 · 金柯”教育基金第二期奖励 5 位优秀老师，结对 2 名贫困学生；成立“开明 · 金柯”教育志愿服务队；举办“开明 · 金柯”高考志愿填报公益讲座，吸引考生和家长 1200 余人；“开明 · 金柯”互联网 + 公益讲堂开设教育、生活、法律、医疗等各类公益讲座 24 期。（金红红）

农工党柯桥区基层委员会

【概况】 2019 年，农工党柯桥区基层委下属 5 个支部，共有党员 155 人，其中新加入党员 6 人，调入党员 2 人。现任主委骆学新，副主委俞伟芬、陈丽娜、祝志梅，委员施聪耐、刘初民、张春燕，秘书长李远静。基层委 13 位区政协委员参加区政协一届三次会议，以个人或联名形式提交提案 17 件，《关于进一步创新和加强我区农村基层社会治理工作的建议》发言获评优秀提案。党员周波青、张春燕参加区人大一届三次会议，骆学新、俞伟芬、史赛敏参加市人大八届三次会议，提交建议 3 件。基层委撰写《聚焦南部“三生”助推乡村振兴——关于平水镇小舜江村的调研报告》被区委区政府作为主要领导决策参考。各支部形成《柯桥区山区农民饮水情况调查报告》《关于对全区大气污染防治工作调研情况的报告》等调研成果。党员陈金芳的《关于浙江省医院外来护工的现况调查与对策建议》获省委会参政议政调研课题立项。向上级部门递交《婚庆行业消防安全隐患不

2019 年 5 月 8 日，农工党柯桥区基层委实地调研平水镇小舜江村　（单明铭　摄）

2019 年 6 月，民进柯桥区基层委在蓝天大剧院举行高考志愿填报公益讲座　（区委统战部　供稿）

容忽视 建议加强行业监管和引导》《建议加强对微商私房烘培的管理》《关于规范家政服务人员从业前健康体检的建议》等14篇社情民意信息供决策参考，其中有3篇被市政协录用。在区两院工作专题协商会上，基层委提出“审慎处理涉及婚姻法二十四条的执行工作”“加强公益诉讼宣传”“三服务中多关注小企业”等意见建议。党员俞伟芬作为区政协委派民主监督小组成员委派到区文广旅游局开展“城市书吧”民生实事监督，党员祝志梅被区纪委聘为特约监察员，并作为特邀监督员参加区法院集中执行活动。

开展“不忘合作初心、继续携手前进”主题教育活动，赴福建古田和农工党浙江革命活动史料陈列馆学习，参与市委会、区委统战部组织的庆祝中华人民共和国成立70周年系列活动。由党员自编自演的京剧选段《军民鱼水情》、小合唱《今天是你的生日》2个节目参加于9月26日举办的柯桥统一战线“同心向党、经典回声”专场演出。

召开2019年基层委党员大会，推荐发展对象6人，调入党员2人，其中1名为博士后。基层委被省委会评为2018—2019年度优秀基层组织。

2019年3月28日，农工党柯桥区基层委召开党员大会（单明铭 摄）

参加区统一战线同心服务“五个一”活动，基层委委员刘初民担任同心服务志愿队队长。参加笛扬路步行街、夏履桥集镇、平水宋家店3次大型服务活动。在党外人士之家健康服务工作室定期举行心理咨询、疫苗接种防治等健康服务；二院一支部定期赴平水敬老院服务孤寡老人；中心医院支部在柯桥区老年大学开展健康促进班课程，并在区妇女儿童中心开设悦心理健康课程。主委骆学新在聚贤社区举办养生知识讲座，带领文艺骨干参加区心连心艺术团的慰问演出；党员张国英为福全街道不幸烧伤的打工小伙捐赠救助款2万元，党员袁庆通过兰亭爱心联盟资助兰亭贫病困难户人员1800元。基层委和各支部累计服务群众千余人次。（蔡　伟）

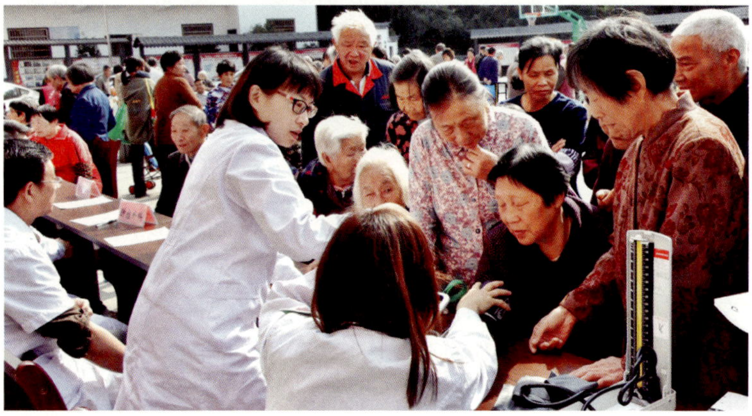

2019年10月18日，农工党柯桥区基层委赴平水宋家店开展“三下乡”服务（单明铭　摄）

九三学社柯桥区基层委员会

【概况】 2019年，九三学社柯桥区基层委发展社员8人，平均年龄33岁，其中人大代表、政协委员各1人，机关副科级领导干部1人、中层正职1人，共有社员116人。省人大十三届二次会议上，社员邢遵胜提交《关于打造智慧企业，加速传统产业改造提升的建议》等6件建议案。市两会期间，3名人大代表提交建议案5件，2名政协委员提交提案3件，基层委报送的《以废水处理收费改革为突破口全面提升我市印染产业层次》被社市委转为集体提案，提交市政协八届三次会议。区两会期间，16名代表委员共提交20余件提案和建议案，集体提案《关于加快推进杭绍城际铁路沿线征地拆迁，腾出发展新空间的建议》被评为优秀提案；《关于高标准提升滨海工业区公共配套设施的建议》的提案，得到区委书记批示，被列为2019年度区政协重点提案。提交反映社情民意信息20余篇，其中社员祝自力撰写的《税务局对小规模纳税人免税政策的解读使免税措施大打折扣》一文被社中央录用，另有1篇被市政协录用，1篇被社省委录用。社员王挺撰写的《建议安装定型机VOCs在线监控装置，遏制臭氧污染》被社中央和省政协录用，另有3篇被市政协录用，7篇被社省委录用。主委蔡金标撰写的《建议政府在管理整治工作应慎用铁腕、亮剑等严厉措辞》被省委办录用。社员周建军撰写的信息有2篇被社省委录用，其中1篇同时被市政协录用。社员杨志新有2篇信息被社省委录用，社员章晓燕和孙杨剑各有1篇信息被社省委录用。基层委报送区委统战部“直通车”建议2篇，分别是《关于创建中国轻纺城拼布创作基地的建议》和《关于全力支持我区企业科技创新发展的建议》，其中前者得到区委主要领导批示。基层委获区政协工作先进单位、社情民意信息工作先进单位，集体提案被评为优秀提案；三支社获全省社会服务先进基层组织，四支社被评为省级先进基层组织；王挺被评为全省优秀社员，陶勇被评为全省社会服务先进个人。

区基层委开展“不忘合作初心、继续携手前进”主题教育，赴“浙东延安”余姚横坎头村开展红色教育活动，开展“中国人民政治协商会议第一届全体会议与九三学社”专题讲座，副主委濮一鸣参加全市“弘扬爱国奋斗精神、建功立业新时代”演讲比赛，获第二名。副主委王茂荣撰写《弘扬五四运动爱国精神担中华民族复兴大任》，入选社省委“不忘合作初心、继续携手前进”征文作品集。

三支社组织专家社员到平水镇西湖桥社区开展义诊，支社副主委、绍兴二院临床药学科主任药剂师何建平为村民们进行《药物的使用与保管》讲座。二支社组织中心医院专家社员赴华舍街道开展中医健康养生大讲堂和社区义诊服务活动。社员魏兴海到福东社区开展“养生护老，我们该做什么”讲座。基层委联合区科协、区农业农村局和树人大学等单位，赴香林村开展“三下乡”活动，进行义诊、科普讲座以及文艺演出。二院支社社员杨志新、陶勇等医生参加社市委组织的志愿者服务。医卫界社员傅国萍到基层开展健康讲座9次，王翔、王红卫、沈剑耀、袁彩娣、何建平等专家，利用医共体平台以及党外人士之家的群贤大讲堂开展系列讲座和培训。赵秀林以“免费学铜雕”为内容，继续服务全市范围内的中小学生。

谢刚被选举为中国化学品安全协会第三届常务理事；金银永开发的“自动茶叶理条机”获实用新型专利；张为海设计的丝巾包装盒获外观设计专利证书；“赵秀林铜雕”获得国家知识产权局的商标注册证，赵秀林的新款铸铁壶获国家外观设计专利证书，铜雕作品《心经柱》获第九届中国（浙江）工艺美术精品博览会金奖，铜雕作品《鉴水人家》获第十四届中国义乌文化产品交易博览会工艺美术银奖，赵秀林铜雕工作室被授予首批绍兴市非遗研学游实践基地；吴荣国经营的中多控股集团被授予国家鹿皮绒纺织产品开发基地称号，生产的超柔透气安全鹿皮绒面料获浙江省科学技术成果登记证书；何建平撰写的《构建以县域医共体为载体的上下贯通的药学服务模式》被列为2019年浙江省药学会医院药事管理软科学研究资助项目；袁彩娣撰写的《超声诊断粘连性肠梗阻的应

2019年9月29日，九三学社柯桥区基层委组织“不忘合作初心、继续携手前进”主题教育专题讲座　（陶　莉　摄）

用价值》和《三维断层超声联合容积成像技术对中晚孕胎儿胼胝体发育的研究》收录在《现代实用医学》第31卷；陶勇撰写的《降钙素治疗伴骨髓水肿的膝骨关节炎的临床观察》收录在《北京医学》2019年第41卷；钱海青撰写的《张景岳名方及组方思路在肝病中的临床运用》被评为优秀论文。（陶　莉）

柯桥区知识界无党派人士联谊会

【概况】 2019年，柯桥区知识界无党派人士联谊会有会员95人，其中理事40人，市人大代表3人、市政协委员4人、区人大代表4人、区政协委员15人。会长蒋桂芬，下设5个分会。各类特约监督员、行风监督员、陪审员8人。

实施“金点子工程”，以人大议案、政协提案、政协大会发言、专题调研报告、社情民意信息等形式报送的建议案40余件，被区领导和有关部门采纳。通过经济社会形势通报会、政府工作报告意见征求会、两院工作专题协商会议、乡村振兴工作座谈会等会议建言献策。

区知联会提倡“服务社会”的奉献精神，鼓励、支持全体会员通过多种形式参与社会服务和公益事业。开展“特别的爱给特别的你——关爱残疾儿童”新年慰问活动，为在柯桥区中医院康复中心做康复训练的29名孩子送上毛绒玩具、儿童绘本和牛奶等礼品和慰问金，并邀请浙江大学医学院附属儿童医院康复科副主任余永林为残疾儿童家长讲授儿童残疾及家庭康复训练知识。医卫界周建尧、蒋红良、孙军、王芬珍4名会员参加区委统战部在夏履和平水镇组织的“三下乡”服务。

12月18日举办第三届一次会员大会，区民政局副局长蒋桂芬被推荐为第三届理事会会长。推荐12名会员参加绍兴市、柯桥区委统战部组织的党外干部培训班和各类讲座活动。

在区党外人士之家开展“不忘初心、牢记使命”主题教育精神传达系列活动，参与柯桥区统一战线庆祝中华人民共和国成立和多党合作制度确立70周年专场活动。在柯桥区党外人士之家召开区知联会二届十五次理事扩大会议，学习中共十九届四中全会精神。（孙　萍）

2019年10月17—18日，柯桥区知联会会员在夏履镇、平水镇参加义诊
（区委统战部　供稿）

执行编辑　章水清

社会团体

柯桥区总工会

【概况】 2019年,柯桥区增加工会组织166家,建成企业报52家、职工培训学院102家、镇级工人文化宫16家、村级工人文化宫91家,柯桥街道工人文化宫被省总工会授予农民工文化家园称号。开展“工会伴我行·安全铭记心”安全头盔赠送活动,向企业职工、快速小哥等送上5000顶安全头盔。发挥工会优势,为企业、职工、基层排忧解难,走访企业205家次,搜集、解决“三服务”问题24个。举办五一表彰大会,表彰百名区级“美丽职工”。规范劳模管理与劳模服务工作,收集劳模工匠馆和劳模大辞典资料。挖掘一批各行各业的先进模范,全区获评全国五一劳动奖章1人、省劳动模范5人、省模范集体2个、市五一劳动奖章8人、市五一劳动奖状2个。持续推进“万名工匠库”建设工程,累计入库柯桥工匠2987人。5名职工入库浙江工匠。区总工会在全市工会系统考核中获优秀。

【区工会第一次代表大会】 2019年11月25日,柯桥区召开工会第一次代表大会,大会正式代表250人,列席代表、特邀代表49人。会议回顾总结过去5年工会工作,选举产生区总工会第一届委员会委员、经审会委员和柯桥区出席绍兴市工会第八次代表大会代表,确定此后5年工会工作的主要任务。在柯桥区总工会第一届委员会第一次全体会议上,选举柯桥区总工会第一届委员会主席、副主席、常委,陈方当选为柯桥区总工会第一届委员会主席。

【工会组织增加166家】 2019年,柯桥区工会组织增加166家,发展会员70156人,实现全区百人以上未建会企业全部建会。推动工会组织和工会会员实名制工作,至年底有实名制组织1091家、会员294397人。以党建带工建为主线,推进村(居委会)、园区、楼宇、商圈、街面等联合工会建设,加快对“四新经济”就业群体的组织覆盖,成立快递行业工会、美发美容行业工会,会员3000余人。实行专挂兼相结合制度,联合工会所在党委(支部)书记兼任联合工会主席。

2019年12月4—5日,浙江省拼布工职业技能竞赛在柯桥区举行
(区总工会 供稿)

【构建和谐劳动关系】 2019年,柯桥区健全以职工代表大会为基本形式的企事业单位民主管理制度体系,进一步向

非公有制企业拓展。贯彻落实《浙江省集体合同条例》，推动建立健全职工工资协商共决机制、正常增长机制和支付保障机制，12家企业完成工资集体协商规范化建设。深化和谐劳动关系创建活动，11家企业通过第六批区级劳动关系和谐企业考评。开展“尊法守法·携手筑梦”服务农民工法治宣传和公益法律服务行动4次，发放工会法律等资料2000余份，接待群众咨询420多人次。

【“镇街总工会标准化”项目通过国家验收】 2019年11月28日，由柯桥区总工会承担的“镇街总工会规范化建设标准化试点”项目通过国家标准化管理委员会办公室验收。2016年年底，柯桥区启动建设镇街总工会规范化建设“全国品牌”。2017年5月，国家标准化管理委员会办公室下达第四批103项社会管理和公共服务综合标准化试点项目，柯桥区“镇街总工会规范化建设标准化试点”列入国家试点项目。2017年年底，《镇街总工会规范化建设指南》作为柯桥区地方规范公告发布。2018年3月，《镇街总工会规范化建设指南》作为“绍兴标准”发布。5月，浙江省《县级及以下工会工作规范》系列地方标准立项论证会在柯桥举行，柯桥区总工会制订的《乡镇(街道)工会工作规范》获与会专家一致好评。11月，“镇街总工会规范化建设标准化试点”项目通过省中期验收评审，全国新型城镇化标准化试点工作现场会在柯桥召开。至2019年11月，柯桥区16个镇(街道)全部建起工人文化宫和职工培训学院。区总工会制订的镇(街道)工会标准体系收集相关国家标准22项和地方标准2项，以及企业标准47项，涵盖维权帮扶、劳动关系、培训提升等服务和组织管理、考核管理、财务管理、安全管理、信息管理等保障内容。经资料查阅、现场走访、问题质询等环节，评估组认为柯桥区“镇街总工会规范化建设标准化试点”，达到预期目标，通过现场验收。

【帮扶职工12653人次】 2019年，柯桥区开展困难职工档案精准识别和动态管理，按要求完成城镇困难职工解困脱困工作任务，实现原在档全国级困难职工全面解困。区总工会本级“双节送温暖”“金秋助学”及日常帮扶共慰问困难职工65人次，慰问金额31.72万元。强化一线职工慰问工作，慰问各类一线职工2000人，慰问资金60万元。全年职工医疗互助保障参保共92292人，赔付2798人，赔付总额4865491元。建设王坛护工和稽东月嫂品牌，开展“助企业、稳就业、促创业”专项服务活动，开展职工在职培训和转岗培训，完成就业技能培训140人，组织6场专场招聘会，就业服务总人数7650人。

【“暖巾帼”主题系列活动】 2019年，柯桥区试水大群团融合，开展“暖巾帼”主题系列活动。在企业中实施女职工权益保护专项集体合同签订工作，在女工班组开展“创先争优”立功竞赛，为女工成长成才创造条件、搭建平台。切实保护女职工合法权益和特殊利益，进一步深化“妈咪暖心小屋”创建，创建1家省级示范单位、7家市级示范单位。

【“智慧工会”服务体系】 2019年，柯桥区推动线上线下深度融合，工会职工互联互动，全方位建设“智慧工会”服务体系。运营柯桥工会“一网两微”媒体矩阵，维护视联网视频会议系统，建设工会业务管理云平台，推进“互联网+”工会普惠服务，全年推送70期116篇，总阅读量113478次，“柯桥工会”微信公众号单周及单月全省排名创新高。16个镇(街道)总工会网站上线及运营，运营“柯桥工会”新网站并及时更新。

【经审基层工会48家】 2019年，柯桥区开展“1+X”专项督查工作，“1”指区纪委围绕“监督的再监督”职能定位，对区级各相关职能部门(单位)履行落实中央八项规定精神监督、检查和管理职责情况的再督查；“X”指区级各相关职能部门(单位)根据职责履行落实中央八项规定精神的管理主体责任，在职责范围内开展经常性督查。审计审查基层工会工作，全年审计48家单位，出具审计报告反馈各单位整改，获绍兴市工会优秀审计项目一等奖。(钱增智)

共青团绍兴市柯桥区委员会

【概况】 2019年，柯桥区有基层团委65个、基层团工委20个、团总支38个、团支部1285个，共青团员39292人。全面开展改革试点工作，建立10

2019 年 4 月 28 日，由共青团柯桥区委、柯桥区农村青年致富带头人协会、柯桥区青创学院共同举办的“农业电商知多少”主题沙龙活动在中纺 CBD 国际时尚中心举行　　　　（巢雨洁　摄）

大类 36 项工作清单。承办 2019 年度浙江共青团第一季度第三片区县（市、区）委书记片区工作交流活动、绍兴市少工委八届一次全委（扩大）会暨“红领巾学院”建设推进会，建设柯桥区“青创联盟”，成立全市首个“拎包式入住”青年驿站。创建区级青年之家 1 个，开展高层次人才专场、青梅之约、银杏之约等“亲青恋”交友活动 8 场，发起“亲青筹”项目 4 个，募集帮扶资金 5 万余元。组织开展“青柯义卖·微爱助学”广场义卖活动，团区委联合区青企协、区青农协等组织，筹款 70 万元赴四川省阿坝州金川县开展助力金川县青少年发展系列活动。开展各级青年党团知识学习 56 场，覆盖人数超 5 万人，柯桥区获市“红船杯”党团知识竞赛二等奖，选派团干部作为省赛参赛选手获浙江省党团知识竞赛二等奖。柯桥区税务局获 2017—2018 年度全国级青年文明号称号，绍兴财经旅游学校金超获 2018 年度全国最美中学（职）生称号，区少工委获 2018 年度浙江省少先队工作先进称号、2019 国际少年书信写作比赛优秀组织奖，团区委官方微信公众号“青柯团子”获 2018 年浙江“青年最喜爱的（县级团委）”微信订阅号称号，柯桥街道大渡社区团支部获浙江省五四红旗团支部称号，“亲青帮”专家寿徐琼获浙江省“亲青帮”优秀专家称号，海丰青创农场、玉龙青创农场获省级示范性青创农场称号。

【承办劳动教育交流全国现场会】 2019 年 11 月 27 日，中国少年儿童发展服务中心“牵手未来·劳动最光荣”新时代劳动教育交流现场会在柯桥区举行。全国 28 个省市的 100 余名校内外教育工作者、少先队辅导员参加。与会人员实地考察省级劳动教育基地漓渚镇中心小学和棠棣村校外劳动实践基地，并在棠棣村乡村振兴实训基地召开工作交流现场会。柯桥区在会上作典型发言。工作交流现场会上还举行新时代劳动教育交流现场会承办纪念牌颁发仪式。

2019 年 11 月 27 日，中国少年儿童发展服务中心“牵手未来·劳动最光荣”新时代劳动教育交流现场会在柯桥区举行（团区委　供稿）

【基层团组织示范点创建】 2019 年，柯桥区印发《柯桥共青团组织力大提升三年行动计划》及组织力提升示范点创建任务书，确定柯桥街道、水务集团、天工集团等 12 个共青团组织力提升示范点，并分类编写镇（街道）、系统、学校典型案例，组织第一批创建示范点相关负责人赴临海考察学习。开展基层团组织“新作为”行动，对古镇青年等 10 个创建示范点开展提质提档行动。

【组织青年参与青年大学习 34 期】 2019 年，柯桥区利用“青年大学习”平台，发动全区各界青年参与青年大学习 34 期，累计参与 25000 余人。重点学习习近平新时代中国特色社会主义思想和中共十九大及十九届二中、三中、四中全会精神，凸现共青团政治属性。组建“青年大学习”讲师团，2名讲师分获绍兴市大中学校微团课大赛二等奖、三等奖。

【“青春心向党、建功新时代”系列主题活动】 2019年，柯桥区开展“青春心向党、建功新时代”系列主题活动。邀请区委主要领导参加庆祝五四运动100周年各界青年代表座谈会，组织1000余名少先队员和各界青年参与2场“我和我的祖国”快闪活动并在“学习强国”发布，选树各领域12名“向上向善好青年”代表。组织开展“十四岁集体生日”“十八岁成人节”等仪式教育20余场，覆盖青少年1.3万人。

【“青柯团子”改版】 2019年，柯桥区改版团区委官方微信公众号“青柯团子”，上线“青思聚”“青年汇”“青倾服”三大板块，推出“青游柯桥”“青暖柯桥”等专题，暑期利用“青年汇”版块发起匠心中药、用水思“源”等十余条研学游线路，600余名青少年参与，“青游柯桥”专题累计阅读量破2.8万。全年“青柯团子”发布各类推送153条，总阅读量破25万次。举办“青春向党・逐梦柯桥”青年抖音大赛，收到参赛作品110余个，获得点赞2.2万次，阅读量破150万次。

2019年7月，柯桥团区委组织小学生团体在齐贤光明居参加国学经典学校活动 （团区委　供稿）

【服务青少年系列活动】 2019年，柯桥区开展“鼓号嘹亮 奏响70年凯歌”少先队鼓乐检阅展示活动，发动全区各级少先队组织开展“红领巾心向党・争做新时代好队员”主题队日活动30余起。增加“有书会”、轻纺城二小两个“红领巾e站1013”。建设区级“红领巾学院”，开展流动少年宫16期、各类公益实践活动6期、综合素质训练营3期，参与青少年12174人次。联合65支队高校志愿服务队开展小候鸟夏令营40期，开展红领巾公益课堂39场，3700人次参与。柯桥区职教中心“阳光使者”义工服务队获评暑期社会实践省级重点团队。

【建立全市首个线上青年共享社区】 2019年，柯桥区依托团区委微信公众号“青柯团子”，推出全市首个青年线上共享社区——“青社区”，主要推介助力贫困儿童、帮助孤寡老人等一系列活动，每个青年都可以借助平台，成为“主办方”，自主发起活动，邀请青年报名参与。至年底，发起活动35次，覆盖青年群体31957人次，2196人次参与。

【建成一批“青享社区”】 2019年，柯桥区整合社区、邻里单位团组织和各类社会组织力量，集中配置社区周边各类优势资源，以建设“一个服务平台、创建一批青享阵地、推出一批服务项目、凝聚一批社区青年、培育一批社会组织”为目标，建设“青享社区”。项目化运作青享益小二、青享共青林等各类活动，通过互联网+的形式，建设线上线下服务群，引导青年力量回归社区、参与基层创新治理。至年底，建成华舍街道龙城社区、柯桥街道大渡社区、柯岩街道高尔夫社区等一批“青享社区”。

【青年助力乡村振兴行动】 2019年，柯桥区在稽东、夏履等地开展3场“新青年下乡”主题活动，420余人次参与。开展“农村电商知多少”等“青创训练营”活动2期。海丰青创农场、玉龙青创农场、国兰青创农场被评为2019年度市级三星级示范性青创农场。

【“践行三服务・青春显担当”活动】 2019年，柯桥区整合团干、团属协会力量，形成“1+1+1”服务模式，即1个服务小组联系1个片区、服务1批企业，每月开展走访调研，共建立区级服务小组4个、镇级服务小组16个，覆盖12个青联界别、133家青年企业，实现镇（街道）、系统全覆盖，累计服务青年3623人、服务企业191家，解决问题119个。举办“政企面对面”青年企业家专场座谈会2场，邀请区委主要领导及职能部门参与活动，现场答疑解惑、会后跟踪督办。举办柯桥区“践行三服务·青春显担当”共青团项目大赛，85个共青团系统“三服务”项目案例进入决赛。

【“亲青帮”服务青少年】 2019年，柯桥区成立全市首个“亲青帮”高校工作站，团区委联合区检察院、司法局与区欣昇青少年成长服务中心、悦心理、绍兴市律师协会柯桥分会3家社会组织分别发起留守儿童帮扶项目、青少年心理成长项目、青少年法律援助项目。“心启点·欣蜕变”关爱服刑强戒人员未成年子女项目获浙江省志愿服务项目大赛铜奖，培育1名浙江省“亲青帮”平台优秀专家。

【推出主题青年志愿服务项目】 2019年，柯桥区发布“十项青年志愿服务专项行动”、《绍兴市柯桥区青年志愿者激励办法》，选树2017—2018年度“杰出青年志愿者”和“杰出青年志愿服务集体”并开展事迹展播。3200人次志愿者保障2019年机器人世界杯中国赛、第二届世界布商大会、第三届运动休闲时尚周等大型赛会，团区委获2019年机器人世界杯中国赛最佳组织奖，柯桥区“河（湖）小二”志愿服务队获2018年“绍兴市最美治水人”称号。联合瑞丰银行推出联名“青年卡”及“志愿贷”服务，依托“志愿汇”平台志愿服务信用时长，提升“志愿汇”注册志愿者参与度。（冯杨波）

2019年10月21日，柯桥区大学生志愿者在瓜渚湖畔参与第三届运动休闲时尚周志愿服务　（团区委　供稿）

柯桥区妇女联合会

【概况】 2019年，柯桥区建设专业化巾帼家事团队，开展法律帮帮堂——公益法律咨询、“爱在阳光下”——公益心理咨询等品牌活动。构建“南山姐姐”、“伊家·花联盟”、“香林嫂”农家乐等创业联盟。承办全市深化基层妇联组织改革暨“四新”领域妇联组织建设现场会。41名妇女代表参加绍兴市第八次妇女代表大会，其中裘菊兰、于琪、徐兰、赵月萍当选新一届执委。

2019年3月7日，柯桥区开展“春意暖巾帼·配送暖心茶”活动（高　洁　摄）

【三八节系列活动】 2019年3月，柯桥区以“都是伊家人”为主题，开展三八节“春意暖巾帼”“春风送岗位”“春日传温情”“春雨聚合力”等系列活动。内容涵盖美丽家园行、感恩守护你、配送暖心茶、维权咨询、扶贫帮困送温暖、“伊家是谁”宣传等。其中，“春意暖巾帼·配送暖心茶”活动，共向巾帼文明岗团队、“争先创优”女工班组及5个高质量体系女建设者等370名优秀代表赠送暖心下午茶。

【首批111个“伊家·微阵地”运行】 2019年，柯桥区推出“都是伊家”

妇联品牌，开展“微课堂、微生活、微创造、微家事、微公益”等特色服务，打通服务妇女儿童“最后一公里”。至年底，首批111个“伊家·微阵地”运行，为妇女儿童提供维权调解、创业创新、文化娱乐等全方位服务。“婆婆妈妈”公益课堂、“蜗牛之家”“兰心小筑”等微阵地品牌初步设立。

【组建女性创业联盟】 2019年，柯桥区湖塘街道香林村的26家妇字号农家乐抱团发展，成立“香林嫂”妇字号农家乐联盟，将巾帼创业创新示范基地、妇字号农家乐与当地的自然和人文景观结合，串点成线，推出“萌途亲子”美丽乡村亲子游等特色旅游线路。漓渚镇成立“花联盟”创业共同体，女性经营者以盟友身份加入，享受经营对接、信息共享、金融支持、培训提升等各类服务，履行作为“花乡娘子军”的社会责任。平水、王坛、稽东三镇资源整合，成立“南山姐姐”创业创新联盟，女性创业者抱团发展，助力乡村振兴。

【创建美丽庭院11068户】 2019年，柯桥区妇联与区农业农村局联合开展美丽庭院创建工作，发挥妇联联系妇女和家庭的优势，建立宣传培训、入户指导、集中整治、督查评比等长效机制，定期进行检查公示。通过庭院整洁环境美、创业致富生活美、好学上进才识美、家庭和谐关系美、精神富有心灵美“五美”创建，使乡村庭院既有“颜值”、更有“品质”。至年底，创建美丽庭院11068户，漓渚镇成为美丽庭院全域提升重点乡镇。

【女性素质提升“百场培训”】 2019年，柯桥区以“区级引领、基层绽放”为特色，开展女性素质提升“百场培训”。全年开展家政育婴、电子商务、妇字号农家乐等各类职业技能培训和礼仪知识、烘焙制作等素质修养培训107场。

【省女企业家协会庆祝中华人民共和国成立70周年活动在柯桥区举行】 2019年10月11日，以“潮舞钱塘 花开纺城 我和我的祖国·我的家乡”为主题，浙江省女企业家协会庆祝中华人民共和国成立70周年暨柯桥区女企业家协会成立30周年主题活动在柯桥区举行。中共绍兴市委书记马卫光，省妇联党组书记、主席王文娟，省女企业家协会会长陈爱莲出席活动并讲话。区委副书记金水法致辞。省、市、区相关领导及全省11个地市的女企业家协会、上海新沪商联谊会、越商大学堂和柯桥区各兄弟协会的300余名代表参加。举行“四水融合”仪式，上海黄浦江水、杭州钱塘江水、宁波姚江水、绍兴鉴湖水汇合注入，展示女企业家们携手助推绍兴柯桥融杭接沪联甬高质量发展的信心和决心。

【“时尚在身边、‘伊’秀就出彩”主题活动】 2019年12月20日，柯桥区“时尚在身边、‘伊’秀就出彩”主题活动在柯桥F5时尚发布厅举行，全区各行各业的近50名职业女性参加。活动以T台秀为主，区女企业家协会和区贤内助联谊会的女性共同表演开场秀，全区巾帼志愿者，医护和教育系统优秀代表，窗口单位的工作人员和其他岗位奋斗女性表演“温暖伊心”“天使伊人”“同心伊情”“坚守伊行”4个系列的走秀活动。

2019年12月20日，柯桥区“时尚在身边、‘伊’秀就出彩”主题活动在柯桥F5时尚发布厅举行　（区妇联　供稿）

【女性维权宣传咨询活动举办95场次】 2019年，柯桥区妇联联合多部门开展女性维权宣传咨询活动。各级妇联利用传统媒体和视频录制、宣传相框拍摄等新媒体手段开展宣传活动。累计开展反家暴讲座、上街维权咨询、入户宣传等30场次，参与人员5000余人，发放宣传资料、宣传品2.3万份。区、镇、村三级妇联系统组织开展“平安家庭”集中宣传活动，共举办活动65场，参与人员7000余人，发放宣传资料、宣传品2.8万份。

【组建伊家·巾帼婚姻家事服务团队】 2019年，柯桥区妇联联合浙江明显律师事务所、悦心理公益服务协会，组建由4名女律师和10名心理咨询志愿者组成的伊家·巾帼婚姻家事服务团队，每周固定时间在区妇儿活动中心“坐诊”，为妇女提供有关政策法规咨询和婚姻家庭纠纷调解、法律援助申请等服务。全年接待来访妇女120多人次，开展普法和心理健康讲座8场，帮助1名遭受家暴的妇女离婚，并争取到财产和孩子的抚养权。

【开设伊家·法治微课堂】 2019年，柯桥区在FM106电台推出“伊家·法治微课堂”栏目，共推出《妇女权益保障，你知道多少？》《拒绝家暴，勇敢说“不”》等11期涉及妇女儿童权益保障相关的法律法规知识介绍。区妇联微信公众号“柯桥女性”同步推出上述11期的具体内容。

2019年4月22日，柯桥区在区妇儿活动中心启动“伊家·父母慧”活动（赵梦迪　摄）

【创设“伊家·父母慧”项目】 2019年，柯桥区在区妇儿活动中心创设“伊家·父母慧”项目，以亲子伴读、心身健康养成、母亲素质提升为主线，分3个阶段实施妇女发展和素质提升、妇儿维权关爱、家庭教育等系列活动。5—6月，推出21天亲子阅读打卡系列活动，举办8场亲子伴读专题讲座；5—10月，推出0～6岁儿童心身健康养成计划，举办24堂0～6岁孩子身（生理）—心（心理）—志（志向）—慧（智慧）四位一体的互动式培训；11—12月，推出母亲素质提升活动，举办健康讲座、公益父母沙龙、家庭教育公益讲座等活动。

【“益起同行”公益项目】 2019年，柯桥区实施“益起同行”公益项目，继续开展“爱心妈妈·情暖童心”帮扶结对活动，引导“爱心妈妈”在春节、母亲节、儿童节开展关爱活动。开展“冬日暖阳”慰问活动，在春节前夕走访慰问困难妇女儿童，共投入慰问资金7万余元。出台低保家庭女性健康关爱机制，动员镇、村两级妇联走进低保妇女群众，听取她们的困难需求。对患病（两癌）低保家庭女性给予一定补助，并为她们举办健康讲座。

【推行“好家庭信用贷”】 2019年2月25日，柯桥区妇联与中国建设银行柯桥支行签订合作协议，推出“好家庭信用贷”。“好家庭信用贷”面向全区范围内获得全国、省、市、县、镇、村6个级别的“五好”家庭、文明家庭、最美家庭、绿色家庭等称号的先进家庭成员。家庭成员通过建设银行可获得最高30万元的信用贷款。该贷款将在同等条件下给予市场最优惠利率，并可循环使用、随借随还。3月8日，漓渚镇朱家坞村朱洪郎家凭借“镇级最美家庭”荣誉领到全市首笔“好家庭信用贷”15万元。至年底，有5户家庭凭借家庭荣誉共领到85万元“好家庭信用贷”。（赵梦迪）

柯桥区工商业联合会（总商会）

【概况】 2019年，柯桥区被中共浙江省委深化改革委确定为全省工商联所属商会改革和发展5个综合试点地区之一，接管柯桥区印染行业协会、化纤、家纺、商贸服饰等7家纺织产业链行业类商（协）会，成立窗帘布艺协会等3家行业类商会，获批创意大厦25层约1300平方米办公场地，免费提供给行业类商（协）会集中办公。柯桥区基层商会53个，其中中国轻纺城异地商会25家、行业类商会12家、各镇（街道）商会16家。

调研上规模民营企业、民营企业社会责任、科技综合服务、“一带一路”沿线民营企业现状等40余项，在区政协一届四次会议作题为《关于轻纺城转型升级，着力打造新时期国际纺织之都的建议》的发言，《建议浙江省新闻出版广电局（省版权局）取消花样版权登记收费》一文在市政协第59期录用，并专报省政协。

摸排小微园区需求、并购政策、税收政策等问题34个，当场解决28个；指导中国轻纺城河北商会、中国轻纺城台州商会、中国绍兴福建商会等5家商会换届，推动成立柯桥区装饰装修商会，推荐劳动争议预防调解示范商会1个；建立完善与公、检、法、司的合作机制，印发《关于建立诉讼调解与商会调解对接机制的实施意见》《关于建立健全绍兴市公安局柯桥区分局与柯桥区工商联沟通联系机制的实施方案》等，并与检察院、公安局建立联络室；组织参加世界布商大会、中国轻纺城春（秋）两季纺博会、浙江省全国民企500强交流会等活动30余场。柯桥区工商联被中华全国工商联授予2018—2019年度全国“五好”县级工商联荣誉称号，被省工商联评为2019年度全省工商联系统专项工作先进单位。

【商会改革动员大会】 2019年8月15日，柯桥区召开工商联所属商会改革和发展工作动员部署会议。作为全省工商联所属商会改革和发展5个综合改革试点地区之一，柯桥区制定《柯桥区关于促进工商联所属商会改革和发展的实施方案》，要求加强党对商会的领导、完善商会的职能作用、规范商会自身建设、改进联系服务方式、精心组织确保实效。立足柯桥区纺织工业优势，先期推进纺织产业链行业类商会改革和发展，提升纺织印染行业类商会的发展质量、管理水平与服务能力，采用行业发展、商会建设和区域经济深度融合、协同发展，整体带动工商联所属商会改革和发展。会上，轻纺城建管委、印染行业协会、乐清商会、齐贤街道商会代表作交流发言。

2019年8月15日，柯桥区召开工商联所属商会改革和发展工作动员部署会议 （区工商联 供稿）

【东西部扶贫投资5.26亿元】 2019年，柯桥区在对口扶贫四川、贵州、湖北、吉林4个省中，投资兴业企业9家，完成率225%；实际投资5.26亿元，完成率263%；带动脱贫255人，完成率106.25%。中国轻纺城四川商会会长母光利，签约总投资30亿元、首期投资5亿元的四川绵竹物流项目，成为柯桥区东西部扶贫协作和对口支援中体量最大的项目。（裘王华）

柯桥区科学技术协会

【概况】 2019年柯桥区继续实施院士专家工作站创建活动，建立市级院士专家工作站6家；评选和表彰第四届柯桥区十佳科技工作者，开展柯桥区全国科技工作者日（科普活动周）活动和全国科普日活动，举办第35届柯桥区青少年科技创新大赛，邀请中科院老科学家科普演讲团14名科学家到柯桥作科普讲座69场。“浙江院士之家”建设成为全省复制推广的改革创新举措；“三长制”工作被列为浙江省试点，在全省推进基层科协组织建设会议上作经验介绍。

【公民科学素质行动实施】 2019年，柯桥区科协借助“供销·淘实惠”平台，把“公民科学素质基准知识”做成网页和视频上屏，链接“科普中国”网站，送到基层农村和社区网点，采用线下有奖参与、线上优惠购物等形式，促进实体店周边的百姓学习大屏上的科普内容。全年推送科普文章1252条，点击率4.2万次。创建市级科普教育基地5家、市级基层特色科普馆3家、市级农村科普示范基地2家、市级农村科技示范户4户。

【建立6家院士专家工作站】 2019年，柯桥区科协促成浙江梅轮电梯股份有限公司与朱位秋院士团队、浙江建业幕墙装饰有限公司与乌克兰彼得罗·利兹诺夫院士团队、宝业集团股份有限公司与乌克兰奥拉·叶斯潘科院士团队、浙江精功机器人智能装备有限公司与乌克兰谢尔盖·萨拉普洛夫院士团队、浙江亚太药业股份有限公司与印度拉凯西瓦·班迪辛哈院士团队、浙江极客桥智能装备股份有限公司与南非弗雷德里克·范尼克院士团队合作建立6家院士专家工作站。

【全国科技工作者日(科普活动周)活动】 2019年5月29日,柯桥区在《柯桥日报》上发表《致全区广大科技工作者的一封信》,庆祝全国第三个全国科技工作者日。全国科技工作者日活动期间,柯桥区通过主干道大屏、《柯桥日报》、"柯桥E科协"微信号等各种媒体平台营造全国科技工作者日氛围,激励广大科技工作者争作践行社会主义核心价值观的时代先锋。区领导分赴各地走访慰问10位长期工作在生产一线的科技工作者和科技创新团队。5月17日,区科协、区妇联联合举办柯桥区女科技工作者与南山姐姐联盟面对面座谈活动,在稽江村开展美丽庭院建设对接服务活动,实地参观禹裔家斜美丽家园示范带。创意设计、农业科普、卫生医疗、景园规划等领域的女科技工作者、区妇联系统干部等30余人参加。

【全国科普日活动】 2019年9月16—20日,柯桥区举办以"礼赞共和国、智慧新生活"为主题的全国科普日系列活动,举行科普知识竞赛、老科学家科普讲座、送科普进社区等活动,近千名柯桥市民参加。在《柯桥日报》上以专版《不忘初心　牢记使命　柯桥区科协:凝心聚力六十载　服务区域新发展》宣传科协工作。9月16日,在明珠广场举行全国科普日主题晚会。晚会上,区领导为十佳优秀科技工作者颁奖,举行柯桥区"礼赞祖国、致敬科学"科普宣传片首发仪式。

2019年5月,柯桥区开展第四届"十佳优秀科技工作者"评选活动
(区科协　供稿)

【十佳科技工作者评选】 2019年5月,柯桥区面向全区科技工作者开展第四届"十佳优秀科技工作者"评选活动,宣传和表彰一批为柯桥区经济建设、社会发展和科技进步做出突出贡献的科技工作者。经各渠道推荐、专家组评选、公众微信投票、评审委员会综合审定、《柯桥日报》公示等环节,确定王芳、王传跃、王强强、方斌、孙国昌、张为海、陈金芳、范艳苹、周亚健、俞文军10人为第四届十佳优秀科技工作者。制作《智者风采——柯桥区第四届十佳优秀科技工作者》宣传片,在微信、融媒体上播放。
(孙建国)

2019年9月16日,柯桥区在明珠广场举行"礼赞共和国、智慧新生活"全国科普日主题晚会
(区科协　供稿)

【青少年科学素质行动】 2019年,柯桥区开展青少年科学素质行动。4月,柯桥区组织青少年选手和老师观摩浙江省青少年科技创新大赛;6月12日,绍兴市第六届校园科学达人大赛(柯桥赛区)在区青少年宫举行,全区50余所中小学、幼儿园及市直学校共100余名学生参加比

赛；9月12日，区科协与区教体局联合举办第35届柯桥区青少年科技创新大赛，11月1日在柯桥中学举行参赛作品评审，全区有118所学校911件（个）作品参加评审，334件（个）作品获奖，其中101件（个）参加绍兴市青少年科技创新大赛。

柯桥区文学艺术界联合会

2019年3月29日，柯桥美术馆开馆　（区文联　供稿）

【概况】 2019年，柯桥区文学艺术界联合会辖社团11个，其中区级法人社团5个、直属文艺家协会社团6个，文艺协会会员中有国家级会员81人、省级会员277人、市级会员494人。柯桥区文艺界获国家级奖项19项、省市级奖项14项，出版专著和作品集2本，在国家级、省市重点期刊上发表文学作品10篇，在国家级、省市级以上展览中入展24件。区文联与杭锦旗文联缔结友好文联。柯桥美术馆自3月29日开馆后，共举办各级各类展览16场，举办讲座及多次艺术研讨交流活动。组织区书协开展“送福写春联”活动30余场次。区心连心艺术团开展惠民演出进农村、进社区、进礼堂、进学校等活动，组织骨干团员赴新疆、南京走亲演出20场次。漓渚镇、王坛镇、平水镇等文联开展“送福进万家·写春联礼堂”活动20余场。

2019年8月26日，柯桥区文联、鄂尔多斯市杭锦旗文联缔结友好文联签约暨书法创作基地挂牌仪式在杭锦旗文化艺术研究院举行　（区文联　供稿）

【柯桥美术馆开馆】 2019年3月29日，柯桥美术馆开馆。柯桥美术馆占地10.74亩、总建筑面积6500平方米，总投资9500万元。美术馆内有传统的书法、美术、摄影、影视艺术展示，也有当代最先进前卫的3D动漫等展示，是绍兴市第一个较大规模的公益美术馆，具备典藏、学术研究、大型展览、陈列展、公共教育和社会服务等功能，是柯桥城区主要的文化地标和重要的市民文化活动场所。同日举行“印·象·江南”——朵云轩木版水印精品特展，由绍兴市文学艺术界联合会、柯桥区委宣传部、柯桥区文学艺术界联合会和上海朵云轩集团联合主办。展出孙位、徐渭、陈洪绶、任伯年、赵之谦等绍兴籍名家精品100余幅，兼及沪浙名家的朵云轩木版水印作品。全国各地的专家、学者、书画爱好者等500余人参观展览，展览到4月29日结束。木板水印是中国特有的传统印刷技术，是一门综合绘画、雕刻和印刷的再制造技术。2008年，朵云轩传承的木板水印技艺被列为国家级非物质文化遗产项目。

【“阿坝江南、大美金川”摄影展】 2019年5月7日，“阿坝江南、大美金川”摄影展在柯桥区开展。此次摄影展由阿坝藏族羌族自治州金川县人民政府、绍兴市柯桥区人民政府主办，阿坝藏族羌族自治州金川县文学艺术界联合会、绍兴市柯桥区文学艺术界联合会协办，为期11天，有83幅作品展出，全部为金川县内创作，展示金川民族风情、民居建筑和旅游文化生态。

【李平野作品纪念展】 2019年5月10日，由中共绍兴市柯桥区委宣传部、绍兴市柯桥区文学艺术界联合会主办的“圆梦”——李平野作品纪念展开幕式暨作品捐赠仪式在柯桥美术馆举办。开幕式上，绍兴籍画家李平野夫人邓惠霞、上海收藏家崔明将李平野生前创作的涵盖动物、山水、花卉等题材的百余件作品，无偿捐赠给柯桥美术馆内的李平野艺术馆收藏。李平野艺术馆举行铜像揭幕仪式，正式向公众开放。

【张子良作品展暨作品集首发式】 2019 年 5 月 28 日，由绍兴市美术家协会、绍兴市柯桥区文学艺术界联合会主办的“工・无界——张子良作品展暨作品集首发式”在柯桥美术馆开幕，展出张子良近年来创作的 60 余幅工笔画作品，大多以珍珠鸡为“主角”。由河北美术出版社出版的《工・无界——张子良工笔画赏析》一书首发。现场，还举行张子良作品捐赠仪式。展览持续到 6 月 13 日。张子良系中国美术家协会会员，柯桥区美术家协会副主席，芊草画院院长。张子良善画珍珠鸡，作品多次入选国家级展览并获奖。

【第二届美术报少儿国际美术大赛优秀作品柯桥巡展】 2019 年 5 月 31 日，“童眼看世界”第二届美术报少儿国际美术大赛优秀作品巡展在柯桥美术馆开幕。这次展览由美术报社、绍兴市文学艺术界联合会、中共绍兴市柯桥区委宣传部、绍兴市柯桥区文学艺术界联合会主办，由柯桥美术馆、浙江趣画教育科技有限公司承办，由绍兴市美术家协会、绍兴市柯桥区美术家协会、绍兴市柯桥区趣画教育培训学校协办。这届大赛以“致敬中国经典、回望传统之美”为主题，旨在以孩子最本真的艺术体验、纯真的艺术视野，去发现、继承和发扬中国传统文化的精髓，海内外多家学校和机构参加。大赛组委会评审组选出近 30% 作品约 1000 件进入终审，最终确定奖获者名单。展览持续到 6 月 9 日。

【吴冠南师生画展】 2019 年 6 月 20 日，由绍兴市文学艺术界联合会、绍兴市柯桥区文学艺术界联合会、绍兴市美术家协会主办，柯桥美术馆承办，青藤文化协办的庆祝中华人民共和国成立 70 周年“步随青藤”——吴冠南师生画展在柯桥美术馆开幕。这次展出近 70 幅画作，包括吴冠南代表力作，杨炯、钟安、毛静、詹国英、郭利红 5 位弟子近年来创作中精选出来的大写意作品。开幕式上，吴冠南和他的 5 位弟子向柯桥美术馆捐赠各自创作的国画精品各一件，由柯桥美术馆永久收藏。开幕式后，举行吴冠南《步随青藤——吴冠南写意花鸟画漫谈》讲座，近百名书画爱好者参与。这次展览持续到 7 月 3 日。吴冠南是国家一级美术师，江苏宜兴人，江苏省国画院花鸟画研究所副所长，精于写意花鸟画，他的大写意花鸟创作开拓大写意花鸟画的表现手法与艺术境界。

【廉政漫画作品展】 2019 年 7 月 1—16 日，由中共绍兴市柯桥区纪律检查委员会、中共绍兴市柯桥区委宣传部、绍兴市柯桥区文学艺术界联合会主办的“我心中的清廉柯桥”廉政漫画作品展在柯桥美术馆举办，展出 50 幅廉政漫画作品。

【首届“纸笔画”杯少儿美术作品创作大赛优秀作品展】 2019 年 7 月 5 日，由中共绍兴市柯桥区委宣传部、绍兴市柯桥区教育体育局、绍兴市柯桥区文学艺术界联合会主办，绍兴市柯桥区美术家协会、绍兴市柯桥区文化馆、纸笔画服饰设计有限公司、浙江立尚文化传播有限公司承办的首届柯桥区“纸笔画”杯少儿美术创作大赛优秀作品展开幕式暨颁奖典礼在柯桥区文化馆举行。这次大赛自 4 月初启动，到 5 月 20 日截稿当天共收到 1957 幅作品，参赛学校 152 所。经专家评选，这次大赛共评出获奖作品 77 件，其中金奖 6 件、银奖 16 件、铜奖 35 件、优秀奖 20 件。

【“乡村振兴、五星 3A”视觉艺术作品展】 2019 年 7 月 25 日至 8 月 12 日，“乡村振兴、五星 3A”绍兴市柯桥区视觉艺术作品展在柯桥美术馆展出。征集到的 80 余幅书画摄影作品，从不同角度集中展现绍兴柯桥美丽乡村生态环境变化、乡土特色风貌、农民生活品质提升等党建引领新农村建设的最新成果。

【郑浩千彩墨画作品展】 2019 年 8 月 19 日，由柯桥美术馆承办、宁波美术馆与公望美术馆协办的“浩水千山——郑浩千彩墨画作品展”在柯桥美术馆开幕，庆祝中华人民共和国成立 70 周年。展出的近 50 幅作品题材广泛，立意独特，既有抽象性，又有中国画特色，点线面和色彩的组合蕴含着诗情。郑浩千还擅长写诗，这次展出的作品多数由他题诗，诗画相得益彰。长期居住海外的郑浩千自幼接受中西文化教育，曾在中国台湾地区、英国等地求学，获美术史博士学位，现为马来西亚中央艺术研究院院长、中国人民大学艺术学院客座教授。

【书法篆刻精品展暨摄影图片展】 2019年9月25日，庆祝中华人民共和国成立70周年——绍兴市柯桥区书法篆刻精品展暨摄影图片展在柯桥美术馆开幕。书法展共展出入展作品70件、特邀作品30件，篆、隶、真、行、草五体书以及篆刻皆备。摄影展共展出70幅照片。

2019年9月25日，柯桥区书法篆刻精品展暨摄影图片展在柯桥美术馆开幕
（高建刚　摄）

【鉴湖笔会暨作协改稿会活动】 2019年9月17日，2019鉴湖笔会暨作协改稿会在柯桥区委党校举行。一级作家、鲁迅文学奖得主、浙江省作家协会副主席、浙江省散文学会会长、《浙江散文》主编陆春祥，市作协副主席、诗歌创委会主任蔡人灏，市作协副主席兼秘书长、小说创委会主任谢方儿分别就散文、小说、诗歌创作作文学讲座，就与会作品与作者进行面对面的交流与点评。

【孙伯翔肖慧书法艺术展】 2019年10月12日，由天津市文学艺术界联合会、天津市书法家协会、浙江省文学艺术界联合会、浙江省书法家协会、中共绍兴市委宣传部主办，绍兴市文学艺术界联合会、绍兴市书法家协会、兰亭书会、中共绍兴市柯桥区委宣传部、绍兴市柯桥区文学艺术界联合会、绍兴市柯桥区书法家协会承办的庆祝中华人民共和国成立70周年，正大气象——孙伯翔肖慧书法艺术展在柯桥美术馆开幕。展出天津魏碑书法艺术家孙伯翔、浙江省青年魏碑书家肖慧70件作品，其中孙伯翔、肖慧作品各35件。

【浙江省油画作品展】 2019年11月6日，由浙江省美术家协会、浙江省油画家协会、中共绍兴市柯桥区委宣传部、绍兴市柯桥区文学艺术界联合会主办，柯桥美术馆、绍兴市文联文艺创作展览中心、绍兴市墨华文化传播公司承办的“映物·味象”——2019浙江省油画作品展在柯桥美术馆启幕。这次展览展出浙江省中青年画家近年来创作的300余件油画作品，其中绍兴有30余位油画家的30余幅作品入展。展出的作品题材广泛，呈现出不同的表现手法。

【“唱响柯桥”原创音乐作品演唱会】 2019年11月25日，“唱响柯桥”原创音乐作品演唱会在百花剧场举行，15个柯桥本土原创音乐作品走上舞台。这次活动由中共绍兴市柯桥区委宣传部、中共绍兴市柯桥区直属机关工委、绍兴市柯桥区文学艺术界联合会主办。原创

2019年11月25日，“唱响柯桥”原创音乐作品演唱会在百花剧场举行
（胡劲松　摄）

音乐作品包括诗词、村歌。演唱会通过独唱、合唱、重唱、音乐剧等形式，由区音协、舞协、剧协和曲协的优秀骨干会员为主演绎，其中包括中国戏剧梅花奖得主吴凤花、吴素英、陈飞、张琳，还有中国曲艺牡丹奖新人奖得主施金裕。

【“一带一路”国际书法邀请展】 2019年11月30日，好风相从——2019“一带一路”国际书法邀请展在柯桥美术馆开幕。这次展览持续到12月12日，展览汇集中国、日本、韩国、新加坡等国家的40余位书法家创作的100余件作品，以讴歌“一带一路”倡议为主题。

【“诗路平水”诗词朗诵大会】 2019年12月6日，“唐诗之路、耶溪行歌”——“诗路平水”诗词朗诵大会在平水镇中学报告厅举行。诗词朗诵大会的朗诵者们年龄从不满6周岁到年逾60周岁，他们朗诵的18首诗词中有15首是原创诗词，创作者来自柯桥区文学艺术界联合会、柯桥区作家协会、绍兴市作家协会诗歌创作委员会、诗人部落的诗人们和平水镇的师生们，200余人参加该次诗词朗诵大会。

【纪念赵之谦诞辰190周年书法邀请展】 2019年12月21日，由绍兴市柯桥区人民政府、绍兴市文化广电旅游局、绍兴市文联、兰亭书会主办，中共绍兴市柯桥区委宣传部、柯桥区文联、兰亭书会苏州研究院协办，柯桥美术馆承办的“致敬撝叔”——纪念赵之谦诞辰190周年书法邀请展在柯桥美术馆开幕。这次展览展出20余名全国著名书法篆刻家84件以赵之谦诗文为内容的书法篆刻作品。赵之谦出生于绍兴，是晚清著名的书画篆刻艺术大家，清代第一位在正、行、篆、隶诸体上真正全面学碑的典范，并在篆刻上广为取法，融会贯通，以“印外求印”的手段开辟一个前所未有的新境界。展览持续到12月24日。

【白砥“嚴·巖”系列书法作品展】 2019年12月28日，由浙江省书法家协会、中国美术学院中国画与书法艺术学院、中共绍兴市柯桥区委宣传部、绍兴市柯桥区文学艺术界联合会主办，柯桥美术馆承办，绍兴市柯桥区书法家协会协办的白砥“嚴·巖”系列书法作品展在柯桥美术馆开幕。展览展出中国美术学院教授、博导，浙江省书法家协会副主席，绍兴籍书法家白砥近年创作的“嚴·巖”系列书法作品共60幅。（孙雪芳）

柯桥区残疾人联合会

【概况】 2019年，柯桥区发放困难残疾人生活补贴3486人次，发放金额847万元；发放重度残疾人护理补贴6681人次，发放金额1434万元。区领导带队走访慰问残疾人机构和残疾人家庭，为他们送去18万余元的慰问金和生活必需品。16个镇（街道）残疾人庇护中心建设完工。华舍街道兴越社区创建第二批省级无障碍社区，柯桥街道大渡社区申报为全国无障碍社区创建单位。

【第29次全国助残日活动】 2019年5月19日，柯桥区在中纺CBD举行主题为“自强脱贫、助残共享”的第29次全国助残日活动，活动包括残疾人及助残人士文艺会演，残疾人手工艺品义卖等，200余人参与此次活动。FM106经典汽车广播同时推出为期1个月的线上助残特别义卖活动。

2019年5月19日，柯桥区在中纺CBD举行主题为“自强脱贫、助残共享”的第29次全国助残日活动 （张诗雨 摄）

【第三届残疾人运动会】 2019年10月27日，柯桥区第三届残疾人运动会在区职教中心举行。全区

2019年10月27日，柯桥区第三届残疾人运动会比赛现场
（童佳萍　摄）

16个镇（街道）代表团，398名肢体、视力、听力等残疾人运动员参加田径、羽毛球、乒乓球、举重、飞镖、中国象棋、8×60米迎面接力等7个大项16个小项的比赛。柯桥街道、钱清镇、平水镇代表团分别获得团体总分前三名。

【投入康复救助金超373万元】 2019年，柯桥区开展"三助"服务需求筛查，为残疾人免费配发轮椅护理床类辅具27件、助听器5件、假肢4件、智能眼镜4件、小额辅具2件。对0～6周岁残疾儿童康复训练进行救助，85人得到康复训练补助，救助资金153万余元。开展残疾人医疗救助，全区2784名二级以上重度残疾人享受区惠民医疗优惠政策，比上年增加230人，惠民补助资金220万元。

【助力残疾人创业就业】 2019年，柯桥区鼓励和支持残疾人自主创业和灵活就业，15人获得自主创业补贴，接受补助资金2.65万元；全年发放灵活就业养老保险补贴564.7万元，惠及1559名残疾人。联合人才市场开辟专门残疾人就业信息专区；举办残疾人就业援助专场招聘会，组织30多家企业、100余名就业年龄段有就业需求的残疾人开展双向选择。扶持残疾人扶贫基地建设，为全区10个经济薄弱村提供16个残疾人公益性岗位，与爱心企业协调建立1个残疾人创业基地。在2019年度浙江省公务员招考中推出1个残疾人专设岗位，实现柯桥区机关事业单位单招单考残疾人零的突破。

【投入残疾人助学资金196.6万元】 2019年，柯桥区开展送教上门工程，对不能到学校接受教育的重度残疾儿童少年实行送教上门。对残疾学生和残疾人子女实施幼儿园、高中、大学的免费教育和助学，全年分别开展幼儿园助学68人次、高中助学196人次、大学助学561人次，发放补助资金196.6万元。（童佳萍）

柯桥区红十字会

【概况】 2019年，柯桥区自主开发建立救护培训信息化系统，实现救护培训线上签到考核、数据共享、业务协同，提高培训效能。专题举办二级应急救护师资培训班，按照分级培训、分类管理要求，扩充师资力量50人。实施健康素养进农村文化礼堂和"万村救护培训进礼堂"行动计划，实施农村普及性培训171场，普及2.04万人次。培训初级救护员3102人，普及红十字现场救护知识2.73万人次。筹集社会爱心款物502.35万元，支出470.13万元。

【区红十字会第一届理事会第二次（扩大）会议】 2019年3月7日，柯桥区红十字会第一届理事会第二次（扩大）会议在区行政中心鉴湖厅召开，副区长祝静芝出席会议，区红十字会第一届理事、监事、公共场所AED配置责任部门（单位）分管负责人、各镇（街道）红十字会会长参加会议。区红十字会社会监督委员会，区纪委（监委）派驻第十纪检监察组有关领导，浙江省明慈慈善基金会负责人及红十字志愿服务队代表应邀列席会议。调整更替因工作变动的理事3人，区教体局原副局长李建忠、原区农办副主任胡绍军、区人力社保局原副局长傅东升等3人因工作调动，分别更替为区教体局党工委委员、副局长章志坚，区农业农村局副局长陶永兴，区人力社保局副局长童叶军。

【建立"博爱家园"10个】 2019年，柯桥区开展"红十字博爱家园"创建，创新"5+X"模式，建立服务站点、开展救护培训、设立博爱基金、成立志愿队伍、弘扬生命关爱和发展特色项目。至年底，建立村（社区）博爱家园10个，位于柯桥街道港越社区、柯桥街道瓜渚湖社区、柯岩街道新风居、湖塘街道香林村、钱清街道九岩村、杨汛桥街道和门程村、马鞍街道亭山桥村、齐贤街道光明居、兰亭街道联合村、漓渚镇六峰村，分别以生命安全体验、救护培训、博爱救助、志愿服务等为特色亮点。

2019 年 8 月 13 日，杨汛桥镇高亚玲(左)在省中医院捐献造血干细胞　（区红十字会　供稿）

【造血干细胞捐献 1 例】 2019 年 8 月 13 日，杨汛桥镇中心小学体育教师高亚玲在浙江省中医院捐献造血干细胞悬混液 238 毫升，成为柯桥区第 4 例、全市第 22 例捐献造血干细胞的志愿者，也是绍兴市教育系统捐献造血干细胞第一人。

【人体器官等捐献 11 例】 2019 年，柯桥区人体器官捐献 5 例、遗体捐献 1 例、角膜捐献 5 例。5 月 13 日，福全街道女童傅某某因先天疾病抢救无效去世，其家属捐出她的眼角膜；6 月 5 日，广东广州陈女士因脑溢血抢救无效去世，其家人捐出她的一对眼角膜、双肾和肝脏，陈女士为全区第 15 例人体器官捐献者；6 月 20 日，河南泌阳辛某某因车祸去世，其家人捐出他的一对眼角膜、双肾和肝脏，辛某某为全区第 16 例人体器官捐献者；9 月 15 日，湖南平江唐某某因意外去世，其家人捐出他的心脏、一对眼角膜、双肾和肝脏，唐某某为全区第 17 例人体器官捐献者；11 月 13 日，江苏如东孙某某因意外去世，其家人决定捐出他的一对眼角膜、双肾和肝脏，孙某某为全区第 18 例人体器官捐献者；11 月 18 日，湖北孝感刘某某因意外去世，其家人决定捐出他的心脏、双肾和肝脏，刘某某为全区第 19 例人体器官捐献者；12 月 20 日，湖塘街道湖塘社区老人章四宝自然死亡后，按照其本人意愿进行遗体捐献，章四宝为全区第 4 例遗体捐献者。

2019 年，柯桥区在景区、学校、客运中心、商场、医院等 25 个重点公共场所安装 AED，并开展监督检查　（区红十字会　供稿）

2019 年 11 月 21 日，湖塘街道章四宝登记成为遗体捐献志愿者　（区红十字会　供稿）

【第二批公共场所 AED 配置安装完工】 2019 年，柯桥区安装第二批公共场所 AED 配置，增加景区、学校、客运中心、商场、医院等 25 个重点公共场所设备安装，全区累计配置 40 台。同步实现设点单位救护员队伍建立和设备网络监测搜寻功能，25 个设点单位 756 人考取红十字初级救护员证。

·小资料·　AED

AED 是自动体外除颤器(Automated External Defibrillator)的英文简称，是一种

便携式的医疗设备，它可以诊断特定的心律失常，并且给予电击除颤，是可被非专业人员使用的用于抢救心脏骤停患者的医疗设备。在心跳骤停时，在最佳抢救时间的“黄金4分钟”内，利用自动体外除颤器(AED)对患者进行除颤和心肺复苏，是最有效制止猝死的办法。

2019年5月8日，柯桥区举办纪念“5·8”世界红十字日大型广场公益活动　　（区红十字会　供稿）

【医疗志愿服务195场】 2019年，柯桥区“救护培训”志愿服务队，国庆长假期间，在龙华寺等景区红十字救护站为游客提供急救包扎等志愿服务；结合“5·8”博爱周、世界急救日等特殊节点，开展急救知识普及、救护技能现场演练、健康义诊、知识宣传等大型公益活动；在环湖公益行、超级马拉松挑战赛等活动中，保护参赛选手生命安全。全年开展医疗志愿服务195场，服务群众2.14万人次。

【“生命关爱”志愿服务队建立】 2019年8月，柯桥区红十字会联合区卫健局、区级医院组建专业化“生命关爱”志愿服务队，招募具有相关专业知识背景的志愿者20人。志愿者参与柯桥区器官（遗体）捐献服务工作，从捐献宣传、临终关怀、缅怀纪念和对家属慰问安抚方面提出机制性的意见建议。

【慰问困难群众271人】 2019年春节前期，区红十字会在全区范围内开展“情暖柯桥·红十字博爱送万家”为主题的慰问活动，慰问主要对象为城乡易受损贫困家庭、贫困学生、麻风病患者、白血病患儿贫困家庭和柯桥区“三献”（即无偿献血、造血干细胞捐献及人体器官（遗体）捐献）家庭等，区本级红十字会慰问困难群众271人，慰问金额25.34万元。

【增加博爱救助项目4项】 2019年，柯桥区增加“生命接力”慈善博爱基金、跨境电商助学、“向日葵”儿童康复救助和“助残健走”康复救助4项博爱项目，累计筹集资金254.02万元。“生命接力”慈善博爱基金由区红十字会和区慈善总会联合设立，是柯桥区首个致力于关爱造血干细胞、器官（遗体）捐献者和优秀无偿献血者的专项基金，定向用于该区域内造血干细胞捐献者、器官（遗体）捐献者家属以及优秀无偿献血者的慰问和困难救助。跨境电商助学是博爱助学项目，是在柯桥区跨境电子商务行业协会的倡议下，37家会员企业向区红十字会捐赠人民币12.6万元，帮助平水、稽东、王坛3个镇63位贫困学子。“向日葵”儿童康复救助博爱

2019年7月，中国轻纺城临安商会向柯桥区红十字会捐赠10万元，设立“助残健走”康复救助博爱项目　　（区红十字会　供稿）

项目是由区内爱心人士向区红十字会捐赠10万元设立，定向用于绍兴柯桥快乐宝贝儿童康复中心内儿童康复训练以及机构康复水平提升。“助残健走”康复救助博爱项目是由中国轻纺城临安商会向区红十字会捐赠10万元设立，定向用于柯桥区柯南中医骨伤医院髋膝关节、脊柱类患者的康复救助。

【动员爱心团体捐助东西部扶贫】 2019年，柯桥区红十字会动员浙江省明慈慈善基金、柯桥区侨商协会等团体向东西部扶贫、助困助学捐赠爱心资金21.6万元，动员浙江吉麻良丝等企业向江山洪灾、金川泥石流灾后重建捐赠爱心物资158万元。（丁　璐）

执行编辑　宋如玲

外事 · 侨务 · 港澳台事务

外 事

【概况】 2019年，柯桥区成立绍兴市柯桥区委外事工作委员会，对全区外事工作进行领导和管理。对因公出国（境）团组实行六部委联审，出台《柯桥区县处级以下国家工作人员因公临时出国管理实施意见》。审核因公出国（境）36批84人次。受理邀请外国人到绍审核978批1202人次。处理涉外事件25起32人次，处置答复外国使领馆照会3起。统计2020年重点涉外项目，编制项目数据库。区外事办被评为2019年度浙江省外事系统工作成绩突出集体。

保持与俄罗斯德米特洛夫区、日本菊川市、菲律宾卡加扬省拉尔洛市等11个国际友好城市的交流合作。全年接待外国使领馆人员、外国政府官员、外国教育界人士、商务代表团等8批84人次。举办第二届世界布商大会、春秋两季纺博会、国际时尚周、国际人才对接会等涉外活动。

【重大外事接待7次】 2019年1月13日，国际事务副校长胡安赫苏斯·佩莱兹·贡萨雷斯率西班牙加泰罗尼亚理工大学代表团一行18人到柯桥区考察。考察团一行参观中国轻纺城市场和轻纺城展示中心，表达合作交流意愿。

3月6—7日，以所长斯蒂芬那·法布里斯为团长的意大利国家研究委员会材料所一行6人到柯桥区考察，参观外国高端专家集聚区，进行技术考察和合作洽谈。

4月27—28日，意大利国会议员玛丽娜一行11人到柯桥区，考察轻纺城展示中心、联合市场、创意大厦，参观柯岩鲁镇。玛丽娜希望加强双方在创意产业的合作交流。

2019年4月27—28日，意大利国会议员玛丽娜（右三）一行访问柯桥区
（区政府办 供稿）

5月17日，澳大利亚白马市市长比尔·贝尼特访问柯桥区，考察学校开展足球教育情况，与区教体局就两地开展足球队交流与合作事宜进行交流探讨。

5月27日，菲律宾总统对华公共外交特使拉蒙·图尔福一行5人访问柯桥区，考察宝业国家建筑工业化节能研究实验平台、百年低碳科技住宅示范区、建筑工业化技术和产品招采展示中心（未来之家），希望与宝业集团加强合作。

10月22日，国际共享教育协会澳新区秘书长赵洁率新西兰北岛联合学校教育与考察团一行7人到柯桥区访问。访问团参观柯桥区城市建设，考察柯桥区实验中学等4所学校，参加特色观摩课，与柯桥区教体局代表和学校代表进行座谈，表达交流合作意愿。新西兰海湾港口小学、卡莫中学、凯韬中学、旺格雷中学分别与中国轻纺城第二小学、鲁迅外国语学校、安昌中学、柯桥区实验中学签订交流合作协议。

12月9日，印度工业联合会泰米尔纳德邦副主席哈瑞泰格拉杰率印度纺织商务考察团一行13人到柯桥区，考察弘扬控股、旱讯金编、财贸印花、百思服装设计、米娜纺织、汇太纺织、互生纺织、纳派材料科技、华诺纺织、华晨印染等企业，表达交流合作意愿。（马国峰）

【重大公务出访7次】 2019年6月20—27日，应意大利那不勒斯市政府和西班牙纺机协会邀请，柯桥区人民政府区长赵如浪等3人随绍兴市人民政府市长盛阅春率领的代表团，赴西班牙和意大利执行经贸洽谈和友好访问任务。在西班牙，代表团参加在巴塞罗那举办的2019ITMA欧洲国际纺织及制衣机械展览会。拜访西班牙荷马(JOMA)公司总部，与公司管理团队商谈时尚产业延伸、柯桥时尚周、柯桥足球产业市场化等合作细节。在意大利，代表团考察柯桥米兰国际面料馆，对米兰馆正在筹备的“丝路柯桥时尚秀”活动进行指导。会见意大利国家研究委员会材料所(IOM)负责人法布雷斯一行，邀请其出席“一带一路”绍兴·意大利经贸洽谈会，赵如浪和意大利材料所负责人法布雷斯签订《科技创新和技术转移合作协议》。

8月4—11日，应新西兰怀卡托市政府和斐济中部大区政府邀请，区委副书记金水法率代表团赴新西兰和斐济执行友好交流及农业经贸项目洽谈任务。在新西兰，代表团拜访怀卡托市政府和新西兰第一农业研究院，商谈农业项目及“柯桥工匠”人才培育项目合作，与新西兰第一农业研究院高级农业顾问戴夫·米勒商谈引进该院细胞融合技术组培繁育多头菊、小菊等菊花新品种事宜。访问PGG莱特森公司，商谈农业领域机器换人项目合作。拜访新西兰绍兴同乡会、绍兴乡贤及新西兰绍兴籍企业家，商谈越商回归项目计划。在斐济，代表团拜访斐济中部大区政府，商谈协力推进东成投资有限公司（斐济）农业新品种科技研究开发项目建设。拜访斐济塔武阿区政府，商谈签约友好交流关系城市的相关事宜。

8月14—21日，应阿联酋迪拜环球港务集团、土耳其德尼兹利市政府邀请，区委常委钱勇军率访问团赴阿联酋、土耳其执行经贸及建材项目洽谈任务。在阿联酋，访问团与阿联酋迪拜环球港务集团业务经理等人洽谈建立中国轻纺城现代化物流园合作事宜。拜访阿联酋绍兴商会，推介“丝路柯桥·布满全球”战略，商谈柯桥区纺织贸易赴阿对接及参展事宜和建材、机械等项目参展事宜。调研精工钢构集团国际中东市场公司业务开展情况、运作模式和当地投资环境，商讨后续业务开拓情况。在土耳其，代表团拜访土耳其德尼兹利市政府，开展“丝路柯桥”纺织项目、兰亭文化旅游度假区等重点文旅项目的合作洽谈。走访柯桥区布码头展览服务有限公司在土耳其设立的布码头土耳其面辅料馆，与对方经贸部门商谈扩大投资规模等后续事宜。拜访土耳其中国工商总会及土耳其BTC纺织贸易进出口公司，洽谈纺织产业合作事宜。

8月9—16日，应英国科控全球有限责任公司、荷兰华人生命科学协会邀请，区委常委、宣传部长

2019年8月10日，柯桥区委常委、宣传部部长杨伟卿（主席台发言者）在英国伦敦中国绍兴第四届创新创业大赛欧洲赛区分站赛上推介柯桥区
（区政府办　供稿）

杨伟卿率代表团赴英国、荷兰执行文化及科技经贸项目洽谈的任务。在英国，代表团访问科控全球有限责任公司（英国），洽谈中国绍兴第四届创新创业大赛亚洲赛区项目征集合作渠道，商讨建立柯桥区海外创新平台，对接引进高端科技项目。访问伦敦Here East创意园区，洽谈文化创意产业项目合作。赴英中发展协会（UCTDA），商谈设立科技项目招引联络站及文化创意项目等相关事宜。在荷兰，代表团拜访荷兰华人生命科学协会，寻求引进农业科技类项目。访问艾尔科瑞特公司，促成荷兰高端机械装备企业收购签约。拜访莱顿生物科学产业园，洽谈合作及邀请访问事宜。访问鹿特丹CIC共创中心，寻求建立中欧产业园合作平台。

8月28日至9月1日，应美国纽约皇后区和加拿大加华科技协会邀请，区人大常委会副主任胡国炜率代表团赴美国、加拿大执行友好交流及经贸访问任务。在美国，代表团访问纽约皇后区政府，推介柯桥经贸发展现状、特色出口产品。与美国128华人科技企业协会负责人会谈，推介“丝路柯桥·布满全球”产业及创意活动，寻求设立绍兴柯桥馆的可能性。与旅美绍兴籍侨胞卢森堡国际贸易公司负责人进行交流。与美国相干激光公司洽谈二氧化碳激光器合作项目，与美国SprintRay公司交流洽谈3D打印扩大产能项目。在加拿大，代表团拜访加华科技协会，推介柯桥区经济社会发展情况，协助洽谈电子工业合作项目。拜访加拿大万锦市政府，宣传柯桥区投资环境和招商引资优惠新政策，商谈建立友好城市的相关事宜。

8月21—28日，应葡萄牙托里什韦德拉什市政府和塞尔维亚工商会邀请，区政协副主席马芳妹率代表团赴葡萄牙和塞尔维亚执行友好经贸洽谈任务。在葡萄牙，代表团与里斯本托里什韦德拉什市政厅、葡中工商会进行座谈交流。在塞尔维亚，代表团拜访塞尔维亚工商会、访问AQOS公司、贝尔格莱德国家商会和贝尔格莱德国家律师事务所，探讨两地合作发展新途径。

8月23—31日，应巴西里约热内卢市议会和智利—中国经济贸易发展协会的邀请，区政协副主席裘江新率代表团赴巴西、智利执行经贸项目洽谈任务。在巴西，代表团拜访里约热内卢市议会，洽谈建立巴西布码头投资项目及纺织展会合作事宜。拜访巴西圣保罗商会，洽谈建立巴西布码头、巴西馆（静态展示区域）以及成立圣保罗纺织贸易集散地等项目。在智利，代表团访问智利—中国经济贸易发展协会，就绍兴布码头组织柯桥纺织企业参加智利国际纺织及服装面料展的相关细节、流程等问题进行商谈。拜访塔拉帕卡大区区长，就成立伊基克“南美纺织面料集散中心”的项目流程、落地细节以及浙江中环印染公司在智利扩大投资的合作项目等进行洽谈。参观伊基克自贸区，拜访伊基克华侨华人商会，走访柯桥区企业中环印染、亚迪智利办事处，了解企业在智利发展情况，协助解决发展经营中碰到的困难。（沈建芬）

侨　务

【概况】 2019年，柯桥区实施区侨联机构改革，区侨联不再与区侨办、区委统战部合署，建立区侨联党组。处理涉侨来信来访5件，走访、调研、服务侨商100多人次，建立为侨法律服务工作站，与农业银行、建设银行等金融机构签订战略合作协议，为侨企提供金融支持。接待、慰问重点侨胞、海外高层次人才500多人次，接待由海外侨胞组成的海外绍兴乡贤考察团。举办庆祝中华人民共和国成立70周年系列活动，采编侨界创业人士访谈录，评选海归青年创业先锋。建立海外侨务工作联络站1家、基层侨联1家。指导区侨商会开展活动和指导区海创会换届。协助建立柯桥侨爱慈善基金，组织侨商走访慰问困难群众30多户、发放慰问款物2万余元、与四川省阿坝州金川县13名困难学生结对助学。柯岩街道高尔夫社区党总支书记林玲被浙江省留联会授予最美留学人员之友称号。

【庆祝中华人民共和国成立70周年系列活动】 2019年9月5—6日，柯桥区组织部分重点归侨侨眷、侨商、留学生及家属代表赴安昌等地，开展“看变化、话发展、谈未来”等活动，侨商代表在安昌街道大山西村感受大山西村的发展变化，在诸暨市枫桥镇参观枫桥经验陈列馆，学习枫桥经验。举行庆祝中华人民共和国成立70周年座谈会，交流建设发展成就，引导侨界人士传承爱国爱乡精神。

【成立海外侨务工作联络站1家】2019年6月6日，柯桥区与绍兴籍华侨、越南浙江商会副会长、浙江威力钢模科技有限公司总经理洪丹签订协议，成立柯桥区海外侨务工作（越南河内）联络站，累计建立海外侨务工作联络站13家。联络站对外宣传推介柯桥区，维护侨胞权益和侨团和谐，为经济合作牵线搭桥。

【成立柯桥侨爱慈善基金】2019年5月16日，柯桥侨爱慈善基金举行成立仪式。该基金由区侨商会会长吴建栋，常务副会长蒋振东、金君、包海英、陶晓东、陈利峰以及副会长周洋7人发起并成立，首批募集资金182万元，主要用于暖侨关爱、急难救助、职业教育和之江学院教育立志项目等。

2019年11月6日，柯桥区海创会海外留学归国人员创业先锋颁奖仪式现场（徐炎法　摄）

2019年5月16日，柯桥侨爱慈善基金举行成立仪式（徐炎法　摄）

【柯桥区海创会召开换届大会】2019年11月6日，柯桥区海创会召开第二届会员大会，160余人参会。会议选举绍兴大鱼纸业有限公司董事长王君为柯桥区海创会第二届理事会会长，王天宇、王传跃、朱雨婷、任建钦、祁青达、张阳、张智、陈淼、金晓峰、姚皇玲、贺一烽、潘学锋为副会长，祁青达兼秘书长。区海创会有会员108人，助力经济建设和海归创业，为留学海归人员牵线搭桥、创设载体，提供政策、信息、融资等方面服务。

【组织评选海归青年创业先锋】2019年，柯桥区开展海外留学归国人员创业先锋评选活动，以具有海归创业背景，在区内所属行业领先，社会责任感强，社会影响力大，具有创业创新精神的标杆性人物为标准，蒋振东、濮雅萍、任祥、肖彦明、陶晓东、杨伟、吴建栋、王君、陈利锋9名海归创业人员评选为柯桥区海外留学归国人员创业先锋。（徐炎法）

港澳台事务

【概况】2019年，柯桥区接待、慰问台胞台属200余人次，走访台企20余次。接待台北夏氏宗亲会、台湾青年浙东唐诗之路参访团、草屯镇里长联谊会等18个参访团及（台湾）中国国民党前代理主席林政则、台湾退役上将夏瀛洲等501人次。办理赴台商务考察团组6批11人次；公务考察团组7批16人次，其中单一团组1批10人次，双跨团组6批6人次。办理台湾居民居住证47张。举办“锦绣中华”绍台书画展，展出柯桥、台湾书画作品80余幅。3月11日，“浙台邻里节”绍兴专场活动“一家亲·万事兴”绍台基层交流月在钱清镇启动。4月29日，台湾省南投县草屯镇妇女会与柯桥街道大渡社区居民开展联谊和参访活动。协助港胞周水祥向区关工委捐赠人民币10万元。承办全省侨商组织培训班，组织新侨和留学人员参加“海外华裔及港澳地区青少年寻根之旅夏令营”“海燕集结行动”等活动。

【落户台资企业11家】2019年，柯桥区通过“以台招台、以台引外”，引进绍兴柔彩光电材料科技有限公司、浙江杭达科技有限公司、绍兴徕信纺织品检验有限公司、绍兴三铃文化传播有限责任公司、绍兴智酷纺织品有限公司、绍兴既济商贸有限公司、绍兴智衣纺织品有限公司，绍兴潮创文化创意发展有限公司、绍兴普罗心企业管理咨询有限公司、八十五度(浙江)餐饮管理有限公司绍兴柯桥钱陶路分公司、绍兴品川餐饮有限公司柯桥万达分公司11家台资企业落户，总注册资金7022万余元，涉及新型材料、电子科技、文化传播、针纺织品等领域。

2019年11月20日，绍兴市台湾同胞投资企业协会柯桥区分会新任会长就职典礼现场
（区委台办 供稿）

【开展台商台胞“品柯桥、看绍兴”活动3次】 2019年，柯桥区组织在柯桥台商、台胞“品柯桥、看绍兴”活动，参访新昌茶市、上虞现代农业、嵊州越剧小镇，全年开展活动3次，参与台商台胞105人次。

【绍兴市台湾同胞投资企业协会柯桥区分会新会长就任】 2019年11月20日，绍兴市台湾同胞投资企业协会柯桥区分会新任会长杨迪风就任，在柯台商、台胞及相关单位负责人等180余人参加就任典礼。协会为在柯桥注册的台资企业及来柯桥从事商务活动的台湾同胞服务、促进会员间联谊和合作交流、维护会员合法权益、促进企业发展和柯桥的经济繁荣。

【6名柯桥籍学生被台湾地区大学录取】 2019年，6名柯桥籍新生分别被台湾辅仁大学、朝阳科技大学、静宜大学、铭传大学、云林科技大学、台湾科技大学录取，其中5人攻读硕士研究生。(沈建庆)

执行编辑 黄炳耀

法 治

政法委

【概况】 2019年,柯桥区坚持和发展新时代"枫桥经验",举办2019首届"枫桥经验"高峰论坛。通过"四平台"上报事件249286件,办理249021件,办结249040件,办结率99.9%。建设区级社会矛盾纠纷调处化解中心,构建区、镇、村三级社会矛盾纠纷调处化解中心体系。调处各类矛盾纠纷4250件,调处成功4248件,调处成功率99.9%;省市挂牌督办的38件重大矛盾纠纷化解34件;社会风险评估立项备案63件。

以"平安柯桥"建设为主线,开展"平安建设推进月"系列活动,推进反恐、六大实名制、生产安全、消防安全、食药品安全、校园安全、出租房管理、交通安全等八大专项治理行动。出台《柯桥区2019年度平安建设工作考评办法》。

"中华人民共和国成立70周年"大庆维稳安保工作,被市委政法委记三等功一次。全年未发生重大群体性事件、重大恶性案件等"一票否决"事项,从2006年开始连续十四年成功创建"平安区"。

·小资料· 六大实名制

六大实名制指寄递业、瓶装燃气、散装汽油、旅馆民宿、长途客运、手机实名制。

【"1234"数字化基层智慧治理】 2019年,柯桥区实施"1234"数字化基层智慧治理。"1"即建"一个中心",构建由区综合信息指挥中心、镇街综合信息指挥室、村(居、社区)综合信息工作室组成的三级指挥运行体系。"2"即坚持"两大集成",坚持"办公集成",推进综合行政执法、市场监督管理等派驻机构集中办公,属地党委政府对派驻机构统一管理、统一指挥、统一调度;坚持"系统集成",整合数字城管、12345市长热线等各平台数据资源,实现信息共享、多通融和。"3"即"三支队伍",派驻机构人员、信息指挥室工作人员和全科网格员三支队伍。"4"即延伸"四只触角",村级指挥室全建立,"四平台"向村(居、社区)一级延伸;"雪亮工程"全覆盖,建成并实现联网的各类视频监控3.7万路;视频系统全联网,全区16个镇街和354个村均完成视联网建设;服务事项全统筹,事项

2019年7月10日,浙江省委政法委常务副书记朱晨调研柯岩综合信息指挥室
(区委政法委 供稿)

集中进驻镇街便民服务中心，实行“一站式服务”。

【“基层治理四平台”4.0版本启用】 2019年，柯桥区推进“基层治理四平台”系统升级改造工作，研发的4.0版本通过省专家组评估验收。全区信息采集覆盖率提升263.2%。利用浙政钉“掌上基层”，对平安通、流管通、河长通、食安通、房管通等APP进行全面整合，实现基层信息一次采集、全网共享、统一受理、联动处置。

【首届“枫桥经验”高峰论坛】 2019年，柯桥区举办首届“枫桥经验”高峰论坛，以枫桥经验与市域社会治理实践为主题，分开幕式、专家论坛、实践论坛、互动研讨、参观三级社会矛盾纠纷调处化解中心、闭幕式6项议程。中国法学会党组成员、学术委员会主任张文显，国务院发展研究中心资源与环境政策研究所副所长、研究员常纪文，西北政法大学校长助理、枫桥经验与社会治理研究院院长汪世荣，清华大学法学院教授高其才，上海政法学院教授汤啸天等专家，以《对枫桥经验的理解》《基层治理的新议程》《市域治理中的文化建设》《绿色治理》等作题做演讲。

【“扫黑除恶”专项斗争列全市第一】 2019年，柯桥区共打掉黑社会性质组织3个、恶势力犯罪集团18个，查封扣押冻结非法资产13309万余元，查处涉黑涉恶腐败和“保护伞”22人，列绍兴市“扫黑除恶”专项斗争综合排名第一。

【平安宣传活动】 2019年，柯桥区运用广播、电视、“平安柯桥”微信公众号等平台开展平安宣传，发动网格员、平安志愿者走村入户进企开展面对面宣传，全年累计开展各类平安宣传活动50余场，分发宣传页60万余份，张贴宣传海报3000余份。（张　月）

法治政府建设

【概况】 2019年，柯桥区出台《2019年绍兴市柯桥区法治政府建设工作要点》，成立区委全面依法治区委员会办公室及协调小组，将以法治政府建设为主要内容的依法治区工作纳入区委巡察内容。督查通报行政诉讼案件应诉情况，27个部门单位上报并公开上一年度法治政府建设工作情况。柯桥区县乡法治政府“最佳实践”项目“政府工作人员法治思维和依法行政能力建设”，在全省法治政府建设推进会上作书面交流。

开展证明事项清理，涉及部门16个，取消各类证明材料350项，涉及证明事项328个。开展公平竞争审查，开展滥用行政权力排除限制市场准入行为专项整治，梳理涉及市场主体文件172份，废除8份，修改9份。开展公共法律服务，建设品牌调解室24个。《以村规民约助力基层治理，助推乡村振兴》经验入选2019年度长三角基层依法治理十大优秀案例。

2019年8月15日，柯桥区在区法院召开预防和化解行政争议工作联席会议暨全区法治政府建设推进会　　（虞永扬　摄）

【行政规范性文件清理审查】 2019年，柯桥区出台《关于加强行政规范性文件制定和监督管理工作的通知》，进行规范性文件合法性审查25件。开展全面清理1次，停止执行行政规范性文件72份，修改5份。专项清理2次，梳理文件176份，废止8份，修改8份。落实《重大行政决策程序暂行条例》，编制并实施《2019年度区政府重大行政决策事项目录》。政府法律顾问续约更新21家，清理15家。

【行政执法监督】 2019年，柯桥区加强政府内部重点领域行政执法监督，制定《2019年绍兴市柯桥区行政执法监督工作计划》，开展农民工工资支付情况专项执法监督检查及案卷评查，评查案卷50件。进行执法主体确认，确认行政执法单位66个。开展行政执法证考试，分发行政执法培训教材352本，符合条件参考人员132人，通过率93.9%，全区持证人员2306人，行政执法人员持证率基本实现100%。基本完成行政执法辅助人员信息录入工作。

【制定行政机关负责人出庭应诉管理办法】 2019年，柯桥区制定行政机关负责人出庭应诉管理办法，行政机关负责人出庭应诉率为87.7%，行政诉讼案件败诉率全市最低。

【受理行政复议案件94件】 2019年，柯桥区在司法局设立行政复议科、应诉协调科，受理行政复议案件94件，比上年增长168.6%。审结84件，其中旧存1件，审结率88.4%；直接纠错14件，包括确认违法、撤销、责令履行等方式结案，纠错率16.7%；终止38件，包括调解和撤回，调撤率为45.2%；维持27件，包括驳回和维持，占32.1%。经复议后提起的行政诉讼案件5件，复议被纠错率为0。

【公务员法律知识学习】 2019年，柯桥区出台《绍兴市柯桥区领导干部任前法律知识考试办法(试行)》，80位区管领导干部参加任前廉政法治考试。组织全体区政府领导，各镇(街道)、各部门主要领导旁听行政诉讼案件。向区管领导赠送法治思维、依法行政等书籍共计2000册。举办公务员学法用法三年轮训，进行3期共679名区级公务员培训，组织开展公务员学法用法分级考试，3706名国家工作人员参考，通过率100%。对初任公务员、源头干部等举办专家学者法治讲座30余次，法治教育专题培训9期2800余人次，开设法治类必修课60余门。(韩春红)

公 安

【概况】 2019年，柯桥区公安部门有内设机构和派出机构50个，其中内设机构、直属机构31个，派出所19个。有民警915人，其中大学以上学历794人、专科学历121人。接警总量34.94万起，其中有效接警总量16.99万起，分别比上年增长10.7%和7.5%。打处各类刑事犯罪嫌疑人2715人，比上年增长11.8%；治安拘留3377人，比上年增长25.96%。命案、五类案件继续保持全破，破获22年前"柯岩独山"命案积案，涉及4省50余起总案值1500万元的特大系列别墅盗窃案等一批重特大案件。全年全口径交通事故死亡人数比前3年平均数下降27.05%。完成第二届世界布商大会、时尚周、机器人大赛等155场次的重大安保和大型活动保卫任务。

有1个集体、4名民警立二等功，2个集体、33名民警立三等功，出入境管理大队被授予"绍兴市三八红旗集体"称号，拘留所被公安部监管局评为安全隐患整治工作示范公安监所，魏泽宇被评为全省劳动模范，倪崇辉被评为全省人民满意公务员。

【破获经济案件130起】 2019年，柯桥区公安部门破获各类经济案件130起，挽回经济损失1.3亿元，其中"猎狐"专项行动中抓获在逃境外经济犯罪嫌疑人12人。

【解决27年"黑户"】 2019年，柯桥区稽东派出所为辖区陈村村民易某解决27年"黑户"问题，省委书记车俊、市委书记马卫光对此批示肯定。1992年，易某因云南鲁甸老家受灾外出安家稽东镇陈村，但一直未落户，稽东派出所民警在陈村"巡诊"发现后，多方咨询联系到易某亲人，并辗转7个省，行程2100余千米，办理易某户口迁移手续。(徐 金)

检 察

【概况】 2019年，柯桥区人民检察院批准逮捕1104人、提起公诉1919人，从2015年起连续5年被最高人民检察院评为全国检察宣传先进单位。侦办一起司法人员徇私枉法犯罪案件，该案系全国首例检察机关以"机动侦查权"立案侦查的职务犯罪案件，被评为全国检察机关精品案件。出台《关于建立健全沟通联系机制的实施方案》，挂牌成立联络室，聘请36位商(协)会会长作为特聘联系人。系统整理近三年来涉企案件，编制《涉民营企业司法保护典型案例白皮书》。办理涉企案件92件184人。依法建议公安机关对2名民营企业负责人改变强制措施，保障企业正常生产经营。开展打击危害食品药品安全刑事犯罪专项行动，提起公诉25件65人，办理食品药品领域行政公益诉讼案件3件、民事公益诉讼3件。强化生态环保检察，依法起诉14

件34人,办理破坏环境资源行政公益诉讼案件74件。打击电信网络诈骗犯罪,提起公诉24件110人,开展P2P平台非法集资犯罪专项打击行动,办理涉案金额3400余万元的EATK电子虚拟货币诈骗案和“中佳易购”非法吸收公众存款案等新型案件。接待处理群众来信来访316件次。开展司法救助工作,对11名生活确有困难的刑事被害人或其近亲属提供救助。

2019年9月26日,柯桥区人民检察院驻柯桥区工商联联络室挂牌成立　　（王　菁　摄）

【“扫黑除恶”专项斗争】 2019年,柯桥区人民检察院提前介入涉黑涉恶案件12件140人,批准逮捕涉黑涉恶犯罪案件56件161人,依法起诉23件136人,其中黑社会性质组织犯罪案件1件17人、恶势力犯罪集团案件18件103人、恶势力犯罪团伙案件2件14人、“保护伞”案件2件2人,纠正漏捕1人,追加起诉30人。配套运行“破网打伞”机制,制定《线索摸排移送工作机制》《“保护伞”线索发现移送工作机制》。

【刑事检察监督】 2019年,柯桥区人民检察院监督公安机关立案6件9人,监督撤案2件2人,增捕2人,纠正漏诉78人。对不构成犯罪或事实不清、证据不足的案件,依法不批准逮捕163人,不起诉24人,其中无罪不起诉13人。向公安机关发出纠正违法通知书6份,发送检察建议11份。检察长列席同级法院审判委员会6次;对认定事实罪名有误、量刑不当案件,提出抗诉4件,均获改判。督促法院对334名有能力执行财产刑而未执行的罪犯及时追缴罚金。提出羁押必要性审查建议96件,被采纳79件。收监执行6名不符合监外执行条件的服刑人员。全年对57名未成年人作出不批准逮捕、不起诉处理决定。

【民事检察监督】 2019年,柯桥区人民检察院向公安机关移送虚假诉讼犯罪线索4条。集中办理一批社会效果显著的虚假诉讼案件,潘某与金某民间借贷纠纷抗诉案入选最高人民法院司法案例研究院与国家检察官学院联合发布的六大“刑民交叉典型案例”。完善虚假诉讼联合查处机制,办理浙江某置业有限公司民间借贷虚假诉讼系列案,涉案金额1.6亿元,该案被评为全省民事检察精品案例。

【行政检察监督】 2019年,柯桥区人民检察院依职权办理违法建筑非诉执行案件8件,发送检察建议8份,涉案违法建筑达1000余平方米,相关职能部门均已采纳。联合区公安分局、区教体局等五部门出台《涉罪未成年人信息通报与联络机制》,向相关行政职能部门发送检察建议,督促恢复1名涉罪未成年人的学籍,保护涉罪未成年人教育权。

【公益诉讼检察监督】 2019年,柯桥区人民检察院办理行政公益诉讼案件81件、民事公益诉讼3件。针对非法占用耕地、非法采矿、废气污染等事项,发出诉前检察建议12件,跟踪督促相关部门履职。

2019年6月5日,柯桥区人民检察院开展公益诉讼调查取证工作　　（王　菁　摄）

【内设机构改革】 2019年，柯桥区人民检察院完成内设机构改革，建立刑事案件“捕诉一体”办案机制。设立7个业务部门：第一检察部、第二检察部、第三检察部、第四检察部、第五检察部、第六检察部、第七检察部（挂公益损害与诉讼违法举报中心牌子）；设立2个司法行政部门：政治部和办公室（挂司法警察大队牌子），组建专门办案团队。

【认罪认罚从宽制度实施】 2019年，柯桥区人民检察院共办理适用认罪认罚从宽制度案件726件1024人，其中起诉699人，不起诉325人。落实值班律师制度，主动听取辩护人意见，共提供法律帮助836人次，签署认罪认罚具结书1024份，依法保障犯罪嫌疑人的合法权益。加强与区人民法院的沟通对接，提高量刑精准度，对586名被告人提出量刑建议，被采纳率90.4%。

【检察权运行规范】 2019年，柯桥区人民检察院邀请人大代表、政协委员、工商联、劳动模范等各界代表参加“检察开放日”活动。在人民检察院信息公开网发布案件程序性信息3699条，发布重要案件信息57条，公开法律文书1483份，通过“两微一端”（微博、微信及新闻客户端）发布信息130期248条。（何家鸣）

法 院

【概况】 2019年，柯桥区接收各类案件24413件，审执结25030件（含旧存，本类目下同），比上年分别下降11.1%和8.2%，未结案件2266件，比上年下降21.4%，一线法官人均结案405.3件。

出台服务保障民营经济发展二十一条实施意见，规范查封、扣押、冻结等强制措施，不轻易中断企业指挥系统和资金往来，最大限度减少司法活动对涉案企业的不利影响。区法院联合市场监管局建立花样版权简易维权机制，解决维权举证难、周期长、成本高等问题。审结环境资源犯罪案件14件38人。开展诉讼源头治理，通过诉调对接工作站、商会调解工作室等平台，减少诉讼增量，诉前纠纷化解率16.8%。成立简案速裁庭，案件繁简分流、轻重分离、快慢分道，一审简易程序适用率79.9%，成立简案速裁庭审结案件3513件。加强能化建设，使用微法院交换证据883次，终本约谈789次，网上调解217次，送达文书39398次。完善道交事故网上数据一体化处理和在线矛盾纠纷多元化解平台，线上调解成功926件，成功率75.5%。以信息化推进审判流程、庭审直播、裁判文书、执行信息公开，审判流程有效公开率92%，庭审直播案件3313件，裁判文书上网24667份。坚持网络司法拍卖，网拍率100%，成交金额11.8亿元，整体溢价率43.8%，为当事人节约佣金2273万元。

2019年8月26日，柯桥区发布《绍兴市柯桥区人民法院建设工程案件审判白皮书（2014年1月—2019年6月）》 （胡剑飞 摄）

【审结刑事案件1118件】 2019年，柯桥区受理刑事案件1118件，审结1118件，比上年分别增长8.3%和8.3%，判处1692人。开展扫黑除恶专项斗争，审结黑恶犯罪案件28件181人，判处五年以上有期徒刑83人；审结“保护伞”犯罪案件2件2人，判处罚金、没收财产2322.8万元。审结“两抢一盗”、故意伤害、寻衅滋事、黄赌毒等犯罪案件465件764人；审结公安部督办的瞿某某等16人特大跨省“碰瓷”诈骗案，首要分子获刑十一年六个月。审结贪污、贿赂等职务犯罪案件7件9人。对21名未成年被告人适用缓刑。

【审结民商事案件13747件】 2019年，柯桥区受理民商事案件13474件，审结13747件，比上年分别下降3.6%和7.4%。规范调解工作，诉前引调案件6356件，民事可调撤率69.9%。推进家事审判方式改革，审结婚姻、继承、赡养、抚养等案件1396件，发出人身保护令7份。审结买卖、租赁等合同案件4877件。审结劳动争议案件1283件，比上年下降64.1%。发布全市首份建设工程案件审判白皮书，审结相关案件386件。审结涉外案件35件。

2019年7月22日，柯桥区人民法院开展“联合执行月”行动
（胡剑飞　摄）

【行政机关负责人出庭应诉率90.6%】 2019年，柯桥区受理行政诉讼案件194件，审结193件，比上年分别增长19%和20.6%，其中判决行政机关败诉28件，败诉率14.5%。行政机关负责人出庭应诉率90.6%，比上年增长36个百分点。审结国土、卫生、市场监管等领域非诉执行案件191件，裁定准予执行150件，准执率78.5%。21件案件通过协调得到实质性化解。召开预防和化解行政争议联席会议，开展“旁听百场庭审”活动，推动构建依法行政的政府治理体系。

2019年11月14日，柯桥区人民法院举行“旁听百场庭审”活动
（胡剑飞　摄）

【执结执行案件9356件】 2019年，柯桥区受理执行案件9015件，执结9356件，比上年分别下降15%和11.7%，执行到位金额22.5亿元。执行史上最严强制执行措施，司法拘留942人次，罚款3214人次，判处刑罚26件31人，违法制裁率达46.9%，比上年上升29.2%。纳入全国失信被执行人名单库3216人、限制高消费7194人、限制出入境1337人，网络布控3143人。坚持审判执行工作并重、立审执破兼顾，自动履行率49.7%。

【受理破产案件64件】 2019年，柯桥区受理破产案件64件，审结59件，完成“僵尸企业”财产处置12家，释放土地资源509亩，处置厂房33.2万平方米，缴纳税费超过1亿元。设立专项保障基金，力求债权人利益最大化，其中保亿置业破产清算案普通债权清偿率58.1%。加强执行与破产程序衔接，移送破产审查案件15件，进入破产程序9件，涉及执行案件88件，标的额近4亿元。

【发布职业放贷人名录】 2019年，柯桥区发布职业放贷人名录17人，新收民间借贷案件2632件，收案标的额17亿元，审结2692件，比上年分别下降13.4%、20.6%和11.5%。（王敏慧）

司法行政

【概况】 2019年，柯桥区开展“宪法进万家”活动，编印分发《法在身边——宪法篇》1万册。开展“法律护航，喜迎国庆”法律知识竞答，10970人次参加。建设宪法文化公园一期。开展“法润柯桥”专项行动，出台《柯桥区人民政府任命的国家工作人员宪法宣誓实施办法》，落实宪法宣誓制度，出台《绍兴市柯桥区“法律进学校”示范点评选实施办法（试行)》,评出 8 所学校为区级“法律进学校”示范点,开展 9 次公众开放日活动,组织 200 余名青少年走进法院旁听庭审;开展“尊法学法守法用法示范户”和“法律明白人”评选,增加 100 户(人)。创建市级诚信守法示范企业 9 家,申报省级民主法治村(社区)16 家,创成市级民主法治村(社区)25 家。

2019 年,柯桥区被司法部评为全国“七五”普法中期先进县(市、区),被省普法教育领导小组评为全省“七五”普法中期成绩突出县(市、区)。柯桥区基层治理经验入选 2019 年度长三角基层依法治理十大优秀案例。区司法局被省司法厅授予大庆维稳安保工作集体嘉奖,钱清司法所被评为省级文明规范公正司法所,省级文明规范公正司法所创成数全省第一。

2019 年 10 月 30—31 日,浙江省司法所工作暨贯彻落实《浙江省人民调解工作规范》会议在柯桥区鉴湖大酒店召开 (虞永扬　摄)

【矛盾纠纷调解成功率 99.95%】 2019 年,柯桥区实施“坚持发展‘枫桥经验’实现矛盾不上交三年行动方案”,调处各类矛盾纠纷 4097 件,调处 4095 件,成功率 99.95%。增加马鞍“宝善桥心连心调解室”、兰亭街道“老濮和畅调解室”、香林村“老村长调解室”和华舍兴越社区“沈心工作室”4 个特色调解室。建立区知识产权纠纷调委会,建立区人民调解委员会驻拘留所工作室。开发建设柯桥区“云 e”调解平台,提高网络受理和调解能力。

2019 年 9 月 26 日,浙江省司法厅厅长马柏伟在钱清司法所调研“枫桥式”司法所建设工作 (虞永扬　摄)

【接收社区矫正对象 377 人】 2019 年,柯桥区共接收社区矫正对象 377 人,比上年减少 425 人,实际在册社区矫正对象 526 人,书面警告处分 57 人次,治安处罚 1 人,提请撤销缓刑、收监执行 5 人(一人不符合),再犯罪案件 2 起,无脱管、漏管和严重再犯罪情况发生。开展社区矫正执法规范化建设年活动和社区矫正安全隐患大排查专项整治活动,

2019 年 10 月 11 日,欣昇青少年成长服务中心心理老师对未成年社区矫正对象进行一对一心理辅导 (虞永扬　摄)

开展社区矫正理论知识大比拼、社区矫正岗位技能大比武、社区矫正档案质量大评比和社区矫正联合执法大检查四项活动。实地检查16个司法所及12家律师事务所，在社区矫正对象中摸排线索共计11条并移交相关部门。在册涉黑涉恶社区矫正对象1人。

【受理法律援助案件1402起】 2019年，柯桥区共受理法律援助案件1402件，受援1438人次，比上年分别增长25%和26%，解答法律咨询8182次，为困难群众免除法律服务费约640万元，为受援人挽回或避免损失约2351万元。开展“农民工讨薪专项行动”，接待来访农民工法律咨询（讨薪）811人次，追回204.53万元。出台《柯桥区法律援助值班律师管理办法（试行）》。继续开展法律援助“最多跑一次”事项“全市通办”工作，强化对“网上办、就近办、律师代办”申请法律援助申请的宣传，对“12348”公共法律服务热线满意度评价和法律援助案件进行回访、通报，“12348”公共法律服务热线满意度均在95%以上，法律援助受援人对律师办案满意率100%。（虞永扬）

典型案例

【洪某盗窃、挪用公款、徇私枉法侦查案】 2019年7月19日，柯桥区人民检察院就原绍兴市公安局柯桥区分局民警洪某涉嫌盗窃案向柯桥区人民法院提起公诉。8月30日，一审法院做出有罪判决，以犯盗窃罪、挪用公款罪、徇私枉法罪判处洪某有期徒刑3年6个月，并处罚金人民币2000元。是刑诉法修改后浙江检察机关首例运用机动侦查权查办司法工作人员犯罪的案件。

经侦查查明，2018年4月以来，原绍兴市公安局柯桥区分局民警洪某利用职务便利，在参与办理李某某等人寻衅滋事案期间，以重置支付宝、微信账户登陆密码和转账套现等方式，将李某某支付宝等账户内的款项人民币93463.51元非法占为己有。2015年9月至2019年1月，洪某利用职务便利，挪用涉案人员取保候审保证金及退赃款共计人民币14万元归个人使用，超过3月未归还。2015年9—10月，洪某为隐瞒自己挪用俞某某、汤某某等人取保候审保证金及退赃款共计人民币9万元的事实，在明知俞某某、汤某某等人有犯罪事实且需追究刑事责任的情况下故意中断侦查，甚或伪造相关法律文书私自作出撤销案件处理，致使涉案人员实际脱离司法机关侦控。

2019年6月10日，绍兴市柯桥区人民检察院刑事执行检察部侦查终结，将该案移送该院公诉部门审查起诉。7月19日，向绍兴市柯桥区人民法院提起公诉。8月30日，一审法院对洪某做出有罪判决。（丁宗杰）

【俞某某等24名被告人涉组织、领导、参加黑社会性质组织案件】 2019年10月11、12日，柯桥区人民法院依法公开开庭审理俞某某等24名被告人涉组织、领导、参加黑社会性质组织一案，由区法院院长陈建民担任审判长，区检察院检察长周江担任公诉人出庭支持公诉。庭审持续2天，庭审总时长超过20个小时。

柯桥区人民法院审理查明，自2015年起，被告人俞某某、周某某等人成立嵊州市银鑫再生物资回收有限公司从事废旧电瓶（属危险废物）回收业务，为攫取更多非法利益，在被告人俞某某的提议、策划下，先后召集多人参与“打非”（对废旧电瓶回收的其他经营者进行打击）行动或管理财务，形成以被告人俞某某为组织者和领导者的黑社会性质组织。该组织多次实施强迫交易、寻衅滋事、敲诈勒索、非法拘禁等违法犯罪活动，采取跟踪、拦截、逼停、谈判或利用相关单位的执法权等手段，对到嵊州市从事废旧电瓶回收的其他经营者进行打击，严重破坏当地的经济、社会秩序。

2019年12月30日，柯桥区人民法院对此案进行公开宣判，以组织、领导黑社会性质组织罪、敲诈勒索罪、寻衅滋事罪、强迫交易罪、非法拘禁罪、污染环境罪，一审判处被告人俞某某有期徒刑19年，剥夺政治权利2年，并处没收个人全部财产，罚金人民币21万元；对该黑社会性质组织的其他成员分别判处18年至2年4个月不等有期徒刑，并处罚金或没收财产。（虞永扬）

执行编辑　章水清

军 事

国防教育

【概况】 2019 年,柯桥区结合庆祝中华人民共和国成立 70 周年暨开展国防教育,对党政领导干部重点进行国防形势宣讲,对后备干部重点进行国防教育培训,对学校重点进行国防教育示范学校培育。在浙江工业大学之江学院举行“爱我国防”主题演讲比赛,14 名大学生入围决赛,1 人入围全国比赛。到之江学院开展“征兵宣传进校园”工作。区人武部政委赴老干部局作以“统一思想、坚定信心、勇敢应战,切实维护好中国发展的重要战略机遇期”为主题的国防教育报告。

2019 年 4 月 25 日,柯桥区大学生“爱我国防”主题演讲比赛在浙江工业大学之江学院举行 （夏先龙 摄）

【举行国防教育学习会】 2019 年,柯桥区组织举行国防教育学习会,区委理论学习中心组全体成员、其他区领导、区镇两级机关(党组)中心组部分成员参加。军事专家、国防大学教授、博士生导师王宝付就“国际军事形势与我国安全环境新变化”作专题讲座。(丁东凯)

军民共建

【概况】 2019 年,柯桥区坚持党管武装各项制度,用好地方党委议军会、武装工作会议、国防动员委员会议等平台,深化民兵党建工作,在民兵队伍中开展“不忘初心、牢记使命”主题教育。落实退役大学毕业生士兵定向招聘事业编制岗位,建设“两榜一栏”(军人榜、军功榜、国防教育栏)和“军人之家”。

【“军人之家”柯桥经验在中央媒体刊发】 2019 年,柯桥区全面实施“军人之

2019 年 8 月 14 日,绍兴市委书记马卫光赴钱清街道“军人之家”调研退役军人服务管理工作 （夏先龙 摄）

家”建设工作，构建区、镇、村三级军人服务机构和工作体系，建设“人员全覆盖、服务全流程”的军人服务柯桥品牌。该经验做法获新华社国内动态清样刊发，多次接受中央级、省部级领导检查指导。（丁东凯）

兵役工作

【概况】 2019 年，柯桥区贯彻执行市政府、军分区征兵命令，坚持依法征兵、廉洁征兵，严密组织，狠抓落实，完成年度征兵任务。柯桥区被评为省征兵工作成绩突出单位。

【退役大学毕业生士兵定向招聘事业编】 2019 年起，柯桥区每年在事业单位用编计划中，安排 3 个事业编岗位用于定向招聘柯桥籍的退役大学生毕业士兵。2019 年 10 月 24—26 日，柯桥区退役大学毕业生士兵定向招聘事业编制岗位报名工作在区人武部进行。（丁东凯）

民兵预备役

【概况】 2019 年，柯桥区完成专武干部、民兵干部、民兵教学组训骨干、应急分队、专业分队和民兵特殊力量的军训任务。组织参加军分区民兵岗位练兵比武、危化品泄漏安全生产事故”应急处置行动演练、抗 9 号台风集中备勤、绍兴国际马拉松赛安保执勤等任务。柯岩街道武装部被省军区评为先进基层武装部。

【抗台风集中备勤】 2019 年，柯桥区组织民兵应急连、区值班分队和民兵应急排进行抗 9 号台风“利奇马”集中备勤，出动救援分队 6 人携冲锋舟 2 艘驰援新昌一个景区洪水内涝点抢险。

【开展“危化品泄漏安全生产事故”应急处置行动演练】 2019 年，柯桥区围绕“安全生产事故和重大安保任务”应急预案，组织以民兵应急连为主体，民兵应急排、防化救援分队、医疗救护分队、道路抢修分队、交通巡线分队、情报信息员、气象分队为辅，和地方消防力量协同，在马鞍街道滨海工业区华彬石化有限公司内举行“危化品泄漏安全生产事故”应急处置行动演练。省军区副政委带工作组参加观摩并给予肯定。（丁东凯）

2019 年 11 月，柯桥区在滨海工业区华彬石化有限公司举行“危化品泄漏安全生产事故”应急处置行动演练　（夏先龙　摄）

武　警

【概况】 2019 年，武警柯桥中队全年执行临时性押解勤务 84 起，出动兵力 282 人次，押送犯罪嫌疑人 718 人，行程 2.5 万千米。完成浙江工业大学之江学院、浙江农林大学暨阳学院等学校军训任务，选派军训教官 30 余人次（共培训学员 2500 余人）。在绍兴市群众性大练兵比武竞赛中，取得团体第二名，三人获嘉奖。武警柯桥中队持续开展“军营开放日”活动，邀请社会各界人士走进军营，感受人民武警战士的工作和生活，全年接待柯桥区机关幼儿园、湖塘中学等单位 120 余人次参观。（慎泽非）

人民防空

【概况】 2019 年，柯桥区将人防设施配置要求落实到二个区块控制性详细规划中，编制《绍兴市柯桥区大香林疏散基地规划》；结合柯岩街道“四个平台”，建成柯岩人防应急指挥平台；推进省、市、区、镇四级应急指挥平台常态化联通和超短波电台日常训练工作；区级人防部门和区气象部门相关责任对接，签订《共建防灾减灾预警体系合作协议》。开展“千所学校齐宣讲”活动，并对中小学人防教师和新录公务员进行人防知识培训。柯桥区首次独立组织人防演习。

【承办全市疏散演练】 2019年，柯桥区承办全市防空防灾疏散演练。物业、居民300余人参加。

【在中小学校进行疏散演练】 2019年，柯桥区利用课间、集会、午休及晚自习等时间，在全区中小学校进行疏散演练。（徐志君　谢抑非）

执行编辑　章水清

社会事务

计划生育

【概况】 2019年，柯桥区出生人口6227人，违法生育117人，计划生育率98.12%，自然增长率3.17‰。全区办理生育登记5408例，办理再生育审批96例。全年修正人口信息数据8436条，准确率和完整率95%以上，上传流入人口数据80.80万条，向户籍地通报生孕等各类信息11184条，反馈99条，反馈率100%。全面启用手机APP生育登记，实行结婚生育户口“一站式”联办。落实生育关怀行动，为418名失独人员出资参加重大疾病保险和住院护理补贴保险经费75240元，帮扶困难计生家庭481户。

【发放药具】 2019年，柯桥区投入自助避孕药具发放机144台。柯桥区作为绍兴市首批免费提供“吉妮”节育环的县(市、区)，10月起开展免费放置服务，设有柯桥区妇幼保健院和柯桥区妇幼保健计划生育服务中心2家免费放置机构。

【实施计生奖扶政策】 2019年，柯桥区落实奖扶政策，对12288名对象发放奖扶金1180万元，对928名特殊对象发放特扶金和关爱金1001万元；对其中符合领养的1户特扶家庭，给予5万元补助；对符合养老保险补助的5人，给予2.61万元补助。实施公益金救助3次，救助184人，救助金额77.65万元。

【老年人生活状况调查89人】 2019年11月，柯桥区计生协会根据国家老龄办、中国老龄协会和中国计生协会《关于开展2019年中国城乡老年人生活状况监测调查的通知》要求开展调查，调查对象涉及4个镇(街道)16个村(居委会)共96人，完成调查89人。(朱敏芝)

民政工作

【概况】 2019年，柯桥区开展向困难群众“送温暖”慰问活动，发放慰问金1163.84万元，受惠群众10980人次。全年发放低保金3692.84万元，发放临时救助金88.28万元。对低保对象子女就读大学的，每人每年给予助学金8000元；低保边缘、因病致贫、就学困难对象子女就读大学的，每人每年给予助学金6000元，全年救助困难家庭大学生461人，发放救助资金137万元。新增注册登记社会组织279家，变更登记52家，注销4家。全区有注册登记社会组织840家，备案管理社会组织3218家。年检433家社会组织。开展城乡社区创建活动。开展第一批“五星达标、和美家园”社区创建，通过市级考核验收和美社区2个，五星达标社区21个，下拨奖补资金2640万元。开展农村社区建设的示范评估活动，杨汛桥街道浦荡夏村、马鞍街道亭山桥村、漓渚镇六峰村获省级引领型农村社区，华舍街道大西庄村等24个村获评市级完善型农村社区。开展村规模调整工作，调整行政村(居委会)64个(包括29个村、35个居委会)。2019年通过社会工作师考试337人，专职社区工作者中持证比例50%。落实社区工作者薪酬待遇，实行“三岗十八级”等级绩效薪酬制度，全区有专职社区工作者497人，会同区委组织部、区人力社保局首次公开招聘专职社区工作者，共招录一般考生25人、硕士研究生16人。柯桥区退役军人事务局受理涉军电话、信件、到访500余人次，书面出具信访事项处理意见书34份。

（许敏智 刘 婷 杨 嵘 鲁海江 金 晶 俞怡菁）

【救助流浪人员258人次】 2019年，柯桥区建立全天候救助工作机制，为在柯桥区域内的流浪乞讨人员提供临时性救助。依托全国救助寻亲网，发布滞留受助人员寻亲公告，主动与公安部门联动，通过“人脸识别”“DNA”等多种手段，为滞留身份不明的严重流浪精神障碍患者查清身份信息，全年累计救助258人次，其中救助流浪精神障碍患者103人次、流浪未成年人10人次。通过护送离站、联系亲属接回的方式安置38人。（陈 斌）

【社会组织培育扶持】 2019年，柯桥区构建资源对接、社会组织培育、慈善公益宣传等职能为主导的社会组织支持平台，中心基地分别被列入省级慈善组织孵化示范基地和社会组织党群服务中心示范基地，入驻并孵化社会组织13家；2019年度公益创投活动市级入围6项，合计获资助19.63万元；区级公益创投项目入围20个，合计获资助56.4万元，支持社会组织开展公益活动373场，参与志愿者或义工1763人次，直接服务社区居民1.7万人次。（徐红霞）

2019年7月29日，柯桥区爱心娘子军公益中心在抗战老兵家开展慰问活动 （区社会组织服务中心 供稿）

【低保对象核查清理】 2019年，柯桥区执行低保对象动态管理，开展专项核查清理工作。按照低保对象“应保尽保、应退尽退”目标，通过社会救助家庭经济状况核对信息系统，对低保对象的家庭经济状况进行季度核查。规范完善低保审批流程，所有新增低保对象经镇（街道）初审、业务科室审核、分管负责人审批，在网上公示，接受社会监督。全年新增低保对象355户570人，注销499户931人，新增低保边缘对象106户288人，注销570户1517人。（许敏智）

【婚姻登记合格率100%】 2019年，柯桥区贯彻执行《浙江省婚姻登记工作规范》，全年办理结婚登记2917对，离婚登记1337对，补办登记1853对，登记合格率100%。（陶红洪）

【裸露坟墓整治率超90%】 2019年，柯桥区开展“三沿五区”裸露坟墓整治工作，治理裸露坟墓286处，裸露坟墓整治率90%以上。全区开展殡葬领域突出问题专项整治，规范化管理公益性墓地。清明节期间，通过柯桥广播电视台倡导文明祭扫、低碳扫墓，在《柯桥日报》刊登绿色殡葬宣传专栏，发放宣传册1万份。

【发放殡葬补助奖励款560万余元】 2019年1月，柯桥区出台《柯桥区殡葬基本服务项目费用补助办法》，规定骨灰存放到小型卧碑式生态墓穴的，在殡葬基本补助项目费用补助的基础上，给予500元的奖励；存放到安息堂或实行草坪葬、树（花）葬、壁葬等节地型生态葬法的，给予3000元的奖励；对实行撒散、海葬等不保留骨灰形式的，给予6000元的奖励。全区发放殡葬惠民补助530万余元，生态葬奖励发放30万余元。全区死亡4120人，全部实行火化及骨灰集中存放，火化率和骨灰集中存放率均为100%。（田刚强）

【区划地名工作推进】 2019年，柯桥区实施区划调整及地名规范，依法有序完成钱清、杨汛桥、马鞍3个镇的撤镇设街工作。全年新命名住宅小区18个，商务大厦7个，清理整治13个不规范地名，设置安装门楼牌1102块。（鲁海江）

【福利彩票总销量2.81亿元】 2019年，柯桥区全年福利彩票总销量2.81亿元，其中电脑彩票17540万元、中福在线7739万元、即开票2846万元，筹集

区级公益金1800万元。(陶青峰)

【建成退役军人服务站357个】 2019年,柯桥区按照"五有"(有机构、有编制、有人员、有经费、有保障)、"全覆盖"要求,建成服务中心、16个镇(街道)退役军人服务站、341个村(社区)退役军人服务站,实现镇(街道)、村(社区)100%建站。

【军人全生命周期"一件事"服务改革】 2019年,柯桥区在行政审批改革事项向镇、村两级延伸的基础上,为军人提供全流程一站式服务。"一件事"包含应征入伍、部队服役、退役返乡、就业创业、抚恤优待,把军人从入伍到身后所有需要办理和服务的事项纳入军人全生命周期"一件事"工程,区退役军人、人武、教育、人社、财政、公安、医保等部门联合建立系统化一站式服务保障体系,并完成系统初步建设。

【"柯桥模式"现场推进会】 2019年11月20日,柯桥区承办绍兴市双拥工作暨乡镇(街道)退役军人服务保障体系建设"柯桥模式"现场推进会。会议听取柯桥区乡镇(街道)退役军人服务保障体系建设工作情况汇报,总结全市创建第七轮省双拥模范城工作情况、前期退役军人事务工作情况,并部署下阶段双拥和退役军人事务工作。

【走访慰问优抚对象4401人】 2019年,柯桥区区镇两级开展走访慰问、帮扶解困、召开座谈会、组织参观"军人之家"等多种活动,慰问现役、退役军人4401人次,慰问金和慰问品合计金额841.86万元。

【表彰退役军人20人】 2019年7月31日,柯桥区举行"最美退役军人"表彰大会暨金融机构支持退役军人创业战略签约仪式。会议表彰区级"十佳优秀退役军人"10人、区级"最美退役军人"10人,3名优秀退役军人代表作交流发言。区退役军人事务局与金融单位代表签订《拥军优抚合作协议》。(金　晶　俞怡菁)

劳动保障

【概况】 2019年,柯桥区立案受理投诉举报案件99件,涉及256人,金额332.37万元,其中欠薪类投诉13件,涉及16人,金额13.06万元,欠薪案件数量、涉及劳动者人数分别比上年下降79%和89.4%。到访登记件601件,比上年增加376件。收到各类劳动人事争议案件1773件,立案997件、办结1023件,结案率95%,涉及劳动者1011人、经济标的9564.31万元,结案经济标的3265.12万元。累计受理1675人次,受理率100%;录入系统1675人次,录入率100%。

【"掌上执法"开启】 2019年,柯桥区行政执法监管平台和掌上执法系统组成的"互联网+监管"模式在全区执法部门推广应用。执法人员装载浙政钉掌上执法系统后,可在手机等移动设备上接收执法检查任务,进行主体查询、检查地图、日常检查、预警提醒等操作。可通过掌上移动端在双随机抽查、信用分类监管、日常检查等执法活动中实现信息共享和跨部门协同联动监管。执法人员库人数9人,执法人员账号开通率、掌上执法激活率、"双告知"认领处理率及应用检查率均为100%。

【"6+X"预警防控网络建立】 2019年,柯桥区人力社保、国税、地税、社保、供电、供排水、金融等相关部门,以及行业主管部门和公检法系统大联合,建立"6+X"预警防控网络,依据欠税、欠费、欠贷、欠息信息和停产减产、被强制执行等情况,分析研判企业生产经营状况和欠薪风险等级,从源头上防范欠薪案件发生。把欠薪失信企业名单通报给行政审批、发改、建设等部门,对发生欠薪问题的建筑业企业及其项目负责人,通过浙江省建筑市场监管与诚信信息平台公示有关信息,在区内生产许可、履约担保、资质审核、市场准入等方面实施联合惩戒,提高欠薪违法成本,形成"一处违法、处处受限"的惩治格局。

【首份《列入拖欠农民工工资"黑名单"决定书》下发】 2019年10月14日,柯桥区劳动保障监察大队经过调查和审理,针对绍兴市登月物业管理有限公司违法行为,正式下发柯桥区首份《列入拖欠农民工工资"黑名单"决定书》。

【追回拖欠劳动者工资款73.91万元】 2019年12月2日,柯桥区防欠办发布《柯桥区根治欠薪冬季攻坚"五大行动"实施方案》,督导工程建设领域落实"六项制度",实现2019年10月底前发生的政府投资工程项目和国企项目欠薪案件在年底前全部清零,其他欠薪案件在2020年春节前及时动态清零目标,维护农民工工资报酬权益。至年底,有64

家用人单位拖欠劳动者工资，其中加工制造企业57家，涉及劳动者85人，涉及总金额73.91万元，全部案件追回所有拖欠款项并通过协调等非立案方式解决。

【劳动争议多元化解机制建设】 2019年，柯桥区委派仲裁员到各镇（街道）巡回审理案件13起，方便当事人就近参加庭审，组织当地企业、群众旁听案件，加大法律宣传力度，增加社会对劳动仲裁工作的感受度。开展镇（街道）"劳动争议多元化解机制"建设，实现镇（街道）劳动争议处理"一员三岗"，监察、调解、仲裁三位一体。试行庭前委托镇（街道）进行调解制度，推进基层调解工作常态化。推动企业劳动争议调解组织规范化建设，宝业股份有限公司创建为省级非公企业劳动争议调解组织示范单位。

【帮扶退役军人就业112人】 2019年，柯桥区全面开展退役军人就业创业税收优惠政策宣传和退役军人就业创业情况调查摸底活动。对接区域内10家金融机构签订拥军贷扶持协议，为退役军人就业创业出台优惠政策。帮扶全区退役军人在财政性资金保障的公益性岗位就业。（田建琪）

社会保障

【概况】 2019年，柯桥区基本医保参保82.2万人，区内户籍人员参保率99.57%。职工医保和城乡居民医保政策范围内住院报销比例平均分别为86.8%和67.8%，大病保险最低报销比例60%，医疗救助比例平均84%。基本医保基金累计结余36.87亿元，职工医保基金支付能力38.6个月，医保基金实现稳定可持续运行。开发慢性病患者刷卡结算系统，在148家定点零售药店上线，定点零售药店接入数量和完成速度均居全市第一。把高血压、糖尿病、肺结核等12种群众常见慢性病纳入城乡居民门诊规定病种范围，参保人员可在指定医保定点零售药店购药并直接刷卡报销。

【违规骗保行为整治】 2019年，柯桥区开展集中宣传月启动仪式、定点零售药店业务指导培训等一系列活动，公开曝光一批典型欺诈骗保案件。通过智能监控系统排查、大数据风控模型分析、信息记录比对和现场检查等方式，对"成群结队开药""批量出入院""低等级医院来回住院""进、销、存"不符等行为进行重点排查。对全区200余家定点医疗机构、定点零售药店开展医保基金安全专项检查，实施欺诈骗取医疗保障基金行为举报奖励制度，拓展投诉举报渠道，对符合条件的举报人予以最高额度10万元奖励。

2019年4月12日，柯桥区举行"打击欺诈骗保、维护基金安全"集中宣传月启动仪式　　（赵　炜　摄）

【异地就医实时结算】 2019年，柯桥区对获得平台接入资格的定点医疗机构给予政策指导和协助，帮助其尽快正式接入平台，为非本市参保人员提供医疗待遇实时刷卡结算服务。5月17日，区中医医院成为全市首家开通长三角跨省异地就医门诊直接结算医院；6月10日，柯桥区职工医保在上海长三角地区跨省异地就医门诊费用直接结算联网，群众可持市民卡到上海市217家定点医疗机构门诊就医直接刷卡结算。

【户籍人口基本医疗保险参保率99.57%】 2019年，柯桥区通过网络宣传、走村入企，开展线上、线下医保政策宣传，引导全民参保。借助基层平台力量，坚持入户调查，动员参保缴费，提升参保数据准确性和有效性。截至12月底，柯桥区户籍人口基本医疗保险参保 68.46 万人，参保率 99.57%。

【“阳光医保”政策推行】 2019 年，柯桥区加强药械集中采购监管，扩大耗材集中招标采购范围，健全药品耗材阳光采购机制。组织落实心胸外科类和麻醉类医用耗材集中采购工作，关注国家谈判 17 种抗癌药配备和报销使用等落地情况，确保患者用得起、用得上。对区内公立医疗机构药械集中采购的相关工作开展检查，督促公立医疗机构落实各项药械采购政策，严格执行中标结果，及时结算货款，确保药品在省药械采购平台采购率 100%。

【“惠民医保”政策实施】 2019 年，柯桥区规定特困人员、低保、低保边缘、因病致贫对象、享受基本生活费的困境儿童等特殊人群个人医保不缴费，其个人缴费部分由财政按规定全额补助，惠及特殊人员 1.8 万人，惠民金额 763.77 万元。完善医疗保障体系建设，减轻患大病群众经济负担，从制度层面避免“因病致贫、因病返贫”情况发生。职工医保和城乡居民参保对象政策范围内住院报销比例平均 86.8% 和 67.8%，大病保险最低报销比例 60%，医疗救助比例平均 84%。

【医疗生育保险降费为企业减负 1.88 亿元】 2019 年，柯桥区阶段性降低医疗、生育保险缴费，先对制造业、交通运输业、建筑业等行业 8800 余家企业 5—6 月的医疗、生育保险执行降费，合计医保降费 9588 万元、生育降费 1189 万元；对 2.79 万家企业集中减征 7 月医保缴费，医保降费 8051 万元。

【巡查医保两定单位 250 家】 2019 年，柯桥区开展打击欺诈骗取医疗保障基金专项行动，对全区 250 家两定（医保定点医疗机构和定点药店）单位开展拉网式巡查。管理参保人员异地就医手工报销、就诊频次较高、使用医保基金较多的就医购药行为。

【异地就医备案手续改革】 2019 年，柯桥区利用“互联网 +”，改革异地就医备案手续。通过备案项目整合为一，把原先的异地安置、异地长期居住、驻外人员备案等相关备案项目整合为异地就医备案一项。把原先备案需提供的备案地暂住证、备案地社区证明等非必要资料进行删减，仅需提供异地就医备案申请表及申请人本人社会保障卡或身份证即可办理。2019 年第一季度，异地就医备案人次 151 人次，比上年增长 214.59%。

2019 年 6 月 20 日，浙江省医疗保障局局长杨烨一行到柯桥区调研指导医疗救助工作 （王 媛 摄）

【医疗服务价格改革】 2019 年，柯桥区坚持“医疗、医保、医药”三医联动，推进医疗服务价格改革。组织 5 家区级公立医院在 2018 年历史数据的基础上，根据市级拟调整方案进行多次详细测算，研判与市级政策融合的可行性。根据测算数据，分析医疗服务价格结构性调整对医院收入结构的影响，结合各家医院实际，压缩不必要药品、医用耗材使用量，控制不必要的检查检验，为调价腾出空间。

【定点零售药店医保基金信用监管新模式建成】 2019 年，柯桥区通过建设“可视化平台”、完善“一体化管理”、探索“监管新模式”等举措，推进国家级基金监管信用体系建设试点，12 月底建成定点零售药店信用监管新模式。落实“科技强保”措施，建立统一的视频音频监控、人脸识别和支付系统，并设立医保监控中心远程接入，实现医保定点零售药店数据可视化、网格化。在规范药品的“进销存”系统基础上，要求定点零售药店对店内销售的所有商品均实现一体化管理，后续统一纳入全市智慧医保系统。配套制定出台《医保定点零售药店管理新模式试行方案》，与预算管理、日常审核稽查、费用结算、协议管理等制度相关联。

【“医银联通”延伸医保便民服务】 2019年12月起，柯桥区医保分局将基本医疗保险参保登记、信息变更登记等7个高频服务事项延伸至23个瑞丰银行网点，覆盖全区16个镇（街道）和越城区。全区医疗保障“最多跑一次”构建起“村里办”“医院办”“银行办”线下三点支撑格局。

【社保退费2253274.16元】 2019年3月1日起，通过柯桥区税务局、区财政局、区人社局、市医保局柯桥分局4个部门间通过内部流转表单和对账，实现社保退费“一窗办理、跨局流转”，政策出台当月直接办理退费279笔，退还社保费2253274.16元。

【第16年调高企业退休退职人员基本养老金】 2019年，柯桥区自2004年起第16次调高企业职工基本养老保险基本养老金，涉及人员141573人，增发近1.12亿元，于7月19日发放到位。调整后，人均养老金2094元。

【24小时人社自助服务区建成】 2019年8月，柯桥区公共服务大楼一楼大厅建成全市首个24小时人社自助服务区，自助服务区共设有8台电脑，可提供网上申报、全程网办、自助打印等服务，配备专职人员进行现场指导、协助操作。8月9日正式开放，日均服务100余人次。

【职工基本养老保险参保单位和参保人员双增长】 2019年12月，柯桥区有职工基本养老保险参保单位33276家，参保人员526487人，比上年分别增加3842家、22456人，分别增长13.1%和4.5%。其中离退休人员151312人，比上年增长11159人，增幅8.0%；在职缴费人员363431人，比上年增长10786人，增幅3.1%。

【社保业务银行办】 2019年12月起，柯桥区瑞丰银行25个网点和工商银行17个网点，均可办理关于社保的三大类7个事项。具体事项包括个体劳动者（灵活就业人员）参保登记、城乡居民基本养老保险参保登记、社会保险职工参保信息变更登记、个体劳动者（灵活就业人员）参保信息变更登记、城乡居民基本养老保险参保信息变更登记、参保人员查询打印社会保险信息、参保单位查询打印社会保险信息。

【社保服务“提前办、不用跑、自动核”】 2019年11月，柯桥区推出退休“提前办、不用跑、自动核”服务，自谋职业参保者确认参保缴费信息后，均可在到龄符合退休条件的当月享受养老待遇自动核算服务，无需再到窗口跑办。首批符合条件的参保者共10人全部电话通知，自动为其核算退休待遇，并通过短信向当事人发送办理结果。

（田建琪　沈　龙）

民族工作

【概况】 2019年，柯桥区培育马鞍镇中心小学为省级民族团结进步重点培育单位，培育柯桥街道办事处、齐贤街道齐贤村民委员会2家单位为绍兴市民族团结进步重点培育单位；柯桥街道柯亭社区党总支书记王玲娣被国务院授予全国民族团结进步模范个人称号。协助做好纳西族“三多节”庆祝活动，在开斋节和古尔邦节前对穆斯林少数民族代表人士和宗教人士开展慰问走访。10月28—31日，柯桥区组织区少数民族联谊会理事到湖南韶山开展爱国主义教育活动。参观毛泽东纪念馆、毛氏宗祠、刘少奇故居等爱国主义教育基地，学习共产党人的初心和使命。

2019年6月14日，国家民委副主任赵勇到阿凡提工作室了解工作室运行情况

（区委统战部　供稿）

【汗祖热·买买提被评为浙江省第一批来浙少数民族“和谐融入之星”】 2019年3月4日，汗祖热·买买提被评为浙江省第一批来浙少数民族“和谐融入之星”。汗祖热·买买提，维吾尔族，来自新疆阿图什，绍兴柯桥赛达纺织品有限公司总经理，她参与社区服务和基层治理，出任阿凡提工作室副组长、石榴籽爱心基金会会长和石榴籽妇女联合会主席，热心民族团结工作。

【国家民委调研组到柯桥区调研】 2019年3月23日，国家民委政法司副巡视员沈林、国家民委政法司处长周玉京到柯桥区，专题调研少数民族语言培训和民族团结进步工作。调研组一行到全国第五批民族团结进步示范单位柯桥街道柯亭社区实地考察并召开座谈会，询问阿凡提工作室、石榴籽妇女联合会、石榴籽爱心基金会的运行和作用发挥以及参加国家通用语言培训的5个少数民族代表人士的居住生活情况。

【省民宗委领导到柯桥调研】 2019年5月29日，浙江省政协常委、民宗委主任朱志泉率调研组一行到柯桥区开展城市少数民族工作调研。调研组一行先后到新疆驻柯桥工作分站和柯桥街道柯亭社区走访调研，就柯桥区城市民族管理中遇到的困难和问题进行探讨交流。

【国家民委领导到柯桥区调研】 2019年6月14日，国家民委副主任赵勇一行到柯桥区调研民族工作。赵勇一行先后到西藏民族中学实地考察学校情况，同藏族学生进行交谈和提问互动；到柯亭社区走访维吾尔族及当地汉族居民商铺，了解阿凡提工作室成立运行及作用发挥情况，与工作室主要组成人员开展座谈交流，观看社区民族团结工作展板和专题汇报片。

【《石榴花开》获浙江省首届少数民族微电影优秀作品奖】 2019年6月，柯桥区拍摄的少数民族题材微电影《石榴花开》获浙江省首届少数民族微电影优秀作品奖。该电影描绘少数民族生活，宣传柯桥区少数民族群众在党的关心关怀下锐意进取、创新发展，为幸福美好生活努力奋斗的故事。

【第一期国家通用语言培训结业率100%】 2019年6月，柯桥区第一期国家通用语言培训班结业。参加学习的43名学员全部结业，通过国家HSK等级证书专业考试14人，其中12人取得三级证书，2人取得四级证书。

2019年6月，柯桥区第一期国家通用语言培训班结业
（区委统战部　供稿）

【省委统战部领导到柯桥区调研】 2019年7月18日，浙江省委统战部副部长、民宗委主任楼炳文率调研组一行到柯桥区调研城市民族工作。调研组到新疆柯桥工作分站与驻站工作人员就外来流动少数民族服务管理工作进行探讨，要求分站工作人员发挥自身优势，落实好中央和省市相关工作要求，与驻地政府及相关部门密切配合，做好涉疆服务管理。在柯亭社区，楼炳文指出阿凡提工作室在有效化解涉及少数民族矛盾纠纷方面创新探索出“老乡管老乡”的自治模式，是“枫桥经验”在城市民族服务管理方面的有效探索，为构建新型多民族融合关系发挥作用。（凌　玲）

宗教工作

【概况】 2019年，柯桥区有佛教、道教、伊斯兰教、天主教、基督教五大宗教。登记在册的宗教活动场所84处，其中佛教场所59处、道教场所1处、天主教场所1处、基督教场所23处。纳入登记编号管理的民间信仰场所235处，其中甲类56处、乙类

179 处。经批准许可的穆斯林礼拜点5处，其中国内穆斯林礼拜点1处、国外穆斯林礼拜点4处。经认定备案的宗教教职人员212人，其中佛教比丘156人、比丘尼24人，道教2人，伊斯兰教阿訇6人，基督教牧师4人、教师4人、长老16人。有伊斯兰教信徒6000余人、天主教信徒58人、基督教信徒1.6万人，其中参加集中宗教活动的信徒近3000人。办理非通常宗教活动、宗教活动场所改建等行政许可事项12件。

把习近平总书记关于宗教问题和宗教工作的系列重要论述纳入党政干部教育培训，2019年各重点主体班次中，实现初任公务员培训班、中青年干部培训班马克思主义宗教观教育类课程全覆盖。调整充实区民族宗教工作协调小组成员，结合机构改革实际，区委办、区政府办公室于2019年5月印发《关于调整绍兴市柯桥区民族宗教工作协调小组成员的通知》和《绍兴市柯桥区民族宗教工作协调小组成员单位职责分工》文件，重新明确各成员单位职责，强化党对宗教工作的集中统一领导。强化镇（街道）对宗教事务管理的属地责任，建立场所“三人驻点”工作管理小组，制定责职，明确联系领导、网格员和其他1名镇村干部联系驻点场所管理。

【中央统战部派员到柯桥区调研佛教工作】 2019年4月18日，中央统战部十一局、十二局佛教处处长张廷仕、调研员颜玉科等一行4人专题调研柯桥区佛教工作。调研组一行实地参观安康寺并召开座谈会，区委统战部副部长、民宗局局长俞园娟就佛教的商业化问题、教风问题、自养问题等佛教工作方面的重点问题作汇报。区佛教协会会长、安康寺住持法弘法师就寺院及僧人管理，场所权证办理，教职人员培养等与调研组作汇报交流。

2019年4月18日，中央统战部到柯桥区调研佛教工作

（区委统战部　供稿）

【宗教管理工作培训】 2019年7月19日，柯桥区宗教管理工作培训在区委党校举行。各镇（街道、开发区）分管领导、各宗教团体和宗教场所负责人及中外穆斯林临时礼拜点管理组织成员共110余人参加培训。绍兴市委统战部调研员吴军授课。吴军从宗教政策法规层面，结合实际工作，阐述党的宗教理论政策，分析宗教工作形势，针对基层宗教工作重点难点问题，讲述如何做好宗教活动场所的人员管理、财务管理和宗教活动管理工作。

【组织宗教界代表开展爱国主义教育活动】 2019年8月12—15日，柯桥区组织区基督教“两会”班子成员、各基督教场所负责人、牧师等共20人到井冈山开展为期4天的爱国主义教育活动。10月15—16日，组织区伊斯兰教界人士到南京、安吉等地开展爱国主义教育活动。11月5—11日，组织区佛教界代表人士到韶山开展以“助力新时代、共筑中国梦”为主题的爱国主义学习教育考察活动。

【宗教界庆祝中华人民共和国成立70周年文艺会演】 2019年8月30，柯桥区举行“我爱祖国·五教同行”宗教界庆祝中华人民共和国成立70周年文艺会演。绍兴市委统战部（民宗局）及全市各县、市、区统战部（民宗局）有关领导和相关业务处室负责人，各宗教团体、宗教活动场所、礼拜点负责人及信众共计260余人参加。全区五大宗教推选出11个节目，讴歌中华人民共和国成立70年取得的成就。

【《浙江省宗教事务条例》培训】 2019年11月19日，柯桥区组织举办新修订的《浙江省宗教事务条例》培训活动，辖区各宗教团体负责人、宗教场所负责人及镇（街道）统战干事共计110余人参加。

（徐　敏）

2019年11月19日，柯桥区委统战部组织举办新修订的《浙江省宗教事务条例》培训活动　（区委统战部　供稿）

流动人口管理

【概况】 2019年年底，柯桥区流动人口653173人，比上年增加9992人，增幅1.55%。全区流动人口登记率99%，信息准确率97.3%，出租房屋登记率100%，同户人员关系采集率100%，继续列全市第一。

对网约房管理中存在采集信息真实性欠缺、登记信息时效性滞后、安全隐患监管不力三大问题，通过建立网约房报备制度、消防设施配备制度、信息报送制度、日常检查制度、约谈处罚制度等措施，明确网约房管理各方职责，加强日常检查，全年约谈业主3人，处罚业主2人。创新应用“越警管家安心码”功能，把“安心码”作为网约房“虚拟总台”，进行入住人员实人核验并报送信息，实现人未到数据先到。全年核验租客信息9612条，劝退不肯扫码人员45人，实时预警各类异常信息130条，核验出涉毒人员36人。

联合“一支百合”智慧民宿，召开网约房标准化研讨会，首倡构建网约房“安全体系”“监管体系”“服务体系”“产品体系”“卫生体系”“运营体系”六大标准化体系。该信息被人民网、中国网报道。研发手机端人脸识别系统和带抓拍智能门锁，把认证方式由“要我报”变为“我要报”，深化安心码应用，对入住人员进行身份证认证和人脸认证双重认证进门方式，加强大数据分析，建立预测预警体系，杜绝以往业内存在的甲登记乙入住和一人登记多人入住问题。

【排查居住出租房屋消防安全隐患】 2019年，柯桥区打响“三年消防安全翻身仗”，对3~9人居住出租房屋消防安全隐患排查整治。全区有10人以上居住出租房屋1073处8328间，3~9人居住出租房屋62555间，企业员工宿舍3251幢89383间，对存在消防安全隐患的出租房屋及企业员工宿舍，由各派出所报送所属镇（街道）牵头整治。

【居住出租房屋旅馆式管理】 2019年，柯桥区根据绍兴市推广居住出租房屋“旅馆式管理”实施方案，结合自身年度建设计划，把总台、分部、站点建设目标分解到各派出所，并对如何科学选点进行明确，至年底，全区建成25个总台、138个分部、174个站点。

【办理各类居住证件44.8万件】 2019年，柯桥区采取专管员上门宣传、代为办理等手段，为流动人口办理居住证，全年办理居住证6.4万本。通过新闻媒体、微信公众号、设置宣传专栏、专管员走访指导等方式，宣传指导流动人口申领电子居住证和电子登记凭证，全年申领电子居住证13.7万本、电子凭证24.7万份。

【开展流动人口双向协作工作】 2019年，柯桥区“安徽人之家杨汛桥联络站”开展集中宣传服务活动32场（次），发放宣传单2万余份，解答政策咨询600余人次，慰问安徽籍流动人口贫困家庭12户。（徐　金）

2019 年年底各镇街流动人口总数

表 14　　　　单位：人

序号	单位名称	总数
1	马鞍镇	135680
2	柯桥街道	101463
3	钱清街道	75201
4	华舍街道	69106
5	柯岩街道	59695
6	齐贤街道	52826
7	安昌街道	46310
8	杨汛桥街道	39703
9	福全街道	20300
10	湖塘街道	18306
11	兰亭街道	11129
12	漓渚镇	8221
13	平水镇	7010
14	夏履镇	6009
15	轻纺城建管委	1634
16	稽东镇	429
17	王坛镇	151
总计		653173

2019 年年底流出地 1 万以上的市

表 15　　　　单位：人

序号	单位名称	总数
1	安徽省阜阳市	54278
2	贵州省六盘水市	21609
3	浙江省温州市	19278

续表 15

序号	单位名称	总数
4	贵州省毕节市	18389
5	河南省信阳市	17611
6	浙江省杭州市	16579
7	四川省宜宾市	16256
8	江西省上饶市	15149
9	四川省绵阳市	13651
10	安徽省亳州市	12327
11	河南省驻马店市	11723
12	河南省平顶山市	11123
13	河南省周口市	10925
14	浙江省绍兴市	10481
	总计	249379

2019 年年底流出地 1 万以下的省(市、区)

表 16　　单位：人

序号	单位名称	总数
1	山东省	8533
2	吉林省	7241
3	陕西省	6468
4	广东省	5383
5	黑龙江省	3939
6	河北省	3825
7	山西省	2707
8	甘肃省	2562
9	辽宁省	2212
10	新疆维吾尔自治区	1476

续表 16

序号	单位名称	总数
11	内蒙古自治区	958
12	上海市	734
13	青海省	288
14	西藏自治区	285
15	海南省	213
16	天津市	156
17	宁夏回族自治区	136
	总计	47116

2019 年年底流出地 5000 以上的县(市、区)

表 17 单位：人

序号	单位名称	总数
1	安徽省临泉县	24540
2	安徽省阜南县	15726
3	浙江省乐清市	13078
4	四川省筠连县	10877
5	贵州省盘县	10017
6	重庆市忠县	9035
7	浙江省杭州市萧山区	7598
8	河南省泌阳县	7378
9	河南省固始县	7308
10	安徽省蒙城县	6853
11	河南省汝州市	6126
12	重庆市涪陵区	6002
13	湖北省天门市	5750
14	贵州省大方县	5313
15	浙江省嵊州市	5006
	总计	140607

2019年年底流动人口就业情况

表18　　单位：人

单位名称	合计	农林牧渔生产	生产制造加工	工程施工	运输服务	装饰装修	餐饮服务	休闲娱乐服务	家政服务	保安物管	维修服务	废旧物品收购	其他商业服务	其他职业
总计	653173	1361	293686	39228	14564	5077	16903	6933	1485	2840	3049	2980	38311	226756

说明：1. 统计数据包括儿童
2. 儿童的从事职业归入“其他”

2019年年底流动人口居住结构

表19　　单位：人

单位名称	合计	旅店	医院	学校	培训机构	单位内部	集中公寓	居民家中	自购房	租赁房屋	工地现场	水上船舶	其他
总计	653173	36	38	7081	37	124299	9289	5567	57601	433893	14171	12	1149

说明：统计数据包括儿童

2019年年底流动人口居住时间情况

表20　　单位：人

单位名称	合计	半年以下	半年至一年	一年至五年	五年以上
总计	653173	131896	142021	283659	95597

2019年年底流动人口文化结构

表21　　单位：人

单位名称	合计	博士	研究生	本科	专科	中专	技工	高中	初中	小学	文盲或半文盲
总计	653173	90	697	19818	19608	14631	818	54613	350677	111196	81025

说明：1. 统计数据包括儿童
2. 儿童的文化程度归入“文盲或半文盲”

慈善事业

【概况】 2019 年，柯桥区慈善总会募集善款 3027.95 万元，其中“慈善一日捐”捐款 307.88 万元，接收社会各界捐赠 2720.07 万元。发放各类救助款 2478.94 万元，惠及困难群众 220155 人次。

助困支出 745.50 万元，救助 46753 人次。助医支出 1136.88 万元，救助 171117 人次。助学支出 240.83 万元，救助 1066 人次。助老支出 37.41 万元，救助 1163 人次。助孤支出 8.90 万元，救助 56 人次。其他公益事业支出 309.42 万元。

2019 年 9 月 6 日，“中华慈善日”主题晚会全体演职人员及领导、嘉宾在柯桥区文化馆音乐厅合影留念　　（区慈善总会　供稿）

拓展志愿队伍，协助区政协打造“助困百千”行动升级版，成立政协慈爱基金、柯桥侨爱基金等，发动政协组织、政协委员和政协工作者进村入户，开展个性化帮扶；联合区政协、区关工委等，组织孤儿及困境儿童到东方山水乐园开展游园活动等。推行“阳光慈善”，加强资金管理，公示年度审计，运行“慈善柯桥”微信公众服务号，提高慈善知晓率和满意度。

开展东西部扶贫和山海协作，柯桥区慈善总会向金川县慈善总会捐助 153.28 万元，用于当地泥石流灾害援助；向江山市捐助 10 万元，用于当地特大水灾援助。

2017—2018 年，浙江省城市慈善发展指数测评中，柯桥区位列区县市级第二位。2019 年，区慈善组织孵化基地获首批浙江省慈善基地称号；周永利、申洲集团、天圣集团和区慈善总会康乐·大病关爱救助项目获第六届浙江慈善奖相关奖项；区慈善总会会长马芳妹获评绍兴市发展贡献奖（社会发展领域）；柯桥街道大渡社区、管墅社区和华舍街道金城社区创建为市级示范型爱心驿站。（刘　婷）

养老工作

【概况】 至 2019 年年底，柯桥区户籍总人口 68.85 万人，其中 60 周岁及以上老年人口 16.91 万人，占总人口的 24.56%，比上年增长 0.56 个百分点；65 周岁及以上老年人口 12.06 万人，占总人口的 17.51%；80 周岁及以上高龄老人 2.35 万人，占总人口的 3.41%。全区有百岁老人 27 人，发放百岁老人长寿保健金 11.43 万元、慰问金 11.2 万元。全区有养老机构 14 家，城乡社区居家养老照料中心 282 家，均纳入政策性养老机构综合责任保险范围，参保率 100%。推进“六助”功能的居家养老服务中心创建，提升助乐、助学、助洁、助浴、助康、助餐等功能，共完成提升“六助”功能居家养老服务中心 10 家。柯桥区 14 个镇（街道）的特困人员实现区域化集中供养，特困人员区域化集中供养率 83%，特困人员供养机构公

2019 年 6 月 5 日，柯桥区社会福利中心举行消防演练
（区养老服务指导中心　供稿）

建民营率 80%。

柯桥区养老机构安全生产首次列入浙江省平安建设考核。根据《柯桥区 2019 年度平安建设工作考评办法》,实施养老服务质量建设专项行动,提高工作人员服务水平和质量。召开养老机构平安建设推进会,组织消防、市场监管等部门,对养老机构开展地毯式检查。在推进养老机构消防安全和食品安全的基础上,帮助养老机构排查整治安全生产隐患,确保养老服务机构安全生产。

【建成社会福利中心 5 家】 2019 年年初,柯桥区在完成兰亭街道、漓渚镇、平水镇、王坛镇、稽东镇社会福利中心新建工程后,通过公开招投标,上述 5 家社会福利中心与上海海阳互联网养老服务股份有限公司签订公建民营协议,并于当年投入运行。

【智慧养老"一键通"项目覆盖 3300 余户】 2019 年,柯桥区推进互联网+居家养老服务建设,智慧养老"一键通"项目覆盖 3300 余户,为 790 名老年人发放养老服务补贴,养老服务补贴发放金额约 57.6 万元,全年上门服务约 12740 人次,总服务时间约 25000 小时。加强对"一键通"项目平台商和服务商的监管考核,设立奖励机制,开展老年人满意度测评,提升智慧养老服务质量。城乡社区居家养老服务照料中心视频监控系统覆盖率 100%,实现区、镇两级对辖区内居家养老服务照料中心实时监管,每月对照料中心开放运行情况进行通报并限期督促整改,照料中心全年开放时间超 300 天。

【发放居家养老服务机构运营补助 788.81 万元】 2019 年,柯桥区推进居家养老服务机构建设和运营,按照 20 分钟居家养老服务圈理念,以政府为主导,社区和社会力量为依托,通过新建、改建和资源整合的方式,新建照料中心 9 家,新建(改建)镇街级居家养老中心 9 家。全区照料中心开展星级评定,三星级 22 家、二星级 23 家、一星级 185 家,发放运营补助 788.81 万元。

【老年人助餐服务覆盖率 100%】 2019 年,柯桥区推进老年人助餐服务体系建设,以开办老年食堂、建设助餐服务点、委托社会餐饮企业配送餐三种助餐模式为依托,为孤寡、独居等老人提供助餐服务。至年底,城区 8 个街道共完成 122 个助餐配送餐点(以 2018 年底 8 个街道为基础数据),其中 6 个老年食堂,4 个助餐服务点,112 个配送餐送餐点,助餐服务覆盖率 100%。(王方亮)

【投入 1800 万元建设养老机构】 2019 年,柯桥区发挥社会力量主体作用,引导民间资本进入养老服务业,鼓励民间资本对企业厂房、商业设施及其他可利用社会资源进行整合改造,用于养老服务;鼓励兴办规模化、连锁化的养老机构。在投融资、土地供应、税费优惠、财政补助等方面予以政策扶持。简化手续、规范程序,为社会力量举办养老机构提供便捷服务。继上年年底湖塘街道圣爱养老院和王坛镇会稽山养老院投入使用后,完成绍兴柯桥贤升颐养园场地装修、设备添置等工作,建筑面积 1.2 万平方米(系租用),投入 1800 万元,并完成工商注册。

【老年人"一证一卡"集中办理完成】 2019 年,柯桥区做好浙江省老年人优待证及老年公交 IC 卡集中办理工作,出台文件明确办理对象,规范办理流程,强调办理时间,提醒注意事项,全年办理老年优待证 16077 张,老年公交 IC 卡 16572 张,下发至各镇(街道)。为减少"一证一卡"集中办理出错率,分别与浙江省老年优待证制证单位和老年公交 IC 卡制卡单位签订协议,通过"双控"(镇街控制和制卡单位控制)机制,办理制作出错率低于 1‰。

2019 年 11 月 12 日,柯桥区华舍街道龙城社区居家养老服务照料中心验收现场 (王方亮 摄)

【支持为老服务公益创投项目】 2019 年,柯桥区支持为老服务类公益项目 7 项,深入社区、养老机构等为全区老年人提供服务活动 100 余场,服务内容包含老年人健康养老服务，文化养老服务以及孤寡、独居、空巢、失能老年人关爱服务等。组织热衷公益的老年志愿者，组成老年志愿者队伍，为老年人搭建服务平台。（张关威）

【老年人出行平安和意外伤害保险实施】 2019年，柯桥区为全区老年人在乘坐公交车辆及参观、游览过程中，因不可预知的意外事故造成意外伤害进行保障；为60周岁及以上的特困人员、低保、重优、失独人员和90周岁及以上的老年人在越城区、柯桥区、上虞区范围内因不可预知的意外事故造成伤害进行保障。总保险费27万元，由区财政全额承担。

【首届柯桥区“健康老人”评选活动】 2019年8—9月，柯桥区组织开展首届柯桥区“健康老人”评选活动。按照政治健康、心理健康、身体健康、行为健康和习惯健康五项基本条件及在体育运动、公益事业、健康养生方面的突出事迹，评选出50位“健康老人”，其中80周岁及以上老年人13人。50位老年人中，获区级以上荣誉的40人；有体育类特长的18人；参加公益事业的17人；参与健康宣传工作，在媒体中推广的9人。

【发放老年电视大学办学补助6.6万元】 2019年，柯桥区继续发展老年电视大学教育，建立完善区、镇（街道）、村（居、社区）三级教学网络。至年底，全区有各级教学点314个，在校学员8691人，占全区老年人口的5.14%。区级规范化教学点22个，2019年发放办学补助6.6万元，依托老年大学开展实体化办学。（高　婷）

关心下一代工作

【概况】 2019年，柯桥区把握服务青少年方向，依靠“五老”（老干部、老战士、老专家、老教师、老模范）开展全区关心下一代各项工作。开展中小学生“辉煌70年、我心中的祖国”征文活动，出版《我爱你，中国》主题教育获奖作品集，开办83所各类暑期假日爱心学校，资助11名孤儿、贫困生等上大学。柯桥街道关工委被评为浙江省关心下一代工作先进集体，柯桥区关工委副主任张建林、柯岩街道关工委常务副主任孙法中被评为浙江省关心下一代工作先进个人。

高考前夕，柯桥区关工委主任李会鹏、副主任张建林等先后到豫才中学、鲁迅高级中学、越崎中学，看望慰问孤儿高考生，赠送慰问金，鼓励孤儿高考生努力学习。6月1日，柯桥区离休干部宣忠启遗属代表宣忠启向区关工委捐款1万元，用于资助贫困学生上大学。

区关工委到区轨道交通集团公司、浙江越新印染有限公司、三力士有限公司等企业调研，了解企业在职工培训、困难帮扶、关心关爱青年职工等方面的工作情况，总结提炼三力士的青年职工读书培训、越新印染开设青年驿站的经验做法，推动企业加大关爱青年职工成长成才工作力度。

2019年7月10日，柯桥区关工委与区总工会到区轨道交通公司调研

（区关工委　供稿）

区关工委主任李会鹏、副主任张建林等一行先后到漓渚镇、齐贤村中共绍兴独立党支部纪念馆、柯岩街道州山村文化礼堂、兰亭街道谢家坞村及兰亭中心小学等单位调研。了解掌握区内各地青少年思想道德教育基地的运作、活动开展等情况，总结提炼漓渚镇开设知心姐姐兰心工作室关爱青少年心理健康的工作经验，为全区关心关爱青少年健康成长成才提供新思路、新方向。

【浙江省关工委领导到柯桥区调研】 2019年4月19日，浙江省关工委副主任韩兵、省关工委办公室主任沈国华等一行到柯桥区轻纺城小学（原柯北一

2019年4月19日，浙江省关工委副主任韩兵等一行到柯桥区轻纺城小学调研　（区关工委　供稿）

小）调研，了解柯桥区青少年思想道德教育基地创建及活动开展情况。

【“五老”骨干进党校培训】 2019年4月28—29日，柯桥区组织各镇（街道）关工委常务副主任及“五老”代表，区关工委讲师团代表及区、镇（街道）关工委工作联络员等120人在区委党校参加培训，听取“重温历史不忘初心、牢记使命砥砺前行”的中华人民共和国成立70周年报告，并交流工作经验，培训为期2天。

2019年4月28—29日，柯桥区关工委组织120余名“五老”骨干进党校培训　（区关工委　供稿）

【受助学生暑期社会实践活动】 2019年7月19日，柯桥区在稽山宾馆召开2019年受助学生暑期社会实践活动，16名2016级至2018级的受助在校大学生参加活动。活动分为中华人民共和国成立70周年纪念报告、学习体会交流及领导寄语3个议程。

【83所假日爱心学校暑期开班】 2019年7月10日，柯桥区柯桥街道第八期假日爱心学校开班，为期1个月，来自全国11个不同省份的50名学生参加，均为暂住在柯桥街道17个社区的外来务工人员子女。全区各镇（街道），村（居委会）及企业关工委暑期共开办83所假日爱心学校，供3600余名外来务工子女、留守儿童等青少年学习。

【发放困难少年儿童专项资助金4万元】 2019年5月22日，柯桥区关工委，区教体局、区民政局及福彩中心联合开展“福彩暖万家、点亮梦想”困难少年儿童专项资助发放仪式，为平水镇、王坛镇、稽东镇的20名困难少年儿童发放每人2000元的专项资助金。

【向11名困难学生发放助学金】 2019年8月16日，柯桥区在稽山宾馆举行2019年大学生结对助学签约仪式暨欢送会，9名双特生（家庭遇到突发性困难、成绩特别优秀的准大学生）和2名双结对生（即孤儿大学生）与相关人员签约，并获得帮困助学金，其中双特生每人每年5000元、孤儿大学生每人每年2000元，直至大学毕业。

【向白血病患儿捐款1万元】 2019年9月11日，柯桥区关工委主任李会鹏、副主任张建林等一行到马鞍镇浙江越新印染有限公司，向该企业1名青年员工捐款1万元，用于其子治疗急性髓系白血病。

【46名贫困学生获奖学金】 2019年10月24日，柯桥区46名中小学生获得“炉峰慈联、天天向上”奖学金，奖学金总额8.7万元，其中高中段36人，每名2000元，初中及小学段10人，每名1500元。鲁迅中学学生赵威、张明微获“十佳精英奖”。（戴青青）

执行编辑　韩兰芳

科技·信息化

科技创新

【概况】 2019年,柯桥区列全国科技创新百强区第11位,比上年提升1位,居全市第一;科技进步变化情况综合评价列全省第4位,比上年提升3位,居全市第一。1个项目获国家科学技术进步奖一等奖,为绍兴市企业首次摘得该奖项。柯桥区科技局被评为全省科技工作成绩突出集体。

【科创大走廊实施重点项目30个】 2019年,柯桥区科创大走廊实施重点项目30个,累计总投资660亿元。其中,创新平台提升项目7个,总投资256.1亿元;创新要素集聚项目3个,总投资21.05亿元;新兴产业示范项目15个,总投资274.12亿元;创新服务优化工程5个,总投资108.72亿元。(杨乾忠)

科技计划

【概况】 2019年,柯桥区实施各级科技计划项目1222项,其中省重点研发计划项目3项,省级新产品试制计划项目1113项,市级社发类项目1项,区级科技攻关计划项目20项,区级社发类经费自筹科技计划项目(课题)85项。

【3个项目被列入省重点研发计划项目】 2019年,浙江梅轮电梯股份有限公司的智能工业运维系统研发与应用、精功(绍兴)复合材料技术研发有限公司的飞行器及其部组件技术——先进无人机智能控制与制造技术研究、浙江迅实科技有限公司的金属增材制造关键技术研究及应用——选择性抑制烧结(SIS)金属3D打印工艺与设备研发及应用3个项目被列入省重点研发计划项目。(张珊珊)

高新技术

【概况】 2019年,柯桥区认定高新技术企业132家,累计272家。新增省科技型中小企业250家,累计1479家。新增区科技成长型企业103家。规模以上高新技术产业增加值137.73亿元,比上年增长10.7%;高新技术产业投资44.66亿元,比上年增长76.5%。

【新增市级以上企业研发机构49家、众创空间10家】 2019年,柯桥区新增市级以上企业研发机构49家,其中浙江省精功航空航天新材料工程技术应用研究院和浙江省迎丰绿色印染企业研究院被认定为省级企业研究院,华越印染短流程染色省级高新技术企业研究开发中心等11家企业研究开发中心被认定为省级高新技术企业研究开发中心,洁彩坊印染新材料市级企业研究开发中心等36家企业研发中心被认定为市级企业研发中心。天丝时尚众创空间等5家众创空间被认定为省级众创空间,布码头众创空间等5家众创空间被认定为市级众创空间。(应洁敏)

2019年柯桥区新增国家高新技术企业名单

表22

序号	企业名称
1	绍兴市柯桥皓质华琚纺织品设计有限公司
2	绍兴市汉诺纺织科技有限公司
3	绍兴润骢纺织科技股份有限公司
4	绍兴柯桥三和纺织服饰有限公司
5	绍兴航绍电连接器有限公司
6	绍兴新航纺织有限公司
7	浙江三力士智能装备制造有限公司
8	浙江精功机器人智能装备有限公司
9	绍兴三强机电科技有限公司
10	浙江兴华利化纤有限公司
11	绍兴东伸机械科技有限公司
12	浙江东方绍兴酒有限公司
13	绍兴骆氏纺织有限公司
14	绍兴恒力电机有限公司
15	绍兴永兴薄膜有限公司
16	浙江景岳堂药业有限公司
17	浙江古纤道股份有限公司
18	绍兴雅兰烫印箔膜有限公司
19	绍兴柯桥鑫火印花材料有限公司
20	绍兴柯桥远达纺织有限公司
21	绍兴柯桥绣峰刺绣有限公司
22	绍兴连湖纺织有限公司
23	绍兴柯桥神六针织摇粒有限公司
24	绍兴富宝铜业有限公司
25	绍兴雷速登纺织科技股份有限公司
26	绍兴柯桥懿凯化纤有限公司
27	绍兴柯桥爱帆纺织品有限公司
28	绍兴硕骏纺织有限公司
29	绍兴莫芙家纺有限公司
30	绍兴思安阻燃科技有限公司
31	浙江鼎峰科技股份有限公司
32	绍兴韦德汽配有限公司
33	绍兴市欣明家居有限公司
34	浙江宝纺印染有限公司

续表 22

序号	企业名称
35	浙江盛兴染整有限公司
36	绍兴华南纺织印染有限公司
37	绍兴柯桥欧利助剂有限公司
38	绍兴金楚印染有限公司
39	浙江海虹印染有限公司
40	浙江佳邦数控机床有限公司
41	浙江稽山印染有限公司
42	绍兴永通印花有限公司
43	浙江环发纺织印染有限公司
44	绍兴金冶环保科技有限公司
45	绍兴中柱针纺织有限公司
46	绍兴塞特印染有限公司
47	浙江新舒纺织有限公司
48	绍兴柯桥和兴印染有限公司
49	绍兴勇舜印染有限公司
50	绍兴柯桥育达纺染有限公司
51	绍兴中漂印染有限公司
52	绍兴布泰纺织印染有限公司
53	绍兴百丽恒印染有限公司
54	绍兴柯桥佳宇兴腾染整有限公司
55	绍兴斯慧尔新材料有限公司
56	绍兴舒美针织有限公司
57	浙江波磊涂料有限公司
58	绍兴创彩针纺科技有限公司
59	浙江新三印印染有限公司
60	绍兴洁彩坊印染有限公司
61	绍兴海通印染有限公司
62	浙江鑫广环保科技有限公司
63	绍兴华纯再生资源有限公司
64	浙江华港染织集团有限公司
65	绍兴宏强印染有限公司
66	绍兴勤烨针织工业园有限公司
67	绍兴豪春纺织科技有限公司
68	绍兴精工绿筑集成建筑系统工业有限公司
69	浙江美华鼎昌医药科技有限公司

续表 22

序号	企业名称
70	绍兴柯桥东翔纺织有限公司
71	浙江山猫服饰科技有限公司
72	绍兴金海曼针织服饰有限公司
73	浙江中意针绣有限公司
74	绍兴欧丽斯复合面料有限公司
75	绍兴金�针纺有限公司
76	浙江蓝特新能源科技股份有限公司
77	绍兴精翔机械制造有限公司
78	绍兴柯桥华润钢业有限公司
79	绍兴柯桥春意居室用品有限公司
80	浙江中才轻纺有限公司
81	浙江三禾纳米科技有限公司
82	浙江北微信息科技有限公司
83	浙江化安安全技术研究院有限公司
84	绍兴恒高新材料科技股份有限公司
85	绍兴柯桥杰坝针纺科技有限公司
86	绍兴洋洋模具有限公司
87	绍兴柯桥如川纺织科技有限公司
88	绍兴柯桥晨鸿纺织品有限公司
89	浙江永顺窗饰材料有限公司
90	绍兴柯桥辰博针纺有限公司
91	浙江恒隆芳纶科技有限公司
92	浙江齐方机械有限公司
93	绍兴仁荣精细化工有限公司
94	绍兴寿春针纺织有限公司
95	绍兴新发纸业有限公司
96	绍兴未名塑胶有限公司
97	绍兴彩能化纤有限公司
98	绍兴宇纺经编科技有限公司
99	浙江宝仁和中科技有限公司
100	浙江锦盛装饰材料有限公司
101	绍兴华夏机械有限公司
102	绍兴新亚泰纺织印花有限公司
103	绍兴鑫泓环保科技有限公司

2019年柯桥区重新认定国家高新技术企业名单

表23

序号	企业名称
1	绍兴鑫隆计算机技术股份有限公司
2	绍兴柯利华汽车配件有限公司
3	宝业大和工业化住宅制造有限公司
4	宝业集团浙江建设产业研究院有限公司
5	墙煌新材料股份有限公司
6	浙江中创建筑智能化科技有限公司
7	绍兴春明天然纤维素膜有限公司
8	浙江正统钢业有限公司
9	绍兴震东科技有限公司
10	浙江长华科技股份有限公司
11	浙江金井贴膜科技有限公司
12	浙江华纳药业有限公司
13	浙江迎丰科技股份有限公司
14	绍兴联英汽车电子有限公司
15	浙江建科减震科技有限公司
16	浙江龙华工具有限公司
17	浙江佑天元包装机械制造有限公司
18	延锋伟世通怡东汽车仪表有限公司
19	绍兴中轴自动化设备有限公司
20	浙江金道科技股份有限公司
21	浙江高强度紧固件有限公司
22	浙江捷众科技股份有限公司
23	绍兴柯桥皇冠机械有限公司
24	绍兴市雅克汽配有限公司
25	浙江建业幕墙装饰有限公司
26	绍兴柯桥双技机械有限公司
27	绍兴耐柯尔汽车配件有限公司
28	绍兴国庆机械有限公司
29	绍兴山耐高压紧固件有限公司

2019年柯桥区新增省级科技型中小企业名单

表24

序号	企业名称
1	绍兴柯桥德沐服业有限公司
2	绍兴柯桥堃绣纺织品有限公司
3	绍兴颀叶进出口有限公司
4	绍兴市柯桥区图瑞尔花型设计有限公司
5	绍兴万峻纺织品有限公司
6	绍兴博帅纺织品有限公司
7	浙江赛夫特电子科技有限公司
8	绍兴汇玖纺织品有限公司
9	绍兴柯桥通益科技信息咨询有限公司
10	绍兴市柯桥区金舸纺织有限公司
11	浙江卫益物业管理有限公司
12	绍兴大仓纺织品有限公司
13	绍兴莱珏贸易有限公司
14	绍兴剑雄纸业有限公司
15	绍兴素心文化传播有限责任公司
16	绍兴柯桥溪田纺织有限公司
17	绍兴市柯桥凯昂纺织品有限公司
18	绍兴柯桥彩光印务有限公司
19	绍兴缤众进出口有限公司
20	绍兴创越知识产权代理有限公司
21	绍兴和运升针纺有限公司
22	绍兴巨诚针纺有限公司
23	绍兴柯桥碧墨纺织品有限公司
24	绍兴柯桥帛盛纺织品有限公司
25	绍兴柯桥定基转移印花有限公司
26	绍兴柯桥哈线纺织有限公司
27	绍兴柯桥聚纱纺织品有限公司
28	绍兴柯桥玛雅家居用品有限公司
29	绍兴柯桥荣晟针织有限公司
30	绍兴空坚智能科技有限公司
31	绍兴乾雍纺织有限公司
32	绍兴市鼎达烫金材料有限公司
33	绍兴市柯桥皓晟纺织品有限公司
34	绍兴市柯桥区柯岩和德纺织整理厂
35	浙江布之美纺织科技有限公司

续表 24

序号	企业名称
36	浙江三力士智能装备制造有限公司
37	浙江中意轻纺有限公司
38	绍兴多邦纺织有限公司
39	绍兴昌蝶纺织品有限公司
40	绍兴柯桥厚磊纺织有限公司
41	浙江织联网络科技股份有限公司
42	绍兴恒源线业有限公司
43	绍兴柯桥欣格绣品有限公司
44	绍兴新利达纺织服饰有限公司
45	浙江来福智能科技有限公司
46	绍兴柯桥中望工艺绣品有限公司
47	绍兴市柯桥佳胜绣品有限公司
48	绍兴柯桥贵博绣品有限公司
49	绍兴柯桥小敬绣品有限公司
50	绍兴市柯桥万谦绣品有限公司
51	浙江中和安防科技有限公司
52	绍兴必争纺织品有限公司
53	绍兴梵天纺织品有限公司
54	绍兴浩初进出口有限公司
55	绍兴柯桥锦裕纺织品有限公司
56	绍兴柯桥浙工大创新研究院发展有限公司
57	绍兴柯桥众泰化纤有限公司
58	绍兴郎烁贸易有限公司
59	绍兴山源服饰品有限公司
60	绍兴市耀庭纺织品有限公司
61	绍兴英诺威电子科技有限公司
62	浙江精功精密制造有限公司
63	浙江兴华利化纤有限公司
64	绍兴柯桥迅驰数码纺织有限公司
65	浙江安赛新材料科技有限公司
66	绍兴拉芙文化传播有限公司
67	绍兴汀迪纺织品有限公司
68	绍兴爱依慕纺织品有限公司
69	绍兴容晟纺织品有限公司
70	绍兴市美儒纺织品有限公司
71	绍兴绿绮数码纺织技术有限公司
72	绍兴柯桥斯坦电子科技合伙企业(有限合伙)

续表 24

序号	企业名称
73	浙江汐潮信息技术有限公司
74	绍兴发靓内衣有限公司
75	绍兴华源纺织有限公司
76	绍兴柯桥春韵纺织有限公司
77	绍兴柯桥兴科纺织机械厂
78	绍兴骆氏纺织有限公司
79	绍兴微宝信息技术有限公司
80	绍兴五杰机械配件有限公司
81	绍兴童天纺织有限公司
82	绍兴柯桥尔壮绣品有限公司
83	浙江飞达纺织科技有限公司
84	绍兴柯桥宇协纺织有限公司
85	绍兴红湖针纺有限公司
86	绍兴金鹄针纺有限公司
87	绍兴柯桥方腾针织有限公司
88	绍兴柯桥江海绣品有限公司
89	绍兴柯桥君涛化纤有限公司
90	绍兴柯桥可阳针织有限公司
91	绍兴柯桥荣港带业有限公司
92	绍兴柯桥森蓝针纺有限公司
93	绍兴柯桥汕慕针织有限公司
94	绍兴隆建针纺有限公司
95	绍兴陆莉美纺织品有限公司
96	绍兴缦帝数码印花技术开发有限公司
97	绍兴盛超针纺有限公司
98	绍兴市恒纤针纺有限公司
99	绍兴市泰鸿针纺有限公司
100	绍兴市鑫良纺织有限公司
101	绍兴市一洲线业有限公司
102	绍兴烁乐纺织品有限公司
103	绍兴威派针纺织品整理有限公司
104	绍兴伟琴纺织有限公司
105	绍兴雅宝贸易有限公司
106	绍兴依喜欧纺织品有限公司
107	绍兴易浩家居有限公司
108	绍兴奕艺经编织造有限公司
109	绍兴籽航带业有限公司

续表 24

序号	企业名称
110	浙江山猫服饰科技有限公司
111	浙江兴美达印染有限公司
112	浙江元筑住宅产业化有限公司
113	绍兴韬汇纺织品有限公司
114	绍兴灵星健康科技有限公司
115	浙江维诚实业有限公司
116	绍兴天宏激光科技有限公司
117	绍兴柯桥丽莎数码印花科技有限公司
118	浙江蓝盾药业有限公司
119	绍兴天耀环境建设有限公司
120	绍兴锐风运动用品有限公司
121	绍兴贤泰纺织有限公司
122	绍兴市柯桥庄琚纺织品有限公司
123	绍兴市柯桥区华拓纺织有限公司
124	绍兴岑懋进出口有限公司
125	绍兴精翔机械制造有限公司
126	绍兴英菲特整体家居有限公司
127	绍兴兴盈丰纺织制衣有限公司
128	绍兴乙龙科技有限公司
129	绍兴百立盛新材料科技有限公司
130	绍兴菲丽环境科技有限公司
131	绍兴港绍纺织品有限公司
132	绍兴柯桥辰博针纺有限公司
133	绍兴柯桥良昌针纺有限公司
134	绍兴俪泰纺织科技有限公司
135	绍兴略美纺织品有限公司
136	绍兴蒙特利亚纺织有限公司
137	绍兴慕联纺织品有限公司
138	绍兴千里眼物联网科技有限公司
139	绍兴仁荣精细化工有限公司
140	绍兴绍北纺织有限公司
141	绍兴席氏纺织品有限公司
142	绍兴意诺贸易有限公司
143	绍兴尹创机械科技有限公司
144	绍兴云疆网络科技服务有限公司
145	浙江莎鲨家纺有限公司
146	绍兴柯桥云马纺织科技有限公司

续表 24

序号	企业名称
147	绍兴柯桥俊锋针纺有限公司
148	绍兴越沃纺织品有限公司
149	绍兴市柯桥煜雄绣品有限公司
150	浙江中正检测技术服务有限公司
151	绍兴柯桥高东工坊织造有限公司
152	绍兴永盛针织服饰有限公司
153	绍兴市柯桥区缘俊纺织有限公司
154	浙江唯声科技有限公司
155	绍兴柯润纺织品有限公司
156	绍兴江洋塑料制品有限公司
157	绍兴柯桥江通机械有限公司
158	绍兴柯桥强尔帅纺织品有限公司
159	绍兴柯桥勤劳针纺有限公司
160	绍兴柯桥瑞爵纺织品有限公司
161	绍兴晨唯新材料科技股份有限公司
162	绍兴东升新材料科技有限公司
163	绍兴高航汽车配件有限公司
164	绍兴柯桥恒松针纺有限公司
165	绍兴柯桥万花莊纺织有限公司
166	绍兴柯桥远达纺织有限公司
167	绍兴美纶化纤有限公司
168	绍兴鸣鸿针纺有限公司
169	绍兴庆洲达纺织品涂层有限公司
170	绍兴坦恒纺织有限公司
171	绍兴鑫鹏纸业有限公司
172	浙江梅盛新材料有限公司
173	绍兴柯桥晨色纺织有限公司
174	绍兴浙妍针纺织有限公司
175	绍兴佳虹服饰有限公司
176	绍兴宇维化纤有限公司
177	绍兴柯桥金隆机械有限公司
178	绍兴柯桥光盛纺织有限公司
179	绍兴柯桥晨灿机械厂
180	绍兴柯桥佳力针纺有限公司
181	绍兴柯桥鑫友绣品有限公司
182	绍兴柯桥迷欧纺织有限公司
183	绍兴柯桥金风制线有限公司

续表 24

序号	企业名称
184	绍兴青璐纺织有限公司
185	绍兴柯桥凡欣服饰有限公司
186	绍兴柯桥金轩纺织有限公司
187	绍兴交会家纺有限公司
188	绍兴柯桥丝语家纺有限公司
189	绍兴柯桥秀楠纺织品有限公司
190	绍兴柯桥河绣绣品有限公司
191	绍兴市柯桥区思源绣品厂
192	绍兴坤能纺织有限公司
193	绍兴莫芙家纺有限公司
194	绍兴柯桥鸣彩化纤有限公司
195	浙江华燕服饰有限公司
196	绍兴铭达纸制品有限公司
197	绍兴柯桥舒友纺织服饰有限公司
198	绍兴柯桥舒发纺织有限公司
199	绍兴柯桥夏叶包装有限公司
200	绍兴柯桥鑫驰化纤有限公司
201	绍兴柯桥绿源香料有限公司
202	绍兴风芸布艺有限公司
203	绍兴华涯纺织有限公司
204	绍兴柯桥航可纺织有限公司
205	绍兴柯桥玛莎进出口有限公司
206	绍兴蓝忆布艺有限公司
207	绍兴怡超针纺有限公司
208	绍兴泽华体育用品有限公司
209	绍兴纱满楼纺织有限公司
210	绍兴勤功纺织有限公司
211	绍兴乐毅经编有限公司
212	绍兴华绅线业有限公司
213	绍兴花嫁纺织品有限公司
214	绍兴雅世纺织有限公司
215	绍兴涵洁环保科技有限公司
216	绍兴德美新材料有限公司
217	绍兴华南纺织印染有限公司
218	绍兴柯桥锦阁纺织有限公司
219	绍兴三杰纺织印染有限公司
220	绍兴隆达机械科技有限公司

续表 24

序号	企业名称
221	绍兴盈普纺织品有限公司
222	绍兴恒利印染有限公司
223	绍兴柯桥亿彩线业有限公司
224	绍兴伦邦化纤有限公司
225	绍兴诺素纺织有限公司
226	绍兴柯桥华宸绣品有限公司
227	绍兴砚良针织有限公司
228	绍兴昂威针纺有限公司
229	绍兴惠姿针纺有限公司
230	绍兴钱家针纺有限公司
231	绍兴庆奇针纺有限公司
232	绍兴帅同针纺有限公司
233	绍兴双宇精密机械有限公司
234	绍兴永功化纤有限公司
235	绍兴南翔电缆有限公司
236	绍兴市汉旻家纺有限公司
237	绍兴都好针纺有限公司
238	绍兴泽美纺织品有限公司
239	绍兴柯桥永利橡塑机械厂
240	绍兴青航纺织服饰有限公司
241	绍兴锐创金属材料有限公司
242	浙江瀚越智能家居有限公司
243	绍兴市柯桥区凌丰机械厂
244	浙江卉丰园艺有限公司
245	绍兴锦晨生物科技有限公司
246	绍兴市柯桥区慈线纺织品有限公司
247	绍兴市柯桥区冬匿纺织品有限公司
248	绍兴市柯桥区炬旺纺织品有限公司
249	绍兴市柯桥区则有五金有限公司

2019 年柯桥区新增省级企业研究院名单

表 25

序号	研究院名称	依托单位
1	浙江省精功航空航天新材料工程技术应用研究院	精功（绍兴）复合材料有限公司
2	浙江省迎丰绿色印染企业研究院	浙江迎丰科技股份有限公司

2019年柯桥区新增省级高新技术企业研发中心名单

表26

序号	研发中心名称	依托单位
1	华越印染短流程染色省级高新技术企业研究开发中心	浙江华越印染有限公司
2	雅琪诺装饰材料省级高新技术企业研究开发中心	浙江雅琪诺装饰材料有限公司
3	东进功能性复合面料省级高新技术企业研究开发中心	浙江东进新材料有限公司
4	嘉业印染省级高新技术企业研究开发中心	浙江嘉业印染有限公司
5	明宇清洁印染省级高新技术企业研究开发中心	绍兴明宇印染有限公司
6	永利清洁印染省级高新技术企业研究开发中心	浙江绍兴永利印染有限公司
7	越新绿色印染省级高新技术企业研发中心	浙江越新印染有限公司
8	格洛博汽车自动变速器零部件省级高新技术企业研究开发中心	浙江格洛博机械科技股份有限公司
9	汽车制动自动间隙调整臂省级高新技术企业研究开发中心	绍兴驰达汽车配件制造有限公司
10	西大门建筑遮阳新材料省级高新技术企业研究开发中心	浙江西大门新材料股份有限公司
11	浙江沃莱菲装饰材料技术省级高新技术企业研究开发中心	浙江沃莱菲装饰材料有限公司

2019年柯桥区新增省级众创空间名单

表27

序号	众创空间名称	依托单位
1	天丝时尚众创空间	浙江天丝时尚企业管理有限公司
2	新媒部落	绍兴新媒部落传媒有限公司
3	时尚@家众创空间	绍兴市柯桥区纺织工业设计管理服务有限公司
4	绍兴聚势电子商务产业园	绍兴聚势电子商务有限公司
5	中科德商科技创新众创空间	浙江中科德商科技发展股份有限公司

科技合作

【概况】 2019年，柯桥区推进浙江工业大学柯桥创新研究院、西安工程大学柯桥创新研究院、江南大学柯桥轻纺产业技术转移中心建设，与东华大学、绿丞实业合作共建东华大学绍兴创新研究院，与浙江工业大学、阿里云计算有限公司合作共建绍兴工业互联网学院（研究院）。推动科技大市场建设，促成技术交易额12.86亿元，实施30个发明专利产业化项目。基本建成以“三大研发机构、五家服务中心、一个科技大市场”为主体的省级现代纺织产业创新服务综合体核心平台，形成沿金柯桥大道十分钟现代纺织创新带。组织科技服务人员4300余人次，深入2700余家纺织印染企业提供各类创新服务3.3万次。现代建筑产业创新服务综合体入选2019年省产业创新服务综合体培育名单。全年发放创新券577.1万元，使用513.8万元。

2019年6月13日，柯桥区西纺纺织产业创新研究院举行揭牌仪式
（区科技局　供稿）

【东华大学绍兴创新研究院成立】 2019年，柯桥区结合东华大学在人才培养、学科建设、科学研究、国际交流合作方面优势以及绿丞实业（上海）股份有限公司在新材料领域专业化、市场化的全产业链科技服务平台资源，按照“政府扶持、学校授权、民非运行、市场转化”运营模式，合作共建东华大学绍兴创新研究院。通过技术经理人全程参与科技成果转化服务，建立“定向研发、定向转化、定向服务”的订单式研发和成果转化机制和以市场化方式运营为核心的科研仪器设备开放共享机制，聚焦新材料、智能制造、节能环保、产品开发等科技创新方向开展科技创新服务活动。

【国家技术转移东部中心绍兴分中心成立】 2019年，柯桥区与国家技术转移东部中心合作，成立国家技术转移东部中心绍兴分中心。该中心整合沪绍两地科技信息资源，动态发布沪绍两地技术合作供求信息，建设集信息共享、技术交易服务、技术金融创新、技术转移、技术转移经纪人培育、知识产权服务、技术转移大数据于一体的区域技术转移平台，围绕推动技术转移转化、促进科技资源互通、搭建人才培养基地等方面开展工作。

【收集技术需求150余项】 2019年，柯桥区组织开展企业技术需求征集工作，收集技术需求150余项并汇编成册。建立科技成果库，积累800余项。

【组织科技交流对接活动30余次】 2019年，柯桥区组织企业参加西班牙加泰罗尼亚理工大学、武汉理工大学、东华大学、上海大学等各类科技对接活动30余次，诊断企业40家，达成意向合作项目20余项，落地梅盛新材料、德美新材料、汇纤纺织等校地合作项目。（傅玲红　寿佳莹）

科技成果

【概况】 2019年，柯桥区有358个项目获科技成果登记，1个项目获2019年国家科学技术进步奖一等奖，2个项目获2019年浙江省科学技术进步奖，7个项目获2019年柯桥区创新奖。

2019年柯桥区获国家科学技术进步奖名单

表28

序号	项目名称	申报单位	完成人员	奖励等级
1	高层钢－混凝土混合结构的理论、技术与工程应用	重庆大学、悉地国际设计顾问（深圳）有限公司、中建钢构有限公司、浙江绿筑集成科技有限公司、中冶建筑研究总院有限公司、哈尔滨工业大学、湖南大学、浙江大学、中国地震局工程力学研究所、中南大学	周绪红、刘界鹏、傅学怡、张素梅、杨想兵、徐坤、徐国军、杨波、童根树、周期石、林旭川、张小东、李江、王宇航、刘晓刚	一等奖

2019年柯桥区获浙江省科学技术进步奖名单

表29

序号	项目名称	申报单位	完成人员	奖励等级
1	高性能无氧银铜带材的开发	浙江力博实业股份有限公司	徐高磊、姚幼甫、骆越峰、陈国权、王舒阳、宋艳涛、金月明	三等奖
2	高效减阻抗磨自吸排污泵装备关键技术及产业化	浙江工业大学、温州自吸泵业制造有限公司、南方中金环境股份有限公司、浙江工业大学之江学院	牟介刚、吴登昊、李敬堂、谷云庆、赵才甫、郑水华、任芸	三等奖

2019年柯桥区创新奖获奖名单

表30

序号	项目名称	申报单位	完成人员	奖励等级
1	水轮发电机组磁极线圈用铜型材的开发	浙江力博实业股份有限公司	姚幼甫、徐高磊、陈国权、钟新锋、陈国龙	一等奖
2	光催化超真生态皮面料关键技术及其产业化	浙江梅盛实业股份有限公司	钱国春、邓炳耀、刘庆生、包旭旭、任洁芳、牛家嵘、张云丰、钱建国	一等奖
3	超纤皮绒生态整理技术的研发	浙江梅盛实业股份有限公司	宋兵、韩祥祥、刘佳强、李敏、景亚鸿、林国武、尚希	二等奖
4	MRI分子影像评价子宫肌瘤病理类型及与免疫组化分子相关性分析	绍兴市中心医院、绍兴市人民医院	郑静、翁小波、徐阿巧、赵振华、鲁君敏、徐国奇、杨建峰、荣增辉、娄纪祥、李军、黄丽丹、韩烈、方雅琴、李芝清	二等奖
5	汽车雨刮电机输出齿轮	浙江捷众科技股份有限公司	孙坤、楼文庭、刘鹏、何炎彬、徐娜、应智超、金林枫、孙燚坤、杨文英、蔡新明	三等奖
6	吸湿排汗工装面料	绍兴水乡纺织科技有限公司	马金星、曹森森、凌声旭、宋春根、汪雅丽	三等奖
7	免疫细胞缝隙连接蛋白Cx在冠状动脉粥样硬化中的作用机制研究	绍兴第二医院	陈丽娜、陈钟良、张伟光、唐欧杉、成银宏、周浩亮、吕进、施凤梅、施涛	三等奖

（傅玲红　寿佳莹）

创意产业

【概况】 2019年,柯桥区纺织工业创意设计基地通过工业和信息化部组织的首批全国纺织服装创意设计试点园区(平台)复核。基地企业设计研发等服务型营业额2.93亿元,带动346.5亿元销售收入,比上年增长15.49%。基地新入驻企业398家,其中工业设计企业152家;引进纺织工业设计人才1245人,其中设计师128人。绍兴市柯桥皓质华琚纺织品设计有限公司、浙江省现代纺织工业研究院2家企业被列入首批国家级工业设计研究院培育对象名单,浙江省现代纺织工业研究院被认定为浙江省工业设计企业,延锋伟世通怡东企业仪表有限公司、浙江格洛博机械科技股份有限公司、浙江杭一电器有限公司、绍兴艾艺纺织科技有限公司、浙江丝路传奇文化创意有限公司、绍兴斑玛花型设计有限公司6家企业被认定为绍兴市工业设计中心,中多控股有限公司被授予国家麂皮绒纺织产品开发基地称号,浙江懿纱纺织科技有限公司被授予国家新合纤时装面料产品开发基地称号。绍兴永盛工贸有限公司被授予国家化纤时装面料流行趋势研究中心,浙江松井纺织有限公司被授予国家再生纤维素纤维女装面料流行趋势研究中心。

【设时尚轻纺专项激励资金1000万元】 2019年,柯桥区政府出台《关于2019年度柯桥区振兴实体经济(传统产业改造)财政专项激励资金的实施细则》,其中专项激励资金1000万元,鼓励设计引育、品牌培育和时尚创意活动举办,引领时尚轻纺。至年底,45家企业获专项激励资金1078万元。

【引进培育领军型知名设计人才8人】 2019年,柯桥区引进培育金顶奖设计师、金点奖设计师、中国十佳服装设计师等领军型知名设计人才8人,包括中国服装设计金顶奖获得者张义超、吴海燕,台湾知名设计师蔡怡慧和红点设计奖获得者徐乐。

【举办创意时尚活动65场】 2019年,柯桥区举办"2019天天时尚"系列活动,组织开展柯桥时尚周、2019全球时装设计精英挑战赛、2019中国时尚面料设计大赛、2020春夏·中国轻纺城时尚品牌联合发布会等时尚活动65场,促进时尚创意产业的交流、推广。"柯桥时尚周"获2019创新创意超级杯城市活动创新奖。(吴　军)

知识产权

【概况】 2019年,柯桥区入选国家知识产权强县工程试点区,全省有2家。新增国家知识产权优势企业3家,绍兴市专利示范企业5家。专利申请5657件,其中发明专利1086件;专利授权5455件,其中发明专利授权590件;PCT(专利合作条约)专利申请23件;有效发明专利1671件。通过专利权质押融资2.3亿元,通过知识产权贯标认证企业60余家。会稽山绍兴酒股份有限公司专利"一种多菌种黄酒生麦曲机械化生产工艺"获第二十一届中国专利银奖,浙江精工钢结构集团有限公司专利"一种基于VB插件的虚拟预拼装算法及应用"获优秀奖,是柯桥区取得的历史最好成绩。浙江越剑智能装备股份有限公司申报的"加弹机企业运营专利导航"入选2019年度绍兴市专利导航项目。中国轻纺城东升路市场入选浙江省知识产权保护规范化培育市场。举办浙江省第七届知识产权杯创意设计大赛、

2019年9月27日,中国轻纺城花样版权数据中心库和花样图型应用比对系统正式发布　（区市场监管局　供稿）

4·26知识产权宣传周等活动。

【浙江省首个花样图形应用比对系统发布】 2019年9月27日，由柯桥区市场监督管理局和浙江工业大学之江学院联合开发的中国轻纺城花样版权数据中心库和花样图型应用比对系统正式发布。该系统是浙江省首个建成并发布的花样版权“数字化大脑”，收录全省近10万条花样数据，为纺织品备案登记花型建立数字化“户口”并进行“户籍式”管理，达到可批量秒级查询反馈和输出比对报告效果，破解省属范围内花样重复登记、盗仿登记难题。（宋若莞）

电信通信

2019年10月，中国电信柯桥分公司技术人员在公交车上部署人像采集设备　　（中国电信柯桥分公司　供稿）

【概况】 2019年，柯桥区打造数字化转型新模式，促进大数据产业发展。中国电信柯桥分公司加快新型网络基础设施建设，建成“万兆到楼、千兆到户”工程，实现光网能力全覆盖。完成中华人民共和国成立70周年、防御台风“利奇马”、2019国家机器人发展论坛等应急通信保障任务。促进云网（云计算通信网）融合，推动企业业务、设备、数据及核心系统应用上云2.0。

【公交人像采集及分析项目承接】 2019年11月，中国电信柯桥分公司完成公交人像大数据采集及分析系统服务项目，在全区近500辆公交营运车辆上部署采集设备，采用人脸识别、大数据、云计算技术，推动人员管理模式向信息化、智能化转变。（单爱萍）

移动通信

【概况】 2019年，中国移动柯桥分公司建设4G精品网络，解决35个网络盲点小区，完成2019国家机器人发展论坛、2019第二届世界布商大会和中国绍兴柯桥国际纺织品博览会等重大活动通信保障工作。牵头完成柯桥街道、华舍街道老小区改造线路整治，北联市场、镜海嘉园等大型市场和居民区实现光纤接入覆盖。

【承建政府监管类项目2个】 2019年，中国移动柯桥分公司承建108家印染企业有限空间安监项目，8月通过验收。该项目支持视频监控系统、门禁防控系统、有毒有害气体监测系统等系统集成，建立有限空间智慧安监综合体系。6月，启动绍兴市柯桥区瓶装燃气信息化监管项目，该项目通过建立瓶装燃气信息化监管体系，实现对瓶装燃气充装、储存等全过程的跟踪追溯。

【承建5G+无人工厂项目1个】 2019年，中国移动柯桥分公司探索精功科技工业互联网无人工厂远程操控应用

2019年4月28日，浙江省省长袁家军（前排左二）一行参观5G工业互联网精功科技机器人　　（中国移动柯桥分公司　供稿）

项目，4 月投入运行。该项目利用移动 5G 超低时延特性，以及边缘网关网络解决方案，工程技术人员可实时对远程客户侧机器人进行指令下达和操控，实现对自动导航车、机械臂等精准远程管控。（郑灵芬　史国祥）

联通通信

【概况】 2019 年，中国联通柯桥分公司开通 4G 基站 221 个，累计 832 个，实现柯桥城区、二三类校园、交通干线、镇区及部分行政村场景的连续覆盖，4G 网络人口覆盖率 91%，比上年提升 4%。启动 5G 网络建设，开通 5G 基站 10 个，部分热点区域实现 5G 覆盖。10 月 31 日，“极速 5G 联通未来”5G 商用发布会在中国联通笛扬路营业厅举行。持续完善 4GIPran 承载网布局，完成 4GIPran 承载网汇聚节点扩容，具备 10G 接入环开通能力，满足 5G 站点接入需求。中标影像云、车载视频系统、滨海企业危化品仓库整改服务、“智安小区”管控平台、雪亮工程分平台、智能停车诱导系统 6 个智慧城市领域项目，合同金额 1500 万元。储备千万级项目 3 个、五百万级以上项目 2 个、百万级项目 3 个。新建 IPran2.0 接入设备 20 套，为高速率 5G 应用场景提供接入能力。完成高考、中考、纺博会、2019 第二届世界布商大会、中乙联赛、2019 国家机器人发展论坛等活动的通信保障工作，完成杭绍城际铁路、背街小巷二期、渔歌风情二期等管线整治迁改工程跟进工作。（苏　崚）

2019 年 10 月 31 日，中国联通笛扬路营业厅举行“极速 5G 联通未来”5G 商用发布会　　（中国联通柯桥分公司　供稿）

数字政府

【概况】 2019 年，柯桥区全面推行掌上移动办公，运用指导培训、定期通报、集中办公、上门服务、领导督查等形式，实现网上可办率 100%，掌上可办率 100%，跑零次率 99.73%，即办比 94.28%，承诺时限压缩比 97.65%，民生事项三端“一证通办”率 100%，证照库调用 332307 次。开发、推广协同办公系统钉钉端应用，手机端移动办公与电脑端协同办公系统实现无缝实时对接。至年底，协同办公系统钉钉移动端开通用户数 6541 个，收发文件近 1000 件。

【339 个村居（社区）应用无纸化办公系统】 2019 年，柯桥区 339 个村居（社区）应用无纸化办公（协同办公）系统，共收到电子文件 18572 个，签收电子文件 18213 个，平均签收率 98.1%，实现区级部门、镇（街道）与村居（社区）间非涉密文件的无纸化传输。

【政府门户网站群实现集约化迁移】 2019 年，柯桥区根据省政府网站集约化管理要求，政府门户网站群整体整改、迁移至省集约化平台。新版网站群包含政府网站主站 1 个及部门子网站（专栏）32 个，页面和栏目在保留原版风格的基础上突出“全面、系统、实用”的特点，围绕服务公众、服务企业，服务社会，加强与政务服务网的对接，突出网上办事、交流互动等功能。规范全区网站域名使用。

【电子政务项目立项评审】 2019 年 11—12 月，柯桥区组织有关专家和单位对 2020 年全区电子政务项目建设进行预审，从项目建设的必要性、方案的可行性、资金预算合理性以及全区资源整合利用角度，对全区电子政务项目建设进行把关。至年底，完成 2020 年度 20 批 122 个电子政务项目方案预审，节约资金 36.33%。

【16 亿条公共数据资源归集共享】 2019 年，柯桥区建成区数据交换共享分中心，与 20 个部门 107 类目录 16 亿条数据实现归集共享。与省、市数据交换共享中心对接，打破部门信息孤岛，推进部门间系统对接、数据共享和

业务协同,初步建成一体化数据平台。(袁瑜琴)

广播电视传输

2019 年 9 月 12 日,中广有线柯桥分公司开展安全播出演练
(柯桥传媒集团 供稿)

【概况】 2019 年,柯桥区建成村(居委会、社区)综合信息工作室 42 个,累计 249 个。开发柯桥区传媒集团“笛扬”APP 软件。改造升级基层治理四平台信息系统,整合平安通、流管通、河长通、食安通等应用,统一操作入口,开发内容涉及电脑端、手机应用端和微信端。完成“笛扬新闻”APP 应用开发,融合广播电视节目、栏目、电子报等新闻宣传渠道,打造“新闻 + 政务 + 党建 + 民生 +N”的 APP 客户端。组织安全培训 6 次,实战应急演练 14 次。(中广有线柯桥分公司 供稿)

执行编辑 黄炳耀

教　育

综　述

2019 年，柯桥区有各类学校 207 所，其中全日制普通高校 2 所——浙江工业大学之江学院和浙江树人大学（杨汛桥校区）、电大 1 所、普通高中 8 所、中等职业学校 2 所、初中 19 所、小学 56 所、特殊教育学校 1 所、幼儿园 100 所、社区学院 1 所、成人文化技校 16 所、少体校 1 所。普通高中、中等职业学校、初中、小学、特殊教育学校和园幼儿在校学生合计 109426 人，在编专任教师合计 7072 人。义务教育普及程度 100%，6 周岁 ~15 周岁少年入学率、巩固率、完成率均 100%。有全国绿色学校 2 所；省级示范初中 17 所、小学 16 所，省文明学校 7 所，省绿色学校 17 所，省体艺特色学校 28 所；市级示范初中 4 所、小学 30 所，市文明学校 40 所、绿色学校 31 所、特色学校 19 所。10 所学校通过绍兴市现代化学校评估。

召开教育大会，出台《高水平推进柯桥教育现代化实施方案（2019—2022）》《关于全面深化新时代教师队伍建设改革的实施意见》。投资 30 亿元，实施 26 个 2019 年政府投资项目，其中华舍中心幼儿园等 8 个项目完工并投入使用。投资 4500 万元，79 所中小学安装 4196 台空调。赴新疆、贵州、四川等地支教 7 人次，为支教地区培养师资 30 人次，接收学生 7 人。

67 所学校创建为绍兴市“五星达标”学校，21 所学校被评为“五星三名”学校，31 所学校被评为党建示范学校；“金色阳光”党建育人示范带、“一钱清风”党建育人示范带通过考评。浙江省教育厅党委书记、厅长陈根芳肯定“五星三名”抓党建的做法。绍兴市“五星育人、三名争创”工作推进会在鲁迅中学召开，5 条党建新闻在“学习强国”平台发表。柯桥区承办全市少工委八届二次全委会等活动，柯桥区少工委获 2018 年度浙江省少先队工作先进少工委，局团工委获评 2018 年度市级先进团委。

2019 年 9 月，华舍中心幼儿园新园区开园　（区教体局　供稿）

以“一个法人、多个校区”的“1+N”紧密型模式，实行教育共同体内总校长负责制，17 所中小学校参与区内外结对，采用新技术新媒体、创新实验室（学科教室）、创客课堂、研修课堂、名师课堂、周六学堂直播等多种形态，实现优质资源共享。与德国、韩国等国学校开展研学交流，建设“学在柯桥”教育品牌。实施中心小学放学后校内托管服务，为1910位名接送有刚性困难的学生提供晚学后校内托管服务。

14073名学生进入高一级学校，其中被高中段学校录取7922人，被普通高校录取4586人，被高职单考单招录取969人，被中高职一体化培养录取596人。高中普及率99.5%，高考上线率99.6%。承办2019年绍兴市中小学生艺术节现场比赛，18个艺术表演类节目获一等奖，其中12个获2019年省中小学艺术节一等奖，占绍兴市的86%。15项科技创新作品获市青少年科技创新大赛一等奖。紫薇花·梦想科技电子社团获全国青少年电子制作锦标赛团体第一名，获全国一等奖12人次。

2019年11月，柯桥区代表队参加浙江省中小学生艺术节现场赛

（区教体局　供稿）

【主题团日活动】 2019年4月27日，柯桥区“青春心向党、建功新时代”特别主题团日活动在绍兴鲁迅中学主广场举行。柯桥区副区长祝静芝、团区委、教体局以及鲁迅中学团员青年等参与此活动，“掌上绍兴”对此直播。主题团日活动分为两个阶段：一阶段入团仪式在鲁迅广场举行，二阶段主题微团课在鲁迅纪念室和校史陈列室进行。

【12项师生作品在第33届省青少年科技创新大赛中获奖】 2019年5月，柯桥区有12项师生作品在浙江省第33届青少年科技创新大赛上分获一二三等奖。柯桥中学选送的“智能感应式检测行人安全装置”和鲁迅高级中学选送的“高层窗框固定自动打胶装置”两项作品获全省科技创新成果一等奖。轻纺城第二小学科技辅导教师袁央清的“我与魔豆共成长——揭秘魔豆”获辅导员科技创新项目二等奖。实验中学、齐贤中学、实验小学、轻纺城小学、轻纺城第二小学、华舍小学等学校的学生科技创新成果获二、三等奖。

【承办新时代劳动教育交流现场会】 2019年11月，柯桥区承办“牵手未来·劳动最光荣”新时代劳动教育交流现场会。会议由中国少年儿童发展服务中心主办，团绍兴市柯桥区委员会、区教体局、区少工委、中共绍兴市柯桥区漓渚镇委员会共同承办，中国少年儿童发展服务中心副主任郭道新，中国少年儿童发展服务中心骨干培训中心主任张玉勋等出席，来自全国各地校内外青少年教育工作者、德育主任、劳技教师等80余人参加。会议现场观摩柯桥区青少年的校内外劳动教育实践基地以及青创农场、绍兴花市等，召开现场交流会。

【20个节目和作品获省比赛一等奖】 2019年，柯桥区参加省中小学生艺术节，其中参加艺术表演类比赛，有12个节目获得一等奖，5个节目获得二等奖，3个节目获得三等奖；参加艺术作品类比赛，有8件作品获得一等奖，9件作品获得二等奖，5件作品获得三等奖。柯桥区教体局、钱清镇中学获得优秀组织奖。

【3所学校成为市首批中小学书法教育特色学校】 2019年，柯桥区有3所学校成为绍兴市首批中小学书法教育特色学校，分别为区实验中学、区实验小学、兰亭中心小学。兰亭小学、华舍小学的书法社团被评为市首批十大书法社团。（钟建宇）

学前教育

【概况】 2019年，柯桥区有幼儿园100所，其中公办幼儿园78所、民办幼儿园22所。在园幼儿27621人，学前三年入园率100%。幼儿园专任教师1948人，其中在编公办幼儿教师373人，教师学历合格率100%，大专以上学历98.92%，教师资格证持有率100%。实现浙江省等级幼儿园全覆盖,其中浙江省二级以上幼儿园53所(一级幼儿园10所)、市标准化幼儿园90所。

实施镇(街道)中心幼儿园对村级幼儿园蹲点式管理,由各镇(街道)中心幼儿园园长到相应村级幼儿园(含民办)蹲点,从幼儿早上入园到幼儿傍晚离园进行完整的一日活动观察指导,防止"小学化"倾向。细化落实课程改革任务,注重一级幼儿园的引领和辐射,通过考察、培训、教研等各种途径,提高园长的课程决策力和一线教师的课程执行力。民办幼儿园增加"阳光厨房"9家,创建A级食堂2家。

【接受市人大常委会执法检查】 2019年5月,柯桥区接受绍兴市人大常委会就《浙江省学前教育条例》贯彻执行及学前教育改革发展情况开展的执法检查。市人大常委会党组副书记副主任王继岗一行实地检查有关工作。区人大常委会主任吴晓作《认真落实条例规定、加快发展学前教育》讲话,副主任蔡金彪就柯桥区学前教育发展主要成就、相关问题作报告。

【承办驻园培养经验推介会】 2019年11月,柯桥区承办浙江师范大学学前教育专业硕士驻园培养经验推介会暨卓越教师培养工作研讨会。浙江师范大学副校长钟依均 、浙江省教育厅教师工作处副处长林涛等出席会议。会议开展专家报告、驻园硕师课程教学活动观摩和分论坛研讨活动。全区有学前教育"硕师生"23人。

2019年11月,浙江师范大学学前教育专业硕士驻园培养经验推介会在柯桥区举行 (区教体局 供稿)

【10所幼儿园建成或在建】 2019年,柯桥区完善学前教育布局规划,建成或在建幼儿园10所。其中,24班规模的华舍中心幼儿园、5班规模的夏履三联幼儿园秋季开园。各24班规模的柯桥街道中心幼儿园、钱清镇中心幼儿园、杨汛桥镇中心幼儿和18班规模的永红幼儿园等新建工程在建中。

【获评省级幼儿园3所】 2019年,柯桥区幼儿园创建省健康促进学校、市文明单位、区特色幼儿园、农村新示范幼儿园以及装备标准化幼儿园等。获评省二级幼儿园2所、三级幼儿园1所、市标准化幼儿园1所,二级以上优质园覆盖面达到72.07%,幼儿园普惠覆盖面93.01%。(傅丽芳)

小学教育

【概况】 2019年,柯桥区有小学56所,其中区属1所、镇(街道)小学55所,在校班级1165个,在校学生44277人,在编专任教师2697人。开展拓展性课程开发和实施探究,评出区级精品课程80余门。探索以STEAM教育为切入点的科技创新教育,2所小学被确定为区STEAM教育种子学校,9所小学被确定为区STEAM教育培育学校。

【夏履镇中心小学获2018全国生态文明教育特色学校称号】 2019年2月,柯桥区夏履镇中心小学在全国第六届环境教育年会上获2018全国生态文明教育特色学校称号。从1995年起,夏履镇中心小学组织开展"小学生生态环境教育"实验研究,提出"生态教育从娃娃抓起""以生态教育为突破口,全面推进素质教育"的口号。通过20多年的探索追求,采用多学科渗透的教学方式发展环境教育,形成学校、社会、家庭的"大生态"教育观。

【举办少先队鼓乐检阅展示活动】 2019年10月,柯桥区少先队鼓乐检阅展示活动在湖塘中心小学型塘校区操场上举行。活动由共青团柯桥区委、区教体局、区少工委共同主办,12所小学的少先队员们进行鼓乐表演。

【安昌中心小学微视频被中央电教馆评为展播优秀作品】 2019年10月,柯桥区安昌中心小学学生韩哲轩的微视频作品《小师爷百家讲坛——百善孝为先》在中央电化教育馆主办的2018年少年传承中华传统美德微视频作品展播活动中获得展播优秀作品。《小师爷百家讲坛——百善孝为先》微视频作品以“小小百家讲坛”的形式，经区、市、省各级电教部门的推荐，通过中央电教馆平台全程展播评审，中央电教馆组织专家终审，被评为展播优秀作品，翁林香老师被评为优秀指导老师。

【柯桥小学3部微电影录入百佳校园影视节目清单】 2019年11月11日，柯桥区柯桥小学由王越红老师和任姝老师自导自演的班级微电影《激情燃烧的足球》《谁是拖拉机》《光盘旅行记》被浙江省中小学影视资源征集活动征集录入，入围由中国教育技术协会主办的全国校园影视教育作品展示名单。该展示活动旨在推进全国校园影视资源的建设，实现优质影视教育资源共享，提高学校影视教育的创新精神和实践能力，锻炼和培养一批校园影视制作队伍，推动学校影视教育发展。

【2019年小学教育工作会议】 2019年11月，柯桥区小学教育工作会议在漓渚镇中心小学召开。会议以“聚焦课堂、科学提质”为主题。各小学就课程改革、教学评价、课堂提质等方面进行经验交流。区教体局作《如何提高小学教育质量》的专题报告。区教师发展中心作2018学年柯桥区小学课改及教学质量的分析报告。

2019年11月，柯桥区召开小学教育工作会议 （区教体局 供稿）

【4所小学成为市第二批非物质文化遗产教学性传承基地】 2019年，柯桥区4所小学成为绍兴市第二批非物质文化遗产教学性传承基地，分别为阮社小学的绍兴铜雕、齐贤中心小学陶里校区的绍兴扇艺、漓渚镇中心小学的绍剧、中国轻纺城第二小学的剪纸。（盛建兔 钱纪江 钱钰萍）

初中教育

【概况】 2019年，柯桥区有初中19所，其中区属3所、镇（街道）初中15所、民族中学1所，在校班级594个，在校学生23611人，在编专任教师2003人。绍兴西藏民族中学有3个年级15个班级，在校学生600人。

初中教育工作会议召开，以“聚焦课堂、科学提质”为主题。教体局作“为什么要聚焦课堂”“如何提高教学质量”主题报告。教师发展中心作以“发展学生学科素养，提升学生学习能力，加快推进‘学为中心’课堂建设”为主题的2018学年初中学科教学质量分析报告。学校就规范管理、课程改革、德育创新、聚焦课堂、科学提质等进行经验交流。初中教育坚持以德育为先，质量为中心，坚持规范办学，立足课堂教学，优质均衡，升学率99.8%。

【区实验中学被评为浙江省STEAM教育项目种子学校】 2019年4月24日，柯桥区被浙江省教育厅确定为浙江省中小学STEAM教育项目试点区，柯桥区实验中学被评为浙江省STEAM教育项目种子学校。STEAM是科学Science、技术Technology、工程Engineering、艺术Art、数学Mathematics5门学科英文首字母的缩写。柯桥区实验中学在整体课程观下逐步构建成具有系统性、发展性的面向全体学生的“三级”STEAM课程体系，在基础性课程、拓展性课程、校园创新实践活动中融入STEAM教育理念，将STEAM精神惠及每一个学生。

【第八届“树人风”长三角分层走班教学研讨会】 2019年12月5日，柯桥区在鲁迅外国语学校举办第八届“树人风”长三角分层走班课堂观察研讨会。福建、江苏、浙江等5个省18个区县市200名专家、教师参会。鲁迅外国语学校2名老师分别执教英语A、B两层的课堂教学。浙江省教育厅教研室初中英语教研员李威峰点评，并作主题为《鲁外第八届“树人风”长三角活动听课小评》讲座。

【10所中小学校成为第二批市现代化学校】 2019年，柯桥区10所中小学校成为第二批市现代化学校，分别为西藏民族中学、钱清镇中学、钱清镇中心小学、湖塘中学、湖塘中心小学、平水镇中学、安昌中心小学、齐贤中心小学、齐贤中学、秋瑾中学。至此，柯桥区市现代化学校增至16所。（盛建兔　钱纪江　钱钰萍）

普通高中教育

【概况】 2019年，柯桥区有普通高中8所，其中省一级特色示范高中2所，省二级特色示范高中4所；省一级民办高中1所；省级文明单位2个，省文明学校1所；全国绿色学校1所，省绿色学校2所。普通高中毕业学生4628人，招收新生4717人，339个教学班，在校学生13775人，在编专任教师1373人。

豫才中学恢复高一招生，招收高一新生315人。继续推进课改，建设高效课堂和重点特色学科，建立学生发展指导中心，3所普高在绍兴市军体操展示比赛中获一等奖，推广学生研学活动，学校文化体系初步形成个性化、特色化。高考一段上线1279人，全区700分以上6人，北大清华录取15人。纯文化科录取进入国家“双一流”高校440人，5名学生获五大学科奥林匹克竞赛省赛区一等奖；语文、英语、地理、历史等学科竞赛获全国特等奖3人，全国一等奖118人次；科技创新5项作品获省一等奖，体艺录取进入全国知名高校35人。

【荷兰斯特波海学校师生第二次访问鉴湖中学】 2019年4月，荷兰斯特波海学校师生访问团一行27人到鉴湖中学开展友好访问交流，双方交换礼物并举行联欢活动。联欢活动上，鉴湖中学学生表演舞蹈《弱水三千》《采薇》、古筝《随想曲》、独唱《望乡词》，斯特波海学校学生进行民歌、钢琴独奏、集体舞等特色展示。鉴湖中学与荷兰斯特波海学校于2014年10月17日签署校际友好合作意向书，结成友好学校。2017年4月、2018年7月双方开展一次互访交流。

【柯桥中学一学生获第36届全国中学生物理竞赛决赛金牌】 2019年10月，柯桥区柯桥中学学生汤齐宇、史舒衡获第36届全国中学生物理竞赛浙江赛区一等奖。汤齐宇获全国决赛金牌，进入国家集训队，被保送北京大学，成为浙江省入选国家集训队15人之一。

2019年10月，柯桥中学学生汤齐宇(右)获全国物理奥赛金奖
（区教体局　供稿）

【鲁迅中学举行王海鸥生物竞赛奖励基金奖学金颁奖仪式】 2019年10月，绍兴鲁迅中学举行2019学年“王海鸥生物竞赛奖励基金”奖学金颁奖仪式。高三(1)班学生李龙飞获一等奖，奖金2000元。毛忠琪、凌一铭获二等奖，王祎玮、曾丹妮、施海聪、魏一栋、茅诗柯获三等奖。“王海鸥生物竞赛奖励基金”奖学基金是鲁迅中学生物竞赛辅导教师王海鸥去世后由其家属在该校设立，奖励在生物竞赛方面作出特别贡献和取得优异成绩的师生。

【钱清中学学生获13项国家专利】 2019年10月，柯桥区钱清中学科技实验班创新精品社团朱耀东等13名学生获得由国家知识产权局颁发的实用新

2019年钱清中学学生获国家专利情况

表31

序号	班级	第一发明人姓名	专利名称
1	二5	朱耀东	一种便于移动的校园宣传栏
2	二2	陶佳琳	一种具有吸尘功能的黑板擦
3	二5	赵一超	一种稳定性台灯
4	二4	刘宁宁	一种教室用雨伞收纳架
5	二2	薛金浒	一种可移动式讲台
6	二1	陆佳莉	一种可移动式食堂餐桌
7	一2	钱泽尔	一种多功能书桌
8	一2	董志华	一种教室用多功能课桌
9	一4	史弘杰	一种便于拆装的书架
10	一3	蒋文涛	一种可折叠式书架
11	二3	殷世鹏	一种教室用可折叠椅子
12	一2	邱景丰	一种可移动式垃圾桶
13	一10	童帅	一种便于拆装的拖把

型专利证书。钱清中学建校5年来，学生获国家专利累计32项。

【孙越崎纪念馆新馆重建开放】 2019年10月，柯桥区孙越崎纪念馆新馆重建开放。新馆在越崎中学原馆场地上重新整修，对孙越崎一生几个重要时期的介绍重新进行编制，增加一些图片资料与文字资料，资料的编排方面更加注重紧凑与连贯，使介绍更加集中、丰富与突出，能更好地缅怀先贤，进一步发挥爱国主义教育功能。越崎中学以已故爱国人士、工矿泰斗孙越崎命名，校内建有“孙越崎纪念馆”，展览孙越崎生平与事迹，为柯桥区爱国主义教育基地，由钱伟长题写馆名、薄一波撰写前言。

【承办全国重点高中科技创新大学先修课程教育实践论坛】 2019年11月，柯桥区承办2019年重点高中科技创新大学先修课程教育实践论坛。论坛探讨高中教育与高等教育的有效衔接，探索科技创新教育发展的新模式。同济大学与柯桥中学签署合作协议，两校在建设特色学科实验室、开展研学项目等方面进行交流。省内外数十所重点高中的代表受邀参加论坛。

【承办任雪明“生本·发展”化学教育实践研讨会】 2019年12月，柯桥区承办任雪明“生本·发展”化学教育实践研讨会暨2019省化学年会。区教育体育局局长任宏亮致辞，省教研室主任任学宝讲话。任雪明原为柯桥区人，现任省教育厅教研室高中组组长、省化学教研员、省特级教师。活动由省教育厅教研室、省特级教师协会主办。研讨会上，任雪明介绍自己从一所山区初中学校到省教研室工作的“九站”经历，还以访谈的形式，邀请任雪明老师的学生、徒弟、同事和朋友，从“实践教改、生本发展”“创新方式、研训引领”“勇挑重担、管理育人”三个方面对任雪明“生本·发展”教育实践进行详尽解读。

【“申洲·柯中”励志基金发放仪式】 2019年12月，柯桥区柯桥中学“申洲·柯中”励志基金发放仪式暨高一新生“校友讲堂”第一讲活动在体育馆内举行。区政协副主席、区慈善总会会长马芳妹，区教体局局长任宏亮等出席。柯桥中学“申洲·柯中”励志基金由柯桥中学优秀校友马建明于2018年设立，总额为200万元，用以奖励学业优秀的学生或资助家庭贫困的师生。（李国权）

2019 年 12 月，“申洲·柯中”励志基金发放仪式在柯桥中学举行
（区教体局　供稿）

职业教育

【概况】 2019 年，柯桥区有 2 所职业学校（区职业教育中心、绍兴财经旅游学校），均为国家级重点职业学校、省一级重点职校，区职教中心为国家首批中职教育改革发展示范校。职业学校在校学生 8995 人，校均规模 4498 人。专任教师 604 人，其中专业教师（包括实习指导教师数）328 人。专业教师中“双师型”教师 252 人，占专业教师的 77%。职业学校占地面积 30.11 万平方米，建筑面积 20.04 万平方米。浙江电子工程学校整体搬迁，正式并入柯桥区职业教育中心，完成职业学校专业网点布局调整。职业学校设轻纺食品类、土木水利类、加工制造类、交通运输类、信息技术类、财经商贸类、旅游服务类、文化艺术类、农林牧渔类、公共管理类十大门类 38 个专业，有 8 个省级实训基地（含综合性实训基地 1 个）、2 个省级产学研联合体、3 个市级职教集团。

柯桥区职业教育遵循“专业设置围绕产业转型转”“人才培养围绕岗位需求转”原则，匹配柯桥区委区政府着力打造的五大千亿产业，设置调整主体专业，深化产教融合，密切校企合作，创新育人模式致力培养德技并修的“工匠型”技能人才。柯桥区在浙江省教育厅 2018 年度职业教育发展考核中，被评定为优秀单位，其分数居二类地区（发达地区）第一名，通过浙江省教育厅办公室公布的第一批省级现代学徒制试点单位验收。

【职业学校毕业生就业推介活动】 2019 年 4 月 4 日，柯桥区举行以“立德树人育新时代工匠、产教融合提‘三服务’能力”为主题的职业学校毕业生就业推介、技能展示暨产教融合签约活动。278 家企业参加招聘活动，672 名学生签约或达成就业意向，12 家企业签订产教融合协议。

2019 年 4 月 4 日，柯桥区举行中等职业就业推介会
（区教体局　供稿）

【职校学生在省高职考试中本科人数首次突破百人】 2019 年 6 月，柯桥区职校学生在浙江省单招单考中本科上线 123 人，首次突破百人，上线率 100%，本科人数和上线率创历史新高。

【承办长三角地区民营企业劳动竞赛现场交流会暨纺织行业职工职业技能竞赛】 2019 年 9 月 27—28 日，柯桥区承办长三角地区民营企业劳动竞赛现场交流会暨纺织行业职工职业技能竞赛。这次赛会系 2019 第二届世界布商大会的活动之一，由浙江省总工会主办，主题为“携手长三角、建功新时代”，共设服装制作、印染打样、面料设计 3 个赛项，长三角地区四省（市）共计 108 名选手参加比赛。

柯桥区选手获3个一等奖、6个二等奖、5个三等奖。

【职业教育未来工匠慈善基金成立】 2019年9月30日，柯桥区“职业教育未来工匠”慈善基金成立仪式在区职业教育中心报告厅举行。“职业教育·未来工匠”慈善基金由区慈善总会、区总工会、区教育体育局以及政协慈爱基金、天圣慈善基金、精工钢构爱心慈善基金、柯桥侨爱基金共同发起设立。以“用爱心点燃希望，用教育创造文明，支持职业教育，培养未来工匠，助推实体经济发展”为宗旨，该基金初始基金总额300万元，定向用于中等职业学校学生助学奖学、教师助教奖教。

【第十三届职业学校学生技能大赛】 2019年11月2日，柯桥区举办第十三届职业学校学生技能大赛，分区职教中心、绍兴财经旅游学校两个赛区。这届大赛分12个大类，设50个赛项，753名学生参赛，为赛项覆盖面最广、参赛学生最多的一届技能大赛。

【获2019年全国职业院校技能大赛14枚奖牌】 2019年，柯桥区参赛学生在全国职业院校技能大赛中，获5金6银3铜。金牌数占绍兴市代表队金牌总数的50%，占浙江省代表队金牌总数的13.9%，奖牌数占绍兴市奖牌总数的42.4%，金牌数、奖牌数均位居全市第一，其中金牌数位居全省各县市区首位（宁波市除外），奖牌数创2007年参赛后最佳成绩。

2019年，柯桥区学生在全国职业技能大赛中获14枚奖牌
（区教体局　供稿）

【3个项目列入2019年省中职教育质量提升行动计划】 2019年，柯桥区有3个项目列入浙江省教育厅办公室公布的省“中职教育质量提升行动计划”有关项目建设名单，分别是区职教中心的“绍兴市纺织职教集团”、财经旅游学校的“全员德育、润心教育”德育品牌以及“财智众创”创新创业教育实验室项目。

【区职业教育中心通过全国现代学徒制第二批试点工作验收】 2019年，柯桥区职业教育中心名列国家教育部网发布的“关于公布现代学徒制第二批试点验收结果和第三批试点检查情况”的通知中，成为浙江省唯一一所通过全国现代学徒制第二批试点工作验收的学校。全国共有203家试点单位通过现代学徒制第二批试点工作验收。近年来，柯桥区职教中心以“校企合作、双元育人”为核心，以培养高技能、高薪酬、稳定性强的产业人才为目标，推进现代学徒制试点工作，先后组建服装、汽修、烹饪、电子商务、染整、花样设计、数控、电梯、建筑九大专业教育集团，用现代学徒的方式对接企业个性需求，与各中小微企业合力定制技能人才，打造集“学业、就业、创业”一体化的教学特区。（沈益农）

高等教育

【概况】 2019年，柯桥区有浙江工业大学之江学院、浙江树人大学杨汛桥校区和浙江广播电视大学柯桥学院3所高等院校。

浙江工业大学之江学院有11个二级学院1个教学部，有39个本科专业，涉及工学、理学、文学、法学、管理学、经济学、艺术学七大学科门类。全日制在校本科学生8500人左右。有教职工595人，其中专任教师419人。获全国党建样板支部1个、全国民办学校首批党建特色建设项目1个，被评为全国民办学校党建特色项目建设基地。《中国教育报》、人民网、中新网等媒体连续报道之江学院“不忘初心、牢记使命”主题教育成果。2019届毕业生就业统计工作得到教育部肯定，学院作为全国本科

柯桥区学生在2019年全国职业院校技能大赛获奖情况

表32

序号	参赛项目	奖级	获奖学校
1	建筑装饰技能	全国一等奖	柯桥区职教中心
2	工程测量	全国一等奖	柯桥区职教中心
3	建筑设备安装与调控(给排水)	全国一等奖	柯桥区职教中心
4	戏曲表演	全国一等奖	柯桥区职教中心
5	制冷与空调设备组装与调试(制冷)	全国一等奖	柯桥区职教中心
6	计算机检测维修与数据恢复(数据恢复)	全国二等奖	柯桥区职教中心
7	制冷与空调设备组装与调试(制冷)	全国二等奖	柯桥区职教中心
8	电梯维修保养(电梯)	全国二等奖	柯桥区职教中心
9	建筑智能化系统安装与调试(楼宇)	全国二等奖	柯桥区职教中心
10	服装设计与工艺(服装)	全国二等奖	柯桥区职教中心
11	分布式光伏系统装调与运维	全国二等奖	柯桥区职教中心
12	建筑智能化系统安装与调试(楼宇)	全国三等奖	柯桥区职教中心
13	电梯维修保养(电梯)	全国三等奖	柯桥区职教中心
14	沙盘模拟企业经营	全国三等奖	绍兴财经旅游学校

院校代表在全国普通高校毕业生就业统计工作网络视频会议上作典型发言。

浙江树人大学杨汛桥校区有校区管委会、基础学院、马克思主义学院3个单位和图书馆、计划财务处、校园建设处,设29个专业,其中本科21个、专科8个。在校学生3841人,其中本科2807人、专科1034人;教职工280人,其中专任教师218人(含杭州校区在杨汛桥校区有教学任务的教师114人),后勤服务人员180余人。二期工程完成投资3.6亿元,占当年投资计划的100%,建成21幢单体16万平方米建筑,完成二期配套的燃气、配电、供水工程及周边道路施工。马克思主义学院院长周光迅当选为全国民办高校马克思主义学院建设暨思想政治理论课建设研究会副会长、浙江省自然辩证法研究会副理事长。

浙江广播电视大学柯桥学院于2017年9月易地新建,并入绍兴市柯桥区社区学院。学院开展远程开放教育、网络教育、研究生学历教育等办学形式,本科有金融学、会计学、法学、行政管理等专业,专科开设行政管理、文秘、中文、法律、金融、会计、工商企业管理、计算机、学前教育、建筑施工管理、数控、汽修等20余个专业;研究生设经济学、管理学等专业。2019年,学院招生626人,注册2202人,其中本科679人,专科1523人。被评为全省电大招生先进集体、全省电大教务工作先进单位、全省电大教材发行管理先进单位。
(陶佳苹　刘　俊　高　巍　王　芳)

【之江学院开发中国轻纺城花样版权数据中心库和花样图型应用比对系统】 2019年9月27日,之江学院博士郑德均团队开发的柯桥区政府重点项目——中国轻纺城花样版权数据中心库和花样图型应用比对系统,在第二届世界布商大会上发布。系统首次将浙江省版权局和中国轻纺城花样办数据进行合并，并面向企业和用户提供以图搜图的花样版权查询，浙江省花样数据中心库基本建成。

【之江学院成立绿色能源材料联合实验中心】 2019年10月，为加快培育新材料、清洁技术发展，之江学院引进院士戴安娜及其团队，围绕国家产业战略方向，结合柯桥区开发区及周边区域创新需求，在柯桥区建设柯桥绿色能源材料联合实验中心。该中心集绿色化工产业公共技术服务、人才培训培养、高层次人才创业创新、项目产业化等平台功能于一体。

【之江学院举办本科办学20周年院庆】 2019年10月20日，之江学院围绕“传承文化、展示成就、凝心聚力、促进发展”主题，举行学院本科办学20周年庆祝大会，包括人才培养、科学研究、社会服务、文化传承等院庆主题活动。各级领导、海内外嘉宾、国内外兄弟院校代表、海内外校友代表、企业和单位代表、支持之江学院发展的社会各界代表、在校师生等参加。

【绍兴工业互联网学院在之江学院成立】 2019年10月24日，为推进数字经济“一号工程”，加快推动数字产业化、产业数字化，实现“绍兴制造”向“绍兴智造”创新跃升，绍兴市人民政府、浙江工业大学、阿里云计算有限公司合作共建绍兴工业互联网学院，学院设在之江学院，由之江学院作为实施主体负责组建、管理和运营。

【之江学院入选14个省级及以上育人项目】 2019年，之江学院获教育部校企合作协同育人项目6项，获批教育部1+X证书制度试点证书5个，获“十三五”省级大学生校外实践教育基地立项建设项目、省级重点建设实验教学示范中心立项建设项目、省级虚拟仿真实验教学项目各1个。英语、计算机科学与技术、旅游管理和建筑学等4个专业入选省级一流本科专业建设点。

【之江学院获110个省级及以上学科竞赛奖项】 2019年，之江学院学科竞赛奖项位列全省同类院校第一，获国家一等奖1项、二等奖2项、三等奖4项，省一等奖8项、二等奖33项、三等奖62项。

2019年5月，之江学院学生获第十届中国大学生服务外包创新创业大赛全国一等奖 （之江学院 供稿）

【之江学院国际化水平全省同类院校排名第二】 2019年，之江学院增设境外合作高校与机构4所，累计与36所境外高校和研究机构建合作培养项目。选拔14名青年教师赴国（境）外开展研修，专任教师中留学归国人员占比22.4%。工业设计（中外合作）专业本科教育项目有223名学生赴海外交流访学，占在校生总数的2.6%。49名学生赴美国布里奇波特大学等海外高校进行一学期及以上的学习。73名学生赴美国等国家和地区留学，比上年增长40%。招收新西兰等国到华留学生29人。之江学院在浙江省独立学院中国际化总体水平排名第二。（陶佳苹）

2019年10月24日，浙江工业大学副校长虞晓芬（右二）、绍兴市政府副秘书长何建（左二）、阿里集团副总裁库伟（右一）在第二届中国（绍兴）工业互联网创新发展论坛上代表三方签署合作协议 （之江学院 供稿）

2019 年 4 月，浙江树人大学杨汛桥校区成立浙江省高校思政理论课名师工作室　　（浙江树人大学杨汛桥校区　供稿）

【浙江树人大学杨汛桥校区成立浙江省高校思政理论课名师工作室】 2019 年 4 月 9 日，浙江树人大学杨汛桥校区浙江省高校思政理论课名师工作室（尹晓敏名师工作室）揭牌成立。“名师工作室”是 2018 年国家教育部为建设优秀高校思想政治理论课教学科研团队而探索设立的创新项目，是以高校思想政治理论课名师个人姓名命名的非行政性工作机构，是集教学、科研、培训等职能于一体的高校思政课教师合作共同体。

【“学习强国”报道浙江树人大学杨汛桥校区思政课】 2019 年，“学习强国”、《钱江晚报》报道浙江树人大学杨汛桥校区教授尹晓敏邀请学校大四学生“玻璃女孩”白晨霞与同学们进行课堂深度对话，帮助同学们更好地把握理想信念作为“精神之钙”的重要性。人民网、新华网、央广网、中国日报网、中国新闻网等国家级、省市级媒体进行转载报道。

【浙江树人大学杨汛桥校区获 46 项科研成果或项目】 2019 年，浙江树人大学杨汛桥校区获 46 项科研成果或项目，其中以“良好”等级结项国家社科基金一般项目 1 项，转入在研国家社科基金项目 1 项，获省部级项目 2 项、校青年科研启动计划 3 项，获横向项目 15 项、横向科研到款 109.95 万元，获计算机软件著作权 20 项、实用新型专利 4 项。

【浙江树人大学杨汛桥校区学科竞赛获省级及以上奖 110 项】 2019 年，浙江树人大学杨汛桥校区获省级及以上学科竞赛 110 项，其中获国家级奖 5 项、省级奖 105 项。周昊副教授获“第五届（2019）全国高校数学微课程教学设计竞赛”全国一等奖，指导学生获 2019 美国大学生数学建模竞赛三等奖；校健美操队获第 15 届中国大学生健美操锦标赛第一名；校跆拳道队获 2019 年中国大学生跆拳道锦标赛第一名；校定向队获第十八届中国学生定向锦标赛团队赛第三名。（刘　俊）

2019 年 11 月，浙江树人大学健美操队获第 15 届中国大学生健美操锦标赛第一名　　（浙江树人大学杨汛桥校区　供稿）

特殊教育

【概况】 2019 年，柯桥区有 3—17 周岁残障少儿 328 人，其中学前段儿童 36 人（幼儿园随读 21 人、康复机构康复 12 人、在家医护 3 人），入园（康复）率 91.7%；义教段适龄残障少儿 206 人，通过特殊学校就读、随班就读、送教上门服务等方式，入学率 100%；高中段学生 86 人（特殊教育学校就读 30 人、随班就读 21 人、送教上门 35 人），入学率

84.9%。育才学校在校学生82人，教学班8个，其中义务教育班5个（含卫星班1个）、学前教育班1个、职业教育班2个；专任教师21人，其中在编19人。

开展以“自闭症教育康复”、脑瘫学生康复训练为主的教康结合实践研究，创建“行于规范 至于品质”的省特殊教育标准化学校，依托特教学校专业支持，推进“悦纳 共享 构建区域融合教育共同体”的融合教育柯桥实践。柯桥特殊教育发展经验和柯桥区育才学校的办学成绩，在省教育厅举办的教师发展研讨会（特殊教育）、绍兴市融合教育现场会、省特教中心举办的“国培班”、全国特殊教育校长论坛做专题介绍。

【5次特殊教育经验介绍】 2019年4月18—21日和12月6—8日，柯桥区育才学校在“黔柯特盟”个别化教育与培智教学研讨活动中，作《认识4》的培智课堂教学展示和培智教学实践研究的专题讲座。11月29日，在浙江师范大学教师发展特殊教育学校论坛上，柯桥区做“基于个别化教育需要的教师专业进阶”专题介绍。在省特殊教育培训中心省培班、国培班4期次中，柯桥区做培智学校生活课程与国家课程校本化实施的教学实践研究推介。10月30日，在绍兴市特殊教育融合发展现场会，柯桥区作“悦纳 共享 构建区域融合教育发展共同体”的柯桥实践经验介绍。

2019年12月9日，柯桥区育才学校创建为浙江省首批特殊教育标准化学校 （区教体局 供稿）

【开设“蜗牛之家”爱心驿站】 2019年5月，柯桥区在高尔夫社区开设“蜗牛之家”爱心驿站，每周六服务社区特需少儿。成立唐茂盛大拇指特需儿童工作室，提供每周五晚上线上咨询，每周六上午实操评估指导服务。

【育才学校被授予3项教育称号】 2019年10月30日，柯桥区育才学校被授予绍兴市自闭症儿童教育康复研究基地。11月，被授予浙江省个别化教育信息管理系统项目实验学校。12月9日，创建为浙江省首批特殊教育标准化学校。（姚 斌）

成人教育

【概况】 2019年，柯桥区有17个成人教育机构，其中1个区级社区教育学院、16个镇街成人文化技术学校。有省级标准化成校16所、省现代化成校12所。

出台《绍兴市柯桥区关于进一步推进社区教育发展的意见》《关于印发〈推进社区教育进农村文化礼堂三年行动计划(2019—2021)实施方案〉的通知》，完成各类培训172377人次，其中农民培训59253人次，企业职工培训56489人次，社区教育培训56584人次，其他培训51人次。预备劳动力培训871人，脱盲455人，596名农村成人获高中学历、技能双证。通过成校培训取得职业资格4429人，其中中、初级证书3574人，高级证书855人。培训创收1456.918万元。实现网格管理和属地管理，对培训机构实行“一对一”管理，取缔非法培训机构65家。

【成教服务社会活动周】 2019年5月24日，柯桥区2019年“成教服务社会”活动周启动仪式在齐贤成教中心举行。活动周以“助推乡村振兴、建设幸福柯桥”为主题。16所成教中心、成校举行家政服务、扫盲、电子商务、面点制作、农特专业户经营等各项教育培训活动65期，培训人员2万人次。

【第八届全民终身学习活动周】 2019年10月16日，柯桥区第八届全民终身学习活动周启动仪式暨中国轻纺城经营户第25期培训开班典礼在区社区学

2019 年 10 月 16 日，柯桥区举行第八届全民终身学习活动周（区教体局 供稿）

院举行。活动周的主题是“推进全民终身学习、服务‘八八战略’再深化”。16 个镇（街道）及相关成员单位举行各项教育培训活动 72 期，培训人员 2 万余人次。

【社区教育进农村文化礼堂推进会暨社区教育工作者业务培训】 2019 年 12 月 3 日，柯桥区社区教育进农村文化礼堂推进会暨标准化村居委会（社区）教学点社区教育工作者业务培训在柯桥区社区学院举行。16 个镇（街道）120 个村（居委会）社区教育标准化教学点的负责人进行推进关于社区教育进文化礼堂工作的业务知识培训。其间，对 2019 年评选的 26 个示范性教学点分批次表彰并授牌。

【社区教育工作获 2 项国家级荣誉】 2019 年，柯桥区社区教育获得 2 项国家级荣誉。其中，柯桥区获2018 年度全国全民终身学习活动周成功组织单位称号，华舍成校“‘幸福家庭 华舍人’系列培训工程”上榜“2019 年全国终身学习品牌项目”。

荣誉证书
授予：浙江省绍兴市柯桥区
2018 年全民终身学习活动周
成功组织单位
中国成人教育协会
2019 年 8 月 13 日

2019 年 8 月，柯桥区获评 2018 年全民终身学习活动周成功组织单位（区教体局 供稿）

【4 所成校（项目）纳入省中职教育质量提升行动计划】 2019 年 12 月 9 日，柯桥区有 4 所成校（项目）纳入浙江省教育厅办公室发布的 2019 年浙江省“中职教育质量提升行动计划”有关项目建设名单。其中漓渚成校、湖塘成校上榜“浙江省现代化成校”，柯桥成校“五合一‘金牌保安’培训工程”项目、马鞍成校“‘蓝印小镇’企业职工‘1+X’培训”项目上榜“浙江省成教品牌项目”。（高 巍 张宏泰）

招生考试

【概况】 2019 年，柯桥区普通高校招生考试报名 4711 人，上一段分数线 1279 人、二段分数线 3356 人、三段分数线 4541 人，普通高校上线率为 96.39%，其中普通类 4190 人、艺术类 427 人、体育类 94 人。高职院校单招单考报名 1010 人，上线 969 人，上线率为 95.94%。成人高考报名 1402 人，统一以地市为单位参加考试及填报志愿进行录取。在职高提前招生录取后，中考报名 4866 人，高中段学校录取新生 5211 人，其中普通高中录取 4642 人，职业高中录取 569 人。柯桥中学获浙江省教育厅批复允许向全省招收“乒乓球”项目体育特长生 10 人。参加全国英语等级考试 2137 人、全国计算机等级考试 389 人。自考学历考试报考人数 474 人，毕业 5 人。

按高考标准组织普通高中学考、选考考务工作，完成 3 场学选考组考工作。54207 人次参加学选考，其中 1 月 22216 人次参加学考，4 月 650 人次参加学考、11152 人次参加选考，6 月 20189 人次参加学考。高中毕业生被普通高校录取 4586 人（不含高职提前招生），占全区报考人数的 97.35%，其中艺术类录取 403 人，占艺术类报考人数的 94.38%；体育类录取 84 人，占体育类报考人数的 89.36%。15 名学生被北京大学、清华大学（其中北大 6 人、清华9人）录取，77名学生被浙江大学录取。

【5名学生被录取为飞行学员】 2019年，鲁迅中学学生张宇晨被录取为海军飞行学员，鲁迅中学学生冯遥凯和鲁迅高级中学学生孙凯鑫、马文龙、陈锋分别被中国民航大学、中国民用航空飞行学院录取为民航飞行学员。自1989年实行在高中生中招收飞行员制度后，柯桥区累计选送空军、海军飞行学员70人，民航飞行学员71人。（杜国平）

师资管理

【概况】 2019年，柯桥区有教职员工10130人，其中专任教师8547人。专任教师中，任教于普通高中1376人、职业学校604人、初级中学2003人、小学2697人、幼儿园1848人（在编373人）、特殊教育19人。按学历分，普通高中专任教师中研究生172人，占12.5%；本科1199人，占87.14%。职业学校专任教师中研究生74人，占12.25%；本科506人，占83.77%。初级中学专任教师中研究生72人，占3.59%；本科1881人，占93.91%；专科50人，占2.5%。小学专任教师中研究生57人，占2.11%，本科2263人，占83.91%；专科367人，占13.61%；高中10人，占0.37%。幼儿园专任教师（含园长）中研究生16人，占0.87%；本科1161人，占62.82%；专科646人，占34.96%；高中26人，占1.41%。普通高中、职业学校（含成人学校）、初级中学、小学、幼儿园专任教师的学历合格率均近100%。有高级职称教师1487人、中级职称教师3398人、初级职称教师2934人。

1名教师获全国优秀教师称号，3名教师获省教坛新秀称号，13名教师获绍兴市教坛新秀称号，1名教师获绍兴市最美教师称号，3名教师获绍兴市最美教师提名奖。评审通过3名正高级教师。

【出台3个师德文件】 2019年9月，柯桥区出台《关于切实加强师德师风建设的八项规定》《柯桥区中小学教师师德考核负面清单》《关于2019年柯桥区有偿家教专项整治年工作实施方案》等文件，围绕"有偿补课""收受礼品礼金"、体罚或变相体罚学生以及侮辱学生等问题，摸排教师居住较为集中的村居委会（社区）和来信来访较为集中的社会培训机构，开展网格化大走访大检查工作，做到发现一起、严查一起。

【招聘145名优秀毕业生】 2019年，柯桥区教育系统面向全国知名高校校园招聘优秀毕业生，合计招聘145名优秀毕业生入编，其中招录"双一流"等优秀高校毕业生102人、研究生47人。

【9所学校开展教师职称自主评聘改革试点】 2019年，柯桥区越崎中学等9所学校（幼儿园）由浙江省教育厅确定为中小学教师职称自主评聘改革试点学校，参与改革学校数居全省第一。评审工作规范有序、公开公正，列入改革试点的9所中小学校（幼儿园）均获高级教师、一级教师自主评聘权。经各校职称自主评聘委员会评定，有50名教师获高级教师任职资格，34名教师获得中级教师任职资格。（操梅霞）

教育研究

【概况】 2019年，柯桥区推动"四线合一"（教研、教科、教技、培训）、学段衔接、学科融合，发挥学习、研究、指导等功能。创新研训机制，构建"柯桥师享会""空中课堂""虚拟演播""鉴湖讲堂""资源应用"五大实训平台。普通高中打造"课堂特色"，组织具有本校特色的"高效课堂"，开出公开课150节，评出高效课堂相关导学案一等奖42项。初中开展"聚焦学生学习过程，发展学生核心素养"的集中教学调研，听评课180余节。省内外700余名专家和教师参与课例展示与研讨。实验中学《分层走班教学B、C层课堂导向深度学习的实践研究》、鲁迅外国语学校《分层走班教学生态下品质课堂研究》2个项目被列为绍兴市品质课堂深化行动学校整体性研究项目，两个学科教研组被评为浙江省先进教研组。小学落实"互联网+义务教育"，将城区优质资源通过网络让农村学校特别是边远薄弱学校共享，实现同步备课、同步上课、同步辅导、同步批改、同步检测。《让农村孩子成为最好的自己——柯桥区农村小班化课程和教学变革显实效》入选浙江省20个教研亮点。

首期30位智慧教育高级研修班学员毕业，8位教师成为省之江汇教育广场讲师团成员，5位教师获2019全国创新课堂大赛一等奖，漓渚中心小学被教育部评为网络学习空间应用普及活动优秀学校，6个案例被评为2019年浙江省教育信息化典型案例。《“五力”并举，开创智慧教育新时代》被评为全国基础教育信息化应用典型案例。教育部2018年度教育信息化教学应用实践共同体项目《柯桥区天天智慧课堂实践共同体”》结题。接待全国20多批观摩学习团队。举办柯桥区第五届年度智慧课堂教学实践观摩活动，全国600名领导、专家参与，1721名教师网上互动。

2019年12月23日，柯桥区举行第5届智慧课堂教学实践观摩活动
（谢国民　摄）

组织教师完成90学分集中培训2400余人次，30学分区级培训8200余人次。“柯桥教育大讲堂”举行3场，听课1500余人。《让每个学员都成为培训者》入选浙江省38项师训经验成果，3个校本培训项目入选省百项精品课程。490余人通过普通话测试，5252人通过教师资格定期注册，343人通过教师资格认定。省师训考核成绩列绍兴市第一名。

成立第二轮名师工作室282个，其中特级教师工作室21个、名师工作室91个、青年教师成长工作室170个，学员3300多人。有52名教师获省级及以上业务荣誉，142名教师获市级业务荣誉。其中稽东镇中教师蒋国江，作为农村偏远学校教师获得全国优质课一等奖；教师发展中心教研员罗丹红为教育部统编小学语文教材配套教师教学参考用书录制示范课，与2020年统编小学语文教科书同步发行，供全国小学语文教师学习参考。

安排200万元专项资金用于艺术教育设备添置及艺术薄弱学校建设，搭建高要求体艺活动平台、高质量艺术社团平台、高水平艺术比赛平台和高规格展示平台4个平台。参加浙江省中小学生艺术节获12个表演类一等奖，参加绍兴市中小学生艺术节获17个表演类一等奖。叶青、陈燕2位教师代表绍兴市参加浙江省美术音乐优质课评比均获得一等奖，有6位艺术教师在省教学论文评比中获得一等奖，有4位美术教师在省美术作品评比中获一等奖；教师合唱团代表绍兴市参加浙江省中华人民共和国成立70周年教职工合唱大赛获一等奖。

为40多所中小幼学校进行科研下校服务，其中确定3所市教育科研基地学校和10所区教育科研基地培育学校进行重点调研与服务。对18所学校的校级课题和课程方案进行指导，对调研学校老师的100多个课题进行点评与分析。开展2期综合培训和以学段为组别的6期分组培训，培训500余人次。立项省级课题18项、市级课题112项，课题成果获省二等奖2项、省三等奖8项、市一等奖10项。钱清中学被评为省教育科研先进集体，5个单位被评为市教育科研先进集体。

教师在省级以上教育教学报刊发表论文2272篇，教师出版教育教学书籍18部，在省级以上发表、获奖、展出音乐、美术、文学作品74件。学生在省级以上发表、获奖、展出音乐、美术、文学作品2637件。

【第十一届鉴湖之春初中课堂教学多样化观摩研讨会】 2019年4月26日，柯桥区第十一届“鉴湖之春”初中课堂教学多样化观摩研讨会在柯桥区实验中学、浙江省柯桥中学2个会场举行。10名数学、科学青年名师就“指向核心素养的拓展性教学研究”进行课堂演绎，省教研室相关学科教研员、学科领军教师作课堂点评，省内外60多所研训机构及初中学校的领导、教科研骨干、一线教师700余人参加。

【承办浙江省小班化教育推进会暨乡村教研提升行动专题研讨会】 2019年9月24—25日，柯桥区

2019 年 9 月 24—25 日，柯桥区承办浙江省小班化教育推进会暨“乡村教研提升行动”主题研讨会 （朱兴锋 摄）

承办浙江省小班化教育推进会暨“乡村教研提升行动”专题研讨会。会议聚焦“乡村教研提升行动”，交流推广小班化教育研究成果，全省 250 余名专家、教师参加。

【一名教师获 2019 年浙江省小学英语教学活动评比一等奖】 2019 年 10 月 21—24 日，柯桥区中国轻纺城小学教师盛江蓝代表绍兴市参加浙江省 2019 年小学英语课堂教学评比活动，获一等奖。浙江省小学英语学科教学评比活动以小班环境下的小学英语课堂教学为主题，采用现场抽取内容后 24 小时备课，呈现 35 分钟课堂教学和 5 分钟课后反思的形式，考验团队的教研实力和教师的综合素质。

2019 年绍兴市柯桥区学生在省级以上学科竞赛中获奖情况

表 33

竞赛名称	获奖情况
全国高中数学联赛	全国二等奖 9 人、三等奖 15 人
全国高中物理竞赛	全国金奖 1 人，省赛区一等奖 2 人、二等奖 11 人、三等奖 9 人
全国高中化学竞赛（省级赛区）	省赛区一等奖 1 人、三等奖 1 人
全国中学生生物学联赛	全国一等奖 1 人、二等奖 2 人、三等奖 5 人
全国青少年信息学奥林匹克竞赛（浙江省赛区）	省一等奖 4 人
全国中职技能竞赛	全国一等奖 5 人、二等奖 6 人、三等奖 3 人，浙江省一等奖 10 人、二等奖 5 人、三等奖 12 人
全国地理科技大赛	全国一等奖 53 人、二等奖 78 人
浙江省中小学艺术节	省一等奖 19 个、省二等奖 14 个、三等奖 8 个

（吴 鸿）

执行编辑 徐炳荣

文化·传媒

专业文化

【概况】 2019年，柯桥区有专业表演团体1个，即绍兴市柯桥区小百花越剧艺术传习中心。传习中心拥有演出剧场1个，从业人员92人(编外合同制用工27人)，其中正高职称13人，副高职称15人，中级职称26人。全年演出近300场，观众65万多人次。

【城乡巡演12次】 2019年，绍兴小百花越剧团多次赴区内外巡演。2月11—19日，赴宁海、苍南进行春节下乡演出。3月12日，在“百花大舞台”百花剧场演出《玉簪记》。4月9—10日，携越剧《狸猫换太子》《玉簪记》赴武汉剧院参加第七届武汉“戏码头”中华戏曲艺术节演出。4月27日，携折子戏赴杭州政协礼堂参加“杭州·绍兴周”——绍兴戏曲天天演。5月2日，携越剧《屈原》赴浙江大学演出，进行国家艺术基金高校巡演首站演出及“杭州·绍兴周”的演出活动。5月18日，参加“王阳明”国际学术研讨会闭幕演出，在绍兴大剧院演出越剧《王阳明》。6月15—16日，携越剧《苏秦》《情探》在绍兴大剧院参加第十届越剧大展演。6月28日，在杭州剧院演出《越苑雯秀——陈雯婷个人专场》。8月25—26日，在湖州长兴大剧院演出《胡国美专场》和《穆桂英挂帅》。9月20—22日，赴西安易俗大剧院参加第六届丝绸之路国际艺术节演出。9月26日，赴苏州会议中心演出《三看御妹》。10月21日，国家艺术基金资助项目——越剧《苏秦》参加浙江省第十四届戏剧节演出。

2019年10月21日，越剧《苏秦》参加浙江省第十四届戏剧节演出
(童珽珽　摄)

【承办纪念范瑞娟“风·范”传承活动】 2019年1月4—5日，由浙江省戏剧家协会、上海越剧艺术传习所等主办、绍兴小百花越剧团等承办的纪念范瑞娟“风·范”传承活动启动。举办“范瑞娟风范纪念馆暨师生堂”开馆仪式、“戏曲艺术的传承发展与人才的培养”座谈会、纪念一代宗师范瑞娟越剧演唱会暨长三角友好院团联盟(首批)授牌仪式等系列活动。中国戏剧家协会、上海戏曲艺术中心、浙江戏剧家协会、上海戏剧家协会、扬州市扬剧研究所、绍兴小百花越剧团相关领导参加活动。

2019年1月4日，范瑞娟风范纪念馆暨师生堂正式开馆
（童珽珽　摄）

【赴高校开展2场越剧专题活动】 2019年5月20日，绍兴小百花艺术团国家一级演员陈飞受北京大学团委、研究生会邀请，在北京大学双创中心以“百年越剧的前世今生和未来，赏析越剧魅力、共享美好生活”为主题的专题讲座，作为“燕园寻梦”北京大学首届校园戏曲节的十大活动之一。9月19日，绍兴市柯桥区小百花越剧艺术传习中心演员吴凤花、叶瑞芳、陈雯婷一行赴西北大学，开展集戏曲文化内涵与体验于一体的越剧进校园活动。

【吴素英收徒陈雯婷】 2019年1月16日，绍兴小百花优秀青年演员陈雯婷在百花剧场举个人专场演出《越苑雯秀》，拜师绍兴小百花国家一级演员、梅花奖得主、吕派弟子吴素英。

【越剧电影《李慧娘》在横店杀青】 2019年3月14日，绍兴小百花第三部越剧电影《李慧娘》在横店影视城杀青。该电影于2月28日开机，由剧作家吕育忠编剧、钱勇导演，国家一级演员吴素英领衔主演，国家一级演员吴凤花、胡国美、于伟萍等主演，讲述南宋末期，歌姬李慧娘反抗奸臣贾似道的故事，谱写一曲“撼天地、为民疾”的伟大女性颂歌。

2019年5月20日，绍兴小百花艺术团国家一级演员陈飞在北京大学作越剧专题讲座
（童珽珽　摄）

【《苏秦》全国巡演】 2019年5月25—27日，2019年度国家艺术基金资助项目新编越剧《苏秦》在百花剧场首演，并召开专题研讨会。中国文联副主席董伟，浙江省剧协秘书长谢丽泓等观看演出。6月起，《苏秦》进行全国巡演，先后赴杭州、四川、武汉、西安、上海、北京等地演出。

2019年3月14日，越剧电影《李慧娘》在横店杀青（童珽珽　摄）

【陈飞收徒孙琴菲】 2019年6月27日晚，绍兴小百花国家一级演员、梅花奖获得者陈飞携学生孙琴菲，以及优秀青年演员娄周英在杭州剧院联袂上演经典越剧《情探》。演出结束后，举行“傅派弟子陈飞收徒，孙琴菲拜师”仪式，陈飞正式收孙琴菲为徒。

【越剧《屈原》入选国家艺术基金传播交流推广资助项目】 2019年，绍兴小百花越剧艺术传习中心于2014年出品的越剧《屈原》入选国家艺术基金传播交流推广资助项目，这是该剧第三次获国家艺术基金的资助。9月起，《屈原》进行全国高校站巡演，先后赴浙江大学、四川大学、武汉大学、上海交大、复旦大学、北京大学、清华大学等学府演出。

2019年9月起，越剧《屈原》进行全国高校站巡演 （童珽珽　摄）

【长三角联盟友好院团优秀青年演员在柯桥集训】 2019年7月中下旬至8月初，绍兴小百花艺术团作为长三角联盟友好院团优秀青年演员集训地之一，邀请数位名师从基本功身训、云帚、剑舞、化妆、导演、观摩等多方面，给上海越剧院、扬州扬剧艺术研究所、绍兴小百花越剧团三地青年演员进行培训。绍兴小百花越剧团全体青年演员还参加扬州站和上海站的集训。

【9名青年演员入围青年演员"越美中华"终极竞演】 2019年8月17—18日，绍兴小百花艺术团9名青年演员入围在上海举行的"越美中华"全国越剧青年演员大汇演终极竞演，陈蒙尔、韩梦莎、黄佳楠、孙琴菲4人获金艺奖，陈丽、谢小、钱世颖、陈波、胡亦淇5人获佳艺奖。8月21日，在上海大宁剧场参加颁奖晚会。

【张琳在《擂响中华》获2个奖项】 2019年9月1日，国家一级演员、梅花奖得主张琳在《擂响中华》全国戏曲群英会第二季总决赛上获巅峰大奖、网络人气王2个奖项。《擂响中华》全国戏曲群英会第二季由西安广播电视台和白燕升戏曲传播研究院联合举办，参赛演员均为各个剧种的领军人物和青年拔尖人才，来自越剧、秦腔、京剧、豫剧、眉户、晋剧等13个剧种。（钱斌斌）

社会文化

【概况】 2019年，柯桥区继续开展"欢乐柯桥"文艺贺新春系列活动，举办"鉴湖之春"广场文化活动。"写生柯桥"系列活动走遍柯桥区16个镇（街道），编排并巡演"民星版"越剧大戏《红楼梦》。承办"风从东方来"长三角（沪苏浙皖）曲艺精品巡演等启动仪式、第六届中国曲艺绍兴（柯桥）高峰论坛和"诗画浙江、四地写生"（象山、柯桥、萧山、苍南）群文画家四地联动写生走亲活动。

2019年，柯桥区图书馆服务读者112万余人次，外借图书54万余册次，新增借阅卡5678张，累计有效读者卡74954张。向市民免费荐购图书6238册，开展各类阅读推广活动112场次。选送作品获第十五届浙江省未成年人读书节"家风少年说"大赛决赛二等奖。投资600万元建成城市书房8家，提档升级农家书屋7家。（余其斌　朱逸琳）

【"欢乐柯桥"文艺贺新春系列节目】 2019年春节期间，柯桥区在区文化馆举办"欢乐柯桥"系列活动。1月29日，举办少儿戏曲春晚，200余人参演，现场

2019年1月29日，柯桥区举办"欢乐柯桥"文艺贺新春系列活动之"少儿戏曲春晚"活动 （孙昌隆　摄）

观众近1000人,微信直播点击量16万余次。2月19日,举办"元宵游园嘉年华"活动,分"猜灯谜""包元宵""展非遗""秀才艺"四个板块,举行"柯桥区元宵游园嘉年华——名家荟萃大联欢"专场演出。

【"好戏连台"民营剧团大展演】 2019年5月,第15届"鉴湖之春"广场文化活动暨"好戏连台"民营剧团大展演在明珠文化广场启幕,通过自愿报名,29个区内民营剧团参加,600多名文艺骨干登台演出。展演分综合类、折子戏曲艺类、大戏类三个组别进行,每天1场,为期1个月。

【推出免费艺术培训3期】 2019年,柯桥区文化馆进一步扩大免费开放力度,全年面向社会推出免费艺术培训3期,包括戏曲、乐器、舞蹈、声乐、书法、美术、地方曲艺等30余门课程,招收学员1000余人次;并在原有向普通市民开放免费培训的基础上,推出机关干部午间一小时艺术培训。

【"民星版"《红楼梦》完成镇街巡演】 2019年9月,柯桥区"民星版"越剧《红楼梦》在王坛镇沙地村文化活动中心举行首演。演出由区委宣传部、区文广局主办,区文化发展中心组织排演,20名演员均来自历年"幸福水乡才艺秀"舞台的优秀戏剧选手。该剧随后在全区16个镇(街道)开展巡演,历时4个月。

2019年9月,柯桥区"民星版"越剧《红楼梦》在王坛镇沙地村文化活动中心举行首演 (马卓皓 摄)

【展出81幅"写生柯桥"美术作品】 2019年1月15日,"到人民中去"——"写生柯桥"暨村落印象系列优秀美术作品汇报展在文化馆明珠艺术馆举行,汇集81幅反映全区各地特色风情的优秀作品,全部由群文美术团队赴夏履镇、王坛镇、平水镇、稽东镇、杨汛桥镇、马鞍镇、兰亭街道、福全街道、齐贤街道、安昌街道、华舍街道、柯桥街道、柯岩街道、湖塘街道等16个镇(街道)采风所得。

2019年9月3日,"风从东方来"长三角(沪苏浙皖)曲艺精品巡演、浙江省文联"献礼祖国"系列文艺活动《说唱颂祖国》曲艺名家走基层柯桥专场、浙江绍兴柯桥(融杭接沪联甬)曲艺走亲启动仪式,在柯桥区举行 (马卓皓 摄)

【长三角曲艺精品巡演启动仪式在柯桥举行】 2019年9月3日,"风从东方来"长三角(沪苏浙皖)曲艺精品巡演、浙江省文联"献礼祖国"系列文艺活动《说唱颂祖国》曲艺名家走基层柯桥专场、浙江省绍兴柯桥(融杭接沪联甬)曲艺走亲启动仪式,在柯桥区举行。该活动由长三角4个省(市)(沪苏浙皖)文联共同主办、4个省(市)曲协承办,来自长三角地区的30名曲艺名家表演苏州评弹《大饼嫂嫂》、沪书《领奖风波》、绍兴莲花落《一刨花》等10个优秀曲艺节目,现场观众约400余人次,网络直播点击量1.8万次。

【莲花落小戏《一刨花》获浙江省"群星奖"】 2019年2月,柯桥区选送的绍兴莲花落小戏《一刨花》获浙江省政府文

2019 年 2 月，莲花落小戏《一刨花》获浙江省群星奖（余其斌　摄）

艺最高奖“群星奖”。《一刨花》剧本作者沈建萍，作曲罗小令，表演章利萍、陈巍良、金美丽、韩会稽。该小戏依照地方优秀曲艺小戏的形式，以绍兴“三乌”之一的乌篷船制作工匠为创作题材，反映严谨、认真、精益求精的工匠精神。（杨佳佳）

【第六届中国曲艺绍兴（柯桥）高峰论坛】 2019 年 10 月 14—17 日，由中国曲协、浙江省文联、柯桥区政府主办的第六届中国曲艺绍兴（柯桥）高峰论坛在柯桥区举行。论坛以“融媒体时代下的网络曲艺评论与传播”为主题，中国文联、中国曲协相关负责人和理论评论家、曲艺家等 70 余人参会。其间，举行中国曲艺牡丹奖艺术团“送欢笑”走进柯桥专场演出。中国曲艺高峰论坛是中国曲艺界最具权威、规模与影响力的理论研讨会，每两年举办一届，在柯桥举办 5 届，并将长期落户柯桥。（陈银倩）

【柯桥区图书馆开启“信用＋阅读”新模式】 2019 年，柯桥区图书馆免费开放。读者用“信用”做抵押，推出免押金办证、取消滞纳金政策，开启“信用阅读”新模式。“信用＋阅读”实施后，图书馆对读者借阅行为实行信用积分管理制度，每位读者均等获得初始积分，逾期等不良借阅行为将不同程度地扣除相应积分，一定积分之下对借阅行为实行降低外借量等借阅服务限制性措施。

【“传承阳明文化”系列少儿公益活动入选市重点项目】 2019 年 7—12 月，柯桥区图书馆面向全绍兴青少年开展“传承阳明文化”系列少儿公益活动，以传承阳明文化为核心，通过青少年主题书画赛事，延展打造《阳明的故事》书画作品集、“阳明的故事”主题书画展及文创展、阳明研学游等。活动入选绍兴市 2019 年社会科学普及周市级科普基地重点项目，并获得 2019 年科普基地重点项目补助。（王　萍）

2019 年 7 月，“阳明的故事”书画大赛现场　（王　萍　摄）

【8 家城市书房建成开放】 2019 年，柯桥区投资 600 万元，建成钱清、安昌、鉴湖园、馥园、龙湖原著、

2019 年 10 月，鉴湖景园城市书房投运　（陈关根　摄）

鲁镇、中医院、有书会8家城市书房并开放，齐贤水街、柯桥柯亭等7家城市书房在建，涵盖聚居区、医院、景区及大型公共活动场所。城市书房平均面积100平方米，配备图书3000~10000册，提供免押办证、自助借还和电子书刊扫码外借，实行区域通借通还服务和无人值守式管理，周免费开放时间100小时。(朱逸琳)

文博事业

【概况】 2018年，柯桥区推进省保单位羊山造像及摩崖石刻(含石佛寺)修缮保护工程，推进国保单位舜王庙基础抢险加固工程系列工作。保护修缮区级文保单位(文保点)，开展春夏季文物安全检查，抓好开放文保单位安全管理及文保监控工作。

2019年，柯桥区级文保点外山桥施工现场　　(汪永祥　摄)

柯桥区多处文物修缮工程完工，包括国保单位古纤道、绍兴古桥群·太平桥、舜王庙东外厢房3处；省保单位羊山造像及摩崖石刻(含石佛寺)、善庆学校旧址2处；区级文保单位万安桥、王化庙戏台、董氏家庙3处；区级文保点花洞桥、外山桥、隘将庙3处；六社庙、严朱庙、白鹤庙6处文保单位(文保点)修缮方案编制。启动区级文保单位平水兰若寺“宋代贵族墓”(考古墓地)环境整治工程和舜王庙基础抢险加固工程。

柯桥区博物馆(越国文化博物馆)发挥教育、研究、收藏、欣赏、保护等基本职能，常年免费对外开放，全年接待参观者8.11万人次。举办“君子雅趣——八墨社2019自创楹联作品展”、“古砚生香——信堂艺术馆藏砚台精品展”等12期临时展览；组织、接待在校师生学习实践，发挥爱国主义教育基地、社会科学普及教育基地、“第二课堂”的积极作用；继续开展“文化有约——零距离赏宝”进校园专题活动，开展“文物走亲”活动；调查大型建设工程内的古文化遗存。(陈银倩)

【开辟王阳明廉政文化教育专栏】 2019年3—5月，柯桥区在国保单位王阳明墓地陈列馆内开辟“王阳明廉政文化教育专栏”，以“知行合一——修身为官”为主题，分“任职都察”“修身明德”“勇于担当”“政在亲民”四个部分，以文献、照片、连环画等多种展陈形式，介绍王阳明的廉政思想及知行合一的一生，成为广大党员干部接受廉政教育的阵地。(朱佩雯)

【兰亭街道棋盘山古墓群抢救性发掘】 2019年3—9月，经报国家文物局批准，浙江省文物保护考古所、柯桥区文化发展中心联合对兰亭街道棋盘山古墓群进行抢救性考古发掘。发现古墓葬68座，其中汉、六朝墓共57座，唐、宋墓各5座，五代墓1座，出土陶瓷器、铜器、玉器等各类器物289件，以及印有纪

2019年，兰亭街道棋盘山考古发掘现场　　(王　策　摄)

年、人名、职官等铭文的六朝墓砖，是研究绍兴乃至江南区地区历史的重要实物依据。（王　策）

【“越都记忆——绍兴馆藏文物精粹”展】 2019年5—7月，柯桥区博物馆举办“越都记忆——绍兴馆藏文物精粹”展。展览以时间为序，分越国古都、会稽故郡、越州东都和绍兴府城4个单元，分别对应春秋战国、汉六朝、唐五代和宋元明清4个历史时期，共展出各类文物150余件，其中国家一级文物35件。（何　旷）

2019年10月5日，绍兴市级非遗代表性传承人金孝萱（右）抢救性保护纪录片拍摄现场　（沈　莹　摄）

2019年5—7月，“越都记忆——绍兴馆藏文物精粹”展在柯桥区博物馆举行　（过伟明　摄）

【“5·18国际博物馆日”浙江主场活动】 2019年5月15—18日，2019国际博物馆日浙江主场活动在柯桥区进行，包括举办“讲好浙江故事——全省博物馆优秀讲解案列推介活动”终评会，邀请国内博物馆界专家围绕“作为文化中枢的博物馆——传统的未来”开展专题学术报告，成立大运河（浙江）城市博物馆联盟。推出一系列面向普通观众的活动，有文物鉴定咨询公益活动、浙江文澜阁博物馆商店联盟文创产品展卖和文博企业新技术展示等。

非物质文化遗产保护

【概况】 2019年，柯桥区有各级非物质文化遗产代表性项目113个，各级代表性传承人59人，各级非遗保护传承基地37个，省非遗旅游景区2个。柯岩风景区、稽东镇冢斜村等5家单位被评为首批市级非遗旅游景区，安昌古镇、赵秀林铜雕馆2家单位被列为首批市非遗研学游基地。绍兴黄酒、绍兴酱油、绍兴铜雕3个非遗项目的6个产品入选首批浙江省非遗旅游商品。组织开展第七批市级非遗项目和第六批市级代表性传承人申报工作，共推荐绍兴中秋习俗等5个项目、周如珍等10名传承人。

【“文化和自然遗产日”宣传展示活动】 2019年6月，柯桥区组织“文化和自然遗产日”系列活动，开展非遗“三进”、第三届端午民俗文化节、大运河文化讲座、市民品酒会等4个主题15场宣传展示活动。其中，由市文广旅游局主办，区文广旅游局、稽东镇政府承办的“绍兴有戏——非遗兴乡大巡游（柯桥站）”活动，结合稽东冢斜古村文化旅游节，凸显非遗助力乡村振兴、文旅融合发展的主题。同时，组织非遗代表性传承人、非遗保护展览、非遗传承演出、非遗主题讲座等进浙江工业大学之江学院、中国轻纺城第二小学、齐贤街道下方桥社区等。

【第二届“少年非遗说”浙江传说故事讲述大赛选拔赛活动在柯桥举行】 2019年4月13日，第二届“少年非遗说”浙江传说故事讲述大赛“浙东唐诗之路组”选拔赛在柯桥区举行，来自杭州、宁波、绍兴、台

2019 年 4 月 13 日，第二届“少年非遗说”浙江传说故事讲述大赛“浙东唐诗之路”组选拔赛在柯桥区举行　（沈　莹　摄）

州、舟山等地的近 300 名选手参与角逐。柯桥区有 10 名选手入围全省半决赛，2 人入围 8 月 28 日举行的全省总决赛，并同获“浙东唐诗之路”赛区二等奖，柯桥区文化广电旅游局获优秀组织奖。

【绍兴莲花落入选国家级非遗项目优秀保护实践案例】 2019 年 6 月 8 日，绍兴莲花落保护实践案例《弘扬价值 守正出新 柯桥区国遗项目绍兴莲花落在传承发展中大放异彩》入选文化和旅游部发布的“国家级非遗代表性项目优秀保护实践案例”。此次评选分非遗与旅游融合、国家级非遗代表性项目保护实践、传统工艺振兴三个方面，共收到 31 个省（区市）以及香港、澳门特别行政区推荐的保护实践案例 347 个，最终遴选出 50 个优秀案例（浙江省 3 个），而绍兴莲花落是全省唯一入选的曲艺项目。

【组织非遗活态传承活动 40 余场次】 2019 年端午、七夕、中秋、重阳期间，柯桥区先后在齐贤、漓渚、安昌、杨汛桥等镇（街道）开展民俗文化非遗活态传承活动。4 月，在主场馆举办《自在非遗》柯桥区非遗精品展。4 月底，组织

2019 年 5 月 10 日，平水珠茶手工炒制传承培训班现场培训传统炒青技艺　（沈　莹　摄）

2019 年 5 月 31 日，绍兴莲花落国家级非遗代表性传承人倪齐全携新编系列神话绍兴莲花落《西游记之龙宫取宝》进校园演出　（沈　莹　摄）

绍兴铜雕、王星记扇等 6 个项目，8 家企业参加第十四届义乌文交会，越窑青瓷烧制技艺入选文交会非遗生活馆展览，获得工艺美术 2 金 3 银 1 铜和优秀参展企业奖 1 个。5 月，在省非遗民俗文化村平水王化举办平水珠茶手工炒制传承培训班，30 余人参加培训。7—8 月，举办柯桥区第二届“越看越有戏”少儿戏曲、曲艺大赛。9 月，绍兴莲花落代表全省非遗曲艺项目赴山东参加第二届全国非遗曲艺周活动。通过绍兴市非遗集市、安昌腊月风情节、王坛舜王庙会、元宵嘉年华、“老绍兴·金柯桥”品牌推

介会非遗展示、“智慧礼堂”开通仪式非遗展示、“上海·绍兴周”绍兴非遗展等活动活态展示非遗项目，全年累计开展40余场次，受众10万余人。

【非遗研学游推广】 2019年，柯桥区推广非遗研学游。区非遗馆全年接待来自上海向明中学、宁波诺丁汉大学“一带一路”世界绍年行中外志愿者、绍兴北海小学、柯桥区实验小学、绍兴鲁迅小学、浙江经贸职业技术学院、浙江工业大学之江学院等学生200余名，邀请非遗传承人现场开展绍兴黄酒酿制技艺培训讲座、非遗项目活态展示及非遗项目互动体验等活动，促使参观、学习和体验有效结合。作为两个市级非遗研学游基地，赵秀林铜雕馆全年接待研学游队伍15批200余人次，安昌古镇景区接待研学游队伍20批次1000余人次。

2019年11月23—24日，柯桥区在安昌古镇景区举办第三届非遗嘉年华活动 （马钦岩 摄）

2019年6月27日，宁波诺丁汉大学“一带一路”世界绍年行中外志愿者到柯桥区非遗馆开展研学游活动 （沈 莹 摄）

【第三届非遗“嘉年华”】 2019年11月23—24日，柯桥区在安昌古镇景区举办第三届非遗嘉年华活动。围绕“美蕴柯桥 自在非遗”主题，包括匠·心、舌·味、声·韵、品·魅和传·续5大系列活动，现场设立“醉柯桥”“酱天下”“匠艺铺”“镌刻坊”“竹草园”“扇之工”“茶之韵”7个专题馆，邀请绍兴地区其他县（市、区）的非遗项目以及东阳、永康、仙居等10多个省内非遗项目前来“非遗走亲”，区内外共70余个非遗项目进行为期两天的展示展演销售。活动期间，吸引7万余人次到场参与各项活动。开幕当天，腾讯大浙网、浙江新闻客户端开通网络直播，点击量近100万次。（沈 莹）

文化产业

【概况】 2019年，柯桥区规模以上文化产业增加值55.25亿元，比2018年增长14.5%，文化产业综合实力自2011年起

2019年9月6日，柯桥区文化旅游重点项目集中签约仪式在鉴湖大酒店举行 （区委宣传部 供稿）

连续9年位居绍兴市首位。金沙旅游等5家企业获评浙江省第四批成长型文化企业，入选数量居全省各县（市、区）首位；新锐传媒、中国轻纺城创意园等9家企业（园区）被评为绍兴市文化龙头企业、创新型文化企业和特色文化产业园区（街区），东方山水二期项目“酷玩王国”建成运营，群贤198文创园改造建设加快推进。

【17个文化旅游重点项目集中签约】 2019年9月6日，柯桥区文化旅游重点项目集中签约仪式在鉴湖大酒店举行，集中签约项目共17个，总投资128.18亿元。全年引进文化旅游项目20个，总投资额183.78亿元，涵盖时尚创意、文化旅游、影视传媒、运动休闲、酒店民宿等多个领域。

【浙江省推进文化产业高质量发展专题研讨班】 2019年11月27日，浙江省推进文化产业高质量发展专题研讨班在柯桥区开班，与会专家围绕“推进‘八八战略’再深化、加快文化产业高质量发展”会议主题展开研讨。柯桥等22个县（市、区）就“十三五”以来本地区文化产业发展的成效与亮点，面临的问题与挑战，以及“十四五”发展思路作文化产业发展工作交流。（胡李川）

农村文化礼堂建设

【概况】 2019年，柯桥区新建农村文化礼堂48个、社区（居委会）文化家园17个，建成面积2.3万平方米，投入建设资金近6000万元。累计建成文化礼堂（含文化家园）246个，其中行政村文化礼堂180个，实际覆盖率84.1%。

【解决文化礼堂用地指标30余亩】 2019年，柯桥区对涉及土地指标的文化礼堂建设村做好规划选址、指标安排、用地报批等服务工作，落实解决用地指标30余亩。组织专家指导团对新建文化礼堂分组、分片进行实地指导，走访建设村330余次，在规划设计、内涵挖掘、方案论证、资料收集等环节提供全程指导。

【建立高质量内容供给模式】 2019年，柯桥区为文化礼堂打造“送、种、育”相结合的内容供给模式，促进文化礼堂长效常态运行。结合中华人民共和国成立70周年主题，组织梅花奖、群星奖、牡丹奖

2019年，福全街道欣华村文化礼堂举行“践行孝德、感恩图报”中华孝德故事大赛（胡劲松 摄）

演员送演出到基层32场、开展“文艺五进”80场、“民营剧团送戏下乡”96场；开展文化“三服务”活动，组织“送福写春联”、拍摄“全家福”等各类文艺志愿服务和文艺惠民活动66场次；开展宣讲教育活动1800余场、升旗仪式370余场、村级文艺演出近400场；在69个文化礼堂开设“周末剧场”，以群众自管、自导、自演模式开展文艺演出和品牌赛事等活动3300余场，惠及群众30万余人次。

【运行“群文指数”测评体系】 2019年，柯桥区以智慧文化云平台为载体，持续运行群文指数测评体系，按月通报测评

2019年，兰亭街道谢家坞村文化礼堂（胡劲松 摄）

结果，开展各类活动1.1万场次，平均指数从年初的82.1分上升至86.6分，执行新建文化礼堂分类考核、已建礼堂星级动态考评、文化管理员考核制度，持续运行一会四团、三级管理队伍体系。

【建成“智慧礼堂”76个】 2019年10月2日，柯桥区在马鞍街道山外村举办“智慧礼堂”开通仪式，利用语音识别、触摸控制、人体感应等技术，打造集交互体验式、智能联动式于一体的设备系统，用智慧大脑实现文化礼堂建管用育全方位提升。自主开发用于搭载触控大屏的“智慧礼堂”内容系统平台，设置村级主页、智慧服务、文化云3大板块和21个细分菜单，可提供的服务涵盖政策解读、互动直播、健身娱乐、影视阅读等20余项。全年建成“智慧礼堂”76个。（韩香琴）

档案事业

【概况】 2019年，柯桥区围绕档案资源体系、档案利用体系、档案安全体系建设，提高规范化、法制化、信息化水平，通过了国家综合档案馆业务建设评价。全年接待群众查档7000余人次，查阅大厅接待群众12万人次。完成13家涉及机构改革的单位档案接收任务；完成第二届世界布商大会和2019RoboCup国家机器人发展论坛暨RoboCup机器人世界杯中国赛两项重大活动档案征集，征得实物30件，电子数据21G。完成30个馆藏单位的全宗卷编写和60余个单位的全宗介绍。整理馆藏档案资源，鉴定近40个全宗单位约3600卷馆藏档案，数字化扫描80万页馆藏档案。利用档案馆基本陈列厅展示，全年接待各级党组织105个，党员群众3652人，最大限度发挥档案馆党性教育功能。

【通过国家综合档案馆业务建设评价】 2019年，柯桥区档案馆通过国家综合档案馆业务建设评价，成为全市首家通过该测评的区县级档案馆。针对馆藏335个全宗单位11万卷实体档案，依照62项评价标准，规范整理档案5810卷，档案文件级公开鉴定235874件，修改完善电子档案数据69841条。按照国家级数字档案馆标准，升级馆藏档案系统服务器，迁移馆藏电子档案数据，共计12万卷270万件，容量12T。检查进馆电子档案数据，至年底，检查51个单位41464卷410394条数据。

【农村专业档案完善】 2019年，柯桥区做好以“千村档案”为重点的农村专业档案。朱家坞、宋家店2个历史古村落的历史文化信息资源建档项目，共计附件495条、容量19G；49个行政村（居）“文化礼堂”档案数据库建设完工，共计条目1000个、附件2061条、容量36G。

【婚姻登记档案信息互补共享】 2019年，柯桥区整理1954—2017年的婚姻档案数据共计29万余条，按标准在绍兴市数据资源管理平台上传归集，实现婚姻登记档案保管部门间档案数据的信息互补和充分共享。在与婚姻登记处联动办公的基础上，为公积金中心开通婚姻档案查询绿色通道，通过区婚姻档案联系群，实现婚姻档案实时查询。（钟燕萍）

2019年9月，柯桥区档案馆红色教育基地接待各级党组织参观学习　（张如华　摄）

地方志事业

【概况】 2019年，柯桥区实践地方文化自信，推进区、镇街、村三级志书编修，邀请省、市方志专家对《绍兴县志（1990—2013）》的420万字复审稿进行评审修改，完善篇章结构，修正入志内容，补充图照，核实数据，形成终审稿。构建馆藏中心数据库，全面开展数字方志馆建设，搭建志书数字化检索平台，采购志书检索系统硬件。4月27日，柯桥区史志办更名为柯桥区史志研究室，以“越地春秋”为品牌，通过完善讲堂、期刊、微信、网站、丛书建设，加强越地文化研究，在浙江省内打造柯桥史志示范区。9月18日，中指办党组书记高京斋一行到柯桥区史志研究室，重点调研柯桥方志馆在全国志书搜集、越地典籍整理、地域文化开发、志书数字化建设等方面的成果。

2019年3月26日，柯桥区史志办赴湖塘街道调研湖塘街道志、村志编修情况　　（董思思　摄）

【村志普修工程推进】 2019年，柯桥区推进村志普修工程。区史志研究室走访对接村（居委会）20余次，为《锦坞村志》《沙地村志》《蜀阜村志》《棠棣村志》《新陈村志》《州山村志》提供编修辅导，审校《西戾村志》《双叶村志》，《大桥村志》《宋家店村志》出版。

2019年3月11日，《绍兴图经》首发式上，柯桥区史志办向绍兴文理学院、浙江工业大学之江学院及各大图书馆、博物馆、学校等10家单位进行赠书　　（董思思　摄）

【《绍兴图经》首发】 2019年3月11日，《绍兴图经》首发式暨兰亭文化研讨会在兰亭书法博物馆举行。《绍兴图经》是绍兴首部以史为“经”，以图为“纬”的普及性历史文化读物。由柯桥区史志办公室组织力量历时6年完成编纂，全书共分《于越先人》《越国》《会稽郡》《越州》《绍兴府》《绍兴县》6卷，23章101节，193.9万字，以古今绘图、照片和影像资料，铺陈于遗址遗迹、遗俗遗风和名宦名士之间，以大事年表的形式串联成线，图文并茂，展示越地文化之演变。

【吴越方志数据库构建】 2019年，柯桥区完成浙江省、江苏苏南地区、上海地区一轮志书的数字化加工，建成吴越方志数据库。其中，浙江省共175部15万余页、江苏苏南地区共88部8万余页、上海地区共32部3万余页，人工质检数字化书籍，出错率控制在万分之一以内。

【越地典籍数据库建成】 2019年，柯桥区对“越医典籍”“绍兴名人信札”开展数字化扫描，建成越地典籍数据库。其中，“越医典籍”扫描15.3万页，“绍兴名人信札”涉及鲁迅、蔡元培、邵力子、陶浚宣等越地名士亲笔信函170余封。

【参加“一市三省”部分城市地方志成果联展】 2019年6月26—28日，柯桥区应邀赴江苏省苏州市参加“一市三省”部分城市地方志成果联展。“一市三省”部分城市地方志成果联展是第九届江苏书展中的组成部分。在书展中，柯桥区展出的历年编修镇村志、部门志、历史文化丛书、年鉴等60种88册书籍。

【壮丽70年柯桥历史图照展】 2019年8月12—27日，壮丽70年柯桥历史图照展在行政中心大厅举行。展览分为“历史精萃”“峥嵘岁月”“改革开放”“时代新篇”4个篇章140幅图片，以时间为经，以主题为纬，撷取柯桥在经济发展、城乡建设、社会民生等方面的辉煌瞬间，献礼中华人民共和国成立70周年。

2019 年 8 月 12—27 日，柯桥区史志研究室在区行政中心举办壮丽 70 年柯桥历史图照展　　（董思思　摄）

【与院校合作开展专业化地情研究】 2019 年，柯桥区史志部门加强与浙江工业大学之江学院合作，开展《柯桥台门》《柯桥地名考略》《消失的村落图志》等一批地情专业书籍的撰写。以柯桥史志学会为依托，通过编史修志、史志沙龙、编辑刊物等形式，吸收基层史志爱好者，开展《运河故事》等专题撰文。与绍兴文理学院合作，邀请史志专家开展绍兴南宋史研究和浙东唐诗之路研究，共同挖掘越地历史文化。

【《柯桥区年鉴(2018)》出版】 2019 年 11 月，《柯桥区年鉴(2018)》出版。（详见《区人著述 · 书目提要》）（陆　杨）

报　纸

【概况】 2019 年，柯桥区推进媒体融合、开启全媒体发展时代。获得各类新闻奖的作品 70 多件，其中获浙江新闻奖 1 项。打造新媒体品牌，全年视频图文直播超过 85 场，10 万 + 以上文章近 200 篇，单项活动点击总量叠加突破 1500 万次。《柯桥日报》从 1 月 1 日起每周出版从 96 版减少到 76 版，新闻传播的格局做出重大调整，创建柯桥日报村（社区）91 个，在中国轻纺城创建“读报市场”，总发行量 5.2 万份。

【媒体融合】 2019 年，《柯桥日报》回归地方党委管办，4 月 15 日，柯桥日报社、柯桥广电总台强强联合，柯桥传媒集团、区融媒体中心揭牌成立。9 月 23 日零时，柯桥传媒大楼全部新设备安全投运，实现大楼建设与搬迁无缝对接。

【全媒立体式宣传】 2019 年，柯桥日报社运用传统宣传平台，与移动端宣传平台呼应，形成全媒矩阵进行立体式宣传。新闻宣传主要围绕庆祝改革开放 40 周年和中华人民共和国成立 70 周年等中心工作和重点工作，推出专栏、专版等 80 多个（组），采制播发相关报道 2000 多篇。新媒体用户总数超过 68 万。

【柯桥创 E 工场运营管理】 2019 年，柯桥日报社与瑞安日报有限公司合作，采取零成本轻资产运作模式，运营管理柯桥创 E 工场。该工场是优质文创产业项目的初始孵化器以及区域文化产业公共服务中心，其中众创空间是群贤创 E 工场的运营核心，鼓励支持以工业设计、时尚设计为主要内容的创意设计、文创体验消费等初创团队与企业，为城市创客、园区乃至全区的文创产业提供全方位服务支撑。9 月，众创空间施工完成后，承接服装走秀等活动 10 余场。

2019 年，柯桥创 E 工场　　（柯桥传媒集团　供稿）

· 小资料 · 柯桥创 E 工场

柯桥创 E 工场位于柯桥镜水路与群贤路交叉区域，占地 65.16 亩，厂房 14 栋，办公面积 27300 平方米左右，原为恒丰聚氨酯厂房，园区整体投资990万元，其中外立面改造600万元、众创空间390万元。项目成立于2018年8月，2019年4月底开始施工。由柯桥区委区政府主导；浙江蓝海洋化学有限公司作为园区业主，负责园区土地、房屋提供以及硬件设施改造；柯桥日报有限公司作与瑞安日报有限公司为运营管理主体。

园区由旧厂房改造，按不同业态和功能划分为十余个核心板块，包括全要素众创空间、高端服饰定制、创意工业设计、教育培训基地、主题体验会馆、时尚特色餐饮、创业青年社区、沿河休闲景观带等。至年底，主要的入驻项目有绍兴柯桥嗨一天蹦床公园、浙江弘圆影视文化有限公司、采蓝花型设计有限公司、泥叔魔法屋、服装设计师交流平台等。

广播电视

【概况】 2019年，柯桥区广播电视总台强化安全管理，落实各级责任，安全播出无事故、网络安全无事故。以节约实效、适度超前、云方向发展为原则，边施工边安装，提前颁布业务新流程、做好新系统操作培训、确定线路割接时间表，新大楼于9月23日搬迁，全部业务系统顺利启用。全年有18件宣传作品获市级以上荣誉，其中省级以上6件。

【柯桥传媒集团揭牌】 2019年9月25日，柯桥传媒集团新大楼落成投运，柯桥传媒集团、柯桥区融媒体中心（原柯桥日报社、柯桥区广电总台）迁至柯桥传媒新大楼办公，区委书记沈志江出席仪式并揭牌。大楼位于柯桥绸缎东路255号（中纺CBD东侧、柯桥航站楼西边），总建筑面积近2万平方米，地面部分为15层框剪结构，总建筑高度69.3米。

2019年9月25日，柯桥传媒集团新大楼落成投运揭牌
（柯桥传媒集团　供稿）

【广播评论《“花架子”摆不出美丽乡村》获省级政府奖】 2019年，柯桥区广播评论节目《“花架子”摆不出美丽乡村》获省级政府奖，从柯桥区“五星达标、3A争创”第一轮建设项目评审中有9个项目因“不合理”在领导小组专题会议上被否决这一现象出发，深入剖析“在村中新建景观瀑布”“在河岸边摆放箱式花卉”“在水塘底铺石硬化”等形式主义的危害，提出“花架子”摆不出美丽乡村、乡村振兴需要守护乡土本色这一论点。

【短视频获省级新媒体短视频奖】 2019年，柯桥区运用新媒体创新传播方式，在新媒体平台首发权威信息，及时占领信息传播制高点，《危急！柯桥5岁男童18楼坠落，直升机上演16分钟“生死时速”！》获省级新媒体短视频奖。

【承办多个高级别全球性活动】 2019年，柯桥广播电视总台承办多个国家级、全球性活动，包括2019国家机器人发展论坛暨ROBOCUP机器人世界杯大赛、世界休闲论坛。完成浙江女企业家协会庆祝中华人民共和国成立70周年大型主题活动、“平水日铸”茶叶节暨绍兴市品质茶叶博览会、柯桥区庆祝中华人民共和国成立70周年国庆晚会以及更大规模的第三届柯桥区运动休闲时尚周，策划运营“海阔天空”大型演唱会等。

网络媒体

【概况】 2019年，柯桥区网络媒体继续保持电脑端、移动客户端与传统媒体端融合格局，全区各类门户网站较为齐全，其中包括官方性新闻综合门户网站中国柯桥网；商务性网站全球纺织网、

2019 年，柯桥区庆祝中华人民共和国成立 70 周年晚会现场
（柯桥传媒集团　供稿）

网上轻纺城；专题类网站落伍者站长论坛、图来旺、瓦栏网等，许多企业网站提供产业信息、行业动态、产品展示平台，兼具网上交易功能，为企业产品拓展销售渠道。至年底，柯桥区属地互动社区网站及论坛有 5 家，以柯桥发布、柯桥日报、柯桥警方、享游柯桥等为代表的新媒体公众号的影响力持续增长，各区级机关、企事业单位、社会团体、学校拥有微博、微信公众账号及专业移动客户端等平台 108 个，以柯桥在线等为代表的区域性影响较大的民间微信公众号 4 个。网民全年通过“民生直通车”平台发帖 3000 余条。

【区融媒体中心成立】 2019 年 4 月，柯桥传媒集团、区融媒体中心揭牌成立。按照中心统筹，报台参与总体思路，一体报题、一体策划、一体指挥，建立起统一指挥调度、高效整合资源、适应多介质新闻生产的一体化采编平台，基本实现重大主题采访、拍摄、主持团队作战，推出《融入长三角 奋进十强区》全媒体报道 46 期，《建功立业新时代 鉴湖英才谈发展》全媒体访谈 8 期。开设专题专栏，打造融媒精品，推出《深入三服务 当好排头兵》《壮丽 70 年 奋斗新时代》《不忘初心 牢记使命》《深化文明创建》等 20 余个有较强影响力的专题栏目。

【“柯桥发布”用户突破 22 万】 2019 年，“柯桥发布”作为全区权威发布和舆论宣传的官方微信公众号，用户数突破 22 万，日均阅读量 1.5 万次。通过组织开展“微力无穷 在身边 爱回家”、“青春心向党 · 建功新时代”“70 年逐梦柯桥”“时光专线”驶入柯桥——纪念中华人民共和国成立 70 周年等活动，扩大微信号影响力。

【网上轻纺城（全球纺织网）商铺近 10 万家】 2019 年，网上轻纺城（全球纺织岗）移动端“全球纺织网”“网上轻纺城”“有布”三大移动客户端融合图搜、面料试衣、市场导航等多方向功能模块，新增市场导航、语音播报、在线搜布等功能集成融合，更新迭代全球纺织网移动客户端 8 次、网上轻纺城移动客户端 13 次、有布移动客户端 11 次。至 12 月底，全站日均访问量 240 万次，会员 206 万人，企业会员 62 万家，建立商铺数 95230 家，新增 5125 家。新上线轻纺城经营户信息收集系统，核对北区、东区、东升路、北联、天汇、联合等主要市场门市基本信息数据 11062 家，数据更新和修正实体门市 9445 家。（金　懿）

执行编辑　陆　杨

卫 生

综 述

2019年，柯桥区有医疗机构439家，其中三级乙等综合医院2家，二级甲等中医医院1家，二级乙等综合医院1家，妇幼保健院1家，皮肤病专科医院1家，皮肤病防治所1家，民营综合医院1家，民营口腔医院6家，民营中医骨伤医院1家，妇幼保健计划生育服务中心1家，社区卫生服务中心7家，卫生院8家，社区卫生服务站106家，村卫生室224家，门诊部7个，企事业单位、社团医务室40个，诊所29家。有疾病预防控制机构1个，卫生监督机构1个，卫生进修学校1所，党建服务中心1个，卫生信息中心1个，老龄健康服务中心1个。实有床位4785张，其中医院、卫生院（社区卫生服务中心）床位4755张。卫生技术人员7130人，其中医生2945人、护士2931人。“最多跑一次”事项93项，比上年增加38.81%。143项政务服务事项网办率、掌办率、即办率和零跑率均为100%。

创建国家卫生镇7个。全区家庭医生签约服务规范率46.75%，重点人群覆盖率80.95%。创建公共卫生服务精品社区49家，建设村社区卫生计生服务站31家。开展居民健康体检309318人，体检率79.25%。报告甲乙丙类传染病15728例，报告发病率1594.84/10万。及时处置疫情294起，报告未分级突发公共卫生事件1起。居民期望寿命82.84岁，其中男性81.17岁、女性84.59岁。医疗机构总诊疗10993790人次（不包括健康检查438921人次），其中门急诊10919435人次，出院153563人次。

2019年11月16日，绍兴市暨柯桥区健康浙江行动启动仪式在瓜渚湖北岸公园举行（郭鉴忠 摄）

2019年，柯桥区取得首轮健康浙江考核优秀等次。绍兴第三医院获2015—2018年全国麻风病防治管理信息系统工作先进集体称号。绍兴第三医院漓渚麻风村被中国麻风防治协会授予全国先进麻风村称号，该院冯腾辉被授予全国麻风村先进个人称号。稽东镇卫生院车头服务站杜灿娟获评2019年浙江省劳动模范。王坛镇卫生院孙新林被评选为绍兴市首批乡村振兴“领雁计划”人才。绍兴市柯桥区卫生健康局获市委、市政府发展贡献奖。

【援川援疆援藏】 2019年2—6月，柯桥区妇幼保健院产科主治医师李萍被派至四川省阿坝州金川县人民医院。7—11 月，绍兴第二医院医共体总院泌尿外科副主任医师黄正、绍兴市中心医院医共体总院妇产科副主任医师蒋建峰、绍兴市柯桥区中医医院医共体总院手外科主治医师陈华被派至四川省阿坝州金川县人民医院。6 月 1—15 日，绍兴市柯桥区齐贤医院妇产科副主任医师魏海燕赴新疆阿瓦提县妇幼保健院进行短期帮扶。

【医院工程建设】 2019 年，绍兴第三医院易地新建项目完成科研、建设用地规划许可审批，开展环评、图纸设计。妇女儿童医院新建工程（一期）附属工程和第二医院肿瘤诊疗中心大楼投入使用。华舍街道社区卫生服务中心扩建改造工程（续建）室内装修、土建、场外工程基本完成，开展设备设施调试。王坛镇卫生院门诊综合楼新建项目（新建）完成门诊楼搬迁。湖塘街道社区卫生服务中心改造工程（续建）食堂楼土建结顶。（朱敏芝）

基层卫生

【概况】 2019 年，柯桥区启动基层医疗卫生机构补偿机制改革。绍兴市中心医院钱清分院、柯桥区滨海医院通过“优质服务基层行”活动省级复核。建设村社区卫生计生服务站 31 家，公共卫生服务精品社区 49 家，招录（招聘）村级医疗定向培养大专生 50 人。为 309318 人开展居民健康体检，参保人员体检率 79.25%，其中 60 周岁以上老年人参检 108726 人。

【家庭医生签约服务规范率 46.75%】 2019 年，柯桥区开展以“携手家庭医生，共筑健康生活”为主题的家庭医生签约服务系列活动，家庭医生签约服务规范率 46.75%，重点人群覆盖率 80.95%。绍兴市中心医院医共体柯桥分院章明家庭医生签约团队获评 2019 年度浙江省优秀家庭医生团队。绍兴第二医院医共体王坛分院章亮亮获评 2019 年度浙江省优秀家庭医生。（朱敏芝）

疾病预防控制

【概况】 2019 年，柯桥区报告甲乙丙类传染病 15728 例，报告发病率 1594.84/10 万。处置疫情 294 起，报告未分级突发公共卫生事件 1 起。建设社会心理服务体系，镇（街道）社会心理服务站建成覆盖率 100%，村（居委会、社区）心理咨询室建成覆盖率 99.39%。柯桥区免疫规划 0 ~ 6 岁管理儿童 81226 人，其中新建卡儿童 14423 人。接种一类疫苗 24.97 万剂次，二类疫苗 17.15 万剂次。首次录制学校流感暴发疫情多部门联动应急处置示教片，完成中盖结核病防治合作项目三期工作，艾滋病确证实验室通过省市专家组现场验收，开启“健康扶智”一对一健康教育帮扶机制，搭建区公共卫生信息系统，首次开展全区儿童青少年近视调查，承办绍兴市卫健系统登革热防控工作现场会，柯桥区代表队获 2019 年度绍兴市病媒生物防制技能竞赛团体第一名、卫生应急竞赛团体第一名。

【浙江省疾控中心疫苗临床研究柯桥工作站授牌】 2019 年 4 月 23 日，柯桥区举办浙江省疾控中心疫苗临床研究柯桥工作站授牌暨九价 HPV（一般指人乳头瘤病毒）疫苗项目启动仪式。省、市卫健委（疾控中心）、区政府和区各医疗卫生单位、默沙东中国公司等相关领导和业务人员参加会议。该项目旨在充分运用省级单位和生产企业的科研、技术优势，共同在卫生科研、成果转化、人才培养等

2019 年 4 月 23 日，浙江省疾控中心疫苗临床研究柯桥工作站授牌暨九价 HPV 疫苗项目启动仪式在柯桥区举行　（王兆钢　摄）

方面开展有益的探索和实践，把项目科研成果转化至全区的全生命周期健康服务。

【传染病防控】 2019 年，柯桥区累计报告甲乙类传染病 1610 例（甲类 0 例），报告发病率 163.26/10 万，比上年增长 3.01%；报告甲乙丙类传染病 15728 例，报告发病率 1594.84/10 万，比上年增长 86.47%，主要因流行性感冒上升所致。新确诊报告 HIV/AIDS（艾滋病）88 例，发现活动性肺结核患者 392 例，累计登记耐多药肺结核病患者 57 例。报告学校肺结核聚集性疫情 1 起，涉及学生肺结核病例 3 例。

【慢性非传染性疾病防制】 2019 年，柯桥区收集死亡个案 4419 例，居民前五位死因依次为恶性肿瘤、脑血管病、心脏病、呼吸系统疾病、损伤和中毒外部原因。启动学生常见病和健康影响因素监测项目，启动重点行业职业病监测项目，开展上消化道肿瘤筛查。新发现高血压患者 1542 人，累计登记 91527 人；累计登记糖尿病患者 26369 人。增加严重精神障碍患者 188 人，累计登记管理 3498 人，报告患病率 3.64‰。提供社区免费施药 2518 人次，门诊救助 3067 人次，住院救助 271 人次。落实全年“以奖代补”奖励资金 299.75 万元。

【重性精神病防制】 2019 年，柯桥区指导建设社会心理服务体系，镇（街道）社会心理服务站建成覆盖率 100%，村（居委会、社区）心理咨询室覆盖率 99.39%。开展严重精神障碍管理，严重精神障碍患者报告患病率 3.56‰（以常住人口计算），纳管率 100%。

【检测食品安全风险监测样本 1092 份】 2019 年，柯桥区完成检测食品安全风险监测样本 1092 份，检出含铝添加剂超标 1 份、二氧化硫超标 4 份、镉超标 2 份，检出致病菌 13 份，食品安全风险监测设备配置率达到省定参考目录的 97.6%，居全市首位。复核食源性疾病监测样本 91 株，排除 16 株。

【地方病和寄生虫病防治】 2019 年，柯桥区在兰亭等 9 个镇（街道）40 个村开展血吸虫病螺情监测，查螺面积 224995 平方米，均未查到钉螺；完成流动人口血吸虫病监测 1260 人，发现 2 例血清阳性。在柯岩等 5 个镇（街道）的 210 名 8—10 岁非住校学生及 105 名孕妇中开展碘营养水平及病情监测，均达到消除碘缺乏病指标要求。报告输入性疟疾病例 5 例，无当地感染病例报告。

【全省首推慢性病患者免疫预防新模式】 2019 年，柯桥区在全省慢性病预防控制工作会议上，首推慢性病患者免疫预防新模式。以群众需求为导向、以宣传培训为抓手、以责任医生为媒介，结合基层门诊诊疗或社区慢性病管理，科学引导免疫接种并进行效果评价，建立一套适宜且可推广的慢性病患者免疫预防模式，实现管理和服务并举。

【首次开展全区儿童青少年近视调查】 2019 年，柯桥区编制《柯桥区儿童青少年近视调查实施技术方案》，抽样调查 12 所学校、4 所幼儿园共 4672 人，近视 3039 人，近视率 65.05%，高于全省平均 58.95%。（朱敏芝）

2019 年 5 月 23 日至 6 月 3 日，柯桥区开展第一次儿童青少年近视抽样调查　（单明铭　摄）

爱国卫生

【概况】 2019 年，柯桥区通过国家卫生城市省级综合评审，钱清、平水、马鞍、夏履、漓渚、王坛、稽东 7 个镇创建为国家卫生镇，为全市首个国家卫生乡镇全覆盖县（市、区）。举办柯桥区首届健康科普大赛。柯岩街道叶家堰村等 57 个村创建浙江省卫生村，湖塘街道型塘村等 10 个村通过浙江省卫生村复审。钱清镇为绍兴市健康镇，钱清镇九岩村、蜀风村为绍兴市健康村，钱清镇钱门社区为绍兴市健康社区，绍兴市中心医院医共体钱清分院、浙江景岳堂药业有限公司为绍兴市健康单位，109户家庭为绍兴市健康家庭。

【创建健康促进学校19所】 2019年，柯桥区继续开展健康促进学校创建，创建健康促进铜牌学校6所、银牌学校11所和金牌学校2所，健康促进学校占比61.45% (51/83)。全年开展健康讲座1896场，受益81463人次，其中区级讲师团授课290场，受益25926人次。

【病媒生物防制】 2019年，柯桥区在平水镇、柯桥街道、柯岩街道、华舍街道、湖塘街道、福全街道、兰亭街道、钱清镇、马鞍镇、夏履镇10个镇(街道)开展病媒生物监测，邀请第三方开展除四害密度监测，各项监测数据符合国家病媒生物防制C级水平。全区16个镇(街道)实行公共外环境病媒生物消杀市场化运作。(朱敏芝)

卫生监督

【概况】 2019年，柯桥区完成国家级卫生监督双随机抽检227项、省级225项。公共场所许可采用告知承诺制，简化审查内容和审查环节，推动公共场所管理重心从事前审批转向事中事后监管服务。至年底，有医疗机构422家(实际营业418家)、放射卫生机构33家、职业健康检查机构2家、公共场所1373家、集中式供水单位3家、二次供水单位9家、学校87家(其中高校2家)、消毒产品生产企业7家、餐饮具集中消毒单位1家。

【办理卫生处罚案件475件】 2019年，柯桥区办理卫生处罚案件475件(其中移送3件，简易程序101件，一般程序374件)，罚没款1278242.4元。其中大要案53件，5万元以上大要案执行2件，案值最大的案件罚没款70065元。罚没款申请法院强制执行19件，执行数24件(23件为历年)，其中执行到位19件，执行款435295.4元，中止5件。

【检查非法行医场所172户次】 2019年，柯桥区检查非法行医场所172户次，作出行政处罚50件，罚没金额86.56924万元。其中，医疗美容行为立案处罚24起，罚款19.12万元，没收21552元。

2019年1月24日，柯桥区召开医疗废物智慧监管推进会
(区卫健局　供稿)

【医疗废物智慧监管实行】 2019年，柯桥区通过物联网+云端技术，实现对医疗废物从产生到最后处置全过程进行动态全闭环监管，所有数据、功能模块确保与省平台系统完全对接(交换)，26家一级以上医疗机构开始使用，19家医共体内单位(包括总院)完成对接。

【住宿行业客房透明保洁试点】 2019年，柯桥区推广客房保洁移动系统，推进住宿场所客房保洁在线监控布点，通过客房透明保洁监管，强化住宿场所卫生工作内部过程管理。有4家单位安装使用，其中区内量化分级A级住宿场所全部完成在线监控安装。

【执法检查眼科医疗服务机构】 2019年，柯桥区对辖区内青少年近视矫正工作情况进行摸底调查，对相关开展眼科医疗服务的17家医疗机构和涉及眼科医疗服务的单位进行执法检查，作出行政处罚3件，罚没金额1.3万元。开展全区托幼机构、校外培训机构采光照明双随机抽检，加强全区学校教室采光照明监管，倡导"换灯工程"。

【职业卫生职能划转】 2019年，柯桥区职业卫生职能划转至区卫生健康局。构建职业病防治工作"监管网"，实施全区范围内的职业卫生基本情况调查，全年统计538家。组织开展"卫健执法二号行动"，打击违法违规行为。查处违法案件8家，处罚金额11.5万元。

【钉钉掌上执法启用】 2019年,柯桥区启用医疗卫生监督钉钉掌上执法,通过"钉钉掌上执法"手机端现场录入与电脑端管理相结合,进一步规范执法。区卫生监督所在前期梳理完善执法事项清单、统筹规范监管对象库、执法人员库的工作基础上,对全所执法人员开展相关系统操作业务培训。率先应用浙政钉掌上执法系统开展执法行动,开展专项检查任务1次、双随机检查任务2次,抽查监管对象174户次。(朱敏芝)

妇幼保健

【概况】 2019年,柯桥区产妇总数6085人,活产数6157人,建卡6083人,建卡率98.80%;早孕建卡5867人,早孕建卡率96.42%;产后访视6051人,产后访视率98.28%;孕产妇系统管理5852人,孕产妇系统管理率95.05%;住院分娩活产数6157人,住院分娩率100.00%;围产儿死亡20例,围产儿死亡率3.24‰,发生1例孕产妇死亡(户籍在柯桥王坛,住越城区并在越城区私立医院分娩死亡)。7岁以下儿童37134人,健康管理率96.39%。3岁以下儿童18921人,保健覆盖率96.36%、系统管理率94.65%;5岁以下儿童死亡率、婴儿死亡率、新生儿死亡率分别为1.57‰、1.10‰和0.78‰;母乳喂养率93.11%,纯母乳喂养率76.47%,新生儿访视率99.20%。柯桥区开展0—3岁儿童发育监测与筛查项目,发育监测38802人,发育筛查13069人。3家区级接产单位剖宫产3178例,剖宫产率40.42%。

【高危孕产妇五色管理实施】 2019年,柯桥区实施高危孕产妇五色管理,分别以"绿(低风险)、黄(一般风险)、橙(较高风险)、红(高风险)、紫(传染病)"5种颜色进行分级标识。绍兴第二医院和绍兴市中心医院为区级"危重孕产妇"救治中心。当年筛选出高危孕产妇4303人,高危管理率和住院分娩率均100%,对887例重度高危实行严密随访追踪,对其中的15例危重孕产妇实施一对一管理,成功抢救12例急危重症孕产妇。

【妇幼重大公共卫生服务项目落实】 2019年,柯桥区投入约300万元用于城乡妇女宫颈癌、乳腺癌筛查。柯桥、钱清、稽东、王坛和漓渚5个镇(街道)共计完成宫颈癌筛查13871例、乳腺癌筛查14589例。孕产妇艾滋病、梅毒、乙肝检测率100.00%,筛查管理艾滋感染孕产妇3例、梅毒感染孕产妇37例、乙肝表面抗原阳性孕产妇492例,按要求实施母婴阻断措施,总阻断率100%。

【新生儿先天性心脏病筛查项目启动】 2019年,柯桥区妇幼保健院被确定为浙江省首批、柯桥区唯一一家新生儿先天性心脏病筛查和诊断机构。5月20日起,柯桥区妇幼保健院对出生后6—72小时内的新生儿开展先天性心脏病筛查,共筛查1294例。

【托幼机构卫生保健管理】 2019年,柯桥区有在园儿童26515人,体检26422人。患龋齿8614人,患病率32.60%;超重、肥胖1165人,患病率4.41%;贫血1242人,患病率4.71%;视力检查19764人,视力不良1285人,视力不良患病率6.50%。建立入园前儿童健康档案,建档率100%。为全区2890名托幼机构工作人员健康检查,换发健康证。

【出生缺陷预防措施落实】 2019年,柯桥区免费婚检4760人,婚检率93.33%,免费孕前优生检查2834对,免费发放叶酸2630人份。产前筛查8057人,筛查率102.48%,新生儿疾病筛查7893例,筛查率99.79%;新生儿听力筛查7867人,听力筛查率99.46%。

【发放出生医学证明7912份】 2019年,柯桥区发放出生医学证明7912份,当年签发率97.43%,废证率0.19%。补办出生医学证明300份,鉴定核实存疑出生医学证明38份,并出具证明书。

【出生"一件事"多证联办实行】 2019年5月起,柯桥区开展出生"一件事"多部门人员驻点办理,出生医学证明、预防接种证、新生儿户口登记、新生儿医保参保、医保缴费、市民卡制卡等联办业务。至年底,办理新生儿出生"一件事"700余件。

【《母子健康手册》手机APP推广】 2019年,柯桥区宣传和发动婚检、孕检、产检对象和儿童家长下载使用《母子健康手册》手机APP,手册包含国家惠民利民卫生计生政策、免费提供的妇幼健康服务内容、重要的医学检查记录、健康教育知识、孕产妇的经历感受及孩子的成长记录5部分内容,分为孕前篇、孕产期篇、儿童篇和预防接种篇,主要服务于计划怀孕妇女、孕妇和0—6岁儿童。当年全区《母

子健康手册》APP 注册 9426 人,建册 11720 人,服务对象覆盖率 80% 以上。(朱敏芝)

医政管理

【概况】 2019 年,柯桥区推进县域医共体建设,开展医疗卫生领域"最多跑一次"改革和医疗乱象专项整治。新增社会办医 8 家。委托第三方调解医疗纠纷 20 起,调解成功率 100%。医疗纠纷赔款额 170.4 万元,有 18 家单位未发生重大医疗纠纷。有 6640 人次无偿献血,献血 229 万毫升,占临床用血的 108%。3 家医共体总院继续加强与浙江大学附属第一医院、浙江大学医学院附属邵逸夫医院和浙江省中医院等省内外院校合作,建立名医工作室 20 个。

2019 年 11 月 1 日,中组部组织二局五处处长鲁晓东带队专题调研绍兴第二医院公立医院党建工作（吴建成 摄）

【县域医共体建设推进】 2019 年,柯桥区出台医共体建立健全统一财务管理相关制度指导意见、公立医院薪酬水平总量核定办法、公立医院院长年薪制实施办法、公立医院薪酬制度改革绩效考核评价办法等政策文件。3 家医共体总院的 LIS 系统(实验室、检验科信息系统)接入全省的检验信息平台。启用区域合理用药系统、区域绩效考核系统,建成区域心电共享中心,试用区域影像平台及区域 HIS 系统(医院信息系统)、电子病历、体检系统、LIS 系统、签约平台,共享区域检验共享中心的检验数据。全区基层医疗机构门诊 591 万人次,出院 1.93 万人次,县域内就诊率 89.5%,基层就诊率 65.1%。

【医疗卫生领域"最多跑一次"改革】 2019 年,柯桥区推进医疗卫生服务领域"最多跑一次"改革,区级医疗机构全面落实智慧结算、预约挂号服务、医后付、智慧结算、互联网+医疗护理服务、云胶片、云影像等 10 项服务措施,基层医疗机构推广智慧结算、预约挂号等服务,门诊智慧结算率 77.81%,病房智慧结算率 59.38%。

【医疗乱象整治专项行动】 2019 年 6 月起,柯桥区对辖区内各级各类医疗机构医师出租、出借、转让医师执业证书(挂证)、无证行医、超出登记范围开展诊疗活动等 19 种医疗乱象开展专项整治。共查处超范围开展医疗活动、使用非医疗技术人员从事医疗卫生技术工作等违反相关法律法规的情况 64 起。

【2 家单位获国家药物临床试验机构资格认定】 2019 年 10 月 31 日,国家药品监督管理局具备药物临床试验机构资格的医疗机构及认定专业名单公布,绍兴第二医院和绍兴市中心医院获国家药物临床试验机构资格认定,第二医院申报的 5 个专业组(神经内科、心血管内科、骨科、肿瘤科、麻醉科)和中心医院申报的 5 个专业组(呼吸、神经内科、心血管、内分泌、普通外科)全部通过 GCP 资格认定(国家药物临床试验机构资格认定)。

【区级公立医院医疗服务价格调整】 2019 年 11 月 1 日起,柯桥区共调整 13 类 1410 项医疗服务项目价格。其中价格提高项目 1017 项,价格降低项目 393 项,取消原来医用耗材 5% 的加成率,中药饮片加成由 25% 下调至 15%,药品集中采购差价让利 50%。引导医院着重向使用环节要空间,通过压缩不必要药品和医用耗材使用量,为控制不必要检查检验等腾出调价空间。

【首家沃森肿瘤智能会诊中心落户绍兴第二医院】 2019 年 6 月 13 日,绍兴地区首家沃森肿瘤智能会诊中心正式落户绍兴第二医院。该中心通过引进全球最先进的人工智能工具 Watson 肿瘤解决方案，Watson 系统通过大数据检索、查询相似案例后，系统推荐先进的治疗方案，再结合医生在临床和患者的沟通交流以及医生自身的临床经验判断，通过人工智能为肿瘤患者提供无国界的治疗方案。

2019 年 6 月 13 日，绍兴地区首家沃森肿瘤智能会诊中心落户绍兴第二医院 （吴建成 摄）

【“用血不用跑”服务启动】 2019 年 7 月 25 日起，柯桥区实施“用血服务不用跑”服务，献血者本人及其亲属在柯桥区就诊用血时，只需在出院结算时提出申请，系统自动计算减免金额，即可享受医院用血直免服务。全年献血服务直免 44 人次，直免比例 100%。（朱敏芝）

医教科研

【概况】 2019 年，柯桥区有 34 个卫生健康科研项目通过省、市、区级评审，其中 14 个项目达国内领先水平；7 个科研项目获市、区级科技奖；19 篇医学论文被美国《科学引文索引》收录，12 篇论文在国家级医学杂志上发表。绍兴市中心医院签约成为绍兴文理学院附属中心医院。

【学术交流】 2019 年，柯桥区医疗卫生健康单位承办国家级继教项目“精准医

2019 年柯桥区建立名医专家工作室情况

表 34

序号	创建单位	名医专家工作室名称	专家姓名	专家单位	科室	成立时间	期限
1	绍兴第二医院	刘少稳教授工作室	刘少稳	上海交通大学附属上海市第一人民医院	心内科	2019 年	2 年
2	绍兴第二医院	北京大学人民医院疼痛科张挺杰专家工作室	张挺杰	北京大学人民医院	疼痛科	2019 年 10 月	2 年
3	绍兴第二医院	浙江大学医学院附属第一医院吴建永教授工作室	吴建永	浙江大学附属第一医院	肾脏病诊治中心	2019 年 12 月	2 年
4	绍兴第二医院	浙大二院眼科中心杜新华教授专家工作室	杜新华	浙江大学附属第二医院	眼科	2019 年 4 月	2 年
5	绍兴市中心医院	华山医院神经内科专家工作室	陈向军	复旦大学附属华山医院	神经内科	2019	3 年
6	绍兴市中心医院	浙一医院消化内科李峰专家工作室	李　峰	浙江大学医学院附属第一医院	消化内科	2019	3 年
7	绍兴市中心医院	浙一医院血管外科张鸿坤专家工作室	张鸿坤	浙江大学医学院附属第一医院	血管外科	2019	3 年

续表 34

序号	创建单位	名医专家工作室名称	专家姓名	专家单位	科室	成立时间	期限
8	绍兴市中心医院	邵逸夫医院产科梁峰冰专家工作室	梁峰冰	浙江大学医学院附属邵逸夫医院	产科	2019	3 年
9	绍兴市中心医院	北京中日友好医院中医科阎小萍专家工作室	阎小萍	北京中日友好医院	中医风湿科	2019	3 年
10	绍兴市中心医院	浙大二院神经外科祝向东专家工作室	祝向东	浙江大学医学院附属第二医院	神经外科	2019	3 年
11	绍兴市中心医院	浙江省中医院消化内科张烁专家工作室	张　烁	浙江省中医院	消化内科	2019	3 年
12	绍兴市中心医院	浙江省中医院中医科金肖青专家工作室	金肖青	浙江省中医院	中医康复科	2019	3 年
13	绍兴市中心医院	浙江省人民医院屈百鸣专家工作室	屈百鸣	浙江省人民医院	心内科	2019	3 年
14	绍兴市中心医院	复旦大学附属肿瘤医院刘鲁明专家工作室	刘鲁明	复旦大学附属肿瘤医院	中西医结合科	2019	3 年
15	柯桥区中医医院	浙江省立同德医院中医科陈勇毅专家工作室	陈勇毅	浙江省立同德医院	中医	2019 年	3 年
16	柯桥区中医医院	杭州市中医院中医科祝光礼专家工作室	祝光礼	杭州市中医院	中医	2019 年	3 年
17	柯桥区中医医院	浙一医院神经外科詹仁雅专家工作室	詹仁雅	浙江大学附属第一医院	神经外科	2019 年	3 年
18	柯桥区中医医院	浙江省人民医院康复医学科叶明祥专家工作室	叶明祥	浙江省人民医院	康复医学科	2019 年	3 年
19	柯桥区妇幼保健院	浙江大学医学院附属妇产科医院朱依敏生殖内分泌名医工作室	朱依敏	浙江大学医学院附属妇产科医院	妇科(生殖内分泌)	2019 年 3 月	3 年
20	柯桥区妇幼保健院	浙江大学医学院附属妇产科医院贺晶产前诊断与产科重症名医工作室	贺　晶	浙江大学医学院附属妇产科医院	产科(产科危重症)	2019 年 4 月	3 年

学”与肿瘤个体化治疗—现状与趋势、腹腔镜在肝胆胰疾病诊治应用新进展、基层医院慢性病规范化管理及实践论坛；省级继教项目乳腺癌分子分型及免疫靶点检测在基层医院病理科的应用、医共体模式下急性胸痛诊治一体化管理学习班、激光微创技术治疗良性前列腺增生新进展、基层医院眼科学新进展及近视预防论坛等 16 个项目；市级继教项目心血管高危患者评估及护理实践学习班、医共体模式下基层医院放射科安全管理及质量提升、医共体模式下远程心电中心的规范化管理等 110 个项目。承办 2019 年绍兴市中西医结合学会重症医学专业委员会学术年会、2019 年绍兴市外科护理学术年会暨新进展、浙江省医师协会血管外科医师分会专家下基层巡讲暨 2019 年绍兴市医学会血管外科专业委员会学术年会、2019 年绍兴市医学会全科医学专业委员会学术会议暨基层慢病综合管理能力提升班等学术活动。

2019年6月1—2日，北京大学医院管理实践论坛（绍兴）在绍兴第二医院举行（吴建成 摄）

【技能竞技】 2019年，柯桥区卫生健康单位在绍兴市卫生系统职工技能竞赛病理诊断、病案编码技能、医院药师技能、院前急救、护理技能、医学检验技能、医学影像技能、超声医学技能、妇幼健康操作技能、儿童保健基本技能竞赛、住院医师规范化培训理论知识竞赛中共获得三等奖以上奖项23项。绍兴第二医院张丽萍获全国护理本科院校教师临床技能竞赛“单人心肺复苏”赛项个人二等奖、绍兴市中心医院绍兴团队（侯韬、仲米倩）获浙江省医师协会风湿免疫医师分会科普比赛一等奖、柯桥区中医医院劳洪明获浙江省第二届麻风病防治技能比武获得个人三等奖、绍兴第三医院宋慈珍、周敏、刘路星获浙江省第二届麻风病防治技能比武活动团体一等奖。

【7个项目获区级以上科技奖】 2019年，柯桥区卫计系统有7个项目获区级以上科技奖。绍兴市中心医院邱海江《一种中药震动透皮仪》项目获绍兴市转化医学优秀项目，绍兴第二医院徐建国《探讨间充质干细胞抑制肺移植后闭塞性细支气管炎的机理》项目获绍兴市柯桥区创新奖获二等奖，绍兴市中心医院屠传建《自发性脑出血预后模型的建立及其应用研究》项目获绍兴市柯桥区创新奖获二等奖，绍兴第二医院熊中奎《哈巴俄苷对鱼藤酮诱导拟帕金森病细胞模型的保护作用研究》项目获绍兴市柯桥区创新奖获三等奖、绍兴第二医院陈丽娜《以医联体为支撑的1+1+1+X全科医生签约管理研究》项目获绍兴市柯桥区创新奖获三等奖，绍兴市中心医院李玉华《2018年柯桥区机关干部健康体检结果分析》项目获柯桥区哲学社会科学优秀结项课题三等奖，绍兴市中心医院黄敏燕《人口老龄化背景下多元化养老模式研究》项目获柯桥区哲学社会科学优秀结项课题三等奖。

【重点学科建设】 2019年，柯桥区中医医院骨伤科被列入浙江省“十三五”中医药重点专科建设项目，中医医院中医骨伤科学被列为新一轮绍兴市医学重点学科建设计划；绍兴第二医院微创胸外科学（肺癌方向）、心血管病学（心脏起博与心电生理、免疫分子生物诊断学，绍兴市中心医院脊柱外科学、微创泌尿外科学，柯桥区妇幼保健院高危产科学列为绍兴市创新学科。

【“一带一路”创新驱动助力工程绍兴站活动走进柯桥】 2019年11月30日，中国中西医结合学会心血管病专业委员会主办，浙江省中西医结合学会心血管病专业委员会、绍兴第二医院、上虞人民医院、绍兴市中心医院、绍兴市中西医结合医院承办 的“中国中西医结合学会‘一带一路’创新驱动助力工程”公益诊疗活动在绍兴第二医院举行。绍兴第二医院、绍兴市中心医院被授予“一带一路”创新驱动助力工程项目示范单位。（朱敏芝）

中医中药

【概况】 2019年，柯桥区出台《绍兴市柯桥区基层中医药服务能力提升工程“十三五”行动计划实施方案》和《柯桥区加快推动中医药发展实施方案》，通过全国基层中医药先进单位复审。全区两家区级综合医院和区妇幼保健院、16家镇卫生院（街道社区卫生服务中心）均设立中医综合服务区，覆盖率100%。加强中医药专业人才培养，绍兴市中心医院医共体柯桥分院医生陈列民、柯桥区中医医院医生徐峰被列入浙江省中医药传承与创新“十百千”人才工程（杏林工程）优秀中西医结合人才培养项目。（朱敏芝）

执行编辑　韩兰芳

体 育

综 述

2019年，柯桥区举办各类群众性体育赛事活动504场（次），在全国、省级各类比赛中获金牌67枚。杭州亚运会排球小组赛、攀岩比赛落户中国轻纺城体育中心体育馆和齐贤羊山公园。乔波冰雪世界被列为全国冰雪运动示范推广单位。开展冰雪、高尔夫、击剑等时尚运动进校园，举办区足球、攀岩等10项比赛，学校参与率100%。获绍兴市第九届运动会金牌245枚，竞技体育成绩绍兴市第二。学校体育设施提档升级列入区民生实事工程。柯桥区被世界休闲组织授牌为世界休闲城市。在浙江省青少年校园足球文化节暨省第二届全国青少年校园足球试点县（市、区）工作交流活动上作青少年校园足球经验介绍。

【升级改造22所学校体育设施】 2019年，柯桥区投入1200万元，对越崎中学、湖塘中学、实验小学等22所学校的露天球场、体育馆、笼式足球场提档升级。2018—2019年，升级改造22个体育馆、亮化176片露天球场、铺设78片硅PU面露天球场、建造4个笼式足球场。

【筹备3项杭州亚运会项目】 2019年，柯桥区承接杭州亚运会攀岩项目并落户齐贤街道羊山石城风景区，承接亚运会足球训练场并落户柯南足球训练基地，落实中国轻纺城体育中心体育馆亚运会排球项目改造提升工程施工招标。（钟建宇）

竞技体育

【概况】 2019年，柯桥区在全国、省级各类比赛中获得67枚金牌，其中全国级24枚、省级43枚。承办2019年绍兴市第三届“梦想杯”校园足球特色学校比赛。

2019年柯桥区籍运动员在世界和全国比赛中获金牌情况

表35

姓名	时间	地点	比赛名称	成绩
谢震业	3月	美国佛罗里达	2019年佛罗里达接力赛	男子100米冠军
	4月	卡塔尔多哈	2019年亚洲田径锦标赛	男子200米冠军
	6月	北京	2019中国田径街头巡回赛北京站比赛	男子100米冠军
	7月	英国伦敦	2019年国际田联钻石联赛伦敦站	男子200米冠军

续表 35

姓名	时间	地点	比赛名称	成绩
陆敏佳	3月	杭州	2019全国室内田径锦标赛	女子跳远冠军
	4月	卡塔尔多哈	2019年亚洲田径锦标赛	女子跳远冠军
	6月	瑞士图恩市	图恩市小型正规田径比赛	女子跳远冠军
	7月	瑞士绍德封	第40届RESISPRINT国际田径赛	女子100米C组冠军
王岳丰	5月	意大利那不勒斯	2019年世界大学生运动会	男子气步枪团体冠军
陈红丹	10月	阿联酋阿莱茵	2019年青年世界杯飞碟比赛	团体冠军
毛京京	1月	苏州	2019全国青少年U系列攀岩联赛总决赛	U11女子速度赛冠军
			2019全国青少年U系列攀岩联赛总决赛	U11女子个人全能冠军
	4月	杭州	2019全国青少年体育俱乐部联赛攀岩赛—华东区	U11女子速度赛冠军
			2019全国青少年体育俱乐部联赛攀岩赛—华东区	U11女子个人全能冠军
	6月	北京	2019全国青少年U系列攀岩联赛—北京站	U11女子速度赛冠军
	10月	马山	2019第五届全国少年攀岩锦标赛	U11女子速度赛冠军
林嘉怡	11月	苏州	2019全国青少年U系列攀岩联赛总决赛	U10女子速度赛冠军
朱鼎盛	11月	苏州	2019全国青少年U系列攀岩联赛总决赛	U13男子速度赛冠军
吕柏萱	4月	绍兴	2019年全国游泳城市系列赛(绍兴站)	女子B级别50米蝶泳冠军
		绍兴	2019年全国游泳城市系列赛(绍兴站)	女子B级别100米蝶泳冠军
虞佳泳		绍兴	2019年全国游泳城市系列赛(绍兴站)	男子B级别100米仰泳冠军
阮俊豪		绍兴	2019年全国游泳城市系列赛(绍兴站)	男子B级别50米蛙泳冠军
姚淑雯		绍兴	2019年全国游泳城市系列赛(绍兴站)	女子C级别50米自由泳冠军
朱汪柯	7月	西安	2019年全国室内五人制足球少年锦标赛	U11男子足球冠军

2019年柯桥区籍运动员在省级比赛中获金牌情况

表36

姓名	时间	地点	比赛名称	成绩
陈熠宇	11月	长兴	“中国体育彩票杯”2019年浙江省青少年BMX自行车冠军赛	男子甲组平地30米个人计时赛冠军
毛京京	8月	杭州	2019年浙江省青少年攀岩锦标赛	女子D组速度赛冠军
	8月	杭州	2019年浙江省青少年攀岩锦标赛	女子D组难度赛冠军
	8月	杭州	2019年浙江省青少年攀岩锦标赛	女子D组攀石赛冠军
	8月	杭州	2019年浙江省青少年攀岩锦标赛	女子D组个人全能冠军
毛京京	11月	宁波	2019年浙江省青少年攀岩冠军赛	女子D组攀石赛冠军
朱鼎盛	11月	宁波	2019年浙江省青少年攀岩冠军赛	男子C组速度赛冠军
	11月	宁波	2019年浙江省青少年攀岩冠军赛	男子C组攀石赛冠军
赵伊琳	11月	温州	2019年浙江省青少年激光枪射击比赛	女子少年组激光步枪40发团体冠军
杨光	11月	温州	2019年浙江省青少年激光枪射击比赛	女子少年组激光步枪41发团体冠军
孙丹妮	11月	温州	2019年浙江省青少年激光枪射击比赛	女子少年组激光步枪42发团体冠军
高少涵	11月	横店	2019浙江省青少年篮球冠军赛	男子乙组篮球冠军
徐奕铭	11月	横店	2019浙江省青少年篮球冠军赛	男子乙组篮球冠军
邹开顺	11月	温州	2019年浙江省田径锦标赛暨省中学生田径比赛	高中市队4×100米冠军
金榆洋	11月	温州	2019年浙江省田径锦标赛暨省中学生田径比赛	高中市队4×100米冠军
潘晨煜	4月	浦江	2019年浙江省田径锦标赛	中学生组200米冠军
贾品强	7月	横店	2019年浙江省青少年儿童田径冠军赛	15岁甲组男子800米冠军
	7月	横店	2019年浙江省青少年儿童田径冠军赛	15岁甲组男子1500米冠军
许泽瑜	7月	横店	2019年浙江省青少年儿童田径冠军赛	15岁甲组男子200米冠军
吴隆兴	7月	横店	2019年浙江省青少年儿童田径冠军赛	14岁甲组男子800米冠军
吴涛	7月	横店	2019年浙江省青少年儿童田径冠军赛	12岁以下甲组男子60米冠军
方妍	7月	横店	2019年浙江省青少年儿童田径冠军赛	13岁甲组女子800米冠军
白翊岑	7月	宁波	2019年浙江省青少年高尔夫球锦标赛	女子乙组个人撑杆赛冠军
倪笑坤	8月	安吉	2019年浙江省青少年高尔夫球冠军赛	女子乙组高尔夫球冠军
程梓轩	6月	义乌	2019年浙江省中小学生乒乓球冠军赛第二站	男子03组乒乓球单打冠军

续表 36

姓名	时间	地点	比赛名称	成绩
张庭翌	9 月	萧山	2019 年浙江省中小学生乒乓球冠军赛第三站	男子 03 组乒乓球单打冠军
徐银浩	11 月	金华	2019 年浙江省中小学生乒乓球冠军赛总决赛	男子 03 组乒乓球双打冠军
张庭翌	11 月	金华	2019 年浙江省中小学生乒乓球冠军赛总决赛	男子 03 组乒乓球双打冠军
	11 月	金华	2019 年浙江省中小学生乒乓球冠军赛总决赛	男子 03 组乒乓球单打冠军
张晨鲲	11 月	金华	2019 年浙江省中小学生乒乓球冠军赛总决赛	男子 0102 组乒乓球单打冠军
黄一瑜	12 月	千岛湖	2019 年浙江省青少年皮划艇赛艇冠军赛	男子甲组 2000 米冠军
叶鼎侗	12 月	千岛湖	2019 年浙江省青少年皮划艇赛艇冠军赛	男子丙组 2000 米 1X 冠军
	12 月	千岛湖	2019 年浙江省青少年皮划艇赛艇冠军赛	男子丙组 4000 米 1X 冠军
田恩诚	12 月	千岛湖	2019 年浙江省青少年皮划艇赛艇冠军赛	男子甲组 2000 米 2X 冠军
钱思竹	8 月	台州	2019 年浙江省青少年击剑锦标赛	女子丙组佩剑冠军
陈暐尔	8 月	台州	2019 年浙江省青少年击剑锦标赛	男子丁组佩剑冠军
	8 月	台州	2019 年浙江省青少年击剑锦标赛	男子丁组团体佩剑冠军
姚卓岑	8 月	台州	2019 年浙江省青少年击剑锦标赛	男子丁组团体佩剑冠军
赵铭浩	8 月	台州	2019 年浙江省青少年击剑锦标赛	男子丁组团体佩剑冠军
徐晨恺	8 月	台州	2019 年浙江省青少年击剑锦标赛	男子乙组佩剑冠军
许开文	8 月	台州	2019 年浙江省青少年击剑锦标赛	男子丙组团体佩剑冠军
孙楼琰	8 月	台州	2019 年浙江省青少年击剑锦标赛	男子丙组团体佩剑冠军
茹绍杰	8 月	台州	2019 年浙江省青少年击剑锦标赛	男子乙组团体重剑冠军
许开文	5 月	义乌	2019 年浙江省青少年击剑冠军赛	男子丙组佩剑团体冠军
赵铭浩	5 月	义乌	2019 年浙江省青少年击剑冠军赛	男子丁组佩剑冠军
	5 月	义乌	2019 年浙江省青少年击剑冠军赛	男子丁组佩剑团体冠军
姚卓岑	5 月	义乌	2019 年浙江省青少年击剑冠军赛	男子丁组佩剑团体冠军
吴雨桐	5 月	义乌	2019 年浙江省青少年击剑冠军赛	女子丙组佩剑冠军
张家烨	5 月	义乌	2019 年浙江省青少年击剑冠军赛	女子丁组佩剑冠军
陈阅	5 月	义乌	2019 年浙江省青少年击剑冠军赛	女子丁组佩剑团体冠军
茹绍杰	5 月	义乌	2019 年浙江省青少年击剑冠军赛	男子乙组重剑团体冠军

2019年柯桥区组织举办学校体育竞赛情况

表37

名称	时间	结果
中小学阳光体育运动会小学生四项棋类比赛	3月1—2日	鉴湖小学、柯桥小学、轻纺城小学、钱清镇中心小学获围棋团体一等奖，华舍小学、柯桥小学、稽东中心小学、安昌中心小学获中国象棋团体一等奖，钱清镇中心小学、安昌中心小学、柯岩小学、华舍小学获国际跳棋团体一等奖，轻纺城小学、实验小学、华舍小学、柯岩小学获国际象棋团体一等奖
阳光体育运动会校园足球小学组比赛	3月12—15日	柯桥小学、安昌小学、鉴湖小学和马鞍镇滨海小学获男子甲组一等奖，柯桥小学、实验小学、鉴湖小学和轻纺城小学获男子乙组一等奖，钱清镇中心小学、轻纺城小学、柯岩街道阮社小学、安昌中心小学获女子甲组一等奖，平水镇中心小学、安昌中心小学、钱清镇中心小学、轻纺城小学获女子乙组一等奖
中小学田径运动会	4月28—30日	鲁迅高级中学、实验中学、华舍小学分获高中组、初中组、小学组团体总分第一名
中小学阳光体育运动会健美操、啦啦操比赛	6月18—19日	鲁迅外国语学校、轻纺城小学、杨汛桥镇中心小学、柯岩中心小学、钱清镇中心小学钱东校区、齐贤中学、轻纺城第二小学等学校分获多个一等奖
中小学阳光体育运动会校园足球技能测试赛	10月10日	安昌中心小学、柯桥小学、钱清镇中心小学获小学组一等奖，钱清镇中学、安昌中学、柯岩中学获初中组一等奖；钱清中学获高中组一等奖
小学生篮球邀请赛	10月16—18日	轻纺城小学、实验小学、钱清镇中心小学获男子团体一等奖
中小学阳光体育运动会初中篮球分组决赛	10月22—31日	钱清镇中学、鲁迅外国语学校、夏履镇中学、西藏民族中学获初中组男子团体一等奖，稽东镇中学、秋瑾中学、安昌中学、鲁迅外国语学校获初中组女子团体一等奖
中小学阳光体育运动会游泳比赛	10月25—26日	轻纺城小学、华舍小学分获甲组、乙组第一名
中小学阳光体育运动会高中生篮球比赛	10月26—28日	职教中心、鲁迅高级中学、钱清中学获高中男子组一等奖，钱清中学、越崎中学、职教中心获高中女子组一等奖
中小学阳光体育运动会中小学生乒乓球比赛	10月28日至11月1日	鲁迅外国语学校、实验中学、柯岩中学获初中男子团体一等奖，实验中学、马鞍镇中学、秋瑾中学获初中女子团体一等奖，钱清镇中心小学、轻纺城小学、柯桥小学获小学男子组团体一等奖，秋瑾小学、平水镇中心小学、柯桥小学获小学女子组团体一等奖
中小学阳光体育运动会高尔夫比赛	11月1日	实验小学获男子甲组团体第一名，轻纺城小学获女子甲组团体第一名，实验小学获男子乙组团体第一名，鉴湖小学获女子乙组团体第一名
中小学阳光体育运动会校园足球比赛	11月19—23日	鉴湖中学和柯桥中学获高中男子组一等奖，钱清中学获高中女子组一等奖
中小学阳光体育运动会攀岩比赛	11月21日	实验小学、轻纺城小学获团体一等奖
中小学阳光体育运动会校园足球比赛	11月26—30日	西藏民族中学、实验中学、钱清镇中学、齐贤中学获初中男子组一等奖，鲁迅外国语学校、华甫中学、安昌中学、钱清镇中学获初中女子组一等奖
中小学阳光运动会击剑比赛	12月13日	轻纺城第二小学、柯岩中心小学、鉴湖小学获团体一等奖

【创建体育特色学校 8 所】 2019 年 8 月，柯桥区夏履镇中心小学、西藏民族中学、柯岩中学、安昌中心小学白洋校区被认定为 2019 年全国青少年校园篮球特色学校。10 月，钱清中学、齐贤中学被认定为全国青少年校园足球特色学校；职业教育中心、马鞍镇中心小学被认定为浙江省青少年校园足球特色学校。（陈小华）

群众体育

【概况】 2019 年，柯桥区举办或承办徒步、游泳、气排球、足球等各类群众体育赛事活动 504 场（次），直接参与 9.8 万人次。组织开展健身气功、健身排舞等项目社会体育指导员培训，累计培训三级社会体育指导员 320 人。

【建成 9 个体育运动场所】 2019 年，柯桥区建成 5 个多功能运动场，分别位于齐贤街道兴齐村，漓渚镇红星村，安昌街道九鼎村，兰亭街道谢家坞村、栅溪村；建成 1 个中心村体育休闲公园，位于柯岩街道州山村；建成 3 个笼式足球场，位于兰亭街道谢家坞村、马鞍中心小学、杨汛桥中心小学笼式足球场。

2019 年 8 月，柯岩街道州山村体育公园建成 （区教体局 供稿）

【全民健身日浙江 · 柯桥主会场活动启动】 2019 年 8 月 8 日，全国第 11 个全民健身日——浙江 · 柯桥主会场系列活动在柯桥东方山水乐园启动。柯桥 500 名体育爱好者展示少儿足球操、太极拳、体育舞蹈、工间操等体育成果，举行健身畅游、水上拔河、水上拓展、趣味龙舟等竞赛活动。

2019 年 8 月 8 日，全民健身日浙江 · 柯桥主会场系列活动在东方山水乐园开幕 （区教体局 供稿）

【18 个村实施省小康体育村升级改造】 2019 年，柯桥区 18 个行政村实施浙江省小康体育村升级改造工程，分别是漓渚镇红星村、钱清镇钱清村、顾家荡村、联兴村、前梅村、蜀风村、兰亭街道娄宫村、新陈村、杨汛桥镇蒲荡夏村、安昌街道盛陵村、福全街道大生村、尹家坂村、稽东镇大桥村、夏履镇莲西村、王坛镇新建村、湖塘街道湖中村、平水镇平江村、宋家店村。（蒋建英）

体育产业

【概况】 2019 年，柯桥区被国家体育总局授予国家体育产业示范基地称号，举办柯桥区第三届运动休闲时尚周，举行世界休闲 · 柯桥论坛、第四届国际公开水域游泳公开赛、浙江省第三届攀岩邀请赛、浙江省体育产业专题培训班等 19 项活动和比赛。承办第三届绍兴国际马拉松赛，CTCC 中国房车锦标赛，CEC 中国汽车耐力锦标赛，中国赛艇大师赛绍兴柯桥站、浙江省第三届冰雪运动嘉年华活动，汇丰全国青少年高尔夫冠军赛比洞赛和浙江省业余高尔夫巡回赛。销售中国体育彩票 2.41 亿元，筹集

2019 年 4 月，柯桥区被命名为国家体育产业基地
（区教体局　供稿）

体彩公益金 934.8 万元。发展体育产业的做法在浙江省体育产业专题培训班上作经验介绍，受到浙江省副省长成岳冲批示肯定。

【协办浙江毅腾 17 个主场比赛】 2019 年，柯桥区协助省足协完成 2019 中乙联赛浙江毅腾 15 个主场和 2 个中国足协杯主场工作，包括商务监督、竞赛组织、球童和旗手等。

【4 家体育单位获优秀称号】 2019 年，柯桥区有 4 家体育单位获得优秀称号。乔波冰雪世界被国家体育总局冬季运动管理中心授予全民冰雪公开课示范点和冰雪运动推广示范单位，浙江国际赛车场被国家体育总局授予中国体育旅游精品景区，绍兴东方山水室内水上乐园和绍兴刻石山文化旅游公司的飞拉达项目被评为浙江省运动休闲旅游优秀项目。

2019 年 8 月，乔波冰雪世界被国家体育总局冬季运动管理中心授予全民冰雪公开课示范点
（区教体局　供稿）

【3 家单位获高危险性体育项目行政许可】 2019 年，柯桥区对 26 家游泳、滑雪和攀岩等高危险性体育项目场馆开展安全检查。有 3 家游泳池获得高危险性体育项目行政许可，分别是柯桥区海清游泳馆、柯桥区博宁游泳馆和柯桥区维斯游泳馆。（黄赛波）

执行编辑　徐炳荣

外地媒体话柯桥

篇目辑要

2019年省级以上媒体报道柯桥区情况

表38

媒体	标题	日期
CCTV-1	安昌古镇小年夜	1月28日
CCTV-2	浙江柯桥:纺织业景气指数回升 谋求升级是方向	4月19日
CCTV-2	浙江柯桥:三月份纺织品出口量大增	4月19日
CCTV-5	体育晨报:浙江绍兴举办美丽乡村健康跑	4月21日
CCTV-12	兰亭有位人大代表张尚明	6月25日
CCTV-13	安昌古镇别样年俗过元旦	1月2日
CCTV-13	浙江绍兴 在高温下 酷暑里 坚守重点工程施工一线	8月4日
CCTV-13	浙江绍兴 腊味挂街头 感受古镇年味	12月26日
《人民日报》	浙江安昌举办腊月风情节	1月3日
《人民日报》	浙江绍兴市柯桥区夯实基层纪检力量 划分片区 协作办案	2月20日
《人民日报》	推进乡村振兴 做好“三农”工作	3月9日
《人民日报》	群防群治护平安	6月13日
《人民日报》	浙江绍兴柯桥区推进“五水共治”提升河湖水质 截污控源头 污水零直排	6月27日
《人民日报》	浙江绍兴柯桥——开展河湖治理标准化试点	7月29日
《人民日报》	绍兴柯桥瞄准一带一路外贸势头好	8月12日
《人民日报》	升级软硬件设施 建设数字化平台 尝试运营新模式农家书屋 人气更旺了	8月14日
《人民日报》	群众安全感满意率多年居全国前列——平安浙江建设持续高水平推进	9月8日

续表 38

媒体	标题	日期
《人民日报》	水乡治水记(新时代之光)	12月23日
《人民日报》(海外版)	绍兴有个酷玩小镇	1月2日
《人民日报》(海外版)	春游中国有了新看点	3月6日
《人民日报》(海外版)	2019中国·绍兴第四届高层次人才创新创业大赛公告	3月19日
《人民日报》(海外版)	从安昌古镇到鲁迅故里	8月12日
人民网	绍兴柯桥:“智慧治理”织密市场安全网	1月2日
人民网	绍兴柯桥:让好家风更有“含金量”	3月15日
人民网	绍兴:居民小区有了城市书房	3月18日
人民网	柯桥区鼓励企业利用闲置厂房打造民营科技园传统“老行家”变身新兴“育种人”	3月19日
人民网	大数据、设计、智造一站式服务 为柯桥注入创新动能	4月25日
人民网	绍兴柯桥正式成为全球第二座“世界休闲城市”	5月14日
人民网	总投资816.6亿元　柯桥重大项目集中签约开工	5月18日
人民网	建立高效便捷城乡配送体系　柯桥启用农村电商配送中心	6月6日
人民网	绍兴柯桥:片区化管理返乡人才党员	7月11日
人民网	虽然留言数量增加 回复质量不打折	8月30日
人民网	抢抓长三角区域一体化发展机遇　绍兴“融杭联甬接沪”谋发展	9月12日
人民网	将“沉睡资源”转化为发展资本　激活闲置农房,绍兴柯桥打造“夏履样板”	10月10日
人民网	绍兴柯桥:引聚意大利高端人才 助推区域经济高质量发展	10月25日
人民网	千年古镇“晒腊味 迎新年”	12月4日
人民网	绍兴:盘活闲置资产 加快动能转换	12月6日
《新华每日电讯》	世界纺织之都:践行高质量发展走出转型困境	2月13日
《新华每日电讯》	浙江柯桥:政企面对面,一线解困难	5月13日
《新华每日电讯》	浙江柯桥:纺织印染业如何逆市上扬	7月26日
《新华每日电讯》	“文化”也能富村 “文化书记”韩国富的乡村振兴路	8月15日
《新华每日电讯》	徐爱华的奋斗比经济学“反贫困发现”更有价值	12月27日
《新华社》	浙江柯桥:由“增产”到“提质”坚持绿色发展之路	7月3日

续表 38

媒体	标题	日期
《光明日报》	民宿闪亮青山间	2 月 3 日
《光明日报》	千年古城文脉绵延	11 月 3 日
《中国县域经济报》	加快动能转换 打造“国际纺织之都” 浙江省绍兴市柯桥区推动县域经济高质量发展的实践探索	6 月 28 日
《工人日报》	绍兴柯桥 1500 名快递小哥入会	5 月 10 日
《工人日报》	绍兴柯桥福全街道成立建筑联谊会	8 月 8 日
《农民日报》	浙江绍兴柯桥区 :“机场模式”助力城乡物流	6 月 12 日
《中国纪检监察报》	各地多形式开展新任领导干部廉政教育 在履新之际划红线吹廉风	12 月 3 日
《中国教育报》	三把“尺子”量出幼教高质量	8 月 25 日
《中国旅游报》	金伟梁 :“四个融合”“六项工作”助推文旅新跨越	3 月 22 日
《检察日报》	绍兴柯桥 :发挥民事检察职能助当事人维权	3 月 28 日
《农村信息报》	绍兴柯桥区湖塘街道香林村——“最多跑一次”跑出新速度	1 月 16 日
《法制日报》	绍兴柯桥公安破系列买卖枪支弹药诈骗案	6 月 19 日
《法制日报》	这里法治风景好法律服务不打烊 探访浙江首个二十四小时“法超市”	7 月 9 日
《文汇报》	安昌 :唤起水乡古镇那一抹浓浓的“年味”	1 月 30 日
《浙江日报》	中纺 CBD :柯桥走向世界的时尚之窗	1 月 4 日
《浙江日报》	柯桥钱清 :从“纺都”向融杭新城的转变	1 月 9 日
《浙江日报》	柯桥 五百人共祭先贤	1 月 10 日
《浙江日报》	柯桥选拔优秀年轻干部扎根一线 竞聘驻村指导员 补上基层这一课	1 月 15 日
《浙江日报》	插上新翅膀 迸发新活力 绍兴力推传统产业智能化改造	1 月 16 日
《浙江日报》	火场突围，消防员把呼吸面罩让给孩子——“叔叔带你出去！”	1 月 18 日
《浙江日报》	腊月安昌 年味正浓	1 月 21 日
《浙江日报》	组织部来了个年轻人 张文斌 :学问从说话开始	1 月 22 日
《浙江日报》	如何穿越市场的惊涛——三十家民企新年调查录之二	1 月 22 日
《浙江日报》	如何带动产业链的提升——三十家民企新年调查录之三	1 月 23 日
《浙江日报》	柯桥 :奋力推进高基数上高质量发展	1 月 24 日
《浙江日报》	踏平坎坷又出发——写在省两会开幕之际	1 月 26 日

续表 38

媒体	标题	日期
《浙江日报》	寻找“诗画浙江”的创新样板　2018 浙江旅游总评榜评选启动	1 月 28 日
《浙江日报》	代表委员建言“亩均论英雄”改革——加速育“俊鸟”寸土生寸金	1 月 29 日
《浙江日报》	绍兴市柯桥区委书记沈志江代表:数字政府,要有“用户思维”	2 月 1 日
《浙江日报》	造酒时节 来绍兴柯桥跟着“酒头脑”酿黄酒	2 月 18 日
《浙江日报》	数字化赋能柯桥传统产业　“印染大脑”让染缸更“聪明”	2 月 25 日
《浙江日报》	绍兴齐贤 宜居乐业	2 月 26 日
《浙江日报》	柯桥夏履:山水之间逐梦绿富美	2 月 26 日
《浙江日报》	“三服务”要更实更细更精准——车俊赴绍兴杨汛桥镇暗访“三服务”	2 月 27 日
《浙江日报》	兰花飘香	3 月 3 日
《浙江日报》	中办国办通知在我省代表委员和干部群众中引发热议　全力打造“千万工程”升级版	3 月 6 日
《浙江日报》	绍兴开展春季大集训　13 万农村党员干部“加油开跑”	3 月 10 日
《浙江日报》	柯桥区 企业投资项目集成式审批	3 月 12 日
《浙江日报》	坚守本分是抵达成功的捷径	3 月 13 日
《浙江日报》	代表委员建言深化民生领域“最多跑一次”改革——改在民生关键处 改到人民心坎上	3 月 13 日
《浙江日报》	柯桥山水田园 逐梦江南	3 月 15 日
《浙江日报》	柯桥:以赛为媒招才引智	3 月 17 日
《浙江日报》	坚持向基层拓展延伸　我省打通警示教育“最后一公里”	3 月 21 日
《浙江日报》	柯桥稽东镇　时光小镇,与美丽邂逅	3 月 27 日
《浙江日报》	柯桥经开区紧抓项目“牛鼻子”	3 月 29 日
《浙江日报》	医疗卫生服务领域“最多跑一次”改革推出十项新举措,看病就医更省心	3 月 29 日
《浙江日报》	共建共治共享 铺就“平安大道”——平安浙江建设 15 周年回眸	3 月 29 日
《浙江日报》	柯桥建成五星级镇街居养中心　老人享受低价烘洗服务	3 月 30 日
《浙江日报》	“实招硬招暖心更添信心!”——我省各级干部热议切实减轻基层负担二十条	4 月 5 日

续表 38

媒体	标题	日期
《浙江日报》	绍兴地铁盾构掘进	4月9日
《浙江日报》	第三十五届兰亭书法节开幕 少长咸集，重温曲水流觞	4月11日
《浙江日报》	变革和机遇 柯桥站上腾飞新风口 借势机器人“盛宴” 轻纺之都迈向“智造”之城	4月19日
《浙江日报》	机器人 打擂台	4月22日
《浙江日报》	柯桥：挺进全国“十强区” 打造融杭“桥头堡”	4月25日
《浙江日报》	绍兴赴杭举办“杭州·绍兴周”活动	4月26日
《浙江日报》	省第七届创意设计大赛揭晓	4月27日
《浙江日报》	提升装配智造技术 拓展国内国外市场 建筑业为绍兴高质量发展“添砖加瓦”	4月29日
《浙江日报》	柯桥时尚周来了 聚焦时尚新潮科技趋势	5月6日
《浙江日报》	智能工厂“恋”上5G 探访绍兴的国内首批5G工业生产领域应用示范点	5月11日
《浙江日报》	柯桥企业驰骋“一带一路”	5月11日
《浙江日报》	柯桥大力培育运动休闲产业	5月14日
《浙江日报》	大运河（浙江）城市博物馆联盟成立	5月16日
《浙江日报》	袁家军在绍兴调研文化建设时强调 串珠成链创建“浙东唐诗之路”	5月17日
《浙江日报》	总投资816.6亿元 柯桥重大项目集中签约开工	5月18日
《浙江日报》	请让我来帮助你 助残日我省开展形式多样活动	5月20日
《浙江日报》	柯桥高科技项目落地生根 定向精准招引 集聚创新人才	5月28日
《浙江日报》	灿烂阳光伴我成长	6月1日
《浙江日报》	柯桥一家酒店的暖心事 一元涓滴 四年成善	6月4日
《浙江日报》	建立高效便捷城乡配送体系 柯桥启用农村电商配送中心	6月6日
《浙江日报》	小微园，如何成就蝶变乐土——“寻找浙江新动能”系列调查之二	6月12日
《浙江日报》	产业综合体，如何集聚创新资源——“寻找浙江新动能”系列调查之三	6月13日
《浙江日报》	“亩均”改革，如何论出“真英雄”——“寻找浙江新动能”系列调查之四	6月17日

续表 38

媒体	标题	日期
《浙江日报》	反映乡村文化建设的电影公映　文化礼堂管理员成主演	6月17日
《浙江日报》	28年间，他在又脏又累的岗位上发明了14项国家专利——丁卫松："管道医生"的三把刀	6月20日
《浙江日报》	绍兴"红色伉俪"50万元积蓄交党费——回报党恩，一辈子的践行	6月21日
《浙江日报》	柯桥建起楼宇信息员队伍　干部进楼宇 上门送服务	7月1日
《浙江日报》	审批实时在线 支付留痕记录　柯桥创新村级资金管理	7月10日
《浙江日报》	柯桥上半年外贸出口逆势上扬　内外兼修"布"局全球	7月20日
《浙江日报》	柯桥福全街道成立建筑业联谊会	7月24日
《浙江日报》	当"无废城市"建设试点遭遇园区"垃圾围城"——绍兴求解工业垃圾之困	7月24日
《浙江日报》	柯桥：公证服务农房确权登记	8月4日
《浙江日报》	柯桥：腾出发展新空间 崛起经济新业态	8月7日
《浙江日报》	柯桥：打造新时期国际纺织之都　奋力争当"融杭接沪示范区"	8月22日
《浙江日报》	从两份榜单和报告看高质量发展"浙江经验"　解密高质量发展的"定海神针"	8月25日
《浙江日报》	线上私人订制 线下参与分享　柯桥团区委吸引年轻人参与活动	8月26日
《浙江日报》	绍兴金柯桥科技城着力建设"双创"平台　集聚人才促发展	9月4日
《浙江日报》	同心协力绘蓝图 继往开来谋新篇　绍兴全面开启美丽城镇建设新征程	9月6日
《浙江日报》	一个个生产兴、生态美、生活富的乡村，奏响乡村振兴浙江之歌——三美"兰花村"香飘云天外	9月6日
《浙江日报》	柯桥上半年为"高亩产"印染企业减免土地使用税7502万元　税赋降了 亩产高了	9月8日
《浙江日报》	柯桥税务部门厚植"双创"沃土	9月9日
《浙江日报》	柯桥区党群服务中心集成综合服务引得村民点赞	9月11日

（张　帆）

执行编辑　宋如玲

区人著述

篇目选辑

2019 年柯桥区在省以上报刊发表作品情况

表 39

作品	类别	作者	发表情况
《贵圈好乱》	短篇小说	朱建平	《东方剑》2019 年第 9 期
《倒挂户》	散文	金钟	《鸭绿江(下半月)》2019 年第 9 期

2019 年柯桥区在省以上展出艺术作品情况

表 40

作品	类别	作者	展出情况
行书	书法	柯用叨	2019 年 6 月,入展中华人民共和国文化和旅游部、上海市人民政府主办的第十二届全国艺术节“全国书法篆刻优秀作品展”
行书	书法	周关洪	2019 年 11 月,入展浙江省文联、浙江省书协、常山县人民政府主办的“浙江书法奖·沙孟海奖”第十届全浙书法篆刻大展
行书	书法	洪朝阳	2019 年 11 月,入展浙江省文联、浙江省书协、常山县人民政府主办的“浙江书法奖·沙孟海奖”第十届全浙书法篆刻大展
行书	书法	唐君龙	2019 年 11 月,入展浙江省文联、浙江省书协、常山县人民政府主办的“浙江书法奖·沙孟海奖”第十届全浙书法篆刻大展
行书	书法	魏国浩	2019 年 11 月,入展浙江省文联、浙江省书协、常山县人民政府主办的“浙江书法奖·沙孟海奖”第十届全浙书法篆刻大展
楷书	书法	裘阳	2019 年 11 月,入展浙江省文联、浙江省书协、常山县人民政府主办的“浙江书法奖·沙孟海奖”第十届全浙书法篆刻大展
篆书	书法	梁浩毓	2019 年 11 月,入展浙江省文联、浙江省书协、常山县人民政府主办的“浙江书法奖·沙孟海奖”第十届全浙书法篆刻大展
楷书	书法	李亲惠	2019 年 11 月,入展浙江省文联、浙江省书协、常山县人民政府主办的“浙江书法奖·沙孟海奖”第十届全浙书法篆刻大展

续表 40

作品	类别	作者	展出情况
行书	书法	倪小婷	2019 年 11 月,入展浙江省文联、浙江省书协、常山县人民政府主办的“浙江书法奖·沙孟海奖”第十届全浙书法篆刻大展
行书	书法	柯用叨	2019 年 11 月,入展浙江省文联、浙江省书协、常山县人民政府主办的“浙江书法奖·沙孟海奖”第十届全浙书法篆刻大展
篆刻	篆刻	陈巍	2019 年 11 月,入展浙江省文联、浙江省书协、常山县人民政府主办的“浙江书法奖·沙孟海奖”第十届全浙书法篆刻大展
行书	书法	寿苗祥	2019 年 11 月,入展浙江省文联、浙江省书协、常山县人民政府主办的“浙江书法奖·沙孟海奖”第十届全浙书法篆刻大展
篆书	书法	梁浩毓	2019 年 10 月,入展浙江省书法家协会主办的“江山多娇”庆祝中华人民共和国成立七十周年浙江省书法篆刻刻字系列大展
隶书	书法	周英杰	2019 年 10 月,入展浙江省书法家协会主办的“江山多娇”庆祝中华人民共和国成立七十周年浙江省书法篆刻刻字系列大展
行书	书法	周俊友	2019 年 10 月,入展浙江省书法家协会主办的“江山多娇”庆祝中华人民共和国成立七十周年浙江省书法篆刻刻字系列大展
行书	书法	洪朝阳	2019 年 10 月,入展浙江省书法家协会主办的“江山多娇”庆祝中华人民共和国成立七十周年浙江省书法篆刻刻字系列大展
行书	书法	唐君龙	2019 年 10 月,入展浙江省书法家协会主办的“江山多娇”庆祝中华人民共和国成立七十周年浙江省书法篆刻刻字系列大展
行书	书法	魏国浩	2019 年 10 月,入展浙江省书法家协会主办的“江山多娇”庆祝中华人民共和国成立七十周年浙江省书法篆刻刻字系列大展
篆刻	书法	陈巍	2019 年 10 月,入展浙江省书法家协会主办的“江山多娇”庆祝中华人民共和国成立七十周年浙江省书法篆刻刻字系列大展
行书	书法	魏国浩	2019 年 11 月,入展中国文学艺术界联合会、中国书法家协会主办的全国第十二届书法篆刻展览
楷书	书法	李亲惠	2019 年 11 月,入展中国文学艺术界联合会、中国书法家协会主办的全国第十二届书法篆刻展览
行书	书法	倪小婷	22019 年 11 月,入展中国文学艺术界联合会、中国书法家协会主办的全国第十二届书法篆刻展览
《清风徐来》	国画	蒋雪平	2019 年 10 月,入展浙江省新四军历史研究会、浙江省文学艺术界联合会主办的“盛世之江”——庆祝中华人民共和国成立 70 周年书画展
《九畹移来》	国画	马丹妮	2019 年 3 月,入展浙江省美术家协会、浙江省中国画家协会、浙江省女花鸟画家协会共同主办的“丹青悦歌 文兴中华——浙江省女花鸟画家协会 20 周年特庆暨第十九届浙江省女花鸟画家作品展”

续表 40

作品	类别	作者	展出情况
《黎明将至》	油画	陈海森	2019 年 7 月,入展中共浙江省委宣传部、浙江省文化和旅游厅、浙江省文学艺术界联合会主办的“大潮涌进——浙江省第十四届美术作品展览”
《薪火相传》	油画	成志勇	2019 年 7 月,入展中共浙江省委宣传部、浙江省文化和旅游厅、浙江省文学艺术界联合会主办的“大潮涌进——浙江省第十四届美术作品展览”
《故园》	版画	成志勇	2019 年 7 月,入展中共浙江省委宣传部、浙江省文化和旅游厅、浙江省文学艺术界联合会主办的“大潮涌进——浙江省第十四届美术作品展览”
《岁月》	油画	成志勇	2019 年 8 月,入展中国文学艺术界联合会、北京市人民政府和中国美术家协会主办的第八届中国北京国际美术双年展
《守望》	插画	成志勇	2019 年 7 月,入展中国美术家协会、中国文学艺术基金会主办的中国首届插画艺术大展
《人在江湖系列之三》	油画	肖杰	2019 年 7 月,入展中共浙江省委宣传部、浙江省文化和旅游厅、浙江省文学艺术界联合会主办的“大潮涌进——浙江省第十四届美术作品展览”
《天星街的骑士 4》	油画	肖杰	2019 年 11 月,入展浙江省美协、浙江省油画家协会、绍兴市柯桥区委宣传部、绍兴市柯桥区文联主办的“映物味象”浙江省油画作品展
《寻常之景》	油画	陈君	2019 年 11 月,入展浙江省美协、浙江省油画家协会、绍兴市柯桥区委宣传部、绍兴市柯桥区文联主办的“映物味象”浙江省油画作品展
《启获》	油画	沈洪波	2019 年 11 月,入展浙江省美协、浙江省油画家协会、绍兴市柯桥区委宣传部、绍兴市柯桥区文联主办的“映物味象”浙江省油画作品展
《碗窑古风,祈福》	油画	蔡信宝	2019 年 11 月,入展浙江省美协、浙江省油画家协会、绍兴市柯桥区委宣传部、绍兴市柯桥区文联主办的“映物味象”浙江省油画作品展
《羊山石城》	油画	沈丽	2019 年 11 月,入展浙江省美协、浙江省油画家协会、绍兴市柯桥区委宣传部、绍兴市柯桥区文联主办的“映物味象”浙江省油画作品展
《木思》	油画	韩良	2019 年 11 月,入展浙江省美协、浙江省油画家协会、绍兴市柯桥区委宣传部、绍兴市柯桥区文联主办的“映物味象”浙江省油画作品展
《立》	油画	祁森飚	2019 年 11 月,入展浙江省美协、浙江省油画家协会、绍兴市柯桥区委宣传部、绍兴市柯桥区文联主办的“映物味象”浙江省油画作品展
《外婆家,带我回家》	油画	王银飞	2019 年 11 月,入展浙江省美协、浙江省油画家协会、绍兴市柯桥区委宣传部、绍兴市柯桥区文联主办的“映物味象”浙江省油画作品展
《小船悠悠》	油画	张炳祥	2019 年 11 月,入展浙江省美协、浙江省油画家协会、绍兴市柯桥区委宣传部、绍兴市柯桥区文联主办的“映物味象”浙江省油画作品展
《中医在民间》	摄影	傅金可	2019 年 7 月,入展《大众摄影》杂志社主办的“我遇见最美的光”——第四届全国医务人员摄影大展暨第 27 届全国摄影艺术展览

（孙雪芳）

书目提要

【《绍兴丛书·第三辑 先贤文存第二编》】 历史文化丛书。绍兴丛书编纂委员会编，主编何鸣雷。中华书局出版，2019 年 10 月第一版第一次印刷。《先贤文存》撷取绍兴先贤具有代表性的经典著述予以收录，按人物时代顺序编排。该编为《先贤文存》第二编，共 18 册，收录年代上起元末，下迄清初，收录先贤作品 96 部(篇)，每部作品前撰有影印说明，略述先贤生平事迹及作品内容、版本特色及可采之处。大 16 开本，定价 11800 元。

【《绍兴图经》】 历史文化丛书。《绍兴图经》编纂委员会编，主编何鸣雷。浙江人民出版社出版，2019 年 1 月第一版第一次印刷。该书分于越先人、越国、会稽郡、越州、绍兴府、绍兴县 6 卷，是一部资料性文献，集政治、经济、文化、社会于一体，图文并茂，通俗易懂，尽现绍兴历史精要。大 16 开本，193.9 万字，定价 989 元。

【《柯桥区年鉴(2018)》】 地方综合年鉴。中共绍兴市柯桥区委、柯桥区人民政府主办，柯桥区地方志编纂委员会编，主编马良。浙江古籍出版社出版，2019 年 11 月第一版第一次印刷。该册年鉴为柯桥区第 19 部年鉴。按事物属性和主次，分总情、经济、政治、文卫、建制镇(街道)和索引 6 块，分类目、分目、条目 3 个层次编辑。设 44 个类目，有 298 个分目、1121 个条目、24 小资料、244 幅彩色图照、37 张表。客观地记录 2018 年柯桥区政治、经济、文化诸方面的大事、要事和新事。全彩印，大 16 开本，385 页，80.9 万字，印数 1100 册，定价 280 元。

【《柯桥区工会志》】 部门志。绍兴市柯桥区工会志编纂委员会编，主编喻光耀。浙江古籍出版社出版，2019 年 5 月第一版第一次印刷。该志记述内容上限为 1922 年中国共产党领导下工人运动兴起，下限为 2018 年 12 月 31 日，分设职工队伍、工会组织、工会工作、先进集体和个人、丛录 5 编，记载绍兴县工人运动和工会的组织、工作等历史与现状。16 开本，423 页，57.1 万字，定价 258 元。

【《绍兴县卫生志(1994—2013)》】 部门志。《绍兴县卫生志(1994—2013)》编委会编。浙江科学技术出版社出版，2019 年 10 月第一版第一次印刷。该志记述时间为 1994—2013 年，分 14 章及附录等章节，反映 20 年间绍兴县卫生事业的发展成就和卫生人辛勤劳动的成果。16 开本，358 页，45.0 万字，定价 118 元。

【《王坛镇志》】 镇志。绍兴市柯桥区王坛镇志编纂委员会编，主编单宇然、翁关水、单子岚、林强。浙江古籍出版社出版，2019 年 1 月第一版第一次印刷。该志分自然环境、社会团体、经济商业、军事、文化、旅游、人物、丛录等 28 章，记述王坛境域内建设发展的历史和现状。16 开本，782 页，79.0 万字，定价 190 元。

【《联兴村志》】 村志。属“柯桥区村志丛书”。绍兴市柯桥区钱清镇联兴村志编纂委员会编，主编高祖钿。浙江古籍出版社出版，2019 年 1 月第一版第一次印刷。该志由概述、大事记和 14 章 63 节正文组成，记述联兴村的历史和现状。16 开本，614 页，64.0 万字，定价 190 元。

【《蒲荡夏村志》】 村志。属“柯桥区村志丛书”。绍兴市柯桥区杨汛桥镇蒲荡夏村志编纂委员会编，执行编辑孙长耕。浙江古籍出版社出版，2019 年 1 月第一版第一次印刷。该志由概述、大事记和 15 章 60 节正文组成，系统介绍蒲荡夏村各方面的历史和现状。16 开本，244 页，24.0 万字，定价 150 元。

【《祝家村志》】 村志。属“柯桥区村志丛书”。绍兴市柯桥区平水镇祝家村志编纂委员会编，主编祝承苗。浙江古籍出版社出版，2019 年 1 月第一版第一次印刷。该志由概述、大事记和 11 章 37 节正文组成，系统介绍祝家村的历史沿革、村志风貌、传统文化，记述祝家村的自然、社会、人文的历史和现状，展示祝家村的特色与经济发展情况。16 开本，192 页，20.8 万字，定价 78 元。

【《西湖桥村志》】 村志。属“柯桥区村志丛书”。绍兴市柯桥区平水镇西湖桥村志编纂委员会编，主编戴炳夫。浙江古籍出版社出版，2019 年 1 月第一版第一次印刷。该志由概述、大事记和 11 章 44 节正文组成，记述西湖桥村的人文、地情、社会经济发展轨迹。16 开本，196 页，18.4 万字，定价 98 元。

【《张岱志》】 历史文化丛书。属“绍兴历史名人志丛书”。佘德余编著。浙江人民出版社出版，2019

年1月第一版第一次印刷。该志由概述和5章14节正文、附录、大事年谱、参考文献组成,记述张岱的家世、生平、思想性格、成就和影响。32开本,245页,18.1万字,定价37.9元。

【《句践志》】 历史文化丛书。属"绍兴历史名人志丛书"。孟文镛编著。浙江人民出版社出版,2019年1月第一版第一次印刷。该志由概述和3章12节正文、附录、参考文献组成,记述句践的家世、生平、相关人物及评价。32开本,223页,15.8万字,定价33.9元。

【《陆游志》】 历史文化丛书。属"绍兴历史名人志丛书"。邹志方编著。浙江人民出版社出版,2019年1月第一版第一次印刷。该志由概述和5章21节正文、附录、大事年谱、参考文献组成,记述陆游的家世、生平、家人、师友、业绩。32开本,275页,19.5万字,定价38.9元。

【《王羲之志》】 历史文化丛书。属"绍兴历史名人志丛书"。钱茂竹编著。浙江人民出版社出版,2019年1月第一版第一次印刷。该志由概述和4章20节正文、附录、参考文献组成,记述王羲之的家业、时代、生平、书法艺术。32开本,251页,17.7万字,定价36.9元。

【《徐渭志》】 历史文化丛书。属"绍兴历史名人志丛书"。盛鸿郎编著。浙江人民出版社出版,2019年1月第一版第一次印刷。该志由概述和4章15节正文、附录组成,记述徐渭的家世、生平、研究评述和艺术评价。32开本,189页,13.6万字,定价32.9元。

【《轻纺城》】 长篇小说。朱建平著。团结出版社出版,2019年9月第一版第一次印刷。该书讲述20世纪90年代初,乡镇企业华星纺织厂倒闭,工厂用布匹代替工资发给工人,主人公钱华在轻纺市场从开拓市场到自主研发、创立自主品牌一步步发展壮大的故事。通过主人公和纺织业一同成长和发展的历程,呈现年轻人拼搏奋斗的精神和纺织业的发展历程。32开本,332页,27.5万字,定价25元。

【《天亮了》】 短篇小说集。朱建平著。团结出版社出版,2019年6月第一版第一次印刷。该书收录作者近年创作的短篇小说13篇,以作者生长于乡间的经历为背景,表达乡间小人物的苦乐与希冀以及作者对家乡真挚的爱,表现生活中的阳光,引领读者向善向美。32开本,230页,18.2万字,定价28.8元。(史　志)

执行编辑　黄炳耀

柯桥新风

百姓故事

【66 名爱心人士捐赠 91135 元助困】 2019 年 1 月，石榴籽民族团结爱心基金会举行成立一周年活动。新疆籍商人汗祖热·买买提是柯亭社区的爱心居民，她于 2017 年 12 月策划建立柯亭社区石榴籽民族团结爱心基金会，系以新疆商人为主体的基金，用于结对孤寡老人和单亲低保儿童。在成立启动仪式上，12 名理事各出资 5000 元，后陆续收到来自社会各界的捐款。爱心基金致力于慈善助困活动，先后慰问柯岩自立阳光残疾人庇护中心 3 次，帮助特殊儿童、孤寡老人、单亲儿童、住院低保户、双特生、新疆籍困难家庭等弱势群体 200 余人次，累计捐助款物 3 万余元。

在基金会成立一周年活动上，有 66 名爱心人士当场捐款 91135 元。他们中有在柯桥长期经商的新疆籍爱心人士、柯亭社区新疆务工经商代表、乡贤会成员、阿凡提工作室成员，也有柯亭社区党员代表、居民代表等。至 2019 年 1 月，基金会捐款累计超 20 万元。这笔资金用于表彰奖励对社会团结和谐稳定作出贡献的个人，慰问帮扶生活困难的居民。

【“新柯桥人”赵相顺成“地书达人”】 2019 年，72 岁的四川南充人赵相顺成为柯桥街道越仕苑小区的“地书达人”。虽年逾古稀，但老赵耳不聋眼不花，只要天不下雨，他几乎每天都会到小区边上的空地练字，用扫帚柄和海绵头自制的“毛笔”，往小油漆桶里蘸上“墨水”，早上 5 点，下午 5 点，一天两次，渐成习惯。

老赵写“地书”源于从小对书法的热爱。6 岁还不识字时，他就用小木棍在地上划拉，有意模仿。当别家的小孩子在外疯玩时，他就一人静静地学写字。由于家里经济拮据，小学还未毕业就辍学，但他一直没有放弃自学书法。在外地旅游时，他偶然看到公园里有人用水在地上写字，觉得很有趣。回家后，他边琢磨边自制工具，开始写“地书”。

下雨天或者其他空闲时间，老赵就在家中练字，隶书、小篆、楷书，各种字体都有接触。为揣摩各种字体，他购买不少字帖练习，床边放着一本老旧的字典。他还开始研究难认又难写的甲骨文，为练好甲骨文，他学会上网，遇到不懂的地方就上网查资料。老赵爱上书法，他的字也写得不错，成为越仕苑小区周边的一道文化风景线。每回写“地书”，他都能收获不少“粉丝”。

写“地书”的好处不仅在于需要动用手臂、腰、腿，可以促进血液循环，对身体很有好处，老赵认为写“地书”不仅能充实生活，提高书法水平，还能锻炼身体，陶冶情操。柯桥文化气息浓，小区里的一些家长请他教孩子练书法，他全部免费教课。

【“邻阿姨”志愿服务队热心助邻里】 2019 年，柯桥街道大渡社区有一支叫“邻阿姨”的志愿服务队，成员 30 多人，她们监督小区内存在的一些问题、帮扶困难群体、热心帮助邻里，小区居民都为她们点赞。

社区的每一个角落都逃不过阿姨们的“火眼金睛。”小区地下车库有个安全出口前堆有大量杂物，“邻阿姨”马上向社区反映。根据阿姨的线索，社区工作人员实地踏勘后，确认存在安全隐患，立即联系物业整改落实。社区借助微信直通车、农民信箱、QQ群等平台，不定时推送消防安全知识，不定期组织开展消防安全知识讲座，提升居民的消防意识。小区楼道消防栓前杂物堆放现象比较严重，“邻阿姨”向社区干部反映。社区工作人员参照商场的做法，在消防栓前的地面上张贴警示标志，消防栓前堆放杂物现象有明显改善。

“邻阿姨”经常自发组织帮助和无偿服务他人，帮助有困难的邻居代买菜、打扫卫生、缝补衣物、冬季织毛衣围巾送温暖、陪同邻里看病、传授技艺等。她们还积极参与社区邻里节，帮忙解决社区各种大事小事，帮助社区煮茶水、煮绿豆汤、煮腊八粥，分发给环卫工人等。（选自《柯桥日报》）

城乡新篇

【笛扬社区实行垃圾分类智能化试点】 柯桥街道于上年10月通过招投标引进杭州一公司，在笛扬社区进行智能化垃圾分类试点工作，通过发放带有二维码的环保垃圾袋，以及后续的巡检打分工作，实行投递垃圾实名制，社区通过一对一上门宣传，帮助居民逐步建立正确的垃圾分类良好习惯。

2019年1月，柯桥街道笛扬社区联合华宇天庭业主委员会，就华宇天庭小区2018年11月和12月垃圾分类开展表彰活动。评比实行打分制，9.5分到10分获评模范家庭，9.1分到9.4分获评优秀家庭，8.5分到8.8分获评良好家庭，共31户，社区对这些家庭给予一定的日常生活用品奖励。社区居民表示，垃圾分类本来就是大家应尽的责任，没想到顺手的一个动作还能得到奖励，日后会在自身做好垃圾分类的同时，带动亲朋好友和左邻右舍参与垃圾分类工作。

【柯桥智慧城管派“无人机”巡查】 2019年，柯桥区综合行政执法局智慧城管中心尝试运用无人机采集技术，对城区内的部分储备用地、河道、高架立交等采集人员难以进入的点位进行空中采集，多维度实现城市信息采集，加大问题发现力度。柯桥区智慧城管运用无人机累计发现各类城市问题110余处。

柯桥区智慧城管配备的无人机飞行高度为500米，飞行范围空旷地达3千米，操作人员可在手机屏幕上看到无人机拍摄到的实时画面。对无人机拍摄到的问题，通过智慧城管大厅的综合研判，进入立案、派遣等流程，交由相关责任单位落实整改。

河道中存在垃圾乱扔、废水乱排、高架桥面环境问题、储备土地围墙内的乱搭乱建等情况，一直是智慧城管日常采集的重点关注类别，但人工采集存在一定的死角和安全问题，而通过无人机，可充分利用其无死角的拍摄角度，更容易发现相关区域存在的环境、安全隐患等方面的问题。

【柯桥城区掀起读书新风尚】 2019年，柯桥城区一些社区办起读书会、朗诵会，爱书、读书之风在社区中流行。一些社区开辟读书场所，购置书籍。高尔夫社区和大渡社区，从儿童、年轻人到老年人，纷纷加入读书、朗诵、分享的队伍。

大渡社区有支朗诵队，由中老年人组成，共9人。在“风起柯桥”朗诵会上，朗诵队的成员身着统一服装，朗诵《大渡赞歌》，受到在场观众的一致好评。《大渡赞歌》是社区居民申翠荣编写的长篇诗歌，除《大渡赞歌》，申翠荣还编写过《大渡社区拂新风》，读来朗朗上口，通俗易懂，较好地宣传移风易俗新风尚。申翠荣退休前是一名老师，爱好写作。为朗诵好诗歌，朗诵会的成员每周都会抽出3天时间进行排练，有的成员普通话不够标准，就一字一字地纠正练习。

在大渡社区二楼，有一间新建的书屋叫慧渡书院，里面容纳天文、地理、历史、小说、诗歌等各类图书近5000册，且环境幽雅，既有大书桌也有单人的小角落，堪比小型图书馆。每逢周末，总有一些爱读书的居民到这里阅读，享受美好阅读时光。在柯岩街道高尔夫社区，也有一间书屋供社区居民阅读，经常举行悦读会。几个年轻妈妈经常聚在一起，领读者为大家推荐书目，分享阅读，分享体会，共享阅读带来的乐趣。（选自《柯桥日报》）

执行编辑　韩兰芳

经济开发区

绍兴柯桥经济技术开发区

【概况】 绍兴柯桥经济技术开发区位于杭州湾南岸湾区经济带的核心区域，是柯桥区北大门，西及北临杭州萧山区，距萧山国际机场 25 千米，东连上虞区，南接越城区，东北临杭州湾。区域总规划面积 165.8 平方千米，包括马鞍街道、齐贤街道和安昌街道，杭州湾环线高速、杭甬高速、沪杭甬高铁贯穿其中，与浙东大运河、嘉绍跨海大桥互通。

2019 年，柯桥经济技术开区规模以上工业总产值 1565.39 亿元，比上年增长 8.65%；限额以上批发零售销售额 1106.75 亿元，比上年增长 28.51%；限额以上社会消费品零售总额 104.86 亿元，比上年增长 14.51%；固定资产投资 164.49 亿元，其中工业投资 140.29 亿元；规模以上工业增加值 337.04 亿元，比上年增长 14.72%；服务业投资 28 亿元；服务业增加值 49.72 亿元，比上年增长 26.44%；高新技术企业产值 453.47 亿元，占总产值 28.97%；完成自营出口 618.82 亿元，实到外资 26135 万美元。

85 家企业被认定为国家高新技术企业，161 家企业被认定为省科技型中小企业，8 家企业研发中心被认定为省级高新技术企业研发中心。申报专利 3879 项，其中发明专利 685 项；授权专利 3738 项，其中发明专利 349 项。浙江绿筑集成科技有限公司的“高层钢—混凝土混合结构的理论、技术与工程应用”项目获国家科学技术进步奖一等奖。“上海宝龙”获柯桥经开区首块大型商住地块，首开杭越府 471 套房源售完，新天地商业地块挂牌出让，蓝印时尚小镇立体停车楼投入使用，春晓景园、贤城景园交付使用，钱滨线、新东线、新机线等重要道路全线通车，开通 196、893 路快速公交专线。

2019 年 3 月，钱滨线全线通车　　（柯桥经开区　供稿）

【开发区国家级考核上升 108 位次】 2019 年，绍兴柯桥经济技术开发区在商务部公布的 2019 年度国家级经开区综合发展水平考核中获第 73 名，比上年上升 108 名。在浙江省国家级开发区考评中居第 11 名，上升 7 名。在浙江省高新区考评中居第 10 名，上升 12 名。在绍兴市省级以上功能区考核中自 2018 年起连续 2 年位列第一名，被命名为全省数字化示范园区和美丽示范园区。

【招商引资 343.6 亿元】 2019 年，绍兴柯桥经济技术开发区引进“中纺绿纤”“烁普科技”等新材料项目,以及荷兰"施托克"、日本"东伸"、韩国"福元"、"恒天立信"等高端装备制造项目;引进"蓝盾医药""武中医疗"等掌握核心技术的领军企业。赴日本、韩国等国家及中国台湾地区考察对接项目;赴西班牙参加2019ITMA西班牙欧洲国际纺织印染及制衣机械展览会;赴上海参加第十九届上海国际纺织工业展览会,并举办专场招商推介会。全年引进5亿元以上项目17个,其中30亿元以上项目4个,总投资343.6亿元。

2019年6月20日,浙江迎丰科技有限公司与意大利Lawer公司签署合作协议 (柯桥经开区 供稿)

【实施8项区域性评估】 2019年,绍兴柯桥经济技术开发区以区域性集成评估精简单个项目评估,开展区域性环评、能评等8项评估工作。在开发区投资的项目可共享环评、能评、水保区域性评估报告,为企业节约办理时间及费用70%以上。区域评估改革做法获省长袁家军肯定。

【8家企业股改或并购】 2019年,绍兴柯桥经济技术开发区实施企业上市或并购重组"凤凰计划"行动,有8家企业上市股改或并购重组。浙江元筑住宅产业化公司收购荷兰艾尔科瑞特公司,浙江迎丰科技股份公司完成上市辅导,在首次公开募股(IPO)排队待审;"乐高实业""长华科技""捷众科技""万丰化工"4家企业报上市辅导;"金道科技""优创材料科技"2家企业完成上市股改。

【引进高层次人才42人】 2019年,绍兴柯桥经济技术开发区组织辖区企业与美国128华人科技企业协会及意大利、俄罗斯高端人才对接活动10余场次;引进院士级外国专家5人、省级以上高层次人才22人、绍兴"海内外英才计划"人才15人。(叶异燕 王月芳)

执行编辑 徐炳荣

建制镇与街道

2019 年柯桥区镇(街道)基本情况快览

2019 年柯桥区镇(街道)基本情况

表 41

镇(街道)名称	行政区划面积(平方千米)	总人口(户籍)(人)	生产总值(万元)	财政收入(万元)	常住居民人均可支配收入(元)	村委会(个)	居委会(社区)(个)
柯桥街道	15.95	79368	1037910	358017	72079	0	27(27)
柯岩街道	45.32	59083	619499	108910	46332	3	30(11)
华舍街道	23.06	53419	804354	302280	43530	6	17(12)
湖塘街道	66.28	35054	290344	54349	35275	13	3(1)
钱清街道	54.18	63918	1474634	94498	38728	20	3(3)
杨汛桥街道	37.67	35981	490329	72574	42706	11	11(5)
马鞍街道	134.09	39634	2049306	360350	43844	11	4(2)
齐贤街道	32.48	53636	1328866	112141	34983	4	16(3)
安昌街道	24.05	37206	577740	80395	36289	9	4(3)
福全街道	39.87	42419	672977	75482	39675	22	2(1)
兰亭街道	82.85	32368	347320	38526	37643	20	1(1)
夏履镇	51.01	18528	165333	15026	34316	11	1
漓渚镇	36.64	21822	293151	16227	39666	11	2(2)
平水镇	173.39	52664	247161	44029	31759	25	4(4)
王坛镇	137.69	32147	122844	11869	28656	24	1(1)
稽东镇	111.50	30756	86593	8770	27716	24	1

说明:镇级地区生产总值按照 2019 年快报核算

柯桥街道

【概况】 柯桥街道因桥得名，素有金柯桥之称。处于柯桥城区核心，东临越城区东浦街道，南及西南接柯岩街道，西北及北与钱清街道、华舍街道和齐贤街道相邻。距绍兴市区10千米、杭州50千米，杭甬铁路、104国道横贯东西。区域面积16.5平方千米，瓜渚湖居于境东，中国轻纺城坐落其中。2019年辖27个社区，户籍人口7.94万人，流动人口10.14万人。

财政总收入35.83亿元，比上年增长11.91%；一般公共预算收入22.94亿元，比上年增长15.04%；规模以上工业产值44.10亿元，比上年增长25.34%；限额以上批发销售额468.38亿元，比上年增长28.00%；自营出口221.25亿元，比上年增长17.90%。财政总收入、一般公共预算收入、限额以上批发销售额及自营出口总量均列全区第一。增加楼宇企业875家，盘活闲置面积10万平方米以上。引进投资30亿元的国际一线品牌温德姆酒店、投资5亿元的中能国际华东总部等项目，签约杭州保携科技、深圳职乐企业服务、安徽巨英股权投资等新经济类税源项目，落实浙农集团收购华通商贸后原股东个人所得税超1亿元纳税产出，协调解决基石股权、红杉慧远项目税收政策问题。自主申报绍兴市海内外英才项目5个，建立省级院士工作站1个，2家人才创业企业在浙江股权交易中心挂牌。

拆除违章建筑606处23800平方米，创建省级高标准生活垃圾分类示范小区4个，建设再生资源回收站点6处，整治各类非正常使用车库1651处，开展餐饮店油烟治理542家。开展古镇拆迁拔钉工作，4户古镇遗留户签约，11户腾空。开展污水零直排和“四清”专项整治行动，城区水质基本保持在Ⅲ类及以上，河长通APP巡查率、问题处置率均100%。

建成柯迎、黄社溇和浪琴3个卫生计生室，建设“15分钟”医疗圈。柯东居家养老中心开业，为全市首家投入使用的五星级居家养老中心。升级“柯桥微跑”微信公众号，上线71项基层民生事项，推出17项一键在线办理事项，公众号关注人数超1万人，月均服务超2000人次。建设“柯桥领读者”品牌，开展“有声朗读”“好书分享”“文学创作”等各类主题活动60余场，参与居民4500余人。

开展扫黑除恶专项斗争，摸排上报涉黑涉恶线索51条，其中立案处理44条。成立“平安志愿联盟”，发放反诈知晓单20余万份。开展信访矛盾纠纷大排查大化解大调处集中攻坚专项行动，受理、答复、处置各类网、信、访及重要网站留言259起，受理、办结政务热线5412件，9件市、区两级重点信访督查件“双清零”，信访积案继续保持“零状态”。成立街道“军人之家”，建立绍兴市首个街道退役军人公共法律服务点，为街道1800余名退役军人及军属提供法律咨询。

开展“五星和美”创建，首批15个创建社区全部通过市级考核验收，其中大渡社区创建“和美家园”社区，一次性创建数量和通过率均居全市第一。

2019年8月，柯亭社区“五星和美”创建成果　（柯桥街道　供稿）

【调整3个社区建制】 2019年，经区政府批准，柯桥街道中梅居委会、大溇居委会撤销，成立溇梅社区居民委员会，在册户数748户，人口1900人，萧来富任书记。红丰居委会撤销，成立红丰社区居民委员会,在册户数805户,人口2030人,陈新富任书记。

【老旧小区改造工程完工】为改变老小区"散、乱、差"现象,提高老小区居民生活品质,柯桥街道从2016年开始,分三年对城区53个老住宅小区实施改造,涉及居民12383户,房屋477幢,建筑面积126万平方米,项目总投资5.3亿元。通过改造雨污管网、外墙立面、场外设施、弱电管线等"微改造+"途径,采取"拆、封、修、补、清、治、理、建、添、修"十字法开展环境综合整治、基础设施建设、房屋改造维修,实现老住宅小区人居环境美化优化、公益设施配套齐备、房屋修缮安全美观、管理维护规范有效的宜居目标。至年底,柯桥街道老住宅小区改造工程全部结束。

2019年12月,金柯桥科技城·德美科技园开园(柯桥街道 供稿)

2019年12月,柯桥区港越新都北区经老小区改造后外观(柯桥街道 供稿)

【两大科创类园区开园】2019年12月18日,金柯桥德美科技园和清华长三角研究院在柯桥街道开园。德美科技园由广东德美精细化工有限公司投资1亿元,对占地72.5亩的德美旧厂区进行改造,引进深圳计量质量检测研究院纺织与轻工产品检测研究所等项目,建设一个以纺织新材料检测认证、智能服饰穿戴、文化创意、互联网等为主要产业的专业科技型园区。园区运营10年预计可孵化科技型初创企业200家,企业实现总产值20亿元,纳税2亿元,负责人刘金华。清华长三角研究院是由绍兴银行和浙江清华长三角研究院共同投资2500万元在兴银大厦建设成立的国际人才运营中心,该项目总建筑面积1.8万平方米,引进先进制造、生物医药、人工智能、电子信息、新材料等有关领域的高科技人才项目,建设具有国际水平的科技转化平台,负责人欧阳华斌。

【老旧小区加装电梯40台】2019年,柯桥街道摸排老旧小区加装意向楼道88处,组织相关部门联合踏勘51处,签订项目协议书46处,公示无异议41处,竣工2台,在建38台,全年完成40台建设目标。(谢 天)

2019年5月,柯桥区鉴湖景园加装电梯(柯桥街道 供稿)

柯岩街道

【概况】 柯岩街道成立于2001年8月，区域面积46.48平方千米。东接越城区东浦街道，南连福全街道，西邻湖塘街道，北界柯桥街道。2019年蓬山村撤村建社区，澄湾村、路南村、梅墅村、海山村、秋湖村、州山村、埠头村、叶家堰村、三佳村、新风村、信心村等11个行政村撤村建居。2019年辖3个行政村、19个居委会、11个社区，户籍人口5.9万人，登记外来人口8.6万人。

索密克公司成立新能源汽车部件产业园，投资超6亿元引入国内首条年产150万台的铝合金底盘核心部件生产线。三力士公司凤凰创新园项目继续推进，园内有投资5.8亿元的年产150台智能化无人潜水器生产线和投资1.8亿元的智能仓储配送中心2个重点孵化项目。投资30亿元的东方山水乐园二期项目建成并投入运营，鉴湖大酒店会议中心项目启动建设，浙江国际赛车场中国超级跑车锦标赛等大型赛事签约。有6个项目列入现代产业项目竞赛，总投资18.35亿元，当年完成投资4.88亿元。申请国家高新企业3家、复审3家，增加省级科技型中小型企业3家，发明专利授权28项。引入驭光科技等高科技企业。

建设“鉴湖渔歌带”，启动叶家堰二期、三佳村建设，开展总建筑面积7000平方米的确权评估和部分房屋拆除工作。协调完成柯桥主城区南门户（里庄）发展规划，里庄通村道路、澄湾路、东三路、东二路、兴工路等路段修复新建工程和埠头、余渚、海山等5条村级“差等路”柏油路面铺设修复工程完工。解决拆迁历史遗留住宅40户、非住宅6户，完成104国道南复线、叶家堰、红旗等4个地块拆迁清障扫尾，拆除整理土地13.4万平方米。拆除违章建筑593处，拆除面积11513平方米。

受理各类初信初访212件，处置率100%，无一例转为重信重访，7件市级以上积案化解5件，9件区级信访积案全部化解。

4个“五星达标”创建村、1个AAA级景区化建设示范村、2个“五星达标”创建社区通过市级验收。开展正风肃纪专项检查8次，立项监督6次，1+X监督检查10次，共发现各类问题300余个。吸收预备党员34人，警示党员31人。

2019年，柯岩街道基层治理平台指挥中心　　（何　明　摄）

【退役军人服务站投用】 2019年3月，柯岩街道退役军人服务站建成投用。该站位于柯岩街道综合治理四平台办事大厅，总投资110万元，建筑面积600余平方米，由退役军人服务站、兵役登记站、军人服务中心和青少年国防教育基地组成，设有军人文化广场、军体活动馆、应急管理联合分队等相应配套功能单元。

2019年，柯岩街道退役军人服务站荣誉展厅　　（何　明　摄）

2019年，柯岩街道应急管理站内景（何　明　摄）

【柯桥区应急管理站建设改革试点在柯岩完成】 2019年，柯岩街道承担柯桥区应急管理建设改革试点工作，3月，投资200万元将原安监站及消防站合并建设为应急管理站，配备安全生产（消防）装备库、森林防火装备库、防汛防台抗旱装备库、防灾减灾物资库4个应急装备库，建有应急综合体验中心、应急宣教培训中心，应急指挥中心、应急执法中心4个实体化中心。

【余渚居、海山居成全市“三资”去现金化管理试点单位】 2019年，柯岩街道通过规范村级集体用工管理、村级公务支出、村级务工支出专项检查等多种举措开展“三资”规范化管理。在余渚居、海山居采用收入全服务、票据全审核、支出全转账、财务全公开的“三资”管理做法，推行去现金化管理机制，成全市试点单位。（汪锦晟）

华舍街道

【概况】 华舍街道地处柯桥城区北部，东依齐贤街道，南靠柯桥街道，西连钱清街道，北接安昌街道。境内有东小江、蛇渡江、大小坂湖等河湖，329国道、杭甬运河、柯袍快速干线、杭金衢连接线、杭甬高速铁路客运专线穿境而过，距杭州市区45千米、萧山国际机场15千米。2019年，区域面积23.05平方千米，辖8个行政村、5个居委会、10个社区，户籍人口5.34万人，外来人口6.91万人。

2019年8月24日，宝业集团和日本大和房屋在日本奈良举行“宝和国际宜养小镇”项目开发签约仪式（华舍街道　供稿）

2019年，绍兴市农村集体“三资”去现金化管理改革工作现场会在柯岩街道召开（何　明　摄）

签约项目10个，总投资超120亿元，其中宝和国际宜养小镇、柯桥金帝银泰百货城、中国建筑节能产业基地等8个项目落户。总投资10.8亿元的中纺时代大厦主体工程结顶。

浙江水管家环境服务股份有限公司、绍兴热土建筑工程有限公司等10家重点税源企业迁址华舍，中科院联动创新股权投资基金、绍兴道同企业管理、柯桥国科基石等公司入驻。全年注册楼宇企业超过700家。成立全省首个“楼小二”服务中心,面向街道35幢商贸楼宇派遣“楼小二”服务团队,开展轮值驻楼服务,2796家楼宇企业全面纳入管理,全年累计为楼宇企业解决实际问题300余个,楼宇企业全年净增自营出口2亿美元以上。

增加国家高新技术企业8家、区科技成长型培育企业4家、科技型中小企业22家,发明专利授权41项,街道被命名为省商标品牌示范镇街。宝业集团现代建筑产业创新服务综合体入选2019年浙江省创新服务综合体培育名单,旗王服饰有限公司入选浙江省成长型文化企业名单,中科德商科技创新服务中心创建成为省级众创空间。全年自主申报省级领军型创新团队1个。引进顶尖人才1人、海外工程师3人、市级海内外英才2人。建设院士工作站2个。

会稽山绍兴酒有限公司25万平方米完成拆迁,华墟区块交地。全年拆违21.7万平方米。

文化礼堂全覆盖,东周、龙城两个城市书房建成开放。华舍中心幼儿园、华舍小学二期建成投用,华舍中学扩建。社区卫生服务中心新大楼建设落成,五星级华阳农贸市场、亭东农产品集散中心建成投用,金地商业二期满铺开业。开展“百日攻坚”行动,生活垃圾分类工作全区第一,环境卫生综合排名全区前三,两个市控断面水质二类达标。

摸排“隐形党员”1227人,组建“邻里支部”51个,该做法得到市委组织部部长徐晓光的批示肯定并在全市推广。推出专职社工“AB岗”工作制度,“最多跑一次”转向“不用跑、倒跑办”。

设立驻沪招商联络站和驻沪乡贤服务站,“申洲·横江”“华港·爱心暖流”“华宇·贤德”和“华天”4个乡贤慈善基金全年救助369人次,发放救助款147.55万元。

开展“五星达标、和美家园”创建,5个社区完成客厅式改造,6个安置小区纳入老小区改造和零直排区建设,累计投入资金近5000万元。兴越社区成为全市第一个由拆迁安置老小区创建成功的五星和美社区,绸缎、聚贤、金城等4个社区创建为五星达标社区。坂湖社区创建为AAA级景区村。绍兴市第一个城市花海落户绸缎社区,聚贤社区崔柳家庭入选2019年度全国最美家庭。

2019年1月7日,华宇·贤德慈爱基金成立 (华舍街道 供稿)

【小赭村拆迁正式启动】 2019年,小赭村拆迁项目启动。该地块位于华舍街道西南部,由左一、胜利、横江3个自然村组成,涉及1200余户,预计投入45亿元,覆盖面积82万平方米。至年底,全村1197户住宅户,拆迁签约1152户,签约率96.24%,腾空1155户,腾空率96.49%。

【“互联网+家庭病床”就医模式试点】 2019年,华舍街道在绸缎社区试点,与社区卫生服务中心合作,依托手机APP和电脑终端平台实现线上预约下单、线下家庭医生为老年人和长期卧床患者上门诊疗的便民服务,这是柯桥区首个借助互联网平台,实现“医疗+养老”双结合新模式的镇(街道),也是全省首个探索“互联网+家庭病床”就医模式的基层镇(街道)。(杨依珊)

湖塘街道

【概况】 湖塘原名吴塘,相传句践使吴人筑塘而得名,后马臻筑鉴湖塘堤十里而改名为湖塘。湖塘位于柯桥区西南部,东接柯岩街道,南连福全街道、漓渚镇和诸暨市店口镇,西邻夏履镇,北临钱清街道。距杭州市区40千米、萧山国际机场15千米。104国道南复线、鉴湖水道、柯湖公路、杭甬铁路、104国道、萧绍运河六大水陆交通线东西向纵贯境内。南部低山丘陵，北部水网平原。2019年，区域面积66.28平方千米，辖13个行政村、2个居委会、1个社区。

财政总收入5.43亿元，一般公共预算收入3.21亿元，工业产值58亿元，工业销售48亿元，自营出口41亿元，生态环境和公共设施投资8200万元。

绍兴炎永纺织有限公司二期改造开工建设并完成投资8092万元，浙江永利经编股份有限公司等8家企业进行“二次开发”。申报一、二批省级科技型企业12家，高新技术企业4家，复审1家，市级企业技术研发中心2家，省级新产品试制计划13个。

2019年，湖塘街道住宅小区雨废分流改造现场（湖塘街道　供稿）

推进产业发展环境规范整治，召开各类座谈、约谈会10余次，签订各类责任状500余份，专项执法检查20余次，排查隐患300余处，整改验收合格率90%。完善安全生产责任制，开展“防风险、迎大庆、保平安”安全生产大检查，排查辖区企业800余家，停产整治32家，关停企业5家。全年未发生较大以上安全生产事故。

推进“五星达标、3A争创”，香林、岭下、铜井、湖中、型塘、永信、兴华7个村通过市级考核验收。推进农村人居环境整治提升集中攻坚“百日行动”，从市农村人居环境整治提升测评倒数第二到全市第一，其中岭下村在测评中列全市第一。举办由会稽山冠名的第二届“杨梅文化旅游节”，“以桂为媒”大香林金秋风情线成为热门，旅游收入超1000万元，比上年增长28%。

全年拆违15.03万平方米。完成跨湖苑、镜水苑小区雨废分流改造，越隆、航剑等30个工业园区工业污水100%纳管。

完成兴工路绿化改造、北工路延伸段新建、湖塘工业集聚区污水综合改造、永宾线（兴工路至连接线）改造、永鉴线（宾舍至杨绍线）改造，推进型塘至永联通村道路改造工程，通过“美丽乡村公路示范镇街”复核。湖塘村南岸拆迁扫尾完成预定目标，建设跨湖苑二期、定山嘉园安置小区。湖塘农贸市场创建为三星级农贸市场。以“区红十字救护培训基地”为定位，广泛开展红十字博爱活动，建设香林村红十字博爱家园示范点。

湖塘中学王钦豪获全区中考总分第一名。湖塘村村民章四宝成为全区遗体捐献第五人。总投资1000万元的湖塘社区卫生服务中心改造启动。社保参保率99.51%、医保参保率99.7%。申报社会保险费返还困难企业271家，为企业返还资金1000余万元。改造提升街道养老服务中心、残疾人庇护中心，5个村级居家养老中心公建民营。

所有村级文化礼堂达到三星级标准。乡贤联谊组织街、村两级全覆盖。完成新兵应征入伍，特招新兵工作。完成退（现）役军人的信息采集和光荣牌悬挂工作。创新人才何威入选绍兴市“海内外

2019年，会稽山黄酒博物馆投入运营（湖塘街道　供稿）

英才计划”。

【黄酒小镇接待游客6.5万人次】 2019年,黄酒小镇投资8.9亿元,创建省级黄酒综合体。年产10万千升黄酒包装物流自动化技改项目二期酿造车间完成主体结构建设,占地1万平方米的会稽山黄酒博物馆投入运营,立体展示中国黄酒历史文脉、绍兴黄酒演绎史、会稽山品牌历史,鉴湖黄酒作坊工业遗址被列为国家工业遗产。黄酒小镇接待游客6.5万人次,全年销售13亿元。

2019年,鉴湖黄酒作坊工业遗址被列为国家工业遗产

(湖塘街道　供稿)

【浙江小舟物联网智能制造项目落户湖塘】 浙江小舟物联网智能制造项目是2019年柯桥区第一批集中签约的重大项目,由上海顺舟智能科技有限公司投资,计划总投资5亿元,分两期开发,建成后预计年产值1亿元以上。项目位于湖塘街道柯南大道、杭金衢高速绍兴连接线(湖安路)交叉口,总规划及建设用地约25亩。该项目是基于物联网技术的智能制造产业,专注于各类无线模块在智能照明、家居、工业物联等领域的研发及产业化,形成年产万台无线模块和边缘计算网关产品的生产能力。同时投资建设智慧城市路灯产品线,智慧灯杆内包含路灯照明控制系统、5G基站、视频监控管理、广告屏播控系统、城市环境实时监测、紧急呼叫系统、水位监测、充电桩系统和井盖监测系统等应用。

【落实公权力监督】 2019年,湖塘街道通过专项督查、协同监督、交叉督查等形式,开展督查20余次,发现、整改问题11个,问责14人次。收集处置党员、干部问题信息107个。处置违纪党员35人,其中运用“第一种形态”处置27人。配合区委巡察组对街道本级和6个村进行三轮巡察,整改问题130个,处置街村干部60人,完善制度4个。

【食品安全保障行动】 2019年,湖塘街道开展食品安全保障行动,检查小餐饮400余家次,整改问题100余处,立案查处食品药品相关案件11件,组织开展网格员、食品安全管理员、农村厨师等培训8次。(凌　超)

钱清街道

【概况】 钱清街道地处杭州湾南岸,宁绍平原西部,东接柯桥轻纺城,西邻杭州萧山区,距萧山国际机场10千米。杭甬铁路、104国道和杭甬运河横贯其中,杭甬高铁、杭金衢高速出口线穿境而过。2019年,区域面积53.6平方千米,辖20个行政村和3个社区,户籍人口6.39万人,外来人口7.41万人。通过“国家卫生乡镇”“省级小城市培育”“省级园林城镇”考核验收,获评市级健康乡镇,再次获评中国轻纺原料市场名镇。

规模以上工业产值184.5亿元,工业投资11亿元,比上年增长24%,服务业投资0.67亿元,自营出

2019年8月24日,钱清夜景图　(钱清街道　供稿)

口 60 亿元，限额以上零售业商品销售额比上年增长 15%。财政用于民生支出 2.61 亿元，占公共预算支出的 77.76%。

引进重大招商项目 8 个，总投资 140.5 亿元，其中 15 亿元以上项目 4 个。新增供地项目 3 个，开工项目 8 个，投产（竣工）项目 6 个。13 个“二次开发”项目共投资 15 亿元，盘活存量闲置土地 360.72 亩。绍兴电力设备有限公司、浙江梅盛实业股份有限公司 2 家企业被评为国家级专利示范企业，绍兴蕾笛笙纺服有限公司、浙江金蝉布艺股份有限公司 2 家企业完成国家级企业贯标。完成国家发明专利 39 件。自主申报评审省级海外工程师 2 人、绍兴市“330 人才”8 人。新设立股份制公司 14 家，新增浙江省股权交易中心挂牌企业 20 家。

修编完善钱清总体规划、核心区控制性详规，完成浙江绍兴产业园（柯西园）规划设计方案，在岭湖村启动建设临杭创新园。完成 7 处遗留户拆迁拔钉任务，启动镇东路改造提升、钱杨大道扩建及北延等路网配套工程，完成 16 条等外路、差等路提升工程和钱门大道、西小江两岸、大钱门国贸区等主要“门户节点”区域的亮化工程。建设全区首个镇级城市书房，新建全市首个智慧消防警务站，火灾发生率比上年下降 42%。

2 个市级断面持续保持 III 类水质，77 个监测点达 III 类以上，全面消灭劣 V 类水质。关停无证涉污小微企业 185 家，处置涉污企业 120 家，空气质量优良率 78%。创建省级高标准垃圾分类示范村 1 个、省级垃圾分类试点村 3 个，建立再生资源回收站点 13 个。拆除各类违法建筑 180 余处 20.24 万平方米，整改拆除大棚房 5 处 9060 平方米。创建市级“五星达标、3A 争创”村 5 个、“一村万树”推进村 3 个、健康村（社）3 个。

改建钱清中心幼儿园西江园区，启动建设钱清中学体艺楼、钱清中心幼儿园，改造升级柯桥区图书馆钱清分馆。14 个文化礼堂组织开展文体活动 700 余场，与杭州滨江、衙前等开展系列文化走亲活动 10 余场。钱清青年舞蹈队的《农家乐》入围浙江省群众广场舞大赛，获得市广场舞（排舞）一等奖，南钱清村《海英和她的妈妈们》获区“幸福水乡才艺秀”舞台舞一等奖。受理便民事项 38770 件，办结率、满意率实现双百。钱清司法所获评省级“文明规范公正司法所”。

【钱清镇撤镇设街】 2019 年 11 月，根据省政府对绍兴市部分行政区划调整的批复，撤销钱清镇建制，改设钱清街道办事处，行政区域改由柯桥区政府直辖。王叶刚任中国共产党绍兴市柯桥区钱清街道工作委员会书记，徐锐任绍兴市柯桥区钱清街道办事处主任。11 月 18 日，钱清街道举行撤镇设街挂牌仪式。

2019 年 11 月 18 日，钱清街道举行撤镇设街挂牌仪式
（柯　兰　摄）

【钱清万达广场项目签约】 2019 年 9 月 6 日，柯桥区文化旅游重点项目集中签约仪式上，钱清镇党委书记王叶刚与北京一方控股集团华东区域总裁刘瀛签署钱清万达广场项目。该项目拟定于钱门大道以北、二环路以东大钱门核心区块，是全国第一家落户在乡镇的万达广场，计划建设万达广场购物中心、商业步行街、精品社区等，建成后进驻一线品牌约 300 个。项目计划总投资 55 亿元，总用地面积 196 亩，由北京一方控股集团有限公司投资建设。

【钱清“军人之家”建成开放】 2019 年 4 月 30 日，钱清“军人之家”建成开放。“军人之家”位于钱清街道二环路，占地 380 平方米，投资 266 万元，集退役军人服务站、军人服务中心、兵役登记站、国防教育基地于一体，为街道现役及退役军人提供政策宣传、教育培训、社会保险等综合服务。5月，在“军人之家”成立退役军人返乡党支部，系全省首个退役军人返乡党支部，有党员14人。

2019年4月30日，钱清“军人之家”建成开放　　（张　瑜　摄）

【宁波至钱清城际铁路试运行】 2019年7月10日，宁波至钱清城际铁路开通试运行，这是国内首条利用既有线改造、跨市域的城际铁路。宁波至钱清站全程最快1小时18分钟，钱清至宁波站全程最快1小时21分钟。初期每天开行3对，设宁波站、余姚站、上虞站和钱清站。宁波往钱清方向，分别是S3002次、S3004次、S3006次，宁波出发时间分别是8∶00、11∶41、16∶03；钱清往宁波方向，分别是S3001次、S3003次、S3005次，钱清出发时间分别是7∶48、13∶34、16∶25。

【钱清街道列全国综合实力千强镇第32位】 2019年10月8日，《人民日报》刊发全国综合实力千强镇榜单，钱清街道列第32位，较2018年再升一位。该榜单是根据中小城市发展战略研究院、国信中小城市指数研究院发布的《2019年中国中小城市高质量发展指数研究》，通过分析全国广义上2809个中小城市的GDP、科技创新、新型城镇化建设等指标评选出炉。（沈丹丽）

杨汛桥街道

【概况】 杨汛桥街道位于柯桥区西部，东与钱清街道相连，南靠夏履镇，西北以西小江为界与萧山区所前、新塘、衙前等镇（街道）毗邻，距杭州城区30千米。杭金衢高速公路、104国道南复线穿境而过。2019年区域面积37.85平方千米，辖11个村、6个居委会、5个社区，户籍人口3.6万人，外来人口3.89万人。

组织开展银企面对面活动，促成融资1000余万元。签约新兴产业项目2个。创建国家级高新技术企业4家、省科技型中小企业11家、市级企业研究开发中心2个，发明专利授权29项，自主申报绍兴市“海内外英才”2人、省级海外工程师3人，创建市级院士专家工作站1个。

处置存量违章建筑165处，面积15.5万平方米。创建省级高标准农村生活垃圾分类示范村2个、3A级景区化示范村2个、五星达标村10个。完成村级“小微实事”152个，总投资1500余万元。投入2500余万元，完成江塘路（南山路、迪荡路）改造建设，投入2000余万元，完成派出所新建工程主体建设。启动渔临关桥等五座桥梁的提档改造工程，新建和改造提升农村公路13.1千米。

建成文化礼堂6个，开展文化走亲活动28场次。组织全省中老年乒乓球交流赛和杭绍篮球邀请赛。投入3384万元为1037名失地农民办理养老保险。投入652.9万元为20094人办理2020年城乡居民医疗保险，参保率99.23%。投入500余万元用于中小学及幼儿园校舍维修改造、设施设备添

2019年，杨汛桥街道银企对接会现场　　（叶赛斌　摄）

置及名师名校激励。

投入10万余元对街道综治中心进行升级改造，建立杨汛桥公共法律服务站和社会心理服务站。排查、调处矛盾纠纷61起，涉及金额1247万元。投入20余万元，提升街道应急队伍硬件装备，专职消防队由二级升为一级，街道应急管理站挂牌成立。江桃村被授予省级民主法治村称号。

【车俊在杨汛桥调研“三服务”情况】 2019年2月26日，浙江省委书记车俊到杨汛桥调研“三服务”活动开展情况，走访精功大数据公司、华恒工程玻璃有限公司、浙江慧绣针织有限公司和街道办事处，要求广大乡镇干部深入企业、深入群众、深入基层，系统梳理当前存在问题，实实在在破解发展中存在的难题，把“三服务”活动开展得更实、更细、更精准，把服务更加高效地落到企业、群众、基层急需处。

【杨汛桥镇撤镇设街】 2019年11月，根据省政府对绍兴市部分行政区划调整的批复，撤销杨汛桥镇建制，改设杨汛桥街道办事处，行政区域改由柯桥政府直辖。王峻峰任街道党工委书记，俞丰任街道办事处主任。

【杭绍篮球邀请赛】 2019年11月，杨汛桥街道联合钱清、夏履2个镇(街道)和杭州市萧山区新塘、所前、衙前3个镇(街道)开展杭绍篮球邀请赛，参与200余人次，累计观赛1000余人次。

2019年11月20—23日，杭绍篮球邀请赛在杨汛桥群众体育中心举行 (徐 晔 摄)

【杨汛桥群众体育中心建成】 2019年，杨汛桥街道投资350万元，将原浙江玻璃厂部分厂房改造成大型室内群众体育中心，面积1.2万平方米，设有小型足球场、篮球场、羽毛球场、乒乓球场等运动场地，满足杨汛桥及周边区域群众休闲运动需求。

【永利梦想书院建成投用】 2019年10月1日，永利梦想书院建成投用。该书院位于杨汛桥街道办事处对面，由地上三层和地下一层组成，面积2000多平方米，拥有各类书籍4万余册，计划藏书12万册。这是全市首家由企业投资运营的城市书房，由永利实业有限公司投资，投资额约300万元。整个书院分为政治教育区、党建文化区、社会科学区、成人阅读区、儿童阅读区、电子阅览区、学霸笔记区，馆内实现无线上网和远程访问，实行借阅合一的全开架模式，无偿向社会开放。书房还设有休闲区和学习交流区，免费提供各种茶水、点心，并不定期组织各类讲座与学习心得交流会。(边军樑)

马鞍街道

【概况】 马鞍街道因境内有一座山丘形似马鞍而得名，位于绍兴市柯桥区东北部，东临曹娥江，西接萧山区，南邻越城区斗门街道，北至钱塘江，距杭甬高速公路三江道口2千米、萧山国际机场20千米，柯海线、钱滨线穿境而过。先后获得全国精神文明创建工作先进单位、省文明镇、省生态镇、省卫生镇、省森林城镇、省美丽乡村示范镇等称号，中国乡镇综合竞争力排名第33位。

2019年，区域面积110平方千米，基础设施配套面积约65平方千米，建成区面积约50平方千米，大部分系滩涂围垦而成，属平原水乡。辖11个行政村、2个社区、2个居委会，常住人口3.9万人，外来登记人口20余万人。11月，撤销马鞍镇建制，设立马鞍街道办事处。

马鞍街道依托中国轻纺城发展优势，形成PTA(化纤)、纺织印染、新材料(薄膜、碳纤维)、金属制造(装备机械)和环保能源等五大产业，入驻工业企业968家，其中规模以上企业264家。印染、化纤两大重

2019年，马鞍街道完成惠民工程项目86个　（马鞍街道　供稿）

点产业产值637.3亿元，其中印染企业107家，产值419.7亿元，印染行业亩均税收18.2万元。

全年生产总值213亿元，比上年增长9%；规上工业产值1069亿元，比上年增长14%；规上工业增加值254.6亿元，比上年增长15.8%；财政总收入36亿元，其中一般公共预算收入20.2亿元；民间投资69.9亿元；自营出口75.7亿元，比上年增长11.3%；居民人均可支配收入43843元，比上年增长9%。

越城区5个印染组团落户马鞍，总投资34亿元。签约引进中国纺织科学研究院绿色纤维项目、湖南烁普新材料有限公司动力电池隔膜生产基地等5亿元以上重大项目7个，计划总投资184.5亿元；落户重点工程16个，总投资172.6亿元；天圣化纤三期试生产；恒鸣化纤、苏泊尔3个“市县长项目”开工。处置盘活闲置土地15宗524亩，建筑面积24.4万平方米。全年“个转企”企业25家、“下升上”企业22家。培育申报国家高新技术企业44家、省级科技型中小企业7家、企业研究院2家、技术研发中心8家、隐形冠军3家。33家企业完成智能化改造，全国首个智慧印染工业互联网平台上线。“迎丰科技”上市报会，“乐高股份”“万丰化工”上市有序推进，“卓洛运动”等12家企业在新四板挂牌。

钱滨线全线贯通，柯海线完成提升改造，新东线、北十一路、圆驾桥西路、春晓路北延建成通车，圆驾桥东拓工程稳步推进，镜海大道、汇商路、新围路完成提档升级，商贸区亮化工程建成使用。完成北八路、兴滨路交通安全设施整治提升，建成启用蓝印小镇、滨中路、汇商路、金旺角停车场。改造公交候车亭128个，投放公共自行车1000余辆，新增公交线2条、增加班次24趟。

137家重点涉气企业完成废气治理，整改问题883条，责令整改企业99家，立案查处环保违法企业34家，关停取缔“散乱污”企业20余家，PM2.5浓度均值从42微克/立方米降至38微克/立方米。“污水零直排区”治理项目完成8个。

创建“3A景区村”1个、“五星达标村”3个。镜海嘉苑综合整治工程完成，春晓锦园安置房交付。改造公厕24座，新建、改造农村饮用水管网122.9千米，生活垃圾分类基本实现。

全市智慧礼堂试点建设现场会在山外村举行。举办第四届中国·绍兴曹娥江“蓝印时尚小镇”国际摩托艇公开赛暨2019全国摩托艇锦标赛等各类文体活动360余场次。

投入2700万元完成4所学校的扩建修缮工程。向学校、教师兑现奖励补助101.5万元。招收外来务工人员子女入学1336人，中考重点上线69人，比上年增长20.7%。

【创建省AAA级景区街道】 2019年，马鞍街道以驼峰山、木枝湖为核心，以山外村、亭山桥村、宝善

2019年，马鞍街道创建为浙江省AAA级景区镇（马鞍街道　供稿）

路等为主要节点，环线串联南片8个美丽乡村，培育“山海湖村四位一体”的都市乡村旅游新体验，创建为浙江省AAA级景区镇。

【“八个一”惠民工程完成】 2019年，马鞍街道对所有村（居委会、社区）实施“八个一”惠民工程，每个村（居委会、社区）建设或改造一个（条）灯光篮球场、笼式足球场、长500米以上的健身跑道、村级城市书屋、高标准文化礼堂、高标准医疗服务中心、高标准老年活动中心及每个自然村有健身角，全年完成惠民工程项目86个。

【全市首家“青年驿站”建成投用】 2019年，马鞍街道在浙江越新印染有限公司成立全市首个“拎包入住”青年驿站，创业青年可通过线上申请，7天内免费入住。驿站占地面积943平方米，设有筑梦讲堂、信息咨询、健身达人、欢乐书吧、驿站之家等全方位一站式的服务内容，免费向求职、实习的高校毕业生提供优质、高效、便捷的个性化服务，成为马鞍青年人才引进的新阵地和以人才融杭接沪的新窗口。

2019年7月，马鞍街道新海社区居民委员会成立
（马鞍街道　供稿）

2019年，马鞍街道成立全市首个青年驿站　（马鞍街道　供稿）

【新海社区设立】 2019年7月，经柯桥区人民政府批准，撤销新二村民委员会和东联、钱江、皋联、华阳、新闸、永久塘居民委员会，成立新海社区居民委员会。新海社区东至柯海公路，南至新围路，西至滨海大河，北至致远大道。洪水根任新海社区党委书记，兼任新海社区居民委员会负责人。（何　佳）

齐贤街道

【概况】 齐贤街道地处绍兴市西北郊，紧邻柯桥城区，东临马鞍街道、越城区斗门街道，南接柯桥街道，西连安昌街道、华舍街道，北与萧山区党山镇为界。杭甬高速、杭甬客运专线、钱江三通道、杭甬运河穿境而过，绍兴北站、柯桥客运中心依镇而建，是柯桥经济技术开发区（国家级）和绍兴金柯桥科技城所在地。有隋唐羊山石佛、渊明故里等古迹，为全国重点镇、中国乡镇投资环境100强、全国环境优美乡镇、中国纺织机械制造名镇，位列浙江百强乡镇第八。2019年，区域面积32.47平方千米，辖20个村（居委会、社区），总人口11.6万人，其中户籍人口5.3万人。地区生产总值128亿元，财政收入11.21亿元。获评小城镇环境综合整治省级样板单位、省级美丽乡村公路示范镇街。

盘活低效土地612亩、闲置厂房30余万平方米。越剑智能制造上市报会。申报发明专利51项，

2019年，齐贤街道俯瞰图　（齐贤街道　供稿）

提档升级中心幼儿园、迎驾桥幼儿园等6所公办幼儿园基础设施和中小学体育设施。陶里幼儿园启动建设。对50周岁及以上人员开展低剂量CT肺部疾病筛查，建立名医工作室6个，开设特色专科7个，上级医院专家到齐贤坐诊310人次，累计门诊3627人次。建成水街城市书房、八字桥村、群贤居、增大居3个文化礼堂。20个各村（居委会、社区）成立乡贤参事会，吸纳村级乡贤参事会会员636人，其中14个村级乡贤参事会成立乡贤基金，捐赠额660万元。

新增省科技型中小企业45家，获省级以上科技创新奖3项，自主申报绍兴市“海内外英才计划”5人，获省创新创业大赛一等奖2人、创新型团队3个，市第四届海内外高层次人才创新创业大赛一等奖2人、二等奖3人、三等奖3人。梅轮电梯、极客桥设立绍兴市院士专家工作站。

拓宽齐狭公路、环镇南路道路，建成玉屏山路公共停车场，配套70个公共停车泊位。建成齐贤专职消防队营房、八字桥垃圾中转站。开展既有住宅小区电梯加装，开工10台，签约或公示9台。安装电动自行车智能充电桩365套。恒天新能源、汇艺石墨烯等8只工业项目、329快速智慧路、杭绍台高铁等6个公共基础设施项目完成征地。整治“低散乱”企业15家，停产整改10家，处罚金22万元。

发放各类救助金226.80万元。阳嘉龙、兴齐、羊山3个村完成行政村调整工作。投资660万元，

【启动建设5个民营科技园】 2019年，齐贤街道启动美佳热电、壹迦、优创、鼎立、华威5个民营科技园区建设。其中，壹迦、优创科技园成为首批新型产业用地（M0）园区。壹迦科技园一期签约企业7家，鼎立科技园“双创”项目落户10余个。华威科技园引进外骨格机器人等项目，启动总投资1.5亿元的6项科技类项目“二次开发”。全年集中签约重大项目3批，引进北海康成、亚虹医药等12个项目82.3亿元投资。（朱明君）

安昌街道

【概况】 安昌街道位于绍兴市柯桥区北部，与杭州萧山区瓜沥新城毗邻，距萧山国际机场约10千米，紧邻环杭州湾高速南线，是杭甬高速柯桥出口所在地。拥有国家AAAA级景区安昌古镇，是第二批中国历史文化名镇、CCTV中国魅力名镇和中国师爷文化之乡、浙江省首批非遗主题小镇、浙江省首批旅游风情小镇。2019年，区域面积23.75平方千米，户籍人口3.72万人，流动人口5.99万人，辖9个村委会、4个居委会（社区）。财政总收入8.04亿元，一般公共预算收入5.01亿元，常住居民人均可支配收入3.63万元。

开展“才聚安昌”系列活动，引进东盛慧谷英国皇家工程院瑟瑞娜·比斯特院士项目，自主申报绍兴市“海内

2019年，齐贤街道水街城市书房　（齐贤街道　供稿）

2019 年，全国人大代表第二小组一行考察安昌　（朱家宏）

外英才计划”3 人。在街道及 13 个村（居委会、社区）全部组建乡贤联谊会（参事会），共有乡贤会员 700 余人。

2 件省级环保督察信访件整改完成并回复，清退 6 家散乱污企业，停产整治 1 家小微园区。对区域内 6 项重点涉气问题，实行挂图作战，限时销号，综合治理涉 VOCs 粉尘废气企业，检查企业 253 家次，清退企业 31 家，整改隐患 123 处。

柯北大道、安华北路、兴安路等街道主要入口立面改造完成，前畈路、大和横路、上方山支路建设基本完工，柯北大道西延、柯海线改造提升、瓜渚湖直江拓宽等项目完工，建成 3 个再生资源回收站点，创建 5 个五星达标村。安昌街道获评浙江省小城镇环境综合整治行动突出贡献集体。

建成区图书分馆、区文化分馆、2 个城市书房、5 个村级“智慧礼堂”、2 家企业文化俱乐部等文化场馆，建成大山西村“志愿小屋”和全区首个“好人公园”，6 个村文化礼堂形成“周末剧场”品牌活动。西床村创建为省级 AAA 级景区村，盛陵村被评为省级文化示范村。

完成天官第酱米工坊、天逸酒店、安昌开元、“一河两岸”一期、律行慈舍等重点项目建设。古镇景区接待游客 338 万人次，被评为首批绍兴市非遗研学游实践基地、首批绍兴市非物质文化遗产旅游景区、绍兴市示范社科知识普及基地。

【第二十届安昌古镇腊月风情节】 2019 年 1 月，第二十二届安昌腊月风情节举办。风情节以“千年回眸、古镇新韵”为主题，包括“腊月迎新”“岁月穿梭”“舌尖记忆”“师爷情缘”4 个主题活动，开展活动 188 场，包括 16 种老行当非遗展示、20 余项常规项目、10 余项特色项目及水乡集体金婚银婚庆典等。活动情况被中央电视台新闻联播、《浙江日报》、浙江卫视等 20 余家媒体报道。

【影视创新小镇一期工程项目签约】 2019 年 9 月 16 日，安昌街道与绍兴高温印染有限公司、浙江新锐传媒在鉴湖大酒店签约，共同建设影视创新小镇一期工程。项目利用绍兴高温印染有限公司旧址，总投资 5 亿余元，打造集文化科技、影视创作、影视人才培育、特色影视商业街区等于一体的综合性影视文化基地。项目建设周期 2 年，建成运营后预计年产值超 2 亿元。

2019 年 4 月 28 日，柯桥区文化馆安昌分馆、区图书馆安昌分馆开馆　（朱家宏　摄）

【安昌成立全区首家镇街自助化服务图书馆】 2019 年 4 月 28 日，安昌街道综合文化站暨区文化馆安昌分馆、区图书馆安昌分馆举行开馆仪式，区委常委、宣传部部长杨伟卿参加活动并为分馆揭牌。安昌图书分馆是柯桥区首家实行自助化服务的镇街分馆，也是首家支付宝免押办证和信用积分借阅管理的试点分馆。该馆位于安昌街道西宬村大禹广场一侧,总投资超400万元,占地面积800平方米,建筑面积2100平方米。区文化馆安昌分馆可为市民免费提供书画、美术、音乐、手工、舞蹈、乒乓球等需求。区图书馆安昌分馆有文学、艺术、历史等各类藏书2万余册,座位近百个。(赵 臻)

福全街道

【概况】 福全街道因境内有“福全山”而得名,位于绍兴市城区西南郊,东与越城区鉴湖街道相邻,南接兰亭街道、漓渚镇,西、北分别与柯岩街道、东浦街道相连,为鉴湖女侠秋瑾、教育家许寿裳故乡。距绍兴市区4千米,距柯桥城区11千米,104国道南复线穿境而过,素有“金三角”之美称。2019年,区域面积39.83平方千米,辖22个行政村和2个居委会,户籍人口4.2万人。

财政总收入7.55亿元,一般公共财政预算收入4.37亿元,规上工业产值92.48亿元,固定资产投资7.47亿元,限上批发和零售业商品销售额129.64亿元。农作物播种(复种)面积42569亩,其中粮食作物播种面积31174亩。

签约启动10个税源经济项目,总签约金额25亿元,其中柔彩光电显示、思密达智能装备、正友汽车零部件等7个项目落地。发展高新技术企业4家,通过省科技型中小企业鉴定评审6家,列入区政府重点培育科技型成长企业2家。获授权发明专利26个,实用新型专利68个,外观专利36个,通过知识产权贯标企业3家,省级新产品试制计划项目验收18个;通过省级研发中心考评1家,列入省级众创空间1家。引进“石墨烯润滑脂产业化项目”“自动驾驶智能控制器项目”2个项目。

2019年10月14日,福全街道举办“英才计划”村级优秀人才挂职锻炼交流会 (福全街道 供稿)

开展福全“英才计划”,选定20人为村级优秀人才培养对象,其中9人在街道进行3个月的挂职锻炼。建设文化礼堂6个,举办各种活动1000余场次。打响“秋瑾”教育品牌,发放“名校名师奖”100余万元。

2019年,福全街道鸟瞰图 (郭甜甜 摄)

投资4300万元建成幸福公园工程,投资1300万元建成漓渚江游步道,投资300万元建成容山大雾尖游步道。投资1400万元改造容山公路、梅三公路等14条道路。集镇改造杨绍线北侧(一期)房屋拆迁项目基本完成签约腾空,二期项目房屋丈量完成评估。锦坞等15个村通过环境卫生“放心村”创建,建成双山等11个再生资源回收站点。开展第二批“五星达标、3A争创”活动,投资6000余万元的86个项目全部完成,11个村通过市级验收,其中锦坞村通过AAA级景区村验收。开展农村人居环境整治提升集中攻坚“百日行动”，在第一次市对各县（市、区）农村人居环境“百日行动”暗访测评中，欣华村垃圾分类质量全市第一。

【科创产业园封装改造完工】 2019年，福全科创产业园（小轩窗）投资1690万元完成改造建设，整合区域内平台资源，可提供采购、市场、人才、管理和技术等共享服务。截至年底，已有石墨烯润滑脂等11个项目入驻。

2019年10月，福全街道幸福公园一角 （福全街道 供稿）

2019年10月16日，福全街道科创产业园一角（福全街道 供稿）

【建筑业联谊会成立】 2019年6月15日，福全街道召开建筑业联谊会成立大会，街道主要领导和建筑业联谊会全体会员出席。联谊会会员包括街道内注册的6家建筑企业和各施工队负责人30人，尹定轩当选首任会长。联谊会旨在通过相关工作机制，支持在承建工程中信誉良好的优质企业，做好施工队伍负责人与建筑企业的联系工作，使技术、资金、一线工人等资源实现互联互通。

【幸福公园（党建广场）落成】 幸福公园（党建广场）位于福全街道杨绍公路与漓渚公路交口西南侧，占地面积4.78万平方米，投资4300万元，自2019年6月开始建设，至年底建成开放。公园有信息展示屏、燎原广场、党建雕塑、林荫广场、童趣乐园、幸福跑道、阅读天地等建筑设施，以党建文化为主线，集休闲、健身、娱乐于一体。（裘孙勇）

兰亭街道

【概况】 兰亭街道位于绍兴西南郊，因春秋越王句践植兰于此，汉代建有驿亭而得名。东邻越城区鉴湖街道、南接平水镇、诸暨枫桥镇、西连漓渚镇、北依福全街道。31省道（绍大线）和杭绍台高速贯穿全境，绍诸高速在兰亭设有出口。境内有兰亭风景区、兰亭国家森林公园、印山越国王陵、阳明园、徐渭墓等名胜古迹，是全国环境优美乡镇、中国针织名镇、中国竹笋之乡、全国千强镇。2019年，区域面积83平方千米，辖20个行政村，1个社区居委会，户籍人口3.24万人，流动人口1.07万人。财政总收入3.9亿元，其中一般公共财政预算收入2.4亿元；工业投资3.8亿元，规上工业产值30.4亿元，规上工业增加值6.08亿元；自营出口20.5亿元，实到外资1657万美元。获评浙江省小城镇环境综合整治行动省级样板、全省基层侨联先进组织。

实施“二次开发”项目7个，技改项目4个，盘活土地7.87公顷，总投资7.2亿元。盘活低效土地14.13公顷，新落户企业6家。浙江西大门新材料股份有限公司完成IPO报会，新增成长板挂牌企业3家，创新板挂牌企业10家。绍兴市雅克汽配有限公司通过国家高新技术企业复审，新认定省级科技型中小企业11家，列入省“专精特新”培育库企业

2019 年 12 月 23 日，中央和国家机关等单位选派第一书记示范培训班 150 余人现场考察兰亭街道谢家坞村　　（兰亭街道　供稿）

首位。解决 11 个村 440 名事实失土农民参保的历史遗留问题。

投资 1000 余万元在街道核心区域实施智安小区、智慧学校、智能监控等综合体配套项目，完成一级标准消防站、应急管理站建设。完成阮港、新陈等村 7 条等外路提升工程。异地新建娄宫农贸市场，完成黄贤农产品集散中心改造。盘活闲置农房 45 宗，总投资 4300 余万元，增加村集体经济和农户收入 533 万元。出台异地购置物业奖扶激励政策，7 个经济薄弱村"消薄"。实施困难家庭、村级公益性岗位等扶贫领域专项整治，变更及注销不合格人员 203 人，追回资金 5.5 万元。

11 家，创建省级研发中心 1 家。新增砥砺众创空间，进驻企业 50 余家，完成企业上云 90 家。配合引进兰亭野生动物园、兰亭国际书法研学游基地 2 个文旅项目，兰亭书法小镇自 2018 年起连续 2 年被列为省级优秀特色小镇培育对象。

实施工业园区道路环境提升工程，其中亭四路和环湖北路竣工通车，中心路提升改造工程基本完工，投资近 5000 万元。完成工业园区污水总管贯通、8 个生活小区雨废分流改造、六小行业整改等项目，投资近 500 万元。开展在建工程、沙石、水泥砖加工场和涉水涉气排放工业企业联合执法，停产整治 5 家。关停铸造行业企业 4 家，淘汰落后产能 1 万吨。设置建筑垃圾（大件垃圾）临时堆放点，建成 16 个可再生资源站点。

社区卫生服务中心完成改造提升并投运，创建公共卫生服务精品社区 3 个、示范型一体化村卫生计生服务站 2 个、省级卫生村 8 个。新建文化礼堂 4 个、改建 2 个，组织幸福水乡才艺秀、文化走亲、"精品文化"下基层等活动 1000 余场次。街道四星级居家养老中心投入运行，新建多功能"残疾人"之家。创建"五星达标"村 13 个，其中谢家坞村获评 AAA 级景区化建设示范村。成立"联合·众贤"博爱基金，首次募集资金 174.5 万元，位居全市村级博爱基金捐赠

【兰亭街道议政会成立大会暨第一届议政会第一次会议】 2019 年 1 月 22 日，兰亭街道议政会成立大会暨第一届议政会第一次会议在兰亭街道办事处四楼会议室举行。会议应到代表 42 人，实到 41 人，列席代表 45 人。会议听取和审议办事处主任孙洁所作的兰亭街道经济社会发展情况报告、党工委委员朱海江作的兰亭街道 2018 年财政预算执行情况和 2019 年财政预算报告、党工委委员张爱芝作的兰亭街道 2018 年生态环境状况和环境保护目标完成情况报告，书面审议兰亭街道 2018 年政府民生实事项目完成情况。会议表决《兰亭街道议政会工作规

2019 年 1 月 22 日，兰亭街道议政会成立大会暨第一届议政会第一次会议召开　　（高楹宇　摄）

则》，票决确定 10 项民生实事工程。（傅泽鹏）

【“尚明工作室”多元化化解社会矛盾】 2019 年，兰亭街道以“尚明工作室”为主体，整合人大代表联络站（点）、战狼救援队、“兰鸽”公益志愿者等多元化力量，创新基层治理模式，化解国家级督办件 1 件、交办件 2 件，市区两级重点督查件 14 件，信访积案 3 件，区级及以上信访部门来访总量比上年下降 25%。6 月 24 日，中央电视台《社会与法》频道《道德观察》栏目专题报道“尚明工作室”经验做法。

【文兰居委会撤居设社区】 2019 年 6 月 6 日，经柯桥区政府批复，撤销文兰居民委员会，设立文兰社区居民委员会，管辖范围不变，张雅芳任主任，张芬娟任委员。（斯海江）

2019 年，兰亭街道“军人之家”服务中心内景　　（徐罗杰　摄）

【兰亭街道“军人之家”成立】 2019 年 4 月，兰亭街道“军人之家”服务中心成立。该中心建筑面积 800 平方米，有军人接待室、国防教育室（展览馆）、书吧、健身活动室、战狼救援队队部、街道人武部物资器材库、室内训练场等七大区块，为退役军人提供就业创业扶持、优抚帮扶、走访慰问、权益保障等服务。8 月 1 日，兰亭街道召开第一届“最美退役军人”表彰暨军人服务中心工作小组授旗大会，张森林等 10 人被评为第一届“最美退役军人”。

【获评省 AAA 级景区街道】 2019 年，兰亭街道围绕“风雅兰亭、书法圣地”定位，邀请专业团队编制《兰亭省级景区街道建设与发展规划（2019—2023）》，将街道的文化禀赋、生态环境、特色产品、配套设施、美丽乡村等进行统筹融合，年底，被评为省 AAA 级景区街道。（潘美萍　凌　彬）

夏履镇

【概况】 夏履镇，相传因大禹治水途经此地“履遗不蹑”而得名。地处柯桥区西北部，东连钱清街道、湖塘街道，南接诸暨店口镇，西邻杭州市萧山区进化镇，北连杨汛桥街道，距杭州城区 35 千米、绍兴城区 32 千米。区域面积 51.01 平方千米，森林覆盖率 83.1%，素有“九山一田”之称。1997 年被联合国环境署授于生态环境全球 500 佳，系全国环境优美乡镇、中国非织造布特色名镇、全国文明镇、国家卫生镇。2019 年，辖 11 个行政村、1 个社区，户籍人口 1.85 万人。

完成“企业上云”40 家，申报高新技术企业、省科技型中小企业、市级研发中心、市级技术中心和科技攻关项目企业各 1 家，完成股份制改造和省股交中心挂牌 1 家，“下升上”“个转企”企业 9 家，打造互联网电商新零售平台 1 个。浙江宝仁无纺制品有限公司六线正常复产投运，公司参与完成的“医卫防护非织造材料关键加工技术及产业化”项目获 2019 年度国家自然科学奖、国家技术发明奖以及国家科学技术进步奖提名。

发布“夏履十二景”，举办春笋节、泼水节、美食节、徒步大赛四季节会，承办区“五星 3A”乡村马拉松、市乡村公益相亲大会、省生态运动会（柯桥站）、市乡村厨师大赛、全国著名作家夏履采风行等系列活动。签约静谷竹林文化主题公园、竹编文创园、越马拓展中心等 6 个文旅项目，总投资 2 亿元。开工建设“莲谷精舍”民宿项目，基本完成“稻舍风情”民宿提档升级工程。获评国家卫生镇、全省首批乡村旅游示范基地称号。创建第二批“五星达标、3A 争创”村 6 个，其中，莲东村创建为省 AAA 级景区村。

【四季节会】 2019 年，夏履镇围绕“生态立镇、旅游兴镇、创新强镇”目标，举办四季节会。春有“春笋节”，举办 绍兴首届春笋节，节会期间，接待游客 1.8

2019 年,夏履镇举办"春笋节""泼水节""美食节""徒步节"四季节会 （吴燕铭 摄）

万人次,鲜笋交易 10 余万千克,举办全笋宴 120 余桌,经济收益 350 万元。夏有"泼水节",举办绍兴首届山溪泼水节,开展划皮艇、坐竹筏、打水仗等活动,持续一个月,吸引游客 5 万余人次,村级增收 30 多万元。秋有"美食节",开展市乡村厨师大赛、柯桥十碗金牌名菜评比及相亲大会等活动,发布《夏履菜谱》,带动萧绍古道、莲心广场、莲增竹排成为网红地。冬有"徒步节",开发萧绍古道 3.5 千米、8 千米、16 千米 3 条登山线路,线路涵盖亲子、大众、专业等群体,举办"兴发杯"夏履萧绍古道冬季徒步节,沪、杭、绍三地登山爱好者近 500 人参加。

【首届乡村马拉松赛】 2019 年 4 月 20 日,"宝业杯"首届"五星 3A"乡村马拉松赛在夏履镇开赛,这也是全市"五星 3A"乡村马拉松系列赛首站,来自各地的 800 名"跑友"参赛。比赛由夏履镇政府主办,宝业集团冠名,分 3.5 千米亲子组和 11 千米挑战组两类。央视 5 套体育频道予以报道。

2019 年 4 月 20 日,"宝业杯"首届"五星 3A"乡村马拉松赛在夏履镇开赛 （夏履镇 供稿）

漓渚镇

【概况】 漓渚镇位于鉴湖水系源头,为绍兴市西南部半山区镇。东临福全街道、南连兰亭街道,西接诸暨市店口镇,北与湖塘街道一山之隔。据《越绝书》记载:"句践种兰渚山",故漓渚又被尊为"国兰祖地""春兰故乡",苗木年产值 12 亿元。2019 年,区域面积 36.64 平方千米,户籍人口 2.18 万人,辖 11 个村、2 个社区。境内有姚启圣墓、越国贵族墓葬等人文古迹,是柯桥区历史名镇,有中国花木之乡、中国针织名镇之称,曾获评美丽中国乡村振兴发展先进乡镇、国家卫生镇。

财政收入 16227 万元,引进 1 亿元以上招商项目 5 个,5 亿元以上招商项目 1 个。建成数控工业园二期、三期,引入针织企业 20 家,6 家企业"小升规"。认定高新技术企业 3 家,通过复评 2 家。申报各类人才科技项目 4 个,签订落户协议 2 个。创建中小型科技企业 11 家,"企业上云"55 家,企业智能化改造 1 家,股改 1 家。金融贷款不良率继续为零,为全区唯一"零不良"乡镇(街道)。

实施"全民参保"计划,医疗保险参保率 99.1%。发放各类社会保障补助、慰问款 319 万元,建成镇级居家养老服务中心 1 家。建成全市首个"军人之家"、全区首批城市书房。新建文化礼堂 3 个,家宴中心 2 个,提升"智慧礼堂"6 家。盘活闲置厂房建成全市首个乡村振兴实训基地。投资 605 万元完成差等路改

2019 年 10 月 26 日，柯桥区第三届运动休闲时尚周暨第五届漓渚镇“花满棠棣”美丽乡村骑行赛在漓渚镇棠棣村举行（漓渚镇　供稿）

造 5 条，启动北环线建设，完善农村交通路网结构。投资 3288 万元开展九板桥村、大步村、六峰村土地开发。举办第五届花满棠棣自行车赛、华东地区兰花博览会、浙江省蕙兰博览会等节会活动，开展各类文化走亲、周末剧场等文艺活动近 300 场。

受理上级转办、来访及网上投诉、公开电话 737 件，调解矛盾纠纷 27 件，涉及金额 349 万元。推进扫黑除恶专项斗争，组织活动 22 场次，参与人数 2000 人次，创建市级民主法治村 1 个。调解劳动保障案件 36 件，涉及金额 27 万元，创建为“无欠薪镇”。

2019 年 3 月 3—4 日，华东地区兰花博览会在绍兴市柯桥区漓渚镇举行（漓渚镇　供稿）

【浙江省主题教育中开展向刘建明学习活动】 2019 年 12 月 19 日，《浙江日报》头版刊登《我们的书记叫“刘宝”》，省委书记车俊作出批示：“刘建明同志确实是个宝，不仅自己能致富，还能带领全村人致富。这体现了共产党员的初心和使命。”随后，在全省“不忘初心、牢记使命”主题教育中开展向漓渚镇棠棣村党总支书记、村委主任刘建明学习的活动。

【国家卫生镇创建】 2019 年，漓渚镇开展“三改一拆”“蓝天保卫战”、人居环境提升百日攻坚等活动，日常巡察整改问题 4300 余个，专项整改问题 1492 处，创建为国家卫生镇。黄山畈村和中义村被命名为浙江省卫生村，棠一村和六峰村通过浙江省卫生村复评。

【获评浙江省 AAA 级景区镇】 2019 年，漓渚镇投资 5600 万元，开展全域“五星达标、3A 争创”活动。六峰村创建为 AAA 级景区村，中义村、黄山畈村通过市级“五星达标村”验收。漓渚镇成为柯桥区首个全域提升乡镇，获评浙江省 AAA 级景区镇。

【智慧农业研究院入选省首批数字农业工厂试点示范主体】 2019 年，位于漓渚镇的绍兴柯桥智慧农业研究院有限公司建成占地 35 亩，一期投资 1000 万元的全市最大数字农业工厂基地。基地建有 3000 平方米的高标准双层玻璃温室和 1.2 万平方米的薄膜连栋温室大棚，采用公司自行研发的温室大棚智能控制系统，通过先进的工控机与微电脑控制技术，做到数字化管理和控制，实现无人值守和远距离监控及操控。公司被浙江省农业农村厅评为浙江省首批数字农业工厂试点示范主体。（史　飞）

平水镇

【概况】 平水镇地处绍兴会稽山北麓，紧邻绍兴市区，是若耶溪发源地。东连越城区富盛镇、上虞区汤浦镇，南依王坛镇、稽东镇，西邻兰亭街道、诸暨市赵家镇，北接越城区鉴湖街道。2019 年，区域面积 173 平方千米，辖 25 个行政村、4 个社区，人口 5.3 万人，是国家综合改革发展试点镇、浙江省首批省级中心镇和绍兴市中小城市培育试点镇。境内有“唐诗之路”重要节点若耶溪，江南“茶马古道”日铸岭古道、陶宴岭古道、峨嵋古道，秦李斯会稽刻石原址刻石山、秦始皇登临之秦望山，佛教胜地云门寺、平阳寺以及欧冶子铸剑、西施采莲处等自然和文化遗址。获评浙江省美丽乡村示范乡镇、浙江省农村文化礼堂建设示范乡镇。

2019 年 4 月 30 日，柯桥区旅游协会平水分会成立大会在平水镇举行

（平水镇　供稿）

财政总收入 4.4 亿元，比上年增长 5.49%，一般公共预算收入 2.73 亿元，比上年增长 10.12%；自营出口 19.14 亿元，比上年增长 6.8%；固定资产投资 6.28 亿元。

整治提升 20 个工业园区，盘活闲置工业厂房 80 余亩，住宅及工业土地出让 128.1 亩。“企业上云”123 家，“个转企”17 家，“下升规”4 家，新增贸易、服务业上规企业 4 家。引进蒲公英现代农业开发项目，推进南部茶产业集聚区第三批项目建设。盘活闲置农房 4885 平方米，流转闲置土地 1500 亩，建设农村物流零售网点和再生资源回收站点 10 家，山塘除险加固 4 座，实施香榧高效节水改造 1500 亩。

创建省 A 级以上景区村 10 个，发布全区首个镇级旅游小程序——“平水旅游”，接待游客 110 万人次，旅游综合收入 3.8 亿元，餐饮业营业额比上年增长 19%，限额以上社会消费品零售总额比上年增长 20%，文化产业增加值比上年增长 25%。

改造提升“差等路”“等外路”14 条，创建美丽乡村市级特色精品村 2 个、推进达标村 11 个。推进平水江水库饮用水源地保护，27 家工业企业清退搬迁，2 家企业拆迁收储。

【柯桥区首个镇级旅游协会成立】 2019 年 4 月 30 日，柯桥区旅游协会平水分会成立大会暨第一次会员大会在巷深竹缘召开，成立全区首个镇级旅游协会，首批会员单位 46 家。大会通过《柯桥区旅游协会平水分会协会章程》和《绍兴市柯桥区旅游协会平水分会会费收缴与管理办法》，徐百明当选会长。

【村级建制调整】 2019 年，经柯桥区人民政府审批同意，将平水居委会以人民路和绍甘线为界拆分为越崎社区、潮亭社区。潮亭社区东至平水街，南至鸿华茶厂，西、北至若耶溪，陶月忠任书记；越崎社区东至若耶溪、阳明南路、东桃路，南至人民路、渡槽、昌园路，西至绍甘线、北至庄前路（未命名）、规划道路、工商路，楼丹任书记。撤销金渔村和平阳村，合并组建平阳村，马潮松任书记。撤销平水街、新桥村，分别成立平水街社区、新桥社区，书记分别是陈雅珍、金泉富，主任分别是沈潮、徐文祥。调整后，平水镇设 25 个行政村、4 个社区。

【首届绍兴市“清凉避暑节”】 2019 年 8 月 16 日，首届绍兴市“清凉避暑节”在平水镇开幕，在巷深竹缘设主会场，全镇 47 家会员单位设分会场。节会

2019 年 8 月 16 日，首届绍兴市“清凉避暑节”在平水镇开幕

（平水镇　供稿）

现场制作平水特色小吃，展示平水地方曲艺，组织竞猜平水文化。开幕活动通过养生平水微信公众号提前推介，《柯桥日报》、浙江新闻客户端等媒体进行线上直播，直播图文在浙江新闻 APP 获点击量 20.2 万次，浙江在线“浙视界”视频点播阅读量 217 万余次，微信点击量近 1 万次。开幕式当天，接待游客 2000 余人次，营业收入比平时增长 50% 以上。避暑节持续到 9 月底结束。

2019 年，“小岙墓地”出土文物　　（平水镇　供稿）

【“小岙墓地”考古发掘 104 座古墓葬】 2019 年，平水镇杨滩村小岙自然村“小岙墓地”考古发现大量墓葬遗存。至 9 月，发掘清理战国至明清时期墓葬（含陪葬器物坑）104 座、战国时期坑状遗迹 2 个，其中战国墓葬 21 座、汉代墓葬 28 座、六朝墓葬 30 座、唐宋墓葬 6 座、明清墓葬 15 座、时代不明墓葬 4 座，出土文物经初步统计有 530 件（组）。

【平水镇强村富民大会】 2019 年 9 月 7 日，平水镇召开强村富民大会，镇机关全体行政事业干部及部门站所负责人、各村（社区）主职干部、相关农业企业和投资商、各村（社区）乡贤代表 300 余人出席。会议签订村级集体经济经常性收入增长责任书，签约重点项目 16 个，涉及 12 个村，总投资 5.5 亿元。至年底，17 个村完成村集体经济消薄攻坚，消薄完成率 100%。全镇村集体经常性收入 2065 万元，比上年增长 27.2%，农民人均收入比上年增长 10%。（方思佳）

王坛镇

【概况】 王坛镇为柯桥区南部山区镇，地处小舜江源头，东临上虞区汤浦镇，西接稽东镇，南毗嵊州市谷来镇，北依平水镇。省道绍甘线穿镇而过，汇入小舜江的南北二溪环绕集镇，形成“双溪环抱、两山相拥”的集镇格局。2019 年，区域面积 137 平方千米，辖 24 个村，1 个社区，人口 3.2 万人。获国家卫生镇、浙江省 AAA 级景区镇、浙江省民间文化艺术之乡、2019 年度全省“五水共治”工作考核优秀乡镇称号。

根据汤浦水库集中式饮用水水源地二级保护区整改要求，完成镇域内工业企业关停搬迁扫尾工作，关停搬迁工业企业 80 家，分流安置职工 6000 余人。其中，拆迁收储 24 家企业土地厂房，建筑面积 18.5 万平方米，补偿款 4.6 亿元。开展省级“污水零直排区”试点建设，实施集镇生活小区雨污水分流改造等工程，整改问题 1100 余处，建成集镇生态洗衣房 5 处。对小舜江南溪进行综合整治，建设生态涵养带与隔离带。

启动乡村旅游三年行动计划，完成东村香雪

2019 年 5 月 11—12 日，绍兴第二届“青梅之约”帐篷节在王坛镇香雪梅海景区开幕　　（何　雯　摄）

梅海景区配套提升工程和镇级游客中心布置，创建A级以上景区村17个，建设东片上王村村落文化、南片丹家村五百岗、西片东村香雪梅海景区、北片新联陶隐岭古道等示范点，实现全域景区化。举办“香约梅海”文化旅游节、虞舜文化旅游节、“青梅之约”帐篷节、“让三步雅集”等特色节会。

开工建设王坛镇卫生院门诊大楼、王坛公交车站。集文体比赛、大型演出、会展和行政服务于一体的镇文体活动中心建成投用，公建民营的社会福利中心正式开放，24个村全部建成文化礼堂，举办“文化走亲”“村村办村晚”等各类文艺会演。

【王坛镇获评国家卫生乡镇】 2019年，王坛镇开展以国家级卫生镇创建为核心的新时期爱国卫生工作，对镇域内营业场所的卫生许可证、从业人员健康合格证明、公共用具(用品)及卫生设施的清洗消毒情况等进行检查整改，建立快速反应机制。推进健康教育、环境卫生、环境保护、病媒生物防制、食品安全、生活饮用水及公共场所卫生、传染病防治等工作，改善城乡环境，人民健康水平进一步提高，被评为国家卫生乡镇。

【高山饮水惠民工程】 2019年，王坛镇针对高山农民饮水困难问题，在9个村建设农村饮用水达标提标工程，实施“一站多源”和“加压延伸”建设，总投资4500万元。建成净水处理设施点15个、地下水源15处、泵站16座，铺设总管26782米，分管86329米，解决5952人饮水困难。

【王坛镇获评省AAA级景区镇】 2019年，王坛镇依托镇域内村庄不同区位特点和产业基础建设游客打卡点，全面提升20个景区(创建)村庄的品质。把AAA级景区镇创建与农业、文化、运动、饮食等融合，引进并建设生态农业科技园、茶园产业集聚区，新建镇级游客服务中心、小镇客厅，改造提升集镇范围内公厕，配备景区二维码语音讲解系统等。全年接待游客65万人次，交易额400余万元，“网红牛”、映山红、芦苇荡、红枫林、南溪花海、雾凇等吸引了众多游客，形成主客共享旅游区。获评省AAA级景区镇。

【养老康养模式】 2019年，王坛镇探索发展养老康养模式。盘活闲置茶厂、校舍等43间2000余平方米，建成公建民营的镇级居家养老中心4家，从上海等地引进专业养老公司1家、养老团队2个。实践“日间照料+全托服务”，推出8元餐、便捷洗澡洗衣、免费健身娱乐、配送餐 等服务。推行旅游康养，与镇域内景区联动，促进生态养老和旅游共同发展。(章菲菲)

稽东镇

【概况】 稽东镇地处柯桥区南部、小舜江源头，南、西分别与嵊州、诸暨两市接壤，东、北毗邻王坛、平水两镇，省道绍甘线穿境而过。2019年，区域面积111.50平方千米，人口3.08万人，辖24个行政村，1个居委会。获国家卫生镇、浙江省首批AAA级景区镇，浙江省国家森林城镇、浙江省林业特色产业小镇，入选美丽浙江十大特色体验地。

建成省级茶叶产业集聚区，规上茶叶企业总产值5.7亿元。玉龙茶业引进省内首条智能化红茶生产线，创建为省级农业科技示范基地，“越红”牌红茶获省农博会金奖，“山娃子”获第二届全国香榧炒制大赛金奖。“华绿建设”被授予国家林业重点龙头企业、浙江省风景园林学会30周年先进集体、中国风景园林学会科学技术金奖。“双和环境”获浙江省风景园林学会30周年先进集体。企业科创新增专利项目22个，其中镜湖建设在混凝土物理学性能方面制定“国家标准”。 引入税源型企业50余家。

创建省AA级景区村2个，省A级景区村6个。雪窦岭游客服务中心主体建筑完工，狐仙榧林和传统射艺文创项目完成土地流转，前坞岙闲置农房激活项目、村旅民宿项目和香榧主题体验园项目完成方案设计。雪窦岭、镬沿山等景点全年游客量超18万人次，石苍山·隐等民宿带动经济创收360余万元。

完成投资近3亿元的“美丽乡村公路”建设，完成杭绍台高速公路稽东段主体建设。龙陈公路、车谷线、骆穿线拓宽改造工程，霞堡至岭头、石水湾至耙地湾等10条差等路、等外路施工，打通农村公路“最后一公里”。实施投资近1000万元的小流域综合治理项目、山塘综合整治工程，完成9个村农村饮用水达标提标工程，惠及山区群众

2019 年，王坛镇社会福利中心　　　　（房霏斐　摄）

5000 余人。镇便民服务中心、公共法律服务中心、镇公交客运站投入使用，镇图书馆完成主体建设，总投资 2000 余万元的社会福利中心投运。通过省级“污水零直排区”验收。专项投入 200 万元，开展“美丽村庄”建设竞赛活动。20 个村 58 户农户通过个人建房审批。实施“五星达标、3A 争创”项目 95 个，投入 3811 万元，创建五星达标村 12 个、AAA 级景区村 1 个、新时代美丽乡村 8 个。完成“消薄强村”任务，全镇 24 个行政村，均达到总收入 100 万元、经营性收入 50 万元目标。

创建省级、市级高质量就业村各 2 个。城乡居民基本医疗保险参保率 99%。组织各类技能培训，注册“稽东月嫂”品牌，开展首届“稽东月嫂”职业技能大赛。建设“稽东山宝”农特品牌，通过专场推介会、网点供应、设立代售点等措施，半年实现销售 170 余万元。稽东镇派出所民警帮助村民寻亲落户事迹，获省市区主要领导批示点赞。俞谢路村乡贤俞元海入选 2019 年度柯桥好人。创建智慧文化礼堂 7 个，举办“放歌新时代、文化进万家”巡演 20 场、“我们的节日”系列文化惠民活动 30 余场。镇中心小学承办浙江省小班化教育现场会，中小学校空调全覆盖。建成精品社区和卫生计生服务站室各 2 家，完成农村妇女和 65 岁以上老人的“两癌”筛查。计划生育奖扶 1881 人，投入 59.82 万元。开展“扫黑除恶”专项斗争，组织宣讲、宣传活动 35 场次，核查涉恶性质线索 11 条；全年零命案，警情 3 连降，交通事故零死亡。

【“工商资本 · 乡贤助力乡村振兴”推进会】 2019 年 4 月 27 日，稽东镇“工商资本 · 乡贤助力乡村振兴”推进会在龙东村召开，柯桥区委副书记金水法，柯桥区委常委、统战部部长王静静，瑞丰银行党委书记、董事长章伟东以及沈建斌为代表的百余名稽东镇乡贤出席。推进会现场签约落户总部项目 5 个，文旅、农业、农房激活项目 8 个，预计总投资 15 亿元。瑞丰银行授予稽东镇乡贤会 2 亿元专项信贷资金，用于支持稽东镇乡贤发展。

2019 年 4 月 27 日，稽东镇“工商资本 · 乡贤助力乡村振兴”推进会在龙东村召开　　（稽东镇　供稿）

【冢斜古村文化旅游节】 2019 年 6 月 1 日，绍兴有戏——非遗兴乡大巡游（柯桥站）暨 2019 冢斜古村文化旅游节启幕。其间，举行文创产品发布、“芒种开秧门”祈福仪式、农耕体验、非遗兴乡大巡游等活动，再现古村传统农耕文化，特色文创产品禹妃饼销售额 4 万余元。

2019年6月1日，绍兴有戏——非遗兴乡大巡游（柯桥站）暨2019冢斜古村文化旅游节启幕　　　　（稽东镇　供稿）

【稽东香榧文化旅游节】 2019年10月26日，以"赏千年古树、品晋唐圣果"为主题的2019稽东香榧文化旅游节在稽东镇千年香榧林启幕。绍兴市副市长陈德洪，柯桥区政协副主席马芳妹，副区长张又岱以及省、市有关部门领导，省、区香榧协会相关负责人出席活动。香榧旅游节"千年榧皇"拍卖会，拍得18万余元。发布香榧年轮价格指数，举行稽东香榧品牌促进中心和会稽山国家森林公园授牌仪式。开幕式上，瑞丰银行董事长章伟东捐赠100万元成立榧香·瑞丰助农基金，稽东乡贤会会长沈建斌捐赠100万元成立红豆杉慈善公益基金。稽东村旅民宿及香榧主题体验园项目签约。为柯桥区第四届香榧炒制大赛获奖选手颁奖。开幕式后，举行祭祀山神仪式、香榧主题创意美食品鉴会、"稽东一桌土菜"百家宴、2019香榧农文旅发展研讨会等活动。节会期间，开展非遗项目展示、农夫集市、文艺汇演等系列活动。（吕婷婷）

执行编辑　马　良　宋如玲

人 物

新闻人物

【沈百庆】 男，1962 年 8 月出生，大专学历，中共党员，高级工程师，索密克汽车配件有限公司总经理。

沈百庆带领公司人员开发轻量化铝合金摆臂、转向节、拉杆等新能源汽车配套产品，并申请汽车铝合金底盘核心部件产业化项目；受国家发改委的委托，沈百庆负责制订两项国家行业标准《汽车独立悬架球头销总成台架试验方法及技术要求》和《汽车转向拉杆总成台架试验方法及技术要求》；沈百庆力推机器人联网作业，公司有各种生产流水线 500 余条，被绍兴市、柯桥区两级政府认定为机器换人的标杆企业；沈百庆提出在切削、锻造、冲压等生产设备上，必须安装安全光栅，保障员工生命安全；公司连续 10 年缴税居全区前六位，平均每年缴税 1.5 亿元以上，向社会公益事业捐款 2000 余万元。沈百庆曾获评绍兴县劳动模范，绍兴县第三批专业技术拔尖人才、学术技术带头人，绍兴市第八批专业技术拔尖人才、学术带头人，获浙江省五一劳动奖章等荣誉。2019 年 4 月，被中华全国总工会授予全国五一劳动奖章。

【刘建明】 男，1967 年 5 月出生，浙江绍兴人，中共党员，大专学历，园林高级工程师，柯桥区漓渚镇棠棣村民委员会党总支书记村委主任。

刘建明提篮小卖致富，带动村民创富；撸起袖子加油干，建设美丽乡村；热心公益，回报社会。帮助和带动棠棣村家家户户种花、卖花，2018 年村民年人均收入超过 8 万元。棠棣村先后投资 3000 余万元，整治村庄卫生、保护生态环境、完善公共设施，建设“生态、美丽、宜居”美丽乡村精品村。在长期的艰苦创业路上，刘建明扶贫助弱、公益捐资四五十万元，在他的示范带动下，棠棣村形成良好的互帮互助氛围。棠棣村先后获国家级美丽宜居示范村、全国乡村振兴示范村、全国生态文化村等称号。刘建明曾获评全国乡村振兴风云人物、全国农村青年创业致富带头人，获全国绿化奖章、第一届全国文明家庭、全国五好文明家庭标兵户、浙江省优秀共产党员、浙江省新农村建设带头人“金牛奖”等荣誉。2019 年 4 月，被浙江省人民政府授予浙江省劳动模范称号。

【刘中华】 男，1976 年 5 月出生，湖北武汉人，中共党员，研究生学历，教授级高工，浙江精工钢结构集团有限公司总工程师。

刘中华攻坚克难，匠心独具；产学相长，著作等身。2002 年研究生毕业后一直在钢结构行业生产一线工作，面对困难和挑战，他潜心钻研，坚持创新，攻克一项项技术难题，取得长足的进步。先后参与国家体育场“鸟巢”、首都机场 T3 航站楼、国家体育馆、上海世博轴阳光谷等一大批重、大、难、新的钢结构工程技术工作，技术成果被纳入多个国家、行业和地方规范。先后在国内核心期刊及学术会议上发表论文近 20 篇，取得国家发明专利 15 项、各类科技成果 23 项、国家级工法 4 项、省级工法 8 项。曾获首批杰出工程师鼓励奖、浙江省五一劳动奖章。2019 年 4 月，被浙江省人民政府授予浙江省劳动模范称号。

【魏泽宇】 男，1977 年 5 月出生，浙江诸暨人，中共党员，本科学历，绍兴市公安局柯桥区分局巡特警大队大队长。

魏泽宇打击犯罪显身手，锐意改革善创新，围绕中心厉兵马。从警21年来，坚守“人民警察为人民”的承诺，在不同的岗位上为柯桥的社会稳定作贡献。曾参与侦办的绍兴市第一起“黑社会性质犯罪”案件、主办的绍兴市第一例“侵犯商业秘密”案件均办成铁案。2017年“4·25”案件中，临危不惧，勇夺歹徒匕首。扎根派出所期间，在安昌镇深化“新村民小组”管理模式，在钱清镇开展村（居委会）管理“属地自治”和“安徽人之家”的“源头自治”模式。主动融入中心工作，在实战中提升队伍战斗力，将巡特警建设成能打赢反恐防暴、维稳处突硬仗的尖刀力量。曾获评绍兴市公安系统模范人民警察、立绍兴市公安局三等功等荣誉。2019年4月，被浙江省人民政府授予浙江省劳动模范称号。

【张勤】 女，1981年9月出生，安徽省亳州市涡阳县人，职高学历，柯桥区三力士橡胶股份有限公司车间主任。

张勤勤学苦练，快速成长；爱岗敬业，敢于担当；互帮互助，推己及人。2003年加入三力士，成为一名操作工。她积极认真，很快掌握V带的基本信息，并开拓创新，总结新的操作方法。2018年3月，被公司任命为车间主任。公司刚上新系统的时候每天晚上陪在计划员旁边直到深夜一两点才下班，车间遇到操作工不配合工作的，她每次都会找到操作工问清楚情况，帮助操作工解决工作上的问题。积极帮助身边的人，带动工友形成互帮互助、团结友爱的工作、生活氛围，成为工友信赖的知心人。曾获浙江省五一劳动奖章。2019年4月，被浙江省人民政府授予浙江省劳动模范称号。

【杜灿娟】 女，1971年10月出生，浙江绍兴人，中共党员，本科学历，副主任医师，绍兴第二医院医共体稽东分院医生。

杜灿娟扎根山区基层医疗卫生岗位27年，始终敬业爱岗，无私奉献，热诚服务，在平凡的工作岗位上做出不平凡的成绩。面对百姓就医难，她为稽东镇车头村农民建立社区居民家庭健康档案，及时更新信息，做好65岁以上老年人健康管理及一年一次的农民健康体检工作。全面履行全科医生的岗位职责要求；及时更新健康教育宣传栏，为村民开展健康知识讲座和健康咨询服务；开展家庭医生签约服务，在稳定签约数量，巩固覆盖面的基础上，把工作重点向提质增效转变。曾获绍兴市劳动模范、浙江省优秀社区责任医生称号。2019年4月，被浙江省人民政府授予浙江省劳动模范称号。（徐晓青）

【张桑铭】 男，1949年12月出生，浙江绍兴人，中共党员，肢体残疾，浙江咸亨高科有限公司董事长，中国法学会行政法研究会理事、国家黄酒评委、中国酿酒协会黄酒分会常务理事。

1979年，兰亭镇解放乡开始兴办乡镇企业，张桑铭重拾家族手艺，从原材料、生产、质量、工艺到销售事必亲躬，将二三十人规模的绍兴咸亨酿酒厂发展成一个年销售额5.2亿元的集团公司。他心系公益事业，先后结对50多名贫困生和孤儿，捐助金额200余万元。2013年，他开通爱心法律专线，无偿为弱势群体提供服务。先后获评2006年度中国糖酒十大人物、中国优秀企业家、参建支建先进个人、2009中国建设行业百名管理英才、浙江省第二届自强创业之星，获浙江省绿叶奖。2019年5月，被人力资源和社会保障部、中国残疾人联合会授予全国自强模范称号。（张国燕）

【周永利】 男，1956年5月出生，浙江绍兴人，浙江永利实业集团有限公司董事长。

周永利多年致力于关爱老人、捐资助学、扶贫帮困等造福家乡公益活动。他乐善好施，出资100万元建立帮困基金会，修建敬老院、开展助老活动；出资700多万元修建村级便民服务中心；捐赠4000余万元帮扶贫困村和革命老区建设，为贫困地区奉献爱心；捐赠1000余万元成立慈善救助基金，开展助学助困助残送温暖活动，将爱心传递给身边需要帮助的人。曾先后获评浙江省优秀企业家，获省政协优秀委员、浙江省乡镇企业创业标兵、浙江省优秀青年企业家，获浙江省春蚕奖，曾被评为第八届浙江孝贤人物。2019年1月，入选浙江省委宣传部、省文明办联合发布的“发现最美浙江人·浙江好人榜”。

【濮钢强】 男，1987年6月出生，中共党员，浙江绍兴人，柯桥区兰亭街道军人服务中心副主任。

2019年8月，绍兴遭遇超强台风“利奇马”正面袭击，濮钢强组织人员分赴柯桥城区、平水镇，越城区，台州临海等多地开展救援工作，共转移救援100人次，在3天3夜的抗台救援中，濮钢强只休息不到6个小时。类似的救援行动，3年共发生300多次。

2016年7月17日,他在稽东月华山完成第一次救援,而后组织成立柯桥区民间救援协会——战狼救援队。作为救援队队长,濮钢强的手机一直保持开机状态。2017年兰溪市兰江告急,他带领队员转移灾区群众和重要财产,奋战27个小时不停歇。2017年8月19日,搜救出王坛镇上王村老人王彩香。2018年4月20日,参与兰亭街道森林灭火行动。2018年12月26日,参与漓渚镇六峰村民房火灾救火。2019年12月,入选浙江省委宣传部、省文明办联合发布的“发现最美浙江人·浙江好人榜”。(程佳琪)

逝世人物

【任百诚】 1928年1月出生,浙江绍兴人,原绍兴县国资系统离休干部。2019年1月25日在绍兴逝世,享年92岁。

任百诚,1949年1月参加革命,1954年4月加入中国共产党。入伍后,进入中国人民解放军191师教导队学习。1949年5月,进军大西北到宁夏,编入19兵团独立炮兵团指挥连任侦察员。1950年10月,参加抗美援朝,在中国人民志愿军某军炮兵团指挥连任侦察兵,先后参加第三次追击战、第五次阻击战和开城保卫战等战役,作战勇敢顽强,立三等功1次,1953年7月回国。1954年,至旅大警备区某团某营任排长、参谋。1960年,调某师某团任参谋。1963年3月,进入河北省宣化炮兵学院参谋系学习,后至旅大警备区某师炮兵室任参谋。1969年10月转业,分配至绍兴农机厂任工会主席。1976年,调绍兴三五仪表厂任厂长。在此期间,带领技术人员,多渠道开发新产品,使企业逐渐发展壮大。1978年,调绍兴矿山机械厂任厂长,1984年退居二线任调研员。1988年1月离休,享受县(处)级政治、生活待遇。

【瞿瑞先】 男,1927年8月出生,安徽亳州人,原绍兴县国资系统离休干部。2019年3月27日在绍兴逝世,享年93岁。

瞿瑞先,1945年8月参加革命,1955年5月加入中国共产党。入伍后,至山东省莱芜县八路军警备旅任炊事员。1947年9月,至淮海46师司令部任炊事员。1949年4月,渡江南下至绍兴。1950年9月,至绍兴市政府通讯班工作,后调绍兴市委任交通员。1952年11月,任绍兴市委事务长。1953年11月,调绍兴专卖公司任仓库主任。1959年9月,至宁波干校学习。1961年9月,至绍兴何万祥锅厂负责保管工作。1962年3月,调绍兴九里氮肥厂(后并入绍兴化肥厂)任供销课长、总务课长。于1979年10月退休,1982年10月改办离休,享受县(处)级政治、生活待遇。

【宣忠启】 男,1933年6月出生,浙江诸暨枫桥人,原绍兴县人大离休干部。2019年4月27日在绍兴逝世,享年87岁。

宣忠启,1949年5月参加革命,1953年11月加入中国共产党。1949年5月,在诸暨枫桥区政府工作。1949年秋,至绍兴专署粮政干校学习。1950年1月,调绍兴县粮食局工作,曾任储运股调运员、副股长。1955年4月起,历任绍兴县皋埠区委组织委员,绍兴县委农工部干部管理组长,绍兴县城南大公社副书记、主任,鉴湖区委副书记、区长,城南公社党委书记、革委会主任,斗门公社革委会主任、书记,鉴湖区委副书记、书记、革领小组组长。1979年4月,调任绍兴县(市)劳动局局长。1983年12月后,先后任绍兴县人大常委会办公室副主任、主任、法工委主任。于1993年12月离休,享受县(处)级政治、生活待遇。

【吴青阳】 男,1929年1月出生,浙江绍兴柯桥人,原绍兴县教育系统离休干部。2019年5月26日在绍兴逝世,享年91岁。

吴青阳,在上海文华影片公司当职员时参与革命活动,并加入新民主主义青年团。1949年8月参加革命。1949年8月,考入北京外国语学校。同年9月,至华北人民革命大学学习。1950年2月,返回北京外国语学校俄文部学习。1954年9月毕业,在北京俄语学院留校任助教。1958年2月,至唐山清河农场参加劳动。1962年,留场就业。1969年11月,至绍兴柯桥州山联谊大队落户。1978年9月,在绍兴县州山中学任代课教师。1979年,在绍兴县州山中学任教。于1988年11月离休,享受县(处)级政治、生活待遇。

【陈宗华】 男,1923年8月出生,浙江嵊县人,原绍兴县卫生系统离休干部。2019年11月15日在绍兴逝世,享年97岁。

陈宗华,毕业于浙江医学院。1949年5月参加革命。1949年5月,在杭州军管会革命干部学校学习。

同年9月，分配到省立杭州医院工作，任科室学习小组长。1950年6月，派赴浙江省嘉善县，为嘉兴驻军治疗血吸虫病。1951年11月，参加省卫生厅组织的抗美援朝医务小分队，到浙江第二康复医院治疗抗美援朝伤病员。先后立三等功2次。1953年6月，被选送到上海第一医学院中山医院放射科进修。1956年，晋升为主治医师。先后在绍兴第四医院、齐贤卫生院工作。于1978年12月退休，1984年2月改办离休，享受县(处)级政治、生活待遇。

【刘镜】 男，1925年3月出生，河北省安平县人，原绍兴县卫生系统离休干部。2019年12月4日在绍兴逝世，享年95岁。

刘镜，1946年7月参加革命，1947年11月加入中国共产党。参加革命后，先后在安平县大队、独立营、独立团、冀中独立9旅、冀中7纵队任班长。1949年1月，调华北206师617团卫生队任护士长。1950年10月，调空军某供应大队任护士长、助理军医。1952年7月，先后在空军某供应大队、空军某场站、空军某师某团场站任军医。1954年秋，进入陆军学校训练班学习。1958年秋，晋升主治军医。1960年，调空某军军部卫生所，任军首长保健医师。1961年1月，任军部卫生所副所长。1964年春，调空军某场站任党委委员、卫生队长。次年9月，任空军某场站卫生队长。1967年9月，任空军雷达兵某团后勤处副处长兼卫生队长。历经游击战、平津战役等重大战斗，曾立三等功1次，受师部通令嘉奖1次。1971年起，先后在新疆有色金属管理局革委会任副主任，新疆农科院革委会任主任。1976年4月转业，分配至绍兴第二医院，历任门诊部负责人、支部委员、支部副书记、书记。于1984年1月离休，享受县(处)级政治、生活待遇。

【尉如海】 男，1954年5月出生，浙江绍兴人，原绍兴县工商行政管理局党委书记、局长。2019年3月3日在绍兴逝世，享年66岁。

尉如海，1970年12月参加工作，1979年4月加入中国共产党。1970年12月，在大兴安岭加格达奇筑路营工作。1972年11月，调大庆采油五厂工作，先后担任党委办秘书、党委宣传部副部长。1982年9月，进入大庆师专学习。1988年1月，调浙江轻便摩托车厂任干部。1988年10月，调绍兴县机关党工委任宣传委员。1992年3月，调绍兴县委办公室工作，先后担任副科长、科长、办公会议成员、县委办主任等职。1998年1月，调绍兴县工商行政管理局任党委书记、局长。2006年4月任助理调研员、绍兴县工商行政管理局任党委书记、局长。2009年11月任助理调研员。2014年7月退休。(董国华)

省部级先进个人名录

【省部级先进个人名录】

沈百庆	2019年4月，被中华全国总工会授予全国五一劳动奖章
刘建明	2019年4月，被浙江省人民政府授予浙江省劳动模范称号
刘中华	2019年4月，被浙江省人民政府授予浙江省劳动模范称号
魏泽宇	2019年4月，被浙江省人民政府授予浙江省劳动模范称号
张　勤	2019年4月，被浙江省人民政府授予浙江省劳动模范称号
杜灿娟	2019年4月，被浙江省人民政府授予浙江省劳动模范称号
张桑铭	2019年5月，被人力资源和社会保障部、中国残疾人联合会授予全国自强模范称号
胡燕鸣	2019年6月3日，获中共浙江省委、省人民政府评选的浙江省特出贡献农村指导员称号
李伟法	2019年6月3日，获中共浙江省委、省人民政府评选的浙江省特出贡献农村指导员称号
张　帆	2019年10月，获浙江省人民政府评选的浙江省公益林建设成绩突出个人称号
叶祖英	2019年10月，获浙江省人民政府评选的浙江省公益林建设成绩突出个人称号

(史　志)

执行编辑　宋如玲

2019年柯桥区国民经济统计资料选刊

2019年统计表

2019年柯桥区概况

表42

指　标	计量单位	2019年	2018年
一、行政区划面积	平方千米	1066.02	1066.02
二、行政组织			
镇人民政府	个	5	8
街道办事处	个	11	8
居民委员会(社区)	个	127	105
村民委员会	个	214	250
三、人口			
1. 年末总户数(户籍)	户	230518	228347
2. 年末总人口(户籍)	人	688003	681299
男性	人	336171	333421
女性	人	351832	347878
3. 暂住人口	人	660651	645206
4. 出生人口	人	6690	6376
出生率	‰	9.7	9.4
5. 死亡人口	人	4056	4525
死亡率	‰	5.9	6.6
6. 自然增长人口	人	2634	1851
自然增长率(公安口径)	‰	3.8	2.8

2019 年柯桥区国民经济主要指标

表 43

指　标	计量单位	2019 年	2018 年	为 2018 年(%)
生产总值(现价)	亿元	1504.27	1395.69	107.6
第一产业	亿元	37.21	35.13	102.4
第二产业	亿元	755.38	710.38	107.9
第三产业	亿元	711.67	650.18	107.6
农林牧渔业总产值	万元	546120	515548	105.9
农村劳动力资源数	万人	478597	482973	99.1
单位年末职工人数(非私营)	人	246797	214091	115.3
在岗职工工资总额(非私营,含劳务派遣)	万元	1925319.6	1555305.2	123.8
全年粮食总产量(粮食监测口径)	吨	83372	–	–
油菜籽产量	吨	4436	4523	98.1
全年生猪饲养量	万头	13.6	16.88	80.6
淡水产品产量	吨	21073	20555	102.5
全年货运量	万吨	4968	4068	122.1
全年客运量	万人	255	255	100.0
社会消费品零售总额	万元	3620995	3279632	110.4
出口总额	万元	8675170	7504463	115.6
实际利用外资	万美元	40145	28898	138.9
财政总收入	万元	1978229	1985767	99.6
其中:一般公共预算收入	万元	1314074	1263560	104
一般公共预算支出	万元	1269886	1128860	112.5
金融系统年末贷款余额(本外币)	万元	18686759	15800109	118.3
金融系统年末存款余额(本外币)	万元	21625626	19402611	111.5
其中:住户存款(本外币)	万元	11021941	9580406	115.0
普通中学校学生数	人	37285	37251	100.1
小学生在校学生数	人	45370	44277	102.5

说明:生产总值增速为可比价增速

2019年柯桥区平均每天主要社会经济活动

表44

指　标	计量单位	2019年	2018年	为2018年(%)
一、全区每天创造的财富				
生产总值(现价)	万元	41213	38238	107.6
农业总产值	万元	1059	1003	105.5
财政收入	万元	5420	5440	99.6
粮食	吨	228	–	–
肉类	吨	22	25	85.2
淡水产品	吨	58	56	102.5
二、全区每天人口变动和婚姻				
出生人数	人	18	17	104.9
死亡人数	人	11	12	89.6
结婚对数	对			

2019年柯桥区国民经济主要平均指标

表45

指　标	计量单位	2019年	2018年	为2018年(%)
每平方千米人口密度(户籍)	人	645	639	101.0
人均生产总值(户籍)	元	219713	205998	106.5
人均粮食产量(户籍)	千克	121	–	–
人均油菜籽产量(户籍)	千克	6.4	6.6	
人均社会消费品零售额(户籍)	元	52631	48138	109.3
人均创财政收入(户籍)	元	28753	29147	98.6
人均住户存款(本外币)(户籍)	元	160202	140620	113.9
农民人均现住房建筑面积	平方米	58.9	60.1	98
在岗职工年平均工资(含私营,含劳务派遣)	元	69710	64390	108.3
农村常住居民人均可支配收入	元	40655	37345	108.9
城镇常住居民人均可支配收入	元	68948	63768	108.1

续表 45

指　标	计量单位	2019 年	2018 年	为 2018 年(%)
每万人拥有中学在校学生数(户籍)	人	542	547	99.1
每万人拥有小学在校学生数(户籍)	人	659	650	101.5
每万人拥有各类专业技术人员数(户籍)	人			
每万人拥有卫生技术人员数(户籍)	人	104	101	102.8
每万人拥有实有床位数(户籍)	张	70	66	106.1

2019 年柯桥区农林牧渔业总产值

表 46

指　标	计量单位	2019 年	2018 年	为 2018 年(%)
农林牧渔业总产值	万元	546120	515548	105.9
农业产值	万元	386570	366274	105.5
林业产值	万元	51180	48969	104.5
牧业产值	万元	42293	36320	116.4
渔业产值	万元	60871	59384	102.5
农林牧渔服务业产值	万元	5206	4601	113.1

2019 年柯桥区主要农产品产量

表 47

指　标	计量单位	2019 年	2018 年	为 2018 年(%)
粮食(粮食监测口径)	吨	83372	–	–
其中:早稻	吨	3536	–	–
晚稻及单季稻	吨	65872	–	–
油菜籽	吨	4436	4523	98.1
蔬菜	吨	407398	400619	101.7
茶叶	吨	7097	7523	94.3

续表 47

指　标	计量单位	2019 年	2018 年	为 2018 年(%)
水果	吨	54944	54813	100.2
肉类	吨	7905	9279	85.2
淡水产品	吨	21073	20555	102.5

2019 年柯桥区建筑业主要经济指标

表 48

指　标	计量单位	2019 年	2018 年	为 2018 年(%)
资质企业个数	个	195	196	99.5
其中:特级资质个数	个	5	5	100.0
一级资质个数	个	42	42	100.0
建筑业签订的合同额	万元	28020273	31617005	88.6
其中:本年新签合同额	万元	14805920	19249604	76.9
建筑业总产值	万元	15288467	15327882	99.7
其中:在外省完成的产值	万元	7251457	7515983	96.5
外省完成产值比重	%	47.4	49.0	–
竣工产值	万元	9966830	10416072	95.7
房屋建筑施工面积	万平方米	14435	13929	103.6
其中:房屋竣工面积	万平方米	4592	4923	93.3
自有机械设备年末净值	万元	227763	262698	86.7
计算劳动生产率的平均人数	万人	41.54	47.50	87.5
全员劳动生产率	元/人	368021	322664	114.1
主营业务收入	万元	11153213	11268832	99.0
主营业务成本	万元	10502222	10614628	98.9
主营业务税金及附加	万元	106306	109258	97.3
营业利润	万元	236011	279435	84.5
营业利润占主营业务收入比重	%	2.1	2.5	–
利润总额	万元	248962	279480	89.1

续表 48

指　标	计量单位	2019 年	2018 年	为 2018 年(%)
年末固定资产原价	万元	854200	830391	102.9
流动资产小计	万元	4997626	4925719	101.5
资产合计	万元	5733055	5663427	101.2
负债合计	万元	3067251	3053627	100.4
所有者权益	万元	2665804	2609800	102.1
应付职工薪酬	万元	2548363	2559508	99.6
建筑企业增加值	万元	3226377	3337986	96.7

2019 年柯桥区科技创新情况

表 49

指　标	计量单位	2019 年	2018 年	为 2018 年(%)
一、专利申请数	项	5657	8190	69.1
1. 发明	项	1086	1607	67.6
2. 实外新型	项	4089	4144	98.7
3. 外观设计	项	482	2439	19.8
二、专利授权数	项	5455	6163	88.5
1. 发明	项	590	593	99.5
2. 实外新型	项	4016	2968	135.3
3. 外观设计	项	849	2602	32.6
三、国家高新技术企业数	家	272	175	155.4
其中:当年新增	家	97	93	104.3

2019年柯桥区国内外贸易

表50

指　标	计量单位	2019年	2018年	为2018年(%)
一、国内贸易				
社会消费品零售总额	万元	3620995	3279632	110.4
其中:批发业	万元	558811	460162	121.4
零售业	万元	2731397	2522412	108.3
住宿餐饮业	万元	330787	297059	111.4
商品交易市场数量	个	90	83	108.4
商品交易市场成交总额	万元	20503000	18564935	110.4
其中:中国轻纺城市场成交额	万元	13791701	12139884	113.6
钱清轻纺原料市场成交额	万元	6211300	5943800	104.5
二、对外贸易				
进出口总额	万元	9114744	7925899	115.0
其中:出口总额	万元	8675170	7504463	115.6
主要产品出口情况				
纺织面料	万元	7485911	6468372	115.7
服装	万元	263797	251204	105.0
非纺产品	万元	925462	760477	121.7

2019年柯桥区利用外资情况

表51

指　标	计量单位	2019年	2018年	为2018年(%)
当年批准企业数	家	144	117	123.1
累计批准企业数	家	2309	2165	106.7
当年总投资	万美元	64132	58460	109.7
累计总投资	万美元	1294119	1255812	103.1
当年注册资本	万美元	74784	57291	130.5
累计注册资本	万美元	882565	817649	107.9

续表 51

指　标	计量单位	2019 年	2018 年	为 2018 年(%)
当年合同利用外资	万美元	62704	50689	123.7
累计合同利用外资	万美元	739148	686321	107.7
当年实际到位外资	万美元	40145	28898	138.9
累计实际到位外资	万美元	459466	419321	109.6

2019 年柯桥区旅游人数和总收入

表 52

指　标	计量单位	2019 年	2018 年	为 2018 年(%)
国内外旅游人数	万人次	2901.96	2456.34	118.1
其中 :入境旅游人数	万人次	6.11	6.04	101.2
其中 :外国人	万人次	5.75	5.31	108.3
港澳同胞	万人次	0.18	0.35	51.4
台湾同胞	万人次	0.17	0.37	45.9
国内旅游人数	万人次	2895.85	2450.81	118.2
其中 :过夜旅游者	万人次	1031.73	902.90	114.3
旅游总收入	亿元	301.08	252.79	119.1
其中 :国际旅游收入	万美元	2938	2917	100.7
国内旅游收入	亿元	299.05	250.86	119.2

2019 年柯桥区交通运输业

表 53

指　标	计量单位	2019 年	2018 年	为 2018 年(%)
公路通车里程	千米	1487.46	1465.53	101.5
内河航道净里程	千米	320.12	320.12	100.0
民用汽车拥有量	辆	339394	305443	111.1
其中 :私人汽车拥有量	辆	293188	295995	99.1

续表 53

指　标	计量单位	2019 年	2018 年	为 2018 年(%)
运输汽车	辆	3446	8256	41.7
其中:载客汽车	辆	133	138	96.4
载货汽车	辆	3313	8118	40.8
客运量	万人	255	255	100.0
货运量	万吨	4968	4068	122.1

2019 年柯桥区财政收支

表 54

指　标	计量单位	2019 年	2018 年	为 2018 年(%)
一、财政总收入	万元	1978229	1985767	99.6
其中:一般公共预算收入	万元	1314074	1263560	104.0
其中:税收合计	万元	1752126	1787635	98.0
其中:增值税及改征增值税	万元	724682	831985	87.1
企业所得税	万元	400237	374017	107.0
城建税	万元	42423	44023	96.4
个人所得税	万元	96038	128496	74.7
其他税收	万元	377219	306540	123.1
耕占税、契税	万元	107478	97867	109.8
二、一般公共预算支出	万元	1269886	1128860	112.5
其中:一般公共服务	万元	143501	108565	132.2
教育	万元	289990	273772	105.9
科学技术	万元	69070	63801	108.3
文化旅游体育与传媒	万元	26382	25094	105.1
社会保障和就业	万元	150672	118345	127.3
卫生健康	万元	111656	97656	114.3
节能环保	万元	53891	40738	132.3
城乡社区	万元	147382	115485	127.6
交通运输	万元	22728	20980	108.3

2019年柯桥区金融系统存贷款年末余额(本外币)

表55

指　标	计量单位	2019年	2018年	为2018年(%)
一、各项存款余额(本外币)	万元	21625626	19402611	111.5
1. 住户存款	万元	11021941	9580406	115.0
2. 非金融企业存款	万元	6270208	5400197	116.1
3. 广义政府存款	万元	3582635	3491662	102.6
4. 非银行业金融机构存款	万元	703099	880946	79.8
5. 境外存款	万元	47743	49399	96.6
二、各项贷款余额(本外币)	万元	18686759	15800109	118.3
1. 住户贷款	万元	7796482	5893540	132.3
2. 非金融企业及机关团体贷款	万元	10890083	9906468	109.9
3. 非银行业金融机构贷款	万元	0	0	–
4. 境外贷款	万元	194	102	191.2

2019年柯桥区全体居民人均收支情况及生活指标

表56

指　标	计量单位	2019年	2018年	为2018年(%)
一、可支配收入	元	61111	56220	108.7
1. 工资性收入	元	32897	30430	108.1
2. 经营净收入	元	17637	16284	108.3
3. 财产净收入	元	5483	4958	110.6
4. 转移净收入	元	5094	4548	112.0
二、生活消费支出	元	32342	29969	107.9
1. 食品烟酒	元	9032	8392	107.6
2. 衣着	元	2388	2221	107.6
3. 居住	元	7813	7213	108.3
4. 生活用品及服务	元	1466	1372	106.9
5. 交通通信	元	4857	4519	107.5

续表 56

指　标	计量单位	2019 年	2018 年	为 2018 年(%)
6. 教育文化娱乐	元	3558	3270	108.8
7. 医疗保健	元	2073	1919	108.0
8. 其他用品和服务	元	1155	1063	108.7
三、恩格尔系数	%	27.9	28.0	–

2019 年柯桥区城镇常住居民人均收支情况及生活指标

表 57

指　标	计量单位	2019 年	2018 年	为 2018 年(%)
一、可支配收入	元	68948	63768	108.1
1. 工资性收入	元	36542	33972	107.6
2. 经营净收入	元	19088	17698	107.9
3. 财产净收入	元	7210	6601	109.2
4. 转移净收入	元	6108	5497	111.1
二、生活消费支出	元	35789	33328	107.4
1. 食品烟酒	元	9782	9128	107.2
2. 衣着	元	2758	2581	106.9
3. 居住	元	8798	8168	107.7
4. 生活用品及服务	元	1552	1458	106.4
5. 交通通信	元	5323	4974	107.0
6. 教育文化娱乐	元	4021	3723	108.0
7. 医疗保健	元	2160	2003	107.8
8. 其他用品和服务	元	1395	1293	107.9
三、恩格尔系数(%)	%	27.3	27.4	–

2019年柯桥区农村常住居民人均收支情况及生活指标

表58

指　标	计量单位	2019年	2018年	为2018年(%)
一、可支配收入	元	40655	37345	108.9
1. 工资性收入	元	23382	21572	108.4
2. 经营净收入	元	13850	12748	108.6
3. 财产净收入	元	977	851	114.8
4. 转移净收入	元	2446	2174	112.5
二、生活消费支出	元	23345	21568	108.2
1. 食品烟酒	元	7074	6550	108.0
2. 衣着	元	1424	1320	107.9
3. 居住	元	5241	4824	108.6
4. 生活用品及服务	元	1243	1158	107.3
5. 交通通信	元	3639	3383	107.6
6. 教育文化娱乐	元	2348	2138	109.8
7. 医疗保健	元	1846	1708	108.1
8. 其他用品和服务	元	530	487	108.8
三、恩格尔系数(%)	%	30.3	30.4	–

（刘　弘）

执行编辑　韩兰芳

附　录

文件选编

中共绍兴市柯桥区委　绍兴市柯桥区人民政府关于印发《绍兴市柯桥区机构改革方案》的通知

各镇(街道、开发区)党委(工委)、政府(办事处、管委会),区机关各部门:

《绍兴市柯桥区机构改革方案》已报经省委、省政府批准,现印发给你们,请认真贯彻落实。

中共绍兴市柯桥区委　绍兴市柯桥区人民政府

2019年1月8日

绍兴市柯桥区机构改革方案

根据《中共中央关于深化党和国家机构改革的决定》《深化党和国家机构改革方案》《关于地方机构改革有关问题的指导意见》和《中共浙江省委关于深化机构改革的实施意见》《浙江省机构改革方案》《中共浙江省委关于市县机构改革的总体意见》及《绍兴市机构改革方案》精神,结合实际,制定绍兴市柯桥区机构改革方案。

一、机构改革的总体部署

深化机构改革,要以习近平新时代中国特色社会主义思想为指导,全面贯彻党的十九大和十九届二中、三中全会精神,贯彻落实习近平总书记关于深化党和国家机构改革的重要论述,牢固树立政治意识、大局意识、核心意识、看齐意识,坚持加强党的全面领导、坚持以人民为中心的发展思想、坚持社会主义市场经济改革方向、坚持优化协同高效、坚持以法治方式推进改革、坚持在中央统一领导下充分发挥地方积极性。

深化机构改革,要认真贯彻落实习近平总书记对浙江工作的重要指示精神,深入践行“干在实处永无止境,走在前列要谋新篇,勇立潮头方显担当”的新期望,按照省委、市委要求,从机构职能上把加强党的领导落实到各领域各方面各环节,主要机构设置同中央保持基本对应、与省市机构改革有效衔接;以深化“最多跑一次”改革为牵引,加快政府职能转变，统筹区和镇（街道）各层级、党政群各领域改革，优化机构设置和职能配置，充分发挥法治规范和保障改革作用。结合柯桥区实际，因地制宜，构建系统完备、科学规范、运行高效的机构职能体系，再创体制机制新优势，为加快打造新时期“国际纺织之都”“绍兴大城市建设的排头兵、接轨沪杭都市圈的桥头堡”提供坚强有力的体制机制保障。

深化机构改革，要在党中央集中统一领导和省委、市委具体部署下，由区委负总责，不折不扣落实好各项改革任务。

二、调整优化党政机构和职能

（一）对应省市机构改革，调整优化相应机构和职能

1. 建立健全和优化区委对重要工作的领导体制机制

（1）组建区监察委员会。将区监察局的职责，区人民检察院查处贪污贿赂、失职渎职及预防职务犯罪等反腐败相关职责整合，组建区监察委员会，同区纪律检查委员会合署办公，履行纪检、监察两项职责，实行一套工作机构、两个机关名称。

不再保留区监察局。

（2）组建区委审计委员会，作为区委议事协调机构。区委审计委员会办公室设在区审计局。

（3）将区委全面深化改革领导小组改为区委全面深化改革委员会，作为区委议事协调机构。区委全面深化改革委员会办公室作为区委工作机关，对外加挂区最多跑一次改革办公室牌子，划入区发展和改革局的城乡和社会体制改革相关职责以及相关部门的行政审批制度改革牵头协调职责。

将与区委办公室合署办公的区委区政府政策研究室调整为在区委全面深化改革委员会办公室挂牌。

（4）将区委建设法治柯桥工作领导小组改为区委全面依法治区委员会，作为区委议事协调机构。区委全面依法治区委员会办公室设在区司法局。

（5）将区委网络安全和信息化领导小组改为区委网络安全和信息化委员会，作为区委议事协调机构。区委网络安全和信息化委员会办公室设在区委宣传部。

（6）将区委财经领导小组改为区委财经委员会，作为区委议事协调机构。区委财经委员会办公室设在区委全面深化改革委员会办公室（区委区政府政策研究室）。

（7）将区国家安全领导小组改为区委国家安全委员会，作为区委议事协调机构。区委国家安全委员会办公室设在区委办公室。

（8）将区委外事工作领导小组改为区委外事工作委员会，作为区委议事协调机构。区委外事工作委员会办公室设在区政府办公室（区政府外事办公室）。

（9）组建区委教育工作领导小组，作为区委议事协调机构。区委教育工作领导小组秘书组设在区教育体育局。

2. 加强区委职能部门的统一归口协调管理职能

（1）区委组织部统一管理区委机构编制委员会办公室。调整优化区委机构编制委员会领导体制。区委机构编制委员会办公室作为区委机构编制委员会的办事机构，承担区委机构编制委员会日常工作，作为区委工作机关，归口区委组织部管理。

（2）区委组织部统一管理公务员工作。将区人力资源和社会保障局的公务员录用调配、考核奖惩、培训和工资福利等职责划入区委组织部，对外加挂区公务员局牌子。

（3）区委宣传部统一管理新闻出版和电影工作。将区文化广电新闻出版局的新闻出版和电影管理职责划入区委宣传部，对外加挂区新闻出版局牌子。

（4）区委统战部统一管理民族宗教工作。将区民族宗教事务局的职责划入区委统战部，对外保留区民族宗教事务局牌子。

（5）区委统战部统一管理侨务工作。将区政府侨务办公室的职责划入区委统战部，对外保留区政府侨务办公室牌子。

将区政府侨务办公室的指导、开展对华人华侨及其社团的联谊和服务工作职责划归区侨联行使。

3. 新组建和优化职责的机构

（1）组建区农业农村局。将区委区政府农业和

农村工作办公室的职责，区农林局的农业相关职责，区水利水电局的水利和渔业管理相关职责，以及区发展和改革局的农业投资项目、区财政局的农业综合开发项目、市国土资源局柯桥区分局的农田整治项目职责等整合，组建区农业农村局，作为区政府工作部门，加挂区水利局牌子。区委区政府农业和农村工作领导小组办公室设在区农业农村局。区农业农村局承担扶贫开发相关工作。

不再保留区农林局、区委区政府农业和农村工作办公室、区水利水电局。

(2)组建区文化广电旅游局。将区文化广电新闻出版局的文化、文物和广播电视管理职责，承担行政职能事业单位区旅游局的行政职能整合，组建区文化广电旅游局，作为区政府工作部门。

不再保留区文化广电新闻出版局。

区旅游局更名为区旅游发展中心，由区政府直属事业单位调整为区文化广电旅游局管理。

(3)组建区卫生健康局。将区卫生和计划生育局、区深化医药卫生体制改革领导小组办公室的职责，以及区老龄工作委员会办公室的职责，区安全生产监督管理局的职业安全健康监督管理职责等整合，组建区卫生健康局，作为区政府工作部门。

保留区老龄工作委员会，日常工作由区卫生健康局承担。

不再保留区卫生和计划生育局、区深化医药卫生体制改革领导小组办公室。

(4)组建区退役军人事务局。将区民政局的退役军人优抚安置职责，区人力资源和社会保障局的军官转业安置职责等整合，组建区退役军人事务局，作为区政府工作部门，按中央有关改革部署实施。

(5)组建区应急管理局。将区安全生产监督管理局的职责，以及区政府办公室的应急管理职责，市公安局柯桥区分局的消防管理职责，区民政局的救灾减灾职责，市国土资源局柯桥区分局的地质灾害防治相关职责，区水利水电局的水旱灾害防治相关职责，区农林局的森林防火相关职责，区防汛防旱指挥部、区森林消防指挥部、区抗震救灾指挥部、区减灾委员会等有关职责整合，组建区应急管理局，作为区政府工作部门，按中央有关改革部署实施。

不再保留区安全生产监督管理局。

(6)重新组建区司法局。将区司法局、区政府法制办公室（区政府行政复议局）的职责整合，重新组建区司法局，作为区政府工作部门，加挂区行政复议局牌子。

不再保留与区政府办公室合署办公的区政府法制办公室（区政府行政复议局）。

(7)优化区审计局职责。将区发展和改革局的重大项目稽察职责，区财政局的预算执行情况和其他财政收支情况的监督检查、相关经济责任审计以及区属国有企业监事会等职责划入区审计局。

(8)重新组建区市场监督管理局。将区市场监督管理局（区工商行政管理局、区食品药品监督管理局）的职责，区质量技术监督局的职责，区发展和改革局（区物价局）的价格监督检查相关职责，区科学技术局的知识产权保护协调和专利行政执法指导相关职责，区商务局的打击侵犯知识产权和假冒伪劣商品以及反垄断等相关职责整合，重新组建区市场监督管理局，作为区政府工作部门。

保留区食品安全委员会，具体工作由区市场监督管理局承担。

不再保留区质量技术监督局，不再保留区工商行政管理局、区食品药品监督管理局牌子。

(9)优化区科学技术局职责。将区人力资源和社会保障局的引进国外智力和外国专家管理职责划入区科学技术局。

4. 其他不再设立的机构

(1)不再设立区社会治安综合治理委员会及其办公室、区委维护稳定工作领导小组及其办公室，有关职责交由区委政法委员会承担。

(2)将区委防范和处理邪教问题领导小组及其办公室、区人民政府防范和处理邪教问题办公室职责交由区委政法委员会、市公安局柯桥区分局承担。

（二）与省市机关机构基本对应的其他机构和因地制宜设置的机构

1. 与省市机关机构基本对应的其他机构

区委办公室、区委巡察工作领导小组办公室作为区委工作机关；区政府办公室、区发展和改革局、区经济和信息化局、市公安局柯桥区分局、区民政局、区财政局、区人力资源和社会保障局、区住房和城乡建设局、区交通运输局、区商务局、区统计局、区综合行政执法局作为区政府工作部门。其中：

(1)优化区委办公室职责。将区档案局(区档案馆)的行政职能划转给区委办公室，对外保留区档案局牌子，并加挂区委机要局(区密码管理局)、区委保密委员会办公室(区国家保密局)牌子。

区档案馆继续作为区委直属事业单位设置。

(2)优化区发展和改革局职责。将区经济和信息化局的能源管理相关职责划入区发展和改革局。将区物价局有关职责交由区发展和改革局承担。将区粮食局的职责，区民政局、区商务局等部门组织实施重要物资和应急储备物资的收储、轮换和日常管理职责划入区发展和改革局，加挂区粮食和物资储备局牌子，保留区现代服务业发展管理办公室牌子。

不再保留与区发展和改革局合署办公的区粮食局，不再保留区物价局牌子。

(3)优化市公安局柯桥区分局职责。将区政府派出机构区流动人口服务管理局的职责划入市公安局柯桥区分局。

不再保留区政府派出机构区流动人口服务管理局。

(4)优化区住房和城乡建设局职责。将区建筑业管理局的职责划入区住房和城乡建设局。

不再保留与区住房和城乡建设局合署办公的区建筑业管理局。

区住房和城乡建设局加挂区人民防空办公室(区民防局)牌子。

(5)优化区综合行政执法局职责。将区住房和城乡建设局的市政公用设施运行管理、园林绿化管理等职责划入区综合行政执法局，加挂区城市管理局牌子。强化统筹协调和指导全区综合行政执法职责，以更大力度深化行政执法体制改革和推进跨部门跨领域综合行政执法。

(6)将与区发展和改革局合署办公的区统计局调整为单独设置，作为区政府工作部门。

(7)将单独设置的区委台湾工作办公室(区政府台湾事务办公室)调整为与区委办公室合署办公。

2. 因地制宜设置的机构

区委区政府信访局、区委老干部局作为区委工作机关；区教育体育局、区政府金融工作办公室、区行政审批局作为区政府工作部门。其中：

(1)组建区委科技创新委员会，作为区委议事协调机构。区委科技创新委员会办公室设在区科学技术局。

(2)组建区政府金融工作办公室。将承担行政职能事业单位区金融工作办公室的行政职能，区商务局的典当管理职责，区经济和信息化局的融资担保管理等职责整合，组建区政府金融工作办公室，作为区政府工作部门。

(3)调整区委老干部局管理体制。将区委老干部局由区委组织部管理的机关调整为区委工作机关，归口区委组织部管理。

(4)将区委区政府信访局由在区委办公室挂牌调整为单独设置，作为区委工作机关。

(5)优化区政府办公室职责。将承担行政职能事业单位区机关事务管理局的行政职能划转给区政府办公室。

区机关事务管理局更名为区机关事务服务中心。

(6)将区水利水电局的渔船检验和监督管理职责划入区交通运输局。

(7)将与区委组织部合署办公的区委新经济与新社会组织工作委员会调整为在区委组织部挂牌。

(8)将区委直属机关工作委员会调整为在区委组织部挂牌。不再保留单独设置的区委直属机关工作委员会。

(9)区委宣传部对外加挂区精神文明建设委员会办公室、区政府新闻办公室、区互联网信息办公室牌子。

(10)区财政局加挂区政府国有资产监督管理办公室牌子。

(11)区发展和改革局不再保留区经济发展协作办公室牌子。

3. 优化市级部门派出机构设置

(1)市自然资源和规划局在柯桥区设立自然资源和规划分局，作为市自然资源和规划局的派出机构。将市国土资源局柯桥区分局的职责，市规划局柯桥区分局（市测绘和地理信息局柯桥区分局）的职责，区农林局的林业相关职责，以及区发展和改革局的组织编制并实施主体功能区规划职责，区水利水电局的水资源调查和确权登记管理职责，相关部门的自然保护区、风景名胜区管理等职责划入市自然资源和规划局柯桥分局。

不再保留市国土资源局柯桥区分局、市规划局柯桥区分局（市测绘和地理信息局柯桥区分局）。

⑵市医疗保障局在柯桥区设立医疗保障分局，作为市医疗保障局的派出机构。将区人力资源和社会保障局的医疗保险、生育保险等职责，区卫生和计划生育局的药械集中采购和监督管理职责，区民政局的医疗救助职责，区发展和改革局（区物价局）的药品和医疗服务价格管理职责划入市医疗保障局柯桥分局。

⑶市生态环境局在柯桥区设立生态环境分局，作为市生态环境局的派出机构。将市环境保护局柯桥区分局的职责，以及区发展和改革局的应对气候变化和减排职责，区水利水电局的编制水功能区划、排污口设置管理和流域水环境保护职责，市国土资源局柯桥区分局的监督防止地下水污染职责，区农林局的监督指导农业面源污染治理等职责划入市生态环境局柯桥分局。

不再保留市环境保护局柯桥区分局。

机构改革后，共设置党政机构37个。党委机构11个，其中纪检监察机关1个，工作机关10个。政府工作机构26个，其中办公室和工作部门24个。绍兴市级部门派出机构3个，其中市自然资源和规划局柯桥分局、市医疗保障局柯桥分局计入机构限额，市生态环境局柯桥分局不计入机构限额。（详见附件）

三、统筹推进其他各项改革

（一）深化人大、政协机构改革和群团组织改革

1. 深化区人大机构改革

健全人大组织制度和工作制度，完善人大专门委员会设置，更好发挥其职能作用。

⑴组建区人大社会建设委员会。整合区人大内务司法委员会、财政经济委员会的相关职责，组建区人大社会建设委员会，作为区人大专门委员会。

⑵区人大内务司法委员会更名为区人大监察和司法委员会。

2. 深化区政协机构改革

推进人民政协履职能力建设，加强政协民主监督，优化政协专门委员会设置，更好发挥其作为专门协商机构的作用。

⑴区政协城建和人口资源环境委员会更名为区政协农业农村和人口资源环境委员会。将区政协经济科技委员会承担的联系农业界的相关职责调整到区政协农业农村和人口资源环境委员会。

⑵区政协文史和教文卫体委员会更名为区政协文化文史和教科卫体委员会。将区政协经济科技委员会承担的联系科技界的相关职责调整到区政协文化文史和教科卫体委员会。

⑶区政协经济科技委员会更名为区政协经济和港澳台侨外事委员会。将区政协社会法制和港澳台侨委员会承担的除民族宗教界以外的联系港澳台侨界等相关工作调整到区政协经济和港澳台侨外事委员会。

⑷区政协社会法制和港澳台侨委员会更名为区政协社会法制和民族宗教委员会。

3. 深化群团组织改革

认真落实中央和省委关于群团组织改革的决策部署，健全党委统一领导群团工作的制度，紧紧围绕保持和增强政治性、先进性、群众性这条主线，自觉服从服务党中央、省委、市委和区委工作大局，着力解决机关化、行政化、贵族化、娱乐化等问题，把群团组织建设得更加充满活力、更加坚强有力。

群团组织设立的党组，接受批准其成立的党委统一领导，定期汇报工作，确保党的方针政策和决策部署得到贯彻落实。进一步改革机关设置、优化管理模式、创新运行机制，探索群团组织机关综合性设置。

群团组织改革与机构改革相结合，促进党政机构同群团组织功能有机衔接，支持和鼓励群团组织承接适合其承担的公共服务职能，增强群团组织团结教育、维护权益、服务群众功能，充分发挥党和政府联系人民群众的桥梁纽带作用。

（二）深化区委区政府直属事业单位改革和统筹推进事业单位分类改革

按照精干高效原则设置区委区政府直属事业单位。坚持将完全、主要和部分承担行政职能的事业单位全部纳入改革范围，全面清理事业单位承担的行政职能，将行政职能划归行政机构；按照能转职能的不转机构、确需转机构的实行综合设置的原则，区分情况，推进改革，理顺政事关系，实现政事分开。确需转机构并实行综合设置的，结合部门“三定”规定，根据工作内在联系，在部门内设机构设置和职能配置中统筹研究。除行政执法机构按照中央部署推进改革外，不再保留或新设承担行政职能的事业单位。

推进从事生产经营活动事业单位改革。要坚持社会主义市场经济改革方向，坚持事企分开，应由市场配置资源的生产经营活动坚决交给市场，将从事生产经营类事业单位逐步转制为企业，依法赋予转制企业法人财产权和经营自主权，充分激发活力和创造力。要严格规范工作程序，依法依规处置国有资产，妥善安置人员，加强社会保障衔接，维护相关各方合法权益。坚持分步分批推进，确保2020年底前全面完成。

深化公益类事业单位改革。结合党政机构调整，撤并整合职能相近、设置重复分散、规模过小的事业单位，同步划转涉改部门所属相关事业单位，并按一定比例精简编制。严格规范机构名称，改革后保留设置的事业单位，名称不再称“委、办、局”。严格总量控制，进一步推进机构整合，实行综合设置，减少机构数量。面向社会提供公益服务的事业单位，理顺同主管部门的关系，逐步推进管办分离，强化公益属性，破除逐利机制；主要为机关提供支持保障的事业单位，优化职责和人员结构，同机关统筹管理。全面加强事业单位党的建设，完善事业单位党的领导体制和工作机制。

（三）深化“最多跑一次”改革，推进审批服务便民化

按照“只进一扇门”“最多跑一次”要求，推进机构和职能优化配置，以更大力度推进简政放权、放管结合、优化服务改革，推动政府职能转变和审批服务便民化，建设人民满意的服务型政府，切实增强人民群众获得感和幸福感。

进一步深化“一窗受理、集成服务”，全面实现“一窗通办、就近能办、异地可办”。推进各类政务服务事项向行政服务中心全进驻，加强便民服务网点建设，推进服务事项标准化，加快“无差别全科受理”窗口向镇（街道）、村（社区）代办点延伸，大力打造“无证明区”，实现政务服务“最多跑一次”100%全覆盖。积极推动“最多跑一次”改革向纵深推进，深化三级联动“一窗办”改革，以实现企业和群众到政府办事“只进一扇门”“最多跑一次”，提高服务效能，提升便民服务水平。

进一步深化“互联网＋政务服务”，全面实现“一网通办”。构建一体联动、一网通办的线上线下政务服务体系，加快实现各类政务服务事项“网上办、掌上办、一证办”，持续推进政府数字化转型。

进一步简化投资审批和商事登记流程，全面优化营商环境。制定发布企业投资项目开工前审批“最多跑一次”负面清单，着力打好标准地、承诺制、中介提速、代办制、区域评价、流程优化等改革组合拳，实现一般企业投资项目开工前审批“最多100天”；联动推进证照分离、多证合一、证照联办，减少涉企证照事项，压缩企业开办时间，实现常态化企业开办3个工作日内完成。

进一步创新完善事中事后监管，全面推动执法监管“一次到位”。深入推进“互联网＋监管”，强化非现场检查，综合运用“双随机、一公开”、智慧监管、审慎监管、信用监管等举措，着力构建事前管标准、事中管检查、事后管处罚、信用管终身的监管体系，实现服务零距离、监管不扰民。

（四）深化综合行政执法改革

按照整合队伍、提高效率的原则，深化行政执法体制改革，统筹配置行政处罚职责和执法资源，完善“部门专业执法＋综合行政执法＋联合执法”的行政执法体系，进一步加强和创新执法监管。

大力提升执法水平。全面梳理和精简行政处罚、行政强制事项，实行清单化管理，建立动态调整机制，规范执法职责。改进执法方式，更多应用新科技手段，提高执法效能。健全完善行政执法监管系统，实现监管信息共享、平台工具共用、部门执法协同、违法失信共管，提升监管执法水平。

大幅减少多头执法。结合部门职责和机构整合，做好部门所属执法队伍和执法职责的整合，实现一个部门原则上设置一支执法队伍。认真落实中央专项部署，整合组建市场监管、生态环境保护、文化市场、交通运输、农业等5个领域执法队伍。进一步加大整合力度，将商务执法、盐业执法等整合划入市场监管执法队伍。5个领域内现已纳入综合行政执法的具体执法事项，由部门专业执法更加有效的，应回归相应领域的执法队伍承担。区市场监管、生态环境、文化广电旅游、交通运输、农业农村部门加强指导，其他相关业务主管部门做好衔接配合，确保行政管理与行政执法接转有序。加大跨部门跨领域综合行政执法力度，优化执法事项，切实解决执法扰民、执法真空等问题。

推动执法力量下沉。适应基层治理需要，下沉执法力量，推动执法重心下移。强化行政执法职责，避免重复执法。健全完善行政执法统筹指挥机制，更大范围融合基层执法力量，在镇街逐步实现一支队伍管执法。

加强执法队伍建设。强化执法队伍编制管理，锁定执法人员编制底数，暂保持现状不变，待中央统一明确政策后逐步规范。严控总量规模，统筹资源配置。综合行政执法改革涉及的机构编制事项按有关规定办理。加强人员招录、使用和考核管理，全面清理规范临时人员和编外聘用人员。严禁使用辅助人员执法。建立健全行政执法可追溯、可问责机制和执法人员不作为、乱作为退出机制，完善执法程序，严格执法责任，加强执法监督，做到严格规范公正文明执法。

（五）深化镇街机构改革

根据《中共浙江省委办公厅浙江省人民政府办公厅关于加强乡镇（街道）“四个平台”建设完善基层治理体系的指导意见》《中共浙江省委办公厅浙江省人民政府办公厅关于深化街道体制改革完善城市基层治理体系的意见》《中共浙江省委办公厅浙江省人民政府办公厅关于深化经济发达镇管理体制改革加快服务型乡镇政府建设的实施意见》精神，统筹推进镇街机构改革，确保上下贯通、执行有力，着力构建运行顺畅、充满活力、令行禁止的工作体系。

深化“基层治理四平台”建设，按照权责清晰、功能集成、扁平一体、运行协同的原则，围绕“集成化、智慧化、标准化”，健全完善数字化背景下基层治理架构，推进“基层治理四平台”有效运行，更好发挥镇街综治工作、市场监管、综合执法、便民服务四个工作平台的整体效能，努力打造新时期“枫桥经验”升级版。

坚持区和镇（街道）统筹，理顺区级部门与镇街关系。合理配置行政资源，切实把条的管理和块的治理协同起来，按照依法下放、宜放则放的原则，尽可能把资源、服务、管理放到镇街。区级部门要依法履职，强化专业性管理。镇街工作重心要转移到加强党的建设和公共服务、公共管理、公共安全上来。直接面向人民群众、量大面广、由镇街服务管理更方便有效的各类事项，依法下放镇街，做到权随责走、费随事转。

实行分类管理，建立差异化镇街体制。根据不同镇街的地理区位、人口规模、产业特点和经济社会发展水平，统筹确定每个镇街的功能定位，实行分类管理。逐步取消街道招商引资职能及相应考核指标和奖励。整合优化镇街党政机构、事业单位，统筹各类编制资源，实行扁平化和网格化管理。一般镇街设置9个综合性办公室和中心，经济较发达、人口规模大、基层治理任务重的可适当增设1–2个。

推动重心下移，强化镇街党（工）委统筹功能。加强镇街党（工）委对辖区各项工作的统一领导，整合管理执法服务资源力量，推动治理重心下移、人员下沉、保障下倾。

（六）强化机构编制管理刚性约束

强化区委对机构编制工作的统一领导，推进各类机构编制资源统筹使用，加大部门间编制统筹调配力度，严格执行机构编制管理法律法规和党内法规，严格机构编制管理权限和程序，严禁越权审批。

加强和规范机构编制管理。严格执行中央和省规定的机构限额，要在限额内按照从严从紧原则设置机构，确保不突破改革前总量。严禁超编进人、超限额设置机构、超职数配备领导干部。严格管理编外聘用人员。清理不规范设置的机构和配备的职数，全面清理限额外设置的行政机构，规范管理合署办公机构，精简整合规范开发区管委会等各类派出机构，根除挂牌机构实体化、“事业局”。清理规范议事协调机构，职能相近的予以整合，临时性、阶段性的任务完成后及时撤销，严控新设议事协调机构。议事协调机构一般不单设办事机构，具体工作由相关部门承担。部门承担联席会议日常工作的内设机构不加挂牌子、不刻制印章。

认真做好部门“三定”工作。重新制定或修订区委工作机关、区政府工作部门“三定”规定，坚持优化协同高效，科学配置机构职能编制，强化部门内部职责和业务整合，推动组织架构重建和流程再造，切实把加强党的全面领导和职能转变要求落实到位，规范履职行为，确保权责一致。统一规范内设机构规格和名称，加大内设机构综合设置力度。严格执行部门领导职数有关规定，区级部门领导职数一般不超过3名，任务重、规模大的部门可适当增加，改革后，领导职数总数要比改革前有所减少。

坚决查处各类机构编制违纪违法行为。及时公开机构编制有关信息，接受各方监督。区级部门不得以上级项目资金分配、考核督查、评比表彰等方式提出机构设置、职能配置和编制配备的要求。完善机构编制实名制管理，健全机构编制管理同组织人事、财政预算管理共享的信息平台，强化机构编制同纪检监察机关和组织人事、巡察、审计等部门的协作联动，形成监督检查合力。

四、组织实施

（一）加强组织领导。各级各部门要充分认识做好机构改革工作的重要性，提升政治站位，增强“四个意识”，切实把思想和行动统一到党中央关于地方机构改革的决策部署上来。在省委、市委具体部署下，区委加强统筹，区深化机构改革协调小组负责做好全区机构改革的组织实施工作，具体工作由协调小组办公室牵头，各成员单位各司其职，密切配合，共同推进。各级党委主要负责同志要当好第一责任人，牵头挂帅，靠前指挥，抓好机构改革组织实施工作。

（二）细化工作进度。机构改革工作部署、组织实施要上下协同、有机衔接、紧凑有序，统筹安排时间表、路线图，严格按照中央和省市规定的时间进度要求压茬推进。省委、省政府批准区机构改革方案后，由区委召开动员部署大会，组织开展新部门组建、人员转隶和“三定”规定制定等工作，确保2019年3月底前基本完成。

（三）稳妥有序推进。按照先立后破、不立不破原则，有序做好新机构挂牌、集中办公、人员转隶等工作。特别是涉及安全生产、应急救援、维护社会稳定等工作的新老机构要确保工作有序衔接。各级各部门要紧紧抓住职能转变这个关键，在改职责上出实招硬招，在职能整合、业务融合上真正发生化学反应，做到脱胎换骨。要高度重视思想政治工作，教育引导广大党员干部特别是领导干部坚持党性原则和全局观念，自觉服从改革大局，确保思想不乱、工作不断、队伍不散、干劲不减，保证机构改革和日常工作两不误。要加强改革正面宣传，做好舆论引导和政策解读工作，为改革顺利开展营造良好氛围和环境。

（四）严明纪律规矩。严格执行机构改革政治纪律、组织纪律、机构编制纪律、干部人事纪律、财经纪律、保密纪律，严防国有资产流失，从严控制提拔和调整干部，严肃查处机构改革过程中的违规违纪和“条条干预”问题。坚持不讲条件、不折不扣、不搞变通、不开口子，确保机构、职责、队伍按照改革要求及时调整到位。要将机构改革实施情况纳入区委区政府督察任务和巡察范围，强化监督和执纪问责，保障改革顺利推进。各级各部门推进机构改革情况和遇到的重大问题要及时向区委报告请示。

附件：1. 中共绍兴市柯桥区委机构设置表
2. 绍兴市柯桥区人民政府机构设置表

附件 1

中共绍兴市柯桥区委机构设置表

纪律检查委员会监察委员会机关	办公室	组织部	宣传部	统一战线工作部	政法委员会	全面深化改革委员会办公室	全面依法治区委员会办公室（设在区司法局）	国家安全委员会办公室（设在办公室）	网络安全和信息化委员会办公室（设在宣传部）	财经委员会办公室（设在全面深化改革委员会办公室）	外事工作委员会办公室（设在区政府办公室）	机构编制委员会办公室	审计委员会办公室（设在区审计局）	教育工作领导小组秘书组（设在区教育体育局）	区委区政府农业和农村工作领导小组办公室（设在区农业农村局）	科技创新委员会办公室（设在区科学技术局）	巡察工作领导小组办公室	区委区政府信访局	老干部局

说明：

绍兴市柯桥区委设置纪检监察机关 1 个，计入机构限额的工作机关 10 个（设在相关部门的区委议事协调机构的办事机构不计入机构限额）。其中，纪律检查委员会与监察委员会合署办公，实行一套工作机构、两个机关名称；台湾工作办公室与办公室合署办公，挂区政府台湾事务办公室牌子；办公室挂区档案局、机要局（区密码管理局）、保密委员会办公室（区国家保密局）牌子；组织部挂直属机关工作委员会、新经济与新社会组织工作委员会、区公务员局牌子；宣传部挂区精神文明建设委员会办公室、区政府新闻办公室、区新闻出版局、区互联网信息办公室牌子；统一战线工作部挂区民族宗教事务局、区政府侨务办公室牌子；全面深化改革委员会办公室挂区委区政府政策研究室、区最多跑一次改革办公室牌子

附件 2

绍兴市柯桥区人民政府机构设置表

工作部门																								市级部门派出机构		
办公室	发展和改革局	经济和信息化局	教育体育局	科学技术局	市公安局柯桥区分局	民政局	司法局	财政局	人力资源和社会保障局	住房和城乡建设局	交通运输局	农业农村局	商务局	文化广电旅游局	卫生健康局	退役军人事务局	应急管理局	审计局	市场监督管理局	金融工作办公室	行政审批局	统计局	综合行政执法局	市自然资源和规划局柯桥分局	市医疗保障局柯桥分局	市生态环境局柯桥分局

说明:

绍兴市柯桥区人民政府设置工作机构26个,其中办公室和工作部门24个。办公室挂区政府外事办公室牌子;发展和改革局挂粮食和物资储备局、现代服务业发展管理办公室牌子;经济和信息化局挂中小企业局牌子;司法局挂行政复议局牌子;财政局挂区政府国有资产监督管理办公室牌子;住房和城乡建设局挂人民防空办公室(民防局)牌子;农业农村局挂水利局牌子;综合行政执法局挂城市管理局牌子。绍兴市级部门派出机构3个,其中绍兴市自然资源和规划局柯桥分局、绍兴市医疗保障局柯桥分局计入机构限额,绍兴市生态环境局柯桥分局不计入机构限额

中共绍兴市柯桥区委　绍兴市柯桥区人民政府关于调整部分行政区划的通知

各镇(街道、开发区)党委(工委)、人民政府(办事处、管委会),区机关各部门:

根据省政府《关于绍兴市柯桥区部分行政区划调整的批复》(浙政函〔2019〕120号)、市政府《关于柯桥区部分行政区划调整的批复》(绍政函〔2019〕67号)精神,为平稳有序推进部分行政区划调整工作,现就有关事项通知如下。

一、重要意义

党的十九届四中全会提出,优化行政区划设置,有利于提高中心城市和城市群综合承载和资源优化配置能力,实现扁平化管理,形成高效率组织体系,是完善政府治理体系的重要举措。当前,柯桥正沿着“八八战略”指引的路子,加快打造“绍兴大城市建设的排头兵、接轨沪杭都市圈的桥头堡”,加速“融杭接沪”和打造新时期“国际纺织之都”。调整部分行政区划设置,优化行政管理体制机制,是改革赋能高质量发展的重大战略举措,有利于加快推进区域协同融合发展,有利于提高新型城市化发展水平,有利于增强区域综合竞争力。全区上下要充分认识这次部分行政区划调整的重大意义,把思想和行动统一到这一重大决策部署上来。

二、调整方案

撤销钱清镇、杨汛桥镇、马鞍镇建制,其行政区域改由区人民政府直辖,并在此行政区域内分别设立钱清、杨汛桥、马鞍3个街道办事处。行政区划调整后,柯桥区辖11个街道、5个镇。

1. 钱清街道办事处:撤销钱清镇,在原钱清镇行政区域内设立钱清街道办事处。钱清街道行政区域范围与原钱清镇一致。街道办事处驻镇前路188号(原钱清镇人民政府驻地),区域面积54.18平方公里,下辖3个社区、20个村。

2. 杨汛桥街道办事处:撤销杨汛桥镇,在原杨汛桥镇行政区域内设立杨汛桥街道办事处。杨汛桥街道行政区域范围与原杨汛桥镇一致。街道办事处驻紫薇路389号(原杨汛桥镇人民政府驻地),区域面积37.67平方公里,下辖5社区、6个居民区、11个村。

3. 马鞍街道办事处:撤销马鞍镇,在原马鞍镇行政区域内设立马鞍街道办事处。马鞍街道行政区域范围与原马鞍镇一致。街道办事处驻秋实路666号,区域面积59.7平方公里,下辖2个社区、4个居民区、11个村。

三、主要任务

1. 关于机构问题。按有关法律法规和文件规定,钱清镇、杨汛桥镇、马鞍镇三镇撤镇设街后,撤销原中国共产党绍兴市柯桥区钱清镇委员会和纪律检查委员会、中国共产党绍兴市柯桥区杨汛桥镇委员会和纪律检查委员会、中国共产党绍兴市柯桥区马鞍镇委员会和纪律检查委员会,相应成立中国共产党绍兴市柯桥区钱清街道工作委员会和纪律检查工作委员会、中国共产党绍兴市柯桥区杨汛桥街道工作委员会和纪律检查工作委员会、中国共产党绍兴市柯桥区马鞍街道工作委员会和纪律检查工作委员会。撤销绍兴市柯桥区钱清镇人民政府、绍兴市柯桥区杨汛桥镇人民政府、绍兴市柯桥区马鞍镇人民政府，相应成立绍兴市柯桥区钱清街道办事处、绍兴市柯桥区杨汛桥街道办事处、绍兴市柯桥区马鞍街道办事处。涉及的人大、政协等组织按有关法规、规章和政策调整，涉及的新建街道领导班子成员职务任免按有关要求办理。新建街道“三定方案”报区委编委批准后执行，所属各内设机构和单位相应更名。

2. 关于证照等事项变更。涉及企业、社会组织和个人的工商营业执照、社会组织登记证、不动产所有权证、卫生许可证、税务登记证、身份证等证照中涉及“镇”冠名的机构名称和住所地址等，由市场监管、民政、建设、自然资源、卫健、税务、公安等相关部门做好相应变更工作，但可暂不集中变更，可在今后年检年审或变更其它事项时一并变更。

3. 关于管理权限。暂保持原镇级事权不变，按照原区域界线、管理范围继续行使经济发展、社会事务、城乡建设等方面的管理职权。财政结算、岗位责任制考核等体制机制暂维持原政策不变，区委区政府和区机关部门对原三镇的其他政策保持不变；原三镇以政府名义或政府委托部门制定的有关政策和各类民事合同等继续有效，由新建街道接收、办理，不得随意变动，确保社会稳定、工作有序。

4. 关于挂牌实施。各有关部门和钱清街道、杨汛桥街道、马鞍街道要及时开展衔牌制作、印章刻制收缴等相关工作，确保新建街道按调整后新的行政管理体制正常运行。针对行政区划调整实施过程中出现的新情况、新问题，新建街道党工委、办事处要及时研究相应的对策措施，并及时向区委、区政府汇报，妥善处理好后续体制理顺相关工作。

四、工作要求

1. 加强组织领导。行政区划调整是一项牵动面广、工作量大、政策性强的系统工作，各级各部门特别是新建街道党工委、办事处要高度重视、通力合作，加强组织领导，采取有效措施，坚持依法行政，做深做细工作，确保各项工作有序推进。

2. 严明各项纪律。广大党员干部尤其是领导干部要牢固树立政治意识、大局意识和责任意识，严格政治纪律、组织人事纪律、财经纪律、工作纪律、廉政纪律，严格按照国务院“约法三章”的要求，不新建政府性楼堂馆所，不增加财政供养人员，不增加“三公”经费，做到令行禁止，确保政令畅通。同时，要妥善处理好行政区划调整与正常工作的关系，不因改革而延误工作，确保各项工作平稳过渡。

3. 维护和谐稳定。要加大宣传力度，统一思想认识，增进各界对此次部分行政区划调整工作的理解和支持。要紧密关注干部群众思想状况，引导广大干部群众支持参与，及时解决行政区划调整工作中出现的矛盾和问题，认真做好来信来访的宣传解释工作，切实防止影响工作顺利进行的不利因素产生，确保工作正常运行。

中共绍兴市柯桥区委　绍兴市柯桥区人民政府

2019 年 11 月 15 日

执行编辑　宋如玲

索 引

说 明

1. 索引分正文索引、表索引 2 部分。采用主题分析法，按标引词第一字汉语拼音（同音词按声调）顺序排列；同声同调按笔画顺序排列；第一字相同，按第二字音序排列。以下据此类推。

2. 因类目、分目页码已在《目录》中标出，故正文索引仅限条目。条目标引词一般采用该条目的主题词、中心词或简称。单位和事件一般用简称，不冠以“绍兴”“绍兴县”“柯桥区”等字样。

3. 标引字后的阿拉伯数字表示内容所在页码，页码后的拉丁字母(a、b)分别表示该页的左右栏。标引词后的多个页码，表示此内容在其他书页的位置。

4.《特载》《大事记》《柯桥新风》《2019 年柯桥区国民经济统计资料选刊》《附录》和彩色插照均不作索引

正文索引

0—9

D

E

F

G

H

J

K

L

M

N

P

Q

R

S

T

W

X

Y

Z

表索引

C

G

J

K

L

M

N

P

Q

R

S

W

X

Y

Z